narr STUDIENBÜCHER

Jörg Roche

Mehrsprachigkeitstheorie

Erwerb – Kognition – Transkulturation – Ökologie

Prof. Dr. Jörg Roche lehrt am Institut für Deutsch als Fremdsprache der Ludwig-Maximilians-Universität München sowie an der German-Jordanian University in Amman und ist Wissenschaftlicher Direktor der Deutsch-Uni Online (DUO).

Bibliografische Information der Deutschen Nationalbibliothek

Die Deutsche Nationalbibliothek verzeichnet diese Publikation in der Deutschen National-bibliografie; detaillierte bibliografische Daten sind im Internet über http://dnb.dnb.de abrufbar.

© 2013 · Narr Francke Attempto Verlag GmbH + Co. KG
Dischingerweg 5 · D-72070 Tübingen

Internet: http://www.narr-studienbuecher.de
E-Mail: info@narr.de

Printed in the EU

ISSN 0941-8105
ISBN 978-3-8233-6697-3

Inhaltsverzeichnis

Danksagung

Viele Mitarbeiterinnen, Kolleginnen und Kollegen haben mit Rat und Tat zu der Fertigstellung des Manuskriptes dieses Buches beigetragen, ohne dass sie dafür jedoch in die Verantwortung genommen werden könnten. Ihre geduldige Mitarbeit und die vielen kompetenten Rückmeldungen habe ich als große Bereicherung und Hilfe empfunden. Dafür möchte ich mich an dieser Stelle sehr herzlich bedanken. Kollegiales Feedback ist mir vor allem von Elisabetta Terrasi-Haufe und Ferran Suñer zu einer Vorfassung des Manuskriptes und von Hans Hunfeld (Eichstätt) und Uwe Koreik (Bielefeld) zu einzelnen Kapiteln zuteil geworden. Iva Karlecová hat das fleißige, gewissenhafte und geduldige Editions- und Rechercheteam koordiniert, zu dem auch Rafaela Erl, Julia Campos und Dessislava Todorova gehörten. Kathrin Heyng hat mit gewohnter Ruhe, Beharrlichkeit und Kompetenz die Drucklegung des Bandes vorangetrieben und betreut. Nicht zuletzt haben auch die erstaunten Blicke, verständigen Fragen und kritisch-konstruktiven Kommentare sehr vieler Studierender sowie Teilnehmerinnen und Teilnehmer an Vortrags- und Fortbildungsveranstaltungen wesentliche Impulse zu der Auswahl der aufgegriffenen Themen und ihrer Darstellung gegeben. Ich bin mir bewusst, dass sie – und viele andere – die Thematik anders und vermutlich auch besser präsentieren können, hoffe aber dennoch, dass auch die vorliegende Variation des Themas zu seiner Vertiefung in Forschung und Lehre einen bescheidenen Beitrag zu leisten vermag.

Prolog

Wer sich etwas eingehender darum bemüht zu verstehen, welche Rolle die Sprache im weiten Feld des Kontaktes von Kulturen spielt – oder spielen könnte –, muss von den Gegensätzen, Widersprüchen und Pauschalisierungen, die die Diskussion in Gesellschaft, Politik und Fach bestimmen, vollkommen irritiert sein. Vielleicht lässt sich aus dieser Irritation auch erklären, warum dieser Bereich von so vielen resistenten Mythen, Dogmen und Praktiken dominiert wird, dass das eigentlich notwendige Bemühen um theoretisch fundierte Innovationen kaum zur Geltung kommt. Dabei haben die Irritationen ganz unterschiedliche Gründe. Mangelndes Sprach- und Sprachenbewusstsein auf der konzeptuellen Seite gehören genauso dazu wie das unauflöslich erscheinende Paradox auf der lehrpraktischen Seite, immer wieder nicht – oder nur mühsam – funktionierende Unterrichtsverfahren mit ungebrochenem Steuerungsoptimismus und beseelt von methodischen Glaubensbekenntnissen neu zu verpacken, und damit den Mythen von der mangelnden Sprachlerneignung, von der schweren deutschen (oder anderen Fremd-)Sprache oder der zwangsläufigen Pein des Sprachenerwerbs Vorschub zu leisten.

Sprachunterricht ist kein Glaubensbekenntnis, wie es etwa das Credo des *American Council of Teachers of Foreign Languages* einmal gefasst hat (siehe *ACTFL guidelines* (1983). Die entsprechenden Teile des ACTFL-Credos sind auf der begleitenden Webseite http:// www.mehrsprachigkeitstheorie.narr-studienbuecher.de zu diesem Buch nachzulesen[1].

Mangelndes Sprach- und Sprachenbewusstsein besonders in Öffentlichkeit und Politik führen ihrerseits zu einem ganzen Spektrum gegensätzlicher Positionen, die sich schließlich auch bis in die lehrpraktische Ebene massiv auswirken. Dieses Spektrum ist gekennzeichnet durch eine Verkennung der Bedeutung von Sprache im Umgang der Kulturen auf der einen und durch simplistische Rezepte für ihre Vermittlung auf der anderen Seite: Die Vorstellung etwa, die Wissenschaften, die Wirtschaft oder der Alltag kämen mit einer Universalsprache aus, verkennt die – übrigens auch empirisch über jeden Zweifel erhabenen – Realitäten genauso wie die Annahme, durch strukturbasierten Sprachunterricht ließen sich kulturpragmatische Kompetenzen (wie sie etwa für die Integration in eine fremde Gesellschaft nötig wären) einfach vermitteln.

Als ineffizient haben sich inzwischen auch solche Verfahren erwiesen, die Mehrsprachigkeit als Sonderfall – und nicht als Regelfall – betrachten und daher Methoden empfehlen, die den Spracherwerb vom restlichen Wissen und Leben zu trennen versuchen. Der schulische Fremdsprachenunterricht und der Förderunterricht überall auf der Welt tendieren (trotz rühmlicher unterrichtspraktischer, didaktischer, struktureller, konzeptueller und bildungspolitischer Ausnahmen und Initiativen) nach wie vor stark zu einer solchen Absonderung: weder werden bisher die natürliche Mehrsprachigkeit des Menschen, die Sprachenökologie, Sprachenorganik und Sprachendy-

---

1 Die begleitende Webseite http://www.mehrsprachigkeitstheorie.narr-studienbuecher.de enthält zusätzliche Materialien wie Bilder, Grafiken und ergänzende Texte. Die entsprechenden Stellen sind im Buch durch das Maussymbol in der Randspalte markiert.

namik noch die Handlungs- und Aufgabenorientierung des Lernens systematisch im Fremdsprachenunterricht genutzt.

Stattdessen wird Fremdsprachenunterricht in vielen Gesellschaften auf eine (internationale) Fremdsprache reduziert, zeitlich stark limitiert und nach unterschiedlich kompetenten Standards kanalisiert. Mit dem Versuch, größere Teile der Welt wirtschaftlich, gesellschaftlich, politisch und wissenschaftlich zusammenzubringen, korrespondiert auf sprachlicher Ebene das Streben nach einer globalen, möglichst einheitlichen oder wenigstens genormten Verkehrssprache. Dabei zeigt sich jedoch, dass alle Versuche, eine solche Sprache zu etablieren, sei es Esperanto, Volapük oder Global-English, nur mäßigen Erfolg haben. *Bad Simple English* (BSE) ist kein Witz, sondern in vielen Zirkeln – bemerkenswerterweise gerade in denen, die die Tugenden international standardisierter Kommunikation propagieren – grausame und oft verhängnisvolle Realität. Eine Lingua franca kann nicht ohne Bezüge zur Lebenswelt und zum Denken der in ihr kommunizierenden Menschen auf dem Reißbrett entworfen werden. Vielmehr muss sie sich an kulturell geprägte sprachliche Systeme anlehnen, gleichzeitig aber Spielraum lassen für Neuerungen, die von außen an sie herangetragen werden[2]. Die hohe Variation im internationalen Englisch belegt, dass das Zusammenspiel von kulturspezifischen Bezügen und sprachlichen Realisierungen selbst innerhalb hoch genormter Strukturen von einer wesentlich größeren Variation bestimmt ist, als weit verbreitet angenommen wird. Durch die multiplen kulturellen Bezüge der Sprache entstehen aber auch ständig neue Mischsprachen und Mischidentitäten. Die traditionelle Mehrsprachigkeitsforschung und Sprachdidaktik werden dieser Variabilität und Dynamik mit ihren linearen Konzepten vom Sprachenerwerb (Erstsprache, Zweitsprache, sukzessiver Spracherwerb und andere) und ihren amnesischen Konzepten von Sprachunterricht (jede neue Fremdsprache beginnt bei den gleichen infantilistischen Strukturen, als hätten die Lerner keinerlei Welt- und Sprachwissen) nicht gerecht.

Dabei könnten Sprachenerwerb und Sprachunterricht von verschiedenen wissenschaftlichen Erkenntnisbereichen profitieren. Das aber bedeutet: erstens eine nicht nur selektive Neuorientierung des Fremdsprachenunterrichts weg von Glaubensdogmen und Methodenaktionismus hin zu wissenschaftlich belastbaren Grundlagen und Praktiken und zweitens eine kritische Sortierung und Systematisierung erprobter Lehrverfahren und -methoden.

Genau hierzu will dieses Buch einen Beitrag leisten. Es trägt Forschungsergebnisse aus verschiedenen Forschungsrichtungen zusammen und zeigt den Nutzen ihrer Synthese für die Optimierung des Sprachenerwerbs auf. Das Buch hat sich aus dem 2001 erschienenen, nunmehr vergriffenen Studienbuch zur interkulturellen Sprachdidaktik entwickelt, dessen Ziel es bereits war, diejenigen Parameter eines kohärenten Systems einer Fremdsprachendidaktik zu skizzieren, die über die gut bekannten Ziele und Verfahren einer interkulturell garnierten Didaktik und Methodik hinausgehen.

Spracherwerb und Sprachvermittlung werden bereits dort als genuin xenologischer Aufgabenbereich verstanden, das heißt, es werden auch linguistische und psycholinguistische Aspekte aus der Perspektive einer Fremdheitswissenschaft betrachtet.

---

[2] Vergleiche hierzu auch die kritische Haltung von Quetz (2004:182) zum Nutzen künstlicher Ersatzsprachen wie „Spanglish" oder „Eurospanto".

Dieser Ansatz ist im vorliegenden Buch im Prinzip beibehalten, kritisch überarbeitet und vor allem in Bezug auf Aspekte der Kognition, der Mehrsprachigkeitsökologie und der Transkulturation erweitert. Von den früheren Inhalten ist daher nichts geblieben, wie es war. Auch die Zielsetzung hat sich grundlegend geändert: Schien es zur Jahrtausendwende vor allem sinnvoll, den damals recht eklektischen Ansätzen zur Interkulturalität in einem einführenden Band zu mehr Kohärenz zu verhelfen, scheint es heute angesichts des eingangs skizzierten Mangels an Sprach- und Sprachenbewusstsein notwendig, noch stärker und systematischer kulturelle Aspekte der Kognitionswissenschaften in Sprachenerwerb und Sprachunterricht zu berücksichtigen. Außerdem verlangen die stagnativen Tendenzen in der Sprach- und Kulturvermittlung (Wiederbelebung behavioristischer und neo-grammatischer Methoden, Nivellierung der Lehrwerke, Fokussierung auf *Teaching to the Test*) dringend nach neuen Impulsen.

Das Buch versucht daher, erstens multiplen Sprachenerwerb als essentielle, anthropologische Aufgabe zu verstehen, und zweitens dabei besonders die natürlichen Kommunikationsbedürfnisse und Wissenserwerbsprinzipien zu berücksichtigen. Dieser Ansatz unterscheidet sich demnach von gängigen Perspektiven in mehrfacher Hinsicht:

► Mehrsprachigkeit wird als anthropologischer Standardfall und nicht als Ausnahme oder Problem betrachtet.
► Fremdheit wird als konstitutive Bedingung für Wissens- und damit Sprachenerwerb behandelt.
► Es geht um den Erwerb von Sprache(n) und nur indirekt um die Mechanik oder Logistik der Sprachvermittlung.

Es ist unvermeidbar, dass angesichts der Heterogenität der Forschung und der Disziplinen sowie der Fülle und Komplexität der Ansätze bei gleichzeitiger Diversität der Lehr- und Lernpraktiken vieles verkürzt dargestellt werden muss. Die ausführlichen Literaturhinweise können dieses Manko nur bedingt kompensieren, aber sie bieten immerhin einen Ansatzpunkt für weitere Recherchen und Referenzen. In Bezug auf den Status quo des Fremdsprachenunterrichts kann der geneigte Leser – oder der ungeneigte Kritiker – zudem selbst existierende und dominierende Praktiken der Sprachvermittlung auf ihre Effizienz überprüfen und sich eine eigene Meinung bilden, indem er nach belastbarer (wissenschaftlich begründbarer) Evidenz für bestimmte Unterrichtsverfahren oder Vorstellungen von gutem Unterricht Ausschau hält.

Das Buch ist nicht aus Sicht der Fachdidaktik konzipiert und beabsichtigt daher nicht, unmittelbar im Unterricht umsetzbare Methoden und Verfahren vorzuschlagen. Vielmehr versucht es, die Brücke zwischen der relevanten, aber durchaus disparaten und heterogenen Ansätzen verpflichteten Forschung und der individuellen und unterrichtspraktischen Anwendung zu schlagen.

Von sehr vielen und intensiven Kontakten zu Praktikerinnen und Praktikern im In- und Ausland, und zwar von der Kita und den Integrationskursen des Bundesamtes für Migration und Flüchtlinge (BAMF), über die Schultypen der deutschsprachigen Länder, die Schulen und Lehrerbildungsinstitute im Ausland, die Goethe-Institute, Volkshochschulen und private Sprachschulen bis hin zum universitären Sprachunterricht, und von unzähligen Fortbildungen ist dieses Buch inspiriert und genährt worden.

Die real existierende Unterrichtssituation, die vielen täglichen Hürden, Lasten und Frustrationen der Lehrkräfte, das institutionelle Unverständnis für Sprachenerwerb,

Unterricht und Lehrpersonal und all die anderen menschlichen, methodischen und institutionellen Beschränkungen des Unterrichtsalltags sind mir aus erster Hand bekannt. Ich kenne daher auch das Argument, dass sich vernünftiger Sprachunterricht, der den Anforderungen der Forschung einigermaßen genügt und kommunikativ brauchbare Kompetenzen zum Ziel hat, unter solchen Bedingungen nicht umsetzen lässt. Ich kenne aber auch hinlänglich viele Beispiele, die zeigen, dass auch unter unverständigen institutionellen und curricularen Rahmenbedingungen erfolgreicher Unterricht (wenigstens ansatzweise) möglich ist. Ich vermute, dass viele Leserinnen und Leser dieses Buches zu denen gehören, die diesen begründeten Optimismus teilen und daher versuchen, Impulse für eine Weiterentwicklung ihres Unterrichts zu bekommen. Sie werden hier mit Sicherheit nicht enttäuscht. Das Buch wendet sich an kompetente Lehrkräfte, die die Lehrerrolle nicht als eine einfache Umsetzung von Vorschriften und Routinen, sondern – dem Gegenstand der Vermittlung angemessen – als Einladung zum kreativen Denken und inspirierenden Arbeiten verstehen. Darüber hinaus wendet sich das Buch auch an Leserinnen und Leser, die sich außerhalb des Unterrichts für den Sprachenerwerb und die Grundlagen der Mehrsprachigkeit interessieren.

Einleitung

Interkulturelle Kommunikation im Zeitalter der Globalisierung

In unserer zunehmend globalisierten Welt gehört die Kommunikation zwischen verschiedenen Kulturen zu einem der wichtigsten sozialen, politischen und wirtschaftlichen Aufgabenbereiche. Die Globalisierung findet dabei auf verschiedenen Ebenen statt: lokal innerhalb multikultureller oder multikulturell werdender Gesellschaften,[1] regional in multinationalen Institutionen und international in transkontinentalen Verbünden, Weltorganisationen (unter anderem für Wirtschaft, Gesundheit, Bildung, Sport, Banken) und im Cyberspace.

Dabei sind all diese Globalisierungsbestrebungen gleichzeitig Teil einer wachsenden Paradoxie. Der Notwendigkeit, die großen sozialen und wirtschaftlichen Probleme wegen der globalen Vernetzung der Ursachen auch global zu lösen, stehen andererseits geradezu reaktionäre Bestrebungen entgegen, der Gefahr des Verlustes der „kulturellen Identität" vorzubauen. Einerseits verlangt oder erzwingt also eine Reduktion wirklicher und relativer Entfernungen und ein Überschreiten von Grenzen ein Zusammenleben und Kommunizieren von Menschen verschiedener Herkunft in bisher nicht gekannter Intensität, andererseits stehen dem Ideal einer multikulturellen Gesellschaft die gleichen Widerstände entgegen, die mit der Schaffung solcher Gesellschaften als überkommen geglaubt galten (Huntington 1997). Erzwungene, oft mit großer militärischer Anstrengung zusammengehaltene multikulturelle Gesellschaften haben ohne Druck keinen Bestand und neigen als Folge des Drucks vielmehr dazu, verschärfte kulturelle Spannungen zu generieren. Auch demokratisch geschaffene multikulturelle Gesellschaften benötigen meist viel Zeit und Energie, um sich aus der Phase der multi-kulturellen Duldung zu inter-kultureller Toleranz und interkulturellem Miteinander zu entwickeln. Die rechtspopulistischen Bewegungen in Europa und die ethnischen Auseinandersetzungen in Afrika und Asien zeigen, dass es zuweilen gewaltig unter der Oberfläche gesellschaftlicher Toleranz- und Internationalisierungspostulate rumort. Ethnozentrismus, Ausländer- und Fremdenfeindlichkeit, Rechtspopulismus, Rassismus, Diskriminierung, Terrorismus, Bürgerkrieg, Massen- und Völkermord sind durch politisch und wirtschaftlich bewirkten Multikulturalismus nicht verschwunden. Das verbreitete Scheitern von Multikulturalismus-Modellen zeigt, dass ein verordnetes oder aufgezwungenes Nebeneinander von Kulturen ohne Mediationsbemühungen eher Spannungen verstärkt, als nachhaltig Toleranz zu bewirken. Es mangelt an effizienten Verfahren der Vermittlung (Mediation) zwischen Kulturen.

Den Sprachen kommt in dem Prozess der Mediation deswegen eine besondere Rolle zu, weil er mit der Kommunikation über kulturelle Grenzen hinweg anfängt und auch nur durch diese am Laufen gehalten wird. Die Sprache kann nicht alle Probleme lösen,

---

[1] In vielen Regionen der Welt herrscht eine ausgeprägte Mehrsprachigkeit innerhalb eines Landes. Ein Dutzend nationale Sprachen sind keine Seltenheit. In Nigeria werden sogar circa 400 Sprachen gezählt. Migrationsbewegungen verstärken diese Tendenzen (siehe Edwards in Auer/Wei 2009 zu den politischen Aspekten der Verbreitung von Mehrsprachigkeit).

aber sie hat eine Schlüsselposition beim Zustandekommen interkulturellen Austauschs, die weit über die Beherrschung von Strukturen sprachlicher Systeme hinausgeht. Diese Funktion hat mehr mit Kulturvermittlung als mit strukturellen Eigenschaften sprachlicher Systeme zu tun. Das Lernen und Lehren von Sprachen ist in Wirklichkeit eines der wichtigsten politischen Instrumente im Zeitalter der Globalisierung und Internationalisierung. Sprachunterricht und Sprachenlernen werden aber von Lehrkräften und Lernern gleichermaßen oft noch als die Domäne des Grammatikerwerbs und nicht als Zugangsvermittler zu anderen Kulturen behandelt. Wenn kulturelle Aspekte im Fremdsprachenerwerb aber auf die Faktenvermittlung reduziert werden und ansonsten vor allem strukturelle Aspekte der Sprachen in den Vordergrund treten, bleiben wichtige Lern- und Kommunikationspotenziale ungenutzt. Dabei bleibt nicht nur der Bereich des landeskundlichen Wissens unterentwickelt, sondern es wird in erster Linie der Erwerb semantischer, pragmatischer und semiotischer Kompetenzen erheblich eingeschränkt, die für die interkulturelle Kommunikation essentiell sind[2].

Wenn in der heutigen Zeit vordringlich interkulturelle Kompetenzen verlangt werden, dann müssen in Sprachunterricht und Spracherwerb im weiteren Sinne also bevorzugt kulturelle Aspekte der Sprachen und Kommunikation berücksichtigt werden. Dazu bedarf es aber einer größeren Bewusstheit für die kulturelle Bedingtheit von Sprachen und die sprachliche Bedingtheit von Kulturen. Diese müssen sich schließlich in kultursensitiven Lern- und Lehrverfahren manifestieren, die Mehrsprachigkeit nicht nur künstlich rekonstruieren und archivieren wollen, sondern die in Fülle vorhandenen natürlichen Ressourcen der Mehrsprachigkeit und Mehrkulturalität organisch, dynamisch und effizient zu nutzen wissen. Das Augenmerk der künftigen Lern- und Lehrforschung ist daher verstärkt auf Aspekte der Ökologie und Ökonomie des Sprachenerwerbs und Sprachenmanagements zu richten. Das bedeutet aber, dass die Spracherwerbs- und die Mehrsprachigkeitsforschung sich nicht nur eklektisch wie bisher, sondern systematisch an kognitiven und kultursensitiven Aspekten des Sprachenerwerbs und Sprachenmanagements ausrichten müssen.

Diesen Aufgabenbereich zu skizzieren, indem wichtige, dafür geleistete Vorarbeiten vorgestellt werden, ist Ziel dieses Bandes. Daher wird in den folgenden Kapiteln behandelt, wie Kulturen und Sprachen, wie verschiedene kulturelle Systeme im kognitiven System eines Lerners miteinander agieren und wie dies im Sprachenerwerb und beim Erhalt von Mehrsprachigkeit genutzt werden kann. Zunächst soll dafür das Verhältnis von Kultur und Sprache betrachtet werden. Es wird gezeigt, wie vielfältig und differenziert sich kulturell geprägte Schemata in Sprache manifestieren und wie Sprache gleichermaßen kulturelle Schemata prägen hilft (Kapitel 1).

---

2   Auf diesen weit gefassten kommunikativen Grundlagen basiert zum Beispiel die ‚Values Orientation Method' des Kluckhohn Centers, ein bekanntes Verfahren bei der Lösung interkultureller Konflikte. Dieses Verfahren geht davon aus, dass Konflikte zwischen Gruppen ihre Ursachen in einer unterschiedlichen Wahrnehmung und Interpretation der Welt haben und stellt Bedingungen her, die es ermöglichen, dass Gruppen in einen Dialog über die unterschiedlichen Konzeptualisierungen eintreten. Die Methode der Vermittlung basiert auf einem Interviewverfahren, das dazu dient, die Ursachen des Konfliktes zwischen und innerhalb der beteiligten Gruppen zu ergründen, ohne selbst dazu wertend Stellung zu nehmen.

Daran anschließend wird dargestellt, nach welchen Prinzipien, Spracherwerb erfolgt – von imitativen bis zu regelkonstruierenden –, welche Rolle die Interaktion mit der Eingabe spielt und warum der Spracherwerb fossilisieren kann (Kapitel 2). Forschungsmethodisch illustriert dieses Kapitel das Ertragspotenzial einer kognitionswissenschaftlichen Ausrichtung auf Mehrsprachigkeit und Sprachenerwerb, der es darum geht zu verstehen, was eigentlich in Lernern vorgeht, wenn sie Sprachen lernen, sprechen und verwalten. Unter der traditionell stark linguistisch und lehrmethodisch ausgeprägten Behandlung der Thematik, hat diese kognitionswissenschaftliche Ausrichtung – zumindest im deutschsprachigen Raum – noch einen gewissen Neuigkeitswert. Deshalb orientieren sich auch das folgende und die weiteren Kapitel an ihr.

Kapitel 3 behandelt psycholinguistische Aspekte der rezeptiven und produktiven Sprachverarbeitung. Eine zentrale Funktion in der Sprachverarbeitung kommt dem mentalen Lexikon zu. Es wird daher dargestellt, wie es aufgebaut ist und erworben wird und wie über Metaphorisierungsprozesse im Kopf des Lerners eine ausgeprägte kulturspezifische Semantik entsteht, die trotz der Spezifik und Differenz konstruktiv im Erwerb und der Vermittlung von Sprachen eingesetzt werden kann. Auch andere zentrale Aspekte der Kognition im Sprachenerwerb werden in diesem Kapitel behandelt: Textualität und Lesen als kognitive Prozesse, die Rolle von Multikodalität und Multimedialität im Sprachenerwerb, die Relevanz konzeptueller Grammatikanimationen beim Aufbau mentaler Modelle. Dieses Kapitel mündet in einem Modell einer systematischen kognitiven Grammatik.

Kapitel 4 widmet sich sodann verschiedenen Modellen der Mehrsprachigkeit und den Prozessen und Prinzipien des Sprachenwechsels. Dabei zeigt sich, dass frühere, an Defiziten (gegenüber der Einsprachigkeit) orientierte Perspektiven auf Mehrsprachigkeit nicht geeignet sind, den konstruktiven Charakter von Mehrsprachigkeit und Mehrkulturalität abzubilden. Mehrsprachigkeit wird hier dagegen als dynamisches ökologisches System dargestellt, das von unterschiedlichen Faktoren – je nach der Relevanzbewertung durch den Sprecher/Lerner – beeinflusst wird. Ergebnisse von Migrations- und Bildungsstudien illustrieren im Kontext von Migration und Integration die Problematik der Relevanzbewertung mehrsprachigen Kapitals, wie sie sich in der (bisher unterentwickelten) gesellschaftlichen Wertschätzung und Wertschöpfung von Sprachen manifestiert.

Vor dem Hintergrund der Dynamik und Ökologie der Mehrsprachigkeit diskutiert Kapitel 5 die Prämissen, Potenziale und Beschränkungen gängiger Modelle der Kulturvermittlung und Landeskunde. Dabei zeigt sich die unterschiedliche Fähigkeit der Modelle, das zentrale Problem der kognitiven Dissonanz zwischen „Fremdem" und „Eigenem" zu lösen und in konstruktiven Prozessen der Wissensgenerierung zu bearbeiten.

Kapitel 6 illustriert schließlich, wie diese Prozesse im Rahmen eines kognitionspsychologischen Verfahrens der Schema- und Modellentwicklung vorstellbar sind und wie dieses Verfahren operationalisiert werden kann. Dabei ist davon auszugehen, dass es nicht das Ziel von Transkulturationsprozessen sein kann, Fremdheit aufzulösen, sondern sie vielmehr als Normalität zu verstehen und bestehen zu lassen. Dies postulieren die skeptische Hermeneutik und das Modell der Transdifferenz.

Zehn programmatische Vorschläge für die Zukunft des Sprachenerwerbs und Sprachenunterrichts schließen den Band ab.

Interkultureller Fremdsprachenunterricht

Als die Forschung begann, sich mit interkulturellen Aspekten in Spracherwerb und Sprachunterricht zu beschäftigen, geschah dies auf der Grundlage bildungspolitischer Zielsetzungen und hermeneutischer Überlegungen. Literarische Gattungen sollten den kommunikativen Trend zur Alltagssprache ausgleichen helfen und damit gleichzeitig frische, auf rezeptionsästhetischen Theorien basierende Impulse für das Fremdverstehen und die Fremdsprachendidaktik liefern (Hunfeld 1997, Wierlacher 1987, Krusche/ Krechel 1984, Weinrich 1971). Die anfängliche Affinität zu lyrischen Texten weitete sich auf andere Gattungen aus und verjüngte mit dieser Wiederentdeckung der Literatur im Fremdsprachenunterricht gleichzeitig das in den 1980er Jahren bereits zum Establishment gerinnende kommunikative Didaktikparadigma (vergleiche die Forderung nach einem expliziten interkulturellen Ansatz von Wylie/Bégué/Bégué (1970) und die bereits frühe Formulierung der konfrontativen Semantik durch Müller-Jacquier (1981). Für die auf Zyklen sozialisierte Zunft der Sprachlehre stand fest: das ist eine neue, die vierte Generation der Fremdsprachendidaktik, die interkulturelle, oder zumindest die Version 3.5, die kommunikativ-interkulturelle.

Allerdings hat diese Euphorie nicht überall zu einer intensiveren, systematischen Reflexion interkultureller Aspekte in Bezug auf ein besseres Verstehen des Sprachenlernens und eine effizientere Ausrichtung des Sprachenlehrens geführt. Selbst in der Lehrwerksproduktion, deren Halbwertzeitzyklen seitdem immer kürzer werden, ist die Anfangseuphorie vergleichsweise schnell verflogen. Infolge des *Gemeinsamen Europäischen Referenzrahmens für Sprachen* (GER) – und bereits seines Vorgängers, des Schwellen-Projektes (*Threshold Level Project*) des Europarates – scheinen sich aufgrund der (oft falsch verstandenen) Standardisierungen die starken Vereinheitlichungstendenzen zu einer Didaktik der Generation 3 oder gar 2.5 zurück zu verdichten. Die Aufnahme der Fremdperspektive in Lehrwerken beschränkte und beschränkt sich oft auf oberflächlich vergleichende Beschreibungen fremder kultureller Artefakte, und die Behandlung der Landeskunde unterliegt nach wie vor dem Stigma der vermeintlich mangelnden Unterrichtszeit.

Exkurs: Kleiner historischer Rückblick auf die Entwicklung des Fremdsprachenunterrichts

Der Fremdsprachenunterricht ist traditionellerweise vor allem von den bildungspolitischen, pädagogischen, psychologischen und soziologischen Vorstellungen der entsprechenden Epoche und ihren gesellschaftlichen Trends beeinflusst worden. Diese Aspekte überschreiben im Endeffekt auch alle sporadischen Versuche, den Fremdsprachenunterricht an sprachwissenschaftlichen oder erwerbslinguistischen Erkenntnissen auszurichten. So verdankt die Grammatik-Übersetzungsmethode ihre Langlebigkeit den verbreiteten, aber empirisch nicht begründeten Vorstellungen von der Steuerbarkeit des Lerners, der Autorität des Inputs und der Bedeutung elitärer Bildungsziele. Mit den audio-lingualen und audio-visuellen Methoden setzt eine Ent-Elitarisierung und Veralltäglichung des Sprachenlernens ein. Die vorwiegend mit Alltagssprache operierenden Methoden sind direkte, wenn auch reduzierte Abbildungen behavioristischer Lernmodelle und militärischer Bedürfnisse ihrer Zeit. Der kommunikative Ansatz schließlich ist von den Demokratisierungsbestrebungen der Gesellschaften bestimmt. Sein wichtigstes Lernziel, die kommunikative Kompetenz, ist dem soziologischen Ansatz der

Frankfurter Schule entlehnt (Habermas 1981). Der *Gemeinsame Europäische Referenzrahmen für Sprachen* stellt zwar keinen neuen didaktischen Ansatz dar, bildet aber über seine Ausrichtung auf den pragmatischen und utilitaristischen Bedarf eines zusammenwachsenden und mobilen europäischen Arbeitsmarktes den Zeitgeist des politisch und wirtschaftlich gewollten Einigungsprozesses in Europa ab und wirkt daher paradigmenbildend und auf den Unterricht stärker standardsetzend als alle didaktischen Ansätze zuvor. Er weist deutliche Parallelen zu den *Proficiency-Guidelines* des *American Council of Teachers of Foreign Languages* (ACTFL) auf, die ihrerseits – wie bereits die audiolinguale Methode – stark von den Bedürfnissen der Sprachschulen des US-Militärs beeinflusst wurden. Eine erwerbslinguistische oder stringente sprachwissenschaftliche Basis weist er nicht auf.

Typisch für die zeitlichen Strömungen sind konsequenterweise auch all die Methoden, die in der Beliebigkeit des Mainstreams keine oder nur geringe Berücksichtigung finden können. Diese alternativen Methoden oder Randmethoden wie die Suggestopädie, *Total Physical Response*, *Silent Way* oder *Community (Language Learning) Approach* reflektieren die Suche des Sprachunterrichts nach zeitgemäßen Verfahren, die vor allem die vernachlässigte Innerlichkeit der Gesellschaft ansprechen oder die Kritik an ihrem Fortschrittsglauben ausdrücken sollen.

Die gefühlte Wahrheit der Methoden bei gleichzeitigem Mangel an wissenschaftlich-kritischer Überprüfung der Annahmen ergibt ein inkohärentes Bild der Fremdsprachendidaktik und -methodik, das zwangsläufig zu vielen Widersprüchen, Rückschritten und Frustrationen führen muss. Die rasante Abkehr von der Sprachlerntechnologie der 60er und 70er Jahre, das Austrocknen der alternativen Methoden, die Rückentwicklung der kommunikativen Didaktik oder die neo-behavioristischen Erscheinungen der kommerziellen Sprachsoftware gehören zu den Symptomen dieses Dilemmas. Die anhaltende unreflektierte Verbreitung eklektischer Übungsformen der Grammatik-Übersetzungsmethode oder des *Pattern Drill*s in Unterricht und Lehrmaterial illustriert, wie wenig nachhaltig offenbar die Bemühungen um eine theoretisch fundierte und empirisch abgesicherte kommunikative Didaktik waren.

Mit dem Auftauchen der interkulturellen Sprachdidaktik und der „vierten Generation von Lehrwerken" (Neuner/Hunfeld 1993) schien sich eine Veränderung gegenüber den Referenzdisziplinen anzubahnen. Zunehmende Migration und Globalisierungstendenzen machten eine entsprechende Öffnung nötig. Aber auch diese anfänglichen Bestrebungen haben sich in der Breite des Lehrmaterials und des Sprachunterrichts genauso wenig durchgesetzt wie wissenschaftlich fundierte Modelle von Grammatik und Sprache. Stattdessen beschäftigt sich die Unterrichtsmethodik geradezu aktionistisch mit temporären Neuerungen (wie den neuen Medien, dem Referenzrahmen, der farbigen Darstellung grammatischer Phänomene) oder Wiedererfindungen bekannter Aspekte (wie dem Inhaltsbezug oder der Diskussion der Bedeutung mündlicher Texte), ohne sich ernsthaft mit den wissenschaftlichen Grundlagen der Didaktik zu beschäftigen.

Ein kurzer Rückblick auf die Vorschläge von Comenius zum inhaltsbezogenen Lernen aus dem 17. Jahrhundert etwa oder die Sprachreformer früherer Jahrhunderte sowie die Modelle aus den 70er Jahren des 20. Jahrhunderts würde der neueren Diskussion des *Content and Language Integrated Learning* (CLIL) eine erhellende Perspektive bieten. Comenius hält unter Bezug auf einen christlichen Gelehrten bereits 1623 fest:

> Die Kenntnis einer Sprache mache noch keinen Weisen, sie diene lediglich dazu, uns mit den anderen Bewohnern der Erdoberfläche, lebenden und toten, zu verständigen; und darum sei auch derjenige, welcher viele Sprachen spreche, noch kein Gelehrter, wenn er nicht zugleich auch andere nützliche Dinge erlernt habe. (Comenius 1970:269)

Dabei verbindet Comenius bereits die Prozesse des Spracherwerbs und der allgemeinen Maturation (der Vision und des Intellekts des Kindes) und nimmt damit Jean Piagets Modell der kognitiven Entwicklung sowie die in der Spracherwerbsforschung etablierten, kognitive Entwicklungsphasen repräsentierenden Konzepte der Erwerbssequenzen vorweg. Darüber hinaus produzierte er bereits ein Lehrbuch (*Orbis sensualium pictus*), in dem er systematisch die Verwendung visueller Materialien beim Sprachenlernen und -lehren bedachte (Comenius 1981).

Auch die Mitte des 19. Jahrhunderts im Kontext der industriellen und sozialen Umwälzungen entstandene, bildungspolitisch und methodisch motivierte Reformbewegung des Fremdsprachenunterrichts bildet zwar eine didaktische Brücke zwischen den Arbeiten von Comenius und den Elementen des inhaltsbezogenen und handlungsorientierten Lernens moderner didaktischer Ansätze, verfolgt jedoch keine wissenschaftlichen Ziele. Ihr geht es vielmehr darum:

► Fremdsprachen jedem zugänglich zu machen, anstatt sie einer exklusiven Elite vorzubehalten

► den Fremdsprachenunterricht weit über den Unterricht klassischer Literatur hinaus zu erweitern, indem Inhalte des Alltags- und Berufslebens sowie schulischer Fächer in den Fremdsprachenunterricht aufgenommen werden sollten, zum Beispiel in verschiedenen Verfahren des immersiven Lernens.

Mitbegründer oder Anhänger dieser Bewegung wie Jesperson (1922), Passy (1899), Sweet (1899), Gouin (1892), Berlitz (1887), Viëtor (1882) prägten die Reformbewegung mit unterschiedlichen auf die Praxis ausgerichteten Ideen, Modellen und Unterrichtsverfahren. In seiner einflussreichen Einführung benennt Stern (1983) diese Phase wie folgt:

> The last decades of the nineteenth century witnessed a determined effort in many countries of the Western world (a) to bring modern foreign languages into the school and university curriculum on their own terms, (b) to emancipate modern languages more and more from the comparison with the classics, and (c) to reform the methods of language teaching in a decisive way.(Stern 1983:98)

Verschiedene Methoden sind in den 20er Jahren (bis in die 40er Jahre) des 20. Jahrhunderts als „praktische Antworten" auf die vorangehende Diskussion entwickelt worden: darunter die vermittelnde Methode (England), die Lesemethode (England) und *BASIC English* (*British/ American/Scientific/International/Commercial*), ein Versuch, das Sprachenlernen zu vereinfachen und zu rationalisieren. Mit diesen Methoden beginnen die ersten Ansätze, das Unterrichtsgeschehen, die sprachliche Basis, das Testen von Fertigkeiten und das Lern- und Lehrverhalten mittels verschiedener Pilotstudien systematisch zu untersuchen (unter anderem die *Modern Foreign Language Study* der American and Canadian Committees on Modern Languages, 1924–1928, siehe Bagster-Collins/Werner/Woody 1930). Dieser Trend wurde in den 40er und 50er Jahren mit der Profilierung der Linguistik noch intensiviert. Hierzu gehören Schlüsselereignisse wie die Veröffentlichung von *Psycholinguistics: A Survey of Theory and Research Problems*, herausgegeben von Osgood/Sebeok/Gardner/Carroll/Newmark/Ervin/Saporta/Greenberg/Walker/Jenkins/Wilson/Lounsbury (1954), *Verbal Behavior* von Skinner (1957) und Lados erste systematische Erfassung der kontrastiven Linguistik *Linguistics across Cultures: Applied Linguistics for Language Teachers* (1957). *The American Army Method*, deren Errungenschaften später heiß umstritten waren, versuchte nachzuweisen, dass Sprachunterricht auch ohne die traditionellen schulartigen Methoden und mit wesentlich größeren Gruppen und in kürzerer Zeit effizient durchgeführt werden kann. Als Folge der behavioristischen Ideologie wurden besonders in den USA die audiolingualen und in Frankreich die audiovisuellen Lehrverfahren entwickelt, die lange Zeit den Sprachunterricht dominierten und unter anderem auch dem Vormarsch der Sprachlabortechnologie Vorschub leisteten und – trotz gegenteiliger empirischer Evidenz – bis heute dem konditionierenden Einsatz elektronischer Medien zugrunde liegen (zum Beispiel in Programmen wie *Rosetta Stone* oder *Tell me more*).

Die stetige Zunahme von linguistischen Studien und die Begründung der Psycholinguistik als ein interdisziplinäres Forschungsgebiet leisteten später einen wesentlichen Beitrag zur Identifizierung der aus den Methoden der behavioristischen Verhaltensformung entstehenden Probleme des Spracherwerbs (zum Beispiel Rivers' einflussreiches Buch *The Psychologist and the Foreign Language Teacher* 1964). Als Folge der zunehmenden Kritik an den intuitiven Methoden gewann schließlich das „kognitive Lernen" – bis heute weitgehend als das regelgeleitete, systematische Lernen missverstanden – in der Diskussion um angemessene Ansätze an Gewicht. Chomskys nativistische Theorie auf der einen Seite und soziolinguistische und pragmalinguistische Strömungen auf der anderen haben im Anschluss daran vor allem die Erwerbsforschung und die Entwicklung neuer methodischer Verfahren geprägt. Chomskys Ausgangshypothese zufolge haben Kinder eine angeborene Fähigkeit der Sprachbildung (in der Muttersprache, L1). Wenn Kinder zum ersten Mal die Sprache hören, setzten allgemeine Prinzipien der Spracherkennung und Sprachproduktion ein, die zusammen das ergäben, was Chomsky den *Language Acquisition Device* (LAD) nennt. Der LAD steuere die Wahrnehmung der gehörten Sprache und stelle sicher, dass das Kind die entsprechenden Regeln ableite, die die Grammatik der gehörten Sprache bildeten. Dabei bestimmten Verallgemeinerungen, wie die Sätze in der entsprechenden Sprache zu bilden seien. Im Zweitsprachenerwerb werde die Reichweite des LAD einfach auf die neue Sprache ausgedehnt. Nativistische Theorien des Spracherwerbs haben jedoch wenig Einfluss auf die Entwicklung von Erwerbs- und Unterrichtskonzepten für Fremdsprachen gehabt. Den stärksten Einfluss haben sie in der Erforschung und Formulierung von Erwerbssequenzen ausgeübt.

In deutlichem Kontrast dazu haben sich seit den 1970er Jahren parallel verschiedene Forschungsrichtungen ausgebildet, die sich an die Valenzgrammatik, die Pragmalinguistik (Sprechakttheorie, Diskursanalyse), die funktionale Linguistik, die Textlinguistik und die Psycholinguistik und andere Kognitionswissenschaften anlehnen. Mit wenigen Ausnahmen ist es aber auch dieser Forschung nicht gelungen, nachhaltig auf die Lehr- und Lernpraxis einzuwirken. Unter den Versuchen einer systematischen Nutzung wissenschaftlicher Ergebnisse für die Entwicklung von Lehrmaterial und Lehrverfahren sind die folgenden zu nennen:

► ein kurzlebiger Versuch, die Valenzgrammatik als Grundlage einer didaktischen Grammatik einzuführen (zum Beispiel das DaF-Lehrwerk *Deutsch Aktiv*)
► die eklektische Nutzung von Elementen der pragmatischen Erwerbsforschung in der Lehrwerksproduktion (siehe die DaF-Lehrwerke *Tangram, Schritte international*)
► die Berücksichtigung von Aspekten der Interkomprehensionsdidaktik in Lehransätzen (EUROCOMM)
► die Gestaltung des Sprachunterrichts nach handlungstheoretischen und konstruktivistischen Prinzipien (Szenariendidaktik, fallbasiertes Lernen, Fachsprachenunterricht).

Fremdsprachenunterricht wird verbreitet noch als Domäne des Einzelerwerbs betrachtet. Die systematische Nutzung von Kenntnissen der Vorsprachen beim Erwerb weiterer Sprachen wird bisher nur ansatzweise bedacht und bearbeitet. In Begriffen wie ,Mehrsprachigkeitsdidaktik', ,Deutsch nach Englisch' oder ,Interkomprehensionsdidaktik' zeigen sich die Vorboten einer neuen Generation der Fremdsprachendidaktik, deren Grundlagen jedoch noch zu erarbeiten sind, wenn sie nicht bei kontrastiven Vergleichen verharren will.

1 Kultursprache und Sprachkultur

Worum es beim Erwerb von Mehrsprachigkeit geht und dass sich der Erwerb nicht vornehmlich als grammatikbasierte Sequenz von kontextlosen Fertigkeiten darstellen lässt, soll im Folgenden illustriert werden. Ziel ist es zu zeigen, wie vielfältig und differenziert sich kulturell geprägte Schemata in Sprache manifestieren und wie Sprache gleichermaßen kulturelle Schemata prägen hilft. Erst wenn diese Bedingungen im Spracherwerb und Sprachunterricht Berücksichtigung finden, lassen sich die Ergebnisse (sprachliche und kulturelle Kompetenzen) und die dafür nötigen Erwerbs- und Vermittlungsprozesse optimieren.

Zur plastischen Darstellung der komplexen Bezüge von Kultur und Sprache bieten sich Gebrauchsanleitungen und Hinweise besonders an, die speziell für internationale Adressatengruppen gemacht sind. Das Besondere daran: trotz recht einfacher und alltäglicher Inhalte und Begriffe funktioniert die Kommunikation oft nicht. Bestenfalls produziert sie komische Effekte. Hier einige sprechende Beispiele.

So werden im Yosemite Nationalpark in den USA die deutschsprachigen Besucher auf folgende Regeln aufmerksam gemacht:

> Kleine Unfälle sollen gleich aufgesammelt werden.

> Wir haben keine Leibwache im Schwimmbad.

> Die Verwaltung behalted das Recht eine Aufwarung zu verweigern oder jedermann auszutreiben sollte jede diesen Regeln nicht einwilligen oder eine Bestörung verursachen.

> Die Verwaltung ist, ausserdem, im Falle von Feuer, Diebstahl, Wind, Erdbebeb oder Göttliche Akte, in Haftpflichtig für Unfälle, Verletzungen oder Verluss von Eigentum.

Eine Fülle direkter Übersetzungen (‚Leibwache' – ‚lifeguard'/‚Bademeister', ‚Göttliche Akte' – ‚acts of God'/‚Höhere Gewalt'), Schreibfehler und Sprachmischungen (‚Erdbebeb', ‚in' (‚nicht'), ‚Verluss' – ‚loss', ‚behalted', ‚außerdem' – ‚however' in Kommarahmung), Fehlübersetzungen (‚Haftpflichtig' – ‚liable'/‚nicht verantwortlich'/‚Haftungsausschluss', ‚Aufwarung' – ‚stay'/‚Beherbergung'), falscher grammatischer Strukturen oder vermeintlicher Interferenzen (‚jede diesen Regeln nicht einwilligen' – ‚to comply with each of these rules', ‚ist in Haftpflichtig für' – ‚liable for') und falscher Entlehnungen (‚kleine Unfälle'/‚Missgeschicke' – ‚little accidents', ‚auszutreiben' – ‚to expell') illustrieren darin die interkulturelle Verletzung vor allem orthografischer, grammatischer und semantischer Regeln. Damit ergeben sich nicht nur Diskrepanzen in der sprachlichen Repräsentation der Gegenstände und Ereignisse, sondern es ändert sich auch die pragmatische Funktion des Textes (Illokution): Die als autoritativer, direktiver Text konzipierte Vorlage im Englischen verliert durch die Übertragung ins Deutsche an Autorität und gewinnt an Komik.

Ähnlich unbeabsichtigte, weil interkulturell nicht sensible Effekte erzielt regelmäßig auch das Produktmarketing unterschiedlicher Branchen mit semantischen Fehlgriffen. Die Übertragung des populären amerikanischen Werbeslogans für Milchprodukte ‚Got milk?' (,Hast Du 'ne Milch?') als ,Tienes leche?' (,Stillst Du?') ins Spanische wurde von den anvisierten Kundinnen in Südamerika als Beleidigung rezipiert und brachte daher nicht den gewünschten Verkaufserfolg. Legendär sind in dieser Hinsicht auch die Versuche, den ,Fiat Uno' als ,Idiot' in Finnland, den ,Chevy Nova' als ,nichts geht' (,no va') in Spanisch-sprachigen Ländern, die Whiskymarke ,Black Nikka' in den USA oder den amerikanischen Lockenwickler ,Mist Stick' in Deutschland zu vermarkten (vergleiche den Artikel *Frisch und kühl* in *Der Spiegel* 32, 1993). Die Werbebranche ist seit diesen und anderen folgenreichen Fehlgriffen besser sensibilisiert und entwickelt seitdem bevorzugt – aber nicht unfallfrei – Kunstnamen, die vor ihrer Markteinführung auf ihre interkulturelle Verträglichkeit hin überprüft werden. Werbebranche und Marketingabteilungen von Unternehmen gehören damit zu denjenigen, die fehlendes Einfühlungsvermögen in die semantischen Feinheiten anderer Sprachen und Kulturen am ehesten und nachhaltigsten zu spüren bekommen[1].

Manchmal sind es nicht einzelne Wörter, sondern kulturelle Konnotationen nicht berücksichtigende Ausdrücke oder Redewendungen, die einen Text ins Unverständliche oder Komische verwandeln: ,Thank you for patronizing us' bedankt sich ein chinesisches Restaurant für die Bevormundung durch die Gäste, während ein Hotel davor warnt, brennend einen Lift zu benutzen ,When on fire please don't use lift'. In einem angrenzenden chinesischen Nationalpark (Gelbe Berge) finden sich verschiedene wohlmeinende Warnungen: ,Don't flirt monkey by feeding' oder ,Don't enjoy the scenery while walking' heißt es auf dem Weg zu verschiedenen Felsformationen, bei deren Bezeichnungen man zwar eine mythologische Konzeptwelt erahnen kann, zu der der Zugang aber durch ein automatisiertes, kulturfreies Übersetzungsprogramm verstellt ist. Zu diesen in Wirklichkeit beachtlichen, sprachlich aber entstellten Formationen gehören folgende: ,The Flower Grown Out of a Writing Brush Rock', ,Double Cats Catching the Mice' oder ,Gold Cock Growing at the Heavenly Gate'.

Verhängnisvoll wird die mangelnde kulturelle Sensibilität für Kommunikationskulturen in politischen Entscheidungen, wie sie etwa das Europäische Patentamt in München im Dezember 1999 mit der Zulassung des Patentes 695351 getroffen hat. Hier wurde ein Verfahren der Universität Edinburgh zur genetischen Veränderung so genannter Stammzellen von Säugetieren geschützt. Dieses Verfahren schließt weitreichende menschliche Genexperimente wie das Klonen von Menschen mit ein, und zwar unbeabsichtigterweise. Man hatte nicht berücksichtigt, dass der englische Begriff ,animal' im Gegensatz zum Deutschen ,Tier' oder ,tierisch' nicht zwischen ,human/nonhuman' unterscheidet. Im Deutschen wird zudem zwischen Mensch und Mann unterschieden, wo im Englischen nur ,man' (auch ,mankind' und ähnliches) oder im Französischen nur ,l'homme' verwendet wird.

Dass vor allem pragmatisch bedingte Fehlübertragungen fatal sein können, zeigt sich bekanntermaßen auch in der Geschäftswelt (Bolten 2004, Müller-Jacquier 2003, Graham 1996, Thomas 1993). Graham/Herberger (1987) geben hierzu eine ebenfalls legendäre Beschreibung der Folgen des amerikanischen Verhandlungsstils, den sie als „John-Wayne-Style" bezeichnen. Daraus leiten sie Vorschläge für bessere Verhand-

---

[1] Siehe hierzu auch die Einführung von Schmidt/Akihiko/Zhigang/Hy-sook (1996), insbesondere der Vergleich amerikanischer, japanischer, chinesischer und südkoreanischer Werbestile (weiter auch Petermann/Jürgens 2009).

lungsstrategien im Ausland ab, die als Muster für viele interkulturelle Trainings dienen. Geschäftsleute sind für die Problematik interkulturellen Verstehens oft so bemerkenswert wenig sensibilisiert, dass sie häufig nicht verstehen, warum sie bei ihren Verhandlungen nicht punkten können (Graham 1996, Francis 1991, Weiss 1990, Tung 1982 und andere).

Nur wenn man glaubt, dass es eine Eins-zu-Eins-Abbildung der Wirklichkeit ohne sprachkulturelle Vermittlung gibt, kann man nämlich annehmen, dass die entsprechende Übertragung in eine andere Sprache ein einfacher mechanischer Vorgang per Wörterbuch sein kann.

Dass davon alle Bereiche der Sprache vom Wort bis zum Text und zur Kommunikationskultur betroffen sind, soll im Folgenden anhand der Lexik/Semantik, der außer- oder parasprachlichen Bereiche von Gestik, Mimik und Proxemik, des Textes und Diskurses und weiterer kommunikationskultureller Aspekte illustriert werden. Wie kompliziert die Übertragung selbst einzelner Begriffe von einer Sprache in eine andere sein kann, zeigt Rudolf Wittkopf, Preisträger des prestigeträchtigen Heinrich-Voss-Preises für Übersetzung, an einem alltäglichen Beispiel auf:

> Ein oft angeführtes, bis zur Albernheit banales Beispiel: Wir lernen, daß *pain* mit Brot zu übersetzen sei. Indes evozieren diese beiden Vokabeln unterschiedliche Bilder: einerseits ein blondes, schrundiges, stangenförmiges, progressives Gebilde; andererseits einen graubraunen, hausbackenen, rundlich gedrungenen, gemütvollen Laib. Entsprechend verschieden sind die Geräusche des Brotschneidens: beim einen Brot ein verheißungsvolles, sprühendes Knister- krachen, beim anderen das satte Geräusch einer leicht klitschigen Gemütstiefe. (Wittkopf 1987:58)

Ähnlich illustriert auch Kramsch (1988:106) Differenzen in der Perspektivik von Begriffen und ihrem kulturellen Wert im nordamerikanischen Englisch und im Französischen:

> the word *game* in American English is associated in its social context mostly with the words *sports, competition, win, lose, team, rules*, whereas the word *jeu* is associated in the French cultural imagination mostly with such words as *loisir* [leisure], *s'amuser* [to have fun], *enfants* [children], *pas sérieux* [not serious], *contraire de travail* [opposite of work]. *Game* might be the dictionary equivalent of *jeu* but it is certainly not its cultural equivalent.

Das deutsche Wörterbuchäquivalent von ‚game‘ wäre ‚Spiel‘, auch wenn im Englischen das Wort ‚spiel‘ mit vom Deutschen teilweise abweichenden Konnotationen bekannt ist (‚don't give me that spiel‘). Es umfasst sowohl die englische und französische Verwendung des Begriffes.[2]

Besonders anschaulich illustrieren Tiermetaphern, wie unterschiedlich Bedeutungsmerkmale in verschiedenen Sprach-Kulturen trotz gleicher Quellendomänen (Bildspender) ausgedrückt werden können. So symbolisieren, anders als in deutschen Sagen und Märchen, in der chinesischen Mythologie das Reh nicht ‚Schüchternheit‘ sondern ‚Wohlstand‘ und der Drache nicht ‚Unterwelt‘ und ‚Angst‘ sondern ‚Macht‘. Der Tiger, im Deutschen erst durch die Geschichten von Janosch (zum Beispiel *Post für den Tiger*), *Winnie the Pooh* (*Tiggerrrr*) oder die ESSO-Werbung (‚Pack den Tiger in den Tank‘) als gezähmter und hilfsbereiter Charakter ins Bewusstsein getreten, gilt dort als Symbol für ‚Stärke‘.

---

2   Vergleiche hierzu aber auch Wittgensteins Verwendung des Begriffes ‚Sprachspiel‘ im Sinne einer ernsten, aber doch spielerischen Variante (siehe Wittgenstein 1971).

Diese Stärke und Ausdauer wird dagegen in der indianischen Mythologie der *First Nations* in Kanada, zum Beispiel der *Coast Salish* und der *Haida* an der kanadischen Westküste, vor allem in Bezug auf das Jagen durch den Bären repräsentiert. Der Wolf steht dort für ‚Mut', ‚Schläue' und ‚Ehrgeiz'. Ihm fehlt, wie auch dem Bären, das Bösartige und Gefährliche, wie es in deutschen volkstümlichen Texten ausgedrückt wird. Der Killerwal (Orca) steht dort als Symbol für ‚talentierte Fischer', der Adler symbolisiert ‚Weisheit' und ‚Überlegenheit' („er schwebt über den Dingen") und der Rabe wird nicht wegen seiner Geschwätzigkeit, Dummheit oder Hinterhältigkeit verachtet, sondern als ‚teilender Überbringer guter Nachrichten und Lehrer, der von Stamm zu Stamm fliegt', als mit viel Macht ausgestatteter Bote, als Weiser und als Schöpfer verehrt und daher von hochrangigen Stammesältesten im Wappen geführt und als wichtiges Symbol auf Totem-Pfählen gewürdigt.

Auch in den verwandten europäischen Sprachen treten bedeutende kulturspezifische Unterschiede im Metapherngebrauch auf. Die kulturelle Bedeutung von ‚a pig' entspricht daher nicht der von ‚un cochon' im Französischen oder einem Schwein im Deutschen. Selbst ‚swine' und ‚Schwein', die sich phonetisch ähnlich sind, weisen in diachroner Sicht andere kulturelle Bedeutungen auf. Während zahlreiche Tiermetaphern heute abwertend benutzt werden, wie zum Beispiel ‚wie ein Schwein essen', ‚to eat like a pig' (was sich allerdings im Gegensatz zum Deutschen eher auf die Quantität als auf die Qualität bezieht), ‚parler français comme une vache espagnole' (‚wie eine spanische Kuh', ‚sehr schlecht Französisch sprechen') oder ‚ein Esel, Kamel, Rindvieh, Ochse, dummes Huhn, eine dumme Gans sein', wurden sie noch in römischer Zeit zum Ausdruck von religiösen Motiven verwendet: ein Esel wurde als gegenüber äußeren Einflüssen nicht zugänglich angesehen und eine Gans galt als der Juno heiliges Tier, dem die Verantwortung für die Rettung des Capitols während der keltischen Invasion 387 zugeschrieben wurde. Menschliche Dummheit, für die man im Deutschen gerne die Bezeichnung ‚Esel' bemüht, wurde in früheren Zeiten vor allem mit Metaphern von Pflanzen und unbelebten Objekten beschrieben.[3]

Für mangelnde sprachkulturelle Sensibilisierung sind die Übersetzungen und Synchronisationen in Fernsehbeiträgen gerade bei den Metaphern eine reine Fundgrube. In der populären Cartoon-Serie *The Simpsons* etwa verwendet Bart gerne den beruhigenden Spruch ‚Don't have a cow, man' (‚reg dich nicht auf'), das in der Synchronisation als ein nicht verstehbares ‚Hab keine Kuh, Mann' ins Deutsche übersetzt wird.

Die mentalen Bilder aus bereits erworbenen Sprachen werden auch im Spracherwerb gerne auf neu zu lernende Sprachen übertragen. Hierzu ein sprechendes Beispiel des Wettbewerbs *Mein liebstes deutsches Wort*, das 2010 am Goethe Institut Minsk ausgestellt wurde. Es stammt von einer 13-jährigen Schülerin.

„Mutter"

Warum gefällt mir das Wort „Mutter"? Weil es sehr zartlich klingt. Dieses Wort ist auf ewig und stirbt nicht und nie. Die Mutter ist doch der wichtigste Mensch in der Welt. Sie ist immer zart zu

---

[3] Dies ist bereits genauer bei Luther (1970:127) beschrieben. Auch Farbmetaphern weisen deutliche kulturspezifische Unterschiede auf. Das Lateinische etwa enthält mehr als 500 Farbadjektive, die im Gegensatz zu modernen Sprachen von konkreten Trägern der Farben oder von Farbsubstanzen abgeleitet sind, wie zum Beispiel ‚caeruleus' von ‚caelum' (‚Himmel') oder ‚niveus' von ‚nix, nivis' (‚Schnee') (hierzu auch Berlin/Kay 1969).

ihrem Kind, ist immer aufmerksam. „Mutter" bedeutet Sicherheit, Nestwärme. „Mutter" ist Stabilität und Zärtlichkeit. „Mutter" bedeutet, eine warme Mahlzeit, ausgeschimpft werden wegen einer zerbrochenen Tasse. „Mutter" ist ein Lächeln für eine gute Schulnote. „Mutter" ist das Wissen um all meine kleinen Geheimnisse. „Mutter" ist die Sorgenfalte auf der Stirn und die zärtliche Hand auf meinem Haar und ein warmer Gute-Nacht-Kuss.

Schade, dass dieses schones Wort im Worterbuch so kurz definiert ist: „als Mutter bezeichnet man allgemein die Frau, die ein Kind gebart oder geboren hat." Die Anrede fur die „Mutter" ist unterschiedlich. Kaum jemand sagt heutzutage „Mutter", eher „Mama", „Mami", „Mutti". Obwohl in fruheren Zeiten es ublich war, dass Kinder ihre Mutter mit „Frau Mama" ansprachen.

Ich meine, dieses Wort ist wie ein Zauberwort, weil es ahnliche Formen in fast allen Sprachen gibt. Ich habe irgendwo gelesen, dass die Silbe „ma" bereits fur einen Saugling leicht anzusprechen ist. Die Bedeutung des Wortes ist auch interessant. Aus dem lateinischen „mamma" ist es Brust. Jetzt verstehe ich die Bedeutung ahnlicher Worter wie Madonna, Matriarchat, Matrix u. a.

„Mutter" ist das schönste Wort der Welt und ich liebe es „Mutter" zu sagen. Und wir, die Kinder, durfen an unsere Mutter nicht vergessen. Vieles verandert sich in diesem Leben, aber es bleibt das ewige Wort – Mutter!
Darja Iwachnenko

Ein weiteres Beispiel des Wettbewerbs (Löwenzahn) ist auf der begleitenden Webseite zu diesem Buch zu finden.

Die Semantik der Begriffe aktiviert dabei zuweilen auch andere Wahrnehmungs-kanäle wie Christensen (1993) illustriert:

> In one novel [...] one finds the following description: „...penetraron agachados en el pasadizo descendente debajo techo que olìa a iglesia vieja..." („they crept along the descending passageway under a roof that smelled like an old church..."). The reference to the smell of an old church is loaded with cultural information: A visit to any one of Spain's old gothic-style churches provides an unmistakable olfactory experience due to the musty ambience of centuries of mildew and dust accumulation. (Christensen 1993:294)

Zu einer funktional angemessenen, das heißt interkulturell adäquaten Mittlung zwischen Sprachen gehören auch phonetische, intonatorische und außersprachliche Parameter der Gestik, Mimik und Proxemik. Eine Verletzung entsprechender Konventionen bei der Kommunikation in der Fremdsprache, zum Beispiel durch Übertragung von Intonationsmustern aus der Ausgangssprache der Lerner, abweichende Aussprache, zeitliche Verzögerungen (Pausen) beim Sprecherwechsel, die Lautstärke, irritierende Gesten und Mimik oder ungewöhnliche Gesprächskonstellationen der Sprecher (Proxemik) zueinander, kann leicht zu Fehlinterpretationen der Sprechintentionen des Gegenübers führen, die die Kommunikation belasten und gefährden können[4].

Es sind oft Oberflächlichkeiten, die die Konflikte auslösen oder Misserfolg bewirken; diese haben aber eine tieferliegende, oft auch von Interkulturalisten nicht erkannte Ursache in der Konzeptwelt der Sprachgemeinschaft. Ein ehemaliger Direktor der größten und mächtigsten mexikanischen Gewerkschaft, Fidel Velazques, deutete dies in einem Gespräch mit einem Journalisten der Washington Post (1987) an:

---

[4] Hierzu auch Roche (2001), Steiner (1993), Wong-Scollon/Scollon (1990), Basso (1990), Preston (1989), Odlin (1989), Sakamoto/Naotsuka (1982) und zu *critical incidents* Thomas/ Kinast/Schroll-Machl (2001), Flanagan (1954).

‚We're Latins, and our mentality is totally different from yours. We are further removed from material things than from those of the spirit. We are better able to bear poverty than mistreatment. If that were understood in the Unites States, we could be closer to you.' (Storti 1990:16)

Die Mentalität, Weltsicht oder kulturelle Disposition trägt zur Ausprägung überindividueller kommunikationskultureller Konzepte bei, die Agar als ‚Languaculture' bezeichnet.

What I want to happen, what I want you to remember at the end of this book, is that whenever you hear the word language or the word culture, you might wonder about the missing half. That's the reason for the clunky term [...]. "Languaculture" is a reminder, I hope, of the necessary connection between its two parts [...]. (Agar 1994:60)

Die fehlende Kenntnis der kulturspezifischen Planungs- und Strukturierungsprinzipien (Schemata) einer Linguakultur ist Ellis und Roberts zufolge (1987:24) verhängnisvoller für die interkulturelle Kommunikation, als es Unterschiede und Schwierigkeiten im grammatischen Code sind.[5] In der Kommunikation interagieren die verschiedenen Bereiche der Sprache, und zwar in sprachspezifisch unterschiedlichen Gewichtungen.

Kommunikative Besonderheiten von Linguakulturen zeigen sich unter anderem in:

► der Auswahl und Vermeidung von Themen und dem Umgang damit
► der Direktheit oder Indirektheit der Realisierung
► dem Grad der Explizitheit
► der Beziehung zwischen verbalen und non-verbalen Ausdrucksmitteln
► der Organisation des Wechsels der Gesprächsrollen
► der Ausprägung von Registern, kommunikativen Stilen, Diskursmustern und Textsorten.

Wie sich linguakulturelle Skripts ausdrücken, kann man am Beispiel der Höflichkeit zeigen. Zwar lügt man im Deutschen, wenn man höflich ist, oder man kann direkte Imperative verwenden, wenn man nicht lügen will.[6] Wer im Englischen höflich sein will, weicht dagegen auf indirekte oder suggestive Fragen und Vorschläge aus: Er gibt keine direkten Empfehlungen wie „Mach' doch dieses und jenes", sondern man fragt ‚Why don't you do x?' oder schlägt indirekt vor: ‚You might like to do y', ‚May I suggest that ...', ‚It's up to you'. Diese Redemittel deuten auf einen im Vergleich zum Deutschen weniger direkten Umgang mit dem Adressaten hin. Indirektheit gilt als Ausdruck von Höflichkeit

---

5   Konsequenterweise bildet auch die Grammatik die Weltsicht in der Linguakultur ab. Unter Bezug auf Koll sieht Luther (1970:153) etwa eine Verbindung zur deutschen Grammatik:
    Die Kategorie der Allheit oder Totalität sei von Kant als „Einheit in der Vielheit" oder „als die Vielheit als Einheit" (B111) verstanden worden. In dieser Kategorie würden die einzelnen Gegebenheiten zu einem organischen Ganzen integriert. Zum Denkmodell der organischen Ganzheit passe die Neigung der deutschen Sprachgemeinschaft, Kollektiva zu bilden und nach Gattungen, Arten u. Ä. zu klassifizieren; ihm entspreche im Grunde auch das Bauprinzip des Klammersatzes.
    In der Darstellung der kognitiven Grammatik und der Grammatikanimationen wird dieser Aspekt genauer behandelt. Eine gute Einführung in die linguistischen Grundlagen des Fremdsprachenstudiums liegt im Band von Graefen/Liedke (2008) vor.
6   Siehe Roche (1965).

(siehe auch Sakamoto/Naotsuka (1982) zu weiteren interkulturellen Aspekten des Ausdrucks von Höflichkeit).

So kommt es, dass in interkultureller Kommunikation – trotz internationaler Standardisierungen und Normierungen – Kontextbezüge, Konnotationen und Ritualisierungen das gegenseitige Verstehen erschweren oder unmöglich machen.[7]

Die verhängnisvolle Wirkung mangelnder Kenntnis von Kommunikationskulturen illustriert die folgende Mail eines Studenten, der sich um ein Promotions-Stipendium des DAAD bemüht und dafür die Zusage eines deutschen Professors benötigt. Die Tatsache, dass diese Nachricht keinen personalisierten Adressaten hat, zeigt dem Empfänger bereits, dass es sich um eine breit und diffus verteilte Nachricht handelt, die damit nicht den Spielregeln akademischer Betreuungspraxis entspricht. Es geht also auch hier weniger um die grammatischen und orthographischen Unsicherheiten. Die fehlende Anrede und die fehlende Schlussformel mit Namensnennung wie auch die mangelnde Kontextualisierung und Authentifizierung (zum Beispiel durch Qualifikationsnachweise und Themennennung) neben dem offensichtlich nicht gelingenden Zeitmanagement des Schreibers und dem von ihm unangemessen formulierten Druck auf den Adressaten lassen ein Kommunikationskonzept des Schreibers erkennen, das kaum zu einer ernstzunehmenden Reaktion führen wird.

> Betreff: Mit vielen Grussen
>
> hallo. Ich bin ... Ich habe Ihnen mein Forschungshaben geschickt. Ich suche einen Betreuer. Ich will an DAAD Prufungen teilnehmen. Ich muss meine Dokumente bis 26 Oktober ablegen. Dafur brauche ich eine Zusage von einem Professor.Ich warte ungeduldig auf Ihr Antwort. Ich wurde sehr sehr freuen Wenn Sie mir ein gut Antwort geben Wurden.
>
> Vielen Dank bevor

Ein weiteres Briefbeispiel ist auf der begleitenden Webseite zu diesem Buch zu finden. In den folgenden Abschnitten werden die hier angesprochenen Aspekte vertieft.

1.1 Sprache und Identität

Neben die Frage der Ausprägung und strukturellen Übertragbarkeit von sprachkulturellen Konzepten von einer Sprache in eine andere tritt die Frage der Identitätskonstruktion mittels Sprache. Diese Funktion der Sprache als Symbol für die Konstruktion von Identität illustriert die folgende, in Nordamerika gut bekannte Bierwerbung anschaulich[8]. Dazu muss man wissen, dass Kanadier die Definition einer kanadischen Identität als dauerhafte Aufgabe betreiben und deswegen die Abgrenzung

---

[7]   Vergleiche Kühn (2006), Adamzik (2004), Hufeisen (2002), Fix/Habscheid/Klein (2001), Roche (2001), Lehker (2001), Pérennec (2001), Senft (1997), Bausinger (1989), Szalay/Fisher (1987), Vygotskij (1962), aber auch für den Bereich des interkulturellen Trainings Thomas/Eckensberger (1993), Hofstede (1991), Storti (1990) und kritisch dazu Hansen (2003). Ein Beispiel für komplett gegensätzliche Einschätzungen kommunikativer Routinen findet sich in Kapitel 1.6.

[8]   Die Werbung für die Marke ‚Canadian' aus dem Jahre 2000 stammt von der Firma Molson und ist lange und variantenreich im Internet persifliert worden. Die Interpunktion, die Markierung der Emphase und die besondere Orthographie des Textes entsprechen dieser authentischen Quelle.

zum Nachbarn im Süden eine konstitutive, identitätsstiftende (nicht immer ganz ernstzunehmende) Rolle spielt. Die kurze Präsentation fasst diese Abgrenzung anhand exemplarischer Begriffe und Konzepte und mit subtiler Kritik zusammen und setzt Werte der Mehrsprachigkeit und der kulturellen Differenzierung als konstitutive Elemente des Nationalcharakters englischsprachiger Kanadier dagegen.

Zur Situation: ein schüchtern wirkender junger Mann, der das typisierte Selbstverständnis des zurückhaltenden, höflichen Kanadiers repräsentieren soll, tritt auf eine Bühne, fast zufällig, wie es scheint. Er geht zum Mikrofon, das in der Mitte der Bühne steht, und beginnt zu sprechen. Auf der Leinwand hinter ihm werden jeweils Bilder zu den angesprochenen Begriffen und Konzepten eingeblendet. Er redet mit zunehmender Emphase und Ekstase (hier durch Großschreibung wiedergegeben).

> Hey.
> I'm not a lumberjack,
> or a fur trader…
> and I don't live in an igloo
> or eat blubber, or own a dogsled…
> and I don't know Jimmy, Sally or Suzy from Canada,
> although I'm certain they're really, really nice.
>
> I have a Prime Minister,
> not a President.
> I speak English and French,
> NOT American.
> and I pronouce it ABOUT,
> NOT A BOOT.
>
> I can proudly sew my country's flag on my backpack.
> I believe in peace keeping, NOT policing.
> DIVERSITY, NOT assimilation,
> AND THAT THE BEAVER IS A TRULY PROUD AND NOBLE ANIMAL.
> A TOQUE IS A HAT,
> A CHESTERFIELD IS A COUCH,
> AND IT IS PRONOUCED ‚ZED' NOT ‚ZEE', ‚ZED'!
>
> CANADA IS THE SECOND LARGEST LANDMASS!
> THE FIRST NATION OF HOCKEY!
> AND THE BEST PART OF NORTH AMERICA!
>
> MY NAME IS JOE!
> AND I AM CANADIAN!

Je nachdem wie gut man die kanadischen Verhältnisse kennt, wird man in diesem Werbefilm einige Überraschungen erleben: zum Beispiel Enttäuschungen eigener Stereotypen und gelegentlich auch Unverständnis aufgrund mangelnden landeskundlichen Wissens. Schließlich sind nicht alle Kanadier Holzhacker, Pelzhändler oder Iglubesitzer. Auch die Schüchternheit des Sprechers einerseits und seine Ekstase und Aggression andererseits wirken irritierend.

Die sprachliche Realisierung dieser Szene ist für Nichtanglophone genauso bemerkenswert. Das liegt daran, dass sie einige außerhalb Nordamerikas weitestgehend unbekannte Kontraste zwischen Kanadisch und Amerikanisch thematisiert und damit einer kanadischen Weltsicht Ausdruck verleiht (‚about' vs. ‚a boot'; ‚zed' vs. ‚zee'; ‚chesterfield' vs. ‚couch'; ‚toque' vs. ‚hat').

Obwohl es sich hierbei um einen überzeichneten Kontrast zu den US-Amerikanern handelt, ist die Ironie weder von Kanadiern noch von US-Amerikanern immer verstanden worden. Auf kanadischer Seite hatte diese Bierwerbung lange Kultstatus, auf US-amerikanischer Seite provozierte sie – etwa bei Hockeyspielen – handgreifliche Auseinandersetzungen und fachte die ohnehin vorhandene Rivalität der Länder im Hockey an, die im Endspiel und mit dem Gewinn der Goldmedaille bei den Olympischen Spielen in Vancouver 2010 einen weiteren, ohne die Vorgeschichte von außen kaum verständlichen Höhepunkt für Kanada fand. Das zeigt, dass sprachliche Aspekte eine wesentliche Rolle in der Selbst- und Fremdkonstitution von Identität spielen. Sie sind in diesem episodischen Beispiel noch vergleichsweise humoristisch dargestellt. Berücksichtigt man aber das politische Gewicht von über Sprache konstruierter Identität, etwa in den Sprachenkonflikten der Alpenländer von Slowenien über Südtirol bis in die Schweiz, in Belgien, in Kanada und in einigen ehemaligen GUS-Staaten oder etwa in den Versuchen, in anderen Regionen der Welt über eine offizielle Sprachenpolitik Dominanz oder Segregation zu besiegeln, dann erahnt man erst die weitreichende, nachhaltige und explosive Bedeutung von Sprache in der Konstitution von nationaler und persönlicher Identität. Es war schließlich der Versuch, die Mehrsprachigkeit in den Schulen zu Gunsten einer Verpflichtung auf das Englische als (einziger) Schulsprache abzuschaffen, der 1976 in Südafrika zu dem blutigen Soweto-Aufstand führte und mit entsprechend hohen Kosten das Ende der Apartheid einleitete (vgl. auch die chinesische Sprachenpolitik in der Mongolei heute). Aber wieder zurück von der politischen zur individuellen Mehrsprachigkeit: Wenn die Übertragung einzelner Schemata, Konzepte und Begriffe von einer Sprache in eine andere mit Schwierigkeiten der genannten Art behaftet ist, wie kann es dann Sprechern mehrerer Sprachen gelingen, unterschiedliche konzeptuelle Systeme nebeneinander abzubilden, auseinanderzuhalten und ohne Interferenzen zu aktivieren? Dieser Aspekt der Mehrsprachigkeit wird in Kapitel 3.3.2 und 3.3.3 wiederaufgenommen.

1.2   Sprache und Denken

Trotz der vielen gegenteiligen Beispiele ist es ein weit verbreiteter Mythos, dass Sprache als vermeintliche Eins-zu-Eins-Abbildung der Sachverhalte nicht zwischen die Sachen und das Denken treten solle, also – besonders in den Wissenschaften – transparent wie Glas sein müsse. Savory (1967) spielt auf diese Auffassung in dem Motto an, das seinem Buch *The Language of Science* vorangestellt ist. Hier moniert er, dass die Mittlerfunktion der Sprache den Erkenntnisgewinn verhindere: „There can be no doubt that science is in many ways the natural enemy of language." Derartige Vorstellungen, die sich auch in versteckter Form in der Lingua-franca-Debatte in den Wissenschaften immer wieder finden, sind insofern bemerkenswert, als die Interdependenzen von Sprache und Denken und die Bedeutung der Sprache als konstitutives Instrument im Prozess der Wahrnehmung und des Erkenntnisgewinns in zahlreichen gewichtigen Arbeiten in der Folge einflussreicher Sprachphilosophen wie Humboldt, Locke, Vico oder Condillac, bis hin zu Casagrande, Osgood, Hjelmslev, Ullman, Schlesinger, Vygotskij und Weinreich bereits nachdrücklich belegt sind. Dennoch scheinen sie nur rudimentär ins Sprachbewusstsein von Öffentlichkeit und Wissenschaft einzudringen.

Als Mikrokosmos des menschlichen Bewusstseins, das sich im Prozess der phylogene-
tischen Entwicklung von Sprachen ständig ändert, bezeichnet Vygotskij die Wörter der
Sprache.

> Linguistics did not realize that in the historical evolution of language the very structure of
> meaning and its psychological nature also change. From primitive generalisations, verbal
> thought rises to the most abstract concepts. It is not merely the content of a word that changes,
> but the way in which reality is generalized and reflected in a word [...]. (Vygotskij 1962:121)

> Thought and language, which reflect reality in a way different from that of perception, are the
> key to the nature of human consciousness. Words play a central part not only in the development
> of thought but in the historical growth of consciousness as a whole. A word is a microcosm of
> human consciousness. (Vygotskij 1962:153)

Boas zieht aus Sprachenvergleichen den Schluss, dass Sprachen jeweils unterschiedliche
Teilaspekte eines Gesamtkonzepts beziehungsweise eines mentalen Gesamtbildes in den
Vordergrund rücken.

> When we consider for a moment what this implies, it will be recognized that in each language
> only a part of the complete concept that we have in mind is expressed, and that each language
> has a peculiar tendency to select this or that aspect of the mental image which is conveyed by
> expression of thought. (Boas 1911, zit. nach Slobin 1996:71)

Auch Naturwissenschaftler wie Heisenberg und Einstein weisen in unterschiedlicher Art
auf die Interdependenz von Sprache und Erkenntnis hin. Heisenberg thematisiert die
Notwendigkeit der Begriffe für das Verständnis der Welt:

> [... D]ie existierenden wissenschaftlichen Begriffe passen jeweils nur zu einem sehr begrenzten
> Teil der Wirklichkeit, und der andere Teil, der noch nicht verstanden ist, bleibt unendlich.
> (Heisenberg 1959:169 f.)

Einstein hebt dagegen den kognitions- und identitätsformenden Charakter von Sprache
und die Ausbildung von Linguakulturen hervor:

> What is it that brings about such an ultimate connection between language and thinking? ... the
> mental development of the individual and his way of forming concepts depend to a high degree
> upon language. This makes us realize to what extent the same language means the same
> mentality. (Einstein 1981:7)

1.3   Semantik und Lexik

Wie lassen sich die dargestellten semantischen Phänomene interkultureller Kommunikation systematisch erfassen? Die zuvor genannten Beispiele haben bereits gezeigt, dass
grundsätzlich alle Begriffe, so alltäglich, einfach oder problemlos sie an der Oberfläche
auch erscheinen mögen, eine bestimmte linguakulturelle Perspektivik repräsentieren.
    Semantische Differenzen lassen sich messen und quantifizieren. Das geht etwa mittels
Assoziationsverfahren, wie sie in den Studien von Hasselhorn/Grube (1994), Gentner
(1989), Rosenzweig (1970), Lambert/Moore (1966) und Roche/Roussy-Parent (2006)
verwendet wurden. Aus diesen Studien ergeben sich einerseits kulturspezifische
Gemeinsamkeiten, andererseits zeigen die Studien auch, dass diese einer hohen idio-
synkratischen Variation unterliegen. Deutlich zeigen sich aber auch Gemeinsamkeiten in
der Anwendung kognitiver Strategien zwischen den Informantengruppen. So lässt sich
bei den untersuchten Gruppen unabhängig von ihrer Ausgangssprache eine verstärkte

Metaphorisierung bei abstrakten Begriffen nachweisen (siehe Kapitel 3.3.4). Mit einem konzeptionell ähnlichen Verfahren zur Erfassung semantischer Überschneidungen und Differenzen verschiedener kultureller Systeme entwickeln Szalay/Fisher (1987) einen Ansatz, mit dem sich die Ergebnisse semantischer Vergleiche visuell in Form von

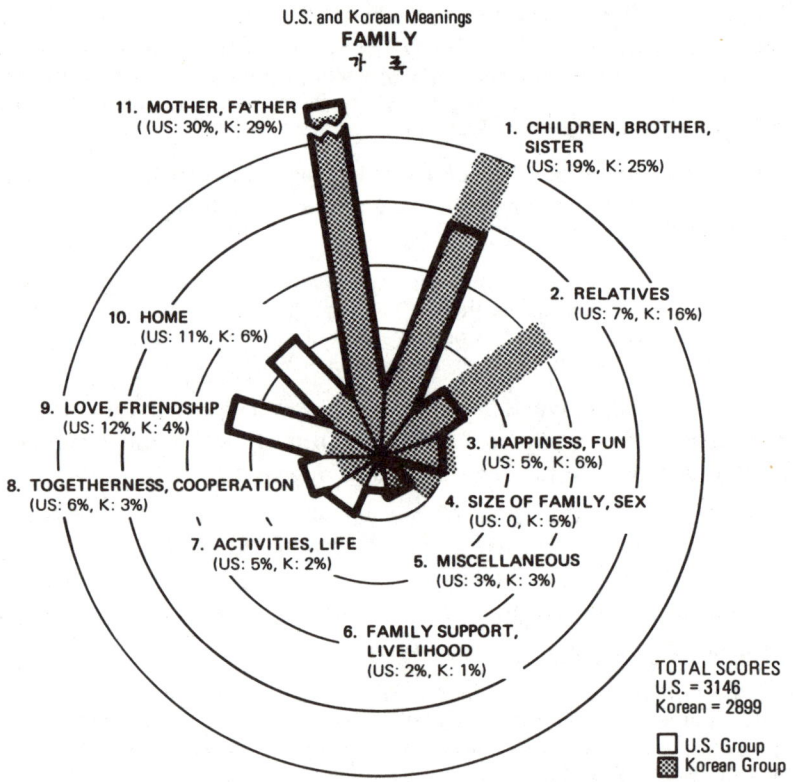

U.S. GROUPS

The main emphasis is on the nuclear family: MOTHER, FATHER, and CHILDREN. RELATIVES receive less attention. Beyond the people included in the U.S. image of the FAMILY, emotional ties and life conditions receive increasing attention. LOVE and FRIENDSHIP are the important ties accounting for the climate in the HOME, involving TOGETHERNESS, shared ACTIVITIES, and HAPPINESS.

KOREAN GROUPS

In the Korean's image of FAMILY, the role of parents, MOTHER AND FATHER, is about as pervasive as in the American's image. Nonetheless, CHILDREN and also RELATIVES occupy a more important part of this image for Koreans than for Americans. They emphasize more the older and the male members of the FAMILY (*father, grandfather, brother*). The emotional climate, HAPPINESS, and harmony are given distinct attention. There is some concern expressed with the SIZE OF THE FAMILY.

Abbildung 1.1:   Semantische Kontrastierung und Differenzierung nach Szalay/Fisher (1987:174)

Semantographen darstellen lassen. In Abbildung 1.1 werden die Gemeinsamkeiten und Unterschiede der Bedeutung von ‚family' im US-Amerikanischen und Koreanischen dargestellt.

Die Abbildung zeigt, wie in den US-amerikanischen Untersuchungsgruppen die Merkmale ‚Mutter', ‚Vater' und ‚Kinder' die wichtigste Rolle bei der Konstitution des Begriffes ‚Familie' spielen. Verwandtschaftsbeziehungen haben dagegen eine geringere Bedeutung. Darüber hinaus sind insbesondere emotionale Beziehungen und Lebensbedingungen besonders wichtig. Freundschaft und Liebe werden als wichtigste Merkmale für den Zusammenhalt in der Familie betrachtet. Sie umfassen die Merkmale ‚Zusammensein', ‚gemeinsame Aktivitäten' und ‚Glück'. In den koreanischen Gruppen spielen die Merkmale ‚Eltern' zwar eine ähnlich wichtige Rolle im Konzept von ‚Familie' wie bei den Amerikanern, aber den Merkmalen ‚Kinder' und ‚Verwandte' kommt eine größere Bedeutung zu. Innerhalb dieser Gruppe wird den männlichen Familienmitgliedern ein höherer Stellenwert bei der Konstitution des Begriffes zugeschrieben. Glück und Harmonie spielen eine größere Rolle als in der Vorstellung der Amerikaner und auch der Umfang der Familie wird hier thematisiert. Die Klassifizierung der Gruppen in US-Amerikaner und Koreaner suggeriert allerdings eine Repräsentativität und Stabilität der Ergebnisse für nationale Gruppen, die so nicht gegeben ist. Das legt die in den oben genannten Studien mittels Assoziationsverfahren beobachtbare Variation nahe. Die Ergebnisse müssten demnach nach sozio-biographischen Kriterien spezifiziert werden.

Kühn (2006:111–115) fordert angesichts der kulturellen Bedeutung von Wörtern (Lexemen), dass Wörterbücher die interkulturellen Differenzen in ihren semantischen Erläuterungen abbilden sollten, da sie ansonsten semantische Fehläquivalenzen oder Fehlkorrespondenzen autorisieren würden. Gleichzeitig zeigt er anhand einer 12-teiligen Typologie, wie kulturelle Spezifika in einsprachigen Wörterbüchern dargestellt werden können.

Exkurs: Kultursensitivität in Wörterbüchern des Deutschen nach Kühn (2006: 111–115)

1. Stereotypische Bedeutungserläuterungen in Form von wenn-dann-Formulierungen binden den Gebrauchswert eines Wortes eng an eine typische, immer wiederkehrende Situation:
   Toilette
   Wenn man in Deutschland, Österreich oder der Schweiz einem Gastgeber sagen will, dass man auf die Toilette gehen möchte, fragt man: „Dürfte ich mal Ihre Toilette benutzen?"
2. Prototypische Bedeutungserläuterungen orientieren den Gebrauchswert eines Wortes auf eine gesellschaftlich bestimmte Norm beziehungsweise auf ein bestimmtes Muster:
   Haustier
   Die meisten Haustiere sind in Deutschland, Österreich und der Schweiz Hunde, Katzen, Hamster, Meerschweinchen, Zierfische und Kanarienvögel.
3. Kulturvergleichende Bedeutungserläuterungen beziehen sich auf interkulturelle Unterschiede beim Gebrauch eines Wortes:
   Sechs
   Die Sechs ist in Deutschland die schlechteste Schulnote. Sie bedeutet „ungenügend". Die beste Note ist die Eins. In vielen Kantonen der Schweiz ist es umgekehrt: Die Sechs ist die beste Note und die Eins die schlechteste. In Österreich ist die Fünf die schlechteste Note.

4. Bedeutungsgegensätze und -kontraste verdeutlichen Einzelbedeutungen:
   Süden
   Wie in vielen anderen Ländern auch existiert in Deutschland ein relativ großer Gegensatz
   zwischen Nord und Süd. Der Norden ist flach und grenzt ans Meer, der Süden ist hügelig und
   grenzt an die Alpen. Der Norden ist vor allem protestantisch, der Süden eher katholisch.

5. Angaben kulturspezifischer Bedeutungsassoziationen verdeutlichen oft stereotyp kulturspezifische Bedeutungsunterschiede (Suchfrage: Woran denkst du bei X):
   heiß
   In Mitteleuropa gelten Temperaturen von 28–30 Grad Celsius als heiß. Deutsche Schüler
   bekommen ab 28 Grad im Schatten hitzefrei. Das heißt, sie dürfen nach Hause gehen.

6. Beschreibungen der distinktiven Synonymik heben kultursensitive Bedeutungsunterschiede hervor:
   siezen
   Obwohl sich das „Du" immer mehr verbreitet, ist das „Sie" wichtig. Lehrer siezen Schüler ab
   etwa 17 Jahre. In der Regel siezt man Verkäufer, Bankangestellte, Beamte oder die
   Bedienung im Restaurant. In Kneipen hingegen duzt man die Bedienung immer häufiger.

7. Einordnungen in einen sozialkulturellen Zusammenhang zeigen, daß sich der kulturspezifische Wortgebrauch eines Wortes erst aus seiner Beziehung und Einbettung mit anderen
   kulturspezifischen Begriffen ergibt:
   verbleit
   Früher tankte man verbleites Benzin (Benzin mit Blei). Weil es für die Umwelt besonders
   schädlich ist, wurde es verboten. Heute muss ein Auto einen so genannten „Katalysator"
   haben, bei dem man nur bleifreies Benzin verwenden darf.

8. Darstellungen der historischen Bedeutungsentwicklung heben intrakulturelle Bedeutungsunterschiede heraus:
   Wende
   Bereits nach dem Volksaufstand vom 17. Juni 1953 führte die SED einen angeblich neuen
   politischen Kurs die [sic] Propagandaformel von der Wende ein. 1989 versuchte der
   Honecker-Nachfolger Egon Krenz noch einmal, für eine Fortsetzung der SED-Herrschaft
   mit dem Begriff ‚Wende' zu werben. Anders als Krenz es sich gedacht hatte, wurde Wende
   aber bald zur Bezeichnung des endgültigen politischen Umschwungs und hat inzwischen die
   Formel von der „friedlichen Revolution" verdrängt. Vorübergehend war in der alten
   Bundesrepublik Wende auch die Kurzform der 1982/83 von der CDU/CSU propagierten
   Formulierung von der „geistig moralischen Wende", die auch nicht so eingetreten ist, wie es
   sich die Urheber gewünscht hatten. Vielleicht sollte man das Wort Wende doch lieben den
   Schwimmern und Seglern lassen, von denen man es entlehnt hat.

9. Angaben kulturspezifischer Erfahrungen aus Distanz und Fremdperspektive verdeutlichen
   Typisches und Klischeehaftes (Ermittlung: Mir ist X aufgefallen):
   Stammtisch
   Wenn in traditionellen Gaststätten oder Restaurants ein Schild mit der Aufschrift „Stamm-
   tisch" steht, dann sollte man sich nicht dorthin setzen. Auf diesen Tisch wird von der oft [sic]
   Bedienung streng aufgepasst. Dieser Tisch ist für die Stammgäste reserviert.

10. Angabe von Ritualen, Sitten und Gebräuchen verdeutlichen Kulturspezifisches:
    Polterabend
    Am Abend vor der Hochzeit zerschlagen Freunde und Verwandte des Brautpaares Geschirr
    vor dem Haus. Dieser Brauch soll in der Ehe Glück bringen. Die Tradition des Polterabends ist
    seit dem 16. Jahrhundert bekannt.

11. Einordnung eines Wortes in typische situative Kontexte oder gesellschaftlich bestimmte
    Handlungsabläufe (Situations- und Handlungsframes) machen Unterschiede und Beson-

derheiten deutlich:

Taxi

Taxis werden telefonisch bestellt, auf der Straße angehalten oder man geht zum nächsten Taxistand. Bezahlt wird der Betrag auf dem Taxameter, und man gibt etwas Trinkgeld. Der Taxifahrer darf zusätzlich etwas für größere Gepäckstücke und für das Abholen berechnen. Sammeltaxis gibt es in der Regel nicht.

12. Angabe (sprach)kritischer Kommentare führen Besonderheiten vor Augen:

neue Bundesländer

Die auf dem Boden der DDR 1990 wiederhergestellten östlichen Länder, die mit der Wiedervereinigung zu „Bundesländern" wurden, lassen sich nur unter Ausklammerung der historischen Fakten als neue Bundesländer bezeichnen. Denn manche von ihnen sind tatsächlich älter als die so genannten alten Bundesländer und existierten zwischenzeitlich, 1946 bis 1952, sogar im Rahmen der Sowjetischen Besatzungszone und DDR. In dieser Fehlbezeichnung schwingt nicht zuletzt auch westdeutsches Überlegenheitsdenken mit.

Das von Kühn vorgeschlagene Verfahren, das auf der Bereitstellung denotativ-enzy-klopädischen Wissens in der Zielsprache basiert, setzt bereits sehr gute Deutschkennt-nisse des Nutzers und gute Vertrautheit mit kulturellen Gegebenheiten, also viel Vorwissen, voraus, an das die zusätzlichen Erklärungen andocken können. Die Erklä-rung des Typischen an der Kulturinstitution ‚Stammtisch' (9.) etwa funktioniert nur, wenn der Nutzer die zutreffende Bedeutung von ‚Stamm-, kennt. Die Differenzierungen des Siezens und Duzens (6.) fruchten nur, wenn der Nutzer bereits mit den wichtigsten Normen der sozialen Stratifizierung durch Sprache im Deutschen vertraut ist. Beim Konzept ‚Sammeltaxi' (11.) wechselt der Verfasser zudem in Wissensbestände, die für die Zielkultur nicht typisch sind, und impliziert damit, dass der fremde Nutzer mit ihnen vertraut ist. Mit seinem Fokus auf der Bereitstellung adäquaten Wissens über eine (fremde) Kultur, entspricht das vorgeschlagene Verfahren einem „Kultur-Knigge", dessen Nutzung auf bestimmten Kenntnissen und Erwartungen aufbaut.

Systematisch versucht die Lakunenforschung, sich dem Problem mangelnder lexika-lischer Korrespondenzen in Sprachkulturen zu nähern, denn diese stellen vor allem in der Translationswissenschaft und der Literaturwissenschaft ein grundsätzliches Problem dar (Snell-Hornby 2006, Kussmaul 2000)[9]. Der Begriff ‚Lakune' ist abgeleitet aus dem Lateinischen *lacuna* (Lücke, Vertiefung) und wird vor allem in der Medizin verwendet. Er bezeichnet dort Ausbuchtungen und Vertiefungen an der Oberfläche von Organen. Im übertragenen Sinne bezeichnen Lakunen kulturelle Lücken und Bezeichnungslücken zwischen zwei Sprachen. Diese können ein Übersetzungsproblem auslösen, wenn ein korrespondierendes Wort in der anderen Sprache die Denotation und/ oder Konnotation der zu übersetzenden Textstelle nicht richtig oder gar nicht wiedergeben kann. Folgende unterschiedliche Formen von Lakunen können unterschieden werden:

► mentale Lakunen, die kognitive und affektive Unterschiede darstellen (zum Beispiel Begriffe wie ‚Jamaika-Koalition' oder ‚08/15')

---

[9] Zu den Herausforderungen und Prinzipien der Translationswissenschaft siehe Steiner (1993), (1992) und Klein (1991); Vermeer (1987) zur Rolle des Übersetzers als Koautor. Siehe auch George W. Williams' Vergleich von Original und Übersetzung von Hemingways *Fiesta* in *Die Zeit* (1994). Connor (1996) beschäftigt sich besonders mit interkulturellen Aspekten des Schrei-bens.

- ► Lakunen der Aktivität, die unterschiedliche sprachliche und motorische Aktivitäten (Sprechakte, Bewegungen) markieren (‚Small Talk‘, ‚Jogging‘, ‚Aerobic‘)
- ► und Lakunen der Objekte (Gegenstände, Verpackungen und andere), die Unterschiede in den Dingen und im Umfeld darstellen; hierzu gehören auch Bezeichnungen von Speisen (‚Sushi‘, ‚Pizza‘, ‚Baguette‘, ‚Borschtsch‘ . . .) und Festtagen (‚Hannukah‘, ‚Ramadan‘, ‚Halloween‘, ‚Oktoberfest‘ . . .).

Ertelt-Vieth unterscheidet neben den mentalen, gegenstandsbezogenen und Tätigkeitslakunen zusätzlich axiologische Lakunen (Ertelt-Vieth 2004:83–86). Darunter versteht sie subjektive, kulturbasierte Wahrnehmungen der drei genannten Arten von Lakunen in zweiter, subjektiver Dimension. Metaphorische Bezeichnungen wie ‚Milchstraße‘ im Deutschen gegenüber ‚银河‘(‚Silberfluss‘) im Chinesischen oder die unterschiedliche Anrede von Verwandten in verschiedenen Kulturen können diese Art von Lakunen illustrieren. Verschiedene Kompensationsmaßnahmen wie Umschreibungen, Neuschöpfungen, (phonetische) Anpassungen, ergänzende Übersetzungen und annähernd getreue Entlehnungen können die Lücken ausgleichen. Zu den populären Germanismen, die Lücken im Englischen ausgleichen, gehören nicht nur ‚Kindergarten‘ und ‚Blitz(krieg)‘ sondern auch Komposita wie ‚Poltergeist‘, ‚Doppelgänger‘, ‚Fahrvergnügen‘ (BMW Werbung) und ‚übergood‘ (Pepsi Werbung in Kalifornien). Volkswagen wirbt weltweit sogar mit einem Aspekt der deutschen Grammatik, der fehlerträchtiger ist als jedes technische Problem: ‚Das Auto‘, heißt es schlicht.

1.4   Gestik, Mimik und Proxemik

Ebenso bedeutsam wie sprachliche Mittel und mit diesen synchronisiert sind nichtsprachliche Kommunikationsmittel wie Gestik, Mimik, Proxemik. Sie unterstützen und entlasten oder ersetzen sprachliche Kommunikation. Als Zeichensystem sind sie gleichermaßen von linguakulturellen Einflüssen betroffen wie sprachliche Zeichen und genauso anfällig für Missverständnisse. Bejahende Äußerungen, die von Kopfschütteln begleitet werden, oder umgekehrt verneinende Äußerungen, die von einem Nicken begleitet werden, führen schnell zu Irritationen, wenn die gegenteilige Synchronisierung in einer Sprachkultur der Standard ist. Erickson/Shultz (1982) bemerken so zum Beispiel wesentliche Unterschiede im Rückmeldeverhalten, wie Kopfnicken und Blickkontakt, schwarzer und weißer Amerikaner.[10]

Folglich ist auch die Gebärdensprache von kommunikationskulturellen Spezifika geprägt und nicht etwa durch den Rekurs auf ein vermeintlich universelles bildliches und haptisches Darstellungsinventar automatisch auch international genormt. Alleine

---

[10] Zum Einfluss der traditionellen afrikanischen Weltsicht auf die Tiefenstruktur der Kommunikation der Schwarzen in Amerika siehe Daniel/Smitherman (1990).
Eine beabsichtigte oder nicht beabsichtigte Verletzung entsprechender Konventionen, zum Beispiel eine zeitliche Verzögerung im Sprecherwechsel, kann leicht zu Fehlinterpretationen der Sprechintentionen des Gegenübers führen, die die Kommunikation in Gefahr bringen können. Wie die Untersuchungen von Wong-Scollon/Scollon (1990) zeigt auch die Untersuchung von Basso (1990) zur Realisierung von Pausenstrukturen und Schweigen in der Apachen-Kultur im Vergleich zum Englischen das Potenzial möglicher Irritationen. Sowohl im Athabascan als auch der Apachen-Kultur tragen Ort und Dauer des Schweigens große Bedeutung (Wong-Scollon/Scollon 1990).

im deutschsprachigen Raum gibt es eine Deutsche Gebärdensprache, eine Österreichische Gebärdensprache und eine Deutschschweizer Gebärdensprache sowie verschiedene regionale Varietäten mit divergierenden Ausdrucksformen (allein fünf in der Schweiz).

Abbildung 1.2: „Vater" in der Deutschen und der Österreichischen Gebärdensprache

Abbildung 1.3: „Vater" in der Schweizer Gebärdensprache

PAPA (Zürich)   PAPA (St. Gallen)

Abbildung 1.4: Schweizerdeutsche Gebärdensprache: dialektale Unterschiede bei der Gebärde für „Papa" (Boyes-Braem 1990:128)

In Nordamerika existieren neben der *American Sign Language* drei weitere bedeutende nationale Standards. Viele Länder verfügen zudem über eigene, teilweise als offizielle Sprache anerkannte Zeichensysteme, die sich jeweils in den vier Grundkategorien Handkonfiguration, Handorientierung, Bewegungsausführung und Ort der Bewegung sowie in der Gewichtung des Bezugs zum Schriftsystem (im Gegensatz zur Darstellung der Gegenstände) unterscheiden können. Auf der begleitenden Webseite zu diesem Buch ist ein Beispiel für einen geläufigen Begriff zu finden.

1.5   Text und Diskurs

Die Text- und Diskursebenen reflektieren kulturspezifische Einflüsse ähnlich wie
Semantik, Lexik und Grammatik (vergleiche die E-Nachricht des Promotionsbewerbers
zu Beginn von Kapitel 1). Die Forschung im Bereich der kontrastiven Textologie
orientierte sich jedoch lange Zeit an kulturzentristischen Kategorien. So ist das Merkmal
der Linearität seit Kaplan (1966) ein wiederkehrendes Motiv in der Charakterisierung
von Wissenschaftssprachen, ohne dass die semantische Basis der Kategorie ‚Linearität'
erläutert wird. Kaplan (1966) hatte festgestellt, dass expositorische Texte von Schreibern
aus verschiedenen Kulturen unterschiedliche Themenentfaltungsmuster zeigen. Chinesische Texte, die er zum Typ des „oriental writing" zählt, charakterisiert er als
„indirekt" und „spiralförmig" im Gegensatz zu „linearen" englischsprachigen Texten:

> Some Oriental writing [...] is marked by what may be called an approach by indirection. In this
> kind of writing, the development of the paragraph may be said to be, turning and turning in a
> widening gyre. The circles or gyres turn around the subject and show it from a variety of
> tangential views, but the subject is never looked at directly. Things are developed in terms of
> what they are not, rather than in terms of what they are. (Kaplan 1966:10)

Die Struktur chinesischer Texte führt Kaplan auf die Tradition des klassischen chinesischen ‚baguwen' (achtfüßiger Textaufbau) zurück. Die typischen Argumentationsstrategien verschiedener Kulturen stellt Kaplan folgendermaßen dar:[11]

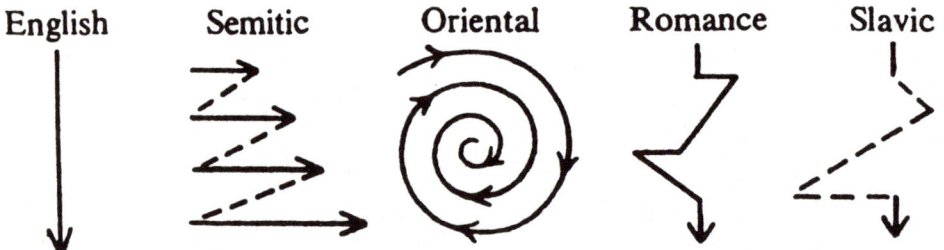

Abbildung 1.5:   Argumentationsstrategien nach Kaplan (1972:64).

Exkurs: Unterschied zwischen deutschen und chinesischen Textmustern

Chinesische Textmuster sind in der Folge verstärkt auf kulturspezifische Eigenschaften untersucht worden (Günthner 1988). Liang (1991) zeigt beispielsweise, dass chinesische wissenschaftliche Rezensionen eine „kreisartige Denkweise im Chinesischen" widerspiegeln. Diese
Denkweise drücke sich in der traditionellen chinesischen Struktur von ‚qi' (起, anfangen),
‚cheng' (承, fortführen), ‚zhuan' (转, umwechseln) und ‚he' (合, zusammenlegen) (vergleiche
hierzu die Kritik von Lehker 1997:21 f.) aus. Tsao (1984) und Chen (1990) erkennen dieses
Organisationsprinzip auch in anderen wissenschaftlichen (argumentativen) Texten, und Chen
(1990:39) ergänzt es durch die Kategorie ‚jie' (结, Schluss). Die Funktion ‚zhuan' (转,

---

[11] Diese Darstellung hat Ähnlichkeiten mit der ebenfalls sehr groben, fast schon stereotypen
      Unterscheidung von vier intellektuellen Stilen bei Galtung (1983). Er unterscheidet den
      sachsonischen, teutonischen, gallischen und nipponischen Stil.

umwechseln) könne demnach in einem Text mehrfach und in unterschiedlicher Art auftreten und sei in einem chinesischen Text der wichtigste Teil (Chen 1990:40), weil sie für Bewegung sorge. Neben weiteren Unterschieden zwischen deutschen und chinesischen Texten, wie der intensiven Nutzung von Sprichwörtern, Autoritätszitaten und verschiedenen Schlussregeln in argumentativen chinesischen Texten (siehe Lehker 1997:126ff.) oder der häufigen Textrahmung (Lehker 1997:154, 210), stellt vor allem die affektive Ansprache der Rezipienten einen wesentlichen Unterschied zwischen chinesischen und deutschen Textsorten dar. Diese affektive Ansprache der Rezipienten spielt in chinesischen Textsorten eine wichtige Rolle, während sie in deutschen Arbeiten gerade tabuisiert ist. Das Ausdrücken von Gefühlen (抒情, ‚shuqing') in ‚yilunwen' (议论文, argumentativer Text; ‚shuqing yilunwen': 抒情议论文, argumentativer Text mit Gefühlen) ist ein angemessenes Mittel. Auch in ‚jixuwen' (记叙文, Erzählung) steht nicht die Spannung im Vordergrund, sondern die Anrührung (感动, ‚gandong'), die durch entsprechende Materialauswahl und Themenentfaltung hergestellt wird. Außerdem wird ein emotiver Beschreibungsstil (‚miaoxie', 写, Beschreibung) statt eines sachlichen ‚shuoming' (说明, erklären) bevorzugt. Auch in Schilderungen ist eine affektive Ansprache der Rezipienten erlaubt oder wird als besonderes Merkmal der Textsorte verlangt. Das entspricht der Textsorte ‚sanwen' (散文, Prosa), die ebenfalls durch ‚gandong' (感动, Anrührung) die Gefühle der Rezipienten ansprechen soll.[12]

Eine Reihe von Studien, die sich an die Kategorien und den Ansatz von Kaplan anlehnen, beschäftigt sich vorwiegend mit den Struktur- und Funktionsaspekten von Textsorten der Wissenschaftssprache. Clyne (1991) stellt beim Vergleich englisch- und deutschsprachiger wissenschaftlicher Texte fest, dass sie sich in Bezug auf Texthierarchie, Textdynamik und Textsymmetrie unterscheiden. In seiner Globalcharakterisierung bezeichnet er englischsprachige Texte als linear, deutschsprachige dagegen als leicht bis stark degressiv. Ein linearer Textaufbau folgt demnach einer Makroproposition, ein digressiver ist durch Einschübe, Themenwechsel, Definitionseinschübe und andere Unterbrechungen strukturiert. Die Texthierarchie ergibt sich also aus der Struktur der Makropropositionen in einem Text und den davon abhängigen Ableitungen. Darin können Diskurse subordiniert oder koordiniert erscheinen. Aus der Entwicklung von Haupt- und Nebenargumenten entsteht eine spezifische Textdynamik. Die sprach-typischen Eigenschaften lassen sich zudem mit dem Kriterium der Textsymmetrie charakterisieren. Diese ergibt sich aus dem quantitativen Verhältnis der verschiedenen Textelemente und dem Grad der Uniformität von Parallelstrukturen. Clyne entwickelt darauf basierend in seiner kontrastiven Untersuchung deutscher und englischer Texte eine Formel, aus der er verschiedene Verständlichkeitsattribute ableitet:

lineare Texte = verständlich
Englisch = linear
also: Englisch = verständlich

---

[12] Siehe hierzu auch den alternativen Ansatz von Chen (2008), eine allgemeine Theorie chinesischer Kommunikation aus der Perspektive der Harmonie zu entwickeln, und das Modell von Mayer (2008) zur Konfliktresolution mittels einer *Culture-Synergetic Transcultural Mediation* sowie Drewer (2005) zu interkulturellen Aspekten von Metaphern in der Wissenschaftssprache.

nicht linear (degressiv) = schwer verständlich
Deutsch = nicht linear
also: Deutsch = schwer verständlich.[13]

Duszak (1997) hebt dagegen den Prozesscharakter von Texten und die Diskursaus-
richtung der neueren textlinguistischen Forschung hervor. Zu den bedeutendsten
kultur- und feldspezifischen Differenzen von Texten zählt sie die folgenden Kriterien:
Quantität und Qualität struktureller und rhetorischer Ressourcen, Aufteilungen im
Textkorpus, die Bezeichnungen und die Sequenzierungen. Weitere Kriterien sind
Explizitheit und Grad der metadiskursiven Leser-/Hörersteuerung (Textführung),
Redundanz und der Umfang des Hintergrundes zur Kohärenzbildung bei Argumenten.
Der anglo-amerikanische Stil gilt demnach als eher dialogisch und interaktiv und damit
leser- und hörerfreundlich (Čmejrková/Daneš 1997, Hinds 1987). Die deutsche Wissen-
schaftssprache mit ihrer Verpflichtung zu distanzierter und präziser Darstellung von
Fakten, mit ihrem tendenziell eher unpersönlichen Stil, ihrer Fußnotenkultur und der
geringeren Gewichtung von Verständlichkeit für die Zuhörer- oder Leserschaft kann in
diesem Sinne als eher sprecher- oder schreiberfreundlich orientiert bezeichnet werden.[14]

Unabhängig von diesen wissenschaftskulturellen Differenzen sind Demarkationen
zwischen verschiedenen Disziplinen anzusetzen, die sich auch in der internationalen
Kommunikation niederschlagen. Dabei gelten disziplinäre Diskursgemeinschaften
grundsätzlich als zentripetal organisiert (vergleiche Swales 1990:24), weil jede Wissenschaft eigene Perspektiven und Methoden kultiviert und diese Kulturen gerne begrifflich
gegen andere abgrenzt (Zima 2000). So wird also die Ausprägung kulturspezifischer
Eigenschaften der Wissenschaftssprachen, die pragmatische Ursachen haben, durch
lexikalische Spezifika gefördert.

In kontrastiven Untersuchungen wissenschaftlicher Textstrukturen und Textmuster –
etwa in Seminararbeiten – können diese kulturspezifischen Differenzen zwischen
Sprachen herausgearbeitet werden.[15]

In einer textsortenspezifischen Studie untersucht Mehlhorn (2005) universitäre
Sprechstundengespräche, die sie in die folgenden acht textsortentypischen Segmente
unterteilt:

► begrüßen, sich vorstellen, Kontext herstellen
► Anliegen formulieren
► Fragen stellen
► Interesse bekunden

---

13 Thielmann (2009) bestätigt die strukturellen Unterschiede zwischen englischen und deutschen
    wissenschaftlichen Texten in seinem Korpus. Während er dem Deutschen eine argumentativ-
    verstehensleitende Herangehensweise an Themen zuschreibt, bezeichnet er das Englische
    ähnlich wie Clyne (1991) als linear. Im Gegensatz dazu bewertet Thielmann aber die
    unterschiedlichen Textstrukturen nicht hinsichtlich ihrer Verständlichkeit, sondern er leitet
    daraus Schwierigkeiten für Übersetzungen und für die Verwendung des Englischen als Lingua
    franca in der Wissenschaft ab.
14 Vergleiche auch die Darstellung von *Cultural Scripts* in der interkulturellen Kommunikation bei
    Goddard/Wierzbicka (2007).
15 Scheel (2007), Adamzik (2004), Hufeisen (2002), Fix/Habscheid/Klein (2001) und die Arbeiten
    zur linguistischen Hermeneutik und zu unterschiedlichen Textwelten in Fix (2007).

- um Hilfe bitten
- nachfragen
- Gesprächsergebnisse zusammenfassen
- sich bedanken. (Mehlhorn 2005:34)

Auch in gleich benannten oder ähnlich aussehenden Textsorten kann das Illokutions-profil kulturspezifisch variieren (Venohr 2008:311).[16]

Die Unterschiede lassen sich nach Venohr (2008:310) an folgenden typologischen Merkmalen festmachen (siehe auch die Ausführungen zu Lakunen oben):

- Null-Äquivalenz (Krause 2000)
- Partielle Äquivalenz, dabei gibt es Unterschiede in:
  - sekundären Textfunktionen, zum Beispiel bei der Handlungs- (Experimente) versus Erklärungsorientierung (Grundlagenforschung) in wissenschaftlichen Vorträgen (Hohenstein 2006:306)
  - der Interaktionsmodalität, zum Beispiel das Gebot von Ernst und die Vermeidung von unernsten Beiträgen in Prüfungssituationen
  - textsortenspezifischen Illokutionsprofilen, zum Beispiel das Gebot, keine Geschichten zu erzählen im wissenschaftlichen Kontext (Rost-Roth 2003:5)
  - intertextuellen Bezügen, zum Beispiel die unterschiedliche Rolle der Sekundärliteratur in wissenschaftlichen Veröffentlichungen
  - einzelsprachlichen Realisierungen, zum Beispiel spezifische Formulierungsmuster (etwa in einem Bescheid die Einspruchsklauseln) oder der Grad der Direktheit/Indirektheit.

Beim Erwerb fremdsprachiger Kompetenzen orientieren sich Lerner jedoch nicht nur an Kontaktphänomenen und kulturspezifischen Differenzen, sondern nutzen die kommunikative Situation als Lernquelle zur Verfeinerung der ihnen bekannten oder prototypischen Strategien. Riehl (2001) kann in einer umfangreichen empirischen Studie mit mehreren hundert mehrsprachigen Teilnehmern und Teilnehmerinnen zeigen, dass der Erwerb von schriftlichen Textkompetenzen nicht nur das Resultat von einzelnen Kontaktphänomenen in der Lexik (Entlehnungen) ist, sondern dass Lerner Sprache in der kommunikativen Einbettung von Texten und Diskursen erwerben und sich grammatische Kompetenzen aus den textuellen entwickeln. Ferner zeigt sie, wie gemäß der Prototypentheorie eine Hierarchisierung bestimmter Textmusterkompetenzen erfolgt, die auf den oberen Hierarchieebenen (im Bereich der Gestalt und der Verfahren) universale Merkmale produziert, aber auf den unteren Ebenen (Textordnungsmuster, Gestaltungsmuster) kulturspezifisch agiert (siehe hierzu Kapitel 3.7.2 zu Hypertexten).

---

[16] Vergleiche hierzu auch die Problematik von Wortstellung und Hervorhebungen (Adam 2010) und den Vergleich von Diskussionsforen im Internet (Ehrhardt 2009). Zu Stilunterschieden in Geschäftsbriefen siehe Rentel (2010) und Odlin (1989) zum allgemeinen Formalitätsgrad verschiedener Stile und zum Ausdruck von Höflichkeit. Hierzu auch Kataoka/Kusumoto (1994) mit einer Auflistung von 56 gängigen Situationen kultureller Begegnungen in Japan und Hinweisen zu ihrer Bewältigung. Siehe auch die Darstellung der Unterschiede in stark genormten Texten wie Zahlungsaufforderungen bei Longhi (2010).

In der Praxis finden die Ergebnisse der Forschung zunehmend Anwendung in wissenschaftspropädeutischen Programmen für ausländische Studierende. Neben den zwei ausgearbeiteten Materialienpaketen für die Lernberatung von Mehlhorn (2005), die auf den genannten Untersuchungen basieren, setzen sich besonders die Programme der *Deutsch-Uni Online* (2005 ff.)(Roche 2008b) und das Lehrwerk *Mit Deutsch studieren, arbeiten, leben* (Lévy-Hillerich/Serena/Baric/Cickovska 2009) mit den Vermittlungsmöglichkeiten von Textsorten der deutschen Wissenschaftssprache auseinander.[17]

1.6   Kommunikationsmaximen

Im Gegensatz zu den Verfahren der kontrastiven Textologie, die versuchen, kommunikative Differenzen in verschiedenen Bereichen von Linguakulturen zu identifizieren und zu systematisieren, bemühen sich universalistisch angelegte Verfahren, die grundlegenden Gemeinsamkeiten von Sprachkulturen festzulegen. Dies kann etwa durch die Festlegung von grundlegenden Kommunikationsmaximen geschehen, die die generelle Kommunikationsfähigkeit des Menschen repräsentieren. Kommunikationssysteme weichen damit nicht in der Qualität der realisierten Maximen, sondern eher in der Art und Weise und der Häufigkeit ihrer Realisierung voneinander ab. Einschlägig sind hier vor allem die Kommunikationsmaximen von Grice. Die wichtigste Maxime, das Kooperationsprinzip, lautet:

> Mache deinen Gesprächsbeitrag jeweils so, wie es von dem akzeptierten Zweck oder der akzeptierten Richtung des Gesprächs, an dem du teilnimmst, gerade verlangt wird. (Grice 1993:248)

Bei genauerer Betrachtung zeigt sich aber, dass das Kooperationsprinzip keineswegs neutrale oder universell akzeptierte Eigenschaften kommunikativer Prinzipien abbildet. Vielmehr gibt es eine bestimmte zweckorientierte Ausrichtung von Kooperation vor. Auch die anderen sich daraus ergebenden kommunikativen Maximen reflektieren folglich die gleiche Grundausrichtung auf Kooperation und verlieren damit ihren Anspruch auf universelle Gültigkeit. Was wahr, nötig, klar, geordnet, mehrdeutig oder weitschweifig ist – wie es die Maximen postulieren –, hängt von einzelsprachlichen Normen und der individuellen Einschätzung und strategischen Gewichtung der Sprecher ab. Die Begriffe mögen in verschiedene Sprachkulturen übersetzbar sein, ob sie aber die relevanten Kriterien benennen und ob diese die gleiche semantische Intension aufweisen, ist durch die Ähnlichkeit oder Identität der Begriffe noch nicht geklärt. Die Maximen lauten:

Maxime der Quantität:

▶ Mache deinen Beitrag so informativ wie (für die gegebenen Gesprächszwecke) nötig.
▶ Mache deinen Beitrag nicht informativer als nötig.

Maxime der Qualität:

▶ Versuche deinen Beitrag so zu machen, dass er wahr ist.

---

[17] Siehe hierzu auch die Vorschläge zur Nutzung von Textsorten im Fremdsprachenunterricht bei Reeg (2006) und die Sammlung von Textsortenbeschreibungen in Fandrych/Thurmair-Mumelter (2011).

► Sage nichts, was du für falsch hältst.
► Sage nichts, wofür dir angemessene Gründe fehlen.

Maxime der Relevanz/Relation:

► Sei relevant.

Maxime der Modalität:

► Vermeide Dunkelheit des Ausdrucks.
► Vermeide Mehrdeutigkeit.
► Sei kurz. (Vermeide unnötige Weitschweifigkeit.)
► Der Reihe nach!

Zitiert nach Grice (1993:249–250).

Implikaturen können dabei entweder durch das Befolgen oder das Verletzen von Konversationsmaximen erschlossen werden.

Was Sprecher unterschiedlicher Sprachen als konstitutiv, relevant, wahr, informativ, weitschweifig oder kooperativ erachten und wie sie dabei identische kommunikative Erscheinungen gänzlich unterschiedlich bewerten können, ist selten so illustrativ dargestellt worden wie in der Gegenüberstellung der Einschätzung des eigenen und fremden Kommunikationsverhaltens von US-amerikanischen Englischsprechern und Sprechern der Indianersprache Athabaskan durch Wong-Scollon/Scollon (1990:284):

What's confusing to English speakers about Athabaskans	What's confusing to Athabaskans about English speakers
They do not speak	They talk too much
They keep silent	They always talk first
They avoid situations of talking	They talk to strangers or people they don't know
They only want to talk to close acquaintances	They think they can predict the future
They play down their own abilities	They brag about themselves
They act as if they expect things to be given to them	They don't help people even when they can
They deny planning	They always talk about what's going to happen later
They avoid direct questions	They ask too many questions
They never start a conversation	They always interrupt
They talk off the topic	They only talk about what they are interested in
They never say anything about themselves	
They are slow to take a turn in talking	They don't give others a chance to talk
They ask questions in unusual places	
They talk with a flat tone of voice	They are always getting excited when they talk
They are too indirect, inexplicit	They aren't careful when they talk about things or people
They don't make sense	
They just leave without saying anything	

Diese Gegenüberstellung zeigt die starke kulturelle Prägung in der Diskursorganisation und der Interpretation von Diskurserscheinungen. Das schließt nicht aus, dass kultur-übergreifende Kategorien oder Beschreibungsdimensionen nützlich sein können, es deutet jedoch darauf hin, dass diese Kategorien unterschiedlich bestückt und gelesen werden können. Die Interpretation der Kategorien sagt daher mehr über den Interpreten als über den Produzenten aus. Eine derart divergierende Interpretation kommunikativer Prinzipien lässt daran zweifeln, dass es universell vereinbare kommunikative Grundlagen geben könnte.

1.7   Standardisierung als Lösungsansatz

Diesem Problem der linguakulturellen Differenzen kann man auf unterschiedliche Weise begegnen: man kann sich darum bemühen, die Differenzen in der Kommunikation zu vermeiden oder sie zu nutzen. Für die Vermeidungsstrategie sprechen eine Reihe unterschiedlicher Normierungsversuche, die im Folgenden dargestellt werden. Für die Nutzungsstrategie sprechen einige Klassifikationsverfahren, die im Anschluss daran besprochen werden. Das Grundproblem der Kategorienentsprechung kann folgendermaßen illustriert werden:

Abbildung 1.6:   Zum Grundproblem interkultureller Kommunikation (Stauber ohne Jahr).

Für die Vermeidung kommunikativer Probleme im internationalen Austausch stehen verschiedene Möglichkeiten der Normierung zur Verfügung: die Nutzung einer allgemeinen Verkehrssprache (Lingua franca), die gezielte Entwicklung von Sprachnormen und die fachsprachliche Kommunikation mit klaren Begriffsdefinitionen.

1.7.1 „Überflieger-Strategie" Lingua franca

Die Art der sprachlichen Variation im Englischen, die in der kanadischen Bierwerbung oben in symbolischer Weise erkennbar geworden ist, findet sich ähnlich nicht nur in Werbetexten oder literarischen Texten, sondern in unzähligen Begriffen und sprachlichen Strukturen der Alltagssprache. Das zeigt deutlich, dass es sich bei einer Lingua franca wie dem Englischen nicht um eine einheitliche oder monolithische Varietät handeln kann, wie sie sowohl in den Positionen der Befürworter und der Gegner der Lingua franca Englisch verbreitet postuliert wird. Erst die jüngere Diskussion der Varietätenaspekte der Lingua franca Englisch reflektiert das wachsende Bewusstsein um ihr breites Variationsspektrum (vergleiche Erling 2005). Hierzu gehört die Annahme eines *Core English* und die Akzeptanz internationaler Varietäten (*World Englishes*), die sich unter anderem in den Bezeichnungen ‚international', ‚global', ‚general' oder ‚literate English' ausdrückt. Das beträchtliche Varianzspektrum im Englischen ergibt sich demnach nicht nur aus der nationale Grenzen überschreitenden Verbreitung der englischen Sprache (US-, britisches, kanadisches, indisches, südafrikanisches, australisches Englisch und andere), sondern auch aus der Teilhabe und dem Einfluss der internationalen Nutzer. Naturgemäß spielen in der Ausbildung einer Lingua franca die Varietäten aus den Ländern eine besonders große Rolle, in denen Englisch zweite offizielle Landessprache ist oder einen vergleichbaren Status besitzt. Besondere Einflussfaktoren auf die sprachlichen Normen englischer Varietäten ergeben sich darüber hinaus aus der Medialität der Sprachverwendung (*Literate English*, Wallace 2002) und aus wissenschaftlichen Spezialgebieten und Fachsprachen.

Trotz der beobachtbaren Variabilität gibt es für eine einheitliche Lingua franca des Englischen bekanntlich eine ganze Reihe quantitativer und qualitativer Gründe: es besteht ein Bedarf an internationalen Kommunikationsmitteln, die Anzahl und geografische Verteilung der anglophonen Erst- und Zweitsprachensprecher ist signifikant, anglophone Länder stellen eine enorme Wirtschaftsmacht dar und haben einen beachtlichen politischen Einfluss und ein großes Innovationspotenzial. Zudem ergeben sich gerade aus einer internationalen Leitsprache zahlreiche Anlehnungsmöglichkeiten und Entwicklungsimpulse für andere Sprachen. So sind Entlehnungen aus dem Englischen ins Deutsche nicht nur hochfrequent, sondern auch äußerst produktiv, wie die zahlreichen Mischkomposita und Ableitungen (‚durchchecken', ‚Nonstopflug', ‚Softeis', ‚stressig', ‚gelayoutet') oder Bedeutungserweiterungen von Entlehnungen im Deutschen (etwa der Art des Wortfeldes ‚Start/starten') zeigen (‚Start eines Flugzeuges', ‚in den Tag starten', Englisch: ‚take-off' und ‚begin your day').

Die Attraktivität der Leitsprache Englisch geht dabei so weit, dass auch Dinge entlehnt werden, die durch die Entlehnung weder klarer noch ökonomischer werden als existierende Varianten des Deutschen. Die zahlreichen Verdrängungen etablierter und hinreichend scharfer Begriffe aus der deutschen Alltags- und Fachsprache durch gleichwertige oder gar weniger spezifische Entlehnungen aus dem Englischen sind hier beispielhaft zu nennen (zum Beispiel ‚City Management' statt ‚Stadtverwaltung' oder ‚DB Cargo' statt ‚Fracht' oder ‚Gütertransport').

Eine Anlehnung an eine internationale Leitsprache kann offensichtlich so viel Exotik des Fremden mit sich bringen, dass sie für politische oder wirtschaftliche Marketing-interessen profitabel wird. Die Akzeptanz von Fehlübersetzungen aus dem Englischen belegt diese Einschätzung (zum Beispiel ‚Administration' statt ‚Regierung' für Englisch ‚administration') genauso wie die Akzeptanz so genannter Scheinentlehnungen. Hier handelt es sich um eine zunehmende Anzahl von Neologismen, die nach nur scheinbar existierenden Mustern des Englischen gebildet werden, auch wenn diese für Sprecher mit Englisch als erster Sprache (L1) unverständlich oder komisch wirken, wie zum Beispiel ‚Aircondition' statt korrekt ‚air conditioning' (AC), ‚Handy' statt ‚cell (phone)' oder ‚Servicepoint' (Deutsche Bahn) statt ‚customer service'.

Die Profitabilität vieler Entlehnungen ist bisher nicht gut dokumentiert und daher kritischer zu betrachten, als es die Praxis vermuten lässt. So hat eine im Jahre 2004 durchgeführte Befragung deutscher Kunden zu einschlägigen Werbeslogans ergeben, dass die überwältigende Mehrheit der potenziellen Kunden, englische Werbeslogans völlig falsch verstand, die nach hypothetischen Attraktivitätskriterien gebildet oder aus dem Englischen entlehnt wurden (Isabel Kick zitiert in Spiegel Online vom 28.7.2004). Die Befragten meinten, die Einladung einer deutschen Drogeriekette ‚come in and find out' bedeute, die Kunden sollten den Weg hinein und dann wieder aus dem Geschäft herausfinden, so wie man es in den in Deutschland populären Mais-Labyrinthen gerne tut. Der Slogan des Fernsehsenders SAT 1 ‚powered by emotion' wurde von vielen als ‚Kraft durch Freude' interpretiert, was angesichts der historischen Konnotationen kaum intendiert sein konnte und marketingstrategisch wenig geeignet erscheint.

In einer explorativen Studie untersucht Lalova (2008) die Anglizismen im Deutsch der Jugendmedien und will damit zum einen deren Anteil an der Jugendsprache und zum anderen den Grad des korrekten Verstehens durch die Jugendlichen messen. Dabei ergibt sich insgesamt ein ernüchternder Eindruck: einerseits ist die Sprache in TV-Jugendmagazinen stark durchsetzt mit Anglizismen, andererseits werden diese von der jugendlichen Zielgruppe mehrheitlich nicht verstanden. Von 50 Jugendlichen aus Haupt- und Realschulen sowie Gymnasien konnten nur zwei die richtige Bedeutung von ‚Sit-In' angeben, bei einer Angabe „weiß nicht". Aber auch bei den Bedeutungen von aktuellen Szenebegriffen wie ‚Jamsession' zeigten sich kaum bessere Ergebnisse: nur drei der Befragten kannten die richtige Bedeutung, zwölf machten völlig unzutreffende Angaben und 35 nannten „weiß nicht". Die Jugendlichen nannten unter anderem als deutsche Äquivalente: ‚Auftritt' (1x), ‚ein bestimmter Rhythmus in der Musik' (1x), ‚Konzert' (3x), ‚so ne Art Pudding' (1x), ‚freies Rappen/Vorspielen' (2x), ‚irgendetwas Wabbeliges' (1x), ‚improvisieren, guter Freund' (1x), ‚Gitarre' (1x), ‚Musik machen (nichts bestimmtes)' (1x), ‚Werbung' (1x). In vielen Fällen bedeutet Lingua franca also möglicherweise eine Veränderung der eigenen Sprache, von Diversifizierung und Mehrsprachigkeit über Reduktion und Ersatz bis hin zu Verarmung und Fehlverstehen.

Das Englische ist im Kontext der Lingua-franca-Diskussion oft als hegemonistische oder imperialistische Sprache kritisiert worden, weil es die Kulturspezifika einer bestimmten Sprachkultur (oder Gruppe von Sprachkulturen) auf eine kulturübergreifende Ebene transportiert und dadurch die kulturspezifischen Konzepte und Begriffe anderer Sprachen verdrängt, die langfristig möglicherweise verloren gehen. In den

Situationen, in denen die Lingua franca Englisch als normiertes und normierendes Kommunikationsmedium dient, wie etwa in der (schriftlichen) Wissenschaftssprache, lässt sich diese Standardisierung deutlich beobachten, nicht notwendigerweise jedoch in der internationalen Alltagssprache. Für die internationale Alltagssprache gilt diese Normierung nämlich weder bei Beteiligung noch bei Nichtbeteiligung von L1-Sprechern des Englischen. Pölzl (2006) zeigt anhand eines diversifizierten Korpus, wie in dieser instabilen Kommunikationsform kulturspezifische und internationale Identitäten je neu und unter intensivem Rückgriff auf die Ausgangskulturen der Beteiligten ausgehandelt werden und die Dynamik internationaler Kommunikation prägen können (siehe hierzu auch Meierkord 2002:119 ff., Seidlhofer 2001). Dazu unterscheidet sie verschiedene Funktionen der Weltsprache Englisch: erstens ihre Rolle als *Lingua cultura* der anglophonen Sprecher, zweitens ihre Funktion als *Lingua converta* in mehrsprachigen Kulturen und drittens ihre Funktion als Lingua franca in interkultureller Kommunikation. In der *Lingua cultura* spiegelt sich demnach die Kultur einer Sprachgemeinschaft in direkter sprachkulturtypischer (linguakultureller) Weise wider. Als *Lingua converta* fungiert eine fremde Sprache, wenn sie als Amtssprache statt oder neben einer angestammten (autochthonen) Sprache verwendet wird. Damit wird also vor allem die postkoloniale Mehrsprachigkeit vieler Länder bezeichnet. Ob und inwiefern sich eine *Lingua converta* im Laufe der Zeit zu einer *Lingua cultura* entwickelt oder mit einer solchen gleichberechtigt oder nur in bestimmten funktionalen Teilbereichen koexistiert, hängt allerdings von verschiedenen Faktoren ab. In der Regel markiert eine *Lingua converta* eine unterschiedliche Perspektive auf Sachverhalte, Ereignisse oder Handlungen. Ähnlich verhält es sich auch mit der Verwendung einer Sprache wie dem Englischen als Lingua franca in internationaler Alltagskommunikation (*English as Lingua Franca in Intercultural Communication*/ELFIC). Auch wenn die sprachliche Oberfläche dieser Lingua franca eine größere internationale Homogenität und Standardisierung suggeriert, weist sie in Wirklichkeit sowohl multiple Vernetzungen zu den kulturspezifischen Begriffs- und Vorstellungswelten der Beteiligten als auch Referenzen zu international standardisierten und normierten Konzepten auf.

Für den Sprecher bedeutet dies auch ein ständiges Wechselspiel zwischen kulturspezifischen und internationalen Identitäten, in dem er sich je unterschiedlich positionieren will, kann und muss. Pölzl (2006) geht davon aus, dass Sprecher zwei (oder mehrere) Identitäten haben, die unterschiedlich repräsentiert werden: die sprachkulturelle, die sich in der Funktion der *Lingua cultura* ausdrückt, und die interkulturelle als Ausdruck eines dritten Ortes. Die Markierung der unterschiedlichen Identitäten erfolgt laut Pölzl (2006) dabei in folgender Weise:

- ► Neue sprachkulturelle Konventionen können spontan und ad hoc, je nach Bedarf, eingeführt werden. Bei der Einführung können sich die Sprecher sowohl auf die zwischen der „Eigen-" und der „Fremdkultur" entstehenden internationalen Identitäten als auch auf ihre eigene Ausgangskultur beziehen und zwischen diesen unmarkiert hin- und herwechseln.
- ► Neue sprachkulturelle Konventionen können bewusst in die Dritte-Ort-Kultur, die interkulturelle Identität, eingeführt werden, um die eigene Ausgangskultur in der interkulturellen Identität zu verorten (und ihr Raum zu geben) und diese mit anderen (international) zu teilen.

► Sprachkulturelle Normen können sich zu internationalen Normen entwickeln, wenn die entsprechenden Bezüge von allen oder den meisten Teilnehmern und Teilnehmerinnen verstanden, geteilt und akzeptiert werden. Dabei gibt es entsprechend der Komplexität des Verstehens Abstufungen zwischen simplifizierter und elaborierter Form der Normen. Am Beispiel der Wechselbeziehungen globaler Vorgaben und lokaler Ausprägungen im Hip-Hop illustriert Pennycook (2007) das Konzept des ‚Transcultural Flow‘ als Ausdruck einer je neuen linguakulturellen Ausprägung.

Es können auch sprachkulturell typische Normen einer fremden Sprache aufgenommen oder antizipiert werden, und zwar zur Schaffung von Solidaritätsbezügen, ohne dass die Sprache hinreichend beherrscht werden muss, ohne dass die Vertreter und Vertreterinnen dieser Kultur anwesend sein müssen und ohne dass diese Solidarität permanent bestehen müsste.[18]

Sprecher können beliebig zwischen den Kulturen wechseln. Die internationale Alltagssprache zeigt damit in besonders deutlicher Weise, dass Sprachkulturen immer in Bewegung und ständigen Veränderungsprozessen unterzogen sind. Im Gegensatz zur Wissenschaftssprache existiert die Alltagssprache demnach nicht als eine einheitliche und in vielen Aspekten genormte Variante, sondern immer als je spezifische Konstruktion aus internationalem Repertoire und individuellen und situativ variierenden Einflüssen der Umgebungs- und Teilnehmerkulturen und deren Sprachen. Sie weitet die natürliche innere Mehrsprachigkeit des Menschen auf die äußere (internationale) aus. Diese internationale Lingua franca ist also trotz stabil erscheinender Oberfläche eher ein stets in Entwicklung begriffenes dynamisches, heterogenes (grammatisch mehr oder weniger korrektes), instabiles und von Aushandlungsprozessen geprägtes Pidgin, als eine verfestigte oder sich verfestigende Kreolsprache.

Der gegenwärtig beobachtbare Prozess der Reduktion von Mehrsprachigkeit in Bildung und Wissenschaft läuft, trotz aller guten Argumente für internationale Kommunikationsmittel, den Prinzipien pluralistisch angelegter, demokratischer Wissensgesellschaften entgegen. Er stellt eine Beschränkung der Vielfalt des Denkens dar und trägt zur Schaffung von Zensurmechanismen bei. Bereits in vormoderner Zeit wurde mit dem Lateinischen, dem Griechischen und dem Arabischen versucht, Kommunikation in den entstehenden Wissenschaften zu normieren, und zwar durchaus mit weit reichenden Konsequenzen (Ehlich 1989), aber nur begrenzter Reichweite. Aus den vorangegangenen Überlegungen ergeben sich daher die folgenden Schlussfolgerungen:

1. Eine globale Lingua franca kann, zumal im Wissenschaftsbereich, ein effizientes Mittel zur Kommunikation in einer Fachkultur sein. Diese Fachkultur ist weitgehend standardisiert in Bezug auf ihr Erkenntnisinteresse, ihre wissenschaftlichen Methoden und ihre sprachlichen Kodierungen. Alle Fachkulturen entwickeln im Prozess ihrer Spezialisierung zugleich Abwehrmechanismen gegen eine Einflussnahme durch andere Wissenskulturen, Wissensgebiete und Wissenschaftssprachen.

---

[18] Die interkulturelle Identität versteht Bennet (1993) als Dritten Ort und Bhabha (1994) als *Third Culture*. Lewines sozialpsychologisches Äquivalent der „kulturellen Überschneidungssituation" (Lewin 1963:302) ist ein Perspektivenbündel, das sich aus den Synergien des Zusammentreffens von Perspektiven aus zwei verschiedenen Kulturen ergeben kann (weiter dazu Meierkord 2002, Roche 2001, siehe auch Kapitel 6).

2. Verschiedene Wissensstrukturen drücken sich in verschiedenen Sprachstrukturen aus, die sich nur bedingt in fremde Sprachen übertragen lassen. Wenn diese Übertragung dennoch erfolgt, dann kann die Spezifik der Fachkultur verlorengehen, etwa wenn der Übersetzer nicht über das notwendige sprachliche Inventar in der Fremdsprache verfügt. Hieraus ergibt sich eine Reihe von Konsequenzen:
   a. In den Schulen ist eine Vermittlung von funktionaler Mehrsprachigkeit anzustreben, auch wenn diese aus organisatorischen Gründen nur in partiellen Bereichen erzielt werden kann.
   b. Kulturspezifische Differenzierungen, im Sinne einer kreativen (nicht nur passiv übernommenen und erzwungenen) internationalen Beteiligung an der Ausformung internationaler Sprachen („global ownership"), sind auch in den stärker normierten Bereichen der wissenschaftlichen Lingua franca zu berücksichtigen. Hier könnten die dargestellten dynamischen Prinzipien der internationalen allgemeinsprachlichen Lingua franca Impulse und Vorbilder für die fachsprachliche Kommunikation liefern. Ohne die Berücksichtigung der Einflüsse der Ausgangssprachen der Sprecher bleibt Lingua franca im internationalen Gebrauch oft Rudimentärsprache und wird damit wissenschaftlichen Differenzierungsnormen nur bedingt gerecht.
3. Schließlich besteht die Gefahr, dass eine Lingua franca zur Verarmung der eigenen Sprache und Bildungskultur beiträgt, zum Beispiel dann, wenn die lebensnotwendige Rückkoppelung an die Allgemeinkultur und -sprache (zum Beispiel über die Schulbildung) nicht gegeben ist.
4. In der Alltagskommunikation bietet die internationale Lingua franca jedoch einen wichtigen Spielraum für die Schaffung einer gemeinsamen Basis und für kulturspezifische Differenzierungen. Sie hat das Potenzial, die innere (höchst differenzierte) Mehrsprachigkeit des Menschen (Wandruszka 1979) auf „Fremdsprachen" auszudehnen und dabei als variables internationales Register die nötige Brückenfunktion zu erfüllen.
5. Die Variationsvielfalt in der Lingua franca Englisch und neuere Mehrsprachigkeitskonzepte verlangen nach einschneidenden curricularen Konsequenzen im Bereich des Unterrichts Englisch als Fremdsprache und in Bezug auf die Entwicklung einer Mehrsprachigkeitsdidaktik.[19]

Mehrsprachigkeit heißt also auch Kultur-, Bildungs- und Wissenschaftsvielfalt, und Kultur-, Bildungs- und Wissenschaftsvielfalt heißt Mehrsprachigkeit. Weinrich (1994) hat an mehreren Stellen darauf hingewiesen, dass Wissenschaft überhaupt nur aus Sprache besteht und ohne diese gar nicht denkbar ist. Wissenschaft ohne Veröffentlichung, ohne Bezug auf veröffentlichte Ergebnisse und Erkenntnisse, ohne Versprachlichung in Schrift oder Wort, ist im Prinzip keine Wissenschaft, weil erst die Veröffentlichung wissenschaftliche Primate, wie das der Überprüfbarkeit, ermöglicht. Der Prozess

---

[19] Zu der mittlerweile umfangreichen Diskussion des Themas ‚Sprachliche Variation im Unterricht' siehe besonders Neuland (2006). Roche (2006) beleuchtet darin vor allem curriculare Möglichkeiten für den Weg von der inneren zur äußeren Mehrsprachigkeit. Siehe auch die Arbeiten in Meißner/Reinfried (1998) zur Mehrsprachigkeitsdidaktik.

der Erkenntnisgewinnung läuft durch und durch über Sprache, von der Aufnahme der Forschungsergebnisse durch die Wissenschaftlergemeinde und das Bildungssystem, über die Kommunikation im Labor, die kritische Diskussion in Konferenzen und auf Tagungen bis hin zur Verfertigung von Lehrbüchern.

> Hier zeigt sich deutlich, dass die wissenschaftliche Erkenntnisgewinnung durch und durch und von Anfang an ein kommunikativer Prozeß ist, an dem die sprachliche Fassung einen wesentlichen Anteil hat. Und das gilt für alle Wissenschaften, nicht nur für die notorisch sprachförmigen Geisteswissenschaften. (Weinrich 1994:163)

Das Konzept der Lingua franca muss demnach viel differenzierter verstanden werden, als es in der Sprachen- und Bildungspolitik in vielen Ländern der Fall ist. Hieraus ergeben sich folglich nicht nur curriculare Konsequenzen, sondern gravierende Auswirkungen auf die Sprachen- und Bildungspolitik, eine Sprachen-, Bildungs- und Wissenschaftspolitik, die nicht Einsprachigkeit (oder einsprachige Fremdsprachigkeit) im Sinne eines reduktionistischen Verständnisses von Globalisierung propagiert, sondern den gesellschaftlichen, wirtschaftlichen, wissenschaftlichen und hermeneutischen Nutzen geistesgeschichtlicher Pluralität erkennt. Dies könnte sich manifestieren in einer Förderung mehrerer Verkehrssprachen in Arbeits- und Lebenseinheiten wie etwa der Europäischen Union und der Förderung von Regionalsprachen wie auch der Aufnahme mehrerer Arbeitssprachen in die Lehrpläne der Schulen (vergleiche hierzu auch die Vorschläge von Seidlhofer (2001) und die phonologischen Untersuchungen von Jenkins (2000). Um dafür Ressourcen freizusetzen, könnte sich der Englisch-Fremdsprachenunterricht viel stärker als bisher auf die Vermittlung der Lingua franca Englisch als internationales Kommunikationsmittel konzentrieren und den Anteil der *Lingua cultura* Englisch in den Lehrplänen ähnlich gewichten, wie den anderer Verkehrs- oder Regionalsprachen auch. Der Gemeinsame Europäische Referenzrahmen und einige Lehrpläne europäischer Länder haben diese Intentionen zur Erlangung funktionaler Mehrsprachigkeit zwar formell in der einen oder anderen Weise bereits aufgenommen, aber an der Umsetzung fehlt es noch.

1.7.2 Regel-Strategie Sprachnormung

Die Hoheit für die Herstellung eines rechtsverbindlichen nationalen oder internationalen Konsenses wird den mit entsprechender Autorität ausgestatteten Organisationen übertragen (Deutsches Institut für Normung (DIN), Internationale Organisation für Normung (ISO), nationale, regionale und internationale Patentämter). Sie achten auf die Vereinbarkeit und Einhaltung festgelegter Standards auch im Bereich der Sprache. Meist beschränkt sich die normierende Kraft aber auf die Begrifflichkeit, wie etwa in der DIN 2330.

Auf internationaler Ebene entstehen durch Sprachnormung sprachüberschreitende Codes, zum Beispiel in der zivilen Luftfahrt (ICAO) oder in technischer Kommunikation (hierzu unter anderem Grindsted/Wagner 1992). Diese Normung lässt sich über die betreffenden Bereiche hinaus in der Regel nicht auf die gesamte Kommunikation ausdehnen. Die Normierungsprozesse bewirken nicht nur eine weniger fehleranfällige Kommunikation, sie schaffen auch fachliche und sprachliche Mechanismen zur Abwehr fremder und neuer Impulse. Stringente methodische Vorschriften für Publikationen in

Seite 2 DIN 2330

1 Anwendungsbereich und Zweck

Diese Norm dient der Verständigung in Wissenschaft und Technik, Wirtschaft und Verwaltung, ist aber auch in anderen Bereichen anwendbar. Sie beschreibt Zusammenhänge zwischen Gegenstand, Begriff und Sprache und enthält allgemeine Grundsätze für das Bilden von Definitionen und Benennungen.

2 Begriffe

Es gelten die Grundbegriffe der Terminologielehre nach DIN 2342 Teil 1. Mit * gekennzeichnete Begriffe sind an anderer Stelle in diesem Abschnitt definiert.

2.1 Begriff

Denkeinheit, die aus einer Menge von Gegenständen unter Ermittlung der diesen Gegenständen gemeinsamen Eigenschaften mittels Abstraktion gebildet wird. (aus: DIN 2342 Teil 1/10.92)

> ANMERKUNG: Siehe Abschnitt 4.1

2.2 Benennung

(nicht: Begriff)

Aus einem Wort oder mehreren Wörtern bestehende Bezeichnung. (aus: DIN 2342 Teil 1/10.92)

> ANMERKUNG 1: Begriffe* werden sprachlich durch Benennungen und Definitionen* repräsentiert. In Ausnahmefällen (z. B. beim Erstellen eines neuen Begriffssystems) kann die sprachliche Repräsentation nur durch eine der beiden Komponenten erfolgen.

> ANMERKUNG 2: Man unterscheidet zwischen Einwortbenennungen* (einschließlich der zusammengesetzten Benennungen) und Mehrwortbenennungen*. Kriterium ist die Trennung der Benennungsteile durch Leerstellen (aus: DIN 2342 Teil 1/10.92).

2.3 Definition

Begriffsbestimmung mit sprachlichen Mitteln. (aus: DIN 2342 Teil 1/10.92)

2.4 Einwortbenennung

Eine aus einem Wort bestehende Benennung*.

> ANMERKUNG: Zu den Einwortbenennungen zählen auch die zusammengesetzten einschließlich der mit Bindestrich durchgekoppelten Benennungen (siehe Abschnitt 6.2.1).

2.5 Mehrwortbenennung

Eine Benennung*, die aus mindestens zwei durch Leerstellen getrennten Wörtern besteht.

> ANMERKUNG: „Mehrwortbenennung" ersetzt für fachsprachliche Zwecke „Wortgruppe" (siehe Abschnitt 6.2.2).

2.6 Oberbegriff

Übergeordneter Begriff* innerhalb eines hierarchischen Begriffssystems, das durch Abstraktionsbeziehungen gekennzeichnet ist.

> ANMERKUNG: Der Begriffsinhalt des Oberbegriffs weist mindestens ein Merkmal weniger auf als der Begriffsinhalt seiner Unterbegriffe*.

2.7 Teilbegriff

Untergeordneter Begriff* innerhalb eines hierarchischen Begriffssystems, das durch Bestandsbeziehungen gekennzeichnet ist.

2.8 übergeordneter Begriff

Begriff* innerhalb eines hierarchischen Begriffssystems, der auf einer anderen, höheren Hierarchiestufe mehrere Begriffe zusammenfaßt.

> ANMERKUNG: Übergeordnete Begriffe sind je nach Art des jeweils vorliegenden hierarchischen Begriffssystems entweder Oberbegriffe* oder Verbandsbegriffe*.

2.9 Unterbegriff

Untergeordneter Begriff* innerhalb eines hierarchischen Begriffssystems, das durch Abstraktionsbeziehungen gekennzeichnet ist.

> ANMERKUNG: Der Begriffsinhalt eines Unterbegriffs weist mindestens ein Merkmal mehr auf als der Begriffsinhalt seines Oberbegriffs*.

2.10 untergeordneter Begriff

Begriff* innerhalb eines hierarchischen Begriffssystems, der auf einer anderen, niederen Hierarchiestufe sich beim Unterteilen eines Begriffs ergibt.

> ANMERKUNG: Untergeordnete Begriffe sind je nach Art des jeweils vorliegenden hierarchischen Begriffssystems entweder Unterbegriffe* oder Teilbegriffe*.

2.11 Verbandsbegriff

Übergeordneter Begriff* innerhalb eines hierarchischen Begriffssystems, das durch Bestandsbeziehungen gekennzeichnet ist.

3 Allgemeines

Die in den Abschnitten 4 bis 7 getroffenen Festlegungen sind auf der Grundlage der folgenden allgemeinen terminologischen Prinzipien anzuwenden.

Die Sprache dient den Menschen zur begrifflichen Erfassung und Ordnung von Welt, zum Ausdruck von Gedanken und Gefühlen sowie zur gegenseitigen Verständigung.

Bei der Verständigung über Gegenstände ist zu beachten, daß die Feststellung und Abgrenzung eines Gegenstandes in verschiedenen Sprachen unterschiedlich ausfallen kann. Solche Unterschiede zeigen sich auch beim Vergleich von Einzelsprachen und beim Vergleich der Feststellung und Abgrenzung eines Gegenstandes durch verschiedene Wissenschaften.

Zwischen Gegenständen und Benennungen gibt es keinen unmittelbaren Bezug. Dieser Bezug wird vielmehr über Begriffe vermittelt. Die bezeichneten Gegenstände können materieller und immaterieller Art sein. Insofern stellen Sachverhalte und Vorgänge ebenfalls Gegenstände (und zwar Gegenstände immaterieller Art) dar.

An Gegenständen jeder Art läßt sich jeweils eine Menge von Eigenschaften feststellen, von denen einige bei allen Gegenständen eines bestimmten Gegenstandsausschnitts gemeinsam und als konstant, andere hingegen als nicht konstant oder von Gegenstand zu Gegenstand variierend angesehen werden können (siehe Bild 1).

Abbildung 1.7: Auszug aus der DIN-Norm 2330 (Baxmann-Krafft 1999:62)

einigen anglophonen wissenschaftlichen Zeitschriften gehören dabei zu den wirksamsten, weil sie mit der sprachlichen Standardisierung gleichzeitig auch ein wissenschaftsmethodisches Konzept propagieren, das nicht in allen Wissenschaften und Wissenschaftskulturen die gleiche uneingeschränkte Wertschätzung genießt wie im anglophonen Sprachraum. So kann die sprachliche Standardisierung zu einem gewollten oder ungewollten Instrument für wissenschaftliche Zensur werden[20].

1.7.3 Pragmatik-Strategie fachsprachliche Kommunikation

Der Ausschnitt der Welt, der in fachsprachlicher Kommunikation thematisiert wird, ist ein begrenzter, fachspezifischer, in dem die Aushandlung von Gegenständen, Methoden, Begriffen und Normierungsverfahren im Vergleich zur Alltagssprache weit fortgeschritten ist. In dem Bereich der nicht international genormten Begriffe treten dennoch oft Perspektivierungen hervor, die eine bestimmte gesellschaftliche Praxis oder Einstellung bewerten. Die gesetzlich geregelte Perspektive drücken im Deutschen etwa ‚nicht verschreibungspflichtige‘ Medikamente aus, die im Amerikanischen in logistischer Perspektive ‚over-the-counter-medication‘ und im Französischen in der Perspektive des Wohlbefindens ‚médicaments de confort‘ genannt werden. Zwar gibt es häufig, wie etwa bei den Bezeichnungen der Blinddarmentzündung, Gemeinsamkeiten oder Entlehnungen aus gemeinsamer Quelle, aber diese werden in der Regel sprachlich angepasst (Baumann/Kalverkämper 1992 mit zahlreichen Beiträgen zur kontrastiven Fachsprachenforschung). Ein kleiner Vergleich der intralingualen vertikalen Schichtung von Deutsch und Englisch illustriert die konzeptuellen und strukturellen Gemeinsamkeiten (in den wissenschaftssprachlichen Ebenen, bei der Verkürzung auf die Organbezeichnung in der Umgangssprache und den Kürzungen in der Praktikersprache) und Unterschiede (vor allem im Wechsel auf deutsche Bezeichnungen in der Umgangs- und Praktikersprache):

		Deutsch	**Englisch**
Ebene 3	Wissenschaftssprache	appendicitis acuta	acute appendicitis
Ebene 2 b	OP-Sprache	Wurm	appy, appendectomy
Ebene 2 a	halb-wissenschaftliche Sprache	Appendizitis	appendicitis
Ebene 1	Umgangssprache	Blinddarm	appendix

Angesichts der zunehmenden Anzahl internationaler Organisationen und angesichts internationaler Einrichtungen der Rechtsprechung wie dem Internationalen Gerichtshof in Den Haag könnte man annehmen, dass der Bereich des Rechts international zu den bestnormierten gehört. Dennoch trifft diese Annahme so nicht zu. Das Recht stellt eine formalisierte Erfassung von Beziehungen dar, Beziehungen der Menschen untereinander, Beziehungen der Menschen zu Sachen und Beziehungen der Menschen zum Staat. Aus diesem gesellschaftlichen Bezug ergibt sich ein entsprechend weit gefächertes

---

[20] Wissenschaftskulturen könnten dabei prinzipiell von der gleichen Dynamik und Variabilität internationaler Kommunikation profitieren, die internationale Gremien, Institutionen und Instanzen gerne als Tugenden der Globalisierung und Internationalisierung anpreisen. Verschiedene europäische und kanadische Zeitschriften sind diesem Konzept multilingualer und multimethodischer Standards verpflichtet.

individualistisches und kulturspezifisches Potenzial der Rechtsregelung und -auslegung. Deshalb lassen sich allein innerhalb Westeuropas oder des föderalen Kanadas signifikante Unterschiede in der Rechtskonzeption beobachten: auf der einen Seite der auf der römischen Rechtsauffassung basierende Typ der prozessualen Dominanz, wie er sich etwa im *Common Law* Großbritanniens und Irlands wiederfindet, auf der anderen Seite der Typ subjektiv-rechtlicher Dominanz, wie er im zeitgenössischen deutschen oder französischen Recht realisiert ist. Aber auch zwischen französischem und deutschem Recht bestehen so fundamentale konzeptuelle Differenzen, dass eine Übersetzung von Begriffen häufig einer Rechtsauslegung gleichkommt. Auf diesen konzeptuellen Grundlagen basiert konsequenterweise das gesamte Denken des Rechts und damit seine Sprache.

Ähnlich verhält es sich mit anderen Fachkulturen. Die fachspezifischen Unterschiede im Konzeptualisieren der Welt bedingen unterschiedliche Arbeits- und Forschungsmethoden oder kulturspezifische Präferenzen für die eine oder andere. Die unterschiedlichen Forschungsinteressen in den Sozial-, Geistes- und Naturwissenschaften bedingen unterschiedliche Methodenparadigmen, die in interdisziplinärer Forschung jedoch zunehmend überschritten werden. So ergeben sich auch innerhalb einer Disziplin je nach wissenschaftskultureller Perspektive unterschiedliche Methodenpräferenzen. In der vergleichenden Politikforschung lassen sich zum Beispiel vier methodische Hauptströmungen unterscheiden: ein pluralistischer Forschungsansatz, der vor allem auf Ungleichgewichte in der Interessenaggregation und -artikulation abhebt, ein behavioristischer Ansatz, dessen Interesse den Differenzen im Beteiligungsverhalten der unterschiedlichen politischen Systeme und Subsysteme gilt, ein systemtheoretischer Ansatz, der die funktionale Betrachtungsweise und damit ein systemneutrales Analyseraster eingeführt hat, und ein Korporatismus-Ansatz, der das Entscheidungsverhalten zwischen politischen Akteuren analysiert (Nassmacher 2000:88f.). Die unterschiedliche Methodik erlaubt dabei eine akkurate Beschreibung von gesellschaftlichen Strukturen, die immer von der Weltsicht geprägt sind, statt sich der Verwendung einer international nivellierten Politik-Matrix zu ergeben. Durch die Koexistenz der Methoden entstehen in der Folge innerhalb der Politikwissenschaft verschiedene Subsprachen, deren Variablen und Ergebnisse jeweils ausführlich begründet werden müssen, wenn sich die Vertreter der verschiedenen Richtungen verstehen sollen. Nicht jedes Forschungsergebnis führt demnach automatisch zu einer allgemein verständlichen und allgemein akzeptierten Aussage. Mit anderen Worten, erst durch die jeweilige Explizierung der Ansätze, ihrer Hintergründe, Verfahren und Ergebnisse kann man versuchen, eine der Fachsprachen als verbindliche intralinguale Norm einzuführen.[21]

Zima (2000) fasst die Problematik der Codefindung in den Wissenschaften in dem Einleitungsbeitrag zu dem von ihm herausgegebenen Buch *Vergleichende Wissenschaften* treffend zusammen:

> Vergleichende Konstruktionen sind – wie alle Objektkonstruktionen in den Sozialwissenschaften – kulturell und politisch bedingt, weil jede Kultur, jede Ideologie bestimmte Relevanzkriterien, Klassifikationen und Begriffsbestimmungen begünstigt, andere hingegen ausblendet

---

[21] Die wissenschaftsinterne Differenzierung gilt auch für die Sprachwissenschaften mit ihren einzelnen Fachsprachen zu Strukturalismus, Generativer Grammatik, funktionalen und pragmatischen Ansätzen, Textlinguistik, Angewandter Sprachwissenschaft, kognitiver Linguistik und anderen.

oder gar tabuisiert. Deshalb erscheint es wichtig, die eigene Objektkonstruktion nicht für neutral oder gar objektiv zu halten, sondern in ihr das eigene kulturell und ideologisch bedingte Erkenntnisinteresse zu erkennen, um dieses mit anderen Erkenntnisinteressen und Konstruktionen dialogisch vergleichen zu können. (Zima 2000:27)

Die Darstellung von (generalisierten) Eigenheiten verschiedener Wissenschaftskulturen impliziert nicht, dass eine Übertragung in andere Kulturen nicht möglich oder wünschenswert ist. Die Sachverhalte selbst ändern sich nicht. Es sind die Perspektiven auf diese Sachverhalte und die unterschiedlichen Präferenzen ihrer Darstellung, die variieren (Trabant 2008).

1.8   Zur Operationalisierung von Linguakulturen: Kultureme und Behavioreme

Wie lässt sich die kulturelle Bedingtheit von Sprache auch jenseits der Erfassung linguistischer Spezifika auf verschiedenen Ebenen systematisch darstellen und nutzen? Zum einen kann man versuchen, wie bereits oben skizziert, in allen linguistischen und paralinguistischen Bereichen der Sprache Merkmalsdifferenzen zu verzeichnen. Zum anderen kann man versuchen, linguakulturelle Eigenschaften als holistische Schemata, Muster oder Skripts zu fassen und die interkulturelle Kommunikation als Herausforderung ansehen, zwischen diesen zu vermitteln. Spezifische Ausdrucksmittel sind damit die äußere Markierung konzeptueller Merkmale.

Das Kulturemmodell von Oksaar (1988) vertritt einen solchen Ansatz. Es geht davon aus, dass Handlungsskripts (Kultureme wie Begrüßungs- und Verabschiedungsrituale) in einzelnen Teilhandlungen (Behavioremen wie bestimmten Sequenzen und Gesten) organisiert sind, die sich ihrerseits in sprachlichen, parasprachlichen und außersprachlichen Merkmalen als Zeichen und Symbole für kulturelle Bedeutungen ausdrücken (etwa Begrüßungsformeln, Blickkontakt, Händeschütteln). Die Behavioreme repräsentieren die pragmatische und semiotische Komponente der Sprache und komplettieren lexikalische Mittel, normgerechte Aussprache und Intonation sowie Grammatik, Gestik, Mimik und Proxemik. Geleitet ist der Ansatz von der Feststellung, dass eine richtige grammatische Form mit falschen Behavioremen für den Sprecher gravierendere Folgen haben kann als ein Grammatikfehler, der in richtige Behavioreme eingebettet ist (siehe die Aussage von Ellis und Roberts S. 17). Behavioreme erfordern Kongruenz der Komponenten in der Sprachverwendung, die mittels vier Kongruenztypen hergestellt werden kann: die grammatische und die semantische Kongruenz sowie die pragmatische und die semiotische Kongruenz. Pragmatische Kongruenz bezeichnet die Übereinstimmung der Inhalte der verbalen, parasprachlichen und nonverbalen Informationsträger. Die semiotische Kongruenz weist auf die Übereinstimmung der Verhaltensweisen in Zeit, Raum und Handlung hin. Der ganze kommunikative Akt muss also den Situationsnormen entsprechen (vergleiche Oksaar 1988:69, 1983). Die Behavioreme lassen sich als ausführende (nonverbale, verbale oder parasprachliche) und regulierende Behavioreme klassifizieren, die gar nicht unbedingt analysiert werden müssen. Zu den regulierenden Behavioremen gehören Normen der Proxemik, soziale Variablen, Einflüsse von Raum und Zeit und andere, die mit ihrer funktionalen Dominanz die gesamte Situation bestimmen können. Das System lässt sich folgendermaßen grafisch darstellen:

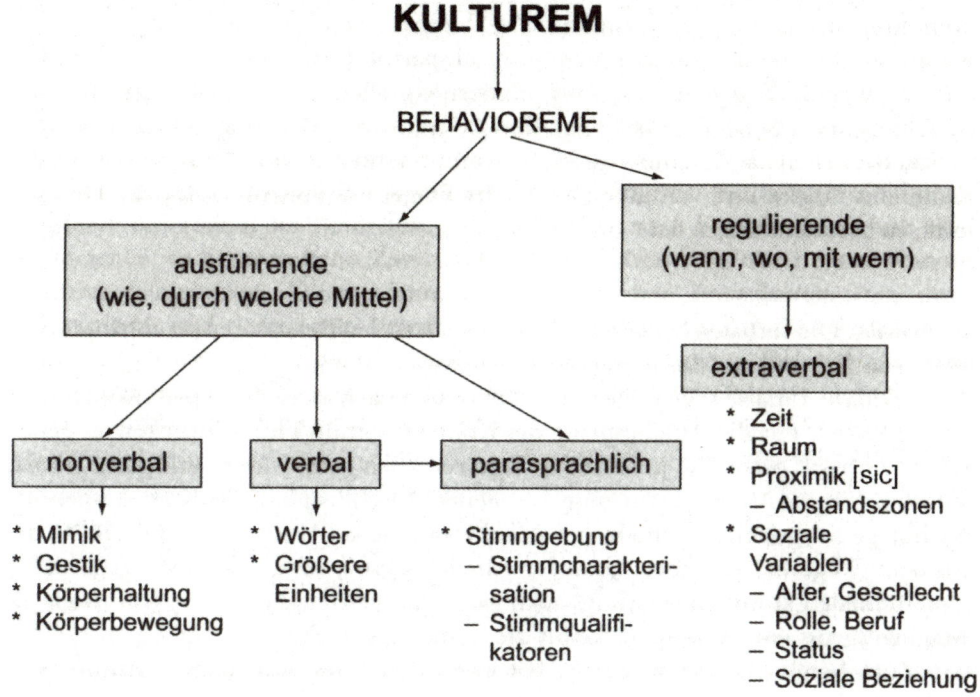

Abbildung 1.8:   Das Kulturemmodell von Oksaar (2003:39)

Mit diesem Modell lassen sich also Regelmäßigkeiten und kulturelle Gemeinsamkeiten genauso erklären wie kulturspezifische und idiosynkratische Erscheinungen. Es handelt sich nicht um ein normatives Modell nach Art interkultureller Trainings. Das Modell setzt gesellschaftliche Abstimmungs- und Normierungsprozesse voraus, akzeptiert aber individuelle Freiräume und intra- und interkulturelle Toleranzgrenzen – also eine hohe Variationsbreite – bei der Realisierung und möglichen Verletzung der Regeln der vier Kongruenztypen. Aufgabe des Unterrichts ist es, diese Normen deutlich zu machen und Strategien für den Umgang damit zu vermitteln.

1.9   Zur Rolle der elektronischen Medien in interkultureller Kommunikation

Die internationale Normierung der elektronischen Medien und ihr enormer Einfluss auf die Globalisierung der Kommunikation impliziert – wie die Normierung durch Fachsprachen – ebenfalls eine große Ähnlichkeit in der Nutzung der Medien. Die internationale Uniformität der Hard- und Software lässt darauf schließen, dass auch die Anwendung der Medien in der Kommunikation vergleichsweise uniform geschieht. In Wirklichkeit aber ist die Mediennutzung vom Gerätedesign bis hin zur Entwicklung bestimmter Lernsoftware stark von kulturell geprägten Annahmen zur Informationsverarbeitung und zum Wissenserwerb abhängig.

Wie alle anderen Technologien ist das Internet an erster Stelle ein soziales Produkt, und alle sozialen Produkte stehen unter dem Einfluss der kulturellen Werte ihrer Produzenten (Castells 2001). Da Kultur und Sprache sich gegenseitig bedingen, wie oben gezeigt wurde, betrifft dieser soziale Einfluss auch die Kommunikation in und mit den Medien. Die Entwickler des Internets waren zum größten Teil angloamerikanische Ingenieure und Wissenschaftler, die „schnellen und unbeschränkten Zugang zu gleich gesinnten Menschen suchten" (Anderson 1995:13) und deren Wertesystem und Berufskultur individualistisches und offensives Wettbewerbsverhalten förderten. Darüber hinaus spielten und spielen in ihren Kulturen Geschwindigkeit, Reichweite, Offenheit, schnelle Reaktion und Informalität in der Kommunikation eine ausschlaggebende Rolle.

Reeder/Macfadyen/Roche/Chase (2004) und Chase/Macfadyen/Reeder/Roche (2002) stellen in ihren Untersuchungen eines kanadischen Online-Kurses zum Thema ‚Interkulturelle Kompetenz'[22] ähnliche kulturspezifische Einflüsse im Kursdesign fest, wie sie Anderson beschreibt. Sie bemerken ferner, dass weit verbreitete Lernplattformen, Lernmanagementsysteme und internetbasierende Kommunikationsplattformen auf gleichen (nordamerikanischen) Annahmen aufbauen. Es existiert also eine unsichtbare, scheinbar internationale Internetkultur, die jedoch bei genauem Hinsehen deutlich die kulturellen Werte ihrer Entwicklerinnen und Entwickler erkennen lässt. Innerhalb des genannten kanadischen Online-Kurses werden kommunikative kulturelle Werte explizit sowie implizit durchgesetzt. Die implizite Umsetzung dieser Werte geschieht unter anderem mittels der technischen Infrastruktur des Kurses, das heißt vor allem durch ein Diskussionsforum, das öffentliche Beiträge und Antworten zur Voraussetzung macht und damit bestimmte Kommunikationsformen unreflektiert impliziert. Die Kommunikationskultur des Internets im Allgemeinen und die des Online-Kurses im Spezifischen werden gleichzeitig explizit und öffentlich durch direkte Anweisungen, Aussagen und Forderungen von Kursleitern und einigen Lernenden eingefordert. Gerade die als selbstverständlich geltende Öffentlichkeit des Internets, die sich auf Lernprogramme überträgt, führte in der genannten Studie aber zu schweren kommunikativen Problemen und schließlich einem Kursabbruch bei einigen Teilnehmern und Teilnehmerinnen, die aufgrund ihrer Lerntraditionen mehr Privatheit des Lernens und der Betreuung erwarteten.

Kulturelle Differenzen im Kommunikationsverhalten machen sich nicht nur im Kursdesign und seiner Umsetzung bemerkbar, sondern zeigen sich auch in der Art und Weise, wie individuelle Teilnehmer und Teilnehmerinnen Online-Kurse zur Kommunikation nutzen. Die oben genannte kanadische Studie stellt daher fest, dass bezüglich der Präsentation der eigenen Person und ihren Vorstellungen von Identitätskonstitution große strategische Unterschiede zwischen den Teilnehmern der multikulturellen Gruppe bestanden. Die Stellungnahme einer kanadischen Lernerin südasiatischer Herkunft illustriert das:

> This is Sara Nitzan from Montréal, Quebec. I have lived here since 1971, but was born and raised in Bombay, India. My family comes from the former Portuguese colony of Goa in India. I am married with 2 children who are now young adults...
> (Reeder/Macfadyen/Roche/Chase 2004:93)

---

[22] Die Teilnehmerinnen und Teilnehmer stammten aus amerikanischen, asiatischen, europäischen und nordamerikanisch-indianischen Kulturen.

Diese Teilnehmerin identifiziert sich primär über die Zugehörigkeit zu einer nationalen/ kulturellen Gruppe und in Bezug auf ihre Familie. Die gleiche Aufgabe löst eine englischsprachige, in Kanada geborene Kanadierin durch eine eher individuell fokussierte Einleitung:

> … My name is Batsheva Carmela… My job is Program Coordinator of the International programs Office in the Faculty of commerce at [a Canadian university]. We run training programs for government officials, managers, administrative personnel, etc. from (mostly) China, take care of visiting scholars who come to study for shorter periods of time, help organize summer programs to other countries for undergraduate students… On a personal side, I have a degree in History (Business minor) from Wilfred Laurier University… (Reeder/Macfadyen/ Roche/Chase 2004:93)

Diese Teilnehmerin identifiziert sich in erster Linie anhand ihrer beruflichen Rolle und Laufbahn sowie ihrer akademischen Qualifikationen und Leistungen. Die Ursachen für das unterschiedliche Verhalten der Teilnehmerinnen liegen möglicherweise in der Angespanntheit und Angst von Sprechern, die sich nicht gut kennen oder unsicher sind (siehe Gudykunsts *Anxiety/Uncertainty Management Theory* 1995). In Lernprogrammen, bei denen oft Möglichkeiten des Ausgleichs von Informationsdefiziten durch mangelnde alternative Kanäle fehlen, muss diese Angst oder Unsicherheit in geeigneter Form berücksichtigt werden können.

Schlickau (2009) und Schlickau (2001) stellen weitere aufschlussreiche Studien zur Problematik interkultureller Kommunikation über die elektronischen Medien im Fremdsprachenunterricht dar. Aus diesen ergibt sich, dass der Einsatz neuer Kommunikationsmedien beachtliche Lernpotenziale für die Sprach- und Kulturvermittlung birgt. Zwar bestätigt sich, dass Video und Videokonferenz eine facettenreiche interkulturelle Kommunikation in der institutionalisierten Vermittlung ermöglichen und sich durch unterschiedliche Medien Schwierigkeitsgrade und Anforderungsprofile leneradäquat variieren lassen, aber dies funktioniert nur erfolgreich, wenn die kulturellen Dispositionen der Nutzer berücksichtigt werden. Die Reflexion der erlebten Kommunikationsbedingungen trägt dabei wesentlich dazu bei, ein Gespür für die Vielfalt und Differenziertheit mündlicher und schriftlicher Kommunikation, eine interkulturelle Sensibilisierung, zu entwickeln. Die Reflexion betrachtet Schlickau als wichtige Grundlage für aktive Entscheidungen der Lerner zwischen kultureller Anpassung und Bewahrung der eigenen Identität. Diese Enscheidungen wirken sich entsprechend auf die Sprachen der Lerner aus.

2   Erwerbslinguistik

In dem folgenden Kapitel wird dargestellt, nach welchen Prinzipien, Spracherwerb erfolgt, und zwar von imitativen (Chunk geleiteten) bis zu Regel konstruierenden. Wie kommt der Lerner von einfachen Übernahmen, über ein situatives und pragmatisches Grundinventar und über verschiedene weitere Erwerbsstufen zu differenzierten Grammatiken? Welche Faktoren treiben den Spracherwerb an, welche Rolle spielt dabei die Orientierung an oder auf Formen? Ist Interferenz ein strukturelles oder eher ein konzeptuelles und strategisches Phänomen? Welche Rolle spielt die Interaktion mit der Eingabe und warum kommt es zu Stabilisierungen und Fossilisierungen des Erwerbs? Forschungsmethodisch illustriert dieses Kapitel, inwiefern eine kognitions-wissenschaftliche (psycholinguistische, erwerbslinguistische, kognitionslinguistische) Ausrichtung auf die Mehrsprachigkeit und den Sprachenerwerb geeignet ist, besser zu illustrieren, was eigentlich in den Köpfen der Lerner beim Aufbau und Management von Sprache und Grammatik vorgeht. Weder die vornehmlich auf die Beschreibung linguistischer Strukturen ausgerichteten Ansätze noch die vornehmlich lehrmetho-disch ausgeprägten Verfahren haben sich in dieser Hinsicht als befriedigend erwiesen.

2.1   Zweit- und Fremdsprachenerwerb

Die Spracherwerbs-und die Mehrsprachigkeitsforschung leben von authentischen Daten des Sprachgebrauchs. Wie die schwierige Aufgabe der Datenbeschaffung methodisch angegangen werden kann und welche Beschränkungen der Datenqualität entstehen können, soll vorab dargestellt werden.

Exkurs: Methodische Aspekte

Ziel der Spracherwerbsforschung war es lange Zeit, durch die Erforschung natürlicher Prozesse des Spracherwerbs Aussagen über effiziente Sprachlehrverfahren zu machen, die im Idealfall zur Entwicklung moderner Lehrstandards, Curricula und geeigneter Lehrmaterialien beitragen. Dieser seit Anfang der intensiveren Spracherwerbsforschung beabsichtigte Transfer hat bisher nur bedingt stattgefunden und gilt einigen Forschern als zu anspruchsvoll (vergleiche hierzu die Beiträge von Berthele und anderen in der ‚Zeitschrift für Literaturwissenschaft und Linguistik' 2009/153). Um den natürlichen, unverstellten Spracherwerb in Bezug auf ein besseres Ver-ständnis der Erwerbsprozesse der Mehrsprachigkeit und ihrer Fossilisierungsbedingungen zu beobachten, muss man sich zwangsläufig einer Reihe von komplexen Datenerhebungstech-niken bedienen, und zwar besonders solchen, die ein Maximum an Authentizität (Validität) gewährleisten.

Ziel der Forschung muss es sein, einen möglichst unverstellten Blick auf den natürlichen Spracherwerb werfen zu können. Authentische Kommunikation ist aber schwer zugänglich. Allein die Aufgabe, kooperationsbereite Versuchspersonen zu finden, stellt viele Forschungs-projekte vor ungeheure Probleme. Die Beobachtung des kindlichen Spracherwerbs stellt dabei natürlichermaßen besonders hohe Anforderungen an die Erhebungstechniken und die Ethik der Forschungsinstrumente. Es kommt erschwerend hinzu, dass Sprecherinnen und Sprecher, die beobachtet werden oder sich beobachtet fühlen, fast automatisch ihre Sprech- und Verhaltensweisen ändern. Daher ist die Forschung darauf angewiesen, sich verschiedener Techniken zu bedienen, um mögliche negative Einflüsse des Beobachtungsverfahrens soweit wie möglich zu neutralisieren. Neben der teilnehmenden Beobachtung (mittels Aufzeichnungen) und der kontinuierlichen Beobachtung von Lernern durch Aufzeichnung oder Sammlung von mündlichen und schriftlichen Sprachdaten gehören die folgenden strukturierten Verfahren zu den wichtigsten Erhebungstechniken der Spracherwerbsforschung:

- lautes Denken
- vorstrukturierte Aufgaben
- Vervollständigungsaufgaben
- Nachsprechen
- Übersetzungen
- Nacherzählungen
- Frage- und Antwort-Aufgaben.

Über diese strukturierten Aufgaben hinaus findet eine Reihe von weniger fokussierten, sprachlichen Gattungen als Erhebungstechniken Anwendung, wie zum Beispiel:

- Rekonstruktionen
- Bildbeschreibungen
- Kommunikationsspiele
- Rollenspiele
- Interviews
- quasi-authentische Kommunikationsformen.

Ferner können auch unstrukturierte Kommunikationsformen als Erhebungstechniken produktiv eingesetzt werden:

- freies Schreiben
- Erzählungen
- Gespräche.

Um die Validität der Ergebnisse zu verbessern, werden in der Spracherwerbsforschung Langzeitstudien (longitudinale Studien) Querschnittsstudien vorgezogen. Ein effizientes Mittel bei der Absicherung der Validität der Daten ist auch das Verfahren der nachträglichen Dateninterpretation durch die Sprecherinnen und Sprecher selbst (Selbstkonfrontation). Sobald die Daten gesprochener Sprache offen oder versteckt aufgezeichnet sind, beginnt die oft langwierige und kleinschrittige Aufgabe der Transkription (Verschriftlichung der aufgenommenen Sprachdaten). Schwierig ist diese Aufgabe besonders deshalb, weil gesprochene Sprache normalerweise von Hintergrundgeräuschen begleitet wird und durch unvollständige und sich überlappende Äußerungen sowie durch begleitende, außersprachliche Kontexte (Mimiken, Gestiken) gekennzeichnet ist. In einem weiteren Schritt der Aufarbeitung der Daten muss die „wichtige" Information von der „unwichtigen" getrennt werden, wobei der Grad der Wichtigkeit davon abhängt, was zur Beantwortung der Forschungsfrage genau beobachtet werden soll. Darüber hinaus muss das Transkriptionssystem auch in Bezug auf Genauigkeit, Schnelligkeit und elektronische Verarbeitungsfähigkeit effizient sein. Phonetische Transkriptionsverfahren, die Lautschriftsysteme nutzen, sind wegen des höheren Verschriftlichungsaufwandes nur bei Projekten erforderlich, bei denen Fragen der Aussprache und Intonation berücksichtigt werden. Phonetische Transkriptionssysteme sind etwa die phonetische Umschrift nach der IPA (Internationales Phonetisches Alphabet) und das daran angelehnte SAMPA (*Speech Assessment Methods Phonetic Alphabet*, vergleiche Dittmar 2009). Zu den gesprächsanalytischen Verfahren, die die Diskursorganisation und den Ablauf von Gesprächen in den Blick nehmen, gehören unter anderem das System der amerikanischen Konversationsanalyse (KA, Atkinson 1984), das computerbasierte Verarbeitungsprogramm EXMARaLDA, die Diskurs-Datenbank (DIDA), die Diskurs-Transkription (DT, Du Bois/Cumming/Schuetze-Coburn/Paolino 1992), das Gesprächs-Analytische Transkriptionssystem (GAT, Selting/Auer/Barden/Bergmann/Couper-Kuhlen/Günthner/Meier/Quasthoff/Schlobinski/Uhmann 1998) und das Transkriptions- und Analyseverfahren CHAT (*Codes for the Human Analysis of Transcripts*, MacWhinney 2000) für multifunktionale Mehrebenenanalysen der verbalen, paraverbalen und nonverbalen Interaktion. CHAT ist aus dem CHILDES-Projekt zur Erforschung des L1- und L2-Erwerbs entstanden und wird auch vermehrt bei der Konversion bereits bestehender Datenbanken eingesetzt (zum Beispiel den Daten des ESF-Projektes zum Spracherwerb in Europa). Zu weiteren forschungsmethodischen Fragen siehe Brons-Albert/Marx (2010). Eine ausführliche Darstellung der Verfahren sozialwissenschaftlicher Forschung liegt in Diekmann (2007) vor.

Die folgende Transkription einer Aufnahme der türkischsprachigen Lernerin Ayşe, die an einem longitudinalen, vergleichenden europäischen Projekt zum Spracherwerb (Klein/Perdue 1992) der *European Science Foundation*/ESF teilgenommen hat, zeigt eine Reihe elementarer Merkmale von Lernerdaten:

► sie weisen eine hohe Variation auf
► sie sind elliptisch, stellenweise ambig oder undeutlich und werden von (nicht sichtbarer) Gestik und Mimik begleitet
► sie reflektieren in bedingter Weise die Strukturen der Umgebungssprache und des sozialen Umfeldes der Sprecherin (Regionalsprache, Dialekt)
► sie enthalten in unterschiedlicher Qualität und Quantität Elemente anderer Sprachen
► sie geben eine Innenperspektive auf authentischen Fremdsprachenerwerb.

Ayşe, die zum Zeitpunkt der Aufnahme ungefähr 18 Jahre alt war und circa 27 Monate in Deutschland gelebt hatte, nachdem sie aus der Türkei in das Rhein-Neckar-Gebiet gekommen war, erzählt hier eine Episode eines Harold Lloyd-Stummfilmes nach, dessen Schlüsselereignis eine Verabschiedungsszene zwischen der Tochter eines älteren Mannes und ihrem Verlobten am Bahnhof darstellt. Diese bewegte und bewegende Szene macht die Zuschauer neugierig auf die geheimnisvolle Handlung, die zu sehen, aber nicht zu hören ist. Die vollständigen biographischen Daten sowie die Transkription des Gesprächs im CHAT-Format sind auf der begleitenden Webseite zu diesem Buch nachzulesen.

Ayşe wurde in den drei Aufnahmezyklen des Projektes mehrfach aufgenommen. Im zweiten und dritten Zyklus der Datenerhebung wurde sie dabei gebeten, die Aufgaben des vorangegangenen Zyklus zu wiederholen. Damit sollen zuverlässige Vergleiche ermöglicht werden. Die oben zitierte Aufnahme entstammt dem zweiten Zyklus. Alle Aufnahmen von Ayşe sowie die anderen Aufnahmen der Informanten aus fünf europäischen Ländern wurden auf verschiedene Erwerbsbereiche hin untersucht: das Lexikon (Broeder/Extra/van Hout/Strömqvist/Voionmaa 1988), den Ausdruck von Raumreferenzen (Becker/Carroll/Kelly 1988) und den Ausdruck von Temporalität (Bhardwaj/Dietrich/Noyau 1988, von Stutterheim 1986), Rückmeldungen (Allwood 1988), Kommunikationsstrategien (Bremer/Broeder/Roberts/Simonot/Vasseur 1988) und den Erwerb der Syntax (Klein/Dimroth 2003, Klein 1998, Klein/Perdue 1988). Die folgenden exemplarischen Analysen von Ayşes Äußerungen behandeln nur die Syntax, und zwar so, wie sie sich im Repertoire der Informantin im ersten und dritten Zyklus manifestiert (Klein/Perdue 1988:168–171):

---

30 da war ein mädchen
31 sie ist hunger
32 sie hat auf fenster geguckt
33 dann da gibts ein auto
34 da den brot, französische brot, so gross
35 dann die hat diese brote geklaut
36 dann eine frau hat gesehen
37 diese frau hat gesagt der chef
38 „diese mädchen hat ihr brot genommen"
39 dann der chef geht auch
40 wenn sie schneller laufen
41 dann kommt Charlie Chaplin
42 dann sie machen hingefallen
43 dann diese brot nimmt Charlie Chaplin
44 dann wenn polizei kommt
45 dann polizei hat gesagt
46 „wir gehen gefängnis"

Auswahl von Äußerungen der Lernerin Ayse aus dem 1. Aufnahmezyklus

Ayşe ist keine absolute Anfängerin beim Erlernen des Deutschen. Bereits vor den Aufnahmen des ersten Zyklus hatte sie etwas Deutsch gelernt. Im ersten Zyklus verwendet sie hauptsächlich SVO (Subjekt-Verb-Objekt) Strukturen. In ihrem gesamten Korpus gibt es nur eine Nebensatzkonstruktion, die Verbendstellung verlangt (‚wenn' – ‚dann'). Sie verwendet zwar Konnektoren und ungefähr zehn verschiedene temporale und räumliche Adverbien, aber nimmt nicht die standardsprachlich nötigen Änderungen in der Wortstellung vor (zum Beispiel Inversion oder Verbletztstellung). Nominalphrasen haben keine Kasusmarkierungen. Verben haben dagegen eine vollständige Markierung, auch wenn diese nicht immer standardsprachlichen Normen entspricht. Alle Personalpronomen werden realisiert.

Im zweiten Zyklus, der bereits zwei Monate später einsetzt, zeigen ihre Äußerungen insgesamt wenig Fortschritte. Zwar realisiert sie verschiedene Einleitungen (‚es', ‚da' und ‚dann'), und das deiktische ‚der' kann anstelle von ‚er' als Pronomen Verwendung finden, aber sie verwendet weiterhin keine Inversion, Nebensatzkonstruktionen oder Klammerstrukturen. Insgesamt scheint der Spracherwerb zu stagnieren.

Im dritten Erhebungszyklus wird dagegen ein großer Fortschritt deutlich, obwohl nur ein paar Monate zwischen zweitem und drittem Zyklus liegen. Ayşe verwendet komplexe Äußerungsstrukturen, trennbare Präfixe, Nebensatzkonstruktionen mit ‚wenn', ‚als' und ‚dass' sowie indirekte Rede (Codewechsel, siehe Zeile 30). In Verbletzt-Konstruktionen befindet sich aber jeweils nur ein Element vor dem Verb (mit Ausnahme des Codewechsels in Zeile 30), das heißt die Satzklammer bleibt noch relativ überschaubar.

25 und der hat das holz gesehen
26 und der hat das rausgenommen
27 und der schiff geht ins wasser rein
28 und die waren böse
29 und der hat gedacht
30 „ich muss sofort hier verschwinden"
31 und der machte einen spaziergang oder – ich weisses nicht
32 irgendwas machte er
33 und diese mädchen, arme mädchen, war hunger und müde und alleine
34 sie hat geguckt
35 aber sie konnte nicht nehmen

Auswahl von Äußerungen der Lernerin Ayse aus dem 3. Aufnahmezyklus

Aus solchen Erwerbsdaten (dem Korpus) ergeben sich typische Erwerbssequenzen. Diese Sequenzen sind das Ergebnis von kognitiven Strategien, Transfererscheinungen und zielsprachlichen Bedingungen.

Der Einfluss von Sprachlernerfahrungen aus Vorsprachen zeigt sich unter anderem in Präferenzen für bestimmte Lernstrategien im Umgang mit der fremden Kultur und Sprache. Das Strategieninventar umfasst dabei nach Tarone (1978) folgende Strategiemuster[1]:

Paraphrasen

► Approximation oder Übernahme eines Begriffes oder einer Struktur, die der Lerner zwar für nicht korrekt hält, die aber in hinreichendem Maß semantische Gemeinsamkeiten mit der eigentlich beabsichtigten Struktur hat, wie zum Beispiel in ‚pipe' statt ‚waterpipe'.
► Spontane Wortschöpfung (*Word Coinage*) wie in ‚airball' statt ‚balloon'.
► Umschreibung (*Circumlocution*) der Merkmale eines Elementes, Objektes oder Ereignisses statt der Nutzung der zielsprachigen Struktur, wie in ‚She is, uh, smoking something. I don't know what's its name. That's, uh, Persian, and we use in Turkey, a lot of').

Transfer

► Wörtliche Übersetzung (*Literal Translation*) aus der Erstsprache, wie zum Beispiel ‚Stapleressen' für ‚staple food' (Grundnahrungsmittel).
► Sprachwechsel (*Language Switch*) mit direkter Entlehnung aus einer anderen Sprache.

Vermeidung

► Themenvermeidung (*Topic Avoidance*) und Kommunikationsabbruch (*Message Abandonment*), der auch unvermittelt innerhalb einer Äußerung erfolgen kann.

---

[1] Poulisse (1993) verwendet für eine davon abgeleitete Einteilung die Bezeichnungen *Message Abandonment*, *Appeal for Help*, *Substitution* und *Reconceputalisation*.

Bitte um Hilfe (*Appeal for Assistance*)

- ➤ Zum Beispiel durch eine direkte Nachfrage: ‚Wie sagt man das auf Deutsch?'
- ➤ Mimik (*Mime*) und andere non-verbale Strategien.

Die Strategienmuster konkretisieren sich in metakognitiven und kognitiven Strategien so, wie es die (allerdings nicht vollständige) Übersicht bei Bimmel (2010:844) zeigt.

Metakognitive Ziele (*Selbststeuerung*)

- − Das eigene Lernen planen und einrichten;
- − Das eigene Lernen beaufsichtigen;
- − Das eigene Lernen auswerten und reflektieren;
- − …

Kognitive Ziele

Gedächtnis	*Sprachverarbeitung*	*Sprachgebrauch*
− Wortgruppen bilden (kategorisieren); − Kontexte erfinden; − Neue Kombinationen machen; − Visualisieren; − Rhythmus verwenden; − Reim verwenden; − Assoziogramm / Semantisches Netz; − Eselsbrücken verwenden; − Wiederholen; − Vokabelkartei; − …	− Sich Notizen machen; − Markieren; − Wörter und Ausdrücke analysieren; − Sprachen miteinander vergleichen; − Kenntnisse der Muttersprache übertragen; − Regelmäßigkeiten ermitteln; − Regeln anwenden; − Hilfsmittel anwenden; − …	− Textinhalte vorhersagen / Hypothesen bilden und überprüfen; − Bedeutungen aufgrund sprachlicher Hinweise erraten; − Bedeutungen aus dem Kontext ableiten; − Mit allen Mitteln wuchern (z. B. um Hilfe bitten, Mimik/Gestik, Thema wechseln, etwas umschreiben, …); − Formelhafte Wendungen verwenden; − …

Abbildung 2.1: Strategische Lernhandlungen nach Bimmel (2010:844)

Mimik und Gestik unterstützen die Strategien zudem. Durch äußeren Druck und mangelnde Klarheit im Unterricht werden Lerner auch oft dazu verleitet, Strategien einzusetzen, die sie als falsch erkennen aber dennoch verwenden, um den vermeintlichen Erwartungen gerecht zu werden.

Nach diesen Einleitungen zu Forschungsmethodik und Kommunikationsstrategien werden im Folgenden verschiedene Ansätze der Erwerbsforschung und ihre methodischen Grundlagen dargestellt. Damit sollen einerseits die unterschiedlichen Forschungsperspektiven und -interessen skizziert und andererseits unterschiedliche Ergebnisse der Forschung zu einem kohärenten Gesamtportrait zusammengetragen werden. Die Phasen und der Verlauf des Fremdsprachenerwerbs werden dabei der besseren Verständlichkeit wegen chronologisch dargestellt. Zu beachten ist grundsätzlich, dass die Forschung in vielen Bereichen unvollständig, selektiv oder nicht konklusiv ist. Die

weiteren Einflussfaktoren auf den Spracherwerb werden im Rahmen der Mehrsprachigkeitsmodelle behandelt.

2.2   Prozesse des Sprachenerwerbs

Äußerungen von Lernern einer fremden Sprache im „ungesteuerten Spracherwerb"
erscheinen besonders zu Beginn des Erwerbs meist unvollständig, inkonsistent und
inkohärent. Im weiteren Verlauf kann es bei Lernern, die ohne strukturelle Hilfen oder
ohne ein ausgeprägtes Bewusstsein für Akkuratheit eine Sprache erwerben, zu diffusen
und widersprüchlichen Mischungen aus korrekten zielsprachlichen Elementen und
Phrasen sowie sehr fehlerhaften Annäherungen kommen. Trotz dieses Erscheinungs-
bildes kann man davon ausgehen, dass der Spracherwerb regelgeleitet erfolgt. Lerneräußerungen liegt also eine grammatische Systematizität zugrunde, die jedoch vom
Lerner selbst anders abgebildet wird, als es die Grammatikdarstellungen in Lehrbüchern
oder Referenzgrammatiken üblicherweise tun. Auch kann man nicht davon ausgehen,
dass Lerner ihre eigene Lernergrammatik so reflektieren, wie es Lehrpläne und Lehr-
buchprogressionen gerne vorsehen.

Wenn man sich in die Situation eines Lerners versetzt, der gerade beginnt, eine neue
Sprache zu erwerben (es könnte übrigens durchaus auch die erste sein), dann wird man
verstehen, dass er sich zunächst an einzelnen vollständigen oder rudimentären Begriffen
orientiert, die er segmentieren und kontextbedingt verstehen kann. Das heißt, der
Spracherwerb ist vor allem am Anfang lexikalisch bestimmt. „Am Anfang war das Wort"
bekommt somit eine neue, aber ähnlich einprägsame Bedeutung wie in der Bibel.
Ergänzt wird die lexikalische Basis mit pragmatischen Verfahren, die sich (sofern sie
vorhanden sind) an Vorerfahrungen aus anderen Sprachen orientieren und die Reichweite der Wörter, Gesten und der Mimik maximieren. Die frühen Phasen eines
Spracherwerbs sind sehr stark an die Interaktionssituation gebunden: Sprachliche
und nichtsprachliche Verweise gestalten die Kommunikation zu einem erheblichen
Teil. Die Verweise können explizit oder implizit sein. Aus dieser lexikalischen und
pragmatischen Basis, zu der auch Phrasen und nicht analysierte Einheiten, so genannte
Chunks, gehören, entsteht sukzessive eine komplexe Grammatik. Die Grammatik wird
also aus dem Lexikon konstruiert. Dabei lässt sich feststellen, dass Lerner auch mit
einzelnen Wörtern in Texten kommunizieren. Im fortschreitenden Spracherwerb
emanzipieren sich die einzelnen Konstituenten zunehmend von der Situativität der
Kommunikationssituation und manifestieren sich in komplexeren sprachlichen Mitteln
(so wird aus einer 1-Wort-Äußerung ‚türkei' im Zuge des Erwerbs ‚als ich noch in der
Türkei gelebt habe…').

Lerner, die eine neue/fremde Sprache lernen, stehen demnach zunächst vor der
Aufgabe, einzelne Begriffe zu erwerben, mit denen sie die Welt benennen können.
Haben sie einen hinreichenden Wortschatz nach den im folgenden Kapitel erläuterten
Prinzipien der Identifizierung, Segmentierung und Klassifizierung aufgebaut, so ergibt
sich die Aufgabe, die einzelnen Elemente zu Äußerungen zu kombinieren. Dabei greifen
sie auf ein intuitives Inventar von Strategien zurück, das Klein/Perdue (1997:303) die
Basic Variety nennen (siehe die frühen Äußerungen von Ayşe oben). Sie erlaubt ihnen
zwar, auch Textualität implizit oder mit einfachen pragmatischen und lexikalischen
Mitteln auszudrücken, zu der weiteren Aufgabe, aus einzelnen Äußerungen voll-

ständige, entsituationalisierte Sprache oder komplexere kohäsive Texte zu bilden, gelangen die Lerner jedoch nur schwer oder nicht.

Der Fokus auf Formaspekte im Unterricht ist bei dieser Aufgabe nicht immer eine Hilfe. Auch bei der Diagnose des Sprachstandes geht hinter der Formorientierung der Bezug zur Textualität oft verloren. So kommt es nicht selten vor, dass das kommunikative Potenzial und das tatsächliche Sprachniveau von Lernern fehleingeschätzt werden, mit gravierenden (Karriere beeinträchtigenden) Folgen für die weitere sprachliche Förderung und die Bildungschancen.

2.2.1 Chunking und Dechunking

Der Erwerb einer neuen Sprache ist in den Anfangsphasen stark von nicht analysierten und teil-analysierten Elementen, die unter Umständen einen größeren Umfang haben können, wie etwa Begrüßungs- und Verabschiedungsformeln, bestimmt. Diese größeren Elemente oder Chunks werden im weiteren Erwerbsprozess sukzessive zerlegt, analysiert und dann in neuen Kombinationen wieder zusammengesetzt. Der Ablauf dieses Prozesses, der auch neue Strukturen in fortgeschrittenen Phasen betrifft, lässt sich schematisch darstellen, in Abbildung 2.2 am Beispiel der psychologischen Wirkungsverben auf fortgeschrittenem Niveau.

Die linke Spalte stellt den Umgang mit der Eingabe (Input) dar, die rechte beschreibt die gleichen Prozesse aus Sicht der Verarbeitung der Eingabe durch den Lerner in einem konstruktionsgrammatischen Modell. Lerner sind zunächst mit verschiedenen Inputelementen konfrontiert, die aus einzelnen Wörtern oder komplexen Strukturen bestehen. Mangels sprachlicher Mittel und ausgereifter Analysewerkzeuge werden Lerner auch die komplexeren Strukturen zunächst als phonetische Chunks übernehmen. Dabei spielt für sie keine Rolle, wo die genauen Wort-, Satz- oder Phonemgrenzen liegen. Entscheidend ist die holistische Bedeutung der Chunks, die Lerner in einem bestimmten pragmatischen Kontext richtig zu interpretieren und im Anschluss daran in den genannten Phasen auch richtig einzusetzen lernen. Diese Chunks werden abgespeichert und stehen zunächst nur für identische Kontexte, später auch für ähnliche Kontexte wieder zur Verfügung. Durch die rezeptive Verarbeitung weiterer, ähnlicher und gegebenenfalls modifizierten Inputs beginnt die Identifizierung von einzelnen Teilen und daran anschließend die Analyse dieser Teile. Dabei generiert der Lerner Paradigmen, die es ihm erlauben, einzelne Elemente zu identifizieren. Da diese Elemente in anderen Kontexten in anderen Chunks auch vorkommen, entsteht ein gewisser Wiedererkennungswert, der es dem Lerner ermöglicht, verschiedene Bedeutungen und pragmatische Funktionen zu rekonstruieren. Nach der erfolgten Analyse oder auch Teilanalyse, dem so genannten ‚Dechunking‘, erfolgt eine Resynthese von Teilen oder ganzen Elementen und schließlich eine Einbettung, die durch weitere Erprobungsverfahren zunehmend an Korrektheit gewinnt. Natürlich werden Lerner auf diese Formen auch in Kontexten zurückgreifen, die nicht völlig angemessen sind, es wird also zu gewissen Übergeneralisierungen kommen. Aus der zunehmenden Erprobung und Verfeinerung ergibt sich in der Folge eine Ausbildung von grammatischen Kategorien. Diese grammatischen Kategorien entsprechen nicht unbedingt dem, was in deskriptiven oder präskriptiven Grammatiken vorgegeben ist, sondern es handelt sich zunächst um Kategorien, die der Lerner im Sinne einer eigenen konzeptuellen Grammatik abbildet.

Vorstrukturierter Input	Konstruktionsgrammatische Beschreibung	
enthält massenhaft Sequenzen mit ähnlicher Struktur	macht Form und Bedeutung der als Chunks gespeicherten Sequenzen explizit	
Beispiel: „Der Film ist ja unglaublich aufregend"		
Lernstrategie 1:	Erfassen der „Reinform" als Konstruktion:	
für den direkten Einsatz als Ganzes mit Situationsbezug abspeichern	Der Film ↓	ist aufregend ↓
Lernstrategie 2:		
für die Entwicklung der lexikalisch-grammatischen Kompetenz in „Reinform" abspeichern:	Stimulus ╎	psychische Wirkung ╎
„Der Film ist aufregend"	Subjekt	Kopula + Partizip 1 (ADJ) eines psychischen Wirkungsverbs
Ziel ist die Herausbildung von Abstraktionsgraden durch eine Chunk-Datenbasis	↑	↑
1) Etwas ist aufregend 2) Etwas ist psychWVerb-end	Etwas Etwas	ist aufregend ist *psychWVerb*-end
Effekt Tuning für weiteren zielsprachlichen Input mit unterschiedlichen lexikalischen Füllungen	Effekt Förderung des Aufbrechens der Chunks für den Aufbau eines morphosyntaktischen Regelapparats	
Chunks im Lernerkopf	Konstruktionen als Lerninstrument	

Abbildung 2.2:   Die Beschreibung der Verarbeitung von Chunks als Input und als konstruktions-grammatische Prozessabfolge (Handwerker 2008:57)

Im Gegensatz zu dem beschriebenen Verfahren des Chunkings und Dechunkings inerpretiert Haberzettl den Output der in ihrer Studie untersuchten Kinder als input-basierte kreative Routine oder „Construction Blend" (Haberzettl 2007:59f), nicht als regelgeleitete Produktion. Semantische Gesichtspunkte scheinen dabei eine leitende Rolle zu spielen. Haberzettl greift in dem Ansatz das zunächst von Wong-Fillmore (1979) eingeführte Konzept der Chunks aus konstruktionsgrammatischer Sicht auf und weist darauf hin, dass die Chunks im Kontext in ihrer Bedeutung/Funktion und ihrer Form holistisch verarbeitet werden. Möglicherweise geschieht dies zunächst in ihrer unmittel-

baren Bedeutung und auch in teilanalysierten Chunks. Demnach kann der Erstsprachenerwerb als Prozess des Erwerbs von Konkreta wie ‚birdie' über Holophrasen wie
‚lemme-see' (‚let me see') und Schemata wie ‚where's the x?' bis hin zur Ableitung
abstrakter Konstruktionen als Generalisierungen dargestellt werden (Tomasello
2006:271, 2003:38).

Den Erwerb einer Sprache kann man sich demnach als Auseinandersetzung mit der
Eingabe vorstellen, die sich in Form bestimmter Konstruktionen beim Lerner abbildet.
Diese Abbildungen kann man auch als Lernergrammatik bezeichnen. Die Verarbeitung
weiterer Inputs führt nicht nur zu einer Bestätigung und Modifikation der vom Lerner
entwickelten Regeln, sondern auch zu konfliktiven Regeln, die (noch) nicht recht ins
System passen. Werden sie nicht ignoriert, sondern bearbeitet, dann führt die Weiterverarbeitung zu einer Umkonstruktion des mentalen Systems der Lernergrammatik. Mit
den Konflikten aber gehen Lerner unterschiedlich um: Im Idealfall führen sie zur
Ausbildung eines korrekten Struktursystems (der zielsprachlichen Grammatik) mit
korrekten Projektionen der Konstruktionen auf grammatische Strukturen (*Mappings*).
Diese bleiben solange stabil, bis sie mit neuem, konfliktivem Input koordiniert werden
müssen. Oft kommt es aber auch zu Alternativ-Konstruktionen in Warteposition, etwa
wenn eine im Entstehen begriffene Konstruktion noch mit zu wenig Evidenz aus der
Eingabe verifiziert ist oder wenige Anlässe zur Aktivierung bestehen. Frequenz und
Nutzung/Aktivierung spielen bei diesen Wartekonstruktionen tatsächlich eine Rolle,
auch wenn Frequenzerscheinungen oft überschätzt werden[2]. Unter weniger optimalen
Bedingungen des Spracherwerbs kann bei neuer Eingabe und den daraus entstehenden
Konflikten aber der Umkonstruktionsprozess unter- oder abgebrochen werden, entweder, weil der Lerner die Differenzen nicht wahrnimmt oder weil er mit ihrer Bearbeitung
überfordert ist. Die Folge sind Generalisierungen bestehender Regeln, Übernahmen aus
der L1 oder anderen Sprachen, Vermeidungen und Ausweichhandlungen, Anwendungen bekannter, nicht ausreichender Regeln oder hypothetische (Misch-)Regeln und
Wörter (siehe die Hinweise zu Strategien oben). Auf der Eingabeseite können Anpassungen der Sprecher der Zielsprache die Aufgabe des Dechunking erleichtern. Vor allem
in Form von Strategien der Kennzeichnung von Silben- und Wortgrenzen (Sprechpausen), aber auch mittels der vielfältigen Variation der Eingabe (Paraphrasen, Erklärungen, Verkürzungen) können Lerner bei der Identifizierung und Kategorisierung der
Eingabe unterstützt werden (siehe die Ausführungen zu Xenolekten in den Kapiteln
2.7.3 und 2.7.4). Zum Spracherwerb analoge historische Prozesse der Entscheidung für
die eine oder andere Strategie in der (diachronen) Sprachentwicklung fasst Diewald
(1997) als Aufgabe der Paradigmatisierung. Wie eine Sprachgemeinschaft (phylogenetisch) vor der Aufgabe steht, ihre Sprache neuen Bedingungen anzupassen, so steht jeder
einzelne Lerner (ontogenetisch) vor der Aufgabe, seinen Erwerbsstand entsprechend
seiner kommunikativen Bedürfnisse weiterzuentwickeln. Bei den Beschreibungen der
dabei entstehenden mentalen Konstruktionen in den Köpfen der Lerner bilden die
pragmatische Funktion und strukturelle Beschreibung eine Einheit, aber der Blick von
außen nur auf die Strukturen verstellt oft den Blick auf die Funktionen im Erwerb.

---

[2] Wartenburger (2004) zeigt in neurolinguistischen Studien italienisch-deutschprachiger Probanden, dass das Spracherwerbsalter und das Leistungsniveau die grammatikalischen und
semantischen Verarbeitungsprozesse in der Zweitsprache unterschiedlich beeinflussen und
diese nicht nur durch Frequenzeffekte erklärbar sind.

Handwerker/Madlener (2009:55) haben auf dem theoretischen Ansatz des Chunking daher einen bedeutungsorientierten Ansatz für das praktische Sprachtraining entwickelt, der auf bestimmten pragmatischen und kognitiven Annahmen aufbaut, die bisher nicht überprüft werden konnten. Diese Annahmen sollen mittels einer Multimedia-Lernumgebung in einem Lernprogramm erforscht werden. Das Trainings-Programm vermittelt nicht nur neue Sprachkompetenzen, sondern wird gleichzeitig für die Erhebung von empirischen (Langzeit-)Lernerdaten genutzt. Das Trainingsmodul gibt den Lernern die Möglichkeit, durch Hilfsmittel Formaspekte des Spracherwerbs zu entdecken und zu bearbeiten. Die Lernumgebung bietet hierzu unter anderem Grammatikanimationen und Grammatiktexte als Hilfen zur Analyse von Chunks und zur Erhöhung der Salienz von Regeln. Diese sind für unterschiedliche Interessengruppen (Lerner, Lehrende, linguistisch Interessierte) aufbereitet. Ferner enthält das Lernprogramm auch Visualisierungen, Situationseinbettungen, Glossare und eine systematische Anordnung der Chunks nach kommunikativer Relevanz. Dadurch soll der Bedeutung der unmittelbaren Nutzbarkeit im Sinne des *Interactional Modifications*-Konzeptes (Baleghizadeh 2011) Rechnung getragen werden. Über globale und detaillierte Erklärungen erhält der Lerner Rückmeldungen zu den Lösungen der angebotenen Aufgaben. Dies sind jedoch begleitende, die Formfokussierung unterstützende, aber nicht die tragenden Elemente des bedeutungsgeleiteten Ansatzes. Eine echte Handlungsorientierung ergibt sich dadurch nicht. Das Programm hat insgesamt eine starke instruktionistische Ausrichtung.

2.2.2 Von den Chunks zur Basisvarietät

Wortschatzerwerb und Chunking begleiten den Spracherwerb und die Kommunikation auch über die Anfangsphase des Erwerbs hinaus. Sie sind dort aber besonders deutlich sichtbar und besonders wichtig für den Aufbau einer kommunikativen Kompetenz. Im Verfahren des Chunking und der Zerlegung der Chunks (Dechunking) wird deutlich, wie grammatische Strukturen systematisch entwickelt werden. Das erste konsistente Grammatiksystem von Lernern, das sich daraus ergibt, ist nach Klein/Perdue (1997:301) die „Basisgrammatik". Diesem Ansatz geht es um die Begründung einer konzeptuellen Lernergrammatik, nicht der Projektion einer deskriptiven oder präskriptiven Grammatik auf die Lerneräußerungen. Die *Basic Variety* (BV) lässt sich nach Klein und Perdue etwa folgendermaßen zusammenfassen:

> Sie ist eine reguläre Sprachvarietät erwachsener Lerner im ungesteuerten Spracherwerb, die grammatisch fossilisieren und sich dann nur lexikalisch weiter entwickeln kann, oder die – bei anderen Lernern – zu komplexeren Varietäten führen kann.

> Das Lexikon der BV besteht größtenteils aus Elementen der Zielsprache, mit einzelnen Entlehnungen aus der Erstsprache. Es handelt sich dabei vor allem um nicht flektierte Inhaltselemente und wenige Funktionselemente. Wortbildung findet im Wesentlichen bei der nominalen Komposition statt.

> Die BV basiert auf wenigen Strukturierungsprinzipien. Die Interaktion der Prinzipien bestimmt die Form der Äußerung und den Ausdruck von Temporalität und Räumlichkeit. Die Prinzipien gelten offenbar für alle Ziel- und Ausgangssprachen, ihre Realisierung hängt vor allem von Situationsfaktoren ab.

> Auffallend selten sind freie und gebundene Morpheme mit reiner grammatischer Funktion und komplexe hierarchische Strukturen, wie sie etwa in Nebensätzen vorliegen.
> (Klein/Perdue 1997:332)

Die Vermittlung des Inhalts erfolgt primär durch lexikalische Elemente und deren pragmatische Anordnung nach Informationsgehalt. Das Lexikon der Basisvarietät besteht vor allen Dingen aus Elementen, die aus der Fremdsprache abgeleitet sind. Es enthält in der Regel relativ wenige Entlehnungen aus anderen Sprachen. Die nicht flektierten Formen überwiegen. Im Bereich der Wortbildung herrscht ein einfaches Additionsprinzip vor, demzufolge die Komponenten zu Komposita addiert werden. Die Identifizierung der kategoriellen Füllung nach Nomen, Verb oder Adjektivbasis kann nicht immer eindeutig vorgenommen werden. Anders gesagt, es werden Stammformen verschiedener grammatischer Kategorien zusammengefügt und daraus ergeben sich komplexere Komposita. Entscheidend ist ihr lexikalischer Gehalt. Bemerkenswert ist ferner, wie stark sich die Basisvarietät bei unterschiedlichen Lernertypen etabliert, beziehungsweise welchen transitorischen Charakter sie besitzt. So fossilieren die Strukturen der Basisvarietät bei manchen Lernern oder stabilisieren sich. Andere Lerner verharren dagegen bei den Grundstrukturen, entwickeln aber das Lexikon weiter. Wieder andere Lerner beginnen, die Basisgrammatik weiter zu entwickeln. Die Basisvarietät gilt als natürliche Sprache. Klein und Perdue zeigen, dass in dieser Varietät im Grunde alle grammatischen Grundlagen natürlicher Sprachen vorhanden sind. Es handelt sich demnach um eine Sprache, mit der sich die essentiellen Dinge des Lebens sprachlich regeln lassen.

Drei Arten der Strukturierungsprinzipien können in der Basisvarietät identifiziert werden: Phrasenprinzipien, semantische Prinzipien und pragmatische Prinzipien. NP bezieht sich dabei auf *Nominal Phrase*, Adj auf *Adjective*, V auf *Verb*, i auf *infinite*, und f auf *finite*.

Phrasal principles: Phrasal principles are those which can be stated in terms such as NP, V, Adj etc. Such a principle would be: „V always follows an NP". [...] in order to describe the regularities of German, a category such as V is too crude: It is crucial to distinguish between Vf and Vi, which may emerge into Vif. The acquisition of this distinction turned out to be a major step in the developmental process [...].

Semantic principles: The major semantic principle proved to be „controller first", that is, if there are two NPs, that one comes first (precedes V) whose referent exerts – or intends to exert – most control over the situation.

Pragmatic principles: Utterances were found to be structured according to the „left-right" distribution of information. More specifically, elements providing an orientation or the setting of the utterance (such as temporal and spatial settings) usually precede the topic of the utterance (such as the established theme or „players"), which is then followed by the focus of the utterance. The focus element (elements) is that constituent which „answers the question" [...]. Such a question need not be explicitly asked. It may be entirely implicit, or it may follow from the „text question" which the text [...] is designed to answer. (Klein/Perdue 1988:173)

This question is known as „quaestio". It explains why almost any element can be found in the focus position, not just a „subject, an „object" or other usual element:

If the question is „What was next on stage?" or „What appeared next?", then the object or person referred to by NP is in focus, rather than whatever is expressed by V, and hence, NP should come last; this gives us the structure of presentationals. It may also be that both the protagonist and the event (to the extent to which it is expressed by V or V NP2) belongs to the focus; or the speaker wants to mark it as such. Such a situation would correspond to a question like „What happened next?" rather than „What happened next to the protagonist?". In this case, NP must not appear in initial position, because it would then get topic status. All that's topic is the time span, which is actually most often only implicit anyway (or simply given by the sequential order („principle of chronological order"). (Klein/Perdue 1988:176)

Diese Prinzipien drücken sich in einer Reihe von Regeln der Basisvarietät aus, die sich folgendermaßen zusammenfassen lassen:

- ► Bekannte und gegebene Information steht vor neuer Information.
- ► Thematisierende Elemente stehen vor fokussierenden Elementen.
- ► Bedeutungsmäßig zusammengehörige Elemente stehen möglichst nahe beieinander.
- ► Orientierende Elemente wie Orts- oder Zeitangaben stehen am Anfang einer Äußerung.
- ► In einer Reihung von Nomen hat das erste Element den größten Einfluss (Kontrollprinzip, Subjektfunktion).
- ► Ereignisse werden nach ihrer tatsächlichen (chronologischen) Reihenfolge berichtet.
- ► Die Betonung bestimmt, ob es sich um eine Aussage, eine Frage oder eine Anweisung handelt.
- ► Die Betonung markiert auch die fokussierten Elemente.
- ► Funktionale Elemente wie ‚kein‘, ‚viel‘, ‚alle‘ werden einheitlich vor (oder einheitlich hinter) die von ihnen bestimmten Elemente gestellt, zum Beispiel ‚viel arbeit‘ (Quantifizierung), ‚nix verstehn‘ (Negation).

Zur Illustration könnte Ayşes Text aus dem ersten Zyklus oben in einer einfacheren Varietät (Basisvarietät) etwa folgendermaßen aussehen:

> da mädchen
> hunger
> fenster gucken
> (dann) auto (kommen)
> brot gross
> brote geklaut
> frau gesehen
> chef sagen

Diese Varietät weist einfache Thema-Fokus-Strukturen auf (‚da‘ = Thema, ‚mädchen‘ = Fokus), die jeweils aus ein bis zwei Elementen bestehen, aber aneinandergereiht einen fortlaufenden Fokus und damit einen Text ergeben: ‚da mädchen‘ = Thema, ‚hunger‘ = Fokus, ‚fenster gucken = fortlaufender Fokus …). Die temporale Organisation ergibt sich aus der situativen Einbettung und der natürlichen Abfolge der Ereignisse. Eine Nennung der thematischen Referenten, wie etwa eine Wiederholung der Nennung ‚mädchen‘, erübrigt sich dabei. Das jeweilige Thema ist also stark komprimiert, Redundanzen werden vermieden. Die Endungen sind neutral und weitgehend unmarkiert (Infinitive, Partizipien).

Das Inventar an Strukturierungsprinzipien erlaubt es den Lernern, auch komplexere Inhalte ohne grammatische Morpheme und hierarchische Strukturen als Texte darzustellen. Die verfügbaren Organisationsprinzipien lassen sich je nach Schwerpunktsetzung durch die Lerner unterschiedlich verwenden.

Daraus ergibt sich die Frage nach der Reichweite des Systems der Basisvarietät. Klein/Perdue (1997:332) weisen darauf hin, dass mit der Basisvarietät selbst Konflikte unter den Prinzipien geregelt werden können, sofern solche im zur Verfügung stehenden Inventar auftreten (zum Beispiel wenn phrasale und semantische Prinzipien gegenläufig sind). Zu diesen Strategien der Konfliktregelung gehören erstens der Rückgriff auf Prinzipien, die aus der Erstsprache oder anderen Vorsprachen bekannt sind. Zweitens erfolgt auch eine Selektion aufgrund eines vom Lerner idiosynkratisch als wichtig und erfolgreich empfundenen (präferierten) Prinzips. Drittens kann eine Übernahme aus der Fremdsprache erfolgen, die zielgerichtet oder zufällig sein kann. Viertens werden Impulse für neue, komplexere Strukturen aufgenommen, die – wie beim Chunking beschrieben – durch Hypothesenbildung oder durch Abgleich mit weiterem Input geprüft, erprobt und schließlich übernommen werden. Dies gilt zum Beispiel für Tempusmarkierungen bei Konflikten mit dem Prinzip der natürlichen (chronologischen) Abfolge. Klein/Perdue illustrieren die L1-spezifischen Präferenzen bei der Lösung von Konflikten unter den Prinzipien folgendermaßen:

> In the case of the Turkish learners, the focus principle clearly dominates the controller principle, and if they can't avoid a clash, they are inclined to sacrifice the latter. This is clearly not the case with the Italians; if they sacrifice anything, it is rather the focus principle [...]. (Klein/Perdue 1988:177)

Linguistisch begründet ist die Beschreibung der Basisvarietät ansatzweise bereits in den frühen Ausführungen von Behagel (1932) zur informationstheoretischen Strukturierung von Sätzen und in Givóns (1979) einflussreicher, funktional-typologischer Theorie, derzufolge sich Sprachentwicklung, Sprachwandel und Sprachvariation im Allgemeinen von einem *Pragmatic Mode* in Richtung auf einen *Syntactic Mode* bewegen. Dieser Prozess der Syntaktisierung manifestiert sich in verschiedenen sprachlichen Bereichen, wie dem Spracherwerb, Aphasien, Pidginisierungen und Kreolisierungen, Verschleifungen und Ausdifferenzierungen der Allgemeinsprache und vielem mehr.

Exkurs: Pragmatischer und syntaktischer Modus

Die zwei Modi lassen sich folgendermaßen zusammenfassen (Givón 1979:98):

Pragmatic Mode	Syntactic Mode
(a) topic-comment structure	(a) subject-predicate structure
(b) loose conjunction	(b) tight subordination
(c) slow rate of delivery (under several intonation contours)	(c) fast rate of delivery (under a single intonational contour)
(d) word-order is governed mostly by one pragmatic principle: old information goes first, new information follows	(d) word-order is used to signal semantic case-functions (though it may also be used to indicate pragmatic topicality relations)
(e) roughly one-to-one ratio of verbs to nouns in discourse, with the verbs being semantically simple	(e) a larger ratio of nouns over verbs in discourse, with the verbs being semantically complex
(f) no use of grammatical morphology	(f) elaborate use of grammatical morphology
(g) prominent intonation-stress marks the focus of new information; topic intonation is less prominent	(g) very much the same, but perhaps not exhibiting as high a functional load, and at least in some languages totally absent

Die Prinzipien des pragmatischen Modus sind in vielen ausgebildeten Sprachen erhalten und erkennbar. Im Chinesischen sind sie etwa in der Syntax und der Flexionsmorphologie sichtbar, zum Beispiel im folgenden Satz aus dem Beijing-Chinesischen, dem Putonghua, das die Funktion der Hochsprache übernommen hat. ‚Wo mai juzi chi‘ bedeutet wörtlich übertragen ‚Ich kaufen Apfelsine essen‘ (‚Ich kaufte einige Apfelsinen, um sie zu essen‘, Thema – Fokus1 – Fokus 2).[3] Die pragmatischen Syntax-, Serialisierungs- und Wortbildungsprinzipien im Chinesischen zeigt auch folgendes Beispiel: ‚In Deutschland gibt es nicht wenige Ausländer‘ bedeutet im Chinesischen ‚De guo you bu shao wai guo ren‘ oder wörtlich übertragen: ‚Deutsch-Land (Thema) es gibt nicht wenig draußen-Land-Mensch (Fokus)‘ (Zhang Shuping 2009).

Dass die Strukturen nicht nur in Lernervarietäten vorkommen, sondern zur ganz normalen Alltagssprache gehören, zeigen die folgenden Beispiele von Zeitungsüberschriften, U-Bahnansagen und Gesangbuchtexten:

Grüne Abgeordnete: blau im TV? (BILD-Zeitung)

Geldräuber Ingo: Heimweh nach Mama. (Münchner Abendzeitung)

Nächster Halt: Max-Weber-Platz. Bayerischer Landtag. Umsteigen. U 4. (U-Bahn München)

Christus gestern – Christus heute – Christus in Ewigkeit (Gotteslob 563 Laudes Hincmari)

Die erwerbslinguistischen Prinzipien des pragmatischen Modus korrespondieren mit den Gesetzen der Gestaltpsychologie (vergleiche Reinhart 1984 sowie Rosch 1975). Ausgehend von der zentralen Hypothese, dass das Ganze mehr als die Summe der einzelnen Teile darstellt, besagt das Gesetz der Figur-Grund-Beziehung, dass jede Handlung und jedes Ereignis in einem bestimmten Kontext stattfindet, aus dem es seine Bedeutung gewinnt. „Figur" ist dabei als organisierte Ganzheit zu verstehen. Dieses Gesetz bietet somit einen Erklärungsrahmen für die Strategien des *Backgrounding* und *Foregrounding*, wie sie in Thema und Fokus realisiert werden.[4] Die Auswahl der Strategien durch die Lerner wird schließlich von den inhärenten Merkmalen der beteiligten Objekte unterstützt, zum Beispiel bei der Anordnung erzählter Ereignisse. Obwohl die Gestaltpsychologie ursprünglich davon ausgegangen ist, dass die Figur-Grund-Beziehung von logischen oder kausalen Bedingungen unabhängig ist, wird heute weitgehend angenommen, dass die Figur immer das darstellt, was die meiste Bedeutung trägt. Diese unterschiedliche Perspektivierung bewirkt schließlich auch die Variabilität in der Thema-Fokus-Realisierung und hilft, die bereits dargestellte, unterschiedliche kategoriale Füllung der Äußerungspositionen zu erklären: Im Fokus kann im Prinzip jedes Element stehen (gleich welcher Kategorie), das die meiste Bedeutung (Relevanz) vor dem Hintergrund einer bestimmten Situation trägt.[5]

---

[3] Zwischen Singular oder Plural wird nicht unterschieden. ‚Auf dem Tisch liegt das Buch (die Bücher)‘ bedeutet im Chinesischen gleichermaßen ‚Zhuozi shang you shu‘ oder wörtlich übertragen ‚Tisch(e) auf haben Buch (Bücher)‘.

[4] Siehe auch die Anwendung in Langacker (1999) und Roche/Scheller (2008) in Bezug auf die Kasusbestimmung bei Wechselpräpositionen.

[5] Eine eingehende Darstellung und Diskussion des Erwerbs verschiedener Konzepte in unterschiedlichen Zielsprachen findet sich unter anderem bei Ramat/Galèas (1995), Vogel/Börner (1993), Véronique (1990), Perdue/Allwood (1982).

2.3   Zeit- und Raumkonzepte im Sprachenerwerb

2.3.1   Temporalität

Temporalität ist ein konstitutives – und in vielen Sprachen – obligatorisches Element sprachlicher Äußerungen. Sie kann situativ und durch den Kontext (implizit) gegeben sein oder auf verschiedene Weise mit sprachlichen Mitteln (Tempus, lexikalische Elemente) ausgedrückt werden. Ob Temporalität als lineares oder zirkuläres Kontinuum wahrgenommen wird, ob und wie sie sich zum Ausdruck eines Aspektes verhält – zum Beispiel in Bezug auf die Markierung der Dauer (Durativität), Genauigkeit, Vollendung/ Nichtvollendung (Perfektivität/Imperfektivität) und Wiederholung von Ereignissen (Iterativität) – oder inwieweit sie sich aus inhärenten Beziehungen von Ereignissen ergibt, hängt von linguakulturellen Einstellungen ab. Erwerbslinguistisch ist die unterschiedliche Schwerpunktsetzung relevant, weil Lerner dazu neigen, Konzepte und Strategien – nicht aber immer auch grammatische Strukturen aus den Vorsprachen – auf den Erwerb neuer Sprachen anzuwenden. So kann es passieren, dass bestimmte temporale Eigenschaften vorerworbener Sprachen von den Lernern entgegen den Konventionen der Zielsprache entweder besonders hervorgehoben oder abweichend realisiert werden oder einfach implizit bleiben.

In Lernersprachen ist es wegen des Situationsbezugs ganz zu Beginn üblich, dass eine einmal etablierte Ereigniszeit solange Gültigkeit besitzt, bis sich eine Änderung ergibt. Nicht jede Änderung der Ereigniszeit muss also explizit markiert werden. Natürliche Abfolgen oder kontextuelle Verweise genügen oft, um temporale Kohärenz herzustellen. Je größer das lexikalische Repertoire der temporalen Markierungen wird, desto weniger ist der Lerner aber von Kontextwissen, Situation und pragmatischen Prinzipien abhängig.

Beim weiteren Erwerb lexikalischer Markierungen von Temporalität treten anfangs oft Markierungen auf, die temporale Konzepte als situative Ereignisbereiche, als Ereignisfolgen oder in Bezug auf die Art der Ereignisse bezeichnen, wie ‚jetzt‘, ‚dann‘, ‚immer‘ (durativ), ‚vorbei‘ (perfektiv), und solche, die sich auf einen bestimmten Zeitpunkt – eine bestimmte Ereigniszeit im Sinne von ‚heute‘, ‚gestern‘, ‚morgen‘ – beziehen. Auch lokale Markierungen wie ‚türkei‘ oder ‚bahnhof‘ markieren eine Ereigniszeit und machen eine separate temporale Einordnung überflüssig. Die Ausdrücke sind also im engeren Sinne keine Temporaladverbien, sondern umfassen prinzipiell alle Elemente, die in irgendeiner Weise geeignet sind, eine temporale Markierung zu repräsentieren. Zu den Markierungen der Ereigniszeit gehören in frühen Basisvarietäten auch generische Zeitmarkierungen, die als temporale Platzhalter fungieren. Ein Adverb wie ‚gestern‘ kann somit eine ganze Reihe verschiedener Ereigniszeiten markieren, die sich von der ersten Erinnerung über die Gegenwart bis in die Zukunft erstrecken können. Von Stutterheim (1991) zufolge kann die dann folgende Erweiterung des adverbialen Systems als eine Differenzierung der Grundkonzepte zur Markierung einer Ereigniszeit angesehen werden. Diese beginnt bei allen ihren Informanten unabhängig von der Ausgangssprache im Bereich der Vergangenheitsmarkierung und entwickelt sich dann in der Zukunftsmarkierung.

Zur Markierung der Ereignisfolge werden zuerst lexikalische Ausdrücke (‚dann‘, ‚danach‘) lange vor relationalen Ausdrücken wie ‚vorher/davor‘ erworben. Eine explizite Markierung von Simultaneität (‚während') erscheint vergleichsweise spät im Erwerbsprozess.

Die morphologischen Regeln zum Ausdruck der Temporalität (vor allem das Tempus) in der Zielsprache Deutsch werden von Lernern normalerweise in der folgenden Sequenz erworben (nach von Stutterheim 1991:145):

> ► Zuerst erscheinen Perfekt Partizipien als mechanisch verwendete Formen von Verben. Diese haben eine inhärente perfektive Bedeutung (zum Beispiel ‚gefunden'). Der Lerner hat in dieser Phase noch nicht die morphologische Struktur erkannt.
> ► Als nächstes erscheint eine formelle Gegenüberstellung von perfektiver Form für die globale Markierung der Vergangenheit und unmarkierter Form für alle anderen Fälle. Der Lerner erwirbt eine Regel, die sich nur auf wenige Verben erstreckt (zum Beispiel ‚fund' – ‚finden').
> ► Im nächsten Schritt erfolgt die Ausweitung der Regel auf weitere Verben. In dieser Phase wird die perfektive Kategorie dennoch selektiv im Gespräch markiert (Bildung starker Verben nach obigem Muster, aber Unterscheidung zwischen perfektiver und infinitivischer Verwendung).
> ► Ein weiterer Schritt ist nötig, um der zielsprachlichen Regel der obligatorischen Markierung temporaler Kategorien beim Verb (Tempus) zu entsprechen. Dies kann auch eine Änderung oder Erweiterung der Bedeutung der in Frage stehenden Form zur Folge haben, zum Beispiel den Wechsel von einem Aspekt- zu einem Tempussystem (zum Beispiel gradueller Übergang zum zielsprachlichen Tempussystem).

Dieses temporale Basissystem kann zu einem späteren Zeitpunkt weiterentwickelt werden, sofern zuvor keine Stabilisierung oder Fossilisierung eintritt. Die Stabilisierung schließt zielsprachliche Chunks mit ein, die etwa Konjunktionen und deren syntaktische Folgen (etwa Verbendstellung) umfassen, aber deren Grammatik vom Lerner nicht durchschaut oder beherrscht wird.

2.3.2 Räumlichkeit

Die Orientierung im Raum gehört wie die Orientierung in der Zeit zu den fundamentalen Konzepten, die Äußerungen zugrunde liegen und sie einordnen, sie – wörtlich genommen – verorten. Anders als beim Tempus im Deutschen ist die räumliche Markierung jedoch nicht für jede Aussage obligatorisch. Vielmehr wird sie meist adverbial für eine Sentenz gegeben und gilt solange, bis sie explizit durch eine andere Markierung oder implizit durch einen Szenen- oder Situationswechsel aufgehoben wird. Oft ist die räumliche Information an die zeitliche gebunden (oder umgekehrt, wie bereits dargestellt) und wird daher implizit ausgedrückt. Eine Äußerung, die ‚gestern' zeitlich einordnet, tut dies implizit auch räumlich, weil der Sprecher oder die Sprecherin diesen Referenzzeitpunkt mit einem Raum verbindet (etwa ‚in der U-Bahn', ‚zu Hause', ‚in der Türkei' oder ‚in Ouagadougou').[6] Umgekehrt tragen diese Raummarkierungen auch

---

6 Vergleiche die kontrastive Beschreibung kultureller Differenzen in den Vorstellungen von Häusern in den USA, dem Haus der Swahili, dem japanischen Haus, dem Haus im Nahen Osten und dem deutschen Haus bei Condon/Yousef (1987). Die Psychologen Markus/Kitayama (1991) untersuchen die ökologischen, historischen und ökonomischen Zusammenhänge von

zeitliche Informationen, die nicht unbedingt (immer wieder neu) explizit ausgedrückt werden müssen. ‚In der Nähe von Ouaga …' kann daher bedeuten, dass man ‚wenn man dort ist', ‚dort sein wird' oder ‚war', mehr Krokodile als Steuerflüchtlinge aus Deutschland antreffen kann. Der Bezug zwischen temporaler und lokaler Markierung ist so eng, dass die eine Markierung die andere ersetzen kann. ‚Der Einigungsprozess in der EU ist ein langer Weg' ist daher weniger lokal als temporal zu verstehen.

Implizite räumliche und temporale Informationen nutzen Lerner grundsätzlich gerne und sehr effizient, weil ihnen das in zweifacher Weise Probleme vermeiden hilft: Erstens ist der Verbalisierungsaufwand wesentlich geringer und zweitens wird das Potenzial für Fehler, die zu Missverständnissen oder aufwändigen Korrekturen führen, erheblich reduziert. Deshalb werden Raumangaben und Zeitmarkierungen gerne am Anfang eines Gesprächs oder einer Sequenz in der Form einer Exposition gegeben und können bis zum Ende des Gesprächs Gültigkeit besitzen, ohne dass die Markierung wieder aufgenommen wird.

Wie beim Erwerb der Temporalität, erfolgt der Erwerb von Raumkonzepten in bestimmten Stufen. Dabei sind folgende Prinzipien grundlegend für Lerner aller beobachteten Sprachen.

Das Inventar der Markierungen ist für alle Lernervarietäten gleich, aber die Relevanz wird unterschiedlich bewertet. Wie beim Erwerb temporaler Mittel gibt es auch beim Erwerb lokaler Markierungen keine übersprachliche Formzuordnung zu einer bestimmten grammatischen Kategorie. Vielmehr lässt sich eine ziel- und ausgangssprachenspezifische Variation beobachten. Im Mittelpunkt stehen für den Lerner Bedeutung und Funktion der Markierungen. Lerner orientieren sich bemerkenswerterweise beim Erwerb oft stärker an den Strukturen der Zielsprache als an denen der Ausgangssprache. Erwachsene Lerner von L2 Französisch verwenden etwa, wie in der französischen Umgangssprache üblich, bevorzugt verbbasierte Formen wie ‚sort-' (‚sortir', weg vom Referenten), ‚mont-', (‚monter', aufwärts), ‚arriv-' (‚arriver', hin zum Referenten). Becker/Carroll (1997) und Hickmann (2007) zeigen, dass erwachsene L1-Sprecher des Französischen sogar noch stärker zu verbbasierten Formen neigen als Kinder, die zu präpositionalen Elementen tendieren.

Erwachsene L2 Lerner von Deutsch, Holländisch oder Englisch greifen zielsprachenbedingt dagegen bevorzugt auf Präpositionen, präpositionale Präfixe und dergleichen zurück (‚auf', ‚raus', ‚weg' …). Zielsprachenbedingt wird auch die Präposition ‚auf' in L2 Deutsch später erworben als Äquivalente in anderen Sprachen. Die Ursache hierfür kann im komplexen und multifunktionalen System dieser Präposition im Deutschen vermutet werden (‚auf dem Tisch, auf den Tisch, auf die Schule, auf Urlaub, auf Schalke …'). Zudem spielt der Erwerbskontext (vertikale versus laterale Orientierung) eine Rolle bei der Realisierung der Raummarkierungen. Bei diesen Orientierungen lässt sich eine große Variation beobachten: Nicht alle Lernergruppen gehen dabei gleichermaßen orientiert auf die Prinzipien der Zielsprache vor. Lerner mit der Ausgangssprache Punjabi bevorzugen zum Beispiel Übergeneralisierungen statt Übernahmen aus der Zielsprache

---

Raumkonfigurationen und dem Entstehen sozialer Beziehungen, wie sie sich dann auch sprachlich manifestieren. Im Falle Japans habe entweder das traditionelle bäuerliche Leben und die intensive Zusammenarbeit, die dies erfordere, oder die starke Isolation Japans in der Edo-Zeit zu der in Japan beobachtbaren, ausgeprägten Rücksichtnahme auf andere geführt.

(Becker/Carroll 1997). Das zeigt, dass Ausgangssprache, Zielsprache und Lernersprache in unterschiedlichem Maße im Erwerb interagieren (Becker/Carroll 1997).

Der Beginn des Erwerbs grundlegender räumlicher Wahrnehmungskategorien liegt in der Kindheit und beeinflusst den weiteren Erwerb zusammen mit den und durch die Erstsprachen (L1n), und zwar sowohl bei den räumlichen Dimensionen als auch den räumlichen Relationen und Funktionen (siehe Coventry/Guijarro-Fuentes 2008:132ff.). Der frühe Einfluss der Umgebungssprache auf die Ausbildung von Konzepten wird dadurch verstärkt, dass Kinder in jungem Alter nicht zwischen Realität und sprachlich geschaffener Realität unterscheiden (van Lancker Sidtis 2006, Schaunig/Willinger/Formann 2004) und sich am Anfang des Erwerbs einer Fremdsprache an wenigen Merkmalen des zu erwerbenden Konzeptes oder Elementes orientieren, also wenig variieren und differenzieren. Einige Experimente mit Kunstsprachen haben gezeigt, dass Lerner sich oft und lange nur auf jeweils ein einziges Element konzentrieren (Ellis 2006). Semantisch transparente (nicht saliente) Formen, die keinen eindeutigen Referenten besitzen, werden dabei in der Regel langsam und spät erworben. Der Erwerb erfolgt nur dann schneller, wenn die Markierungen elementare (ontologische) Funktionen bezeichnen. Stufen können aber auch in diesem Fall – wie bei den syntaktischen Sequenzen – nicht übersprungen werden. Wenn Variation auftritt, dann spielt sie sich innerhalb einer Stufe ab. Die Erwerbsstufen im Bereich der Räumlichkeit lassen sich folgendermaßen zusammenfassen (nach Becker/Carroll/Kelly 1988):

Erwerbssequenzen bei räumlichen Markierungen

Bei Ortsangaben werden topologische (zum Beispiel ‚auf‘, ‚in‘ und andere prototypische Bezeichnungen im direkten Referenzsystem) vor projektiven erworben. Ein projektives Referenzsystem ist ein System, das nicht die unmittelbare Origo des Sprechers betrifft, sondern diese auf ein zweites Referenzsystem projiziert, wie in ‚die tasche die stuhl‘ (die Tasche neben dem Stuhl, nach dem Abbildungsprinzip x = wo y ist). Dieser Erwerbsprozess lässt sich in sechs Teilbereiche unterteilen:

1. Basale topologische Bezeichnungen mit klarer Referenz (Origo) des Sprechers gehören zur Grundausstattung der Basisvarietät und erscheinen zuerst. Nominale Angaben kommen dabei vor anderen Kategorien.
2. Angaben zum Kernbereich werden vor Angaben zu den Grenzbereichen erworben. Deiktika (‚hier‘, ‚da‘, ‚there‘) bilden die ersten Markierungen. Später folgt die Unterscheidung in Bezug auf Sprecher-Inklusion und -Exklusion im Referenzbereich bei ‚there‘/‚da‘.
3. Die Angabe der Nachbarschaft von Objekten wie in ‚book inside the glass‘ (= ‚beside‘), ‚côté de la chaise‘, ‚seine tasche in die seite‘ (= ‚neben‘) (Becker/Carroll/Kelly 1988:130) bleibt auch im weiteren Erwerb relativ konstant, da das Grundsystem dem Lerner keine Probleme bereitet und ausreichend scheint.
4. Vertikalität wird als 1. Referenzachse realisiert, vermutlich, weil sie klare Form-Funktions-Zuordnungen erlaubt.
5. Die laterale Achse folgt als 2. Referenzachse.
6. Die sagittale Achse folgt als letzte, vermutlich wegen der hohen Variabilität und Flexibilität der Form-Funktions-Zuordnungen.

Richtungsangaben erscheinen vor Ortsangaben. Das kann daran liegen, dass Ortsangaben komplexer sind als Richtungsangaben, wie Becker/Carroll/Kelly (1988) vermuten. Es kann aber auch daran liegen, dass Richtungsangaben spezifischere Information enthalten, die nicht intrinsisch im Referenzraum gegeben oder erschließbar sind.

Deutsch-Lerner nutzen – wie bereits dargestellt – primär trennbare Präfixe und Präpositionen (,auf', ,raus', ,weg'...), Französisch-Lerner verwenden primär Verbstämme: ,sort-', ,mont-', ,arriv-' für Referenten, die eine Entfernung, eine Aufwärtsbewegung oder eine Annäherung an den Referenten bezeichnen.

2.3.3 Beziehungen von Raum und Zeit

Zeit- und Raumkonzepte weisen in konzeptueller Hinsicht eine Reihe von Gemeinsamkeiten auf. Beide lassen sich in ihrer Dimensionalität (ein-, zwei-, dreidimensional), ihrer Orientierung nach Horizontalität oder Vertikalität und ihrer Form (linear, zyklisch) fassen. Zum Beispiel: ,vor einer Woche (vorige)/vor einer Tür..., nach der Prüfung/nach (hinter) dem Ortsschild, neben (nebenbei)', nicht nur im Deutschen. Im Samoanischen entspricht ,vorgestern' zum Beispiel der Bezeichnung ,der Tag hinter gestern' (,talaatu ana-nafi') und ,übermorgen' ,der Tag hinter morgen' (,talaatu taeao') (Mosel nach Radden 2011:28). Es verwundert daher kaum, dass räumliche Bewegungen und Grenzüberschreitungen ihre Parallelen in der Temporalität haben (,passing time', ,der kommende Feiertag', ,die Zeit überschreiten').

In vielen Kulturen wird Zeit als linearer (räumlicher) Vorgang verstanden mit einem präsentischen Zentrum, von dem aus der Betrachter in seinem Bezugssystem (Origo) nach vorne und nach hinten in die Zeit schaut. Die Reihung der Zeitabschnitte ergibt sich dabei entweder aus der äußersten Vergangenheit zur äußersten Zukunft oder auch „gegenläufig" durch die Änderung der Blickrichtung des Sprechers in die Zukunft oder in die Vergangenheit. Die Blickrichtung des Sprechers ist damit eine lokalisierbare (er blickt nach vorne oder nach hinten, zum Beispiel ,facing hard times'). Analog zu den entsprechenden Raummarkierungen kann man im Deutschen eine freie Parklücke zwischen zwei Autos als vor oder hinter dem Auto bezeichnen, je nachdem, welches der Autos im sekundären Bezugssystem (sekundäre Origo) der Referenzpunkt ist oder ob das primäre Bezugssystem gilt. Man spricht hier auch von *ego-aligned* (nacheinander gereihten) und *ego-opposed* (gegenläufigen) Perspektiven. Der Hinweis eines Beifahrers könnte beim Einparken von der Fahrbahn aus demgemäß folgendermaßen lauten, wenn der nächste Wagen grün (in Abbildung 2.3 schraffiert) und der entfernter stehende rot (gepunktet) ist und beide (wie sollte es anders sein?) gemäß Straßenverkehrsordnung richtig in der Fahrtrichtung am rechten Fahrbahnrand geparkt sind: ,Fahr doch vor den grünen' (*ego-aligned*) oder ,hinter den roten Wagen' (*ego-opposed*). Weil das gewählte Bezugssystem aber meist nicht explizit benannt wird, geben die unterschiedlichen Perspektiven regelmäßig Anlass zu Missverständnissen. ,Vor den grünen' kann daher auch als gegenläufig (*ego-opposed*) und ,hinter den roten' als gereiht (*ego-aligned*) verstanden werden. Dann würde der Fahrer – aus seiner Sicht – vor dem grünen Wagen oder hinter dem roten parken. Noch verwirrender wird es, wenn die geparkten Wagen entgegen der Fahrtrichtung, also mit der Front auf den suchenden Fahrer weisend, geparkt sind. (Strafzettel umgehen solche linguistischen und konzeptuellen Potenziale menschlicher Kreativität meist mit banalen Verweisen auf allgemeine Paragraphen.) ‚Vor dem roten Wagen' in der gegenläufigen Perspektive entspricht dann ‚hinter dem grünen' in der gereihten Perspektive. Noch komplizierter wird es schließlich, wenn jeder der Wagen eine andere Richtung einnimmt.

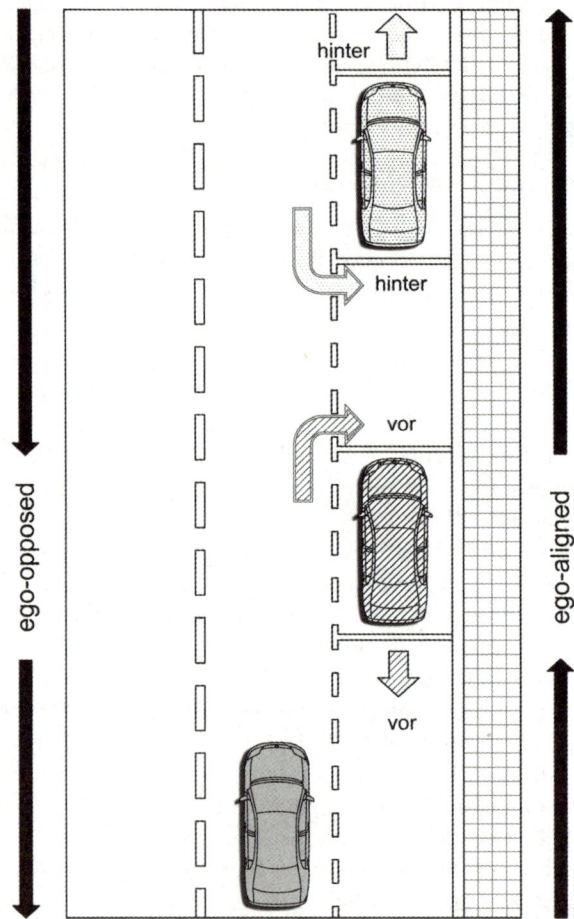

Abbildung 2.3:   *Bezugssystem (Origo) und am Sprecher ausgerichtete und dem Sprecher entgegenlaufende Perspektive am Beispiel ‚Parklücke'*

In Hausa und anderen westafrikanischen Sprachen findet sich eine ähnliche Perspektivierung im Ausdruck der Temporalität. Hier ist aber die Entfernung vom Betrachter das unterscheidende Kriterium. Ein früherer Wochentag kann so zum Beispiel als vor einem später liegenden (*ego opposed*) – und nicht in Beziehung zur Sprechzeit – markiert werden (Radden 2011:19).[7]

---

[7]   Durch die frühen Beschreibungen von Sapir und Whorf sind besonders die Verhältnisse im Hopi bekannt geworden, die später durch die eingehenden Studien von Gipper (1972) markante Differenzierungen erfahren haben (siehe Maletzke 1996).

Radden (2011:6 f.) weist darauf hin, dass temporale Ereignisse auch vertikal organisiert sein können. In asiatischen Sprachen geschieht das gelegentlich, aber auch im Englischen und anderen indoeuropäischen Sprachen gibt es durchaus Parallelen: ‚Christmas is coming up', ‚on top of things to do'. In Mandarin heißt es ‚shang-ban-nian' (‚oberes halbes Jahr', ‚das erste Halbjahr') oder ‚xia-ban-nian' (‚niedrigeres halbes Jahr', ‚das zweite Halbjahr'), im Koreanischen spricht man von ‚sang-bangi' (‚obere Halbperiode') und von ‚ha-bangi' (‚niedrige Halbperiode'), im Japanischen von ‚kami-han-ki' (‚hoch halb Periode') und ‚shimo-han-ki' (‚niedrig halb Periode'). Monatsanfang heißt in Mandarin ‚yue-tou' (‚Monat Kopf/Spitze'), Monatsende ‚yue-di' (‚Monat Boden'). Das Koreanische lokalisiert das 1., 2. und 3. Drittel eines Monats nach ‚sang-sun', ‚jung-su' und ‚ha-sun', also ‚obere', ‚mittlere' und ‚untere 10 Tage' (Beispiele nach Radden 2011:6). Zudem gibt es in manchen Sprachen wie dem Chinesischen metaphorische Varianten der Markierungen, zum Beispiel durch die Bezeichnung von ‚Kopf' für frühere Ereignisse. Während in ostasiatischen Sprachen ‚oben' immer mit Vorzeitigkeit assoziiert ist und Nachzeitigkeit mit ‚unten', ist das Englische in dieser Hinsicht nicht eindeutig festgelegt: ‚down to this day', ‚down into the future', ‚down the road', ‚Rudolph the rednose reindeer you will go down in history' (bekanntes amerikanisches Weihnachtslied).

Diese Systematik ist nicht immer durchgängig lexikalisiert. Zyklische Zeitkonzepte, die auf einem räumlichen Konzept basieren, sind in vielen Sprachen statt linearer verbreitet. Die südamerikanische Sprache Toba verwendet zum Beispiel ein zyklisches Konzept von Zeit: Was außerhalb eines Blickfeldes ist, verschwindet (geht unter) in der unmittelbaren Vergangenheit (rechts vom Sprecher) oder taucht in der nahen Zukunft (links von ihm) auf (Radden 2011:12). Es ist berichtet worden, dass Sprecher von Toba, aber auch von anderen Sprachen, links über die Schulter schauen, wenn sie auf die Zukunft verweisen (*left shoulder phenomenon*).

Zyklische Raumkonzepte liegen auch den Vorstellungen von Jahres- und Saisonzyklen, Wochen- und Monatszyklen und sich wiederholenden, auf Uhren und in manchen Kalendern kreisrund dargestellten Stundenabläufen zugrunde. Verbunden mit der linearen Vorstellung von Zeitabläufen, die einmalig und unwiederbringlich sind, ergibt sich daraus ein spiralförmiges Konzept von Temporalität mit offenem Beginn und unbestimmtem Ende.

2.4 Vom Wort zur Grammatik und zum Text

Am Ausdruck von Temporalität und Räumlichkeit ist erkennbar, wie Lerner aus semantischen Konzepten und lexikalischen Markierungen sukzessive, das heißt über Ein-Wort-Äußerungen und Chunks, grammatische Kategorien wie Tempus und Kasus entwickeln. Im Folgenden soll nachvollzogen werden, wie sich in diesem – je nach Lerner und Lernbedingungen unterschiedlich schnell und komplett ablaufenden – Prozess aus der Basisvarietät die Grammatik weiterentwickelt. Zunächst sollen aber die Stabilisierungstendenzen dieses Prozesses anhand einer Bildbeschreibung eines ägyptischen Deutsch-Lerners dargestellt werden, der zum Zeitpunkt der Aufnahme schon circa 20 Jahre in Deutschland lebte und bereits längere Zeit eine stabilisierte Varietät verwendete. Der Text entstammt einer Studie der Syrerin Al-Mouslie (2009) an der Deutsch-Jordanischen Hochschule in Amman, für die sie verschiedene Lernerinnen und Lerner des Deutschen als Fremdsprache aus arabischen Ländern untersucht hat.

In der Bildergeschichte *Important to Have Friends* ist ein Überfall (Handtaschenraub mit Pistole) dargestellt. Während des Überfalls taucht ein Polizist auf, der den Täter auf frischer Tat ertappt. Als sich der Täter mit erhobenen Händen umdreht, erkennt er im Polizisten einen alten Bekannten. Beide umarmen sich ... Die überfallene Frau erhebt dennoch Anklage gegen den Täter. Als der Richter den Gerichtssaal betritt, erkennt auch er im Täter einen alten Freund. Beide laufen aufeinander zu, um sich zu umarmen ... Der ägyptische Sprecher beschreibt die Bildergeschichte folgendermaßen:

> R: Könnten Sie bitte diese Bildergeschichte kurz beschreiben?

> M. A. E.: Eine Dame läuft auf die Straße. Dana trifft sie ein Gängester oder Diebstahl ... er bedruht sie mit Pistoli ... ein Pistoli ... Hatta ihre Tascha von ihr abgenommen ... unn dann kommt die ein Polizeibeamter hinten ihn ... bedreht ihn mit ein Pistoli ... Da sagt zu him: ‚Handa hoch! ... Handa hoch' ... Der Diebstahl hat sein Hända beide hoch belbel ... Dann schauta uf im dreht sich ... dann schauta auf dem Polizeibeamter dann waren beide Freunde.

> Dann die Polizei fragt die Dame, ob sie will weiter Prozeessss ... weiter machen ... Dann die sagt ja bestimmt, natürlich ... sagt jaaa ... Dann die gehen zur ... vor Gericht ... Dann der Richter sagt die Dame: ‚Est dieserr Mann hatta ihra Tascha von dir geklaut?' Sagt diesa Dama: „Ja ...'

> Dann der Schis ... der Richter schauta auf beide ... Polizeibeamter und Gängester ... Dann waren alle sind Bekannte ...
> (Al-Mouslie 2009)

In dieser Beschreibung liegt eine stark fossilisierte oder stabilisierte Varietät des Deutschen mit vielen Elementen mündlicher Alltagssprache vor. Das Lexikon ist etwas weiter entwickelt, als man es von einer einfachen Form der Basisvarietät erwarten könnte, aber es bleibt rudimentär und enthält eine Reihe von nichtzielsprachlichen Bezeichnungen (‚Diebstahl' statt ‚Dieb', ‚bedruht', ‚Gängester', ‚Schis'). Die Inversion ist nur teilweise vorhanden. Es gibt eine Reihe von fossilisierten Chunks, wobei die Verwendung des klitischen ‚a', etwa in ‚hatta', ‚schauta', besonders auffällig ist. Dass es sich bei diesen Formen nicht um Standardendungen, wie bei ‚diesa' und ‚ihra' handelt, sondern um chunkähnliche Elemente im Sinne von ‚hat er' – ‚hatta', ‚schaut er' – ‚schauta', deutet darauf hin, dass diese Elemente für den Sprecher offenbar nur schwer beziehungsweise noch nicht analysierbar sind. Deutlich zu beobachten ist ferner die Anwendung des Prinzips der natürlichen Abfolge, das allerdings durch die Reihenfolge der Bilder vorgegeben sein könnte: ‚Dann', ‚und dann', ‚da', ‚dann ... dann' oder ‚dana' (danach) sind textstrukturierende Elemente, aus denen sich ein Temporalitätsgerüst ergibt. Als Tempus dient vorwiegend das Erzählpräsens. Es wechselt sich ab mit Perfektformen wie ‚hatta abgenommen' und ‚hatta ihra Tascha von dir geklaut' und einigen Präteritumformen, die in chunkähnlichen Formeln vorkommen (‚dann waren beide Freunde'). Auffällig ist auch die eingebettete direkte Rede als Mittel der Textualität (‚sagt ...'), durch die eine mehrschichtige Sprecherperspektivität (Erzähler, Polizei, Richter, Dame) entsteht. All diese Elemente deuten darauf hin, dass der Sprecher in diesem Text tatsächlich eine Erzählperspektive einnimmt und nicht – wie durch die einleitende Frage gefordert – nur eine Bildbeschreibung vornimmt. Es finden sich keine Hinweise auf eine Nummerierung oder andere Bezeichnungen der einzelnen Bilder. Die Verwendung der sprachlichen Mittel zeigt vielmehr eine gewisse Beliebigkeit (‚waren ... sind ...') und eine unvollständige und eklektische Ausprägung der Grammatik, die vermutlich auf das mündlich-sprachige Erwerbsumfeld und die mangelnde Fokussierung des Sprechers auf sprachliche Formen zurückzuführen ist.

Das folgende kurze Beispiel zeigt im Gegensatz zu den fossilisierten Strukturen, die über lange Zeit unverändert bleiben, wie schnell sich prinzipiell die begrenzten und oft impliziten Kommunikationsmittel der Basisvarietät – unter bestimmten Bedingungen – zu komplexen grammatischen Strukturen und Textualitätsinstrumenten entwickeln können. Die Aufnahme stammt von einem dreizehnjährigen russischen Mädchen (Tatjana), das zum Zeitpunkt der Aufnahme erst wenige Wochen in Deutschland lebte, deren Eltern nicht Deutsch sprachen, und das außer schulischen Bekanntschaften vergleichsweise wenig Kontakt zur deutschsprachigen Umgebung hatte, sich aber sichtlich bemüht, die deutsche Sprache schnell zu erwerben. Sie wird hier von einer Interviewerin gebeten, ein Spiel aus dem Szenarienkoffer von Hölscher/Piepho (2003–2006) zu beschreiben (vergleiche Roche 2010).

Aufnahme 1 nach wenigen Wochen Aufenthalt in Deutschland:

L(ena): Kannst du mir erklären, wie dieses Spiel funktioniert?

T: ja. dieses Spiel ... ei ... ein Mensch zei ... zeit, ein Mensch zeit ... hmm, oder ein Fisch faa zeig und ... dieses zei und dieses saks: der Fisch oder das Fisch, so. Und wer richtig, nimmt ein solche (Tatjana zeigt auf eine Spielkarte). (Hölscher/Roche 2006:38)[8]

Bei rein struktureller und stichpunktartiger Betrachtungsweise könnte man zu dem Ergebnis kommen, dass Tatjana ein chaotisches Deutsch verwendet, das sie unter Umständen von einer Einstufung in eine altersgemäße Regelklasse ausschließen sollte. Sie verwendet vor allem Aneinanderreihungen von einzelnen Wörtern, Wortteilen und Teilsätzen, es zeigen sich aber dennoch bereits Ansätze zur Textbildung. Offenbar hat Tatjana aber zunächst noch große Probleme mit dem nötigen Textinventar. Ihr Sprachbewusstsein scheint immerhin soweit entwickelt, dass sie von einer Verbstruktur ausgeht, die eine grundsätzliche Füllung der Verbposition vorsieht, auch wenn diese nur Platzhalterfunktion hätte. Aber sie hat die Feinheiten der Flexion und Syntax und die semantischen Differenzen noch nicht ganz verstanden. Es lässt sich zum Beispiel bei ihr der Ansatz erkennen, nach verschiedenen Verben zu suchen, wobei die Verben häufig aber noch multiple Funktionen haben, also polysem verwendet werden, wie ‚fahren‘ und ‚zeigt‘. ‚Als‘ verwendet sie als einzige Konjunktion. Durch die Übernahme von ‚Dieses Spiel‘ aus der Frage der Interviewerin stellt sie Kohäsion mittels Referenzidentität her. Damit wird eine Brücke zu der Frage und zu dem Gesprächskontext hergestellt. Interessant ist ferner auch die Verwendung von kataphorischen Elementen wie ‚ein Mensch‘ oder ‚ein Fisch‘, die Tatjana hier korrekt einsetzt und auf die sie später in anderer Form (etwa mit definitem Artikel) zurückgreift. Das heißt, bei Tatjana ist die Entstehung eines Konzeptes von Textualität früh erkennbar. Sie verwendet ansatzweise textinterne Referenzmittel wie kataphorische und anaphorische Elemente und zeigt damit, dass sie das Konzept der textuellen Kohärenz kennt und dass diese durch bestimmte Kohäsionsmittel unterstützt werden kann.

Während in der ersten Aufnahme noch große Probleme bei der Ausgestaltung des Inventars (Vokabular) zu beobachten sind, zeigt die nächste Aufnahme, wie Tatjana in einem Zeitraum von nur circa vier Monaten die Mittel für die Ausprägung des Textes in einem komplexen System erwirbt. Die Aufnahme entstand, als Tatjana gerade mit ihrer jüngeren Schwester ein Spiel aus dem Lernkoffer spielt.

---

8   Die DVD kann vom Verlag kostenlos angefordert werden. Die Ton- und Bildaufnahmen von Tatjana befinden sich darauf.

Beispiel 2, circa 4 Monate später:

> T: Das Spiel geht so. Ei ... ein ... ein Plättchen muss man nehmen und sagen: ‚Das ... das ist die Krone' und dann schauen – das ist die Krone, dann ist es richtig, muss man da hinlegen. Und so andere auch: ‚Das ... das ist das Schwein', muss man schauen – das Schwein – und ablegen. Immer und so weiter.
>
> L: Und wieso habt ihr diesen Fisch in diese Scha ... also
>
> T: Das war falsch, also das hat sie gesagt, falsch ist, also muss man ablegen ... (Hölscher/Roche 2006:39)

In diesen kurzen Äußerungen findet sich eine vergleichsweise komplexe Struktur, die in der sprachlichen Realisierung nur noch durch einen leichten Akzent und durch leichte grammatische Abweichungen (wie den gelegentlichen Ausfall thematischer Elemente und die gelegentlich fehlende Koordination von Äußerungsteilen) von der Sprache gleichaltriger deutschsprachiger Kinder zu unterscheiden ist. Tatjana verfügt mittlerweile über verschiedene Tempusformen. Dazu gehören Präteritum, Perfekt und Präsens. Sie verwendet zudem Modalformen und adverbiale Konjunktionen vorwiegend richtig. Durch Temporaladverbien und Konjunktionen stellt sie Kohäsion her, die sie durch die entsprechende Intonation und durch eine angemessene Einführung mit einem anaphorischen Artikel (‚das Spiel geht so') unterstützt. Mit dieser Formel, die sowohl anaphorisch als auch kataphorisch verweist, wählt sie ein ideales Bindeglied zu der Fragestellung der Beobachterin und zu ihrer folgenden Erklärung.

2.5   Erwerbssequenzen und Verarbeitungshypothese

Die selektive Ausprägung grammatischer Kompetenzen wie bei dem zitierten ägyptischen Lerner lässt sich bei vielen Lernern beobachten, die ungesteuert eine fremde Sprache erlernen, unabhängig von der Ausgangssprache. Die uneinheitliche Ausprägung der Äußerungsstrukturen scheint jedoch im Widerspruch zu verschiedenen Erwerbsmodellen zu stehen, die von einer systematischen Erwerbsprogression in Form von Erwerbsstufen ausgehen. Das Konzept von Erwerbsstufen geht auf Selinker (1972) zurück und hat unterschiedliche Ausprägungen als Interimssprachenmodell, als Modell sich entwickelnder Grammatiken, als multidimensionales Modell und als Verarbeitungshypothese erfahren. Das multidimensionale Modell ist aus dem Projekt *Zweitspracherwerb Italienischer, Spanischer und Portugiesischer Arbeiter* (ZISA, Clahsen/ Meisel/Pienemann 1983), einem in den siebziger Jahren in Wuppertal durchgeführten Projekt, entstanden, in der *Processability Hypothesis* (Verarbeitungshypothese von Pienemann 1998) modifiziert und in dem *Rapid Profiling* bei Kessler (2006) operationalisiert worden. Eine detaillierte Entwicklung der Verarbeitungshypothese aus dem multi-dimensionalen Modell ist auf der begleitenden Webseite zu diesem Buch abgebildet.

Der Schwerpunkt des ZISA-Projektes lag auf der Untersuchung des Erwerbs der deutschen Wortstellungsregeln. Das Projekt versuchte darüber hinaus, auch den Einfluss sozio-psychologischer Faktoren auf den Spracherwerb zu erforschen, dies jedoch nur mit beschränkter Reichweite. Bei den Untersuchungen konnte festgestellt werden, dass die Lerner nach einer ersten Phase, in der nur Ein-Wort-Sätze und Formeln (Chunks) produziert wurden, die Zielsprache über fünf weitere Phasen erwarben.

Stage x + 4 = Verb Final (V-END)
er sagt, daß er nach hause kommt
‚he says that he home comes'

Stage x + 3 = INVERSION (INV)
dann hat sie wieder die knoch gebringt
‚then has she again the bone bringed'

Stage x + 2 = Verb Separation (SEP)
alle kinder muß die pause machen
‚all children must the break have'

Stage x + 1 = Adverb Preposing (ADV)
da kinder spielen
‚there children play'

Stage x = Canonical Order
die kinder spielen mim ball
‚the children play with the ball'

Die Entwicklung der Lernersequenzen im Deutschen nach Pienemann (2005:30)

Aus diesen Phasen ergeben sich folgende syntaktische Erwerbsstrategien:

Stage	Rule	Strategies		
x + 4	verb final	-IFS	-COS	-SCS
x + 3	inversion	-IFS	-COS	+SCS
x + 2	verb separation	+IFS	-COS	+SCS
x + 1	adverb preposing	+IFS	+COS	+SCS
x	canonical order		+COS	+SCS

Tabelle 2.1: *Von den Erwerbsphasen abgeleitete Verarbeitungsstrategien; x bezeichnet die Erwerbsstufe, IFS die Initialisation-Finalisation Strategy, COS die Canonical Order Strategy und SCS die Subordinate Clause Strategy[9] nach Pienemann (1998:46)*

Die drei Sprachverarbeitungsstrategien, die in verschiedenen Kombinationen Anwendung finden, bestimmen, was der Lerner in jeder Phase erwerben kann und was zu einem gegebenen Zeitpunkt lernbar ist. Syntaktische Permutationen (im weiteren Sinne Strukturen), die von diesen Strategien ausgeschlossen werden, sind demnach zu diesem

---

[9] Erklärung der syntaktischen Strategien von Pienemann (1998:42):
1 – Canonical Order Strategy (COS) „In underlying sequences [x1 + x2 … Xn] Cx [ ] Cx + 1 [ ] Cx + m, in which each of the subconstituents contributes information to the internal structure of the constituent Cx, no subconstituent is moved out of Cx, and no material from the subsequent constituents Cx+ 1, Cx + 2, Cx + n is moved into Cx".
2 – Initialisation-Finalisation Strategy (IFS) „In underlying sequences, [X Y Z]s permutations are blocked which move X between Y and Z or Z between X and Y".
3 – Subordinate Clause Strategy (SCS) „In subordinate clauses permutations are avoided" (Clahsen 1994).

Zeitpunkt des Spracherwerbs noch nicht lernbar und daher auch nicht lehrbar. Die Regeln (Phasen) geben eine Implikationsskala wieder: Das Erscheinen einer Regel in einer Varietät impliziert das Vorhandensein von früheren Regeln, schließt aber spätere aus. In späteren Arbeiten ergänzt Pienemann eine lexikalische Phase (1). Der Vergleich auf der begleitenden Webseite zeigt eine gemeinsame Grundstruktur der Sequenzen bei einer höheren Variation und Zielgenauigkeit in L1. In verschiedenen Studien wurde versucht nachzuweisen, dass Lerner sowohl im gesteuerten als auch im ungesteuerten Spracherwerb die gleiche Erwerbsfolge durchlaufen.

Schematisch lassen sich Sequenzmodelle dieser Art folgendermaßen darstellen:

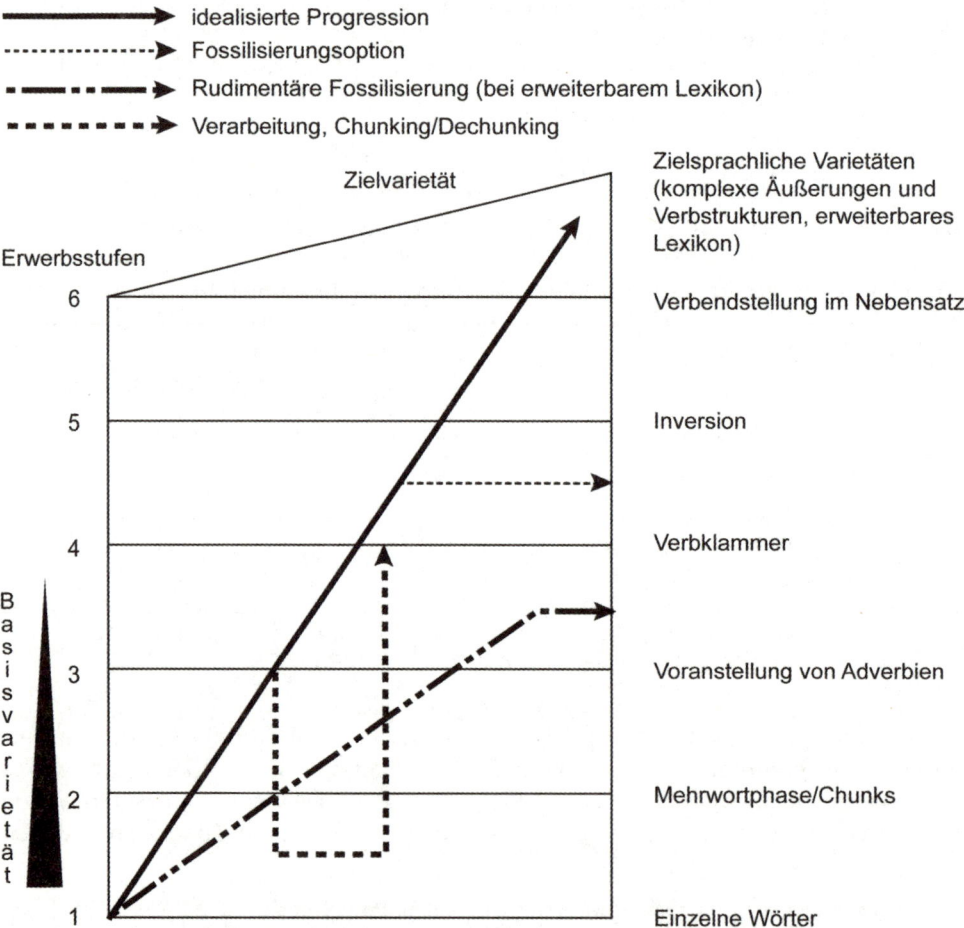

Abbildung 2.4:   Grundprinzipien von Sequenzmodellen des Spracherwerbs

Vertikal sind die verschiedenen Phasen abgetragen, über die sich der Lerner einer bestimmten Zielvariante nähert. Die Einteilung der Stufen 3 bis 6 folgt in dieser Darstellung der Verarbeitungshypothese von Pienemann. Ergänzt sind die Stufen 1 und 2 sowie die Fossilisierungsoptionen. Demnach beginnt die Erwerbssequenz im Deutschen im Bereich der Syntax (Wortstellung) mit einzelnen Wörtern (1) und setzt sich fort in Ein- und Zwei-Wortsätzen und einzelnen festen Formeln (Chunks) (2). In diesem Bereich erfolgt der Ausdruck der Grammatik im Wesentlichen durch lexikalische Elemente und pragmatische Prinzipien. Er bezeichnet den Grundbereich der Basisvarietät, die im Gegensatz zu dem Modell von Pienemann, von funktional-konzeptuellen Stufen bestimmt ist und daher auch grammatische Elemente der höheren Stufen enthalten kann. Nach Klein und Perdue stellt sie die primäre Fossilisierungsoption dar. Pienemann zufolge ist die erste grammatikalisch markierte Stufe die adverbiale Voranstellung einzelner Elemente ohne Inversion (3). Dieser folgt die Verbtrennung bei mehrteiligen Verben (4), die Inversion (5) und die Verbendstellung in deutschen Nebensätzen (6). Stufen sind gar nicht oder nur schwer zu überspringen. Wenn man einen Lerner zum Überspringen zwingt, produziert er Fehler, die er ansonsten vermutlich vermieden hätte oder er macht zumindest keinen Fortschritt. Das passiert zum Beispiel, wenn durch eine lineare Grammatikprogression in den Lehrwerken komplexere Strukturen vor einfacheren eingeführt werden wie etwa Adjektivendungen vor dem einfachen Gebrauch der Adjektive (Roche 2008a:110f.). Schematisch sind in diesem Modell verschiedene Fossilisierungsoptionen dargestellt, die jedoch in jeder Stufe auftreten können, aber einen späteren Zuwachs an Wortschatz – bei weitestgehend gleichbleibender Grammatik – nicht ausschließen. Die unterbrochene Linie veranschaulicht exemplarisch die nichtlineare, an der Oberfläche als rückläufig erscheinende Verarbeitung neuer Regeln beim Lerner.

Im Folgenden wird gezeigt, wie Pienemann (2005) diese Sequenzen für Englisch als Fremdsprache realisiert sieht. Die einzelnen Sequenzen werden auf der begleitenden Webseite zu diesem Buch genauer mit Beispielen erläutert.

Processing procedure	L2 process	morphology	syntax
6 – subord. cl. procedure	main and sub cl		Cancel INV
5 – S-procedure	inter-phr info	SV agreement (= 3sg-s)	Do2nd, Aux2nd
4 – VP-procedure	inter-phr info	tense agreement	Y/N inv, copula inv
3 – phrasal procedure	phrasal info.	NP agr Neg+V	ADV, Do-Front, Topi
2 – category procedure	lex morph possessive pro	plural[13]	canonical order
1 – word/lemma	'words'	invariant forms	single constituent

Abbildung 2.5: Abstrakte Beschreibung der Sequenzen im Erwerb des Englischen als Fremdsprache nach Pienemann (2005:24)

Die Abbildung 2.6 zusammen mit der Abbildung 2.7 stellen Anwendungen der gleichen zugrunde liegenden Regeln in verschiedenen Bereichen dar. Sie betreffen die fünf

Entwicklungsstufen nach Pienemann (2005) beim Erwerb des Englischen als Fremdsprache inklusive der Stufe 0 als vorgrammatischer Stufe.[10]

STAGE	VERB	NOUN	PN	Q
	'WORDS'	or	FORMULAE	
X	" IL-ing IRREG	" " "	1st 2nd 3rd	SVO? " "
X+1	-ed "	REG_PL IRREG_PL	POSSESS	DO_FRONT WHX_FRONT
X+2	AUX_EN AUX_ING	(POSSESS) "	" "	PSEUDO_INV Y/N_INV
X+3	3SG_S +"	(PL_CONCD) "	CASE(3rd) RFLX(ADV)	AUX_2ND SUPPLET
X+4	(GERUND) " " "	" " " "	RFLX(PN) " " "	Q_TAG " " "

KEY: (Round brackets indicate tentative assignment only.)
IL-ing = non-standard 'ing'; PP = in prepositional phase.
DO_FRONT = yes/no questions with initial 'do'.
WHX_FRONT = fronting of wh-word and possible cliticized element (e.g.
   'what do').
TOPIC = topicalization of initial or final elements.
ADV_FRONT = fronting of final adverbs or adverbial PPs.
AUX_EN = [be/have] + V-ed, not necessarily with standard semantics.
PSEUDO_INV = simple fronting of wh-word across verb (e.g. 'where is the
   summer?').
COMP_TO = insertion of 'to' as a complementizer as in 'want to go'.
PART_MOV = verb-particle separation, as in 'turn the light on'.
AUX_ING = [be] + V-ing, not necessarily with standard semantics.
Y/N_INV = yes/no questions with subject-verb/aux inversion.

Abbildung 2.6:   Regeln für den Erwerb Englisch als Fremdsprache (Larsen-Freeman/Long 1991:278)

---

[10] Eine analoge Stufensystematik für Französisch als Fremdsprache liegt bei Bartning/Schlyter
       (2004) vor. Sie wurde auf der Basis von Erwerbsdaten erwachsener schwedischer Französisch-
       lerner in gesteuerten und ungesteuerten Lernkontexten entwickelt.

NEG	ADV	ADJ	PREP	W_ORDER
no	–	–	PP	SVO
no+X	–	–	"	"
"	–	–	"	"
don't+V	(ADV)	–	"	TOPIC
"	–	(more)	"	ADV_FRONT
"	"	(better)	COMP_TO	PART_MOV
"	"	(best)	"	PREP_STRNDG
DO_2ND	-ly	-er	"	(DAT_TO)
SUPPLET	"	-erst	"	"
"	"	"	"	ADV VP
"	"	"	"	(DAT MVMT)
"	"	"	"	(CAUSATIVE)
"	"	"	"	(2_SUB_COMP)

PREP_STRNDG = stranding of prepositions in relative clauses.

3SG_S = third person singular '-s' marking.

PL_CONCD = plural marking of NP after number or quantifier (e.g. 'many factories').

CASE (3rd) = case marking of third person singular pronouns.

AUX_2ND = placement of 'do' or 'have' in second position;
   DO_2ND = as above, in negation.

SUPPLET = suppletion of 'some' into 'any' in the scope of negation.

DAT_TO = indirect object marking with 'to'.

RFLX (ADV) = adverbial or emphatic usages of reflexive pronouns;
   RFLX (PN) = true reflexivization.

Q_TAG = question tags; ADV_VP = sentence internal adverb location.

DAT_MVMT = dative movement (e.g. 'I gave John a gift').

CAUSATIVE = structures with 'make' and 'let'.

2_SUB_COMP = different subject complements with verbs like 'want'.

Abbildung 2.7:   Regeln für den Erwerb Englisch als Fremdsprache (Larsen-Freeman/Long 1991:279)

Die verschiedenen, scheinbar unverbundenen Strukturen jeder Stufe können zur gleichen Zeit bearbeitet werden, da sie von den gleichen Strategien abgeleitet sind. Innerhalb der Entwicklungsstufen kann ein gewisses Maß an Variation zwischen den Polen ‚Normausrichtung' (die Bevorzugung von akkuraten Strukturen) und ‚Simplifizierungsausrichtung' (die Bevorzugung kommunikativer Effizienz) auftreten. Obwohl Pienemanns Modell davon ausgeht, dass entwicklungsbedingte Merkmale durch Unterricht nicht beeinflussbar sind (weil sie als nichtlernbar gelten), ist in verschiedenen Studien gezeigt worden, dass Variationsmerkmale entgegen den Voraussagen des Modells auf unterrichtliche Maßnahmen ansprechen und die Lernersequenzen insgesamt weniger homogen ausgestaltet sind, als von dem Modell postuliert. Bei japanischen Englischlernern beobachtet Mellow (1996) eine Reduzierung der Auslassung der Kopula durch unterrichtliche Intervention. Bei der Zielsprache Deutsch belegt eine Reihe von Studien deutliche Abweichungen von der postulierten Sequenzierung. Dazu gehört Diehl/Christen/Leuenberger/Pelvat/Studer (2000) mit ihrer einschlägigen Untersuchung unter Schweizer Schülerinnen und Schülern unterschiedlicher Altersgruppen und Schultypen – also in der Domäne des gesteuerten Spracherwerbs. Die Studie zeigt, dass nicht nur Primarschüler, sondern auch Schüler der Sekundarstufe 1 und 2 die Erwerbsstufen trotz intensiven Unterrichts nicht immer vollständig und nicht linear durchlaufen. Zwar verschiebt sich, wie zu erwarten war, das Erwerbsprofil der drei Gruppen mit dem Alter und der Erwerbsdauer nach oben, das heißt, die älteren Schülerinnen und Schüler sind weiter fortgeschritten. Aber auch diese fortgeschrittenen Schüler (Matura-Gruppe) zeigen besonders im Bereich des Morphologieerwerbs trotz intensiver Grammatikunterweisung noch große Abweichungen von den zielsprachlichen Normen und eine für das Modell ungünstig hohe Varianz (Diehl/Christen/Leuenberger/Pelvat/Studer 2000:372). Diese Abweichungen von der aus der Verarbeitungshypothese abgeleiteten Progression kann man allerdings unterschiedlich werten: Je nachdem, ob man Verfechter oder Kritiker des Modells ist. Grießhaber (2006) interpretiert sie als eindeutigen Beleg für die im natürlichen Spracherwerb ermittelte Grammatikprogression, die sich trotz großen Grammatiklehraufwandes im Unterricht durchsetze, also gegen Lehrmaßnahmen resistent sei. Um diese Aussage stützen zu können, müsste jedoch sichergestellt sein, dass die im Sinne der Verarbeitungshypothese abgeleitete Ideal-Progression im Unterricht nicht eingehalten wurde und dass die von Diehl/Christen/Leuenberger/Pelvat/Studer (2000) beobachteten Ergebnisse den Voraussagen der Hypothese entsprächen. Ersteres ist bedauerlicherweise nicht belegt, Letzteres trifft so nicht zu. Zudem müsste der Gegenbeweis eines Unterrichtsexperimentes angetreten werden, bei dem die ideale Reihenfolge tatsächlich eingehalten wird (vergleiche Winkler 2011). Aus einem solchen Vergleich beider Gruppen dürfte sich danach theoretisch kein Unterschied ergeben. So geht etwa Mellow (1996) in seiner oben genannten Studie zur L2 Englisch bei japanischen Studierenden vor (siehe auch Van-Patten/Sanz 1995), stellt aber einige deutliche Unterschiede des Gruppenverhaltens fest.

Die alternative, modellskeptische Interpretation der Ergebnisse sieht hierin einen Beleg dafür, wie ineffizient Grammatikunterricht und wie problematisch eine starke Formfokussierung im Unterricht allgemein sein können, denn es ist nicht ausgeschlossen, dass gerade Drill- und Übungseffekte des Unterrichts zu den von Diehl/Christen/Leuenberger/Pelvat/Studer (2000) beobachteten Ergebnissen beigetragen haben. Die folgenden Tabellen nutzen die fünf Stufen der Verarbeitungshypothese nach Pienemann als Referenz und tragen darin den Erwerbsstand der drei von Diehl/Christen/Leuenberger/Pelvat/Studer (2000) untersuchten Gruppen nach Altersstufen ab (EP = école primaire, Primarschule, CO = cycle d'orientation, Sekundarstufe I, TP = Testpersonen, Maturität = Ende der Sekundarstufe II, Prozentangaben bezogen auf die jeweilige Anzahl der TP):

	Phase I	Phase II	Phase III	Phase IV	Phase V
Ende EP (49 TP)	8 = 16%	41 = 83%	-	-	-
Ende CO (61 TP)	-	4 = 7%	3 = 6%	54 = 88%	-
Maturität (15 TP)	-	-	1 = 7%	5 = 33%	9 = 60%

Tabelle 2.2: Erwerbsstand im Verbalbereich (Diehl/Christen/Leuenberger/Pelvat/Studer 2000:370)

	I	I/II	II	II/III	III	III/IV	IV
Ende EP (13 TP)	12 = 92%	1 = 8%	-	-	-	-	-
Ende CO (37 TP)	4 = 11%	1 = 3%	18 = 49%	3 = 8%	7 = 19%	2 = 5%	2 = 5%
Maturität (12 TP)	-	-	3 = 25%	2 = 17%	5 = 42%	1 = 8%	1 = 8%

Tabelle 2.3: Erwerbsstand im Bereich der Kasus in Nominalphrasen (Diehl/Christen/Leuenberger/Pelvat/ Studer 2000:370)

	Phase I	Phase II	Phase III	Phase IV	Phase V
Ende EP (51 TP)	11 = 23%	40 = 77%	-	-	-
Ende CO (60 TP)	-	1 = 2%	12 = 20%	22 = 37%	25 = 41%
Maturität (15 TP)	-	-	-	3 = 20%	12 = 80%

Tabelle 2.4: Erwerbsstand im Bereich der Satzmodelle (Diehl/Christen/Leuenberger/Pelvat/Studer 2000:370)

Die Erwerbssequenzen der drei Grammatikbereiche von Diehl/Christen/Leuenberger/ Pelvat/Studer (2000) werden auf der begleitenden Webseite zu diesem Buch abgebildet.

In einer Folgestudie zu der von Diehl/Christen/Leuenberger/Pelvat/Studer (2000) versucht Terrasi-Haufe (2004) mittels einer weiter differenzierten Unterteilung in zehn Stufen, auch kleinschrittigere Entwicklungsbewegungen nachzuzeichnen, und zwar in Bezug auf die Entwicklung der mündlichen und schriftlichen Lernersprachen. Dazu nimmt sie eine Einteilung der Satzmodelle, der Verbflexion und der Kasusmarkierungen nach den Kategorien des Duden sowie eine Klassifizierung der Stufen in Bezug auf die lexematische und pragmatische Entwicklung vor und wendet diese auf verschiedene Gruppen von Lernern an. Der Syntaxerwerb gestaltet sich demnach folgendermaßen:

I.   Subjekt-Verb-Objekt
II.   Inversion in Ergänzungsfragen
III.   Negation
IV.   Distanzstellung
V.   Inversion in Entscheidungsfragen
VI.   Inversion nach vorangestellten Nebensätzen
VII.   Verbendstellung in infiniten Nebensätzen
VIII.   Verbendstellung in finiten Nebensätzen
IX.   Inversion nach topikalisierten Adverbialen
X.   Inversion nach einleitenden Konjunktionaladverbien

(Terrasi-Haufe 2004:128)

Die Beispiele verschiedener Schüler sollen hier zur Illustration dienen. Sie nehmen eine vermittelnde Position zu den oben genannten Interpretationsalternativen ein. Einerseits zeigen sich bei Schüler A erwartbare Erwerbszuwächse, andererseits demonstriert das Beispiel – wie viele andere auch – die Nichtlinearität und Gegenläufigkeit des Erwerbs-verlaufes bei Zunahme an Teilsatzlänge und an hypotaktischer Komplexität. Deutlich wird hier auch, dass sich die Bereiche unterschiedlich schnell und weit entwickeln und dass Unterschiede in den mündlichen und schriftsprachlichen Kompetenzen bestehen. Diese Diskrepanzen in Grammatikerwerb, Grammatikrückgang und Grammatikstill-stand schriftsprachlicher und mündlichsprachlicher Kompetenzen finden auch im Vergleich mit anderen Lernergruppen große Bestätigung.

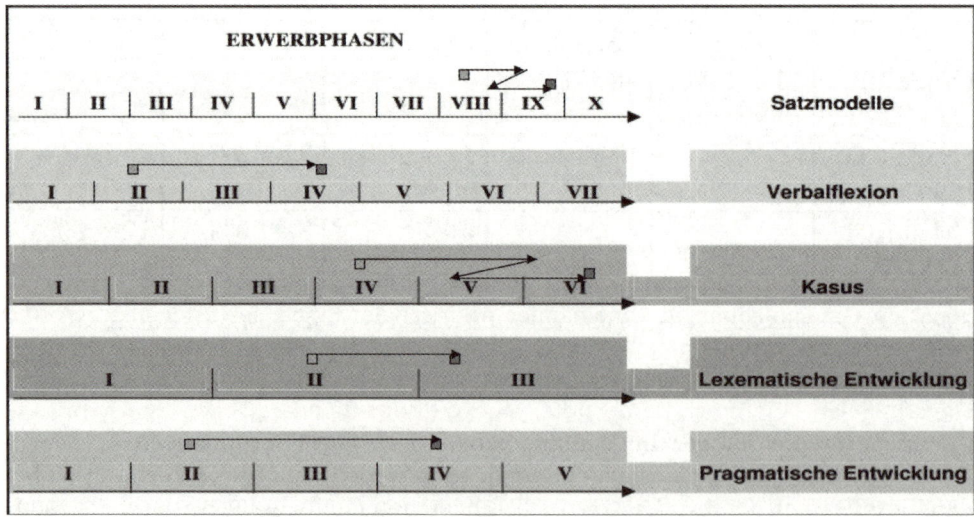

Abbildung 2.8:   *Beispiel für einen Erwerbsverlauf: Schüler A, schriftlich (bei Zunahme an Teilsatzlänge und an hypotaktischer Komplexität, Terrasi-Haufe 2012:64)*

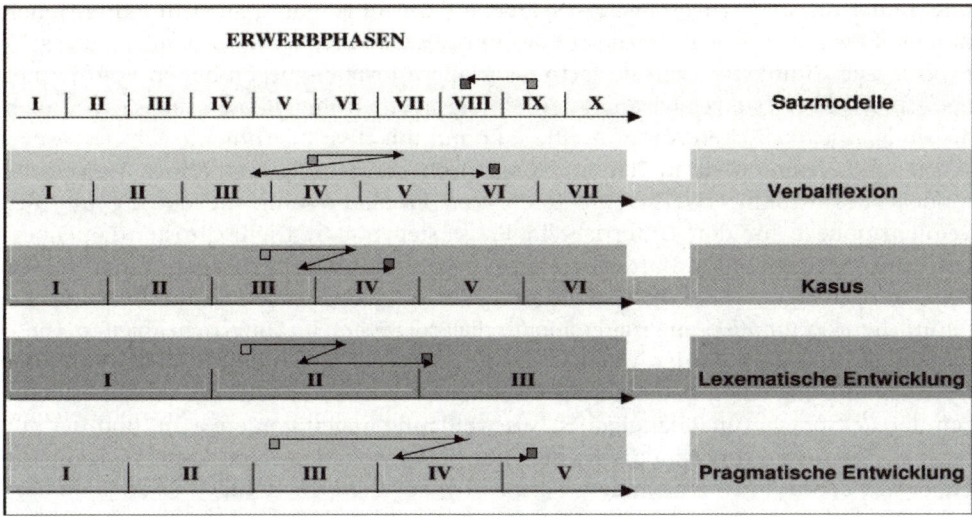

Abbildung 2.9: *Beispiel für einen Erwerbsverlauf: Schüler A, mündlich (bei Zunahme an Teilsatzlänge und an hypotaktischer Komplexität, Terrasi-Haufe 2012:65)*

Auf der begleitenden Webseite zu diesem Buch befinden sich weitere Beispiele für die Erwerbsverläufe eines anderen Schülers.

Terrasi-Haufe schließt aus ihrer Untersuchung, dass nicht nur maturationale Faktoren (Alter), sondern auch unterrichtliche Maßnahmen für das größere strukturelle Spektrum in den Profilen der von ihr beobachteten Schülerinnen und Schüler mitverantwortlich sind und daher die großen Diskrepanzen zur Verarbeitungshypothese auftreten. Für die Verbalflexion und den Kasuserwerb können, wie hier bei Schüler A im schriftlichen Bereich, insgesamt systematischere Annäherungen an das zielsprachliche System postuliert werden als für die übrigen Untersuchungsbereiche. Die Verbendstellung wird vor der Inversion gelernt, die Inversion wird aber in unterschiedlichen Kontexten zu unterschiedlichen Zeitpunkten und nicht als einmalige Regel erworben. Der Erwerb schriftlicher und mündlicher Kompetenzen entwickelt sich bis zu einem gewissen Grad unabhängig voneinander und ist vom Stand der lexematischen und pragmatischen Entwicklung abhängig.

Einschränkend muss jedoch darauf verwiesen werden, dass die Einteilung der Erwerbsstufen bei Terrasi-Haufe unter Rückgriff auf Standardwerke der Grammatik und nicht, wie bei Pienemann und anderen, anhand von Lernerdaten erfolgt. Pienemann orientiert sich zwar an einer empirisch ermittelten Lernerprogression, nimmt aber die Klassifikation der beobachteten grammatischen Erscheinungen nach Standardkategorien einer nativistisch orientierten deskriptiven Grammatik vor. Ob diese Klassifikation eine Korrespondenz in kognitiven Modellen der Lerner hat, ist auch in seinem Modell nicht belastbar nachgewiesen.

Zusammengefasst kann festgehalten werden, dass sich die Grammatik vor allem aus dem Lexikon entwickelt. Nach der *Processability Hypothesis* (Verarbeitungshypothese) entspricht dies der Phase 0, die dort jedoch nicht eingehend behandelt, sondern lange als ungrammatisch übergangen und erst später berücksichtigt wurde. Das Chunking Modell und die *Basic Variety* sind in Bezug auf die lexikalische Basis der Grammatik jedoch sehr explizit. Die Chunks werden de facto als größere lexikalische Einheiten vom Lerner betrachtet und erst sukzessive analysiert. Bereits in den frühen Phasen sind sie, wie auch die übrigen lexikalischen Mittel, zentrale kommunikative Instrumente für die Lerner. Wo möglich, werden sie in Handlungen erprobt. Forschungsmethodisch weisen die Modelle des Strukturerwerbs eine Reihe von Problemen auf, die die Eignung der Sequenzmodelle für den Unterricht in Frage stellen. Mit Diehl/Christen/Leuenberger/Pelvat/Studer (2000), Bardovi-Harlig (1995) und Roche (2001) kann man jedoch auch in den Ergebnissen dieser Forschungsrichtung eine Orientierungsfunktion der natürlichen grammatischen Progression für die Progression im Unterricht ableiten. Diese besteht nicht so sehr in der Validität der benannten Kategorien als vielmehr in der Bewusstmachung einer systematischen Sequenzierung im Erwerb, die von Interferenzen der Erstsprache unabhängiger ist, als weitläufig angenommen wird, und die nur bedingt durch unterrichtsmethodische Mittel übergangen werden kann. Folgerichtig ergibt sich daraus auch eine andere Perspektive auf Erwerbs-„fehler". Es entsteht eine neue Fehlerkultur, in der nichtzielgerechte Erscheinungen als Indikator für den Erwerbsfortschritt und daher besser als Diagnoseinstrument denn als Einladung zu externen Korrekturen zu betrachten sind (vergleiche Kleppin 2009).

2.6   Fossilisierung und Stabilisierung

Das Konzept der Fossilisierung im Spracherwerb spielt seit Beginn der Spracherwerbsforschung eine zentrale Rolle (Selinker/Han 2005, Selinker 1992, Weinreich 1953), wobei zwischen verschiedenen Konzepten wie *Endstate, Steady State, Ultimate Attainment, Fossilized Competence* oder auch *(Permanent) Stabilization* unterschieden wird (Han 2003, Lardiere 1998, Selinker 1996, Schachter 1996, Tarone 1994). Empirisch sind diese Differenzierungen jedoch kaum belegt (Han 2004, 2003). Die Unterscheidung von Fossilisierung und Stabilisierung beruht im Wesentlichen auf Permanenz.[11] Der Forschungsstand ist uneinheitlich. Allgemein wird jedoch akzeptiert, dass Fossilisierung eine vorzeitige Entwicklungsunterbrechung bei nicht optimalen Umgebungsbedingungen bedeutet und dass fossilisierte Strukturen langfristig gegenüber Umfeldeinflüssen inklusive authentischen Inputs und Unterrichts resistent sind (Hasbún 2007:115, Han 2004:23). Stabilisierung (als Vorstufe zur Fossilisierung) und Fossilisierung können in Form von vier Erscheinungen festgestellt werden:

1. (nichtziel)sprachliche Strukturen erscheinen in invarianter Form über einen bestimmten Zeitraum hinweg (invariante Erscheinungen)

---

[11] Dabei sind fossilisierte Fehler-Strukturen prinzipiell schwer von fossilisierten zielsprachlichen Strukturen zu unterscheiden: Wenn der Erwerbsprozess eines Lerners bei einer bestimmten Struktur x fossilisiert (zum Beispiel in einer Redewendung, die zu diesem Zeitpunkt zielsprachlichen Normen entspricht, wie etwa das an Dialekte angelehnte kanaksprachliche ‚du, isch schlag disch') oder daran angenähert ist, dann ist diese Verfestigung prinzipiell nicht von zielsprachlich korrekten Strukturen zu unterscheiden. Fossilisiert die Struktur dagegen, bevor sie zielsprachliche Normen abbildet, dann wird sie als Fehler oder (bei Stars des Trivial-TVs) als fehlerhafter Kultspruch behandelt (‚hier wird Sie geholfen').

2. sie erscheinen in verschiedenen Kontexten in gleicher Form (inter-kontextuelle Stabilisierung)
3. variante korrekte/inkorrekte Formen erscheinen im gleichen Kontext (stabilisierte intra-kontextuelle Variation)
4. es zeigt sich ein variables Zurückgleiten in frühere Erwerbsstufen (*Backsliding*).

Die Resistenz gegenüber Änderungen kann mit experimentellen Methoden gemessen werden (Lin/Hedgcock 1996, Lin 1995, Thep-Ackrapong 1990), vor allem mit quasi-experimentellen Defossilisierungsdesigns (Lehrverfahren). Sind entsprechende Versuche ergebnislos, liegt Fossilisierung vor. Die bisherigen Studien zur Fossilisierung gehen dabei von unterschiedlichen strukturellen, prozeduralen und zeitlichen Parametern aus: Nach Long (1997) und Selinker (1985) ist für die Bedingung der Fossilisierung ein Erwerbszeitraum von fünf Jahren anzusetzen, der jedoch arbiträr gesetzt wurde.

▶ Einige Arbeiten führen Stabilisierungs- und Fossilisierungserscheinungen vor allem auf Altersfaktoren zurück (vergleiche Hyltenstam/Abrahamsson 2003, Kellerman 1995), jedoch lässt sich aus den Untersuchungen nicht eindeutig auf Ursachen im Maturationsprozess, also eine Art kritischer Periode oder eine altersbedingte (global) fossilisierte Interlanguage, schließen (vergleiche Selinker 1996 sowie die kritische Position von Klein 1992 zu Aufenthaltsdauer und Zeitfaktoren im Spracherwerb).
▶ Selinker (1985) geht davon aus, dass erwachsene Lerner nie in allen Diskursdomänen muttersprachenähnliche Kompetenzen erwerben können.
▶ Andere Untersuchungen zur Frequenz und Korrekturresistenz von Grammatikfehlern zeigen, dass Stabilisierungs- und Fossilisierungseffekte in bestimmten Bereichen wie bei Präpositionen und Artikeln in stärkerem Maße auftreten (Hasbún 2007) als etwa im syntaktischen oder lexikalischen Bereich (Barcroft 2007, Chodorow/Tetreault/Han 2007, Bitchener/Young/Cameron 2005, Han 2004).

Sowohl die makroskopischen als auch die mikroskopischen (individuellen) Studien zur Stabilisierung des Spracherwerbs belegen, dass der Erwerb auch bei günstigen Faktoren wie kontinuierlich verfügbarem Input, adäquater Motivation und Lernbereitschaft und ausreichender Gebrauchspraxis in der Lernumgebung lokal und global zum Stillstand kommen kann (Han 2007). Wie lässt sich daraus der Stillstand erklären?

▶ Neuro-physiologische Faktoren reichen als alleinige Begründung für die Fossilisierung nicht aus, denn die Gehirnforschung belegt eine größere neuronale Plastizität und Vernetzung, als bisher vermutet.[12] Selbst im Erwerb der Aussprache, der als frühester und schwierigster Bereich der Verfestigung im Spracherwerb gilt, sind Modifikationen unter bestimmten Bedingungen auch nach langzeitiger Habitualisierung möglich. Scheller (2008) zeigt am Beispiel der Wechselpräpositionen, dass ein kognitionslinguistischer Erklärungsansatz auch bei erwachsenen L2-Lernern mit langjährigem, stagnierendem Spracherwerb positive Effekte zeigen kann, die bei

---

[12] Vergleiche die *Critical Period Hypothesis* CPH von Lenneberg (1967). Kritisch dazu unter anderen Kandel/Schwartz/Jessell (1995) und Traoré (2000). Bei Montrul (2008) findet sich eine Übersicht über die Literatur zur *Critical Period Hypothesis*, die die Hypothese auf den Sprachverlust anwendet. Daraus ergibt sich, dass der Einfluss des Alters auf den L2-Erwerb wesentlich geringer ist als auf den L1-Erwerb. Siehe auch Berndt (2003) zu Alterseffekten bei älteren Sprachlernern und den Grundlagen einer Gerontodidaktik.

einer Ausrichtung der Vermittlung nach den Kriterien der einschlägigen kognitiven Theorien multimedialen Lernens (Sweller 2005, Schnotz 2005, Mayer 2005 a, Mayer/ Sims 1994) noch gesteigert werden können (siehe Kapitel 3.7.3).

► Die direkte Übernahme zielsprachlicher Chunks und Gesprächsroutinen kann die daraus resultierende Variabilität nur zu einem Teil erklären, da die fossilisierten Strukturen viele grammatisch inkorrekte Formen enthalten, die so in der Eingabe nicht vorkommen. Klein/Perdue (1997) bezeichnen die Basisvarietät als erste wichtige Fossilisierungsstufe im L2-Erwerb, die aber bei komplexeren kommunikativen Funktionen in größere Variabilität ausbricht.

► Die Strukturen der fremden Sprache werden offenbar nur unzureichend verarbeitet und nur in bestimmten kommunikativen Kontexten angewandt und verfestigt. Konfliktive Regeln werden nur ungenügend zusammengeführt. Neue Regeln und spezifizierende Regeln führen nicht oder nur bedingt dazu, dass das zuvor erworbene rudimentäre System umorganisiert wird, dass also Reorganisierungsprozesse hinreichend greifen. Die Stabilisierung oder Fossilisierung ergibt sich demnach aus der mangelnden Reorganisation und Erweiterung des Sprachbestandes.

► Inwieweit die Basisvarietät oder die darauf aufbauenden Erwerbsstufen durch eine Begrenzung der kognitiven Funktion (Comrie 1997), nichtgrammatische kognitive Prozesse (Meisel 1997) oder allgemeine Lernstrategien (Bierwisch 1997) charakterisiert sind, bleibt noch zu klären.

Ob die Ursachen für die rudimentäre Verfestigung grammatischer Regeln primär in der reduzierten Analysekompetenz (Monitor), einer reduzierten Lernfähigkeit, dem hohen Grad der Automatisierung (geringere Beteiligung des Arbeitsgedächtnisses im fortgeschrittenen Erwerb) oder in anderen kognitiven Begrenzungen zu finden sind, ist demnach noch nicht völlig geklärt.

Stabilisierungs- und Fossilisierungsprozesse im L2-Erwerb weisen bemerkenswerterweise starke Parallelen zu systemischen Kreolisierungsprozessen basilektaler Varietäten auf (Neumann-Holzschuh 2000, Winford 2000). Wie im individuellen Spracherwerb geht Neumann-Holzschuh (2000) davon aus, dass auch im Sprachsystem einer Kreolsprache nur individuelle Eigenschaften restrukturiert (verändert) werden können, nicht das komplette Sprachsystem. Pidgin- und Kreolsprachen lassen sich demnach folgendermaßen charakterisieren:

Exkurs: Pidgin- und Kreolsprachen

Merkmale von Pidginsprachen:

► enthalten Phrasen mit einfachen Wörtern
► zeigen Vereinfachungen der Grammatik und der Lexik
► dienen der einfachen, alltäglichen, meist mündlichen Verständigung
► umfassen ein Muster oder eine Regel, die von Sprechern (als Chunk) gespeichert wird
► sind keine Varietäten, sondern idiomatische Sammlungen, die als Zweitsprache genutzt werden.

Merkmale von Kreolsprachen:

► entstehen und verfestigen sich aus einem Pidgin

► sind die Sprache einer Sprachgemeinschaft und gleichzeitig auch die L1 der Bevölkerung.

Die Entstehung von Kreolsprachen wird unterschiedlichen Ursachen zugeschrieben. Dazu gehören:

► die Vereinfachung aus Gründen des Mangels an gemeinsamen sprachlichen Mitteln von Eingeborenen und Kolonisatoren und des Mangels an deren Lernmöglichkeit oder Lernbereitschaft bei großen Unterschieden zwischen den Sprachen
► das Wirksamwerden besonderer universeller Tendenzen (die Vorstellung, Kinder lernen Sprache nach einer Universalgrammatik, siehe Chomsky 1980)
► die monogenetische Entstehung (nach der so genannten Stammbaumtheorie, derzufolge alle Kreolsprachen aus dem gleichen Urkreol entstanden sind).

In der Entwicklung einer Kreolsprache lassen sich fünf Phasen unterscheiden:

► *Jargon Stage:* die Entlehnung einzelner Wörter
► *Stabilisation Stage:* die vollständige Entwicklung eines Pidgin mit neuem Wortschatz und einer Zunahme der Verbreitung der Sprache
► *Expansion Stage:* die Ausdehnung der Sprache auf das ganze Land, Schaffung von Möglichkeiten zur „self expression", einzelne Grammatikalisierungen wie Satzeinbettungen und Ähnliches
► *Creolisation Stage:* die lexikalische Erweiterung und Umstrukturierung (Grammatikalisierung) vom Pidgin zum Kreol
► *Post-Pidgin and Post Creole Stage:* die Entwicklung von Varianten.

Detges (2000) versteht diese Entwicklungsprozesse als universelle Prozesse der Grammatikalisierung im Sinne der Typologie von Givón (1979). Die Grammatikalisierung entsteht demnach aus einer im Hier und Jetzt lokalisierten Situation, aus der sich Bezüge in die Vergangenheit und die Zukunft ergeben können. Diese Lokalisierung ist am Anfang des Spracherwerbs sprecherinitiiert und verliert erst im Laufe der Zeit, also bei zunehmendem Erwerb, ihre Situationsbindung. Restrukturierungsprozesse, die zu Entwicklungen in der Grammatik und Lexik einer Sprache im Sprachkontakt führen, sind ein Hörerphänomen. Sie entstehen aus der (annähernd) zielgerechten Analyse von Chunks und deren Resynthese, wobei sich sprachliche Information und Parallelinformation verbinden. So wird aus Französisch ‚la pluie' (‚der Regen') das mit dem Artikel verschmolzene ‚lapli' in karibischen Kreolsprachen. In ähnlicher Weise werden auch aus Ortsbeschreibungen Ortsnamen, wie sie etwa die aus indianischen Sprachen abgeleiteten kanadischen Städtenamen Toronto (‚der Ort, an dem Bäume am Wasser stehen' oder ‚der Ort der Zusammenkünfte', entlehnt von ‚tkaronto' in der Sprache der Mohawk) und Ottawa (‚Händler' in der Sprache der Algonquin-Indianer) darstellen.

Der Begriff ‚Kreolsprachen' umfasst eine breite Palette von sprachlichen Erscheinungen im Verhältnis zu weiteren Kontaktsituationen und in Bezug auf die kreolinterne Differenzierung. Der Grad der Kreolisation lässt sich am Ort der Kreolsprachen in der Sprachentypologie festmachen. Die wichtigsten Einflussfaktoren sind dabei der L1-Einfluss (*Substratum*) und die Restrukturierungserscheinungen (*Superstrat*) in der L2. Winford (2000) unterscheidet zwischen radikalen Kreolsprachen wie Sranan und dem haitischen Kreol, basilektalen Varianten, wie den guayanesischen, jamaikanischen und anderen karibischen Kreolsprachen, und mittleren (‚intermediate') Kreolsprachen

(Zwischenstufen) wie Barbadisch, städtisches Guayanesisch, Trinidadisch, Réunionnais und anderen. Davon unterscheidet er Varietäten, die stark an die Zielsprache angelehnt sind und nur wenige L1-Elemente aufweisen.

Diese lassen sich auf einer Achse abtragen:

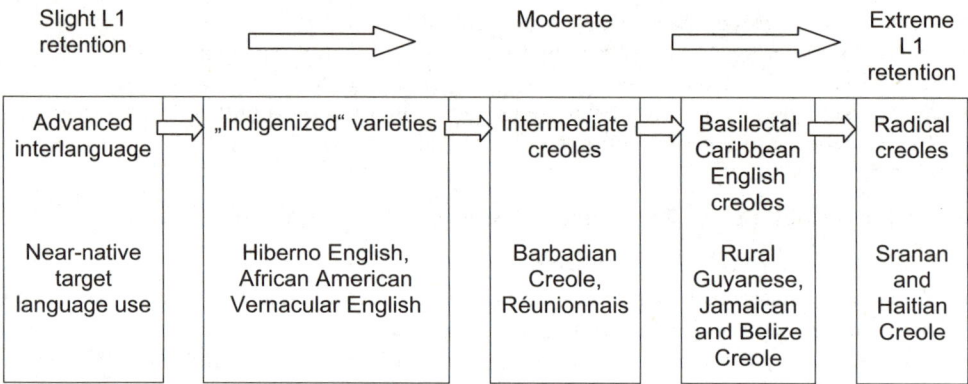

Abbildung 2.10:   Grade der Kreolisierung nach Winford (2000:216)

Diese Schichtung der Kreolvarietäten kann analog zum Komplexitätsgrad vereinfachend als Basilekt (rudimentäre/radikale Varietät), Mesolekt (mittlere Varietät) und Acrolekt (elaborierte Varietät) erfolgen.

Die Entsprechungen zum Spracherwerb ergeben sich aus der gemeinsamen L1-Basis der radikalen Formen des Kreol und des frühen L2-Erwerbs. Transfererscheinungen aus vorerworbenen Sprachen, morphologische Simplifizierungen und andere universelle Strategien bestimmen sie. Die Merkmale entsprechen damit denen der *Basic Variety* des Spracherwerbs, wie sie Klein und Perdue beschrieben haben. Der Unterschied von Kreolsprachen und L2-Erwerb besteht darin, dass der L2-Erwerb als ein kontinuierlicher Prozess der Annäherung an die L2 beschrieben werden kann, im L2-Erwerb also ein labiler Zustand gegeben ist. Die Kreolisierung beschreibt dagegen die Entstehung und Verfestigung einer eigenständigen Sprache, ist daher also mit Fossilisierungsprozessen vergleichbar. Inwieweit die Basilekte immer der vollen *Basic Variety* im L2-Erwerb entsprechen, ist bisher noch nicht geklärt.

Für das Verständnis von Stabilisierungs- und Fossilisierungseffekten bei Lernern, die bereits lange im Zielland leben, ist die Beobachtung besonders relevant, dass Kreolvarietäten (in karibischen Sprachen) über mehrere Jahrhunderte in wenig veränderter Form bestanden haben und weiter bestehen und gegenüber Restrukturierungen, auch bei vorhandener Diglossie, sehr resistent sind (Schwegler 2000, Winford 2000).

Exkurs: Kreolisierung und Restrukturierung

Winford (2000) zeigt, dass die Kreolvarietäten in karibischen Sprachen stark fossilisiert über viele Jahrhunderte bestanden haben und weiter bestehen und daher genetisch von mesolektalen Varietäten unterschieden werden müssen. Die mesolektalen Varietäten sind Winford zufolge das Produkt von kreativen Adaptationen und Restrukturierungsprozessen in einer intensiven Kontaktsituation von Substrat- und Superstratsprechern im 17./18. Jahrhundert. Es handelt sich demnach weder um Imitationen von Superstratdialekten noch um dekreolisierte Varietäten von Basilekten. In den basilektalen Varietäten finden dagegen kaum Restrukturierungen der L2 oder des Superstrats statt.

Da sich basilektale Varietäten grundsätzlich (genetisch) von anderen Kreolsprachen unterscheiden, findet also keine Restrukturierung zwischen den Stufen statt. Demnach erfolgt auch kein Übergang von basilektalen zu mesolektalen Varietäten. Dieser hypothetische Übergang wird in der Literatur fälschlicherweise als Dekreolisierung bezeichnet.

Den L2-Erwerbsprozess könnte man analog als Prozess der Restrukturierung statt Defossilisierung fassen und bei Etablierungsbestrebungen wegen des möglichen Entwicklungspotenzials eher von Stabilisierungs- anstatt von Fossilisierungsprozessen ausgehen.

2.7 Formorientierung und Inhaltsorientierung

2.7.1 Strukturen im Sprachenerwerb

Die Frage, wie Lerner die richtigen Formen einer neuen Sprache erwerben, beschäftigt Forschung und Didaktik schon immer. Der Blick auf konzeptuelle und funktionale Aspekte des Spracherwerbs und der Mehrsprachigkeit ist dagegen vergleichsweise neu. Selbst im Kontext einer kommunikativen Orientierung beschäftigen sich verschiedene neuere Arbeiten dennoch vorwiegend mit der Formorientierung im Spracherwerb. Genauer: Sie heben die Bedeutung der Formorientierung im Spracherwerb hervor (Norris/Ortega 2000, Lightbown/Spada 1999, Lyster 1998, Long 1996, Schmidt 1995, Ellis 1994, Long 1991). Schmidt (1995) weist in einer Studie auf die Bedeutung des Aufmerksamwerdens auf linguistische Kategorien für den Spracherwerb hin. Wegen der knappen Unterrichtszeit werde gelegentlich darauf verwiesen, dass Schülerinnen und Schüler zu wenig mit linguistischen Kategorien arbeiten und dies primär auf die Hausaufgaben beschränkt sei (siehe Amaral/Meurers 2008). Diesem vermeintlichen Problem soll mit verschiedenen Inputmodellen Abhilfe geschaffen werden.

Beim Modell der ‚Structured Input Activities' von Wong (2004) stehen die Kernfrage der Steuerbarkeit des Erwerbs durch bestimmte Strukturen im Input und Verfahren der Hervorhebung und Verstärkung beziehungsweise der Regelkonstruktion im Mittelpunkt des didaktischen Ansatzes. Viel Aufmerksamkeit wird darauf verwendet sicherzustellen, dass der Input für den Lerner möglichst optimal strukturiert ist, und Übungen zu konstruieren, mit denen der Lerner zur Beachtung wichtiger struktureller Merkmale gebracht werden kann. Wongs (2004) Modell zeichnet sich durch folgende Merkmale aus:

► Es basiert auf vorstrukturiertem Input, der die jeweils zu behandelnden sprachlichen Phänomene gehäuft und in hervorgehobener Weise enthält (siehe auch Winkler 2011).
► Die Lerner sollen Verbindungen zwischen Form und Inhalt produzieren.
► Sie sollen zielsprachliche Strukturen im Input registrieren und deren Bedeutung erfassen.

► Es wird explizite Grammatikinformation geliefert.
► Die Lerner sollen geeignete Verarbeitungsstrategien identifizieren.
► Es wird jeweils nur eine Struktur behandelt. Ein Beispiel aus der Vermittlung der Negation im Französischen als L2 aus Wong (2004): ‚Marie a une voiture' > ‚Marie n'a pas de voiture'. Hier steht die Fokussierung des Strukturwechsels vom indefiniten Artikel zur Struktur ‚n'a pas de' im Mittelpunkt.
► Die behandelten Phänomene reichen von der Satz- bis zur Diskursebene.
► Es werden mündliche und schriftliche Texte behandelt.
► Es soll eine aktive und bewusste Auseinandersetzung mit dem Material angeregt werden.

Das diesem Ansatz verwandte Modell der Eingabeverarbeitung (VanPatten 2004) lässt sich folgendermaßen zusammenfassen:

► Input hat die grundlegende Funktion, die primäre Datenquelle für den Erwerb zu sein. Das bedeutet aber nicht, dass die Outputfunktion unwichtig wäre.
► Inputverarbeitung ist nicht nur Wahrnehmung des Inputs, sondern auch die Herstellung von Form-Bedeutungs-Verbindungen während des Verstehens, also im Arbeitsgedächtnis (nach VanPatten 2004:7).
► Daraus folgt, dass der Intake eine Akkomodation (Anpassung des neuen Materials/ Inputs) und eine Restrukturierung (Anpassung des Bestandes) beinhaltet.
► Da eine direkte Steuerung der Verarbeitungsprozesse bisher nicht möglich ist, lässt sich der Erwerb nur über die Steuerung durch den Input beeinflussen.
► Da Lernmechanismen nur auf das Arbeitsgedächtnis zugreifen, sind die variierenden auditiven und visuellen Signale hervorzuheben.
► Die Aufmerksamkeit und Verarbeitungskapazität für die Verarbeitung der Rohdaten ist zu steigern.
► Im Prozess des Erwerbs erfolgt die Entwicklung eines Parsers, in dem Inputstrukturen und Bedeutungen zusammengebracht werden. Es handelt sich jedoch nicht um einen voll ausgebildeten Parser des Sprachverarbeitungssystems.

Einschränkend stellt VanPatten selbst fest:

► Das Modell der Eingabeverarbeitung ist kein Modell zur Erklärung des Spracherwerbs, sondern nur der Inputverarbeitung.
► Die Entwicklung kommunikativer Fertigkeiten ist nicht Teil des Modells.
► Andere Erwerbsfaktoren werden in dem Modell ausgeblendet.

VanPatten (2004) leitet aus dem Modell dennoch zwei Grundprinzipien für den Erwerb ab, die sich mit früheren Ergebnissen der Spracherwerbsforschung decken:
Prinzip 1: Der Inhalt ist wichtiger als die Form. Lerner zeigen daher Präferenzen für lexikalische Einheiten, Präferenzen für nichtredundante Einheiten und Präferenzen für bedeutungstragende grammatische Einheiten.
Prinzip 2: Das First Noun Principle. Demnach betrachten Lerner das erste auftretende Nomen als Subjekt, aber es findet eine semantische und funktionale Anpassung je nach Kontext statt (vergleiche das Kontrollprinzip der Basisvarietät in Kapitel 2.2.2).
Die Annahmen des Modells basieren teilweise auf Beobachtungen des natürlichen Erwerbs, fassen ihn aber nur selektiv und auf Basis wenig überprüfter Interpretationen

zusammen. So ist die Frage ungeklärt, wie der Lerner weiß, was ein Nomen ist, wenn er nicht bereits über (meta-)sprachliche Kenntnisse verfügt.

Auch das (ältere) unterrichtsmethodische Modell des ‚Natural Approach' nach Krashen/Terrell (1983) basiert auf Annahmen zur Wahrnehmung und Verarbeitung der Eingabe. Es wird hier skizziert, weil es eine vergleichsweise weite Verbreitung gefunden hat. Tschirner (1999a) fasst diese Annahmen des Modells in sechs Prinzipien zusammen:

- Das Prinzip des perzeptiven Lernens. Demnach erfolgt die Wahrnehmung primär durch Hören und Lesen. Im Mittelpunkt des perzeptiven Lernens steht die Ermittlung der Bedeutung. Dieser Prozess kann im Unterricht durch Bilder, Zeichnungen und Videos unterstützt werden.
- Das Prinzip der bewussten Wahrnehmung. Demnach sind semantische Kombinationsregeln und der situative Kontext wichtiger als morpho-syntaktische Regeln. Diese sollten erst nach der Sicherung des Verstehens zur Fokussierung der Form eingeführt werden.
- Das interaktive Prinzip. Verstehen und Produzieren befinden sich im Wechselspiel, bei dem sich der Lerner „selbst ins Spiel bringt".
- Das lexikalische Prinzip. Beim Spracherwerb stehen nicht die Addition einzelner Fertigkeiten, sondern die holistische Bedeutung und daher die Abspeicherung komplexerer lexikalischer Phrasen im Mittelpunkt.
- Das emotionale Prinzip. Affektiv positive Faktoren sollten den Erwerbsprozess bestimmen. Es sollte keinen Sprachzwang geben, sondern echte kommunikative Bedürfnisse sollten dem Erwerb zugrunde liegen.
- Das interkulturelle Prinzip. Themen, die im interkulturellen Kontext behandelt werden, sollten möglichst konfliktfrei gestaltet und positiv besetzt werden.

Der ‚Natural Approach' versucht, die Vermittlung von Fremdsprachen auf ähnliche Weise an die natürliche Kommunikation anzunähern, wie es die kommunikative Sprachdidaktik versucht hat. Die allgemein gehaltenen Prinzipien, wie sie sich etwa in dem Verständnis von ‚positiv' oder von visueller Begleitinformation ausdrücken, sind in verschiedenen Lehrwerken konkretisiert worden (*Kontakte*, Tschirner/Nikolai/Terrell 2009) und erweisen sich dabei als unterrichtsmethodische (instruktionale) Techniken, die allerdings nur bedingt die Komplexität authentischer Kommunikation abbilden können. Ein kohärentes oder theoretisch fundiertes Modell des Spracherwerbs ergeben sie nicht. Auch das Verfahren der Input-Flut (Immersion) greift in dieser Hinsicht nur ein Oberflächenphänomen authentischer Kommunikation auf und macht keine Aussagen über die Prozesse der aktiven Auseinandersetzung mit der Eingabe. Sharwood Smith (1993) und Sharwood Smith (1991) weisen daher zu Recht darauf hin, dass es bei der Konfrontation mit der Eingabe nicht um Beliebigkeit gehen kann, sondern dass der Input zur Verstärkung (‚Enhancement') und zur Erhöhung von Sprachbewusstheit mittels Elaboration und Explizitheit zu steuern sei. Da die aktuelle Abbildung des Wahrnehmungszustandes des Lerners aber nicht möglich sei, könne dies vor allem durch die Markierung interessanter Stellen in der Eingabe (‚Flag Raising') erfolgen.

Während Sharwood Smith (1993) von einer Verarbeitungssteuerung und Wong (2004) von Verarbeitungsanweisungen ausgehen, fordert Ellis (1997) so genannte verarbeitungsaffine Aufgaben (‚Acquisition Compatible Tasks'). Diese auf Salienzerhöhung ausgerichteten Herangehensweisen können die insgesamt passive Rolle des Lerners in den Inputmodellen jedoch nicht kompensieren, gleich mit welchen methodischen Finessen die Aufgaben gestaltet werden sollen. Doughty/Williams (1998) bezeichnen die Steuerungsmethoden daher sogar als aufgezwungene und vereinnahmende Methoden. Die Verarbeitung von Form- und Bedeutungsverbindungen erfordere demnach mehr als nur das ‚Noticing of Input' (VanPatten 2004:7). Vielmehr verblieben, so van Patten, wichtige, selbstgesteuerte Aufgaben für Output-orientierte Funktionen des Spracherwerbs beim Lerner. Sie können nur aus einer intrinsischen Kommunikations- und Lernsituation entstehen.

An dieser Stelle scheiden sich die Auffassungen vom Sprachunterricht. Während man einerseits feststellen kann, dass im fremdsprachlichen Unterricht oft kaum weitere Möglichkeiten bestehen, authentische Kommunikation besser herzustellen als mittels Verfahren, die die Verarbeitung der Eingabe fördern, muss man andererseits realistischerweise in Kauf nehmen, dass dadurch komplexere kommunikative Kompetenzen auch nur bedingt vermittelbar sind. Das liegt daran, dass die „natürlichen" Erwerbsprinzipien der Salienz- und Relevanzorientierung des Lerners durch die instruktionistischen Inputmodelle in ihrer eigentlichen Aufmerksamkeitsfunktion, nämlich einer aus einer Handlungsabsicht generierten, wesentlich vom Lerner selbst gesteuerten, nicht unbedingt angesprochen werden. Die Inputmodelle neigen daher dazu, unterrichtsmethodische, formfokussierte Steuerungsverfahren zu unterstützen oder zu begründen, bei denen nicht mehr das eigentlich vom Lerner gesteuerte Handlungsinteresse im Mittelpunkt des Lernens steht, sondern der Aspekt der Reproduktion kommunikativer Situationen zur Erfüllung struktureller Vorgaben (Formgenauigkeit) (siehe hierzu kritisch Handwerker/Madlener 2009). Ob dabei auch für den Lerner relevante Inhalte des Übungsmaterials berücksichtigt werden, ist in den betrachteten Ansätzen von keiner nennenswerten Bedeutung.[13]

Der Unterricht sollte daher nicht in erster Linie die Übertragung von Erwerbsprinzipien in Unterrichtsmethoden bewerkstelligen wollen, bei denen die formale Seite im Vordergrund steht. Stattdessen sollten im Unterricht Bedingungen geschaffen werden, die den in vieler Hinsicht fruchtbaren Bedingungen des ungesteuerten Spracherwerbs entsprechen. Dies geschieht am besten dadurch, dass (bedeutungs-)reiche Lernumgebungen vorhanden sind, die für den Lerner relevant und interessant sind und ihm die Möglichkeiten bieten, nach eigenen Interessen eigene Salienzen im Input zu bestimmen und damit weiterzuarbeiten.

Bleyhl (2005) weist darauf hin, dass der Beginn des eigenen Sprechens in diesem Aktivierungsprozess individuell und situativ sehr unterschiedlich sein kann[14].

> Es ist die Erkenntnis nötig, dass sprachliche Lernprozesse jeweils nicht linear verlaufen, weil sich Sprache nicht – auch nicht didaktisch – in eine eindimensionale Linearität zwingen lässt. Das linear vermittelte, meist deklarative Sprachwissen ist träge und bleibt unfruchtbar. Für das Lernen, das zu einem Können führt, gilt es die Bedingungen zu optimieren. (Bleyhl 2005:5)

---

[13] Hierzu auch Schoormann/Schlak (2011).

[14] Siehe hierzu auch die Grundlagen des *Lehrplans Deutsch als Zweitsprache* (2003): „Die für das Lerngeschehen notwendige rezeptive Phase beim Spracherwerb ist bei jedem Lerner unterschiedlich lang. Dem Lernenden wird die Zeit gewährt, die er braucht, um zu mündlichen Äußerungen zu kommen."

Ein auf handlungsorientierten Prinzipien basierendes Verfahren zum Erwerb von Fachvokabular bei Kindern im Primarbereich entwickeln und erproben Röhner/Hövelbrinks/Li (2011) und kommen damit zu einer positiven Bewertung handlungsorientierter Verfahren, die sich von den dargestellten Inputprinzipien lösen. Sie stellen fest, dass die Möglichkeiten, Naturphänomene eigenständig zu entdecken und zu versprachlichen, zu einer deutlich erhöhten Sprachaktivität und einem kreativen Umgang mit Wortschatz führen, zum Beispiel in Form von Worterweiterungen und der Bildung von Neologismen. Ähnliches gelte auch für grammatische und bildungssprachliche Strukturen, die trotz sprachlichen Förderbedarfs auch im Primarbereich bereits vorhanden seien, zum Beispiel komplexe Satzgefüge und Konjunktionen.

Das in der linguistischen Pragmatik entstandene Relevanz-Prinzip kann dabei als Orientierung für den Spracherwerb dienen. Es komprimiert die Grice'schen Kommunikationsmaximen (Grice 1975) auf ein Prinzip (Wilson/Sperber 2004): die Relevanz. Übertragen auf den Spracherwerb drückt es aus, dass Lerner nach einer Kosten-Nutzen-Rechnung handeln, um das beste Verhältnis von Aufwand und Nutzen zu erzielen. Das bedeutet: Je höher der kognitive Aufwand zum Lernen ist, desto niedriger die Relevanz, und je höher der kognitive Effekt, desto höher die Relevanz (Wilson/Sperber 2004:608). Dieses Effizienzprinzip beschreibt die Optimierung kognitiver Ressourcen. Damit könnten gerade in einem emergenten, konstruktivistischen Modell des Spracherwerbs, das konzeptuelle Größen und ihre lexikalische Repräsentation an den Anfang des Spracherwerbs stellt und als Grundlage des Grammatikerwerbs ansieht, die zahlreichen Unterschiede in Geschwindigkeit, Quantität und Qualität in Spracherwerbsverläufen erklärt werden.

Welche Ergebnisse formorientierte Verfahren beim Erwerb fremder Sprachen erzielen können, hat eine exemplarische Vergleichsstudie verschiedener Sprachfördermaßnahmen im Bereich Deutsch als Zweitsprache im Zeitraum 2005/2006 empirisch zu ergründen versucht. Dem Projekt EVAS (*Evaluation von Sprachförderung bei Vorschulkindern* im Auftrag der Landesstiftung Baden-Württemberg im Kindergartenjahr 2005/ 2006 in Mannheim und Heidelberg) ging es um die Überprüfung der Effekte von Sprachfördermaßnahmen auf die sprachliche Entwicklung von Kindern unmittelbar nach der Förderung sowie um die Erforschung der langfristigen Wirkung der Förderung auf die schulische Entwicklung der Kinder. Als Basis diente ein Prä-Post-Mehrgruppen-Design zum Vergleich von drei Gruppen monolingualer deutschsprachiger und mehrsprachiger Kinder (vergleiche Schakib-Ekbatan/Hasselbach/Roos/Schöler 2006). Untersucht wurden:

1. Kinder mit spezifischer Sprachförderung in den vorangehenden Monaten (Fördergruppe). Diese Gruppe bestand aus drei Teilgruppen, die mit unterschiedlichen Fördermaßnahmen behandelt wurden: dem Verfahren *Sprachförderung im Vorschulalter* nach Kaltenbacher/Klages (2005), 57 Kinder, dem Präventions-Verfahren von Penner (2002), 111 Kinder, und dem Verfahren *Sprachliche Frühförderung* von Tracy (2003), 41 Kinder.
2. Kinder mit Sprachförderbedarf, die aber keine spezifische Sprachförderung erfahren haben (VGL-MF).
3. Kinder ohne Sprachförderbedarf (VGL-OF).

Die wichtigsten Elemente der drei erprobten Verfahren lassen sich folgendermaßen zusammenfassen:

1. *Sprachförderung im Vorschulalter* nach Kaltenbacher/Klages (2005) (Seminar für Deutsch als Fremdsprachenphilologie)
   Förderbereiche:
   a. Phonologie (Lautstruktur von Wörtern erkennen, Laute unterscheiden)
   b. Wortschatz (Aufbau eines deutschen Grundwortschatzes, Wortbildungsmuster wie Zusammensetzungen und Wortfamilien)
   c. Grammatik (Bau von einfachen Sätzen/Nebensätzen, Flexionssystem einschließlich der Determination)
   d. Routinisiertes, nichtauthentisches sprachliches Handeln und Textkompetenz („zielangemessenes" Kommunizieren im Dialog durch Zuhören, Sprechen, Fragen; Aspekte nichtsituationsgebundenen Sprechens; Erwerb einfacher Diskursmuster wie Erzählen und Beschreiben)
   Material: Curriculum mit exemplarischen Vorstellungen von Fördereinheiten.
2. *Deutsch als Zweitsprache (DaZ) – vorschulische Prävention* nach Penner (2002)
   Förderbereiche:
   a. Sprachrhythmisches Training zu Wortbildung, Silbenstruktur, Mehrzahl, Nomen-zu-Verb-Ableitungen, Wortzusammensetzungen
   b. Erwerb der Grammatik der Nominalphrase; Entdecken syntaktischer und semantischer Funktionen des Artikels
   c. Erwerb der „Schnittstelle zwischen Grammatik und Satzbedeutung"; „Anwendung auf die Verstehensmerkmale von Fragen, Mengen, Zeit, Ereignissen in der Sprache"
   Material: Handbuch mit Anleitungen und Spielesammlungen.
3. *Sprachliche Frühförderung* nach Tracy (2003)[15]
   Förderbereiche:
   a. Wortschatz (Aufbau eines Grundwortschatzes, Durchführung in den aufeinander aufbauenden Schritten Mapping, Wiederholung, Wiedererkennung, Produktion, Überprüfung)
   b. Syntax (für Wortstellung relevante Merkmale wie Partikel-Verwendung, Verben aller Verbklassen, Sätze mit Kopulaverb ‚sein', Nominalphrasen, Fragesätze)
   c. Morphologie (Numerus, Kasus, Genus, Verbflexion, Wortbildung und andere)
   Material: Informationsbroschüre mit Anregungen für die Umsetzung.

Die Gesamtstichprobe umfasste 553 Kinder, die im Sommer 2006 eingeschult wurden. Die Auswahl der Kinder erfolgte aufgrund der Einschätzungen von Erziehern und Erzieherinnen sowie aufgrund des *Heidelberger Auditiven Screenings in der Einschulungsdiagnostik* (HASE, Brunner/Schöler 2001/2002) und des Beobachtungsbogens SISMIK (Ulich/Mayr 2003). Der Untersuchungszeitraum reichte vom Beginn des letzten Kindergartenjahres bis zum Ende der 2. Klasse. Alle drei Programme bauen im Wesentlichen auf Wortschatz- und Grammatik-Training, das Verfahren von Penner vor allem auf phonetischen Übungen auf.

---

[15] Vergleiche hierzu auch das Projekt Lise DaZ, http://www.lise-daz.de/.

Als wichtigste Ergebnisse des Prä-Post-Vergleichs ergaben sich

- ▸ keine signifikante Verringerung des Leistungsabstands von Kindern mit und ohne Förderbedarf
- ▸ kein Unterschied zwischen Leistungen von Kindern mit und ohne spezifische Förderung
- ▸ keine wesentlichen Unterschiede zwischen den eingesetzten Sprachfördermaßnahmen
- ▸ keine signifikanten Ergebnisse in Bezug auf die Förderdauer (Extremgruppenvergleich zwischen Kindern mit weniger als 70 Förderstunden, das waren circa 12 % der Kinder, und Kindern mit mehr als 100 besuchten Förderstunden, das waren 40 % der Kinder)
- ▸ keine herausragenden Ergebnisse bei einer der beteiligten Kindertagesstätten.

Die Verfasserinnen und Verfasser schließen daraus, dass punktuelle Interventionen auf breiter Basis nicht viel bewirken und ungünstige Entwicklungsbedingungen eines Kindes nicht umfassend ausgeglichen werden können. Deshalb stellen vielschichtige Kompetenzbereiche wie die Sprache von Beginn der Kindergartenzeit an hohe Anforderungen an fachliche Kompetenzen des Betreuungspersonals im kindgerechten Umgang mit sprachlichen Prozessen. Des Weiteren heben die Autorinnen und Autoren hervor, dass in formbasierten Verfahren zu wenig Platz für eigene, selbstgesteuerte und kreative Sprachproduktion bestehe. Obwohl die Beschreibung aller drei Ansätze Hinweise zu authentischem Kommunizieren enthält, konzentrieren sie sich vorwiegend auf die sprachliche Form und legen den Lehrkräften nahe, formale Aspekte des Spracherwerbs im Unterricht in den Mittelpunkt zu stellen. Sprache wird als reduziertes System von Lauten, Wörtern und Sätzen verstanden, nicht als Text und Handlungsgefüge. Bei der Kommunikation stehen vorwiegend Formaspekte im Vordergrund, zu echtem sprachlichen Handeln, zur Entwicklung authentischer Redeanlässe kommt es kaum oder gar nicht. Das Ergebnis ist, dass eine solche Sprachvermittlung außer begrenzten Drilleffekten gegenüber einem Unterricht ohne spezielle strukturelle Fördermaßnahmen keinen Mehrwert nachweisen kann (siehe Roos/Polotzek/Schöler 2010).

Wenn man die Bedeutung der Formorientierung im Spracherwerb ermessen will, dann werden auch Untersuchungen zur Effizienz des Lateinunterrichts interessant, und zwar wegen der vermeintlichen Ausbildung eines Strukturbewusstseins als Grundlage für den Erwerb weiterer Fremdsprachen. Schließlich wird seit langem und verbreitet vermutet, und werden Lehrpläne so konzipiert, dass Latein als wichtigste Grundlage unerlässlich für den Erwerb weiterer Sprachen ist, die „Mutter der Mehrsprachigkeit". Wenn diese Annahme zutreffen würde, dann müssten Lerner mit L2 Latein deutliche Vorteile beim Erwerb weiterer Fremdsprachen und in der Ausbildung einer Sprachbewusstheit in der L1 Deutsch haben. Zu diesen Annahmen liefern vor allem Haag/Stern (2000) bemerkenswerte Ergebnisse. Sie beobachten in ihrer Vergleichsstudie von Lernern mit Latein oder Englisch als L2 bei einigen grammatischen Aktivitäten nur leichte Auswirkungen auf verschiedene Kompetenzbereiche der L1 Deutsch, finden aber keine Hinweise auf deutlich bessere Übertragungseffekte auf eine weitere Fremdsprache (L3) oder Effekte in der Intelligenzleistung der beiden Gruppen der untersuchten Versuchspersonen. Die leichten Effekte, die sich zeigen, führen sie auf typische Trainingseffekte der Beschäftigung mit lateinischen Texten zurück, wie etwa die Technik der

| | Second curricular foreign language | | | |
| | French | | Latin | |
Error	M	SD	M	SD
Grammar	4.04	2.55	5.88	2.47
Vocabulary	2.88	2.02	3.72	1.40

Abbildung 2.11:   Mittelwerte und Standardabweichungen in der Fehlerhäufigkeit bei Grammatik und Wortschatz der Gruppen L1 Deutsch, L2 Englisch, L3 Französisch oder Latein beim L4-Erwerb Spanisch nach Haag/Stern (2003:177)

wortgenauen Fokussierung und Analyse sowie der formgetreuen Übersetzung. Dagegen zeigen sich aber deutliche Unterschiede in einer weiteren Untersuchung des L4-Erwerbs Spanisch bei L3 Latein oder L3 Französisch und L2 Englisch von 50 deutschsprachigen (L1 Deutsch) Studierenden: Die L3 Französisch-Gruppe macht im Vergleich zur Latein-gruppe insgesamt deutlich weniger Grammatikfehler und weniger Wortschatzfehler im Spanischerwerb, auch wenn es in Einzelbereichen leichte Unterschiede zwischen den Lernergruppen gibt (Haag/Stern 2003, vgl. Abbildung 2.11). Dies zeigt, dass ein stärker funktional und auf Gebrauch ausgerichteter (unterrichtlicher) Spracherwerb, wie er im Englisch- und Französischunterricht realisiert wurde, zu besseren Strukturergebnissen führt als eine formorientierte Vermittlung.[16]

Auf der begleitenden Webseite zu diesem Buch findet sich eine Aufstellung der Mittelwerte der Fehler nach grammatischen Kategorien des Abschlusstests für die Französisch- und Lateingruppen Haag/Stern (2003:177).

2.7.2 Interferenz

Die Orientierung auf strukturelle Aspekte der Sprachen im Spracherwerb bringt zwangsläufig eine Orientierung auf Interferenzen mit sich. Damit werden Übertragun-gen von der Ausgangs- in die Zielsprache bezeichnet. Interferenzerscheinungen können in allen sprachlichen Bereichen und in verschiedenen Entwicklungsstufen auftreten, aber es ist umstritten, inwiefern es sich bei den so genannten Fehlern der Lerner um wirkliche Strukturübertragungen, um Erwerbsfehler oder um Entwicklungsstufen handelt. Umstritten sind auch die Ursachen und das Ausmaß und die Qualität von Interferenzerscheinungen, da diese an der sprachlichen Oberfläche nicht differenziert erscheinen. Prinzipiell bestehen demnach Unterschiede zwischen Entwicklungsstufen, (Fehler generierenden) Interferenzen (negativem Transfer), positivem Transfer (vor allem im Bereich der Strategien und Konzepte) und Codewechseln (,Codeswitching').

---

[16] Auch die im vorangehenden Kapitel dargestellten Studien von Diehl/Christen/Leuenberger/ Pelvat/Studer (2000) und Terrasi-Haufe (2004) produzieren Ergebnisse, die Zweifel an der Effizienz formbasierter Lehrverfahren aufkommen lassen.

Unstrittig ist, dass die L1 grundsätzlich einen einschränkenden oder einen fördernden Einfluss auf die L2-Produktion von Lernern haben kann. Wie groß dieser Einfluss ist, ist aber nur schwer zu bestimmen, da auch andere Faktoren den Spracherwerb bestimmen und diese Faktoren interagieren. Nach einer einflussreichen Studie von Dulay/Burt (1974) treten Interferenzen wesentlich seltener auf als gemeinhin angenommen. Nach dieser Studie sind nur wenige Lernerfehler deutlich als Interferenzfehler zu identifizieren. Viele Erwerbsfehler treten vielmehr auch bei Lernern auf, deren L1 die in der L2 fehlerhaften Strukturen nicht enthalten. Dieses Phänomen kann nur erklärt werden, wenn man davon ausgeht, dass der Spracherwerb von einer Reihe sprachunabhängiger Gemeinsamkeiten im Erwerbsprozess bestimmt wird, die sich als sequenzielle Progression beschreiben lassen (siehe auch Kellerman/Sharwood Smith 1986).[17] White (2003) sieht darin einen wichtigen Beleg für die Richtigkeit universalistischer Sprach- und Erwerbstheorien.

Die Transferdebatte ist damit zu einem der Hauptstreitpunkte der Spracherwerbsforschung zwischen den Polen (nativistisch geprägte) Universalgrammatik und (behaviouristisch geprägter) L1-Einfluss geworden. Inwieweit diese diametral gegenläufigen Positionen vereinbar sind, ist strittig. Eubank (1991) und Eubank (1990) etwa zeigen in ihren Untersuchungen zum Negationserwerb, dass am Anfang des Fremdsprachenerwerbs zwar funktionaler und lexikalischer Transfer stattfinden, aber bei morphologischen Strukturen auf eine festgelegte Reihenfolge zurückgegriffen wird *(Weak-Transfer-Hypothese)*.

Die unterschiedliche Gewichtung des Einflusses bestimmter linguistischer Bereiche der L1 auf den L2-Erwerb in Syntax und Lexik drückt Colson (1992) aus. Gerade die Anfälligkeit der Lexik für Transfererscheinungen wird immer wieder hervorgehoben. Kellerman/Sharwood Smith (1986) belegen den herausragenden Einfluss der Lexik auf die Produktion von Interferenzen. Interkomprehensionsstudien unterstützen diese Position, indem sie zeigen, dass die Aufmerksamkeit der Lerner primär auf lexikalischem Transfer liegt, zumindest bei beginnenden Lernern von verwandten Sprachen auf der Mikro-Ebene. Müller-Lancé (2003:354) stellt so etwa beim Sprachverstehen in romanischen Sprachen fest, dass die Lerner der Reihenfolge Eigennamen, internationale Wörter, panromanische Wörter folgen.

Im Gegensatz zu dieser sprachliche Bereiche differenzierenden Perspektive betrachten Schwartz/Sprouse (1996) die Vereinbarkeit der gegensätzlichen Einflüsse als einen Abstimmungsprozess aus Lernerfahrung und universell verfügbarem Inventar. Demnach finde im Ausgangsstadium des Spracherwerbs ein voller Transfer in allen phonetischen und grammatischen Bereichen und im Lexikon statt. Die L1 bilde in dieser *Full-Transfer/Full-Access-Hypothese* die generelle Matrix des Fremdsprachenerwerbs. In dem Maße, wie die L1-Äquivalenzannahmen im Erwerbsprozess in der L2 jedoch enttäuscht werden, sei der Lerner gezwungen, auf andere Ressourcen – wie die von der Universalgrammatik bereitgestellten – zurückzugreifen. Spracherwerb entstehe demnach aus der Interaktion von Ist- und Soll-Zustand, die sprachlichen Mittel werden aber aus unter-

---

[17] Vergleiche hierzu etwa auch das Modell der *Incremental Procedural Grammar* von Kempen/Hoenkamp (1987), das sie aufgrund beobachteter „Entwicklungsfehler" von holländischen und amerikanischen Lernern von L2 Deutsch als allgemeingültiges Prinzip postuliert haben.

schiedlichen Quellen zur Verfügung gestellt. Wenn man die heterogenen Erscheinungen der Forschung verstehen will, muss man die strukturelle Dimension (sprachliches System und Strukturwissen) grundsätzlich von der Verarbeitungsdimension trennen, aus folgenden Gründen:

► Spracheneinfluss setzt eine gewisse – zumindest intuitive – Sprachbewusstheit und bestimmte Sprachkenntnisse voraus. Wie sonst sollte ein Lerner die verschiedenen Übertragungsbereiche identifizieren und Strategien organisieren? Vermeintliche Interferenzen treten aber auch bei Lernern auf, die nicht über ausgeprägte Sprachkenntnisse oder grammatische Kenntnisse verfügen.

► Dass nicht alle Strukturen, die nicht den zielsprachlichen Normen entsprechen, Interferenzfehler sind, zeigen auch (bewusste) sprachliche Mischungen. Ihnen liegen oft soziolinguistisch begründbare Variationseffekte zugrunde. Es handelt sich dabei nicht um unbeabsichtigte und vermeidbare Fehler, sondern oft um beabsichtigte Codewechsel oder -mischungen (siehe Kapitel 4).

► Die Wahrnehmung von strukturellen Differenzen kann, muss aber nicht Transfer verhindern. Sie kann sogar zu bewusst falschen Hyperkorrekturen führen, wo der Sprecher keine bessere Alternative kennt (*Foreignizing*, siehe Kapitel 3.3.1). Genauso kann die Wahrnehmung von vermeintlichen Gemeinsamkeiten auch zu kurzsichtigem Transfer führen und zum Beispiel falsche Freunde produzieren.

► Erwerbsfehler treten auch bei Lernern auf, deren Vorsprachen nicht die problematischen Strukturen aufweisen.

► Häufig fallen deutliche Strukturunterschiede zwischen Sprachen stärker auf als latente. Damit erhöht sich die Sichtbarkeit (Salienz) und die Möglichkeit, erfolgreiche Korrekturstrategien zu entwickeln, etwa beim Erwerb starker Verben im Vergleich zu den weniger auffälligen schwachen. Klein/Perdue (1988:325) veranschaulichen dieses Prinzip an einem Vergleich von spanischen und marokkanischen Lernern beim Erwerb des klitischen Pronominalsystems der L2 Französisch. Beide Lernergruppen betrachteten von Anfang an die zielsprachliche Struktur als eine Art präverbales Präfix, aber Spanisch und Französisch haben sehr ähnliche Systeme. Es wäre also anzunehmen, dass spanische Französischlerner schneller und besser als die marokkanischen Französisch erwerben, nicht zuletzt, weil sie funktionale Gemeinsamkeiten zwischen den Sprachen erkennen. Der schnellere und bessere Erwerb der spanischen Lerner ist tatsächlich zu beobachten, bedeutet aber nicht, dass die marokkanischen Lerner das klitische System des Französischen nicht wahrnähmen. Das tun sie offenbar genau. Allerdings ist dabei schwerer zu entscheiden, welche Funktionen sie in den Formen erkennen.

► Studien aus dem L3-Erwerb zeigen, dass Lerner sich weniger an der L1, sondern verstärkt an den Zweitsprachen (L2n) orientieren, wenn sie sie als weniger distant empfinden (siehe Faktorenmodell der Mehrsprachigkeit von Hufeisen in Kapitel 4.2.1).

► Trotz hoher Aufmerksamkeit auf Strukturen und aufwändigen Grammatiktrainings bleiben bestimmte Fehler korrekturresistent (siehe die vorgestellten Studien zur Formorientierung oben). In einer neueren Untersuchung zeigt Paschke (2010), dass etwa im Bereich des Erwerbs von Aussprache und Akzent, der als besonders interferenzanfällig gilt, direkte Übernahmen aus der L1 die Abweichungen der

Lernerproduktionen von zielsprachlichen Realisierungen nur bedingt erklären können. Unter Verweis auf eine Studie von Baptista (1989:5 ff.) mit fortgeschrittenen brasilianischen Englischlernern stellt er dar, dass in portugiesisch-englischen Kognaten die meisten Fehler durch den Transfer des portugiesischen Nebenakzents und nicht des Hauptakzents verursacht werden. Dabei ergeben sich Parallelen zu einer älteren Studie von Erdmann (1973) mit fortgeschrittenen deutschen Lernern von L2 Englisch zur Akzentuierung von englischen Adjektiven auf ‚-al‘, ‚-able‘, ‚-ative‘ und ‚-atory‘. Paschke zufolge scheinen die brasilianischen und die deutschen Lerner das grundlegende Prinzip zu erfassen, dass der englische Wortakzent in der Regel weiter links liegt als in der L1. Zwar setzen sie daraufhin bei der Bestimmung des Ausmaßes der Linksverschiebung unterschiedliche, aber in beiden Fällen L1-gebundene Strategien um, eine direkte Übertragung von Mustern aus der L1 findet aber nicht statt.

Exkurs: Transfer beim Wortakzent

In einer weiteren Studie von Paschke zu fortgeschrittenen italienischen Deutschlernern bestätigt sich die Beobachtung, dass die Wortakzentuierung nicht einfach auf einem Transfer der L1-Akzentstelle beruht, sondern auf dem Erwerb von Regularitäten, die mit dem paradigmatischen Pänultima-Akzent nach Eisenberg (1991) beschrieben werden können (Paschke 2010). Damit wird die morphophonologische Generalisierung bezeichnet, die Wortakzent und Flexionsparadigma in Beziehung setzt. Da in allen Wortformen derselbe Vokal den Gipfel der betonten Silbe bildet, Flexionssuffixe aber unbetont und akzentneutral sind, ergibt sich bei der Mehrzahl der flektierten Internationalismen am Wortende ein trochäischer Fuß (eine Hebung und Senkung), der seinen Ursprung im Kernwortschatz hat, wie etwa in ‚Háse‘, ‚Ésel‘, ‚Lében‘, ‚Átem‘; ‚B'är(en)‘, ‚Háus(es)‘, ‚Líed(er)‘, ‚Fráu(en)‘, ‚Ómas‘.

In der Studie zeigte sich ein signifikantes Leistungsgefälle in Bezug auf Lexeme, deren Akzentuierung dem Pänultima-Prinzip folgt und solchen, deren Wortakzent nicht durch dieses Prinzip erklärt werden kann. Auch bei Lexemen mit schwankendem Wortakzent war bei den Lernern eine deutliche Präferenz von Akzentuierungen festzustellen, die mit dem allgemeinen Pänultima-Prinzip kompatibel sind. Vorliegende Studien mit Italienischsprechern zum Erwerb des Englischen weisen aber auch darauf hin, dass neben phonologischen Regeln auch lexikalische Nachbarschaften und die Geläufigkeit von Lexemen zu berücksichtigen sind (Paschke 2010:164).

Aus den dargestellten Beobachtungen ergibt sich, dass Differenzen in den sprachlichen Strukturen nicht grundsätzlich gleichzusetzen sind mit Verarbeitungsproblemen des Lerners. Transfer ist kein monolithischer Prozess der Strukturübertragung, wie lange in der kontrastiven Linguistik angenommen und in kontrastiven Lehrprogrammen und der Fehleranalyse umgesetzt (hierzu zum Beispiel Meyer-Ingwersen 1977). Jede weitere Sprache kann, wie jeder andere Wissens- und Kompetenzbestand, einen Einfluss auf den Erwerb weiteren Wissens und weiterer Sprachkompetenzen haben (siehe auch Ringbom 1990). Neuere Modelle der Mehrsprachigkeits- und der Fachsprachendidaktik wie etwa die *EuroCom*-Initiative versuchen, das daraus entstehende Prinzip positiven Transfers konstruktiv zu nutzen (vergleiche die Homepage des Projektes: http://www.eurocom-frankfurt.de/). Zweifellos kann demzufolge ein deutschsprachiger Lerner mit positivem Transfer in wenigen Wochen Niederländisch, Dänisch oder Schwedisch lernen, während lexikalisch und typologisch entferntere Sprachen einen größeren Aufwand verursachen. Dass sich der Transfer in den Bereichen Phonetik/Intonation, Lexik und Grammatik unterschiedlich stark bemerkbar macht, liegt nicht zuletzt am Grad der Automatisierung in dem jeweiligen Bereich. Durch die Projektion der hochautomatisierten und der bewussten Kontrolle schwer zugänglichen Aussprache-Maske einer L1 auf eine neu zu erwerbende Sprache kommt es zu dem bekannten Akzent-Effekt in der Fremdsprache, der oft trotz guter lexikalischer und grammatischer Kenntnisse sowie positiver motivationaler Faktoren eine starke Prägung der L2 durch die Aussprache der L1 widerspiegelt.

2.7.3 Xenolekte

Eine wichtige Rolle im Spracherwerb spielen die verschiedenen Umgebungssprachen, an denen ein Lerner seine eigene Sprache modellieren kann. Lerner sind in der Regel unterschiedlichen sprachlichen Umgebungen ausgesetzt, zu denen oft auch reduzierte Formen der Eingabe gehören. Diese sind besonders interessant, weil unterstellt werden kann, dass sie entweder den Spracherwerb behindern oder das genaue Gegenteil bewirken, also besser auf die Bedürfnisse der Lerner abgestellt sind als unspezifischer Input. Verbreitet wird die veränderte Eingabe folgendermaßen charakterisiert:

phonologische Merkmale:

► Pausen zwischen Silben und Wörtern, insbesondere vor Schlüsselwörtern
► längere Pausen zwischen Phrasen und Sätzen
► verringerte Sprechgeschwindigkeit
► stärkere Betonung zur Hervorhebung
► deutlichere Aussprache
► größerer Stimmbereich und übertriebene Intonation
► lauteres Sprechen
► Vermeidung von zusammengezogenen Formen

morphologische und syntaktische Merkmale:

► kürzere Äußerungen (weniger Wörter pro Äußerung)
► größere Regelkonformität/Orientierung an unmarkierten Formen der Syntax
► koordinierende Strukturen werden subordinierenden vorgezogen
► weniger Inversion
► Tendenz zur Beibehaltung optionaler Elemente
► deutlichere und analytische Markierung grammatischer Beziehungen
► mehr korrekte Äußerungen/weniger Abbrüche
► mehr Fragen, besonders
  – ja/nein-Fragen, Intonationsfragen,
  – mehr Bestätigungs- und andere Nachfragen
► mehr Verben im Präsens/weniger in anderen Tempora
► Auslassung von Endungen
► Auslassung von Wörtern

semantische und lexikalische Merkmale:

- beschränktes Lexikon
- niedrigeres Type-Token-Verhältnis (hohe Frequenz von wenigen Elementen/Typen)
- höherer Anteil von Inhaltswörtern/weniger Funktionswörter
- höhere Frequenz von Nomen und Verben
- höherer Anteil an Kopula im Vergleich zu anderen Verben
- hohe Frequenz von Paraphrasen, alternativen Formulierungen und Wiederholungen
- deutlichere und analytische Markierung semantischer Beziehungen
- weniger idiomatische Ausdrücke
- hohe Frequenz deiktischer Elemente
- keine Markierung von situativ und kontextuell bekannten Referenten
- markierte Verwendung lexikalischer Elemente, wie Fremdwörter oder fremd klingende Wörter

Themen:

- engerer Themenbereich
- Bevorzugung auffälliger Themen
- kürzere Behandlung von Themen (weniger Information pro Thema/niedriges Verhältnis von Thema-einleitenden zu weiterführenden Einheiten)
- Bevorzugung von Hier-und-Jetzt-Themen

interaktionale Struktur:

- offene Themenkontrolle einschließlich
  - mehr abrupten Themenwechseln
  - größerer Bereitschaft, die Themenwahl dem Gesprächspartner zu überlassen
  - größerer Akzeptanz unbeabsichtigter Themenwechsel
  - größerer Ambiguitätstoleranz
- klare Markierung neuer Themen
- höhere Frequenz von Fragen bei Thema-einleitenden Sequenzen
- mehr Frage-Antwort-Paare
- bessere Verständniskontrolle des Nichtmuttersprachlers einschließlich
  - mehr Verständnisnachfragen
  - mehr Bestätigungsfragen
  - mehr Bitten um Klärung
- mehr Bestätigungen des eigenen Verstehens
- mehr Wiederholungen (Selbstwiederholungen und Wiederholungen des anderen)
- mehr Erweiterungen
- mehr Segmentierungen
- mehr Gestik und Mimik[18]

Die Aufzählung von Merkmalen in unterschiedlichen linguistischen Bereichen führt unter anderem dazu, dass funktionale und pragmatische Aspekte dieser Kommunika-

---

[18] Ähnliche Merkmallisten für xenolektale Kommunikation sind auch von Archibald/Libben (1995), Larsen-Freeman/Long (1991:125 f.), Ellis (1986:135 f.) und Hatch (1983 a) vorgeschlagen worden.

tionsregister wenig zur Geltung kommen. Es tritt der irritierende Effekt ein, dass in dieser Form der Kommunikation auch diametral entgegengesetzte Merkmale wie Auslassungen und Erweiterungen sowie standardsprachliche und rudimentär-sprachliche Merkmale nebeneinander erscheinen. Da in reduzierten Varietäten fast alles möglich zu sein scheint, wurde verschiedentlich versucht, die auftretende Variation funktional zu klassifizieren. Ellis (1986:133 f.) unterscheidet daher drei verschiedene Gesprächstypen, die sich durch folgende Anpassungen auszeichnen: 1. interaktionale Anpassungen ohne formale Vereinfachungen, 2. interaktionale und grammatische Anpassungen, 3. interaktionale, grammatische und ungrammatische Anpassungen. Häufig wird die Ursache der Veränderungen allgemeinen Merkmalen wie bestimmten Sprecherpräferenzen, den Sprachkenntnissen des Adressaten oder den Rollen und dem Alter der Gesprächsteilnehmer zugeschrieben. Diese allgemeinen Zuschreibungen können jedoch nicht die interne Variation – bei gleichbleibenden allgemeinen Bedingungen – erklären. Diese Variation manifestiert sich im Inventar von vier erstaunlich gut unterscheidbaren Äußerungsebenen:

- umgangssprachliche Strukturen (a-Äußerungen)
- vorwiegend phonologische Anpassungen (b-Äußerungen)
- begrenzte Veränderungen oder Auslassungen, wobei selten mehr als ein Element pro Äußerung betroffen ist (c-Äußerungen)
- vorwiegend unflektierte Inhaltselemente, die in strikten Thema-Rhema-Strukturen angeordnet sind (d-Äußerungen).

Im Gegensatz zu älteren Annahmen handelt es sich also nicht um ein typisches Register mit gleichbleibenden Merkmalen, sondern um ein dynamisches System der Anpassungen an einen Sprecher einer anderen Sprache. Diese variantenreichen, dynamischen Sprachformen werden analog zu anderen Variationssystemen (-lekten), die innere Mehrsprachigkeit ausdrücken, ‚Xenolekte' genannt.

a-Äußerungen

Dieser Äußerungstypus kann in jeder Art xenolektaler Kommunikation beobachtet werden, die über sehr begrenzte (anekdotische) Gesprächsfetzen hinausgeht. Er besteht aus Äußerungen, die keine oder nur wenig bemerkbare Veränderungen der grammatischen Struktur aufweisen. Diese Äußerungen entsprechen im Großen und Ganzen der Umgangssprache oder dem Dialekt eines Sprechers und können daher als Standardäußerungen bezeichnet werden: ‚die Tür geht nicht zu', ‚das ist zu schwer', ‚geh'n Sie mal...'.

Manche dieser Äußerungen stellen Anpassungen auf anderen konversationellen Ebenen dar. Sie können eine semantische, lexikalische oder diskursstrategische Anpassung bei standardsprachlicher Grammatik repräsentieren: ‚Ich glaube, es ist zu schwer, Ihnen das zu erklären'.

b-Äußerungen

Diese Äußerungen lassen sich in Bezug auf ihre deutlich langsamere Sprechgeschwindigkeit und ihre + kla-re + Pau-sen-struk-tur + zwi-schen + Sil-ben + Wort + und + Satz unterscheiden. ‚-‘ stellt dabei eine kurze Pause zwischen Silben dar, während ‚+‘ einer Pause von circa 1 Sekunde in dieser Art der Transkription entspricht. Dieser Äußerungstyp kann auch Hyperkorrekturen enthalten, wie zum Beispiel die betonte Aussprache von Endsilben statt der Verschleifungen der Umgangssprache und des Dialekts („gutn aamt"/"guten Abend"). In diesem Äußerungstyp gibt es keine ungrammatischen Anpassungen. Fossilisierte Ausdrücke wie ‚türkischmann‘ (‚Türke‘) oder ‚double dogi‘ (‚ein ein-Fuß-langer-Hot Dog‘) treten jedoch häufiger auf. Bei vielen dieser Ausdrücke handelt es sich um Spontanbildungen, die außer in „Kultformeln" („guckstu?", „long time – no see") so in der Umgangssprache nicht vorkommen.

c-Äußerungen

Im Gegensatz dazu zeigt der dritte Äußerungstyp grammatische Veränderungen gegenüber der Umgangssprache, die normalerweise auf ein Element oder zwei zusammengehörige Elemente einer Konstituenten (zum Beispiel Artikel und Präposition) beschränkt sind (‚Ich geh zum Bus, du gehst Bahnhof‘).

Die Anpassungen sind auf ein Vorkommen der gleichen oder einer ähnlichen Konstituente pro Äußerung beschränkt. So ist zum Beispiel in der oben angegebenen Äußerung ‚zu dem‘ nur einmal ausgelassen, aber in ‚zum Bus‘ sind Präposition und Artikel realisiert.

d-Äußerungen

Dieser Äußerungstyp enthält nur Inhaltselemente in höchst komprimierter Form und verzichtet weitestgehend auf grammatische Markierungen. Oft erscheinen mehrere d-Äußerungen in einer Sequenz. Hier ist dann eine klare Trennung von rahmenden, thematischen und fokussierten Elementen zu beobachten. Bekannte Information, die für die Äußerung als (thematisch) nicht relevant angesehen wird, bleibt meist implizit. Die drei Äußerungen der Sequenz ‚this coffee container goes to the storage, the tablecloths need to be washed, but leave the table here‘ lauten als d-Äußerung komprimiert: ‚this go storage + wash + leave table here‘.

Die Informationsstruktur dieser Sequenz lässt sich folgendermaßen darstellen:

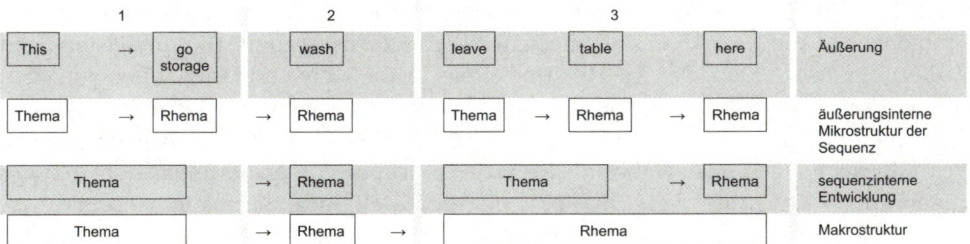

Abbildung 2.12: Informationsstruktur und -entwicklung in d-Äußerungssequenzen

Die Realisierung der vier Äußerungsstufen geschieht nach pragmatischen Gesichts-punkten und wechselt daher auch innerhalb eines Gesprächs und bei gleichbleibender Sprecherkonstellation, Thematik und Situation. Die funktionalen Strukturierungsprin-zipien der Eingabe weisen offensichtliche Parallelen zur Basisvarietät und anderen Varietäten erschwerter oder begrenzter Kommunikation auf, und zwar im Erst- und Zweitsprachenerwerb, in Fällen des Sprachverlustes, wie zum Beispiel bei der Wieder-erlernung der Erstsprache durch Aphasiker (vergleiche Kolk/van Grunsven 1985, Heeschen 1985), in der Telegrammsprache, in SMS, Chats oder journalistischen Genres. So lassen sich d-Äußerungen auch sehr gut in das Paradigma einordnen, das Givón (1979) als *Pragmatic Mode* beschreibt (siehe Kapitel 2.2).

Wie sich die xenolektale Variation in einem zusammenhängenden Gespräch gestaltet, illustriert das folgende Beispiel. Zur Situation: Der Verkäufer mit L1 Englisch erklärt in einem großen Warenhaus in Toronto (Kanada) einer Migrantin aus El Salvador (ES), die nur über einfache Englischkenntnisse verfügt, die Funktionsweise verschiedener Waschmaschinen (Roche 1998:125 f.).

a simpler washing machine

Verkäufer:	well this +
	here is a simpler ++
	this is a very simple +
	okay? ++
	this very basic
	is just all normal +
	no delicate
	no permanent press +
	okay?
	is just very basic +
	you go from here +
	and then when you go to this one here +
	see
	this one has a three speeds +
	and a washer
	its watertemperature +
	but that one you can't do much with is
ES:	okay is much simpler
Verkäufer:	yeah +++

Die zahlreichen ‚Fehlstarts'/Neuansätze zeigen deutlich, dass der Verkäufer anfänglich Probleme hat, die Kundin in angemessener Weise anzusprechen. Die unvollständigen Äußerungen am Anfang des Auszugs und einige in der Mitte (‚and then when you go to this one here') sowie umgangssprachliche Elemente belegen diese Unsicherheit. Andere wie ‚this one has a three speeds' oder ‚is just very basic' enthalten dagegen leichte Veränderungen (c-Typus), während eine weitere Gruppe von Äußerungen dem d-Typus zuzuordnen ist (‚this very basic', ‚no delicate', ‚no permanent press', ‚its watertemperature' …). Ein-Wort-Äußerungen wie ‚okay?' und ‚see' können dabei auch zu dieser Gruppe gezählt werden, da sie umfangreiche und teilweise implizite Propositionen zusammenfassen. Ein weiteres Beispiel einer xenolektalen Kommuni-kation ist auf der begleitenden Webseite zu diesem Buch zu finden.

Diese Art der Variation in der Eingabe kann als Codewechsel aufgefasst werden. Sie ist typisch für Gespräche mit Lernern, von denen der Sprecher annimt, dass sie über keine ausreichenden Kenntnisse der Zielsprache verfügen. Abbildung 2.13 illustriert dies anhand statistischer Daten einer umfangreichen Untersuchung authentischer Eingabe (Roche 1989). Die Gespräche wurden in einem quasi kontrollierten Versuch aufgezeichnet. Zur Situation: Der Adressat (T18), ein 35-jähriger türkischer Arbeiter und seine deutschen Kollegen (25 bis 55 Jahre alt) waren in einem großen Zulieferbetrieb der Automobilindustrie angestellt, kannten sich schon lange und kamen gut miteinander aus. Alle Aufnahmen entstanden bei ungezwungenen Gesprächen über die Arbeit oder private Angelegenheiten der Informanten. Sie wurden am Arbeitsplatz, in der Werkskantine oder auf dem Parkplatz des Betriebes aufgezeichnet. Zu beachten ist, dass es sich immer um denselben Adressaten handelt und nur die deutschen Informanten wechseln.

Um bestimmen zu können, inwieweit der Adressat für die Anpassungen der Sprecher selbst verantwortlich ist, wurden die sprachlichen Fertigkeiten verschiedener Migranten von einer deutschsprachigen Kontrollgruppe bewertet, der nur die Tonaufnahmen vorgespielt wurden. Die Ergebnisse dieser Bewertung zeigt Abbildung 2.14.

Zu den Informanten: Bei It01 handelt es sich um einen 52-jährigen italienischen Arbeiter, der Deutsch auf einfachem A1/1-Niveau nach dem *Europäischen Referenzrahmen* beherrscht. Sein Wortschatz ist sehr begrenzt, er spricht mit starkem Akzent. It02 ist ein 55-jähriger italienischer Arbeiter, der Deutsch zwar flüssiger, aber grammatikalisch nicht wesentlich besser als It01 beherrscht (A1/2-Niveau). T13 ist eine 43-jährige türkische Putzkraft mit Deutschkenntnissen auf A2-Niveau. T12 ist ein 35-jähriger türkischer

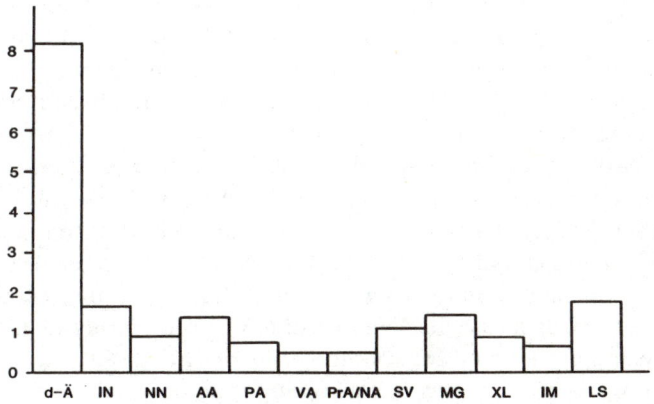

Präferenzfolge von xenolektalen Merkmalen in den Fabrikdaten (dargestellt am Mittelwert der Interaktionen T 1801, T 1802, T 1803, T 1807, T 1810, T 1814 und T 1816) pro 100 Wörter

Abbildung 2.13: *d-Ä (d-Äußerungen), IN (nichtstandardmäßige Infinitive), NN (niks-Negation), AA (Auslassung des Artikels), PA (Auslassung der Präposition), VA (Auslassung der Kopula), PrA/NA (Auslassung des Pronomens/Nomens), SV (syntaktisch markierte Wortstellung), MG (morphologische Generalisierung), XL (Xenolekt-typische lexikalische Elemente), IM (Imitation des ausländischen Adressaten), LS (lexikalische Simplifikation)*

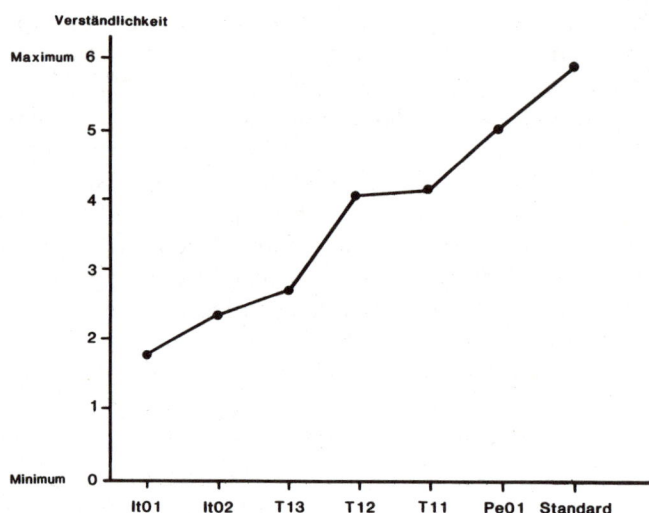

Abbildung 2.14: *Subjektive Sprachstandsbewertung von sechs nichtdeutschsprachigen Adressaten und*
einem deutschsprachigen Sprecher durch eine Kontrollgruppe von deutschsprachigen
Bewertern. Die Bewertung basiert auf der Verständlichkeit der Sprache der Informanten
auf einer Skala von 0 bis 6.

Krankenpfleger mit mittleren Deutschkenntnissen auf B1/2-Niveau. T11 ist ein 25-
jähriger türkischer Student, der sich gleichzeitig seinen Lebensunterhalt in einer Fabrik
verdient. Wortschatz und Grammatik sind gut entwickelt und seine Aussprache ist
zielsprachlichen Normen sehr nahe (B2/C1). Pe01 ist ein 26-jähriger peruanischer
Deutschstudent, der zwar vergleichsweise langsam, aber größtenteils grammatikalisch
korrekt Deutsch spricht (C1-Niveau). Seine dunkle Hautfarbe beeinflusst offenbar die
Einschätzung seiner Sprachkompetenzen durch die deutschen Informanten, wie vor
allem an deren stark verlangsamter Sprechweise zu Beginn der Gespräche erkennbar ist.
     Die Informanten wurden gebeten, sich mit mehreren, zuvor ausgewählten Ver-
käufern in größeren Warenhäusern im Rhein-Neckar-Gebiet zu treffen, um sich über
verschiedene Waschmaschinenmarken und -modelle zu informieren. Dies geschah über
einen Zeitraum von mehreren Wochen und in zufällig gewählter Reihenfolge. Alle
Informanten bekamen dabei die gleichen Instruktionen und die gleiche Liste von Fragen,
zum Beispiel, wie die Maschine funktioniert, wie viel sie kostet, wie viel Wasser und
Strom sie verbraucht, wie die Garantiebedingungen sind, wie die Ersatzteilversorgung
gewährleistet ist, ob die Maschine auch im Heimatland der Adressaten benutzt werden
könnte und wie der Export ablaufen würde. Folgt man der Sprachstandseinschätzung
der Adressaten, so müsste man annehmen, dass die Anpassungen analog zu den
abnehmenden Fertigkeiten der Adressaten zunehmen, oder anders ausgedrückt, je
geringer die Deutschkenntnisse der Adressaten, desto mehr Anpassungen müssten in
der Sprache der Zielsprachensprecher zu finden sein. Überraschenderweise passiert das
aber nicht in allen Fällen. Die Daten von D101, einem circa 40-jährigen Wasch-
maschinenverkäufer, zeigen dies in eindrucksvoller Weise (vergleiche dazu Abbildung 2.15).

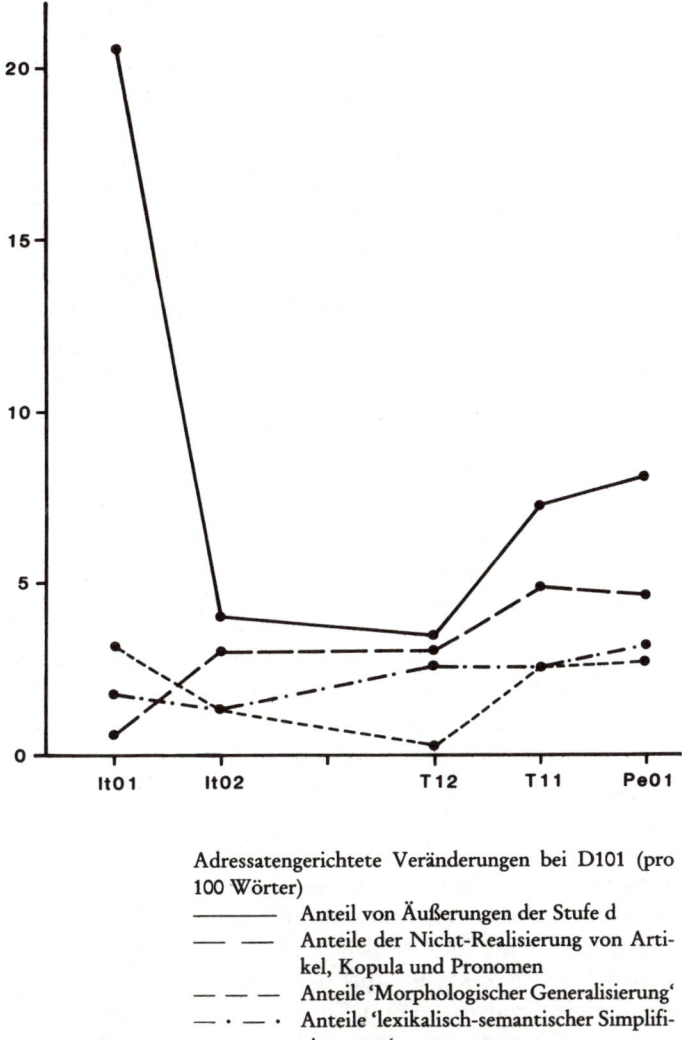

Adressatengerichtete Veränderungen bei D101 (pro
100 Wörter)
——————— Anteil von Äußerungen der Stufe d
—— —— Anteile der Nicht-Realisierung von Arti-
kel, Kopula und Pronomen
— — — Anteile 'Morphologischer Generalisierung'
— · — · Anteile 'lexikalisch-semantischer Simplifi-
zierungen'

Abbildung 2.15:   Adressatenspezifische Anpassung in Xenolekten

Die vier ausgewählten Merkmale weisen einige überraschende Anpassungsstrategien
des Sprechers auf. Wie erwartet, benutzt er die stärksten Anpassungen in dem Gespräch
mit dem am niedrigsten eingestuften Adressaten. Aber er verwendet ebenfalls recht
starke Anpassungen gegenüber den höchsteingestuften Adressaten. Mehr als zwei
Drittel aller Äußerungen des Informanten im Gespräch mit It01 bestehen aus d-
Äußerungen. Obwohl die hier wiedergegebenen Daten sowohl die sprecherspezifischen
Präferenzen als auch die adressatenspezifischen Einflüsse in xenolektaler Variation
belegen, reichen sie nicht aus, um die in einem Gespräch auftretende Variation völlig
zu erklären.

Dazu bedarf es auch hier (wie im Spracherwerb oder bei den Pidgins) der Berücksichtigung der illokutionären Funktionen der Äußerungen. Nur so können beispielsweise die erhöhten Werte des Gespräches zwischen D101 und Pe01 und die gegenläufig erscheinenden Strategien erklärt werden. Die beobachtbare Variation zeigt daher auch eine Reihe von Gemeinsamkeiten mit der Systematik von anderen Codewechseln:

► ,Narrative Sequenzen' und andere Gesprächspartien, die eine zentrale Rolle bei der Informationsübertragung spielen (wie Erklärungen), weisen in der Regel die stärksten Veränderungen auf, zum Beispiel die Erklärung der wichtigsten Funktionen der Waschmaschine in dem oben zitierten Auszug (,no delicate, no permanent press, okay?'). Interessanterweise kehren die Informanten auch nach der Einblendung anderer Sprechakte, wie Kommentaren oder zitierter Rede, zu dem Äußerungstyp zurück, in dem sie die Erzählung oder Erklärung begonnen haben. Das gilt auch für andere Vorkommen, in denen der Sprecher nach längerer Zeit (zum Beispiel bei Erklärungen in Verkaufsgesprächen) zu einem früheren Skript zurückkehrt. MF beginnt im Beispiel ,Mennoniten' (auf der begleitenden Webseite) die Sequenz ,mennonites' in umgangssprachlichen Äußerungen (,no I'm not, I'm not catholic'), fügt eine erweiterte Erklärung ein, um dann wieder zu der ursprünglichen Äußerungsebene zurückzukehren (,I come from that group of religion ...').

► Darüber hinaus gibt es im xenolektalen Repertoire drei Typen von Komprimierungen: Textsequenzen, die eine gegebene Proposition oder Nachricht komprimieren, Textsequenzen, die eine Proposition durch Zusatzinformation erweitern, und Textsequenzen, mit denen versucht wird, bestimmte Aspekte durch die Einführung verschiedener konzeptueller Referenzpunkte zu verankern. Ein Beispiel aus dem Gespräch ,mennonite' ist der Versuch, das Konzept durch die Lokalisierung in verschiedenen Städten Südontarios zu verankern. Diese Formen der Komprimierung sind mit einer Reihe von Lexikalisierungsstrategien verwandt, die Zweitsprachenlerner selbst anwenden, zum Beispiel lexikalische Dekomposition, Umschreibung, Paraphrase, Annäherung und Übergeneralisierung (hierzu Duff 1997 zu einer detaillierten Darstellung von Lexikalisierungsstrategien und semantischer Kompetenz).

► Rahmende Sequenzen und Einbettungen, Klärungen als Folge von Nachfragen, Kommentare (inklusive Schimpfwörter) und Exkurse sowie Bewertungen, Bestätigungsbitten und metalinguistische Einleitungen zu direkter und indirekter Rede sind in der Regel in weniger stark veränderten Äußerungstypen oder umgangssprachlich (als a-Äußerungen) realisiert. Zitierte Rede (direkt oder indirekt) erscheint dabei normalerweise in umgangssprachlichen Äußerungen oder der angenommenen beziehungsweise imitierten Form des Originals.

Die Anpassungsniveaus geben die Einschätzung der kommunikativen Relevanz wieder, so wie sie sich im Rahmen der Ziele und Absichten des Sprechers und der von ihm angenommenen Aufnahme durch den Adressaten realisiert. Je höher die kommunikative Relevanz der Information eingeschätzt wird, desto stärker sind die strukturellen Veränderungen der entsprechenden Äußerungen. Beeinflusst wird die Realisierung xenolektaler Äußerungen auch durch bestimmte soziale Normen, die kulturspezifisch variieren können. Xenolekte sind in verschiedenen Kulturen unterschiedlich akzeptiert oder tabuisiert.

Ein weiteres Beispiel einer xenolektalen Kommunikation mit dialektalen Elementen ist auf der begleitenden Webseite zu diesem Buch zu finden.

2.7.4 Vereinfachte Eingabe im Sprachenerwerb

Die vereinfachte Eingabe hat immer wieder zu Spekulationen über die limitierenden Funktionen der sprachlichen Umgebung im Spracherwerb Anlass gegeben. Zum einen ist angenommen worden, dass die gegenseitige Imitation semantisch und grammatikalisch verarmter Formen durch Lerner und Xenolektsprecher zu einer Pidginisierung oder Fossilisierung der Interimssprache der Lerner führt. So entstehe ein zirkulärer Prozess ohne Ausgangsmöglichkeit (Pidginisierungshypothese, Schumann 1978). Zum anderen ist die angenommene Unterspezifizierung der Eingabe (‚Underdetermination‘ und ‚Degeneracy‘) oft zur Stützung nativistischer Modelle des Spracherwerbs herangezogen worden (White 1989). Wenn die Lerner nicht alle Elemente und Strukturen der Zielsprache hören, aber sie dennoch erwerben, so postuliert White, müssten sie einer angeborenen Grammatik entnommen werden. Die angeborene, universelle Grammatik müsse dabei über die Universalität funktionaler und prozessbezogener Prinzipien sowie die allgemeine Fähigkeit des Lerners hinausgehen, aus der Eingabe zu generalisieren. Die simplifizierte Eingabe „fails to exemplify all sorts of complex properties of language, making the acquisition problem worse rather than better" (White 1989:12). Diese Behauptung geht von einer verarmten, homogen simplifizierten Sprachumgebung aus, die aber in keiner Studie belastbar belegt ist. Im Gegenteil, die wenigen Studien authentischer Xenolektkommunikation (siehe Übersicht und Analysen in Roche 1998, 1989) zeigen, wie auch die Beispiele oben, eine sehr variantenreiche Sprachumgebung und umfangreiche Aushandlungsprozesse mit dem Ziel, eine verstehbare Eingabe zu generieren (Klein 1992, Larsen-Freeman/Long 1991:134 ff. und Hatch 1983 b). Dabei werden solche Anpassungen als für den Spracherwerb am besten geeignet angesehen, die aufgrund einer Aushandlung der referenziellen Bedeutung zustande kommen (Kasper/Kellerman 1997).

Würde sich die Eingabe strikt an dem sprachlichen Niveau des Lerners ausrichten, müsste sich interindividuell unter den Sprechern der Zielsprache bei gleichbleibenden Adressaten und Gesprächssituationen eine größere Homogenität zeigen. Diese Homogenität ergibt sich aber nicht aus den oben dargestellten Daten. Es ergibt sich ferner auch keine Anpassung, wie sie Krashen in der Inputhypothese (‚i+1-Hypothese‘, Krashen 1985, 1980) formuliert hat. Demnach läge die optimale Eingabe jeweils eine Stufe über der Erwerbsstufe der Lerner, in der „Zone der nächsten Entwicklung". Über die dazu nötigen Diagnosekompetenzen verfügen Sprecher nur in seltenen Fällen. Zudem bewerten sie den Klärungsbedarf der Lerner oft in anderen als linguistischen Kategorien. Xenolekte weisen eine große Bandbreite von Zugangsmöglichkeiten zur Eingabe auf, und zwar sowohl simplifizierte als auch komplexe. Diese verschiedenen Formen dienen dazu, angenäherte Kommunikationsebenen und damit eine angemessene Eingabe auszuhandeln. Daraus ergeben sich auch Produktionen, die entweder hinter dem Erwerbsstand der Lerner zurückbleiben, oder ihm weit voraus sein können. Hinzu kommt ein undefinierbares Maß an inzidenteller Eingabe in der Sprachumgebung, besonders durch das Sprachbad der Medien.

Sprecher der Zielsprache passen sich in der Regel den kommunikativen Bedürfnissen der Adressaten in flexibler Weise an, während sie – aus eigenem Interesse – ein effizientes Management ihrer eigenen Anpassungsressourcen betreiben. In gewisser Weise können Xenolekte als intuitives pädagogisches Mittel im natürlichen Spracherwerb gelten: Sobald ein Zugangsniveau (in Form eines bestimmten Äußerungstyps) festgelegt ist, wird der Lerner/Adressat meist schnellstmöglich zu umgangssprachlichen (zielsprachlichen) Strukturen zurückgeführt. Hatch (1983b), Snow/Ferguson (1977) und andere haben bereits früh darauf hingewiesen, dass *Foreigner Talk* (als verkürzte und oft stereotype Variante von Xenolekten) und *Caretaker Talk* (die Sprache von Pflege- und Betreuungspersonal) und kindgerichtete Sprache (*Motherese* – Ammensprache) ähnliche Funktionen erfüllen, nämlich die Kommunikation zu fördern, persönliche Beziehungen auf- und auszubauen und temporäre Funktionen im Unterricht zu übernehmen. Lernerkommentare bestätigen diese Einschätzungen, indem sie auf die Hilfestellung hinweisen, die eine simplifizierte Eingabe solange darstellt, wie sie kommunikativ nötig und als solche (und nicht als Stigmatisierung) beabsichtigt ist (Roche 1989).

Die Verfügbarkeit einer breiten Palette von Eingabevarietäten bedeutet nicht, dass die Lerner die überwältigende Fülle der neuen Strukturen analysieren und verarbeiten können. Es fehlt ihnen oft die Kompetenz zur Unterscheidung zwischen umgangssprachlicher Eingabe und verschiedenen davon abweichenden Varietäten und Registern. Es wird noch dargestellt, wie Erwerbsvorerfahrungen den Erwerb weiterer, gleichzeitig oder sukzessiv erworbener L2n oder L3n beeinflussen. Archibald/Libben (1995:373) zeigen dazu auf, wie Lerner das von ihnen bevorzugte Eingabemodell aktiv, wenn auch nicht immer bewusst, suchen. Ihre Auswahl gilt als „unmarkiert", wenn die Lerner die Sprache ihrer unmittelbaren Umgebung (zum Beispiel ihrer Alters- oder Freundesgruppe) erwerben, und als „markiert", wenn sie davon abweichen. Im Sprachunterricht mit Jugendlichen und Kindern, aber auch im Fachsprachenunterricht, liegt es daher nahe, die umgebungstypischen Eingabemodelle der Adressatengruppen angemessen zu berücksichtigen. Dies gilt auch in Bezug auf die Auswahl kommunikativer Aufgaben und Lesetexte oder grammatikorientierter Aufgaben und Übungen.

3   Sprachverarbeitung

Wie die Eingabe und wie Sprache von Lernern verarbeitet wird, soll im Folgenden dargestellt werden. Psycholinguistische Modelle der Sprachverarbeitung gehen meist von einsprachigen Sprechern aus, aber es gibt verschiedene Ansätze, diese Modelle auf den Fremdsprachenerwerb und die Organisation von Mehrsprachigkeit auszudehnen. Eine zentrale Bedeutung kommt dabei dem Erwerb und der Organisation des mehrsprachigen mentalen Lexikons zu. In diesem Kapitel wird gezeigt, wie es aufgebaut ist und erworben wird und wie über Metaphorisierungsprozesse im Kopf des Lerners eine ausgeprägte kulturspezifische Semantik entsteht. Trotz der Spezifik und Differenz der Sprachen können gerade Metaphorisierungsprozesse konstruktiv beim Erwerb und der Vermittlung von Sprachen eingesetzt werden. Auch andere zentrale Aspekte der Kognition im Sprachenerwerb werden in diesem Kapitel behandelt: Wie entsteht durch kognitive Prozesse Textualität, welche kognitiven Prozesse sind konstruktiv am Lesen beteiligt? Welche Rollen spielen Multikodalität und Multimedialität im Sprachenerwerb jenseits von pauschalisierenden Visualisierungs- und Vertonungspraktiken? In einer Art Synthese verschiedener kognitionswissenschaftlicher Verfahren wird exemplarisch anhand konzeptueller Grammatikanimationen gezeigt, wie man sich eine kognitiv begründete Didaktik vorstellen und welche Effekte sie beim Aufbau mentaler Modelle bewirken kann. Zusammengefasst werden die verschiedenen daran beteiligten Prozesse in einem Modell einer systematischen kognitiven Didaktik.

3.1   Gehirnzentren

Zum besseren Verständnis der – von außen schwer beobachtbaren – kognitiven Prozesse ist es sinnvoll, zunächst einen Blick auf die Hardware der Sprachverarbeitung zu werfen. Weit verbreitet ist die Vorstellung, dass die beiden Hälften des Gehirns spezifische Funktionen ausführen, aber eine unmittelbare lehrstrategische Ableitung für den Spracherwerb oder den Sprachunterricht ergibt sich daraus noch nicht. In manchen behavioristischen oder neo-behavioristischen Lehrprogrammen werden zwar Verfahren praktiziert, die vorgeben, hemisphärenspezifische Sprachvermittlung zu betreiben. Seriös sind diese nicht. Der linken Hälfte werden logisches und analytisches Denken und die lineare Verarbeitung von Informationen zugeschrieben, und sie scheint darüber hinaus besondere neurologische Bereiche für die Sprachproduktion zu enthalten. Die rechte Hemisphäre gilt als verantwortlich für die Aufnahme und Erinnerung visueller, taktiler und auditiver Information. In ihr wird holistische, integrative und emotionale Information effizienter verarbeitet als in der linken Gehirnhälfte. Für die Sprachverarbeitung besonders relevant sind das Broca-Zentrum, das für die hoch automatisierte Sprachverarbeitung und die allgemeine Koordination der Sprachverarbeitung zuständig ist, und das Wernicke-Zentrum, das den ganzen Bereich des sprachlichen Wissens umfasst. Daneben gibt es weitere Schwerpunktzentren, die für die sprachliche Verarbeitung wichtig und durch starken

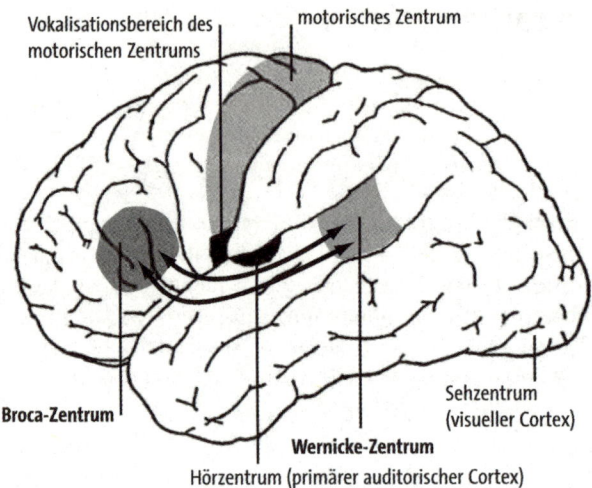

Abbildung 3.1:   Übersicht über die wichtigsten Verarbeitungszentren des Gehirns nach Roche (2008a:48)

Datenaustausch vernetzt sind. Ist die Verbindung der beiden wichtigsten Sprachzentren jedoch gekappt, kann Sprache nur rudimentär oder gar nicht verarbeitet werden. Die Sprachzentren operieren nicht autonom, sondern sind unter bestimmten Bedingungen in der Lage, etwa im Fall von Aphasien, sprachliche Funktionen zu übernehmen, die normalerweise woanders angesiedelt sind. An der Sprachverarbeitung beteiligt sind zudem die Sehrinde (visueller Cortex), das Hörzentrum (auditorischer Cortex) sowie verschiedene motorische Bereiche, die die Steuerung der Bewegungen von Armen, Beinen, Artikulationsmuskeln und von Gesichtsausdrücken (Mimik) übernehmen.

Die Struktur von Nervenzellen

Wie die Informationsübermittlung innerhalb der Zentren und der Zentren untereinander verläuft, zeigt die folgende Abbildung der Struktur der Nervenbahnen (neuronale Struktur).

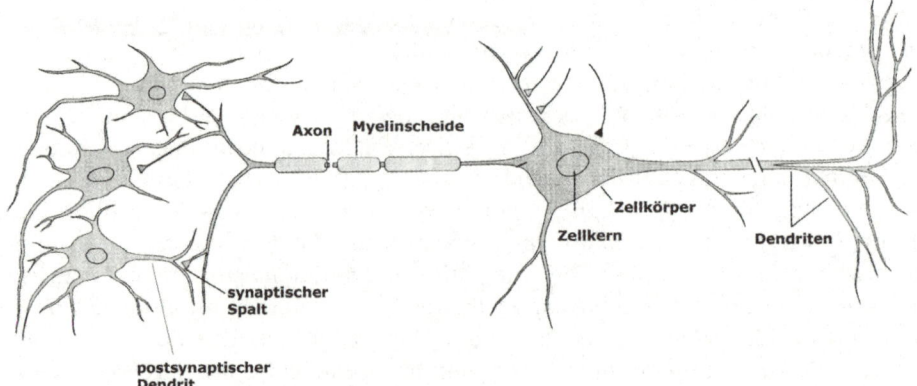

Abbildung 3.2:   Informationsaustausch, Signalübermittlung, Neurotransmitter nach Kandel/Schwartz/ Jessell (1995:23)

Eine Nervenzelle (Neuron) bekommt zunächst über die wurzelartig verzweigten Ausläufer ihrer Zellkörper, die so genannten Dendriten, eine Information in Form eines elektrischen Impulses. Entlang ihres langen unverzweigten Fortsatzes, dem Axon, gibt sie diese Information an andere Nervenzellen weiter. Durch einen schmalen Zwischenraum, den synaptischen Spalt, treten die Nervenzellen in Kontakt. Hier sorgen chemische Botenstoffe, so genannte Neurotransmitter, für die Signalübermittlung, das heißt für die Weitergabe der Stärke und Richtung des elektrischen Impulses.

Durch die elektrische Aktivierung verbreiten sich Informationen nicht willkürlich, sondern in einer durch die synaptische Verbindung wohldefinierten Richtung. Das elektrische Potenzial für die Übermittlung entsteht in der Nervenzelle selbst, indem elektrisch geladene Atome (zum Beispiel Natrium-, Kalium-, Calcium-, Magnesiumione) zwischen dem Inneren und Äußeren der Zelle durch die Zellhülle (Zellmembran) strömen. Dabei entsteht eine elektrische Ladungsdifferenz zwischen den Potenzialen auf beiden Seiten der Zellmembran. Bei Überschreitung einer bestimmten Schwelle kommt es zu einer Spannungsentladung. Zu ihrer Verstärkung werden die Signale flächenmäßig oder zeitlich gebündelt. Man unterscheidet daher zwischen gleichzeitig ankommenden Signalen durch unterschiedliche synaptische Verbindungen (räumliche Summation) und der Kombination zeitlich getrennter Signale (zeitliche Summation). Eine Nervenzelle hat zwischen 1.000 und 10.000 Axone. Demnach kann das Aktionspotenzial sehr groß sein. Für den Spracherwerb bedeutet das unter anderem, dass über die Nervenzellen eine sinnvolle Koordination der verschiedenen Eingangsimpulse erfolgt. Je mehr Verbindungen in den Nervenzellen bei der Sprach- und Informationsverarbeitung beteiligt sind, desto intensiver ist die Aktivierung und desto nachhaltiger wirkt sie. Die Neuronen gehen keine festen Verbindungen ein, sondern eröffnen nur verschiedene mögliche Verbindungswege zur Aktivierung von anderen Neuronen. Die Verbindungen der Neuronen ergeben sich als Folge von Lernprozessen. Lernen heißt dabei, dass bestimmte Verbindungen wiederholt aktiviert werden und sich in diesem Prozess zu Zellverbänden oder Aktivierungsmustern zusammenschließen. Je stärker die Verbände ausgebildet sind, desto stabiler und nachhaltiger sind sie und desto weniger Energie ist nötig, um sie erneut zu aktivieren. Meist genügt dann ein schwacher Reiz, um einen ganzen Verband zu aktivieren.

In der Spracherwerbsforschung wurde lange spekuliert, ob sich die physiologisch identifizierbaren Sprachzentren je nach Erwerbsmodus auch unterschiedlich ausprägen, ob sich etwa im späten Spracherwerb andere Zentren bilden. Das erste neuronale Sprachennetz im Broca-Areal bildet sich offenbar in den ersten Jahren der Kindheit aus. Werden zu diesem Zeitpunkt zwei oder mehrere Sprachen simultan erworben, so werden diese in demselben Sprachen-Netz abgespeichert, welches dadurch eine größere neuronale Verdichtung erfährt. Dieses ursprüngliche Sprachverarbeitungssystem kann in späteren Jahren nur bedingt verändert werden, so dass unser Gehirn beim späteren Erwerb einer weiteren Sprache gezwungen ist, neben dem bereits bestehenden System ein neues neuronales Netzwerk anzulegen. Die neuronale Dynamik und Fähigkeit zur Synapsenbildung sind dann deutlich erschwert, aber das bedeutet nicht, dass der Spracherwerb dadurch erschwert sein muss.[1]

---

[1] Der Behaltensgrad ist wesentlich höher in den Anfangsphasen einer Lernaktivität. Er nimmt mit der Dauer der Aktivität ab. Die Variation der Lernaktivitäten kann eine nachlassende Behaltensleistung ausgleichen und die Zeit zum Erwerb kann durch eine Verteilung der Aktivitäten auf verschiedene Phasen und kleinere Portionen erheblich verkürzt werden (zyklisches Lernen). Je größer die Lerneinheiten, desto mehr Wiederholungen sind nötig. Schon eine geringe Erweiterung des Stoffes verlangt eine unproportional größere Anzahl von Wiederholungen (Ebbinghaus-Gesetz, siehe auch Zimmer 1988). Diese Effekte können zum Beispiel bei der Einführung komplexer Grammatikregeln beobachtet werden.

3.2   Bedeutungskonstruktion

Wie aber entsteht Bedeutung? Bedeutung ist nichts objektiv Gegebenes, sondern etwas subjektiv Konstruiertes, das erfahren und mittels Überprüfungs- und Bestätigungsprozessen (Viabilisierungsprozessen) verhandelt wird. Der Wahrnehmungsprozess führt je nach Disposition, Zweck und Umgebung zu unterschiedlichen Ergebnissen und kann grundsätzlich in verschiedene kognitive Phasen unterteilt werden. Bedeutungskonstruktionen schaffen Bedeutung durch Assimilation an das Bekannte, andererseits wird durch bestehende Bedeutungsmuster vorab bestimmt, was überhaupt wahrgenommen werden kann. Diese Bedeutungsmuster passen sich durch Akkommodation gleichzeitig an das Neue an. Durch die Sinnesorgane werden verschiedene Eingangsinformationen, wie Schall- und Lichtwellen, aufgenommen und zur Weiterverarbeitung an die verschiedenen Bereiche des Gehirns weitergeleitet. So wird visuelle Information als Lichtenergie wahrgenommen und über einen photochemischen Prozess in Nervenimpulse umgewandelt. Über die Nervenbahnen gelangt die Information dann zur Sehrinde ins Gehirn. Ähnliche Prozesse laufen bei der Verarbeitung von Schallwellen (auditive Information), Informationen über den Tastsinn (taktile Information), Informationen über den Geruchssinn (olfaktorische Information) und Informationen über den Geschmackssinn (gustatorische Information) ab. Dabei werden bereits Vorentscheidungen getroffen, welche Teile der eingehenden Informationen wichtig sind und welche nicht. Die Tatsache, dass lexikalische Aktivierungen andere Sinneskanäle ko-aktivieren und durch andere Sinneskanäle ko-aktiviert werden können, deutet auf eine mehrfache Kodierung der lexikalischen Information im mentalen Lexikon. Das Logogen-Modell von Morton (1969) geht daher bereits von der Annahme aus, dass lexikalische Einträge spezifische Aktivierungsmuster verschiedener Kanäle enthalten.

Die erhaltene Information muss anschließend in den zuständigen Bereichen des Gehirns koordinierend verarbeitet werden. Die Informationen, die zusammengehören, kommen dort in unterschiedlicher Form und unterschiedlich schnell an und werden auch unterschiedlich schnell verarbeitet, dennoch erscheinen sie als eine Einheit. Bei der Interpretation der eingehenden Informationen, dem Erkennen oder Verstehen, folgt das Verarbeitungssystem bestimmten Wahrnehmungsprinzipien, die das Zusammensetzen der Informationen erleichtern. Dazu gehören:

► die Fähigkeit, die Welt in Gegenstände zu gliedern und zu strukturieren
► die Fähigkeit, die nichtsprachlichen und später auch die sprachlichen Handlungen und Verhaltensweisen zeitlich zu gliedern und zu strukturieren
► die Fähigkeit, diese beiden gegliederten Welten, also die gegenständliche und ereignishafte einerseits und die abstrakte andererseits, lautlich, gestisch und handlungsbestimmt in Beziehung zu bringen
► die Fähigkeit, symbolische Beziehungen zu erkennen (zum Beispiel ,ich' und ,du' als Symbole für Sprecher und Adressat zu identifizieren)
► die Fähigkeit, Sprache kreativ zu gebrauchen.

Vorwissen und Kontext spielen bei der Informationsverarbeitung eine ganz wesentliche Rolle, denn das, was wahrgenommen wird, wird instinktiv mit bekannten Mustern oder Elementen (Merkmalen) von Mustern verglichen. Diesen Prozess kann man in die Teilschritte Filtern, Einordnen und Zuordnen unterteilen. Beim Filtern wird wichtige

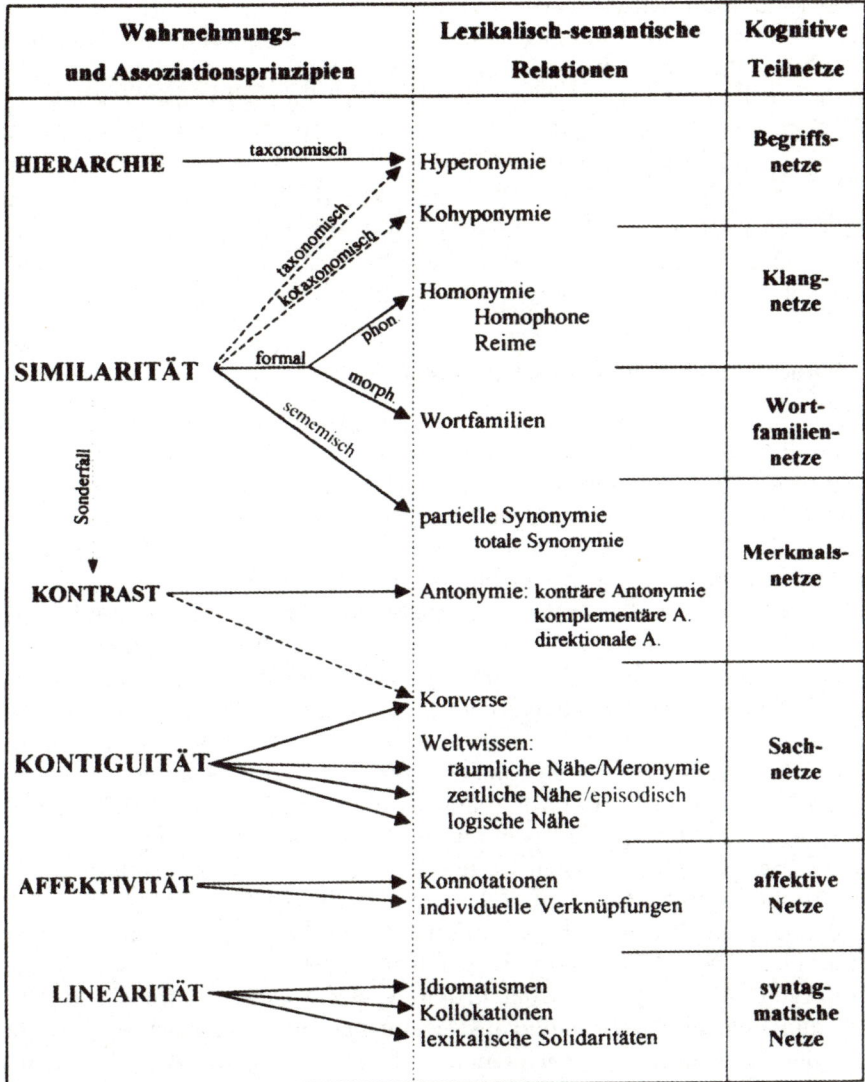

Wahrnehmungs- und Assoziationsprinzipien	Lexikalisch-semantische Relationen	Kognitive Teilnetze
HIERARCHIE — taxonomisch →	Hyperonymie	Begriffs-netze
	Kohyponymie	
SIMILARITÄT (taxonomisch, kotaxonomisch, formal, phon., morph., sememisch)	Homonymie / Homophone / Reime	Klang-netze
	Wortfamilien	Wort-familien-netze
Sonderfall	partielle Synonymie / totale Synonymie	Merkmals-netze
KONTRAST	Antonymie: konträre Antonymie / komplementäre A. / direktionale A.	
	Konverse	
KONTIGUITÄT	Weltwissen: räumliche Nähe/Meronymie / zeitliche Nähe/episodisch / logische Nähe	Sach-netze
AFFEKTIVITÄT	Konnotationen / individuelle Verknüpfungen	affektive Netze
LINEARITÄT	Idiomatismen / Kollokationen / lexikalische Solidaritäten	syntag-matische Netze

Abbildung 3.3: Wahrnehmungs- und Assoziationsprinzipien, lexikalisch-semantische Relationen und kognitive Teilnetze nach Neveling (2004:42)

und unwichtige Information getrennt, beim Einordnen werden Begriffe in vorhandene Kategorien eingeordnet, beim Zuordnen werden semantische Beziehungen zwischen Begriffen geknüpft. Bekanntes lässt sich daher auch schneller und besser erkennen. Fehlende Informationen lassen sich bei dieser Mustererkennung meist aus dem Kontext erschließen. Häufig genügen daher wenige Elemente eines Ganzen, um das Erkennen und Verstehen zu sichern, zum Beispiel die ersten Takte einer Melodie oder wenige Wörter eines Slogans (,Let the sunshine' in Verbindung mit einer Werbung für Honig). In gleicher Weise sind beim Lernen oder Sprechen von Fremdsprachen wenige Elemente ausreichend, um ein ganzes Wortfeld zu aktivieren oder in eine fremde Sprache zu wechseln. Der Wahrnehmungsapparat bemüht sich ständig um die Konstruktion von Sinn. Konstruktionsprozesse, wie sie im Bereich der Semantik deutlich werden, bestimmen auch die Entwicklung der Grammatik (siehe *Basic Variety* in Kapitel 2.2.2). Demnach entsteht die Grammatik auf der Basis des Lexikons und damit letztlich auf der Basis von Bedeutungskonstruktion.

Nach Neveling (2004) erfolgen die semantischen Konstruktionsprozesse auf der Grundlage der in Abbildung 3.3 dargestellten Wahrnehmungs- und Assoziationsprinzipien. Sie bilden kognitive, das heißt lexikalisch-semantische, Relationen ab, die über unterschiedliche Teilnetze aktiviert werden können.

3.3   Sprachverstehen und Sprachproduktion

Wenn ein Sprecher Sprache produziert, muss er sich mit einer Reihe von Planungs-, Formulierungs- und Artikulationsaufgaben auseinandersetzen: Zuerst muss es eine Sprechabsicht geben, also etwas, was versprachlicht werden soll. Dann muss die relevante Information unter anderen in Bezug auf Kontext, Situation, Angemessenheit, kommunikative Ziele ausgewählt werden. Anschließend muss diese Information geordnet und in eine lineare Form gebracht werden. Und schließlich muss es eine Art Monitorfunktion geben, die für die Kontexteinbettung sorgt und, wenn nötig, Anpassungen und Korrekturen in Bezug auf die ursprüngliche Planung ermöglicht.

Da diese Prozesse eine große Aufmerksamkeit des Gehirns verlangen, wird der Sprecher versuchen, die Sprachverarbeitung soweit wie möglich zu automatisieren. Entsprechend behandeln neuere Sprachverarbeitungsmodelle Sprachproduktion und Sprachverstehen als sukzessive, sich überlappende und automatisierte Prozesse, so wie die an das Modell von Levelt (1989:9) angelehnte Darstellung in Abbildung 3.4.

Der Sprachproduktionsprozess beginnt mit der Konzeptualisierung (Planung) einer Nachricht. Das konzeptuelle System besteht aus Makro- und Mikroplanungsprozessen, die die Vorstellungen und Absichten des Sprechers (die Schemata) umfassen und in einen Ablaufplan umsetzen, der aus einzelnen Scripts besteht. Die Konzeptualisierung erfolgt unter Rückgriff auf kognitive Strategien der Wissensorganisation und der Ableitung von Folgerungen. Bei der Erstellung der Nachricht wird die für die Versprachlichung relevante Information ausgewählt, geordnet und gleichzeitig werden die eingehenden, die gehörten oder gelesenen Nachrichten ausgewertet. Dabei unterscheidet man zwischen Prozessen, die von der Konzeptualisierung gesteuert sind (Top-down-Prozesse) und solchen, die von dem Sprachsignal ausgehen (Bottom-up-Prozesse). Ein Monitor gleicht während des Produktionsprozesses ständig die intendierte Nachricht mit der tatsächlich produzierten oder gehörten/gelesenen auf möglicherweise bestehende Inkohärenzen ab. Um eine Nachricht zu kodieren, muss der Sprecher auf zwei Arten von Wissen zurückgreifen können: prozedurales Wissen und deklaratives oder enzyklopädisches Wissen, das im Langzeitgedächtnis gespeichert ist. Darüber hinaus hat Levelt zwei weitere Prozesskomponenten im Kurzzeitgedächtnis identifiziert, die das Situationswissen über die aktuelle Diskurssituation des Sprechers und das Diskursarchiv (*Discourse Record*) über das bisher Gesagte mit einschließen. Das Ergebnis dieses Konzeptualisierungsprozesses, die Präverbale Nachricht (*Preverbal Message*), wird anschließend an den Formulator weitergeleitet, dessen Aufgabe die Konstruktion von Äuße-

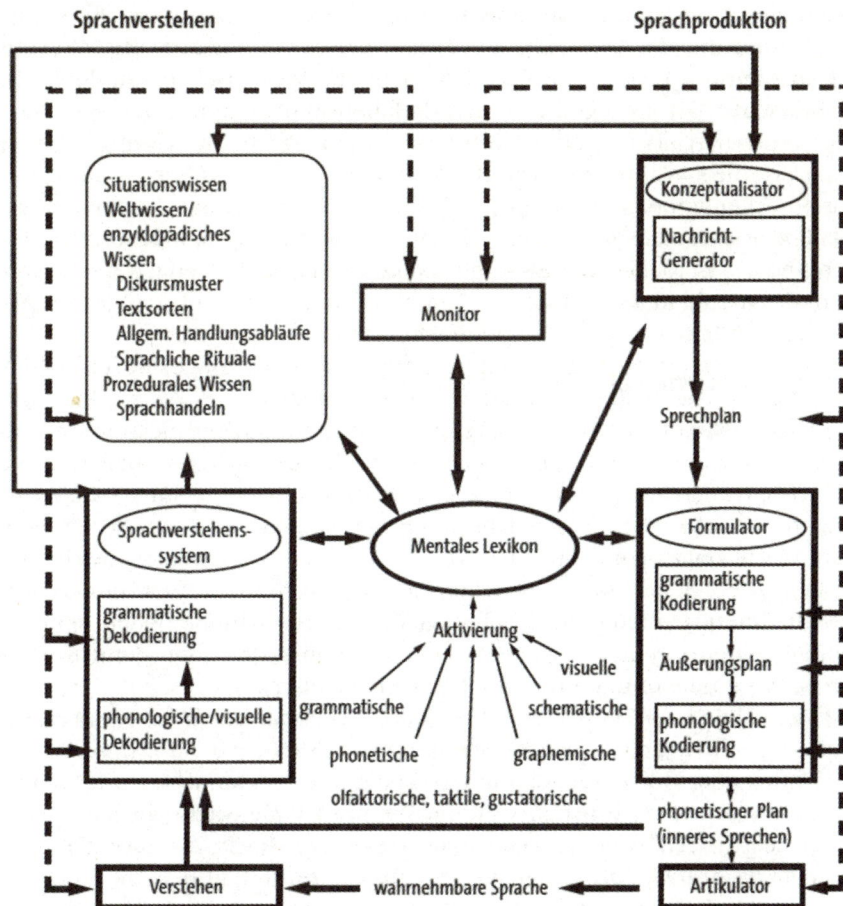

Abbildung 3.4:   Sprachverarbeitungsmodell in Anlehnung an Levelt nach Roche (2008a:63)

rungen ist. Der Formulator hat Zugang zum mentalen Lexikon, in dem lexikalisches Wissen in Form von Bedeutung tragenden Lemmata (inklusive Informationen zum syntaktischen Rahmen) und in Form von Lexemen mit der dazugehörigen grammatischen Information (zum Beispiel Phonem-, Morphem-, Silbenstruktur) gespeichert ist.

Die Aktivierung der Lemmata und Lexeme kann durch sensorischen und phonologischen Input (Hickok/Poeppel 2007) beziehungsweise durch semantische, pragmatische, sensorische und phonetische Information (modal) ausgelöst werden. Die Hauptaufgabe des Lexikons beim Sprechen besteht demnach darin, durch Zugriff auf Lemmata und Lexeme die Wörter mit der richtigen Bedeutung und in der richtigen Form zur Verfügung zu stellen. Aufgrund der gelieferten präverbalen Nachricht werden also im Formulierungsprozess die Lemmata aktiviert. Deren syntaktische Spezifikationen führen zur Auswahl und Produktion eines syntaktischen Rahmens. Dieser kann vorübergehend in einem so genannten syntaktischen Speicher abgelegt werden, während weitere Produktionsprozesse ablaufen. Die Funktion der phonologischen Kodierung ist das

Auffinden oder Konstruieren der äußeren Form, eines phonetischen Plans, für jedes einzelne Lemma und die Äußerung als Ganzes. Das schließt Flexion und Intonation mit ein. Der phonetische Plan gilt als innere Sprache. Er wird anschließend im artikulatorischen Bereich in Anweisungen an den Artikulationsapparat umgesetzt, wobei die Pläne schneller produziert als ausgeführt werden können, das heißt, sie müssen temporär gespeichert werden. Während nun die Konzeptualisierung der Äußerung viel von der zur Verfügung stehenden Kapazität des Gehirnes bindet, laufen die Formulierungs- und Artikulationsprozesse notgedrungen mit einem hohen Automatisierungsgrad – und daher mit relativ wenigen Eingriffsmöglichkeiten – ab. Davon zeugen die Versprecher, die erst nach Durchlaufen verschiedener Verarbeitungsphasen und oft sogar erst nach der Artikulation (hörbarer Sprache) vom Sprecher selbst bemerkt werden.

Sprachverstehen erfolgt nach Levelt im Übrigen in genau umgekehrter Reihenfolge. Der Monitor, das heißt die Selbstüberwachung, umfasst eine Wahrnehmungs- und Verstehenskomponente (Parser). Dabei kann ein Sprecher sowohl die innere als auch die äußere Sprache wahrnehmen, die im Grunde auf die gleiche Weise analysiert werden. Diese Eingabe wird in Nachrichten umgesetzt, die dem konzeptuellen System zugänglich sind. Mehrere Teilsysteme müssen dabei am Parser beteiligt sein: Ein Worterkennungssystem muss Zugang zum mentalen Lexikon haben, ein Teilsystem muss sich der Analyse der syntaktischen Beziehungen zwischen den Wörtern annehmen, ein weiteres die semantische Interpretation leisten. Bei Selbstkorrekturen wird besonders deutlich, dass der Monitor einen direkten Zugang zum Produktionssystem hat, denn Korrekturen können bereits vorgenommen werden, bevor eine Äußerung vollständig produziert ist, in manchen Fällen sogar, bevor ihre Produktion begonnen hat oder bevor eine innere oder äußere Nachricht vollständig verstanden wurde. Sobald der Sprecher Probleme in der Bedeutung oder Korrektheit der inneren oder äußeren Sprache entdeckt, kann die weitere Produktion unterbrochen werden. Die präverbale Nachricht kann dann entweder neu bearbeitet oder es kann eine neue oder andere Nachricht hinzugefügt werden (Rekonzeptualisierung). Die Sprachverarbeitung erfordert also keine Serialität. Sie verläuft parallel und inkrementell (in modularen Teilprozessen), indem die Bearbeitung in einer bestimmten Phase beginnt, noch bevor die vorige beendet ist.

Eine zentrale Funktion in der Sprachverarbeitung hat das mentale Lexikon. In ihm sind, wie bereits skizziert, die Bedeutungen, wichtige grammatische Informationen, unterschiedliche Kodierungen und die kulturellen Spezifika ihrer Verwendung aufgehoben. Abbildung 3.4 versucht, anders als es Levelts Modell tut, diese pragmatischen Aspekte durch kulturspezifische Bezüge in den Verbindungen zum Weltwissen und den Grundlagen des Konzeptualisators abzubilden. Es ist kaum vorstellbar, dass die Konzeptualisierung von Äußerungen oder die Dekodierung von Äußerungen außerhalb eines pragmatischen Kontextes, also in einer „kulturfreien" Zone geschieht.[2] Auch zwischen Konzeptualisierung und Formulierung bestehen enge Bezüge, die die Formulierung in den Prozess der Konzeptualisierung einbeziehen und ihn nicht wie Bierwisch/Schreuder (1983) durch die Einführung einer weiteren Prozesskomponente (Verbalisator) ausgrenzen. Slobins Konzept des ‚Thinking for Speaking' postuliert daher

---

2   Siehe das mentale Lexikon als „Nahtstelle" (Raupach 1997:21) oder als „Interface" (Wolff 2002:11). Auch Levelt (1999) erkennt schließlich die Bedeutung kulturspezifischer Aspekte bei der Sprachverarbeitung an.

eine konstitutive Verbindung zwischen den Prozessen der Konzeptualisierung und Formulierung einer Nachricht im Zugang zum mentalen Lexikon. Ellipsen, Deiktika, anaphorische und kataphorische Verweise sowie das hohe Maß sprachlicher Variation (vergleiche Neuland 2006) in natürlicher Sprache sind klare Hinweise auf den fundamentalen Einfluss von Kontext und Funktion auf die Sprachproduktion und -rezeption. Gleiches gilt für die so genannten Wissens- und Diskursspeicher, die in der Abbildung 3.4 im oberen linken Bereich dargestellt sind. Interessanterweise spielen diese kulturspezifischen Bezüge nicht nur dann eine Rolle, wenn man das Modell auf mehrsprachige und mehrkulturelle Kontexte projiziert, aber die besonderen Bedingungen der Mehrsprachigkeit unterstreichen die Relevanz kulturspezifischer Bezüge für eigentlich monolingual konzipierte Modelle in der Psycholinguistik. Denn auch diese operieren auf Basis kultureller Dispositionen. Das mentale Lexikon fungiert damit als zentrale Schnittstelle zwischen Konzeptualisierung und Formulierung, aber seine Position setzt voraus, dass deklarative und prozedurale Komponenten des lexikalischen Wissens auch auf der Ebene der Konzeptualisierung angesetzt werden.

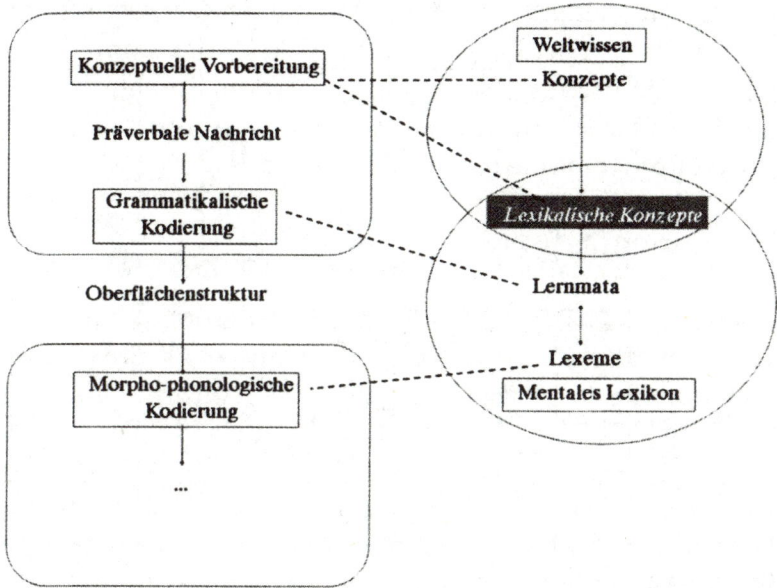

Abbildung 3.5:   Verortung und Vernetzung des mentalen Lexikons im Sprachverarbeitungsmodell nach Plieger (2006:39)

Semantische Interferenztests im konzeptgesteuerten Zugang zum mentalen Lexikon zeigen, dass lexikalische Konzepte nicht isoliert als Einzeleinträge, sondern als Knoten semantischer Netze im Verbund mit Nachbarknoten aktiviert werden. Daraus entsteht – wie im Bereich der phonologischen Aktivierung – ein Selektionswettstreit aktivierter und mitaktivierter Knoten. Die lexikalische Wettstreithypothese ist folglich ein konstitutiver Teil der *Activation-Spreading-Network-Modelle* des mentalen Lexikons und orientiert sich an der Funktionsweise der neuronalen Verknüpfungen im Gehirn.

3.3.1 Sprachenknoten

Wie funktioniert demnach die Aktivierung mehrerer Sprachen in der Sprachverarbeitung und deren Koordinierung? Da die Konzeptualisierung einer Nachricht im Wesentlichen von verschiedenen Ressourcen abhängig ist, die kulturspezifisch geprägt sind, ist
davon auszugehen, dass die erste Entscheidung für die Wahl einer Sprache und den
Wechsel zwischen Sprachen (‚Codeswitching‘) im Konzeptualisator stattfindet. Für diese
grundsätzliche Entscheidung für eine Sprache kann man eine Schaltstelle (‚Language
Node‘) ansetzen. Auf der Basis des oben dargestellten Verarbeitungsmodells von Levelt
entwickelte de Bot ein Modell, in dem neben der Schaltstelle auch sprachspezifische
Subsets in jeder Verarbeitungseinheit und -ebene der Verarbeitungskette angesetzt
werden (*Subset Hypothese*). Damit können unterschiedliche Aktivierungsgrade der
einzelnen Komponenten und die Mitaktivierung mehrerer Sprachen erklärt werden.
Die Aktivierung erfolgt doppelt: über den Konzeptualisator an die einzelnen Subsets und
parallel durch die globale Schaltstelle.

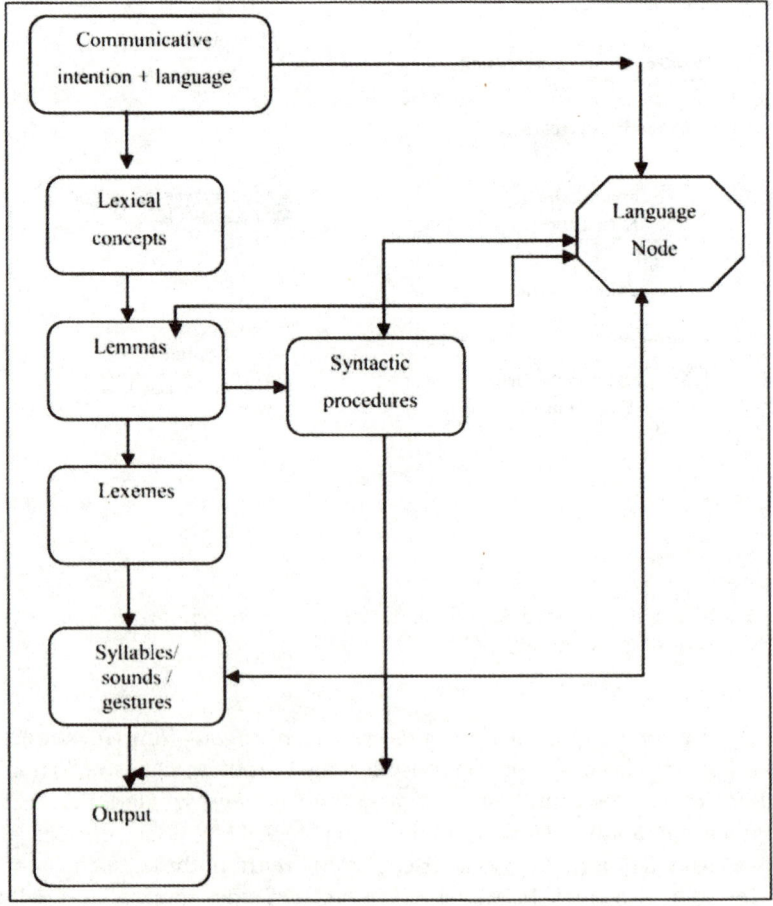

Abbildung 3.6:   *The Multilingual Processing Model* (de Bot 2004:29)

Die Wahl einer Sprache in der Schaltstelle bedeutet, dass auch in den nachgeordneten Prozesskomponenten Kongruenz mit der gewählten Sprache, das heißt vor allem mit den aktivierten Lemmata, hergestellt werden muss.

> Lemma congruence checking between the languages involved must come into play, and this checking must take place at each of the levels of abstract lexical structure: lexical-conceptual structure, predicate-argument structure, and morphological realization patterns. (Wei 2009:328)

Lerner einer L3 oder folgender Sprachen beziehen sich oft nicht auf die L1, sondern die L2.[3] Das bedeutet, dass diese L2 über eine Schaltstelle weiter verfügbar ist. Die Bedeutung der Schaltstelle ändert sich, wenn die Sprachen typologisch in einer nahen Beziehung stehen und sie ändert sich mit zunehmendem Erwerb. In einer einschlägigen Studie zeigt Cenoz (2001), wie bilinguale Sprecher von Spanisch (L1) und Baskisch (L2) – beziehungsweise Baskisch (L1) und Spanisch (L2) – die L3 Englisch erwerben. Es zeigt sich, dass trotz der unterschiedlichen Reihenfolge und Ausprägung Spanisch für alle die Bezugssprache ist, also auch für die L1 Baskisch-Sprecher. Bemerkenswert ist jedoch, dass bei Sprechern mit L1 Spanisch Spanisch die Bezugssprache bleibt, obwohl im Sinne der Schaltstelle ('Language Node') zu erwarten wäre, dass L2 Baskisch den Fremdmodus auslöst und als Referenzsprache fungieren müsste. Hier spielt möglicherweise doch die typologische Nähe des Spanischen zum Englischen die stärkere Rolle. Der lexikalische Transfer erfolgt zum großen Teil aus dem spanischen Wortschatz (siehe das Thema Interferenz in Kapitel 2.7.2). Im Bereich der Funktionswörter lässt sich ein ähnlicher Transfer jedoch nicht beobachten. Hier zeigt sich, dass diese Sprecher insgesamt immer noch mehr aus dem Baskischen transferieren als die L1-Baskisch Gruppe. Das deutet darauf hin, dass bei den L1-Baskisch-Sprechern, L2 Spanisch im Sinne der Schaltstelle der Fremdsprachenmodus/die Bezugssprache ist. Auch *Foreignizing* (die Ableitung von fremd erscheinenden Wörtern) geschieht bei diesen Lernern primär auf Basis spanischer Wörter. Das belegt eine hohe metalinguistische Sprachbewusstheit der untersuchten Lernergruppe.

Exkurs: Modalitätsknoten

Fehlkongruenzen zwischen schriftlicher und mündlicher Modalität deuten ebenfalls auf die Existenz eines Modalitätsknotens hin, der an den Sprachknoten gekoppelt ist. Hier sind unterschiedliche Manifestationen von Planungs- und Produktionsprozessen im schriftlichen und mündlichen Modus bei Mehrsprachigen anzusetzen. Deutsch-Englisch-Sprachige schreiben zum Beispiel oft 'habe' in einem englischen Text, obwohl sie 'have' vor dem inneren Ohr, also konzeptuell mündlich, realisiert haben. Ähnlich verhält es sich mit mündlich 'for' für Konstruktionen wie 'looking for', die von den gleichen Sprechern als 'vor' schriftlich realisiert sein können. Obwohl bei 'for/vor' Homophonie herrscht, deuten beide Fälle gleichermaßen auf eine fremdsprachige Schaltstelle zwischen mündlichem und schriftlichem Modus hin. Diese Schaltstelle könnte durch die stärkere Praxis einer der beiden Modalitäten in einer Sprache beeinflusst sein.

---

3 Siehe das Faktorenmodell von Hufeisen (2000), das Rollen-Funktionsmodell von Williams/ Hammarberg (1998).

3.3.2 Das mehrsprachige mentale Lexikon

Wenn man annimmt, dass die Verarbeitung verschiedener Sprachen nach der getroffenen Wahl weitgehend unabhängig voneinander abläuft, dann lassen sich Interferenzen der Sprachen in der Produktionskette und schnelle Wechsel zwischen den Sprachen nicht gut erklären. Vieles spricht daher für eine gemeinsame Speicherung des Wortschatzes und eine gemeinsame Aktivierung der verfügbaren Sprachen im mentalen Lexikon.

Die Frage des sprachspezifischen (*selective*) oder nichtspezifischen (*non-selective access*) Zugangs muss funktionsspezifisch differenziert betrachtet werden. In empirischen Studien zeigen sich deutliche Ko-Aktivierungseffekte, die aber von der Qualität der sprachlichen Fertigkeiten abhängig sind.[4] Weniger ausgeprägte Fertigkeiten in einer Sprache manifestieren sich in größeren Aktivierungsverzögerungen von bis zu 200 ms (das entspricht der Dauer mehrerer Silben). Besser ausgeprägte Kompetenzen führen zu schnelleren Aktivierungen. Nicht alle mehr oder weniger beherrschten Sprachen werden bei einem mehrsprachigen Sprecher auch automatisch mitaktiviert. Es bedarf vielmehr einer Mindestkompetenz, damit Wörter einer Sprache eine Rolle bei der Aktivierung in einer anderen spielen (Grosjean 1998). Eine schwache Sprache wird also nur mitaktiviert, wenn sie in einer aktuellen Situation gebraucht wird. Green (1993) differenziert die drei dabei möglichen Aktivierungsmuster. Neben der aus konkretem Sprechanlass ausgewählten Sprache (*Selected Language* oder Matrixsprache) kann eine andere in der Weise aktiv sein, dass auch in ihr parallel zur ausgesuchten Sprache die gleichen Produktionsprozesse ablaufen, ohne dass es aber zur Formulierung kommt. Solche Sprachen werden als *Active Language* bezeichnet. Im Gegensatz dazu beeinflussen weitere, im Langzeitgedächtnis gespeicherte Sprachen die Sprachproduktion nicht, wenn sie als *Dormant Languages* im Hintergrund bleiben. Bei Ko-Aktivierung der Sprachen findet demnach eine Hierarchisierung statt, bei der die dominante Sprache in den Vordergrund tritt und die anderen Sprachen je nach Relevanz, Kompetenzniveau und Aktualisierungsgrad im Hintergrund mitlaufen. Die Bedingungen für die Aktualisierung der Sprachen im Vordergrund oder Hintergrund (*Embedded Languages*) können sich während eines Gespräches ändern. Zum Beispiel kann eine rezeptiv aktivierte Sprache als produktive aufgerufen werden. Für die Fälle, in denen keine klare Matrixrolle oder Einbettung erkennbar ist, lassen sich sogenannte *Compromise Strategies* bei der Aktivierung feststellen.

Die Mitaktivierung fremdsprachiger Lexika bedeutet nicht zwangsläufig, dass das Lexikon sprachunabhängig operiert, wie es de Bot/Schreuder (1993) darstellen. Diese Autoren begründen die Annahme der Sprachunabhängigkeit mit den großen Unterschieden verschiedener Sprachen in der Lexikalisierung und in den Kontrasten der Aktivierungswerte unterschiedlicher Spracheinheiten. Sie gehen davon aus, dass die Mitaktivierung derart unterschiedlicher Systeme einen Aufwand verlangen würde, der von den Sprechern schwer erbracht werden kann. Die völlige Unabhängigkeit der Verarbeitung wäre umgekehrt jedoch auch kaum herstellbar, da auch hier der Koordinationsaufwand zwischen zwei unabhängig operierenden Systemen etwa bei Code-

---

4 Experimentelle Aktivierungsstudien mittels bildgebender Verfahren und mittels der Messung von Augenbewegungen zeigen, dass bei mehrsprachigen Versuchspersonen bereits in den frühen Phasen der phonetischen Kodierung beide Sprachen aktiviert werden, selbst wenn der Versuch in einer komplett monolingualen Untersuchungssituation stattfindet. Gerade phonologische Formen, die in beiden Sprachen ähnlich sind, tendieren zu Ko-Aktivierungen.

wechseln eine große Belastung der Sprecher produzieren und zu größeren Verzögerungen in der Aktivierung (Latenzen) führen würde. Es ist daher sinnvoll, von einer
Aktivierung auszugehen, die sowohl sprachunabhängig als auch sprachspezifisch vorgeht. Diese Verbindung bieten Modelle, die von lexikalischen Varianten, also mehreren,
koordinierten Lexika, ausgehen, aber multiple Verbindungen der Lexika annehmen
(vergleiche hierzu die Feststellung von de Bot 2004 und Dijkstra/van Heuven 2002 zur
überwältigenden Evidenz der Forschung für die Nichtspezifitäts-Hypothese des bilingualen Lexikons). Das Kohortenmodell für einsprachige Lexika (Marslen-Wilson 1987)
sieht in diesem Sinne Ko-Aktivierungen von gleichlautenden Wörtern vor, die erst durch
zunehmende Spezifizierung des Kontexts ausgefiltert werden, bis das gewünschte
Element übrig bleibt. Die genannten Aktivierungslatenzen bei Mehrsprachigen deuten
darauf hin, dass dieser Wettstreit nicht nur in einem monolingualen, sondern stärker
ausgeprägt auch in mehrsprachigen Lexika stattfindet.[5]

3.3.3 Der Erwerb des mentalen Lexikons

Zum Erwerb des mehrsprachigen mentalen Lexikons ist die Studie von Plieger (2006)
einschlägig, weil sie verschiedene Lernergruppen und Lernmodi vergleicht. Plieger untersucht in ihrer Arbeit unter anderem die so genannte Entwicklungshypothese, die besagt,
dass in der Anfangsphase des Aufbaus des bilingualen Lexikons (im Unterricht) Formaspekte im Vordergrund stehen, während mit fortschreitender Sprachbeherrschung die
Organisation des bilingualen Lexikons wie im ungesteuerten Erwerb stärker durch
Bedeutungsaspekte geprägt wird. Damit rücken die semantisch-konzeptuellen Strukturen
ins Zentrum der Aufmerksamkeit. Plieger geht davon aus, dass dem kompetenten L2-
Gebrauch sprachvariable Verknüpfungen zur Konzeptebene zugrunde liegen, in denen
Bedeutungsüberschneidungen und Bedeutungsdifferenzen zwischen L1 und L2 koor-
diniert sind. Auf einem niedrigen Kompetenzniveau hingegen ist die Konzeptebene in
Bezug auf mehrsprachige Verknüpfungen weitgehend undifferenziert. Hier überwiegen
unverbundee Paarassoziationen.

Exkurs: Methodik der Studie von Plieger

Methodisch ist Plieger in ihrer Südtiroler Studie mit deutsch- und italienischsprachigen Schülerinnen und Schülern folgendermaßen vorgegangen:

> Die Erhebung der Daten erfolgte als Sprecherbefragung anhand eines schriftlich auszufüllenden
> Aufgabenbogens. Die Aufgaben sind jeweils in analoger Form in L1 und in L2 gestellt. Den Schüler-
> gruppen wurden die L1-Aufgaben vor den L2-Aufgaben vorgelegt. Ein induzierter Übersetzungseffekt
> zwischen L1- und L2-Antworten wird durch die Vielfalt der jeweils dazwischen liegenden Aufgaben-
> stellungen ausgeschlossen. Der bilingualen Vergleichsgruppe wurde nach Auswertung der Befragung der
> Schülergruppen eine Auswahl der Aufgaben vorgelegt, die für den Einblick in die unterschiedlichen
> Organisationsformen des mentalen Lexikons besonders aufschlussreich sind. Die Probanden der bilin-
> gualen Vergleichsgruppe konnten wählen, ob sie zuerst die Aufgaben auf Deutsch oder Italienisch

---

[5] Vergleiche die Merkmalsmodelle bei Engelkamp (1985), die Prototypenmodelle (Neveling
2004, Aitchison 1997), die Schematamodelle (Neveling 2004) und die Netzwerkmodelle (Stork
2003). Siehe auch die Taxonomie der lexikalischen Lernstrategien mit Verweisen auf Begriffs-,
Merkmals-, Sach-, syntagmatische Netze, Wortfamiliennetze, Klangnetze, affektive Netze von
Neveling (2004:74) in Kapitel 3.2.

bearbeiten wollten. Die Antwortzeit wurde in allen Gruppen auf 60 Sekunden pro Aufgabe begrenzt. (Plieger 2006:96 f.)

Die Ergebnisse der Studie von Plieger bestätigen, dass das bilinguale mentale Lexikon kein eindimensionales Gebilde darstellt, das in allen Bereichen einer gleichen Organisationsstruktur folgt. Vielmehr ergibt sich ein differenziertes Bild des individuellen und gruppenspezifischen Lernverhaltens in Abhängigkeit von Faktoren wie Erwerbs- und Gebrauchssituation und Sprachbeherrschung sowie Unterschieden in den Sprachsystemen. Bei unerfahrenen Schülern beispielsweise zeigt sich eine Tendenz, die L2-Versprachlichung in Teilbereichen eindeutig der L1-Konzeptstruktur folgen zu lassen. Es erfolgt also ein Konzepttransfer auf die fremde Sprache, und zwar auch dort, wo in der fremden Sprache Differenzierungen notwendig wären. In diesen Bereichen haben die L2-Sprecher noch keine L2-spezifischen Verbindungen mit der Konzeptebene aufgebaut. Ausgeglichen mehrsprachige Schüler halten in Wortschatzbereichen, auf die sie produktiv frei zugreifen können, im Gegensatz zu den ungeübten Lernern die Konzepte von L1 und L2 konsequent auseinander. Eine wichtige Funktion beim Erwerb des Lexikons haben pragmatische Aspekte der Wortverwendung (im Kontext). In Bereichen, für die sich Lerner unabhängig von ihrem Spracherwerbsstand besonders interessieren (zum Beispiel Sport, Musik, Automobiltechnologie), werden nicht nur die semantischen Kernelemente, sondern die situativen, pragmatischen und damit kulturspezifischen Aspekte in der Bedeutungsrepräsentation berücksichtigt. Eine allgemeingültige Wörterbuchdefinition hat deshalb auch bei diesen Sprechern, wie es Bourdieu formuliert, „keine soziale Existenz"(nach Kramsch 1988:106). Vielmehr deuten die beobachtbaren Phänomene, insbesondere beim problemfreien Codewechseln darauf hin, dass Mehrsprachigkeit und Mehrkulturalität gleichzeitig nebeneinander existieren können, ohne dass größere Beeinflussungen oder Unverträglichkeiten provoziert werden. Mehrsprachigkeit dient also zum Ausdruck verschiedener Identitätsperspektiven.

Ein Vergleich der Schüler in Pliegers Studie, die die jeweils andere Sprache als Fremdsprache lernten, mit den Ergebnissen der ausgeglichen bilingualen Vergleichsgruppe bestätigt auf diesem Gebiet, dass der Grad der sprachspezifisch differenzierten Konzepte von L1 und L2 im gemeinsamen mentalen Lexikon in klarer Abhängigkeit vom Grad der Sprachbeherrschung und des Sprachgebrauchs steht: Probanden der Vergleichsgruppe, die beide Sprachen auf einem hohen Kompetenzniveau beherrschen und diese auch regelmäßig verwenden, nutzen Übereinstimmungen zwischen den Sprachen, berücksichtigen aber auch sprachspezifische Differenzen. Die lexikalischen Konzepte stellen also Beziehungsgefüge dar, in denen die Bedeutung die Gesamtheit der Verbindungen mit anderen Konzeptknoten umfasst, unabhängig von der Sprache.

Die Ergebnisse der Studie bestätigen damit die Entwicklungshypothese für den Aufbau semantischer Netze, unterstreichen aber gleichzeitig die Notwendigkeit, die Entwicklungsphasen differenziert im Hinblick auf Teilbereiche des Wortschatzes und dessen kulturelle Differenzierungen zu sehen. Von einer linear fortschreitenden Entwicklung im Aufbau des bilingualen Lexikons in allen Teilbereichen kann laut Plieger (2006) nicht ausgegangen werden. Bei den Probanden, die die zweite Sprache als Fremdsprache und nicht als Zweitsprache erworben haben, zeigen sich bemerkenswerterweise in semantischen Teilbereichen noch nach 12-jährigem Schulunterricht (mit

4 – 5 Wochenstunden) die für das Anfängerniveau charakteristischen Organisations-
formen des mentalen Lexikons. Es liegt eine Fossilisierung durch paarassoziatives
Wortschatzlernen im Schulunterricht vor (Inhalts-Äquivalenz–Hypothese).

Detaillierte Ergebnisse der Studie von Plieger (2006) sind auf der begleitenden
Webseite zu diesem Buch zu finden.

3.3.4 Metaphorisierungsprozesse

Zu Beginn des sukzessiven Sprachenerwerbs und bei rudimentärem Spracherwerb gehen
Lerner davon aus, dass zwischen den Konzepten der Sprachen weitgehend semantische
Äquivalenz besteht. Erst mit dem qualitativ fortschreitenden Spracherwerb findet eine
pragmatische und kultursensitive Differenzierung statt. Qualitativ entwickelte Mehrsprachigkeit beinhaltet eine parallele, koordinierte und weitgehend nicht interferierende
Verarbeitung verschiedener linguakultureller Systeme. Dies bedeutet jedoch nicht, dass
kulturspezifische Einflüsse nur bei bestimmten Begriffen oder erst im fortgeschrittenen
Spracherwerb wirksam würden. Vielmehr bestimmen sie den Spracherwerb von Anfang
an und lassen sich auch aus didaktischen Gründen nur bedingt reduzieren, wenn das Ziel
des Unterrichts im Alltag brauchbare Kompetenzen sein sollen.

Der grundlegende Einfluss kulturspezifisch erfahrbarer Elemente auf die Sprachverarbeitung und den Spracherwerb wird in kognitiven Prozessen der Metaphorisierung
deutlich. Kulturspezifische Konzepte von Raum und Zeit (siehe Kapitel 2.3) spiegeln sich
in Metaphorisierungsprozessen der Lerner wider und haben daher auch einen starken
Einfluss auf die Entwicklung individueller grammatischer (kognitiver) Modelle bei den
Lernern. Wenn es gelingt, die relevanten Metaphorisierungsprozesse mit den grammatischen Erfordernissen der Zielsprachen zu vereinbaren und das Ergebnis auf didaktische
Verfahren zu projizieren, müsste es möglich sein, den Erwerb einer fremden Sprache zu
vereinfachen, zu beschleunigen und nachhaltig zu verbessern. Dies ist eine wichtige
Grundlage für eine didaktische Grammatik (siehe Kapitel 3.7), die demnach – analog zu
der Bezeichnung ‚kognitive Linguistik' – als ‚kognitive Didaktik' zu bezeichnen wäre.

Folgt man der Konzeptuellen Metapherntheorie, dann stellen Metaphern eine
essentielle Komponente kognitiver Prozesse zur Verarbeitung von Sprache und auch
zur Verarbeitung abstrakter Konzepte dar. Rudimentäre, wenig differenzierte und wenig
koordinierte mentale Lexika lassen sich deshalb auch als Problem mangelnder Metaphorisierung erklären. Über die metaphorische Beziehung ergeben sich nämlich vielfältige Verbindungen zwischen unabhängigen Konzepten, die im Langzeitgedächtnis
gespeichert sind, auch wenn die Metaphern nicht genau übereinstimmen oder Widersprüche aufweisen (Lakoff/Johnson 1999, Lakoff 1988, Lakoff/Johnson 1980). Welche
Auswirkungen diese auf den Fremdsprachenerwerb haben und wie konstruktiv mit
Metaphorisierungen beim Erwerb von Mehrsprachigkeit umgegangen werden kann,
wird im Folgenden betrachtet.

Als (strukturelle) Metaphern gelten Projektionen einer Quellendomäne (eines Kon-
zeptes und seiner linguistischen Repräsentation) auf eine Zieldomäne (‚Zeit ist Geld').
Die Projektionsrichtung wird als unidirektional von der Quellendomäne auf die
Zieldomäne ausgerichtet verstanden, da die Quellendomäne stärker an die physikalische
Erfahrung (hier eine zählbare Werteinheit) gebunden ist. Es ist noch nicht völlig klar, wie
diese Abbildungsprozesse verlaufen, aber es wird allgemein davon ausgegangen, dass sie

konzeptueller Natur sind.[6] Von strukturellen Metaphern zu unterscheiden sind Orientierungsmetaphern und ontologische Metaphern. Orientierungsmetaphern nutzen allgemeine, vorwiegend körperliche Erfahrungen des Menschen als Orientierung im mehrdimensionalen Raum, zum Beispiel die Bewegung nach oben, unten, hinten oder vorne (‚eine hohe Qualifizierung', ‚ein niedriges Einkommen'). Ontologische Metaphern basieren auf grundlegenden Erfahrungen aus dem Umfeld des Menschen wie Lebenszyklen oder Eigenschaften von Substanzen und Objekten. Diese konkreten Erfahrungen werden auf abstrakte oder vage Vorgänge oder Eigenschaften übertragen und weisen wegen ihrer Universalität hohe Korrespondenzen und gute Erschließungsmöglichkeiten zwischen Sprachen auf (zum Beispiel Geburt/Tod, Stille/Lautstärke, Wärme/Kälte, Härte von Gestein, Schärfe, Religion) (Lakoff/Johnson 1999, Grady 1997, Lakoff/Johnson 1980).

Metaphorische Projektionen können primär, das heißt über Kookurrenzen oder Korrelationen von direkter physischer und kognitiver Erfahrung abgeleitet sein (Grady 1997). Zum Beispiel kann die metaphorische Bedeutung von ‚aufschließen' als Kookkurenz zum Öffnen einer Tür oder eines Schrankes entstehen. Komplexe Metaphern gelten als Kombination primärer Metaphern. Metaphorische Bedeutungen können von Lernern dann besser dekodiert werden, wenn sie sich auf eine gemeinsame Basis der beteiligten Sprachen und ein gegenseitiges Wissen der Lerner über diese Gemeinsamkeiten beziehen (Johnson 1996:236). Die Untersuchung von Atai/Akbarian (2003) belegt diese Hypothese, indem sie zeigt, dass die untersuchten Lerner erweiterte Bedeutungsfelder dadurch verstehen und produzieren konnten, dass sie eine allgemeine konzeptuelle Kompetenz anwendeten, die von den sprachlichen Fertigkeiten unabhängig ist. Daraus ist jedoch nicht zu schließen, dass metaphorische Wortbedeutungen sprachunabhängig operieren.

Exkurs: Wortassoziationsexperimente

Mit Hilfe von Wortassoziationsexperimenten lassen sich sowohl überindividuelle (kulturspezifische) Gemeinsamkeiten als auch idiosynkratische Spezifizierungen und Abweichungen ermitteln. Das Instrument der Wortassoziation wird schon länger in der Psychologie für diagnostische und therapeutische Zwecke genutzt. Die Psychologen Kent und Rosanoff haben dazu bereits Anfang des 20. Jahrhunderts eine Liste von 100 englischen Begriffen entwickelt, die vielfach angewendet und in verschiedene Sprachen übersetzt wurde und damit zu einer allgemeinen Referenzgröße für Assoziationsexperimente geworden ist.[7] In den Untersuchungen zeigen sich insgesamt große Unterschiede darin, wie die Befragten aus verschiedenen Altersgruppen, sozialen Umfeldern und Kulturkreisen die Wörter aus der genannten Liste bewerten

---

[6]   Zu konzeptuellen Metaphern siehe auch Roche/Roussy-Parent (2006), Özçalişkan (2003), Matlock/Gibbs (2001), Boroditsky (2000), Gibbs (1999), Lakoff/Johnson (1999), Gentner/ Gentner (1983). Weinrichs Bildfeldtheorie (1976) besagt, dass Metaphern nicht isoliert auftreten, sondern konzeptuell zusammenhängende Bildfelder formen. Über einer Metapher als Sprechakt entstehe im Sprachbewusstsein ein Bildfeld. Dieses bezeichnet er auch als „virtuelles Gebilde" (1976:318, 326) und nimmt damit den Begriff der ‚konzeptuellen Metapher' vorweg.

[7]   Vergleiche Bluhm (1983), Rosenzweig (1970), Russell (1970), Jenkins (1970), Miller (1970), Rosenzweig (1957).

(Hasselhorn/Grube 1994, Gentner 1989, Rosenzweig 1970, Lambert/Moore 1966). Die meisten der verfügbaren kulturvergleichenden Daten betreffen Konkreta. So sind 91 % der Begriffe der Kent-Rosanoff-Liste als Konkreta einzustufen. Konkrete Begriffe weisen gegenüber abstrakten jedoch einen wesentlichen Unterschied auf: Ihr denotativer Gehalt lässt sich an der Realität – wenigstens zum Teil – auch bei kulturspezifisch geprägter Wahrnehmung überprüfen. Daraus ergibt sich in der Regel eine mehr oder minder ausgeprägte objektivierbare Schnittmenge auch über kulturelle Grenzen hinweg. Konkrete Begriffe verweisen also direkter auf die Gegenstände, die sie bezeichnen. Es ist zu vermuten, dass sich abstrakte Begriffe dagegen qualitativ und quantitativ in höherem Maße auf mentale Bilder beziehen, die stark kulturspezifisch geprägt sind und dass die daraus entstehende Varianz die Verarbeitungsprozesse beim Erwerb neuer Sprachen erschwert (siehe Klix 1971 oder auch Offe/Anneken/Kessler 1994). Schließlich ist anzunehmen, dass durch die starke Verkürzung der inhaltlichen Merkmale und durch den reduzierten Aspekt der sinnlichen Erfahrung die Reaktionen der Versuchspersonen oder Lerner auf die untersuchten Abstrakta metaphorisch kompensiert werden. Trotz der direkten Bezüge weisen aber auch Konkreta eine beträchtliche, empirisch messbare Varianz auf.

Für die interkulturelle Kommunikation sind die Untersuchungen von Rosenzweig (1970) besonders relevant, da hier zum ersten Mal ein statistisch brauchbarer Vergleich semantischer Differentiale durchgeführt wurde. Dabei wurden auf Basis der Kent-Rosanoff-Liste Anzahl sowie Art und Distribution der Reaktionen der jeweiligen Sprachgruppen verglichen. Auch die umfangreichen kulturkontrastiven Untersuchungen von Lambert/Moore (1966) haben eine besondere Relevanz für die interkulturelle Kommunikation. Sie verglichen anhand freier Wortassoziationen die Reaktionen von französischen und amerikanischen sowie insgesamt vier mono- und bilingualen anglo- und frankokanadischen Gruppen von Versuchspersonen. Dabei ergab sich ein Reaktionskontinuum von vergleichsweise hoher Uniformität der assozi-ierten Begriffe (Lambert und Moore sprechen hier von *stereotypy*) bei den anglophonen US-Amerikanern auf der einen Seite und einer größeren Heterogenität bei den französischen Versuchspersonen am anderen Ende des Spektrums. Das heißt, die französischen Sprecher differenzierten die Begriffsfelder am stärksten (Lambert/Moore 1966:315). Es zeigte sich weiterhin, dass die übrigen anglophonen und (dominant englisch-)bilingualen Versuchsgruppen semantisch stärker zu den US-Amerikanern tendierten, aber dennoch deutlich von ihnen abwichen, während die (dominant französisch-)bilingualen und die monolingualen Franko-kanadier (‚Québecois‘) stärker zu der französischen Referenzgruppe tendierten, aber sich qualitativ auch von dieser deutlich unterschieden. Lambert/Moore situieren folglich das Frankokanadische semantisch zwischen dem Angloamerikanischen/Anglokanadischen und dem Französischen.

> Since the associational pattern of the French-Canadian group is relatively isolated from all of the others, French-Canadians may realize their difficulty in expressing the full meaning of their ideas and thereby sense a certain pressure to adjust to either the English-Canadian and American pattern, or at least the French-French pattern. (Lambert/Moore 1966:319)

Um besser verstehen zu können, wie kulturspezifische Einflüsse auf das mentale Lexikon einzelner Sprecher wirken, hat Roussy-Parent Daten gesammelt, mit deren Hilfe Aussagen über kulturelle Differenzen und die ihnen zugrunde liegenden Metaphori-sierungsprozesse gewonnen werden sollten (Roche/Roussy-Parent 2006). Durch die Wahl des Québecois als eine der beiden untersuchten Sprachen konnte an die Ergebnisse der Arbeiten von Lambert/Moore angeschlossen werden.

Exkurs: Methodik/Design des interkulturellen Wortassoziationsexperiments nach (Roche/Roussy-Parent)

Das Frankokanadische der kanadischen Provinz Québec ist eine Sprache, die sich historisch und etymologisch aus einer Mischung von Altfranzösisch, Englisch und indianischen Sprachen zusammensetzt (Poirier 1999:15). Sein konzeptuelles Begriffssystem unterscheidet sich nicht nur vom Englischen, sondern auch vom Standard-Französischen. Die Befragungen der Versuchspersonen der Studie wurden schriftlich in Form eines Fragebogens durchgeführt, der an die Versuchspersonen persönlich per Email verschickt wurde. Er bestand aus einem diskreten Erstassoziationsexperiment. Da frühere Untersuchungen gezeigt hatten, dass Wissensverknüpfungen altersspezifisch vorgenommen werden (Hasselhorn/Grube 1994 und Gentner 1989), wurde der Assoziationstest in einer begrenzten Altersgruppe (25–40 Jahre) durchgeführt. Das durchschnittliche Alter bei der deutschen Vergleichsgruppe betrug 29 und bei den Frankokanadiern 28 Jahre. Insgesamt nahmen je 51 Deutsche und Frankokanadier (zusammen also 102 Versuchspersonen) an der Untersuchung teil, mit annähernd gleicher Geschlechterverteilung. Alle Teilnehmer lebten in ihrem jeweiligen Heimatland und sprachen jeweils muttersprachlich Deutsch oder Frankokanadisch. Die Versuchspersonen hatten jeweils 30 Begriffe aus ihrer Erstsprache zu bewerten. Um Reihenfolgeeffekte zu vermeiden, wurden die 30 Begriffe semantisch gemischt präsentiert. So wurden Gegensatzpaare, deskriptive Merkmale wie ‚Stadt‘ – ‚Laut‘ und Begriffe, die zu demselben Begriffsfeld gehören, getrennt dargestellt. Die Präsentation der gewählten Stimuli war jedoch für alle Probanden gleich. Die Versuchspersonen hatten keine vorgegebenen Antworten oder Hinweise auf Antwortklassen, um ihre Spontaneität möglichst wenig zu beschränken (vergleiche Dorn 1998, Schmuck 1994, 1993). Durch die Untersuchung konnten daher weder spezifische Formen der Gedächtnisorganisation noch die Merkmalsklassen in dem begrifflichen System überprüft werden (Schmuck 1993:9), sondern sie diente lediglich dazu, kulturelle Unterschiede in den Begriffsfeldern zu identifizieren. Auch auf andere Merkmale, die für psychopathologische oder therapeutische Untersuchungen von Relevanz sind, wurde verzichtet. Schließlich wurde der Störfaktor der Homophonie beseitigt, indem die Stimuli und die Reaktionen schriftlich präsentiert und fixiert wurden. Homophonie spielt im Französischen eine stärkere Rolle als im Deutschen.

Von der Kent-Rosanoff-Liste wurden insgesamt 19 Wörter ausgesucht und sowohl ins Französische als auch ins Deutsche übersetzt. Es wurden analog zu früheren Studien zwei grammatische Kategorien von Wörtern untersucht: Adjektive und Nomen (Konkreta und Abstrakta). Dabei wurde darauf geachtet, dass die Stimuliwörter in der Alltagssprache weit verbreitet sind. Die Adjektivpaare lauteten ‚kalt‘ / ‚froid‘, ‚bitter‘ / ‚amer‘, ‚sauer‘ / ‚acide‘, ‚süß‘ / ‚sucré‘, ‚laut‘ / ‚bruyant‘, ‚weich‘ / ‚mou‘, ‚hart‘ / ‚dur‘, ‚schwer‘ / ‚lourd‘. Die Konkreta lauteten ‚Stadt‘ / ‚ville‘, ‚Käse‘ / ‚fromage‘, ‚Kind‘ / ‚enfant‘, ‚Haus‘ / ‚maison‘, ‚Mond‘ / ‚lune‘ und ‚Adler‘ / ‚aigle‘. Mit den Stimuliwörtern wie ‚sanft‘ / ‚doux‘, ‚Heim‘ / ‚foyer‘, ‚Dorf‘ / ‚village‘, ‚Frosch‘ / ‚grenouille‘, ‚Partner‘ / ‚partenaire‘ und ‚Ratte‘ / ‚rat‘ wurde die Palette der konkreten Begriffe der Kent-Rosanoff-Liste erweitert, um eine genauere begriffliche Abgrenzung zwischen ‚süß‘ – ‚sanft‘, ‚Haus‘ – ‚Heim‘ und ‚Stadt‘ – ‚Dorf‘ zu ermöglichen. Derartige bedeutungsnahe Begriffe können dazu beitragen, eine kulturspezifische Differenzierung festzustellen. Die Begriffe ‚Ratte‘ und ‚Frosch‘ sind wichtig, weil sie einen starken Kontrast zu dem prestigeträchtigen ‚Adler‘ darstellen. Um die Reaktionen auf abstrakte Begriffe untersuchen zu können, wurden 10 weitere Begriffe in die Liste der Stimuli aufgenommen: die fünf Wortpaare ‚Wut‘ / ‚colère‘, ‚Krankheit‘ / ‚maladie‘, ‚Gesundheit‘ / ‚santé‘, ‚Bequemlichkeit‘ / ‚confort‘ und ‚Sorge‘ / ‚trouble‘ von der Kent-Rosanoff-Liste und die Wörter ‚Frieden‘, ‚Stolz‘, ‚Glück‘, ‚Eifersucht‘ und ‚Freiheit‘ mit ihren französischen Entsprechungen ‚paix‘, ‚fierté‘, ‚bonheur‘, ‚jalousie‘ und ‚liberté‘. Da bei der Auswertung der Reaktionen durch die freien Nennungsmöglichkeiten naturgemäß eine größere grammatische und lexikalische Variation entsteht, erfolgte die Gruppierung lexikalisch verwandter Reaktionen in dieser Untersuchung nach dem Verfahren von Dorn (1998:80): Die unterschiedlichen Flexionen, die Komposita und die unterschiedlichen grammatischen Kategorien werden dabei auf eine Grundform zurückgeführt und als jeweils ein Eintrag gewertet. Das Nomen ‚Seide' und das dazu gehörige Adjektiv ‚seidig' werden somit zum Beispiel als gleichwertige Reaktionen gewertet. Bei der Darstellung der frankokanadischen Reaktionen werden die deutschen Hilfsübersetzungen jeweils in Klammern angegeben. Um den Grad der Übereinstimmung zwischen den deutschen und frankokanadischen Reaktionen zu prüfen, wurde nach dem Verfahren von Rosenzweig (1964) vorgegangen. Mit diesem Verfahren wird jeweils die prozentuale Häufigkeit einer bestimmten Reaktion auf einen bestimmten Stimulus für beide Sprachen ermittelt. Der geringste Prozentsatz der beiden Ergebnisse, das heißt der kleinste gemeinsame Nenner, stellt jeweils die gemeinsame Schnittmenge als prozentuale Übereinstimmung dar. Das bedeutet also, wenn bei dem Stimulus ‚kalt' 16 % der Deutschen ‚Winter' und bei dem Stimulus ‚froid' 45 % der Frankokanadier mit der entsprechenden Reaktion ‚hiver' geantwortet haben, dann beträgt die prozentuale Übereinstimmung 16 % (Übereinstimmungswert: 0,16). Auf diese Weise können alle Reaktionen auf einen Stimulus überprüft und zu einer Gesamtsumme addiert werden.

In den folgenden Tabellen sind die (quantitativen) Übereinstimmungswerte von allen deutschen und frankokanadischen Begriffen dargestellt. Sie ergeben ein allgemeines Bild kulturspezifischer Divergenzen, mit Differenzierungen in den drei untersuchten Kategorien. Tabelle 3.3 illustriert die qualitativen Unterschiede anhand eines Begriffspaares. In der darauf folgenden Tabelle werden exemplarisch die Übereinstimmungswerte eines einzelnen Abstraktums dargestellt. Zur Orientierung: Bei der größtmöglichen Entsprechung (1,0) würde Bedeutungsidentität bestehen.

	Stimuli	Frankokanadisch/Deutsch
Adjektive	kalt/froid	0,54
	bitter/amère	0,22
	sauer/acide	0,34
	süß/sucré	0,20
	sanft/doux	0,20
	laut/bruyant	0,26
	weich/mou	0,25
	hart/dur	0,45
	schwer/lourd	0,24
Konkreta	Stadt/ville	0,20
	Dorf/village	0,24
	Käse/fromage	0,28
	Kind/enfant	0,32
	Mond/lune	0,50

	Stimuli	Frankokanadisch/Deutsch
	Adler/aigle	0,44
	Ratte/rat	0,37
	Frosch/grenouille	0,42
	Haus/maison	0,32
	Heim/foyer	0,12
	Partner/partenaire	0,30
Abstrakta	Gesundheit/santé	0,36
	Krankheit/maladie	0,36
	Wut/colère	0,32
	Sorge/trouble	0,10
	Bequemlichkeit/confort	0,24
	Frieden/paix	0,45
	Stolz/fierté	0,14
	Glück/bonheur	0,24
	Eifersucht/jalousie	0,28
	Freiheit/liberté	0,24
	Mittelwert	0,298
	Median (mittlerer Wert in einer Verteilungsreihe)	0,28

Tabelle 3.1: Gesamtdarstellung der Übereinstimmungswerte zwischen den deutschen und frankokanadischen Gruppen im Wortassoziationsexperiment (Roche/Roussy-Parent 2006:237)

	Adjektiv	Konkreta	Abstrakta
Mittelwert	0,300	0,319	0,273
Median	0,25	0,32	0,26

Tabelle 3.2: Die mittleren Übereinstimmungskoeffizienten der Adjektive, Konkreta und Abstrakta (Roche/Roussy-Parent 2006:237)

Der niedrige Median der Übereinstimmungskoeffizienten von 0,28 zeigt deutlich, dass Deutsche und Frankokanadier weit auseinander liegende Vorstellungen von den untersuchten Begriffen haben. Die Stimuli, die in der vorliegenden Untersuchung die niedrigsten Übereinstimmungswerte erlangt haben, sind die Abstrakta ‚Sorge' / ‚trouble' mit 0,10, ‚Stolz' / ‚fierté' mit 0,14 und das Konkretum ‚Heim' / ‚Foyer' mit 0,12, das allerdings im Deutschen eine stärker abstrakte Komponente enthält als im Frankokanadischen. Wie gezeigt, stimmen die Assoziationen der abstrakten Begriffe (Mittelwerte) im Vergleich mit denen der Konkreta insgesamt am wenigsten überein. Zwischen den

Korrelationen der Adjektive mit 0,25 und der Abstrakta mit 0,26 besteht allerdings kein signifikanter Unterschied. Müller-Jacquier (1992) und Müller (1994:16) schließen aus ähnlichen Beobachtungen, dass Adjektive demzufolge wie Abstrakta zu behandeln seien. Das folgende Beispiel illustriert die unterschiedlichen Zugänge zu den Begriffen.

Sorge		Trouble	
Reaktion (Erstnennung)	Anzahl	Reaktion	Anzahl
Angst	7	eau (Wasser)	11
Falten	7	*problème* (Problem)	6
Kind/er	6	double (doppelt)	3
Zukunft	4	apprentissage (Lernfähigkeit)	2
Problem	3	difficile (schwierig)	2
Kummer	3	vue/vision (Sicht/Sehvermögen)	2
Arbeit, *Besorgnis*, Dunkelheit, Familie, Geld, Gesundheit, grau, Not, sans-soucis, schlimm, Schmerz, Seele, Stirnrunzeln, Tasche, traurig, ungewiss, unnötig, Unsicherheit, Versicherung, viele, Wehmut	je 1	*anxiété*, auditif, brouillé, cardiaque, chicane, comportement, confusion, correction, désagrément, embrouillé, espiègle, fatigue, fête, flou, guerre, homme, jeu, mécanique, mémoire, psychologique, solution, temps, *tracas*, tranquilité, yeux	je 1

Tabelle 3.3:   Anzahl der Reaktionen (Erstnennungen) auf den Begriff ‚Sorge' bei den Deutschen und Frankokanadiern (Roche/Roussy-Parent 2006:238); Übereinstimmungen kursiv

Obwohl ‚Sorge' in vielen Fällen im Frankokanadischen mit dem vom englischen entlehnten Wort ‚trouble' übersetzt werden kann, das den Zustand von Kummer, Sorge und Unannehmlichkeit definiert (Dugas/Soucy 1991:21), zeigt das Experiment eine Unstimmigkeit in den assoziativen Verknüpfungen. In den meisten Fällen reagieren die frankokanadischen Versuchspersonen mit Nennungen von Anomalien, vor allem Verknüpfungen zu physiologischen Eigenschaften wie ‚vue' (Sicht), ‚auditif' (auditiv), ‚cardiaque' (Herz), ‚apprentissage' (Lernfähigkeit), ‚mémoire' (Gedächtnis), ‚comportement' (Verhalten), ‚psychologique' (psychologisch). Doch sind auch Ausdrücke der Besorgnis wie ‚anxiété' (Angst), ‚problème' (Problem) und ‚tracas' (Sorgen) und der Auseinandersetzung wie ‚chicane' (Schikane), ‚guerre' (Krieg) und ‚fête' (Fest) in geringer Zahl vorhanden. Die deutschen Versuchspersonen beschränken sich ihrerseits auf Begriffe, die Besorgnis ausdrücken, wie ‚Angst', ‚Falten', ‚Stirnrunzeln', und auf wichtige Lebensbereiche, die mit Sorgen in Verbindung stehen können, wie ‚Zukunft', ‚Kinder', ‚Geld' und ‚Arbeit'.

Wie stark bei der Aktivierung abstrakter Begriffe metaphorische Prozesse beteiligt sind, lässt sich am Beispiel des Begriffes ‚Wut' gut veranschaulichen. Beide Gruppen nennen an erster Stelle mit einer deutlichen Gewichtung von 25 % die Farbe ‚rot' / ‚rouge'.

Wut		Colère	
Reaktion	Anzahl	Reaktion	Anzahl
Rot	11	*rouge* (rot)	13
Zorn	7	noir (schwarz)	5
Ärger	5	*fâché* (böse, sauer)	3
Hass	5	rage (Tollwut)	3
Anfall	2	frustration (Frustration)	2
Angst	2		
Sauer	2		
Böse	2		
Bank, entbrannt, enttäuscht, Explosion, hilflos, kalt, Magenkrämpfe, Ohnmacht, Schmerz, *Schrei*, Unbeherrschtheit, vermeiden, weinen, Wutausbruch, zerstören	je 1	agressif, amère, anxieux, bleue, chicane, combat, *cri*, défoulement, énervement, fort, fou, *furie*, ire, malaise, mauvais, misère, paix, panique, péter les plombs, rancoeur, regret, séparation, sourcil, tonnerre, volcan	je 1

Tabelle 3.4:   Anzahl der Reaktionen auf den Begriff ‚Wut‘ bei den Deutschen und Frankokanadiern (Roche/Roussy-Parent 2006:241–242)

Mit Lakoff lässt sich diese semantische Reaktion durch die metaphorischen Prozesse des Verkörperns (Lakoff 1987:206) erklären. Der menschliche Körper wird als Container betrachtet, dessen biologische Reaktionen auf andere Konzepte übertragen werden. Bei einem verärgerten Menschen werden demnach Merkmale wie ein errötetes Gesicht und ein steigender Blutdruck (im Container) als Bildspender verwendet. Daraus entstehen Ausdrücke wie ‚je suis rouge de colère‘ oder ‚er sieht rot‘.

Außer ‚rot‘ erscheint bei den Frankokanadiern als weitere wichtige Farbe ‚noir‘ (schwarz). Auch diese Assoziation lässt sich auf körperliche Ursachen zurückführen. In einem wütenden Zustand verliert der Mensch die Vernunft und die Klarheit. Es ergibt sich eine „dunkle Seite".

Weitere metaphorische Assoziationen, die im Rahmen der interkulturellen Vergleichsstudie von Roche/Roussy-Parent (2006) untersucht wurden, sind auf der begleitenden Webseite zu diesem Buch dargestellt.

Die Auswertung der Daten zeigt, dass die abstrakten Begriffe in beiden Sprachen eine höhere Distribution der Assoziationen besitzen als die konkreten Begriffe. Das liegt nach Paivio (1966) daran, dass konkrete Begriffe ein bestimmtes Bild evozieren, das sich mit Eigenschafts-, Beziehungs- und Verhaltensmerkmalen beschreiben lässt. Konkrete Begriffe wie ‚kalt‘, ‚Mond‘, ‚hart‘ und ‚Adler‘ werden so aufgrund ihrer klaren Vorstellung mit vergleichsweise einheitlichen Reaktionen verbunden und benötigen keine Verknüpfungen zu abstrakten Einheiten.

Die deutliche Tendenz zu Konkretisierungsversuchen bei abstrakten Begriffen in beiden Sprachen deutet darauf hin, dass bei der Verarbeitung der abstrakten Begriffe Prozesse der Metaphorisierung stattfinden. Sie sind aber kulturspezifisch jeweils anders ausgeprägt. Eine Pilotstudie zum Vergleich von Deutsch, Französisch und Arabisch von Ramadan (2013), die die Untersuchung von Roche/Roussy-Parent repliziert und auf arabische Varietäten ausdehnt, unterstreicht diese kulturspezifische Ausprägung. Sie ergibt tendenziell eine größere Übereinstimmung zwischen den deutschen und französischen Metaphorisierungen als zwischen den deutschen und arabischen. ‚Wut' und ‚Eifersucht' weisen zum Beispiel viele Gemeinsamkeiten im Deutschen und Französischen auf: Hier dienen die Farbeigenschaften der körperlichen Erfahrung eines verärgerten Menschen (zum Beispiel das errötete Gesicht ‚rot'/‚rouge' bei ‚Wut', und im Deutschen auch ‚gelb' für ‚Eifersucht/Neid', im Französischen ‚vert' und ‚rouge' für ‚jalousie') als Bildspender. Die jordanischen und marokkanischen Befragten, die innerhalb des Arabischen weitere Binnendifferenzen aufweisen, beziehen sich dagegen bei ‚Wut' einheitlich auf die körperliche Erfahrung des Drucks (‚Vulkan') und der Hitze (‚Feuer') als Quellendomäne. Aber es zeigen sich auch überraschende Übereinstimmungen zwischen Deutsch und Arabisch. Neben den Übereinstimmungen zwischen Deutsch und Französisch bei ‚Sorge' bezeichnet ‚trouble' im Französischen auch die Trübung einer Flüssigkeit. Das arabische قَلَق (‚qalaq') bezeichnet dagegen wie das Deutsche nur den Zustand von Kummer, Sorge und Unannehmlichkeit.

Auffällig ist zudem, dass die Reaktionen der deutschen Versuchspersonen auf Adjektive einheitlicher oder stereotypisierter ausfallen als die der frankokanadischen Gruppe. Während die Frankokanadier mit einer Vielfalt von Prototypen, die mit der Eigenschaft verbunden sind und die Abgrenzung eines Konzepts markieren sollen (vergleiche Rosch/Mervis 1976), reagieren, antworten die deutschen Versuchspersonen eher mit Antonymen. Ein Viertel aller Reaktionen der deutschen Versuchsgruppe bestehen aus antonymen Nennungen. Bei den Frankokanadiern sind diese dagegen nur bei den Stimuli ‚sucré', ‚mou' und ‚dur' zu beobachten.

3.4   Metaphern im Sprachunterricht

Wenn Metaphorisierungsprozesse eine essentielle Rolle in der Sprachverarbeitung spielen, liegt es nahe, diese auch stärker in der Sprachvermittlung einzusetzen. Untersuchungen von Littlemore/Low (2006) zeigen jedoch übereinstimmend, dass dies bisher praktisch nicht geschieht. Wo Metaphern im Fremdsprachenunterricht bisher überhaupt eine Rolle spielen, tun sie das mit sehr wenigen Ausnahmen als Lerngegenstand des Vokabulars oder als Thema stilistischer Übungen. Zu den wenigen Ausnahmen gehören eine Reihe von Grammatikanimationen (siehe Kapitel 3.6), die Brücken bildende Nutzung von Metaphern in Lehrwerken für fortgeschrittene Lerner des Deutschen als Fremdsprache (vor allem *Für- und Widersprüche* und die Sammlungen von Inter Nationes Krusche 1987, Krusche/Krechel 1984 und Beckmann 2001), die sporadische Thematisierung in der Literaturdidaktik (Schramm 2009, Katthage 2006) und die Behandlung im Kontext von Tropen und Rhetorik in der Didaktik bei Steinbrügge (2008).

In Bezug auf die Lernerleichterung ist dabei das Konstruktionsprinzip hervorzuheben, und zwar in einer diachronen und einer synchronen Variante: 1. die Aktivierung und Reaktivierung von etablierten oder lexikalisierten Metaphern (diachrone Reaktivierungsfunktion) und 2. die Konstruktion von Brücken zur Erschließung von Lakunen (synchrone Lakunenfunktion). Zu den etablierten, lexikalisierten oder fossilisierten

(„toten") Metaphern gehören solche, deren metaphorische Quellen heute kaum mehr erkannt werden, weil sie sich verselbständigt haben oder weil sie veraltet sind (zum Beispiel ‚Hafen' > ‚Flughafen'). In den Sportfachsprachen finden sich ebenfalls viele verselbständigte Begriffe wie ‚Flanke', ‚Abseits', ‚Turnhalle', ‚Barren', ‚Pferd', deren Quellendomäne kaum mehr präsent ist, wenn die Begriffe heute verwendet werden.

> Es gibt ein ständiges Kommen und Gehen. Neue Metaphern werden gebildet, bürgern sich ein, demetaphorisieren, werden zu konventionalisierten Metaphern, um schließlich als völlig unauffällige Mitglieder des Wortschatzes ein graues Dasein zu fristen. (Keller 1995:221)

Dennoch eignen sich solche Begriffe gerade zum besseren Verständnis des Symbolsystems von Sprachen und Kulturen, weil sie damit Einblicke in deren Systematik geben. So kann etwa eine Metapher wie ‚viel um die Ohren haben' einem Lerner zum besseren Verständnis recht plastisch „vor Augen geführt" werden. Dermaßen reaktivierte Metaphern (entkonventionalisierte und remetaphorisierte Metaphern) sind nicht nur produktiv in Komik und Karikatur, sondern auch in der Werbesprache. In dem Werbeslogan ‚Für Leute, die gerne viel um die Ohren haben' (Blaupunkt) wird diese lexikalisierte Bedeutung entsprechend reaktiviert, ins Angenehme (Klangerlebnis) verkehrt und bleibt in ihrer gegensätzlichen Doppeldeutigkeit bestehen. Für Lerner, für die die metaphorische Bedeutung der Zieldomäne nicht transparent ist, weil ihnen die unmittelbare Entsprechung nicht bekannt ist (Lakunen), eignet sich vor allem der Rückgriff auf ontologische Metaphern und Orientierungsmetaphern, die grundlegende Erfahrungen des Menschen abbilden. Dabei genügt meist der Rückgriff auf die physische Quellendomäne, um das Konzept der Metapher zu vermitteln. Die physiologische Konkretheit der Quellendomäne (gerade der ontologischen Metaphern und Orientierungsmetaphern) ist oft so nah an der lebensweltlichen Erfahrung der Lerner, dass sie von Lernern leicht nachvollzogen werden kann. Die Übertragung auf die Zieldomäne, die Sprachen unterschiedlich leisten, ist danach im Wesentlichen eine Zuordnungsaufgabe. Diesen Zuordnungsprozess illustriert Keller 1995 folgendermaßen:

> Gleichartige Probleme führen oft zu gleichartigen Verfahren. [...]Beispiel[:] Das Gefühl, das Chilischoten auf der Zunge erzeugen, nennt man im Deutschen scharf, auf Englisch hot und auf Spanisch picante [...] In diesen drei Sprachen werden zwar unterschiedliche Bilder verwendet, aber eines ist ihnen gemeinsam: Es sind Bilder körperlicher Verletzungen: schneiden, brennen, [...] In den Sprachen, in denen das metaphorische Verfahren dazu eingesetzt wird, ist die Verletzungsmetaphorik mit hoher Wahrscheinlichkeit zu erwarten. (Keller 1995:229, vergleiche auch Baldauf 1997:269)

Durch den Rückgriff auf die physische Bedeutung von Metaphern gelingt ihre Erschließung. Körperteile, Farben und Tierbezeichnungen sind dafür besonders dankbare Bildspender. Ein kompetenter Sprecher einer Sprache ist demnach nicht jemand, der grammatische Regeln richtig anwenden kann, sondern das konzeptuelle Gerüst sprachlicher Strukturen und kommunikativer Prozeduren erworben hat (vergleiche Hashemian/Talebinezhad 2007, Kecskés/Papp 2000). Erfolgreich geht der Lerner einer fremden Sprache also vor, wenn es ihm gelingt, das kognitive System der fremden Sprache über Brückenkonstruktionen zu erschließen, das heißt kreativ mit Metaphern umzugehen.

Die Bedeutung dieser konzeptuellen Kompetenz fasst Danesi in der *Conceptual Fluency Theory* (2003) zusammen. Konzeptuelle Kompetenz bedeutet, die physische und soziale Konstruktion einer fremden Situation wahrzunehmen und in der Lage zu sein, sich darin angemessen zu bewegen, ohne sich ihr konformistisch anzupassen. Hieraus kann eine neue Qualität der Wahrnehmung und des Handelns entstehen, die nicht selten auch eine kulturvermittelnde Kompetenz umfasst oder wenigstens die Grundlage dafür ist.

Der Lerner kann Metaphern auf zwei Ebenen für den Erwerb einer fremden Sprache nutzen, einer paradigmatischen und einer syntagmatischen. Zur paradigmatischen Ebene gehören die folgenden Aspekte:

► Metaphern stellen ein konzeptuelles Orientierungssystem dar, das am besten in Teilbereichen und sukzessive erworben werden kann, je nach thematischem Interesse. Das System kann auf strukturellen Metaphern und räumlichen, zeitlichen oder anderen Orientierungen basieren oder von ontologischen Kategorien abgeleitet sein.
► Metaphern in der Fremdsprache bedürfen der Relevanz für den Lerner. Die Konzepte und Strukturen, die ihnen zugrunde liegen oder in deren Kontext sie verwendet werden, sollten darüber hinaus die nötige Salienz besitzen, um die Aufmerksamkeit des Lerners zu wecken. Wo Metaphern zwischen zwei Sprachen differieren, entsteht eine Transferdiskrepanz, die das besondere Interesse des Lerners wecken kann.
► Diese Diskrepanz kann zwischen primärer und metaphorischer Bedeutung oder den Bedeutungen der L1 und L2 bestehen. Ungewöhnliche kulturelle Äquivalenzen und Diskrepanzen wie in ‚green with envy' / ‚gelb vor Neid' tendieren zu besonders hoher Salienz.
► Das erhöhte Interesse bewirkt eine intensivere Verarbeitung der Metapher. Dieser erhöhte kognitive Aufwand hinterlässt stärkere Spuren im kognitiven System und stärkt damit die Aktivierungspfade des mentalen Lexikons, das heißt das Behalten.
► Unter bestimmten Bedingungen führt die multimodale Verarbeitung mittels verschiedener Verarbeitungskanäle (Modi) und verschiedener Kodierungen (Formate) zu einer Erleichterung der Verarbeitungsaufgabe (siehe Suñer Muñoz 2011, Scheller 2008).

In syntagmatischer Sicht eignen sich Metaphern wie auch Chunks für die holistische, bedeutungsorientierte Verarbeitung. Sie bieten aber auch syntaktische Muster an, die in der Regel eine Musterfunktion haben, nach der andere Metaphern zum Beispiel in Redewendungen oder Kollokationen gebildet sind. Durch die hohe Salienz und Kollokativität generieren sie ein hohes Erinnerungspotenzial (vergleiche die Liste der *Didactic Encouragements* von Littlemore 2012). Da zwischen allen erworbenen Sprachen eines Lerners Austausch- und Anpassungsprozesse zu erwarten sind, können auch vorerworbene Sprachsysteme (nachträglich) von diesen Effekten profitieren.

Weitere Beispiele zur Vermittlung von Metaphern im Sprachunterricht werden auf der begleitenden Webseite zu diesem Buch aufgeführt.

Metaphern in der Fremdsprachendidaktik

Aus diesen Beobachtungen ergeben sich eine Reihe von Konsequenzen für die Nutzung von Metaphern und die Thematisierung von Metaphorisierungsprozessen im Fremdsprachenerwerb:

► Die unterschiedliche Ausprägung der Begriffsfelder in Sprachen bei alltagssprachlichen, konkreten und häufig verwendeten Begriffen illustriert, wie weit die semantischen

Systeme von Sprachen voneinander entfernt sind. Dies kann für die Sensibilisierung und Entwicklung von Sprachbewusstheit genutzt werden.

► Die festgestellten metaphorischen Differenzen auch bei weit verbreiteten Begriffen, die Entsprechungen in vielen Sprachen haben, werfen die Frage auf, inwieweit es sich mit allgemeinen Konzepten von Begriffen (zum Beispiel Anglizismen oder anderen standardisierten Internationalismen etwa aus dem Eurolatein) in der Sprachvermittlung arbeiten lässt.[8]

► Der Fremdsprachenunterricht müsste der Vielfalt sprachlicher und kulturell-landeskundlicher Varietäten durch eine größere Differenzierung gerecht werden (im Französischunterricht etwa durch eine Berücksichtigung der internationalen Frankophonie oder in Deutsch als Fremdsprache durch eine pragmatische Erweiterung des DACHL-Konzeptes). Diese Differenzierung ist notwendig für das Gelingen interkultureller Kommunikation.

► Die gängigen Unterrichtsverfahren zur Einführung und Memorierung von Wortschatz über denotative Paarassoziationen scheinen angesichts der Differenziertheit der Wortfelder nur sehr bedingt geeignet. Mit verkürzten Wortgleichungen werden wesentliche Elemente von Begriffsfeldern übersehen.

► Im Fremdsprachenunterricht sollte für die deutlichen semantischen Differenzen auch bei „unscheinbaren" Begriffen und bereits früh mit geeigneten Verfahren sensibilisiert werden. Dies kann grundsätzlich mit Assoziogrammen und kontrastiven Fallbeispielen geschehen. Graphisch gut darstellen lassen sich die Differenzen in Diagrammen (Semantographen). Semantische Differentiale bieten sich daher als Instrument der Sensibilisierung, Bewusstmachung und Erklärung konzeptueller Unterschiede von Verstehenssystemen an.

► Metaphorisierungsprozesse sind gerade bei der Vermittlung von abstraktem Wortschatz ein geeignetes Mittel. Diese können auch durch visuelles Material unterstützt werden. Zu beachten ist dabei, dass auch die visuelle Wahrnehmung kultursemiotischen Einflüssen unterliegt (siehe Roche 2012).

► Das Verfahren der kontrastiven Assoziation ist ein geeignetes Mittel zur Vorbereitung und Entlastung von jeder Art interkultureller Kommunikation.

Damit zeigt sich, dass der Einsatz von Wortassoziationsverfahren im Fremdsprachenunterricht ein lohnenswerter Ansatz für die interkulturelle Sensibilisierung der Lerner ist. Gleichzeitig ergibt sich daraus die Notwendigkeit einer weiteren (intensivierten) Erforschung des Erwerbs des mentalen bilingualen Lexikons.

> Das leichte Lernen [...] ist allen von Natur aus lustvoll [...]; die Worte aber bezeichnen etwas, so daß von den Wörtern diejenigen, die uns zum Lernen [...] bringen, am meisten lustvoll sind. [...] Die Metapher bewirkt dies [...] in besonderer Weise. (Aristoteles zitiert nach Schramm 2009:187)

---

[8] Das gilt besonders für Lehrprogramme des Tertiärsprachenerwerbs, die etwa Englisch als erste Bezugsfremdsprache für Französisch und Deutsch als zweite sehen („Deutsch nach Englisch"). Siehe auch Meißner/Burk (2001) zu Internationalismen aus den romanischen Sprachen. Von völliger Identität der Begriffsfelder ist in der Regel nicht auszugehen.

3.5   Kognition und Grammatik

Der kognitiven Theorie multimedialen Lernens (*Cognitive Theory of Multimedia Learning*, Mayer 2005 a, Mayer/Sims 1994) und der dualen Kodierungstheorie (*Dual Coding Theory*, Sadoski/Paivio 2004, Paivio 1986) zufolge wird (laut-) sprachliche und bildliche Information in zwei unterschiedlichen Subsystemen des semantischen Gedächtnisses verarbeitet. Bei der gleichzeitigen Verarbeitung von sprachlichem und bildlichem Material entstehen zwei unterschiedliche mentale Repräsentationen, die zu einem späteren Zeitpunkt wieder zusammengeführt werden müssen. Die gleichzeitige Verarbeitung von laut-sprachlicher und bildlicher Information ist demnach mit erhöhtem Aufwand verbunden, beim Lernen mit multimedialen Materialien unter Umständen aber auch effizienter als die nachgeordnete Kombination gelesener Wörter und Bilder. Je länger die Information getrennt verarbeitet und gespeichert werden muss, desto größer ist die Inanspruchnahme der limitierten kognitiven Ressourcen. Engelkamp/Rummer (1999) und Engelkamp/Zimmer (2006) gehen daher davon aus, dass – entgegen der Annahme einer späteren Zusammenführung – die Koordination der separaten Verarbeitung ein kontinuierlicher Prozess ist, der bei der Rezeption und Produktion von Äußerungen früh beginnt. Um Effekte der Überbelastung zu vermeiden (die *Cognitive Load Theory*, Sweller 2005) muss also eine zeitlich und semantisch gut abgestimmte Koordination der Verarbeitungsprozesse und eine Einteilung in kleinere Aufgaben erfolgen (vergleiche *Temporal Contiguity Principle*, *Coherence Principle*, *Segmenting Principle* bei Mayer 2005 c, 2005 b und den Kontiguitätseffekt bei Seel 2000). Eine verfrühte oder verspätete Illustration landeskundlicher Information im Unterricht, zum Beispiel durch Abbildungen, die am Anfang und Ende eines Lehrbuches oder Kapitels oder durch Filmausschnitte ohne Bezug zur Lektion präsentiert werden, kann daher den beabsichtigten positiven Effekt verfehlen. Nur wenn sprachliche und visuelle Information in eine gemeinsame Repräsentation integriert werden können, kann sinnstiftendes und nachhaltiges Lernen stattfinden (*Generative Learning, Active Processing Assumption*, Schnotz 2005, Mayer 2005 a). Konzeptuelle Grammatiken scheinen dabei für die Strukturvermittlung ein adäquates Mittel:

- ▶ Konzeptuelle Grammatiken tragen Sinn und Bedeutung.
- ▶ Diese Bedeutung lässt sich unmittelbar oder über metaphorische Brücken auch an Lerner gut vermitteln.
- ▶ Polysemie lässt sich damit besser erklären (zum Beispiel die Funktion von Partizipmarkierungen in verschiedenen grammatischen Funktionen).
- ▶ Konzeptuelle, kognitive Grammatiken befördern induktive Vermittlungsverfahren, die den Lernern einen besseren Zugang zur fremden Sprache ermöglichen.

Langacker bezeichnet Grammatik als Sammlung konventionalisierter Einheiten mit symbolischem Charakter. Der symbolische Charakter ergibt sich demnach aus einer denotativen, einer semantischen und einer phonologischen Repräsentation eines Wortes. Diese Repräsentationen entstehen idiosynkratisch und werden durch die Sprachgemeinschaft konventionalisiert und verfestigt. Die sprachlichen Einheiten können jede Größe und jede Komplexität haben, nicht nur die von Wörtern. Weil aber die Grenzen der Einheiten beim Gebrauch verschwimmen, kann man einzelne linguistische Einheiten mit den traditionellen strukturalistischen Mitteln nicht identifizieren. Vielmehr entsteht ein Syntax-Lexikon-Kontinuum. Das heißt Einheiten unterscheiden sich in struktureller Komplexität und Schematizität. Im Mittelpunkt steht bei der Sprachverarbeitung also die kognitive Qualität der Einheiten und ihre Bedeutung und Funktion, erst in zweiter Linie die Struktur. Das erklärt die sprachliche Variation in der Lernersprache und es erklärt manche Einheiten, die sich strukturell sonst nur schwer erklären lassen (zum Beispiel elliptische Strukturen oder Äußerungen wie ,ich mach dich messer', die sich an Konstruktionen wie ,jemanden Adj. machen' anlehnen, die es so aber im Regelinventar der Standardsprache nicht gibt). Alle Einheiten sind Konstruktionen, die wie alle anderen kognitiven Prozesse der Kategorisierung unterliegen. Das bedeutet nicht, dass die Funktionen oder Zuordnungen arbiträr sind. Sie drücken eine gewisse Perspektivierung aus: ,Sie gibt die Fackel an die nächste Läuferin' ist daher nicht gleichbedeutend mit: ,Sie gibt der nächsten Läuferin die Fackel', auch wenn das Ergebnis realiter das Gleiche ist. Durch die Präposition ,an' wird die Direktionalität stärker betont als im zweiten Beispiel. Grammatik entsteht aus dem Gebrauch und dem Kontext, also dem Bedarf. Sie ist *usage-based*. Dabei übernehmen bestimmte grammatische Kategorien möglicherweise universelle Funktionen. Langacker schreibt daher dem Subjekt die Markierung des aus der Gestalt-Psychologie bekannten Verhältnisses von *Trajector* und *Landmark* zu. Es übernimmt die *Trajector*-Rolle. Aus gleichem Grund gelten bestimmte Perspektiven als ungewöhnlich oder markiert, weil hier die Verhältnisse umgekehrt werden. ,Die Erde dreht sich unter dem Menschen' passt daher weniger als ,Der Mensch bewegt sich auf der Erde'. Das kleinere Objekt wird normalerweise als der *Trajector* vor dem Hintergrund (*Landmark*) gesehen (siehe hierzu Ungerer/Schmid 2006).

In Kapitel 2 wurde dargestellt, dass kognitive Konstruktionen die hohe strukturelle Variation im Spracherwerb erklären können (und deshalb für universalistische Ansätze der Spracherwerbsforschung und strukturbasierte Unterrichtsverfahren kritisch sind). Ferner ist dort gezeigt worden, wie aus der Situativität und den lexikalischen Mitteln sukzessive Grammatik entsteht.[9]

Grammatik entsteht bei Lernern also nach gängigen kognitionslinguistischen Modellen aus einem lexikalisch-syntaktischen Kontinuum. Diese Position unterstützen auch drei empirische Studien von Manzanares/López (2008). Sie zeigen, wie L2-Lerner anhand von Konstruktionen und nicht anhand von syntaktischen Einheiten wie Sätzen Grammatik lernen. Auch Danesi (2008) unterstreicht diesen Aspekt der Grammatikentwicklung, indem er feststellt, dass die grammatischen Aspekte beim Spracherwerb hinter die konzeptuellen zurücktreten. Anhand von verschiedenen Metaphorisierungsbereichen soll im Folgenden dargestellt werden, wie sich dieser konzeptuelle Paradigmenwechsel in einem kognitionsdidaktischen Ansatz manifestieren kann. Dabei wird

---

[9] Goldbergs kognitionslinguistisches Modell einer Konstruktionsgrammatik hebt ebenfalls die traditionelle Trennung von Syntax und Lexikon auf. Die Trennung von Syntax und Lexik ist dementsprechend für Konstruktionen wie ,Sam slept the whole trip away' nicht sinnvoll. Sie sind zwar richtiges Englisch, lassen sich nach den Standardregeln der Grammatik aber nicht erklären. ,To sleep something' gibt es nicht. Auch kann man im Englischen nichts ,wegschlafen'. Der Konstruktionscharakter gilt aber auch für standardgrammatisch korrekte und nicht auffällige Einheiten wie ,Er fährt mit dem Auto zu ihr', da sie nicht nur eine Momentaufnahme abbilden, sondern ein komplettes Handlungsskript von zwei handelnden Personen und vielen Gegenständen: vom Einsteigen in das Auto, die Fahrt über Straßen und Siedlungen bis zu ihrem Haus ... (Goldberg 1995, hierzu auch Broccias 2008).

auch betrachtet, welche sinnstiftenden Rollen moderne Medien in diesem neuen Paradigma spielen können.[10]

Am Zusammenwirken von Tempus und Aspekt im Englischen illustrieren Niemeier/ Reif (2008), wie verschiedene kognitionslinguistische Bereiche im Spracherwerb ineinander greifen können. Der nichtprogressive Aspekt markiert demnach inhärent verbundene Ereignisse und deren Zusammengehörigkeit und Unveränderbarkeit (,many aboriginies live in the outback', ,he repaired the radio'), während der progressive Aspekt den Effekt der Auflösung von Grenzen der Ereignisse besitzt (,many aboriginies are living in the outback', ,he was repairing the radio'; hierzu auch Ehrich/Vater 1988). Verschiedene Sprachen markieren diese Aspekte jedoch auf ihre eigene Weise. Diese kulturspezifische Perspektivierung eines kognitiven Konstrukts wird auch bei zählbaren und nichtzählbaren Nomen im Kriterium der ,boundedness' / ,unboundedness' (Zusammengehörigkeit / Entität) deutlich (Niemeier 2005): Ob Reis als nichtzählbar betrachtet werde, hänge stark von der Wahrnehmung der Größe der Reiskörner ab. Während Hafer im Deutschen nichtzählbar ist, ist es ,oats' im Englischen.

Nach der kognitiven Theorie von Shore (1996) können Kulturen als Modelle oder Schemata aufgefasst werden. Diese Schemata entsprechen mentalen Strukturen und werden vom menschlichen Geist erzeugt, um das Weltwissen zu kategorisieren. Dabei besitzen die mentalen Modelle zwei miteinander verflochtene Ebenen: die persönliche und die kulturelle. Die kulturelle Ebene, die Ebene des mentalen Modells, entsteht aus tradierten Konventionen einer Gemeinschaft, aber die Modelle werden nicht einfach übernommen, sondern vom Individuum selbst konstruiert. Die individuelle Rekonstruktion der Realität ist somit idiosynkratisch und einmalig. Mit der lexikalischen Realisierung der Schemata bekommt Kultur die eingangs genannte symbolische Funktion (Geertz 1973), durch die menschliches Verhalten konstruiert und tradiert wird. Ohne eine hinlängliche Kenntnis der Symbole einer Kultur und der ihnen zugrunde liegenden Schemata ist demnach erfolgreiche Kommunikation über die Grenzen von Sprachen hinweg nicht möglich.

3.6   Erwerb und Veränderung mentaler Modelle mit Grammatikanimationen

Wenn kognitionslinguistische Grammatikkonzepte wie die genannten adäquat medial präsentiert werden, müssten Kontiguitätseffekten aus Konzept und medialer Präsentation entstehen, die sich in der Sprachvermittlung gewinnbringend einsetzen lassen. Eine adäquate mediale Präsentation ist eine, die die Bildung mentaler Modelle beim

---

[10] In der handlungsorientierten Sprachdidaktik oder Szenariendidaktik hat sich – teilweise unabhängig von linguistischen Theorien – die Erkenntnis durchgesetzt, dass sich die Grammatik beim Lerner aus dem Wortschatz und aus sprachlichen Handlungen situativ entwickelt (siehe Pütz/Sicola 2010 und weitere Beiträge in de Knop/de Rycker 2008 und Broccias 2008). Zum Nutzen kognitiver Grammatik im Unterricht Englisch als Fremdsprache sind auch folgende Arbeiten einschlägig: Groom/Littlemore (2011), Holme (2009), Niemeier/Reif (2008). Langacker fasst den Nutzen der kognitiven Grammatik für die Sprachdidaktik treffend in folgendem Zitat zusammen (Langacker 2008:8):

> If generative linguistics views syntax as being central to language, cognitive linguistics accords this honor to meaning. The latter seems far more natural from the perspective of language users. When ordinary people speak and listen, it is not for the sheer pleasure of manipulating syntactic form – their concern is with the meanings expressed.

Lerner unterstützt, etwa dadurch dass sie das Konzept ‚Zugehörigkeit' oder das Konzept ‚Dynamik' entsprechend medial visualisiert. Das soll im Folgenden am Bereich eines fehlerträchtigen Bereichs der deutschen Grammatik, den Wechselpräpositionen, erläutert und illustriert werden.

Um die Effizienz und Nachhaltigkeit von grammatischen Konzepten zu testen, hat Scheller im Rahmen der Entwicklung der Programme der *Deutsch-Uni Online* (2005 ff.) mehrere Pilotstudien zu verschiedenen grammatischen Aspekten und eine Fokusstudie zum Erwerb von Wechselpräpositionen durchgeführt (Roche/Scheller 2008, Scheller 2008, Roche/Scheller 2004). Ausgehend von den Konzepten der kognitiven Grammatik (Roche/Webber 2009, Langacker 1999, Smith 1995) wurde in einer Pilotstudie und in der Fokusstudie das entscheidende Differenzierungskriterium für die Kasuswahl bei Wechselpräpositionen nicht der Bewegung, der Ruhe oder der Bewegungsrichtung (‚wo?', ‚wohin?') an sich, sondern dem Konzept der Überschreitung von Grenzen eines (imaginären) Bereichs beziehungsweise dem Verweilen oder der Bewegung innerhalb seiner Grenzen zugeschrieben. Dabei lassen sich die Bedingungen für die Kasuswahl wie folgt bestimmen:

► Dativ: Das Subjekt (*Trajector*) befindet sich im inneren Suchbereich des präpositionalen Objekts (*Landmark*). Die Landmark-Region wird nicht verlassen.
► Akkusativ: Das Subjekt (*Trajector*) bewegt sich in den inneren Bereich des präpositionalen Objekts (*Landmark*) hinein und überschreitet dabei dessen Grenze(n). (Langacker 1999)

Dieses Erklärungsprinzip wurde sodann in Animationen zu den Wechselpräpositionen graphisch dargestellt und medial umgesetzt.

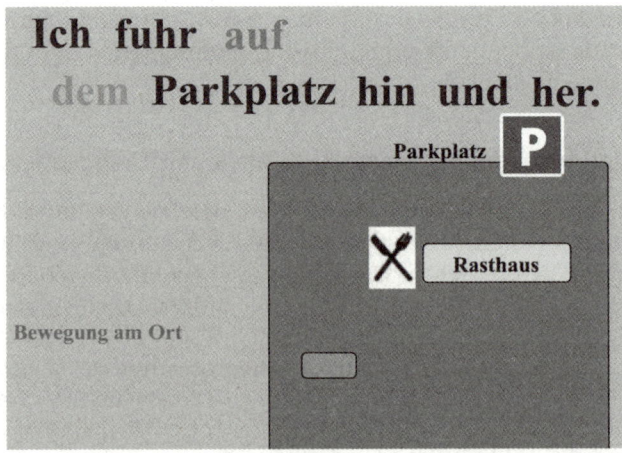

Abbildung 3.7: *Abbildung aus uni-deutsch.de, die eine Bewegung am Ort, dem Parkplatz, mit dem Dativ veranschaulicht, Deutsch-Uni Online (2005 ff.). Die Animation ist auf der begleitenden Webseite zu diesem Buch anzusehen.*

Im Unterschied zu den Animationen einer Pilotstudie wurde in der vertiefenden Studie (Scheller 2008) auf die stärkere Anknüpfung an das Vorwissen der Lerner, die deutlichere Aufmerksamkeitslenkung durch Vorankündigung und die Bewusstmachung/ Erläuterung grafischer Schlüsselelemente (Grenze/*Trajector* – Bereich/*Landmark*) sowie die Einbeziehung von Übungsphasen geachtet.

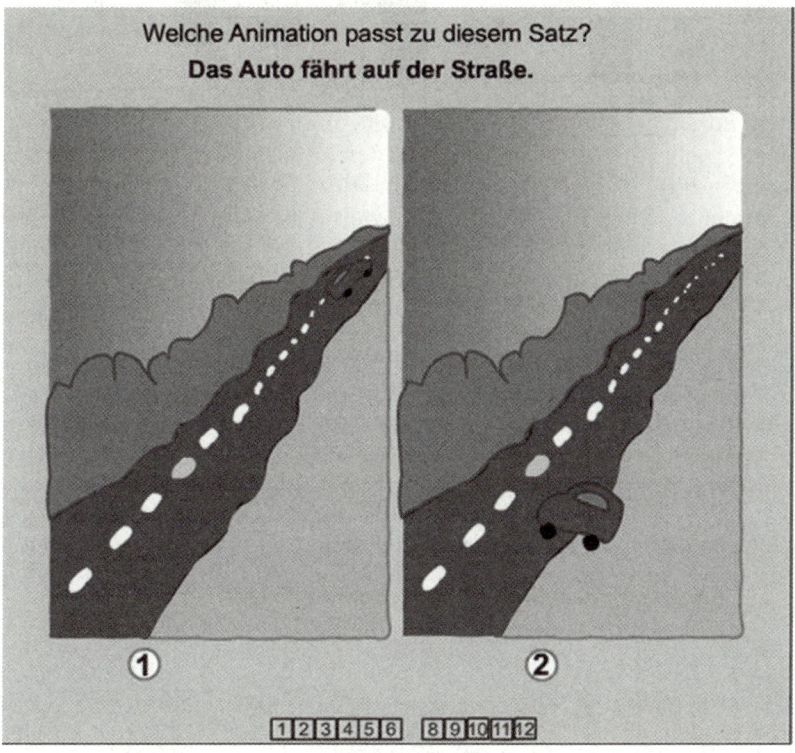

Abbildung 3.8:   *Animierte Aufgabe aus der Fokusstudie: Zuordnung der Animation zu dem vorgegebenen Satz (Scheller 2008:133)*

Methodisch wurde die Untersuchung als ein Vergleich zwischen zwei Präsentationsmodi (animiert versus statisch), kombiniert mit zwei Erklärungsansätzen (traditioneller Erklärungsansatz mit ‚wo-wohin' versus konzeptueller Ansatz der Grenzüberschreitung) durchgeführt. Dazu wurden insgesamt vier Programmversionen entwickelt, die sich durch die Faktoren statische versus animierte Präsentation und traditionelle wo-wohin-Erklärung versus Grenzüberschreitung unterschieden. Die Untersuchung wurde 2006 an der Linguistischen Universität Minsk (Belarus) mit 89 Studienanfängern durchgeführt, die Deutsch bereits in der Schule über einen unterschiedlich langen Zeitraum gelernt hatten und durch Zufallsverteilung den vier Gruppen 1. traditionell (wo/wohin) statisch (WS), 2. traditionell (wo/wohin) animiert (WA), 3. konzeptuell (Grenze) statisch (GS), 4. konzeptuell (Grenze) animiert (GA) zugeordnet wurden (vgl. Abbildung 3.9). Zur Messung des Lernfortschrittes und der nachhaltigen Behaltensleistung wurden ein Vortest, ein Nachtest (Posttest) unmittelbar nach dem Versuch und ein weiterer Posttest mehrere Wochen nach der Beendigung des Versuchs durchgeführt. Die in der Untersuchung verwendeten Animationen wurden nach den Prinzipien der

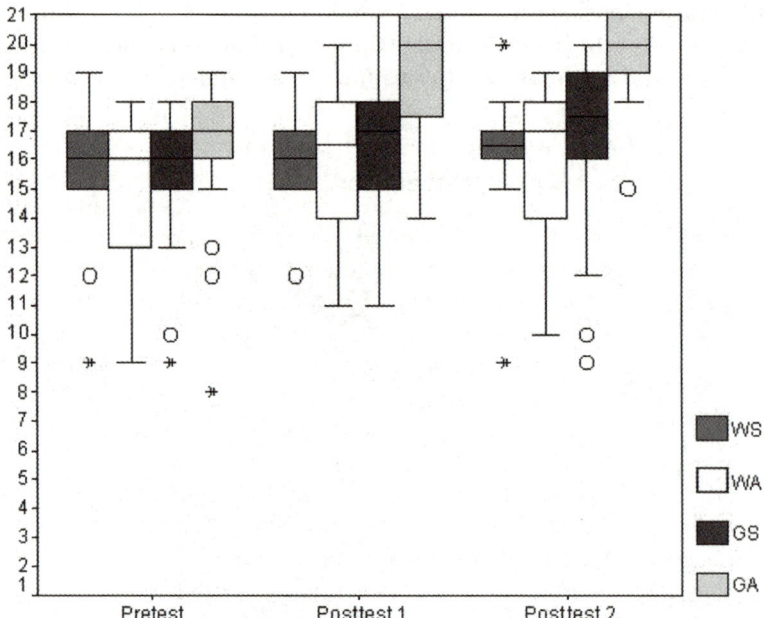

Abbildung 3.9:   *Darstellung der vier Experimentalgruppen in Boxplots zu den drei Messzeitpunkten*
                    (WS: traditionell statisch, WA: traditionell animiert, GS: konzeptuell statisch,
                    GA: konzeptuell animiert) (Roche/Scheller 2008:213)

kognitiven Theorie des multimedialen Lernens (Mayer 2005a) sowie gemäß des integrierten Modells des Text- und Bildverstehens (Schnotz 2005) konzipiert. Beide Ansätze gehen von einem mehrstufigen Verarbeitungsprozess und unterschiedlichen Repräsentationsebenen für bildliches und verbales Material aus. Eine Überlastung des Arbeitsgedächtnisses und eine oberflächliche Verarbeitung wurden im Sinne der *Cognitive Load Theory* vermieden (Sweller 2005). Mit der Studie sollte erprobt werden, wie Lerner mit Hilfe der Animationen ein adäquates mentales Modell für die Kasuswahl bei Wechselpräpositionen entwickeln.

   Da mentale Modelle in ihrem Wesen dynamisch sind, wurde in den genannten Studien von Scheller angenommen, dass sie am besten auch durch dynamische Visualisierungsformen (medienadäquat) abgebildet werden. Aus diesem Grund wurde im Vergleich der Gruppen erwartet, dass die beiden Animations-Gruppen bessere Leistungen erzielen als die, die mit statischen Darstellungen lernten. Da das Konzept der Grenzüberschreitung jedoch die kognitiven Prozesse besser abbildet und zudem die Regeln der Grammatik besser darstellt als eine wo-wohin-Differenzierung und da prozedurale Aspekte bei den Wechselpräpositionen eine bedeutungtragende Rolle spielen, wurde angenommen, dass sich die animierte Präsentation in der Kombination mit dem Erklärungsansatz der Grenzüberschreitung besonders positiv auf den Lernerfolg auswirkt.

   Diese Annahme bestätigte sich. Die Gruppenvergleiche verweisen auf eine deutliche Überlegenheit der Gruppe GA (Grenze-Animationen) im Nachtest 1 und im Nachtest 2 sowie auf eine hochsignifikante Verbesserung der Lernleistung in dieser Gruppe (p=0.015). Die schlechtesten Leistungen erzielte die Gruppe, die mit einer statischen Präsentation in der Kombination mit der traditionellen wo-wohin-Erklärung gelernt hat. Ihre Leistung blieb konstant auf dem Vortestniveau. Die anderen Experimentalgruppen verbesserten sich zwar im Nachtest 1, dieser Anstieg war jedoch nicht signifikant und nur von kurzfristiger Dauer (Leistungsabfall im Nachtest 2).

Obwohl es in der L1 der Lerner (Russisch) auch Wechselpräpositionen gibt und obwohl die beiden Sprachen in den Konzepten von Zielgerichtetheit und Bewegung am Ort beziehungsweise Statik weitgehend übereinstimmen, wirkte sich das für die Lerner nicht fehlerreduzierend aus, und das obwohl die meisten Lerner der Stichprobe jahrelange Erfahrungen mit dem Deutschlernen hatten. Die qualitative Fehleranalyse lässt vermuten, dass sich das Problem bei den Wechselpräpositionen zumindest in weniger prototypischen Fällen nicht nur auf Fehler bei der Kasuswahl beschränkt, sondern vielmehr das Verb und seine Bedeutung in den Vordergrund rücken. Vor allem die nicht genaue Kenntnis des Verbs (sein Potenzial, Grenzüberschreitungen zu markieren) oder die im Satzkontext nicht adäquat erfasste Verbbedeutung führten in vielen Fällen zur fehlerhaften Kasuswahl. Während in beiden Gruppen, die mit dem Erklärungsansatz wo-wohin gearbeitet hatten, die Fehleranzahl im Nachtest 1 und im Nachtest 2 weiter stieg, verringerte sie sich in den Gruppen, die mit dem Konzept ‚Grenzüberschreitung‘ lernten.[11] Die fehleranalytischen Auswertungen bestätigen demnach die mit inferenzstatistischen Verfahren gewonnenen Ergebnisse und weisen auf die lernfördernde Rolle der Kombination von Animationen mit dem Konzept der ‚Grenzüberschreitung‘ hin. Bemerkenswerterweise bestätigen sich die positiven Ergebnisse der Sprachtests auch in den Befragungen der Lerner nach ihrer Einstellung zum Lernmaterial: Die Gruppe mit den besten Leistungen zeigt eine deutliche subjektive Zustimmung zu Effizienz und Präsentationsart der animierten Konzeptgrammatik (in der Gruppe GA keine Ablehnung und nur je eine indifferente oder eher negative Bewertung). Insgesamt schneiden Animationen und Konzeptgrammatik deutlich besser ab, als die herkömmlichen Erklärungsversuche und Präsentationsmodi[12] (vgl. Abbildung 3.10).

---

[11] Auch in einem Transfertest, der einen Einblick in die Entscheidungsstrategie der Lerner bei der Kasuswahl erlaubte, zeigte sich, dass beide Gruppen, die mit dem alternativen Erklärungsansatz der Grenzüberschreitung gelernt hatten, diese neue Strategie in mehreren Fällen auch tatsächlich für die Kasuswahl herangezogen, das heißt ihre Kasuswahl damit begründet hatten (Erläuterungen, Zeichnungen). Daraus lässt sich schließen, dass die Animationen eine Anpassung mentaler Modelle der Lerner bewirkt haben.

[12] Damit bestätigen sich Untersuchungen, die zeigen, dass von einer generellen lernfördernden Wirkung des Einsatzes von modernen Medien, zum Beispiel von Animationen, nicht ausgegangen werden kann, bis diese auch empirisch belegt ist (vergleiche Schnotz/Rasch 2005, Schnotz 2001, Lowe 1998, Lewalter 1997). Bemerkenswert ist zudem, dass auch de Knop/Dirven (2008) auf das Thema der Wechselpräpositionen aufmerksam werden, allerdings die primäre Unterscheidung in der Kasuszuweisung in der Unterscheidung der semantischen Kriterien von Bewegung und Ort sehen. Hierzu stellen sie sprachvergleichende Untersuchungen zu Englisch und Französisch an, kommen aber zu keinen überzeugenden empirischen Ergebnissen. Dennoch erkennen auch sie das Potenzial der weitreichenden Folgen des hier vorgeschlagenen Paradigmenwechsels für den Sprachunterricht.

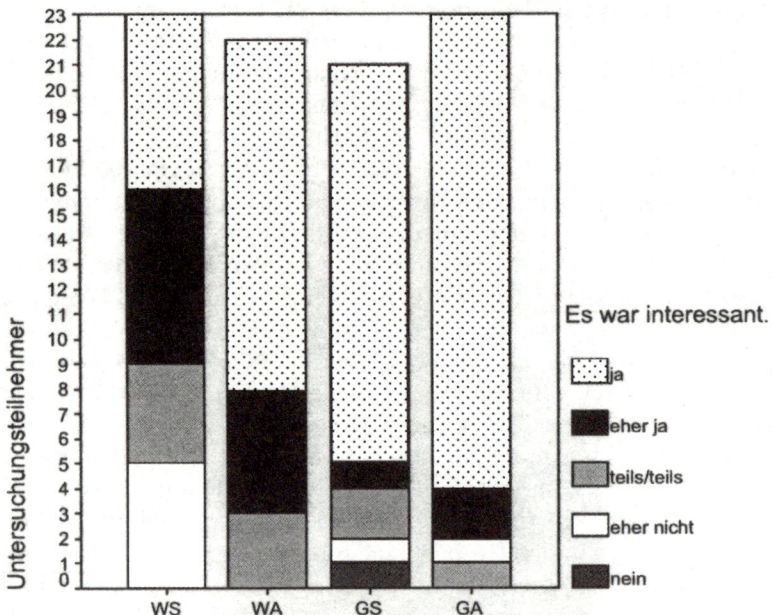

Abbildung 3.10:   Exemplarische Einschätzung der Präsentationsart
                  der Animationen durch die Versuchspersonen (Scheller 2008:281)

Welche qualitativen Auswirkungen die dargestellten quantitativen Effekte haben, lässt sich nicht nur mit den genannten Transfertests zeigen, sondern anhand der Veränderung der mentalen Modelle nach dem Verfahren von Ifenthaler (siehe Kapitel 5) gut visualisieren. In einer Studie hat Grass (2011) entsprechende Veränderungen der mentalen Modelle bei Lernern nach der Arbeit mit den auch von Scheller eingesetzten Animationen getestet. Die Abbildungen 3.11 und 3.12 geben exemplarisch das Modell eines Lerners vor der Arbeit mit den Animationen und im Anschluss daran wieder. Dabei zeigt sich, dass das zunächst diffuse mentale Modell der Wechselpräpositionen – mit mehr oder weniger relevanten und zutreffenden Kriterien (Lage, wohin?), eklektischen Nennungen einzelner Präpositionen (neben, auf) und unvollständigen Verbindungen (wo? – Präp.) – im Zuge der Arbeit mit den metaphernbasierten Animationen durch ein kohärentes und übersichtliches Modell ersetzt wird. Diese Ergebnisse sprechen für eine konzeptbasierte, von Semantik und Lexikon ausgehende Vermittlung grammatischer Strukturen im Fremdsprachenerwerb und Fremdsprachenunterricht.

   Diese Art der Vermittlung ist das konstitutive Element einer kognitiven Fremdsprachendidaktik, die weiterführende Ziele hat, als sie typischerweise der *Pedagogical Grammar* oder didaktischen Grammatik zugeschrieben werden.

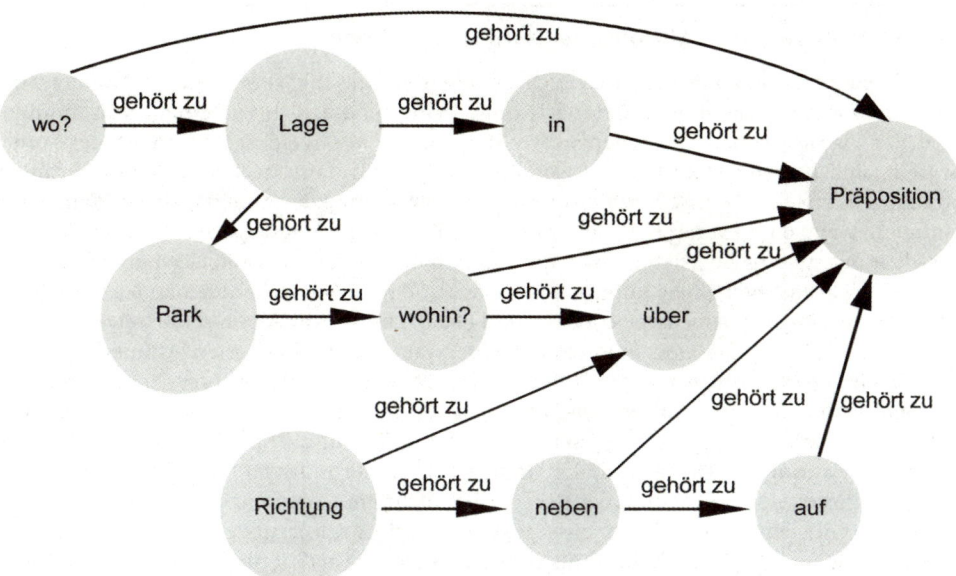

Abbildung 3.11:   *Diffuses mentales Modell der Wechselpräpositionen eines Lerners vor der Arbeit mit metaphernbasierten Animationen (nach Grass 2011)*

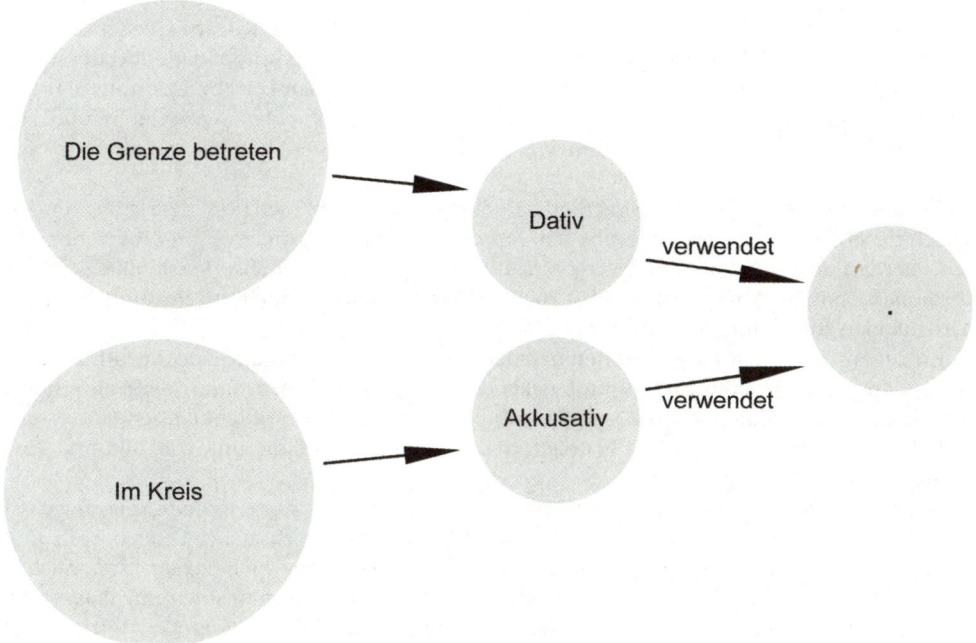

Abbildung 3.12:   *Mentales Modell der Wechselpräpositionen eines Lerners nach der Arbeit mit metaphernbasierten Animationen (nach Grass 2011)*

Exkurs: Vom visuellen Aktionismus zum Lernmehrwert

Aus der obigen Darstellung ergibt sich auch ein differenziertes Bild verschiedener Parameter des Einsatzes von Visualisierungen. Demnach kann nicht grundsätzlich von einem Nutzen multimedialer Visualisierungen ausgegangen werden. Da die Verarbeitungsressourcen der Lerner begrenzt sind, kann der Unterhaltungswert übermäßiger oder falsch platzierter Visualisierungen kontraproduktive Ergebnisse hervorbringen. Eine Überlastung des Arbeitsspeichers kann dann auftreten, wenn die zu verarbeitende Information die Verarbeitungskapazität des Informationsverarbeitungssystems übersteigt. Das kann unter anderem dann eintreten, wenn zusammengehörige bildliche und verbale Information zeitlich und räumlich nicht aufeinander abgestimmt ist, so dass sie lange im Arbeitsspeicher aktiviert bleiben muss. Ähnliche Effekte treten auch auf, wenn zu viele Informationen präsentiert werden, auf die die limitierten Aufmerksamkeitsressourcen verteilt werden müssen. Effizient werden Visualisierungen nur dann, wenn referenzielle Verbindungen zwischen den verschiedenen Informationen zu einem gemeinsamen Modell integriert werden. Das geschieht nur unter Rückgriff auf das Vorwissen und vorangehende Erfahrungen. Die Konzeption multimedialer Lernsoftware sollte diese Parameter berücksichtigen. Sie tut es aber in der Regel bisher nicht. Im Gegenteil, die Sprachlernsoftware ist oft von visuellen Redundanzen, aussagelosen Begleitvisualisierungen und Reizüberflutungen, kurz einem visuellen Aktionismus gekennzeichnet. Visualisierungen folgen größtenteils dem Prinzip Unterhaltung (Prensky 2007 verwendet die Bezeichnung ‚Edutainment' dafür). Dieses steht aber häufig in Opposition zum Prinzip Lernen, das etwa dem Konzept der ‚Serious Games' zugrunde liegt (vergleiche Lampert/Schwinge/Tolks 2009).

Aus dieser Beobachtung ergeben sich verschiedene Optionen zum Einsatz von visuellen Mitteln beim Sprachenerwerb: statische Illustration, Animation oder Verzicht auf Illustration. Für statische Bilder ergibt sich eine Präferenz, wo die Komplexität der Aufgabe eine schrittweise Verarbeitung durch die Lerner erfordert. Sie wirken sich besonders positiv als Orientierungshilfe, zur Verständlichmachung komplexer Inhalte, bei der Aufmerksamkeitsfokussierung und zur Behaltensförderung aus. Sie sind insofern hilfreich, als sie Vorwissen aktivieren und zur Entlastung des Arbeitsspeichers beitragen. Prozessinformationen können sie dagegen nur bedingt abbilden (etwa durch Pfeile).

Dynamische Visualisierungen sind für die Darstellung von Prozessen besser geeignet, können aber ihrerseits zu einer Überforderung der Aufmerksamkeitskapazitäten führen oder zu einer nur oberflächlichen Verarbeitung verleiten. Eine scheinbar problemlose Verständlichkeit der Lerninhalte mittels Animationen führt nicht notwendigerweise auch zu einer intensiveren Auseinandersetzung mit den Inhalten.

An der falschen Stelle eingesetzt nehmen dynamische Visualisierungen wichtige Ressourcen von anderen essentiellen Verarbeitungsaufgaben weg. Das gilt vor allem dann, wenn die visuelle Information durch aktionistische Bewegungen vom Verstehen eher ablenkt, also keine essentielle Information zum Verstehen beiträgt oder sich keine Koordinierung von Bild und Text herstellen lässt.

Auch muss die Präsentationsgeschwindigkeit der Verarbeitungsgeschwindigkeit angepasst sein. Eine schnelle Abfolge von Informationseinheiten verlangt zusätzliche Ressourcen und kann die Verarbeitung der eigentlichen Aufgabe eher erschweren. Es ist daher grundsätzlich ratsam, bei dynamischen Visualisierungen bestimmte Steuerungsmechanismen einzubauen, die auf bestimmte Lernbedürfnisse flexibel reagieren können (*Self-Pacing Principle*, Merrienboer/ Kester 2005). Animationen sind tendenziell eher effizient, wenn die Lerner über das nötige Vorwissen zur Verankerung der neuen Information verfügen.

3.7 Textualität als Konstruktion

Die hier dargestellten Studien zeigen, wie sich mentale Modelle mittels Sprache ausdrücken, wie sie durch Sprache konstruiert werden und wie sie sich durch geeignete kognitionsbasierte und medienadäquate Realisierung vermitteln und verändern lassen. Sie geben damit einen klaren und quantifizierbaren Beleg dafür, wie Sprache bei ihren Sprechern – und in besonderer Weise bei ihren Lernern – auf Konstruktionsprozessen basiert. Diese Konstruktionen können sprachtypisch normiert sein oder auch idiosynkratisch entstehen und erklären damit die innersprachliche und sprecherspezifische Variation. Auch wenn dieser Konstruktionscharakter von Sprache längst als weitgehend akzeptiert gilt, so ist doch bemerkenswert, dass die Sprachvermittlungspraxis nach wie vor davon ausgeht, dass fixierte, strikt genormte (nicht selten spezielle, für Unterrichtszwecke künstlich vereinfachte) Strukturen das Hauptinstrument und Ziel des Sprachunterrichts zu sein haben. Dies zeigt sich nicht nur im Bereich der Metaphorik oder der Grammatik, sondern auch im Textverständnis.

Die explizite Behandlung von Aspekten der Textualität in Lehrmaterialien für den Fremdsprachenunterricht bleibt nämlich bisher vor allem dem Bereich der Referenzherstellung durch pronominale Verknüpfungen (Kohäsion), also der Grammatik, verhaftet. Texte sind nach diesem Verständnis primär Aneinanderreihungen von Sätzen. Die Folge der rudimentären Behandlung von Textualität in Lehrwerken und Unterricht ist daher eine oft fehlgeleitete Diagnose von „Fehlern" der Lerner, die sich primär an der Oberfläche der Lernersprache (Aussprache, Grammatik) orientiert und nicht die Mängel in den Textualitätskonzepten erkennt, und eine Ausklammerung wichtiger pragmatischer, situationeller und kultureller Aspekte der Kommunikation.

> Texte sind sinnvolle Verknüpfungen sprachlicher Zeichen in zeitlich-linearer Abfolge. Das können (…) mündliche oder schriftliche Texte sein.

heißt es bei Weinrich (2005:17). Eine natürliche Sprache wird demzufolge nur in Texten gebraucht und grundsätzlich dialogisch realisiert, in Dyaden im mündlichen Dialog beziehungsweise mit direkt oder indirekt angesprochenen Adressaten in schriftlichen Texten. Demnach wird mit Sprache auch direkt und implizit auf die Sprechsituation (Origo) und das Wissen des Textrezipienten und -produzenten verwiesen sowie das Lese-/Hör-Handeln der jeweiligen Adressaten durch Instruktionen gesteuert (siehe Adamzik 2004, Fix/Habscheid/Klein 2001). Der direkte Bezug auf das Welt- und Situationswissen der Beteiligten, auch über die sprachliche Fixierung hinaus, ist für das Gelingen von Texten unabdingbar. Hieraus ergibt sich die starke kulturspezifische Bindung der Sprache. Der Erwerb von Sprache bedeutet damit Erwerb von Textverstehens- und Textproduktionskompetenzen, die weit über grammatische Regeln von Satzverknüpfungen (Kohäsion) hinausgehen und komplexe kulturelle Kenntnisse und pragmatische Fertigkeiten erfordern (Kohärenz). Explizite sprachliche Kohäsion produzierende Mittel pronominaler und deiktischer Verkettungen im Sinne von Harweg (1968:148) ergänzen dabei Mittel, die den inneren Zusammenhalt, also die Kohärenz von Texten, selbst in einfachen elliptischen Äußerungen wirksam werden lassen. Ein wichtiges Merkmal rudimentär-sprachlicher Textsorten besonders der mündlichen Kommunikation ist gerade die Markierung der Textualität durch thematische Ellipsen. Nichtmarkierung einer Referenz bedeutet hier oft anhaltende Gültigkeit der letztgenannten oder situativ gegebenen Markierung, ein Prinzip, das gerade Lerner extensiv zum Ausdruck textueller Kohärenz verwenden.

Ein Modell, das der kognitiven Realität von Texten als mentalen Konstrukten von Autor und Leser gerecht wird und daher für den Spracherwerb besonders brauchbar ist, entwickelt Schnotz (2006), (1994) unter Bezug auf Bühlers Organonmodell (Bühler 1934).

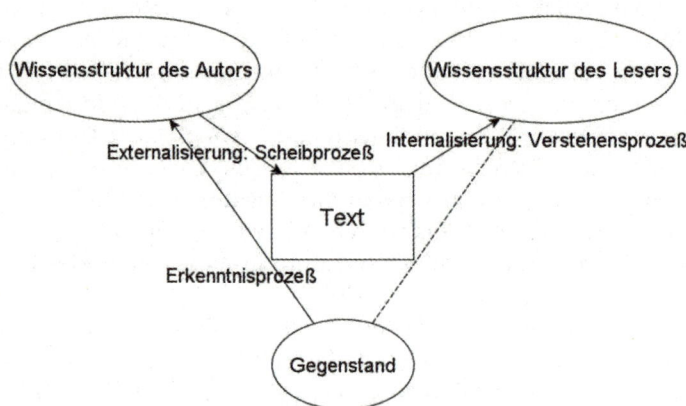

Abbildung 3.13:   Der Text als mentales Konstrukt nach Schnotz (2006:225)

Der Text besitzt in diesem Modell eine physische Struktur, die sich aus der Vernetzung der einzelnen Elemente (Syntax, Kohäsion) ergibt, Anordnung und Vernetzung allein führen jedoch nicht zum Verstehen des Textes. Dazu bedarf es verschiedener Elemente der Kohärenzherstellung: referenzieller, kausaler, temporaler, lokaler und struktureller Kohärenz (Foschi Albert 2012 a, 2010, Rickheit/Sichelschmidt/Strohner 2002).

Anhand eines Beispieltextes aus dem Online-Focus vom 3. Mai 2010 illustriert Foschi Albert (2012 a) die temporale Struktur des Textes und zeigt damit, wie sich über die temporale Kohärenz eine allgemeine Kohärenz des Textes erschließt.

Bill Clinton

Zu dick für Töchterchens Hochzeit

Montag 03. 05. 2010, 17:58

Der ehemalige US-Präsident Bill Clinton ist nicht nur politisch ein Schwergewicht – er bringt auch einiges auf die Waage. Zu viel, befand Tochter Chelsea. Bis zu ihrer Hochzeit muss er abspecken.

Es ist der Termin des Jahres für die amerikanische Gesellschaft: Am 31. Juli wird Chelsea Clinton, Tochter des ehemaligen US-Präsidenten Bill Clinton und der amtierenden Außenministerin Hillary Clinton, auf der Atlantik-Insel Martha's Vineyard den 32-jährigen Investmentbanker Marc Mezvinsky heiraten. Doch der Weg zum perfekten Tag ist lang und steinig – auch für die Braueltern. So hatte sich Hillary Clinton bereits im Februar auf CNN beklagt, dass die Organisation der Hochzeit ähnlich schwierig sei wie der Friedensprozess in Nahost. Jetzt bringt die kritische Braut auch ihren Vater auf Trab – und hat ihm eine Diät verordnet.

„Sie findet nicht, dass ich in Form bin", verriet Clinton auf der Internetseite „people.com". Wenn er sie zum Traualtar führen wolle, so die 30-Jährige, müsse er auch gut aussehen. „Ich fragte sie, was sie darunter verstehen würde. Und sie antwortete: 15 Pfund."

Ob er mit Sport oder einer besseren Ernährung abnimmt, verriet der 63-Jährige nicht. Aber erste Erfolge hätten sich bereits eingestellt: „Ich bin auf der Zielstrecke."

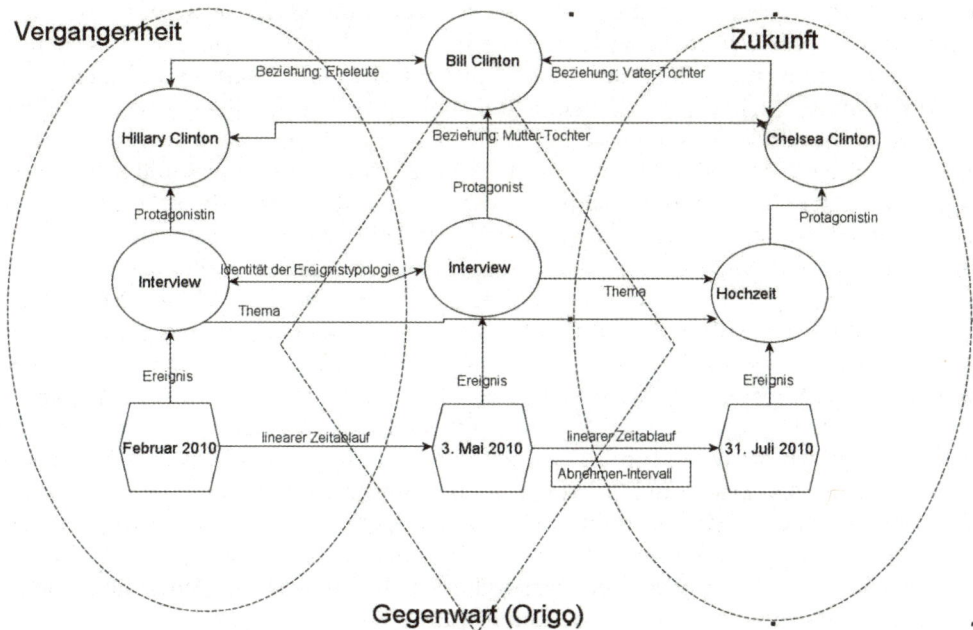

Abbildung 3.14: *Darstellung der temporalen Kohärenz des Focus-Textes in Bezug auf die Autor-Origo (Gegenwart) (Foschi Albert 2012 a)*

Die temporale Grundstruktur des Textes bildet die Grundlage für dessen Kohärenzsystem. Die Aufgabe der Einbettung der neuen, im Text bereitgestellten Information in bestehende Wissensbestände eines fremdsprachigen und fremdkulturellen Lerners orientiert sich hier an der Chronologie der Ereignisse. Sie lässt sich nicht nur durch eine Anhäufung von landeskundlichem Faktenwissen lösen, sondern setzt je nach der Art der kommunikativen Funktionen zusätzlich komplexe Kenntnisse der fremden (Kommunikations-) Kultur voraus. Dazu gehören unter anderem folgende Aspekte:

► welche Themen in einer Kultur für welche Zwecke und Adressaten ausgewählt oder besser vermieden werden
► wie mit Tabuthemen umzugehen ist
► in welcher Form kommunikative Stile erscheinen, zum Beispiel in Bezug auf die Art und den Grad der Formalität von Texten
► wie kulturspezifische Merkmale eine Textsorte oder ein Diskursmuster prägen, zum Beispiel in der Pressesprache, in Berufssprachen oder in der Wissenschaftssprache
► wie viel in Worten ausgedrückt werden muss oder implizit bleiben kann
► welches Medium für welchen Zweck gewählt wird.

Wie komplex und verzweigt die gegenseitige kulturelle und sprachliche Vernetzung ist, illustrieren auf anschauliche Weise verschiedene Arbeiten zur kontrastiven Textologie, zur interkulturellen Semantik und zur interkulturellen Sprachdidaktik[13].

Beim Lesen/Hören und Schreiben/Sprechen verlangt die aktive Sinnkonstruktion vom Lerner nach Verarbeitungsprozessen auf zwei Ebenen: es müssen assoziative Rekurrenzen und andere kohäsionsstiftende, vorwärts und rückwärts gerichtete Signale im Text ermittelt (dekodiert) oder (beim Sprechen/Schreiben) kodiert werden. In einer ähnlichen vor- und rückgreifenden Weise muss eine hierarchische Integration von Konzepten, Themen und Referenzen im Weltwissen des Lesers/Hörers und Schreibers/ Sprechers geleistet werden (Prinzip der vertikalen Integration). Beim Lesen/Hören geschieht dies unter anderem durch Suchfragen, mit denen Texte nach Hinweisen abgetastet werden. Diese nichtlinearen Prozesse sind äußerlich vor allem an schnellen, nichtlinearen Augenbewegungen abzulesen. Die Lesedidaktik hat diese nicht zuletzt unter Bezug auf die Rezeptionsästhetik schon lange thematisiert und etwa bei der Verwendung der konkreten Poesie im Fremdsprachenunterricht in den 80er Jahren praktiziert. Im Konzept des „inneren Sprechens" (Hermanns 1988, siehe auch Verweis unten) und in Programmen zum *Creative Writing* sind diese Verfahren später auch in der kommunikativen Schreibdidaktik aufgenommen und dort weiterentwickelt worden.

Wie die in der Lese- und Schreibdidaktik bewährten Verfahren im modernen, mediengestützten Fremdsprachenunterricht konsequent weiterentwickelt werden könnten, soll im Folgenden gezeigt werden. Im Mittelpunkt der folgenden Betrachtung stehen aber nicht pädagogische, lernpsychologische, didaktische oder literarische, sondern kognitive Aspekte der Textualität.[14]

3.7.1 Lesen als Konstruktionsprozess

Dass Sprachverstehen (beim Hören und Lesen gleichermaßen) Konstruktionsprozesse des Hörers oder Lesers verlangt, lässt sich leicht an der Unvollständigkeit sprachlicher Äußerungen erkennen. Ob die Unvollständigkeit zufällig (zum Beispiel durch überlagernden Lärm oder unvollständige Manuskriptzeilen) oder absichtlich (zum Beispiel in SMS, der Werbung oder lyrischen Texten) gegeben ist, spielt dabei keine Rolle. Denn oft genügen auch eine oder wenige Silben, um Sprache angemessen zu erkennen. Ohne Vor- und Kontextwissen ist Sprache also kaum verständlich. Die Verstehensprozesse nehmen darin zwei Richtungen: eine von dem vorhandenen (wenn auch sporadischen) Laut- und Schriftmaterial und eine wissensgeleitete, inferierende (vertikale). Man spricht daher von Bottom-up-Prozessen bei der materiellen Ebene und von Top-down-Prozessen bei der konzeptuellen und wissensgeleiteten/inferierenden. Wie der

---

[13] Vergleiche Reeg (2006), Kühn (2006), Hufeisen (2002), Roche (2001), Esser (1997), Nolden/ Kramsch (1996).

[14] Vergleiche hierzu auch den Ansatz einer rezeptiven Grammatik des Deutschen von Peyer/ Kaiser/Berthele (2006) als komplementäres Verfahren zu den traditionellen, strukturvergleichenden Verfahren, wie sie etwa noch in älteren Lesegrammatiken wie der von Heringer (1987), aber auch in der Interkomprehensionsdidaktik zu finden sind.

mentale Konstruktionsprozess beim Lesen auf der elementarsten Ebene der Dekodierung abläuft, lässt sich anhand der Augenbewegungen teilweise sogar äußerlich ablesen. Diese erfolgen in messbaren ‚Sakkaden‘, ‚regressiven Sakkaden‘ und ‚Fixationen‘.

Exkurs: Sakkaden und Fixationen

Als Sakkaden werden sprunghafte Weiterbewegungen des Auges verstanden, die bei Alphabetschriften wie dem Deutschen oder Englischen von links nach rechts verlaufen und ungefähr 20 % bis 30 % der Lesezeit ausmachen. Im Schnitt werden bei jeder sakkadischen Bewegung zwischen 6 bis 9 aufeinander folgende Buchstaben übersprungen. Das entspricht 2° (Grad) des Sehfelds oder 1,5 Wörtern, bis ein Wort fixiert wird (Rayner/Chace/Slattery/Ashby 2006:242, Rayner 1997:319, 1978:652). Eine Sakkade, mit der der Text abgetastet (gescannt) wird, dauert circa 15−40 ms. Das heißt, pro Sekunde können vom Wahrnehmungssystem 25−65 Sakkaden bearbeitet werden. Mittels so genannter Zeilensprünge lässt sich der Blick zudem in einer Vorwärtsbewegung vom Ende einer Zeile zum Anfang der nächsten Zeile führen. So können je nach Zeilenlänge ungefähr 60−80 Buchstaben bewältigt werden. Bei einer solchen Geschwindigkeit kann auf der Netzhaut aber nur ein verzerrtes Bild entstehen und während des Springens können dabei kaum nützliche Informationen extrahiert werden. Da das Auge beim Springen die gewünschte Stelle verpassen kann, reagiert es unter Umständen mit Korrektursakkaden (Rayner 1998:375). Mittels rückwärtiger Sakkaden (regressiver Sakkaden) kann so etwa im bereits gescannten Text nachgesehen werden, falls das Auge bei einer regulären Vorwärtssakkade an einer Stelle gelandet ist, die sich für die Identifikation des Wortes als ungünstig erweist (Rayner 1997:325), oder wenn Verständnisschwierigkeiten oder Inkonsistenzen im Verhältnis zum Vorwissen, also zwischen Korreferenz und Anaphora, auftreten (Rayner/Chace/Slattery/Ashby 2006:251, Rayner 1997:318). Das Auge nimmt dabei alle zwei bis drei Sekunden eine Regression vor. Die Information wird aus dem Text in kurzen Ruhephasen (Fixationen) entnommen. Während einer Fixation steht das Auge nicht still, sondern vollzieht schnelle, unwillkürliche, zitterähnliche Bewegungen, die als Nystagmus bezeichnet werden (Rayner 1998:373, 1978:622). Untersuchungen zeigen, dass bei versierten Lesern Fixationen durchschnittlich 200−250 ms dauern, also vier- bis fünfmal pro Sekunde auftreten können (Rayner/Chace/Slattery/Ashby 2006:242, Rayner 1998:375, 1997:318, 1978:622). Diese Werte variieren jedoch mit lautem oder stillem Lesen. Bei stillem Lesen liegt der Mittelwert der Fixationsdauer bei 225 ms und die Sakkadenlänge bei 2° − also ungefähr 8 Buchstaben. Bei lautem Lesen hingegen umfasst eine Fixationsdauer etwa 275 ms bei einer Sakkadenlänge von 1,5° oder circa 6 Buchstaben (Rayner 1998:373). Fixiert werden konsequenterweise vor allem Inhaltswörter (im Durchschnitt circa 85 %), nicht die Funktionswörter. Das unterstreicht einmal mehr, dass auch das Lesen – wie der Spracherwerb allgemein – primär inhalts- und nicht strukturgesteuert ist. Grammatische Information tritt bei den Fixationen also stark in den Hintergrund (Rayner/Duffy 1986).

Insgesamt belegen Untersuchungen, dass kurze Wörter, die 3 oder weniger Buchstaben enthalten, häufiger übersprungen werden als lange Wörter, die sich aus 6 oder mehr Buchstaben zusammensetzen (Rayner 1998:375, 1997:325,332). Der Umfang der Wahrnehmungsspanne ist relativ klein, asymmetrisch und sprachspezifisch. Schriftsysteme, in denen Vokale nicht geschrieben werden, wie im Farsi (Persisch), sind mit kleineren Wahrnehmungsspannen verbunden als solche Schriften, in denen Vokale geschrieben werden wie im Deutschen (Rayner 1998:376). Für beide Arten von Schriftsystemen ergeben sich dennoch vergleichbare Leseraten, wenn man die Raten in Wörtern pro Minute misst. Denn das Auslassen der Vokale führt zu kürzeren Wörtern. Die asymmetrische Wahrnehmungsspanne beträgt bei alphabetischen Linksnach-Rechts-Schriften vom Typ des Deutschen 3–4 Buchstaben links vom Fixationspunkt und 14–15 Buchstaben rechts vom Fixationspunkt, wobei die Lesegeschwindigkeit beeinträchtigt wird, wenn die Spanne verkürzt ist. Für Sprachen, die von rechts nach links gelesen werden wie das Persische, ergibt sich eine umgekehrte Asymmetrie. Die Wahrnehmungsspanne umfasst 14–15 Buchstaben links vom Fixationspunkt und 4–5 Buchstaben rechts vom Fixationspunkt. Die Richtung der Asymmetrie wird also vom Schriftsystem der zu lesenden Sprache linguaspezifisch bestimmt (Rayner 1998:380, 1997:332). Darauf muss sich der Lerner einer fremden Sprache neben seinen anderen Lernaufgaben einstellen.

Für die Steuerung des Lesens im Rahmen der Vermittlung von Lesekompetenzen und Strategien sind besonders zwei Variablen relevant: Fixationsort und Sakkadenlänge sowie Fixationsdauer. Für Sakkadenlänge und Fixationsort sind niedere visuelle Variablen sowie höhere sprachorientierte Variablen verantwortlich. Indizien sprechen dafür, dass diese Variablen unabhängig voneinander ihren Einfluss ausüben (Drieghe/Brysbaert/Desmet/de Baecke 2004:99). Empirisch konnte nachgewiesen werden, dass der Fixationsort in erheblichem Maße von der Länge des aktuell fixierten Wortes sowie der Länge des nachfolgenden Wortes abhängt (Drieghe/Desmet/Brysbaert 2007:168, Drieghe/Brysbaert/Desmet/de Baecke 2004:80, Rayner 1997:324). Wenn die Wortlänge dem Leser nicht bekannt oder unmittelbar erkennbar ist, fallen die Sprünge kürzer aus als bei vorhandener Information (Rayner 1997:324). Neben dem visuellen Faktor Wortlänge werden sakkadische Sprünge und somit der Fixationsort von linguistischen Faktoren der Vorhersagekraft eines Wortes aus dem Kontext sowie der Wortfrequenz bestimmt, wobei den linguistischen Faktoren eine deutlich untergeordnete Rolle zukommt (Drieghe/Desmet/Brysbaert 2007:169, Rayner/Juhasz 2004:343). Wörter, die aus dem Kontext heraus vorhersagbar sind, werden eher übersprungen (Drieghe/Desmet/Brysbaert 2007:157, Drieghe/Brysbaert/Desmet/de Baecke 2004:81). Damit wird wie bei den kürzeren und bekannten Wörtern der Verarbeitungsaufwand reduziert (Drieghe/Desmet/Brysbaert 2007:158). Automatisch tendiert das Auge dazu, den Wortanfang und die Mitte als Landeposition zu wählen (*Preferred Viewing Location, Optimal Viewing Position*, Rayner 1998:385, 1997:323). Diese Positionen sollten daher bei der Konzeption von Leseprogrammen Berücksichtigung finden. Neben den dargestellten Ökonomieprinzipien zeigt sich damit, dass dem inhaltsbezogenen Lesen besondere Bedeutung zukommt: Informationen werden nicht schematisch oder nach rein quantitativen Merkmalen bearbeitet, sondern inhaltsgeleitet.[15] Welche kognitiven Prinzipien den physiologischen Prozessen der Wahrnehmung zugrunde liegen und welche Bedeutung dies für den Erwerb und die Vermittlung von Lesekompetenzen in einer oder mehreren Sprachen hat, soll im Folgenden dargestellt werden. Dabei zeigt sich, dass traditionelle unterrichtliche Begriffe von Text der Komplexität des Konstruktionsprozesses nicht nur nicht gerecht werden, sondern geradezu die Be- oder Verhinderung des Erwerbs von Lesekompetenzen bezeichnen.

---

[15] Die neuesten Ergebnisse der Leseforschung in Bezug auf Fremdsprachen fasst Sohrabi (2012) zusammen und setzt sie in ein experimentelles Design um, das sie anschließend in einer Studie zum hypertextuellen Lesen erprobt. Hierauf bezieht sich auch die obige Darstellung.

3.7.2 Das Prinzip der kognitiven Plausibilität

Texte sind – wie in 3.6 gezeigt wurde – keine linearen links-rechts oder rechts-links Produkte, die man sukzessive und notfalls auf der Wort- oder Phonemebene dekodieren kann. Am ehesten entsprechen Texte, gleich in welcher Form sie sich an der Oberfläche präsentieren, dem Konzept von Hypertexten. Hypertexte sind dabei als nichtlineare, meist elektronische Texte zu verstehen, die aus multiplen Verzweigungen bestehen (vergleiche Hendrich 2003, Bromme/Stahl 2002, Kuhlen 1991, Nelson 1987) und sich etwa in Mind Maps gut darstellen lassen. Zu den wichtigsten Referenzpunkten der Hypertextdiskussion zählen die Definitionen von Nelson und Joyce:

> By hypertext I mean non-sequential writing – text that branches and allows choices to the reader. (Nelson 1987:0/2)
> [...] a space without any linear limitations and restrictions. (Joyce mündlich zitiert in Kuhlen 1991:13)

Das Kriterium der Nichtlinearität erfasst die vermeintlichen Alleinstellungsmerkmale der elektronischen Gattung Hypertext jedoch nur ungenügend, da es gleichermaßen und unabhängig vom Medium für nichtelektronische und elektronische Gattungen wie Wörterbücher, Enzyklopädien, Konferenzprogramme, Fahrpläne, Kochbücher und andere Referenzmaterialien gilt. Diesen ursprünglich nichtelektronischen Gattungen, ihren elektronischen Varianten und allen anderen Hypertexten ist gemeinsam, dass sie den Produktions- oder Prozesscharakter von Texten vom Produktcharakter klar zu trennen helfen. Elektronische Hypertexte machen diese Prozesse der Textkonstitution besonders deutlich sichtbar, weil sie für die physische Konstruktion die aktiven Auswahl-Entscheidungen des Lesers/Hörers oder Schreibers/Sprechers verlangen. Durch die Markierung der zeitlichen Dimension der Textualität illustrieren elektronische Hypertexte damit in besonders deutlicher Weise den Prozesscharakter von Texten: Ohne die aktive Intervention des Lesers durch Klicken, Suchen und Hinzuschalten von Ressourcen entsteht kein Text.

> Der Umgang mit Hypertext wird dem Prozess ähnlich, der seit Jahrhunderten als „Lesen" bezeichnet wird und der als interpretativer hermeneutischer Vorgang bekannt ist. (Schulmeister 2007:268–269)

Zwischen dem Lesen von Hypertexten und wissensgenerierenden Prozessen besteht demnach eine Korrespondenz über die interpretierende Vernetzung von Strukturen, denn Wissen ist allgemein in vernetzten, nichtlinearen Strukturen organisiert (Kuhlen 1991:182). Jonassen (1986) spricht hier von „Web-Learning" in semantischen Netzen. So wie mentale Prozesse über flexible Vernetzungen ablaufen (Konnexionismus), stellen Hypertexte flexibel vernetzte Strukturen dar, die erst durch kognitive Prozesse aktiviert werden müssen. Aus dieser Feststellung über strukturelle Ähnlichkeiten der Organisationsprinzipien von Wissen und Hypertexten ergibt sich die Hypothese der kognitiven Plausibilität. Sie besagt, dass Hypertexte so strukturiert sind oder sein sollten, wie die kognitiven Prozesse der Wissensgenerierung ablaufen. Die Hypothese stellt also eine kausale Beziehung von Kognition und Textualität her, aus der kognitiver Lernerfolg entstehe (Schulmeister 2007, siehe auch Rumelhart/McClelland 1986 zur Hypothese der selbstmodifizierenden Netzwerke). Damit qualifizieren sich elektronische Hypertexte als ideales didaktisches Mittel zur Sichtbarmachung von Textualität und allgemeiner Organisationsprozesse des Wissens.

3.7.3 Multikodalität und Multimedialität

Inwieweit mediale, modale und kodale Aspekte und graphische Gestaltungsmittel als Parallelinformation Einfluss auf die Verarbeitung von Texten und damit auf den Spracherwerb haben, untersucht Suñer Muñoz (2011) in einer empirischen Studie mit 126 Lernern des Deutschen als Fremdsprache an drei deutschen Studienkollegs. Zwei in den allgemeinen kognitiven Theorien zum multimedialen Lernen verbreitete Designprinzipien, das Multimedia-und das Modalitätsprinzip, sowie der Einsatz graphischer Übersichten in Hypertexten werden in der Studie auf ihre Relevanz für das Design von Lernmaterialien im L2-Erwerb geprüft. Als Textgattung wählte Suñer hierfür Hypertexte, weil diese eine multimodale und multikodale Realisierung erlauben und mit elektronischen Medien im Prinzip lernfreundlich einzusetzen sind. Dabei stand die Überprüfung des Lernmehrwerts einer multimedial aufbereiteten Lernumgebung gegenüber einer rein textuellen (monokodalen) Lernumgebung im Vordergrund. Zum anderen wurde untersucht, ob eine multimodale Lernumgebung aus einer graphischen Übersicht und einem auditiv dargebotenen Hypertext ein besseres L2-Textverstehen bewirkt als eine Lernumgebung aus einer graphischen Übersicht und einem visuell dargebotenen Hypertext. Das Untersuchungsdesign sah entsprechend drei Experimentalgruppen vor: Eine Gruppe mit einem rein textuellen Hypertext (monokodal), eine Gruppe mit einer graphischen Übersicht und einem visuell dargebotenen Hypertext (multimedial) und schließlich eine Gruppe mit einer graphischen Übersicht und einem auditiv dargebotenen Hypertext (multimodal). Angesichts verbreiteter Vorstellungen zum mehrkanaligen Lernen (siehe auch die Ausführungen zur Struktur des mentalen Lexikons in Kapitel 3.3.2) wäre zu erwarten, dass trotz starker Einschränkungen des Modalitätsprinzips als instruktionaler Designmaßnahme L2-Lerner mit einem multimodal aufbereiteten Hypertext einen höheren Lernerfolg als mit einem multimedialen oder monokodalen Hypertext erreichen. Außerdem sollte sich nach dem Multimediaprinzip eine Überlegenheit der Gruppe mit dem multimedial aufbereiteten Hypertext gegenüber dem monokodalen Hypertext zeigen.

In den Ergebnissen des Textverstehenstests zeigte die Gruppe mit dem multimedial aufbereiteten Hypertext tatsächlich insgesamt signifikant bessere Leistungen als die Gruppe mit dem monokodal aufbereiteten Hypertext. Daraus ist zu schließen, dass die Kombination von Text und graphischer Übersicht wegen des visuellen Informationsanteils des Lernmaterials zu insgesamt besseren Ergebnissen im L2-Textverstehen führt als die Darbietung von Text in einer monokodalen Präsentationsart. Damit stützen die Ergebnisse das Multimediaprinzip[16].

Allerdings ist die Forschungslage speziell zu graphischen Navigationshilfen nicht konklusiv: während etwa Müller-Kalthoff (2006), Potelle/Rouet (2003), Shapiro (1999), Chen/Rada (1996) oder Dee-Lucas/Larkin (1995) das Multimediaprinzip spezifisch in diesem Bereich stützen, kommen andere Studien zu gegenteiligen Ergebnissen (zum

---

[16] Vergleiche Moreno/Mayer (2002), Mayer/Heiser/Lonn (2001), Moreno/Mayer (2000), Harp/ Mayer (1998), (1997), Mayer/Bove/Bryman/Mars/Tapangco (1996).

Beispiel Su/Klein 2006, Brinkerhoff/Klein/Koroghlanian 2001, Hofman/van Oostendorp 1999). Die unterschiedlichen Ergebnisse lassen sich Suñer zufolge jedoch auf die
Art der Darstellung zurückführen. Während in seiner Studie die graphische Übersicht
vorwiegend hierarchisch strukturiert war, weisen die bei Hofman/van Oostendorp
(1999) und Su/Klein (2006) verwendeten graphischen Übersichten einen deutlich
höheren Komplexitätsgrad auf. Suñer schließt daraus, dass graphische Übersichten
nur dann einen Lernvorteil bewirken, wenn sie nach einem der von Jiang/Grabe (2007)
herausgearbeiteten Textstrukturtypen dargestellt wurden. Auf die Bedeutung der
Bekanntheit von Strukturen in der Wissenspräsentation verweist darüber hinaus
auch Mayer (2005 a). Eine kohärente Strukturierung des Lernmaterials kann demzufolge Selektions-, Organisations- und Integrationsprozesse und somit die Bildung
kohärenter mentaler Repräsentationen des dargestellten Sachverhalts fördern (vergleiche Mayer 2005 a:36 ff.), aber das Multimediaprinzip – und somit jegliche effizient
geglaubte Kombination von Bild und Text – unterstützen nicht zwangsläufig das Lernen.

Einen Lernvorteil durch das Modalitätsprinzip kann Suñers Studie jedoch nicht
nachweisen. Multimediale und multimodale Experimentalgruppen erzielen ähnliche
Ergebnisse. Sie unterscheiden sich von der monokodalen Gruppe nur im Bereich der
Makrostruktur des Textes. Damit bestätigt Suñers Studie die Ergebnisse anderer Studien,
die dem Modalitätsprinzip in Lehrmaterialien einschränkende Wirkung zuschreiben[17].
Das lässt sich folgendermaßen erklären: Im Sinne des *Control-of-Processing-Principle*
(Schnotz 2005) eignen sich visuelle Textdarbietungen für das Lernen mit Text und
Bild, wenn drei Bedingungen erfüllt sind: Wenn Bilder statisch sind, wenn die Lernzeit
nicht begrenzt ist und wenn sich der Text für den Lerner als eher schwierig herausstellt.

In Bezug auf die Verwendung komplexer Texte stützen Suñers Ergebnisse ebenfalls
die Beobachtung, dass der Modalitätseffekt vorwiegend bei eher kurzen Texten auftritt
(vergleiche Kürschner/Seufert/Hauck/Schnotz/Eid 2006, Tiene 2000). Kürschner/
Seufert/Hauck/Schnotz/Eid (2006) schließen daraus, dass bei gleicher Darbietungszeit
komplexere Texte in der visuellen Darbietung aufgrund der besseren Selbststeuerungs-
möglichkeit im Vergleich zur auditiven Darbietung effizienter verarbeitet werden
können (siehe die oben dargestellten Steuerungsmöglichkeiten mit Sakkaden, regressiven Sakkaden und Fixationen). Darüber hinaus ergibt sich eine Reihe von Einflussfaktoren aus dem experimentellen Design der Studien (etwa der Länge der Texte). Die
visuelle Sprachmodalität hat unter anderem aufgrund der höheren Stabilität der
Zeichenträger einen Vorteil bei der Dekodierung. Auditive Quellen sind dagegen flüchtig
(vergleiche Mecartty 2001).

In Bezug auf die Effizienz der graphischen Übersicht als Designmaßnahme zur
Abbildung der Textstruktur ergeben sich aus Suñers Untersuchungen positive Wirkungen nur auf die Textmakrostruktur. Das bedeutet: Erstens erweist sich die eingesetzte
graphische Übersicht als eine effiziente instruktionale Designmaßnahme zur Verbesserung des globalen Lesens, zweitens erstrecken sich die positiven Lerneffekte der

---

[17] Siehe Gerjets/Scheiter/Opfermann/Hesse/Eysink (2009), Gyselinck/Jamet/Dubois (2008),
Rummer/Fürstenberg/Schweppe (2008), Ginns (2005), Tabbers/Martens/van Merriënboer
(2005), Leahy/Chandler/Sweller (2003), Tiene (2000), Tindall-Ford/Chandler/Sweller (1997).

graphischen Übersicht nicht auf die Mikrostruktur und das mentale Modell. Deshalb kann nicht von einer aufsteigenden positiven Transferwirkung (Makrostruktur fördert die Bildung des mentalen Modells) oder von einer absteigenden positiven Transferwirkung (Makrostruktur fördert die Bildung der Mikrostruktur) ausgegangen werden (vergleiche die Ergebnisse der Studien von de Jong/van der Hulst 2002 und Potelle/Rouet 2003). Brünken/Seufert/Zander (2005) kamen im Rahmen einer weiteren Untersuchung über den Einsatz von Kohärenzbildungshilfen zu dem Schluss, dass „die jeweils gewählten Kohärenzbildungshilfen sehr spezifisch auf die jeweils unterstützten Aspekte der präsentierten Informationen wirkten, nicht jedoch auf andere, nicht fokussierte Aspekte" (Brünken/Seufert/Zander 2005:72). In diesem Sinne bewirkte der Einsatz einer graphischen Übersicht als Abbildung der Makrostruktur in der dargestellten Studie nur eine Verbesserung auf der Ebene, auf der die Kohärenzbildungshilfe angesetzt war, aber keinen Transfer.

Insgesamt unterstützt die Arbeit von Suñer die Position, dass pauschale Annahmen zur Wirksamkeit bestimmter Prinzipien nicht automatisch zutreffen, sondern die Effizienz visueller und auditiver Begleitinformation von den Bedingungen der aktuellen Lernumgebung (Aufgabe, Textschwierigkeit und -länge, Zeit und anderen) und der konkreten Bedürfnisse der Lerner abhängig ist. Es ergaben sich daher aus der Studie eine Reihe weiterer spezifizierender und unerwarteter Ergebnisse:

► Die Hypothese, die Gruppen mit graphischer Übersicht würden eine kohärentere Navigation als die Gruppe ohne graphische Übersicht durchführen, konnte nicht bestätigt werden. Die überraschend höheren Kohärenzwerte der Gruppe mit dem monokodal aufbereiteten Hypertext lassen sich jedoch nicht zwangsläufig auf die Art der Kodierung zurückführen, sondern können auch aus strukturellen Merkmalen des Lernmaterials resultieren.

► Es zeigt sich, dass Kohärenz und Leseverstehen annähernd signifikant negativ miteinander korrelieren. Das heißt, weniger kohärente Texte führen – paradox erscheinender Weise – zu einem besseren Leseverstehen, obwohl sich bei sequenziellen Navigationsmustern normalerweise eine höhere Kohärenz ergibt. Dieses Ergebnis ist bei genauerer Betrachtung jedoch weniger überraschend, als der erste Augenschein vermuten lässt, denn auch andere Studien wie McEneaney (2001), McEneaney (2000) und McEneaney (1999) stellen fest, dass lineare und sequenzielle Navigationspfade mit eher schlechteren Lernleistungen in Zusammenhang stehen. Andere Studien wie Niederhauser/Reynolds/Salmen/Skolmoski (2000) zeigen dagegen eine Überlegenheit der Versuchsteilnehmer mit sequenziellen Navigationsmustern. Vor dem Hintergrund der *Cognitive Load Theory* interpretieren sie diese Ergebnisse damit, dass Navigationsentscheidungen eine höhere kognitive Belastung bewirken können, die sich negativ auf die Lernprozesse auswirkt. Im Fall der Studie von Suñer scheint aber das aktive und strategische Treffen von Navigationsentscheidungen tendenziell zu einem besseren Textverstehen beizutragen. Eine Entscheidung über Navigationsschritte kann also zu einer Förderung lernrelevanter Prozesse führen, wenn sie sich im Sinne einer positiven kognitiven Belastung (*Germane Cognitive Load*) aus der Aufgabe und für ihre Lösung ergibt und nicht zu einer Zusatzbelastung (*Extraneous Load*) führt. So postuliert es auch die aufgabenbasierte Sprachdidaktik.

► Lerner bewerten den Nutzen graphischer Übersichten als Orientierungshilfen als hilfreich und sinnvoll. Graphische Übersichten als Navigationsoberfläche können demnach lernrelevante Kognitionen im Bereich der Makrostrukturprozesse initiieren bei gleichzeitiger Reduktion unnötiger Ressourcen in anderen Bereichen.

► Die Versuchsgruppe mit dem multimodal präsentierten Hypertext zeigte deutlich bessere Ergebnisse im Bereich der navigatorischen Entscheidungen. Monokodale und multimediale Texte ergaben dagegen keine signifikanten Unterschiede. Daraus folgert Suñer, dass der Einsatz einer graphischen Übersicht alleine keine allgemeine Reduzierung der Fehlerquote beim Navigieren bewirkt, sondern dass es dazu der Kombination mit der auditiven Textdarbietung bedarf. Das bedeutet, dass die Unterschiede zwischen den Gruppen weniger durch den Einsatz der graphischen Übersicht als durch die multimodale Lernbedingung begründet sind. Im Sinne des Split-Attention- oder Modalitätseffekts ergibt sich aus der multimodalen Nutzung der Kanäle eine (Vor-) entlastung für die Bewältigung der anstehenden Aufgaben, weil die Aufmerksamkeit nicht geteilt werden muss, während die simultane Verarbeitung multimedialer Reize nicht notwendigerweise eine Entlastung, sondern eine Überlastung bewirken kann.

► Neben dem Textverstehen und der Navigationskohärenz hat Suñer auch individuelle Lernermerkmale und Aspekte der Beurteilung des Lernmaterials erhoben. Die Gruppe mit dem multimedial aufbereiteten Hypertext schätzte die Navigation positiver ein als die Gruppe mit dem multimodal aufbereiteten Hypertext. Suñer vermutet, dass sich der Umgang mit dem Audioplayer in den jeweiligen Hypertextknoten für die Versuchsteilnehmer schwieriger gestaltete, als angenommen werden konnte, konnte dafür aber keine Bestätigung in anderen Aufgaben oder bei den Befragungen finden. Den deutlichsten Einfluss auf die Verarbeitungsleistungen zeigt die Erfahrung mit der Erstellung von hypertextartigen Materialien. Medienerfahrene Lerner erzielten signifikant bessere Ergebnisse im Textverstehen, wenn sie mit einer graphischen Übersicht lernten. Aus diesem Ergebnis kann man schließen, dass Lerner, die als Nutzer und Autoren mit hypertextartigen Materialien vertraut sind, in einer Lernkondition mit multimedialen oder multikodalen Lernmaterialien effektiver lernen. Dies kann durch einen Motivationsfaktor für die mediengewohnten Lerner und einen Unsicherheitsfaktor für die medienunerfahrenen erklärt werden, wie es auch Moreno/Mayer (2007), Astleitner/Pasuchin/Wiesner (2006) und Pintrich (2003) hervorheben. Demnach spielen Aufmerksamkeit, Engagement oder Monitoring eine starke Rolle bei der Förderung der Lernleistungen. Die Ergebnisse der Studie von Suñer weisen damit auf die Notwendigkeit einer Erweiterung der Theorien zum multimedialen Lernen um motivationale Aspekte hin (vergleiche Moreno/Mayer 2007).

► Bei weiteren Einflussfaktoren wie der Ausgangssprache der Versuchsteilnehmer sowie deren L1-Lesekompetenz ergab sich keine Evidenz für Transfer- oder Interferenzannahmen. Die Lerner mit Portugiesisch und Chinesisch als Muttersprache schnitten in den Experimenten am besten ab, die Versuchspersonen mit Arabisch und Persisch als Muttersprache am schlechtesten. Die orthographische Distanz zwischen L1- und L2-Schreibsystemen lässt sich anders als in den Studien von Sasaki (2005), Muljani/Koda/Moates (1998) sowie Hamada/Koda (2008) nicht als ausschlaggebend für die beobachteten Unterschiede in der Wortdekodierungseffizienz feststellen. Wenn der Verbrauch kognitiver Ressourcen für die Dekodierung der Textoberfläche entscheidend wäre, müssten die chinesischen Versuchspersonen am schlechtesten abschneiden, weil Chinesisch sprachtypologisch am weitesten entfernt von Deutsch ist. Auch das L1-Lesekompetenzniveau erwies sich als kein signifikanter Einflussfaktor für die Ergebnisse im Textverstehen. Dies spricht gegen die Annahme, dass die L1-Lesekompetenz mögliche Sprachdefizite beim L2-Lesen kompensieren und somit als ein wichtiger Prädiktor des L2-Lesens fungieren kann (Cummins 1986, Cummins 1979). Suñer räumt jedoch ein, dass diese Ergebnisse durch den Versuchs-aufbau (kleine nationale Lernergruppen, Textschwierigkeit, Selbsteinschätzungen) beeinflusst oder verzerrt sein könnten.

Der signifikante Zusammenhang zwischen der Navigation und dem Textverstehen kann die bessere Lernleistung auf der Makrostrukturebene erklären. Dieser Befund macht die enge Verbindung zwischen struktureller und konzeptueller Desorientierung deutlich: Ist die strukturelle Desorientierung während des Navigierens gering, kann eine erfolgreiche Erschließung der Makrostruktur mit geringer konzeptueller Desorientierung erfolgen. Mit anderen Worten, eine bessere Lernleistung kann durch die Erhöhung des *Germane Cognitive Load* und durch Reduktion der nicht lernrelevanten kognitiven Belastung (*Extraneous Cognitive Load*, Überlastung, Ablenkungen) erzielt werden (vergleiche Paas/ van Merriënboer 1994 oder auch Sweller/van Merriënboer/Paas 1998).

3.8   Von der didaktischen Grammatik zur kognitiven Didaktik

Die Erkenntnisse der kognitionslinguistischen und kognitionspsychologischen For-schungen legen eine Überprüfung etablierter und viel praktizierter Verfahren der Grammatikvermittlung im Sprachunterricht nahe. Diese Praxis des Grammatikunter-richts lässt sich vielleicht am besten mit einem Aphorismus von Franz Kafka illustrieren, den Weinrich seiner einschlägigen Textgrammatik der deutschen Sprache (Weinrich 2005) voranstellt: „Ein Käfig ging einen Vogel suchen" (Kafka 1953). Dagegen gibt es schon länger „Ausbruchsversuche", die unterschiedlich motiviert sind und unterschied-lich erfolgreich waren. Der Versuch, die Valenzgrammatik als lerneraffine Grammatik einzuführen, gehört dazu. Auch die Konzepte der ‚Lernergrammatik' und der ‚didak-tischen Grammatik' stellen alternative Ansätze einer lern- und lernerorientierten Grammatik dar, die die Lerner eher beflügeln sollen, als ihre Mobilität einzuschränken. Olejarka (2008) gibt dazu einen umfangreichen Überblick, indem sie verschiedene einschlägige Ansätze analysiert und ihre Leistungsfähigkeit diskutiert. Aus dem unein-heitlichen Bild gänzlich unterschiedlicher Perspektiven (und Terminologien) auf eine lernerfreundliche Grammatik ergibt sich Folgendes:

- ➤ Es gibt ganz verschiedene Typen von Lernergrammatiken oder Übungsgrammatiken.
- ➤ Es dominiert eine methodisch-pädagogische Perspektive. Für diese Perspektive scheint die Bezeichnung ‚pädagogische Grammatik' besser geeignet als ‚didaktische Grammatik'.
- ➤ Lernergrammatiken, die sich als reduzierte Referenzgrammatiken des schulischen Lernstoffes für Lerner verstehen oder Übungsgrammatiken, die dafür lediglich zusätzliches Übungsmaterial zur Verfügung stellen, sind davon zu unterscheiden, weil sie auch die sprachliche Qualität des Materials und/oder didaktische Grundlagen ihrer Vermittlung behandeln.

➤ Didaktisch-linguistische Systematiken sind nur ansatzweise erkennbar.
➤ Erwerbs- und kognitionslinguistische Aspekte spielen bisher keine Rolle.[18]

Mit den Vorschlägen von Götze (1995) und Götze (2001) zur Nutzung eines über die Syntax hinausgehenden, erweiterten Grammatikbegriffs und der Einbringung verschiedener linguistischer Ansätze in ein Modell der didaktischen Grammatik wird die größere Tragweite des Konzeptes deutlich. Götze fordert eine zentrale Stellung der Textgrammatik und betont die Wichtigkeit sprachlicher Funktionalitäten vor formalen Strukturen. Er postuliert des Weiteren eine Ausrichtung an lernpsychologischen Kategorien wie ‚Verstehbarkeit‘, ‚Behaltbarkeit‘ und ‚Anwendbarkeit‘ sowie die Berücksichtigung der Prinzipien des ungesteuerten Spracherwerbs und neuropsychologischer Erkenntnisse, ohne diese jedoch zu systematisieren oder zu operationalisieren. Auch bei Eppert (2001) stehen die äußeren („sekundären") Kriterien wie Übersichtlichkeit der Regeldarstellung und sparsame, gut verständliche Metasprache neben den funktionalen Aspekten der Sprache in ihren situativen, textuellen und semantischen Zusammenhängen im Mittelpunkt der Betrachtung. Eppert (2008) differenziert in Hinsicht auf die Bedeutung der Fertigkeiten für die Auswahl grammatischer Themen und deren Behandlung, indem er die Ausrichtung der Grammatik auf sprachhandlungsorientierte Verwendungszwecke fordert. Seine Grammatik setzt die postulierten Prinzipien in einem strikt induktiven Verfahren um. Thurmair (1997) stellt eine der wenigen Arbeiten dar, in denen exemplarisch, aber dennoch systematisch, ausgeführt wird, wie sich linguistische Theorien in der Grundstruktur einer didaktischen Grammatik umsetzen lassen. Ihre exemplarischen Vorschläge wurzeln in Weinrichs Textgrammatik der deutschen Sprache (Weinrich 2005). Hieraus stammt etwa auch der Vorschlag, in der deutschen Verbstellung grundsätzlich von einem zweistelligen Muster auszugehen, das auch dann anzusetzen ist, wenn Positionen nicht besetzt sind (Null-Positionen durch fehlendes klammerschließendes Element). Thurmair (1997:30) plädiert des Weiteren für ein Flexionsmodell, das mit zwei Endungsserien auskommt, einer A-Reihe (-e, -st, -t, -en, -t, -en) und einer B-Reihe (-0, -st, -0, -en, -t, -en). Mit Hilfe des Tempusmorphems (-te, sie mach-te) und des Modusmorphems (-e, sag-e-st) können damit die fünf grammatischen Kategorien beim Verb (Person, Numerus, Tempus, Modus, Genus Verbi) ausgedrückt werden. Die weiteren Formen werden analytisch mit Hilfe von Hilfsverben und Infinitiv/Partizip gebildet. Außerdem lässt sich das Inventar der Endungen noch weiter reduzieren, wenn man berücksichtigt, dass die Pluralendungen und einzelne weitere Endungen identisch sind. Auch die Adjektivendungen lassen sich durch das Prinzip der einmaligen Markierung der grammatischen Information im Artikel (der wiederholte-0 Atomausstieg – ein-0 wiederholter Atomausstieg) und durch die Annahme von zwei vor allem phonetisch bedingten (auf Wohlklang bedachten) Dummy-Endungen (-e/-en) systematisch vereinfachen (einen/den mild*en* Winter, die/eine mild*e* Wilde)[19].

---

[18] Zu den frühen Arbeiten an verschiedenen Aspekten einer didaktischen Grammatik gehören: Eppert (2002), Götze (2001), Helbig/Buscha (1999), Königs (1999), Tschirner (1999b), Götze (1999), Thurmair (1997), Götze (1995), Kleineidam/Raupach (1995), Götze (1993), Funk/Koenig (1991), Götze (1985), Helbig (1981), Grotjahn/Kasper (1979).

[19] Foschi Albert (2012b) zeigt zudem beispielhaft die Sichtbarmachung von Textstrukturen auf (siehe 3.6). Schmidt (1990) enthält eine Abgrenzung der Lernergrammatik von Anwendungen im Unterricht. Fandrych/Thurmair (1994) enthält Vorschläge zur Wortbildung. Roche/Webber

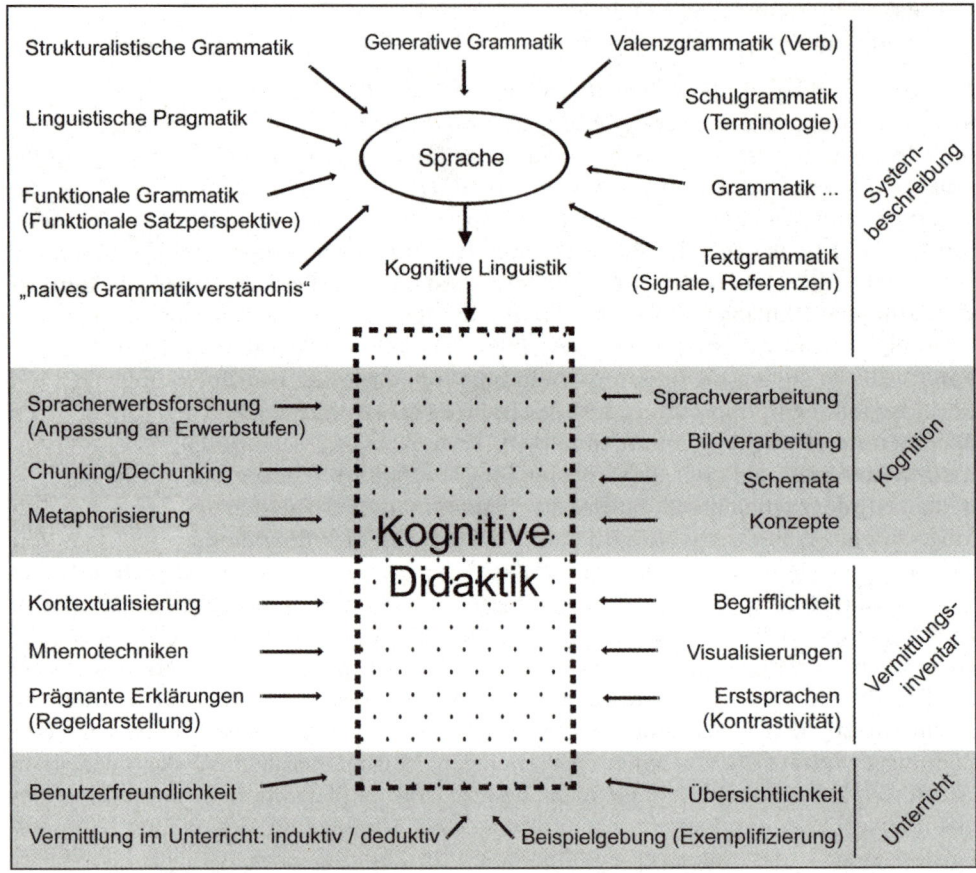

Abbildung 3.15:   Modell einer didaktisierten Grammatik (kognitiven Didaktik), das Sprachsystem,
                  Kognition und Vermittlung integriert

Aus den dargestellten kognitionswissenschaftlichen Impulsen ergibt sich die Forderung
nach einer noch stärkeren und konsequenteren Ausrichtung an einem kognitions-
wissenschaftlich orientierten Modell einer didaktisierten Grammatik. Dieses Modell
müsste konsequenterweise einer ,kognitiven Didaktik' zugeordnet werden, die jedoch
mit dem traditionellen Verständnis von Sprachbewusstheit – wie dargestellt – nichts zu
tun hat. Das Modell müsste die Konstruktion von Sprache und Grammatik in den Köpfen
der Lerner abbilden und aus einem vierstufigen System (kognitions-)linguistischer,
erwerbslinguistischer, didaktischer und methodischer Prinzipien bestehen, das in Lehr-
und Lernverfahren operationalisiert werden kann:

(1996) und Roche/Webber (2009) stellen mit der *Minigrammatik Deutsch als Fremdsprache* neben
Grammatik mit Sinn und Verstand von Rug/Tomaszewski (1993) und *Grammatik lernen und
verstehen* von Eppert (1988) erste operationalisierte Verfahren unterschiedlicher didaktischer
Grammatiken des Deutschen dar.

1. Ebene: kognitionslinguistisches System relevanter Bezugsperspektiven (System-beschreibung)
2. Ebene: operationalisierbare Ergebnisse der Spracherwerbsforschung und Informati-onsverarbeitung (Kognition)
3. Ebene: didaktisches Vermittlungsinventar auf Grundlage kognitionswissenschaftli-cher Verfahren wie sie etwa bei der Text- und Bildverarbeitung oder in Leseprozessen wirken (Vermittlungsinventar)
4. Ebene: Umsetzung in der Anwendung (Unterricht, Lehrmaterial).

Das Modell der kognitiven didaktischen Grammatik im Rahmen einer kognitiven Didaktik fasst Abbildung 3.15 zusammen.

In Kapitel 3.6 ist unter dem Aspekt der Metaphorisierungsprozesse exemplarisch illustriert, wie dieses Modell umgesetzt werden kann.

4 Mehrsprachigkeit

Das folgende Kapitel widmet sich verschiedenen Modellen der Mehrsprachigkeit und den Prozessen und Prinzipien des Sprachenwechsels. Dabei zeigt sich, dass frühere, an Defiziten (gegenüber der Einsprachigkeit) orientierte Perspektiven auf Mehrsprachigkeit nicht geeignet sind, den konstruktiven Charakter von Mehrsprachigkeit und Mehrkulturalität abzubilden. Mehrsprachigkeit kann dagegen als dynamisches ökologisches System dargestellt werden, das je nach der Relevanzbewertung durch den Sprecher oder Lerner von unterschiedlichen Faktoren beeinflusst wird. Die wichtigsten Faktoren und Kriterien werden hier dargestellt und diskutiert. Ausdruck des Managements mehrerer Sprachen sind komplexe Dynamiken von Sprachenwechseln und anderen Mischungserscheinungen, die pragmatische Kommunikationsbedingungen sowie bewusste und unbewusste Identitätskonstruktionen widerspiegeln. Welche Rolle die gesellschaftliche Wertigkeit der Sprachen in diesem pragmatischen und sozialkonstruktivistischen System spielt, wird anhand aufschlussreicher Ergebnisse von Migrations- und Bildungsstudien illustriert. Ferner werden die Potenziale elaborierter Wertschätzung und Wertschöpfung von Sprachen diskutiert.

Das Thema Mehrsprachigkeit wird häufig im Rahmen einer der folgenden Typologien behandelt (vergleiche Bausch/Christ/Krumm 2007:439−445): in Bezug auf

- die Chronologie und das Lebensalter des Erwerbs (simultan/sukzessiv, früh/spät erworbene Mehrsprachigkeit)
- domänenspezifische Fertigkeiten und Kompetenzen (rezeptive/produktive Kompetenzen, Kompetenz in Teilfertigkeiten)
- den Einfluss verschiedener Schwellen (bildungs- versus alltagssprachliche Ausprägung der Sprachkompetenz, Semilingualität bei Nichterreichen der untersten Schwelle)
- die Stärke der Ausprägung der beteiligten Sprachen (stark/schwach, dominant/nicht dominant, additiv/subtraktiv, symmetrisch/asymmetrisch/ausgeglichen)
- die Organisation (kombiniert/koordiniert/subordiniert)
- den Kontrast zur Erstsprache.

Bemerkenswert an diesen traditionellen Klassifizierungen ist, dass sie sich primär an externen (Alter, Strukturen der Sprachen) und globalen Kriterien der Kompetenzmessung und -organisation (Stärke, Organisation, Schwellen) orientieren und dabei nur am Rande auf die Qualität, Intensität und Dynamik der Mehrsprachigkeit und des Sprachenerwerbs Bezug nehmen (Lanza 2009). Die Phase der frühen Mehrsprachigkeit ist dabei dominant in der Forschung vertreten, weil angenommen wird, dass man hier den Sprachenerwerb mit den geringsten Beeinflussungen beobachten und die Entwicklungen klaren Alterskriterien zuordnen kann. Diese Phase stellt trotz der Natürlichkeit der Bedingungen eigene Herausforderungen an die Forschung: Sprachliche und kognitive Entwicklung sind stark miteinander verwoben. Die Bedingungen der frühen mehrsprachigen Entwicklung sind daher nicht ohne weiteres auf den Spracherwerb allgemein zu übertragen. Eine der Kernfragen der Mehrsprachigkeitsforschung, nämlich wie die Sprachen untereinander organisiert oder voneinander getrennt sind und wie Hybridbildungen entstehen oder verhindert werden, lässt sich aus diesem Grund bisher nicht eindeutig beantworten.

Von den Modellen, die sich an Alter und Chronologie des Mehrsprachigkeitserwerbs orientieren und seine frühen Phasen in den Blick nehmen, ist die *Unitary-Language Hypothese* eine der einflussreichsten Vertreterinnen. In dem Modell beschreiben Volterra/ Taeschner (1978) den kindlichen doppelten Erstsprachenerwerb als dreiphasiges Modell eines gemeinsamen Sprachensystems (siehe auch Redlinger/Park 1980):

> In the first stage the child has one lexical system which includes words from both languages. A word in one language almost does not have a corresponding word with the same meaning in the other language. [...] As a result, words from both languages frequently occur together in two- to three-word-constructions. (Volterra/Taeschner 1978:312)

In der ersten Phase, die die Zeit vom Sprechbeginn (den ersten Lauten) bis zum Alter von ungefähr zwei Jahren umfasst, besitzt das Kind demnach ein einziges syntaktisches und lexikalisches System, das Elemente beider Sprachen beinhaltet. Die Phase zeichnet sich durch das Fehlen (oder nur in einer sehr begrenzten Zahl anwesender) intersprachlicher Äquivalente aus. Als Äquivalente werden solche Wörter bezeichnet, die eine identische Bedeutung haben, wie zum Beispiel deutsch 'Oma' und italienisch 'nonna'. Eine weitere Beobachtung, die Volterra/Taeschner (1978) als Beleg für ein eindeutig fusioniertes Lexikon werten, ist die unterschiedliche Häufigkeit von Äquivalenten in den beiden Sprachen. So ist es im Fall ihrer Tochter, bei der deutsch 'ja' eine wesentlich höhere Frequenz aufweist als italienisch 'si'. Auch gemischtsprachige Äußerungen, wie 'macchina kaputt' – 'auto rotto', interpretieren die Autorinnen als Beleg für ein fusioniertes Lexikon. Eine alternative Sichtweise, derzufolge sich die Dominanz einer Sprache aufgrund funktionaler Bedingungen der Sprachenumgebung ergibt (Hauptsprachen der Bezugspersonen, Interessen, Kontexte), wird in der Studie nicht behandelt.

Mit dem Erwerb der ersten Synonyme beginnt nach Volterra/Taeschner (1978) die zweite Phase, nämlich die der Trennung der beiden lexikalischen Systeme. Kennzeichnend für diese vielschichtige Phase ist die zunehmende Etablierung zweier getrennter lexikalischer Systeme. Das Kind ist in der Lage, zwischen zwei Systemen zu unterscheiden, wobei es aber dieselben grammatikalischen Regeln auf beide anwendet. Es kann aber nicht immer eindeutig bestimmt werden, ob das Kind die Regeln von L1 oder die von L2 verwendet. Vielmehr zeigt sich, dass das Kind eigene Regeln schafft, die es für beide Sprachen gebraucht. Das Kind beginnt demnach zu unterscheiden, dass es für dieselben Objekte und Ereignisse ein Wort in der einen Sprache und ein Synonym in der anderen gibt. Sprachenmischungen treten in dieser Phase dennoch auf.

Die dritte Phase ist laut Volterra/Taeschner (1978) durch die Existenz von zwei syntaktischen Systemen charakterisiert. Hier vollzieht sich die Trennung der zwei Sprachen des bilingualen Kindes. Das Kind ist in der Lage, zwischen beiden Sprachen vollständig zu unterscheiden, sowohl in lexikalischer als auch in syntaktischer Hinsicht. Dabei nimmt die Komplexität der Syntax mit dem Erwerb zu. Die sprachspezifischen Konzepte von Satzkonstruktionen lassen sich in dieser Phase zum Beispiel in der Sequenz Artikel, Adjektiv, Substantiv in 'ein schönes Haus' versus Artikel, Substantiv, Adjektiv in 'un sole giallo' im Italienischen beobachten. Nach Volterra/Taeschner (1978:312) ist das Kind erst am Ende der dritten Phase als wirklich zweisprachig zu bezeichnen, da es dann in der Lage ist, die Sprachen unabhängig von seinen jeweiligen Kommunikationspartnern zu benutzen.

Die Beobachtungen von Volterra/Taeschner sind nicht ohne Nachfolger geblieben. So geht auch Romaine (1995:190) davon aus, dass Kinder, die gleichzeitig zweisprachig aufwachsen, am Anfang ein gemischtes (hybrides) Lexikon besitzen. Die Trennung der Sprachensysteme erfolge erst im Alter von circa zweieinhalb bis drei Jahren. Ein Kind steht demnach nicht nur vor der Herausforderung, die Sprachensysteme zu erwerben, sondern es muss vor allem lernen, seine beiden Sprachen getrennt verwenden zu können (pragmatische Kompetenz der ‚Language Separation').

Im Gegensatz zu diesem Modell geht Grosjean (1982) davon aus, dass das zweisprachige Kind anfänglich zwar ein einziges Regelsystem besitzt, dieses sich aber aus den Regeln der beiden Sprachen (additiv statt unitaristisch) zusammensetzt. Diese seien bereits verknüpft (Grosjean 1982:183). Eine genaue Unterscheidung, also die Separierung der Systeme dieser Sprachen trete demzufolge erst im Laufe der Entwicklung ein. Die dadurch entstehenden Sprachenmischungen im Sinne eines bilingualen Modus (*Bilingual Mode*) sind somit ein entwicklungsgemäßes Kennzeichen frühkindlicher Zweisprachigkeit. Dieser Standpunkt wird unter anderem auch von Kielhöfer/Jonekeit (1983:65) übernommen, die die gemischten Sprachenelemente als naive Sprachenmischungen in der ersten Phase der Spracherwerbsentwicklung darstellen. Dass zweisprachige Kinder tatsächlich bereits in der Einwortphase (2. Lebensjahr) mit zwei Lexika operieren, zeigen weitere Untersuchungen (etwa Genesee 1989, Meisel 1989). Die wenigen Äquivalente, die in diesem Erwerbsabschnitt in beiden Sprachen anzutreffen sind, werden demnach als ein Beleg dafür gewertet, dass die Sprachen separat von Anfang an erworben werden und nicht aus einem hybriden Zustand entstehen. Diese Äquivalente zeigen, dass die Sprachen kommunikationsbezogen (komplementär) erworben und nicht parallel in allen Lebenssituationen gebraucht werden. Bereits in der lexikalischen Phase beginnt das Kind, die Laute der beiden Sprachen zu unterscheiden. Außerdem zeigt sich, dass beim Erscheinen der ersten Wortbildungen die morphologische Trennung der Systeme weitestgehend glückt, denn die zusammengesetzten Elemente stammen jeweils aus der gleichen Sprache und werden nicht interlingual gemischt und zu neuen Wörtern kombiniert. Auf syntaktischer Ebene ist nach Meisel (1989:23) der Nachweis der frühen Sprachentrennung dadurch gegeben, dass Kinder bereits beim Auftreten von satzähnlichen Mehrwortkonstruktionen Wortstellungsmuster aus verschiedenen Sprachen anwenden. Ein Adverb am Anfang eines Satzes, das im Deutschen die Verbzweitstellung erfordert, wie etwa in ‚hier lügt sie', kann in der L2 Polnisch der Lerner eine variable Verbstellung bewirken, wie ‚ona leży tutaj'/ ‚tutaj leży ona'/‚ona tutaj leży'. Im Englischen und Französischen steht das Verb dann normalerweise an dritter Stelle (‚here she is lying'). Mehrsprachige Kinder berücksichtigen diese Unterschiede in den Sprachensystemen entsprechend, je nachdem welche Sprachen beteiligt sind. Das kann als ein weiteres Zeichen dafür gewertet werden, dass zweisprachige Kinder meistens schon vor dem zweiten Geburtstag beginnen, sich die Sprachregeln der beiden Sprachen zu eigen zu machen, unabhängig von der jeweils schon erworbenen Sprache.

In den Mehrsprachigkeitsmodellen, die sich dagegen an die Kontrastivhypothese anlehnen, spielen Aspekte der gegenseitigen Beeinflussung der Sprachen eine wichtige Rolle (Interferenz), aber Ausmaß und Qualität des Einflusses von vorerworbenen

Sprachen und Kulturen werden in den Modellen unterschiedlich stark gewichtet. Die Kontrastivhypothese geht davon aus, dass die erworbenen Vorsprachen, vor allem aber die L1, einen Einfluss auf den weiteren Sprachenerwerb haben. In dem *Foreign Language Acquisition Model* (FLAM) von (Groseva 1998) etwa kommt der strukturellen Verwandtschaft der Sprachen eine wichtige Bedeutung zu: Die nähere Sprache übernimmt demnach über bewusste und unbewusste Sprachlernstrategien die Funktion der Kontroll- und Korrekturinstanz für die weiteren Sprachen. Erst mit zunehmenden Sprachlernerfahrungen werden die Strategien vertieft und reflektiert.

Als Resultat des Erwerbsprozesses entstehe ein L2-System, das alle charakteristischen Merkmale der Zielsprache, aber auch Interferenzerscheinungen aus L1 sowie spezifische und nach Ansicht des Lerners besonders erfolgreiche Lern- und Kommunikationsstrategien in der L2 enthalte.

> Diese bewusst gelernte L2 wird nach unserer Ansicht zu einer Art Korrektur – und Kontrollinstanz für jede weitere nächste Fremdsprache. (L3/L4 etc., Groseva 1998:22)

Auf die katalytische Funktion des kognitiven Entwicklungsstandes beim Sprachenerwerb hebt dagegen die Schwellenhypothese ab. Sie geht davon aus, dass die vermeintliche Globalkompetenz der Erstsprache eine Referenzfunktion für die kognitive Entwicklung und damit für den L2-Erwerb hat. Ursprünglich wird aus dieser Referenzfunktion eine kausale Wirkung abgeleitet. Demnach sind gut ausgeprägte Sprachkompetenzen in der L1 Bedingung für den L2-Erwerb und guter L2-Erwerb ist die Grundlage zur Entwicklung höherer kognitiver Kompetenzen.

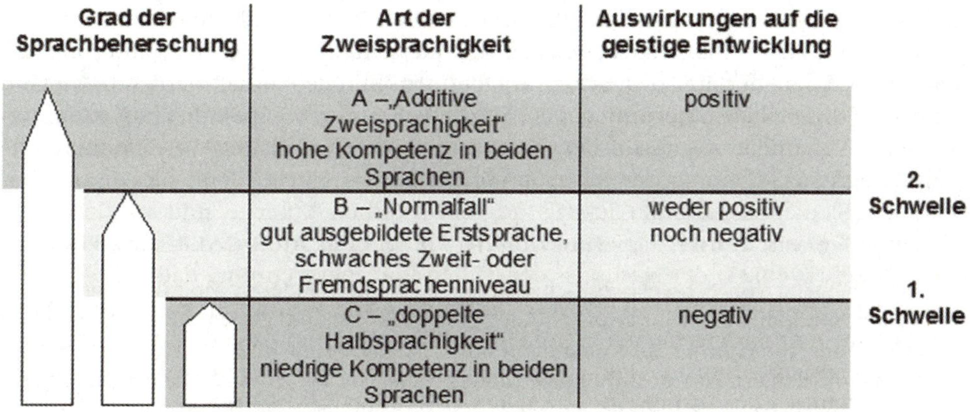

Grad der Sprachbeherschung	Art der Zweisprachigkeit	Auswirkungen auf die geistige Entwicklung	
	A – „Additive Zweisprachigkeit" hohe Kompetenz in beiden Sprachen	positiv	
	B – „Normalfall" gut ausgebildete Erstsprache, schwaches Zweit- oder Fremdsprachenniveau	weder positiv noch negativ	**2. Schwelle**
	C – „doppelte Halbsprachigkeit" niedrige Kompetenz in beiden Sprachen	negativ	**1. Schwelle**

Abbildung 4.1: Schwellen- und Interdependenzhypothese (nach Skutnabb-Kangas/Toukomaa 1977)

Der Interdependenzhypothese zufolge sind also bestimmte minimale Niveaus in den Sprachen erforderlich, wenn der Sprachenerwerb positive Effekte auf die allgemeine kognitive Entwicklung der Lerner haben soll. Diese Niveaus werden in Bezug auf die Kompetenz in der Erstsprache definiert und meist an Alter oder sozioökonomischem Status festgemacht. Die Hypothese besagt, dass der Erwerb einer fremden Sprache eher negative Effekte auf die kognitive Entwicklung eines jungen Lerners habe, wenn der Lerner nur eine niedrige Kompetenz in seiner Erstsprache besitze. Das Resultat sei dann ein doppelter Semilingualismus, eine niedrige Kompetenz in Erst- und Zweitsprachen. Über dieser Schwelle, in so genannten „Standardfällen", in denen die Erstsprache zwar gut entwickelt ist, aber die Zweitsprache weniger, sind demnach die Effekte auf die kognitive Entwicklung neutral, das heißt, weder positiv noch negativ. Erst im additiven Bilingualismus, bei einer hohen Kompetenz in Erst- und Zweitsprachen, lassen sich positive Effekte auf die allgemeine kognitive Entwicklung feststellen (Interdependenz-hypothese). Skutnabb-Kangas/Toukomaa (1977) fassen diese Hypothesen in dem Diagramm in Abbildung 4.1 zusammen.

Diese frühen Hypothesen zur Mehrsprachigkeit haben unter anderem dazu geführt, Förderunterricht für Kinder mit Migrationshintergrund in deren Erstsprache einzuführen („muttersprachlicher Unterricht" wie Türkisch für Kinder mit türkischem Migrationshintergrund in Deutschland und Österreich), wenn diese nicht gut ausgebildet war. Erst nach der Etablierung der Grundlagen kam der Unterricht in der neuen Umgebungssprache (zum Beispiel Deutsch als Zweit- oder Fremdsprache) hinzu. Die Hypothesen sind später durch Cummins' Differenzierung zwischen Bildungssprache (*Cognitive Academic Language Proficiency*, CALP) und instrumentellen umgangssprachlichen Fertigkeiten (*Basic Interpersonal Communicative Skills*, BICS) weiterentwickelt worden. Diese Differenzierung ist ein wesentliches Kriterium für die Bewertung der allgemeinen kognitiven Kompetenzen der Schülerinnen und Schüler. Im Sinne von Cummins' globaler Unterscheidung lässt sich bei ihnen vor allem ein Mangel an Kompetenzen in konzeptioneller Schriftlichkeit feststellen. Auch ihren schriftlichen Arbeiten in der Schule liege demzufolge ein Konzept von Sprache zugrunde, das eigentlich mündlich sei. Die konzeptionelle Mündlichkeit lasse sich als Grundlage medial schriftlicher Produktionen von Schülerinnen und Schülern und damit als Fehlerquelle des Unterrichts und Ursache für schlechte schulische Leistungen identifizieren.[1] Die Festlegung auf die Referenzfunktion der L1, der Bezug auf das strukturelle Verhältnis der beteiligten Sprachen, die globale Zuordnung von Schwellen und die bipolare Festlegung von bildungs- und umgangssprachlichen Kompetenzniveaus sind trotz ihrer weiten Verbreitung in einer Reihe von Aspekten problematisch:

Zur Problematik der Referenzfunktion der L1 und des BICS/CALP-Ansatzes

► Der Übergang von Schwelle zu Schwelle oder in einen anderen Modus erfolgt nicht abrupt, sondern ist sowohl intra- als auch intermodal (mündlich, schriftlich) fließend.

► Der Einfluss sprachlicher Struktursysteme auf den Erwerb sprachlicher Kompetenzen ist – wie bereits dargestellt – umstritten. Die Modellierung von Mehrsprachigkeitsmodellen an den Struktureigenschaften von Sprachen, wie beispielsweise im FLAM, behandelt nur Teilaspekte des Sprachenerwerbs und des Managements von Mehrsprachigkeit.

► Die Annahme einer „reinen" Mutter- oder Herkunftssprache der Lerner, die gänzlich anders ist als die Zielsprache, berücksichtigt vor allem bei Kindern der zweiten, dritten und späteren Migrantengeneration nicht die Mischungsprozesse der Sprachen. Für Kinder aus Migrantenfamilien ist die Sprache der Eltern oft nicht ihre eigene Muttersprache, sondern bestenfalls Familiensprache. Deshalb sind Ansätze fehlleitend, die unkritisch und pauschal auf die „Muttersprache der Migrantenkinder" aufbauen. Diese Einschränkung gilt in

---

[1] Zu der Unterscheidung von konzeptioneller Mündlichkeit und Schriftlichkeit und unterschiedlichen medialen Realisierungen siehe Dürscheid/Brommer (2009).

> verstärktem Maße für Familien, in denen die Eltern unterschiedliche Erstsprachen beherrschen (vergleiche hierzu auch Brizić 2009, 2008 und das Kapitel 4.2.5).
>
> ► Die Identifikation der Kinder und Jugendlichen mit den Sprachen der Eltern steht in einem wechselseitigen Verhältnis zum Sozialprestige der Sprachen in der Umgebungsgesellschaft. Das Prestige der Sprachen hat Auswirkungen auf die Selbsteinschätzung sprachlicher Kompetenzen und beeinflusst Sprachenerwerb und Sprachenerhalt sowie die Identitätsbildung. Kinder mit einer Familiensprache Türkisch verweigern zum Beispiel in deutschsprachiger Umgebung oft den Gebrauch des Türkischen und scheuen sich auch davor anzugeben, dass sie die Sprache kennen und wie gut sie sie können (vergleiche Brizić 2009).
>
> ► Von besonderer Relevanz im CALP-Ansatz sind die in der Regel schwach ausgeprägten schriftsprachlichen Kompetenzen der Kinder und Jugendlichen. Die von Cummins vorgenommene Globalkategorisierung als CALP verlangt hier eine weitere Differenzierung in die unterschiedlichen funktionalen Bereiche der Schriftlichkeit (Bildungssprache, Arbeits- und Berufssprache, Alltagssprache). Das heißt, bei der Diagnose des Kompetenzproblems werden im CALP-Ansatz Aspekte der institutionellen Verwendung von Sprachen in Bildung, Beruf und öffentlicher Verwaltung zu wenig berücksichtig, und zwar in der Zielsprache, aber meist noch stärker in den Familiensprachen. Schriftlichkeit und Mündlichkeit bezeichnen nicht ein bi-polares Kontinuum sprachlicher Kompetenzen. Vielmehr sind sie je nach Textgattung unterschiedlich ausgeprägt und es gibt, zumal in einer zunehmend von Medien beeinflussten Zeit, eine Fülle von Misch- und Übergangsformen. Auch Bildungssprache ist kein monolithischer Komplex (siehe hierzu auch die Ausführungen zu den Milieustudien in Kapitel 4.5).
>
> ► Die Gleichsetzung kognitiver Kompetenzen mit Bildungssprache und ihre Kontrastierung mit alltagssprachlichen Kompetenzen suggeriert eine klare Trennung konträrer Modi. Der Begriff ,Kognition' wird dabei in restriktiver Weise auf elaboriertes und systematisches Lernen bezogen, das zudem eine gewisse Affinität zur Schriftsprache ausdrückt. Gleichzeitig verschwimmen im Begriff ,Academic' die Grenzen zwischen bildungs- und wissenschaftssprachlichen Normen. Mit den in Folge der CALP/BICS-Kategorisierung vorgenommenen Modifikationen (Cummins 1991) wurde versucht, diese Beschränkungen durch eine Kombination von *Conversational and Academic Language Proficiency* aufzulösen, aber dieser Kompromiss ändert nichts Grundsätzliches an der unklaren Definition von Kognition und Sprachkompetenz in den genannten Modellen (vergleiche auch die Begriffe *Cognitively Undemaning* versus *Cognitively Demanding* bei Cummins 1981:12, *Communicative – Analytic Competence* bei Bruner 1975:72, *Embedded – Disembedded Thought and Language* bei Donaldson 1978:76 und *Contextualized – Decontextualized Language* bei Snow/Cancino/de Temple/Schley 1991:90).[2]

Verschiedene Untersuchungen an Schulen mit bilingualen Zweigen, die auf der Grundlage der Schwellen- und Interdependenzhypothese durchgeführt wurden, belegen, dass mehrsprachige Schülerinnen und Schüler oft bessere Leistungen in Fächern erbringen, in denen Sprache vermittelt wird. Bemerkenswerterweise erzielen diese Schülerinnen und Schüler oft aber auch in anderen Fächern besonders gute Ergebnisse. Es wird vermutet, dass die gut ausgeprägte Sprachenbewusstheit der mehrsprachigen Schülerinnen und

---

[2] Eine umfangreiche Dokumentation der Kritik an dem BICS/CALP-Konzept findet sich bei Jørgensen/Quist (2009).

Schüler Transfereffekte auf die allgemeine kognitive Entwicklung bewirkt. In einer longitudinalen Vergleichsstudie zur Überprüfung der Interdependenzhypothese untersuchten zum Beispiel Bournot-Trites/Reeder (2001) die Entwicklung von Schülerinnen und Schülern mit der L1 Englisch von der 4. bis zur 7. Klasse in einer bilingualen Schule in Kanada, und zwar in Bezug auf sprachliche Kompetenzen in Englisch (L1) und Französisch (L2) und in Bezug auf ihre Leistungen in Mathematik. Die Aufteilung der Gruppen erfolgte nach dem Anteil des Französischunterrichts: Eine der Gruppen erhielt 50 % des Unterrichts in der Zweitsprache Französisch, die andere 80 %. Auch der Mathematikunterricht der zweiten Gruppe erfolgte auf Französisch. Die Rahmenbedingungen der beiden Gruppen wurden ansonsten soweit wie möglich identisch gehalten. So hatten beide Klassen bis auf wenige Ausnahmen die gleichen Lehrer und wurden nach den gleichen Lehrplänen unterrichtet. Es zeigte sich, dass die Lerner beider Gruppen im Englischunterricht die kanadischen Standards von gleichaltrigen monolingualen Schülern übertrafen, zum Beispiel in Leseverstehenstests. Beachtlich sind aber auch die Ergebnisse der Mathematiktests, die in den beiden letzten Schuljahren der Untersuchung auf Englisch durchgeführt wurden. In allen getesteten mathematischen Bereichen des *Stanford Diagnostic Mathematics Test* schnitten die Schüler der 80%-Französischgruppe deutlich besser ab, als die Schüler, die den Mathematikunterricht auf Englisch hatten. Das zeigt nicht nur, dass das in einer Sprache erworbene Wissen bei einem entsprechend gut entwickelten Sprachstand in andere Sprachen übertragen werden kann, sondern auch, dass die vertiefte Zweitsprachenkompetenz mit anderen Fertigkeiten (zum Beispiel abstrakten mathematischen Fertigkeiten oder Leseverstehen) positiv korreliert. Da die Gruppen aus dem gleichen sozialen Umfeld stammten und die Unterrichtsbedingungen weitgehend identisch waren, liegt es nahe, der unterschiedlichen Intensität der Vermittlung der Zweitsprache die Hauptverantwortung für die Ausprägung der besseren Ergebnisse in den Sprachtests und bei den Transferleistungen in die Mathematik zuzuschreiben. Eine Kausalität kann dadurch bisher jedoch nicht nachgewiesen werden.

Das Forschungsspektrum zu Aspekten der Mehrsprachigkeit ist damit nicht erschöpft: Eine Reihe weiterer Studien beschäftigt sich zum Beispiel mit soziobiographischen und sozialen Bedingungsfaktoren gesellschaftlicher Mehrsprachigkeit, zu denen Kriterien wie Status, Prestige und gesellschaftlicher Wert der Mehrsprachigkeit (siehe die Auflistung zur Problematik der Referenzfunktion der L1 oben), Freiwilligkeit/Erzwungenheit und Individualität/Kollektivität der Sprachnutzung, territoriale Gebundenheit der Sprache, Institutionalität (Grad des offiziellen Status der Sprache) sowie migrationsbedingte Erscheinungen oder auch pathologische Mischformen gehören.[3] Diese fokussierenden Studien stehen hier nicht im Mittelpunkt der Betrachtung und können daher nur am Rande genannt werden. Der Einfluss des gesellschaftlichen Wertes von Mehrsprachigkeit wird jedoch weiter unten (Kapitel 4.2.5) behandelt.

Unmittelbare Bedeutung für das Thema dieses Buches haben vor allem funktionale Klassifizierungen mehrsprachiger Kompetenzen in Abhängigkeit vom Lern-, Arbeits- oder Erwerbsumfeld, von den kommunikativen Zielen und von der gewählten Sprachenfolge (funktionale Mehrsprachigkeit, Klassifikation in Arbeits-, Begegnungs- und

---

[3] Vergleiche die Behandlung von sprachlichen Variationserscheinungen in Neuland (2006) und die Mehrsprachigkeitsdimensionen bei Oppenrieder/Thurmair (2003) sowie die Analyse der pädagogischen Aspekte bei Dirim (2005) und Mecheril/Dirim/Gomoll/Hornberg/Stojanov (2010).

Verkehrssprachen, ‚Deutsch nach Englisch'). Damit kann die unterschiedliche Ausprägung mehr-sprachlicher Kompetenzen vor allem in Abhängigkeit von der kommunikativen Absicht und Reichweite (Zweck, Ziele) und unabhängig vom strukturellen
Einfluss der Sprachen dargestellt werden. Die Dominanz einer Sprache lässt sich
demzufolge funktional begründen, betrifft aber – anders als dies die früheren globalen
Klassifizierungen getan haben – unter Umständen nur bestimmte Fertigkeitsbereiche
und ist temporär.

Wenn die Sprachen – zumindest in Teilbereichen – ausgeglichen oder ausgewogen
beherrscht werden, liegt eine kombinierte oder koordinierte Mehrsprachigkeit vor. Diese
drückt sich vor allem in der entsprechenden Organisation der Konzepte des mentalen
Lexikons aus. So lässt sich darstellen, dass kombinierte und koordinierte Formen der
Mehrsprachigkeit den Wissenstransfer unabhängig von der Sprache begünstigen, in der
das Wissen erworben wird. Wissensbestände sind bei ausgeglichener Mehrsprachigkeit –
wie es auch die Interdependenzhypothese postuliert – aus allen beteiligten Sprachen in
ähnlicher Weise abrufbar oder aktivierbar.

**„Aufgeklärte Mehrsprachigkeit" aus didaktischer und sprachenpolitischer
Perspektive**

„Aufgeklärte Mehrsprachigkeit" bezeichnet ein sprachenpolitisches Desiderat (und eine sich
etablierende Praxis) in internationaler Kommunikation: Statt auf eine einzige Sprache
auszuweichen, die im ungünstigen Falle von keinem der Beteiligten (richtig) gesprochen
wird, oder Übersetzungen in Anspruch zu nehmen, bietet sich ein Verfahren an, bei dem
jeder Beteiligte seine eigene Sprache spricht, aber die der anderen hinlänglich versteht. Dabei
kann es auch zu Übersetzungen, Übertragungen und einem temporären Ausweichen in eine
dritte Sprache kommen, aber die Grundlage der Kommunikation bildet die pragmatische
Mischung der verfügbaren Sprachen. Analog zu dieser pragmatischen Kommunikations-
praxis bezeichnet der Begriff ‚aufgeklärte Mehrsprachigkeit' eine didaktische Perspektive auf
Mehrsprachigkeit. Damit wird dargestellt, dass der Unterricht didaktisch oder sprachen-
strategisch je nach Nutzen und Bedingungen nicht auf nur eine Sprache fixiert sein muss (wie
das mit dem Einsprachigkeitsprinzip eine Zeit lang dogmatisch vorgegeben war), sondern
dass je nach didaktischem Nutzen sprachliche Strukturen (wie etwa neue Vokabeln) mehr-
oder einsprachig vermittelt oder gemischt werden können (wie es zum Beispiel die *Diglott
Weave Method* propagiert).

Mit den neueren Mehrsprachigkeitsmodellen stehen Faktoren der Interaktion der
Sprachen und der Dynamik und Flexibilität von Mehrsprachigkeitssystemen im Vordergrund. Durch die Berücksichtigung von Drittsprachen konnte der Forschungshori-
zont zum Mehrsprachigkeitserwerb wesentlich erweitert werden. Ist die Forschung
lange Zeit von einem additiven Verfahren ausgegangen, nach dem der Erwerb jeder
weiteren Sprache nach der L2 im Wesentlichen wie der der L2 verlaufen sollte, so
ergaben sich aus der Tertiärsprachenforschung Erkenntnisse über Einflüsse und Interdependenzen der beteiligten Sprachen sowie Präferenzen und Synergien in den
Erwerbsprozessen.[4] Ein wichtiges Ergebnis dieser Forschungen ist die Erkenntnis,

---

4   Parallelen zu dieser Forschung ergeben sich auch aus verschiedenen Modellen der Sprach-,
    Bild-, Ton- und Textverarbeitung, siehe Kapitel 3.7.

dass die sprachlichen Systeme aufeinander aufbauen oder interagieren und daher eine chronologische Betrachtung des Sprachenerwerbs, die sich in der Zählweise nach L2, L3 etc. ausdrückt, keinen Sinn ergibt. Sie schlagen stattdessen eine potenzielle Mehrfach-besetzung der chronologisch bestimmten Positionen vor, und zwar je nach Charakter des Erwerbs als Zweitsprachen (L2 n), Drittsprachen (L3 n) oder weiterer Sprachen (multi-pler Sprachenerwerb). Faktoren wie *Proficiency* oder *Recency*, die in den traditionellen Ansätzen wenig behandelt wurden, können so zum Beispiel erklären, wie aufgrund der dynamischen Einstellungen aus einer ehemals als L2 gelernten eine nicht mehr gesprochene oder beherrschte Sprache werden kann (*Attrition*; Williams/Hammarberg 1998).

Die neuere Forschungsrichtung hat mehrere Modelle der Mehrsprachigkeit beein-flusst, die im Folgenden skizziert werden sollen: das Faktorenmodell, das Rollen-Funktions-Modell, das dynamische Modell des Multilingualismus (DMM) und das biotisch-ökologische Modell.[5]

4.1   Faktoren der Mehrsprachigkeit

Die oben genannten Modelle gehen davon aus, dass die Funktionsbündel für die Verwendung der Sprachen und ihrer Teilbereiche durch die jeweiligen Ziele und Zwecke bestimmt werden, die der Lerner oder Sprecher für sich identifiziert oder akzeptiert. Die Relevanz der Sprachen kann auf rezeptive oder andere Teilkompetenzen beschränkt sein oder das gesamte, elaborierte Inventar einer oder mehrerer Sprache umfassen. Das *Ecological Model* und das DMM nehmen an, dass diese Funktionsbündel pro Sprache unterschiedlich sind, je nach den Zielen eines Lerners/Sprechers und den Bedingungen der Lern- und Sprachumgebung. Dies produziert bei Lernern eine hohe Individualität des Spracherwerbs- oder des Sprachenlernprozesses und führt zu einer unscharfen Vorhersagbarkeit und schwierigen Steuerbarkeit von dessen Verlauf. Das Management der Mehrsprachigkeit ist von folgenden Faktoren abhängig:

Dynamik: Variabilität und Inkonsistenz (*Variability* und *Inconsistency*)

Ein wesentliches Merkmal der Literalität in den verschiedenen Sprachen des multi-lingualen „Systems", ist die Dynamik. Die beteiligten Sprachen (erworbenen Kom-petenzen) befinden sich in einem konstanten Wandel, einer fortwährenden Entwick-lung, die weder geradlinig noch gleichförmig verläuft. Die Sprachentwicklungsverläufe eines Lerners stellen sich von Sprache zu Sprache unterschiedlich dar, es kann zu Brüchen und Sprüngen kommen, die sowohl intern als auch extern ausgelöst werden können (vergleiche auch Hoffmann 2001:19 ff. zur *Trilingual Competence*).

Aufrechterhaltung (*Maintenance*)

Spezifische Anstrengungen sind zum Erhalt des erreichten Sprachstandes nötig. Das DMM sieht für diese Erhaltungsleistung deshalb einen Faktor vor, der für die Aufrecht-

---

5   Die Unterscheidung zwischen individuellem Multilingualismus und systemischer Multilingua-lität ist in dem Begriff ‚Mehrsprachigkeit' aufgehoben.

erhaltung eines (Teil-)Systems eigene Energie und Ressourcen beansprucht und so maßgeblich zur Konturierung des multilingualen Systems beiträgt.

Selbst-Erhaltung und -Erweiterung (*Self Preservation* und *Self Extension*)

Das *Ecological Model* geht von einem Zustand der Mehrsprachigkeit aus, der die Identität des Sprechers beeinflusst und diese erweitert (*Self Extension*). Mit weiteren Sprachen wird die Identität des Selbst gefestigt und ausgebaut.

Sprachverfall (*Attrition*)

Der erreichte Sprachstand bleibt nicht immer auf gleich hohem Niveau erhalten. Es kann zu einem (temporären) Abbau der sprachlichen Kompetenzen kommen.

Sprachlernstrategien (*Language Learning Strategies*)

Im Laufe des Spracherwerbsprozesses erwirbt ein Lerner unbewusste und bewusste allgemeine Sprachlernstrategien, die das DMM, das Faktorenmodell und das FLAM als relevante Größen beim multiplen Sprachenerwerb ansehen. Auf sie können Lerner teilweise gezielt zurückgreifen. Nicht alle Strategien, die auf den ersten Blick erfolgversprechend erscheinen, sind dabei auch effektiv. Eine Person, die etwa primär über kommunikative Strategien die Auseinandersetzung mit fremdem (Lern-)Stoff steuert (also über die Auseinandersetzung redet, ohne anderweitig zu handeln) be- oder verhindert damit unter Umständen den Erwerb komplexerer sprachlicher Kompetenzen. Wenn ein Lerner durch Floskeln, Redewendungen und Chunks der Lernumgebung signalisiert, dass er kompetent kommunizieren kann, gibt er der Umgebung wenige Hinweise für die in Wirklichkeit nötige Unterstützung und mögliche Hilfestellungen. Diese Vermeidungsstrategie trägt daher zu Fossilisierungstendenzen bei. Die strategische Wahl eines behutsameren, abwartenden Vorgehens bei der Sprachproduktion ist dagegen nicht mit einem Mangel an Sprachlernstrategien gleichzusetzen, sondern kann als Inputregulativ sogar besonders effektiv sein.

Fremdsprachenlernstrategien (*Foreign Language Learning Strategies*)

Eine Reihe von Sprachlernstrategien werden erst mit dem L2-Lernen angelegt und ausgebildet. Die Strategien unterscheiden sich qualitativ, weil die Erwerbssituation bei einer L2 eine weniger vorstrukturierte ist als bei einer L3. Mit jeder weiteren Fremdsprache erhöht sich das Repertoire an Fremdsprachenlernstrategien, und sie werden – wie Missler (1999) bis zu einer L7 nachgewiesen hat – desto häufiger und vor allem zielgerichteter eingesetzt, je mehr Fremdsprachen ein Lerner erwirbt. In Bezug auf die lexikalischen Strategien beim Lesen stellt Nassaji (2006) fest, dass L2-Lerner im Laufe des Fremdsprachenerwerbs vor allem die Art und die Qualität der angewandten Strategien verändern, weniger die Quantität.

Einzigartigkeit

Das DMM ist wie die anderen dargestellten Modelle ein theoretischer Ansatz zum Erfassen der Komplexität von Mehrsprachigkeit beziehungsweise dem Erwerb von Fremdsprachen. An eine Operationalisierung im Rahmen von Lehrplänen und Lehrmaterialien oder eine proaktive Steuerung des Lernverhaltens ist damit bisher nicht zu denken. Es stellt jedoch anschaulich dar, dass beim Sprachenerwerb die Variablen in unterschiedlichem Maße in den unterschiedlichen Phasen eingreifen. Sie betreffen auch die L1n. Die Basisvarietät ist als „intuitives" System in stärkerem oder schwächerem Maße allen Lernern zugänglich. Dieses System wird gelegentlich auch als ‚Spontangrammatik' beschrieben. Wie offensiv und zielgerichtet Lerner damit aber umgehen, ist ihrer Disposition, das heißt dem individuellen Zusammenspiel der Variablen, geschuldet. Wie die individuelle Disposition auf den Sprachenerwerb und das Management von Mehrsprachigkeit wirkt, zeigt sich nicht zuletzt daran, wie intensiv und extensiv Lerner die Strategien des Dechunking anwenden, also wie schnell, wie selbständig, wie konstruktiv sie die Eingabe zerlegen und daraus Regeln entwickeln und erproben. Das ökologische System eines Sprechers ist daher einzigartig (*Non-Replicable*). Die affektive Disposition stellt ihrerseits ein dynamisches, intervenierendes Faktorenbündel dar, das essentiell für das Management der Ressourcen in Bezug auf die Belastbarkeit des individuellen Lerners bei der Bewältigung der Lernaufgaben ist.

Relevanz

Entscheidend ist dabei auch, wie relevant dem Lerner die Aufgabe und der Aufwand erscheinen (Relevanz-Prinzip). Wird eine Aufgabe vom Lerner als nicht oder wenig relevant erachtet, findet trotz günstiger Disposition und Anlage der Erwerb nur bedingt statt. Umgekehrt mobilisiert Relevanz auch bei individuell schwächer ausgeprägter Disposition die vorhandenen Reserven in beachtlichem Maße, wenn möglicherweise auch limitiert auf den unmittelbaren Relevanzbereich alltäglicher, aber nicht bildungssprachlicher Kommunikation.

Die Variablen, die im Sprachenerwerb zusammenwirken, intervenieren in unterschiedlicher Qualität und Quantität und unter unterschiedlichen pragmatischen Bedingungen. Alle Faktoren unterliegen einem ökonomischen Management, in dem Lerner den Aufwand des Erwerbs subjektiv und meist intuitiv in Bezug auf ihre verfügbaren Ressourcen und Interessen beurteilen. So kommt es, dass Lerner mit ähnlichen Biographien zu anderen Ergebnissen im Sprachenerwerb kommen oder Lerner mit unterschiedlichen Biographien gleich gute Ergebnisse erzielen können. Auch lassen sich so Defizite kompensieren.[6]

---

[6] Demnach kann es nicht verwundern, dass viele Kinder aus bildungsfern eingestuften Milieus deutlich bessere Erwerbsergebnisse erzielen als Kinder aus bildungsnahen. Diese (latenten) Stärken werden jedoch aufgrund mangelnder Diagnosekompetenzen des Bildungssystems häufig verkannt und bleiben ungefördert.

Der M-Faktor

Das Resultat der Synergien aller Faktoren nennen Herdina/Jessner (2002:130) den Multilingualismusfaktor (M-Faktor). Dieser abstrakte Wert bezeichnet die unterschiedliche Qualität der Faktoren im Zusammenspiel im System. Es besteht

> [...] an essential difference between multilingual and monolingual speaker. We must assume that the multilingual system:
>
> (1) contains components the monolingual system lacks and
>
> (2) that even those components the multilingual system shares with the monolingual system have a different significance within the system. (Herdina/Jessner 2002:130)

4.2 Modelle des multiplen Sprachenerwerbs

4.2.1 Das Faktorenmodell

Das Faktorenmodell von Hufeisen (2010) versteht sich als Modell zur Beschreibung sukzessiven multiplen Sprachenlernens, in dem sich frühere Sprachlernerfahrungen auf den Erwerb weiterer Sprachen auswirken. Untersuchungen zur Worterkennung zeigen, stärker als Beobachtungen der Sprachproduktion, dass Lerner besonders im Anfangsstadium versuchen, Neues über die erste Fremdsprache oder andere Fremdsprachen zu lösen, um den Rückgriff auf die L1 zu vermeiden. Grosjean (2001) bringt dieses Phänomen in Verbindung mit dem *Foreign Language Mode*.

Die wichtigsten lernerinternen und lernerexternen, in Interaktion befindlichen Faktoren lassen sich exemplarisch im Rahmen des Faktorenmodells wie folgt darstellen (vergleiche Hufeisen 2010).

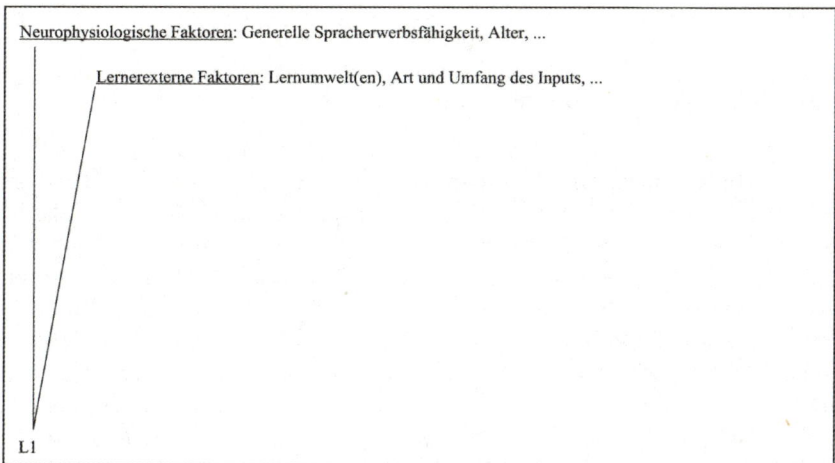

Abbildung 4.2:   Erwerb einer L1 nach dem Faktorenmodell (Hufeisen 2010:202)

Während der Erwerb der L1 weitestgehend intuitiv erfolgt, üben beim sukzessiv erfolgenden Sprachenerwerb erfahrungsbasierte, emotionale, kognitive und fremdsprachenspezifische sowie linguistische Faktoren der Sprachensysteme einen Einfluss aus. Die Sprachlerneignung des Lerners wird im Faktorenmodell nur am Rande berücksichtigt. Beim Erwerb weiterer Sprachen wirken sich die Erfahrungen der bereits vorerworbenen Sprachen entsprechend aus. Diese Interaktionsprozesse stellt die folgende Abbildung dar.

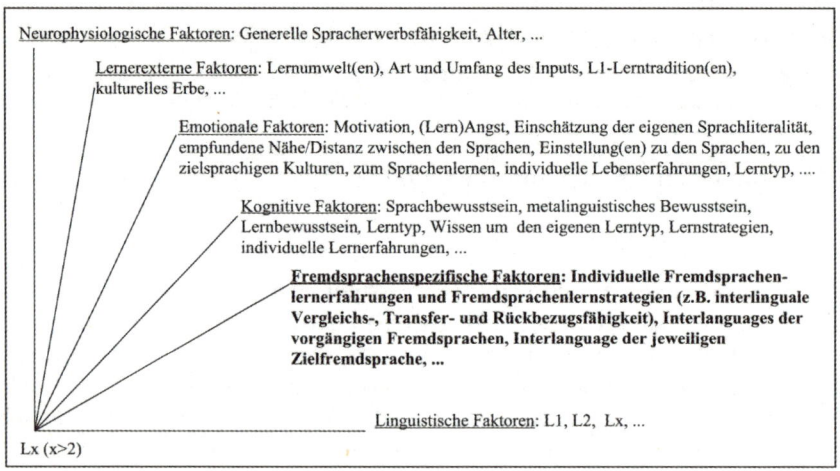

Abbildung 4.3:   Lernen weiterer Sprachen (Lx) nach dem Faktorenmodell (Hufeisen 2010:205)

Wie sich der Erwerb von L2 und L3 davon unterscheidet, ist in den Abbildungen auf der begleitenden Webseite dargestellt.

4.2.2 Das Rollen-Funktions-Modell

Im Faktorenmodell werden die Sprachen als *Interlanguages* der jeweiligen Lerner behandelt, nicht auf normativer und sprachsystematischer Basis der Strukturen der Sprachen. Durch das Lernen einer ersten Fremdsprache wird die Grundlage für eine Fremdsprachenlern-/erwerbskompetenz gelegt, die weder beim L1-Erwerb noch mit Beginn des L2-Lernens vorhanden ist (Hufeisen 2000a:214). Ähnlich argumentieren Williams/Hammarberg (1998), die den Sprachen der von ihnen untersuchten Lernerin bestimmte Funktionen (Rollen) zuschreiben, aber auch die etymologische Verwandtschaft oder Distanz zwischen den Sprachen für eine relevante Größe beim multiplen Sprachenlernen halten. In der Langzeitstudie der englischsprachigen Lernerin der Zielsprache Schwedisch (L5), die vorher auch Französisch (L2), Italienisch (L3) und Deutsch (L4) gelernt und im Deutschen eine sehr hohe Kompetenz erreicht hatte, zeigen Williams/Hammarberg (1998), dass diese Lernerin bei metasprachlichen Äußerungen hauptsächlich auf ihre L1 Englisch und bei Sprachsuchproblemen auf ihre L4 Deutsch zurückgriff. Sie argumentieren, dass hier nicht nur die Faktoren *Recency* und *Proficiency* eine Rolle spielten, sondern auch die etymologische und typologische Nähe von Schwedisch und Deutsch. Auch eine höhere Literalität in Französisch oder Italienisch habe wegen der größeren typologischen Distanz zum Schwedischen weniger stark als Transferbasis gedient.[7]

4.2.3 Das dynamische Modell

Das *Dynamic Model of Multilingualism* (DMM) von Herdina/Jessner (2002) basiert auf Annahmen dynamischer Organisationstheorien und wendet diese auf den Bereich der Mehrsprachigkeit an. Die Dynamik der Mehrsprachigkeit ist demzufolge getrieben von der subjektiven Einstellung des Lerners zu den zu erreichenden Zielen. Der Sprachenerwerb ist nie statisch, Lernumfeld und Lernkontext interagieren. Jessner (1999) misst dem L3-Lernen dabei eine besondere Qualität bei. Wie man sich diese dynamischen Prozesse des abstrakten Modells vorstellen kann, illustriert die folgende Abbildung anhand der Interaktion verschiedener individueller Faktoren. Sprachlernfähigkeit und metalinguistische Kompetenzen bestimmen den Erwerbsprozess. Dabei spielt die Selbsteinschätzung der Sprachkompetenzen eine wichtige Rolle, weil sie sich auf Selbstbewusstsein, Motivation, Angst und andere Faktoren auswirkt, die sich ihrerseits gegenseitig beeinflussen (Herdina/Jessner 2002).

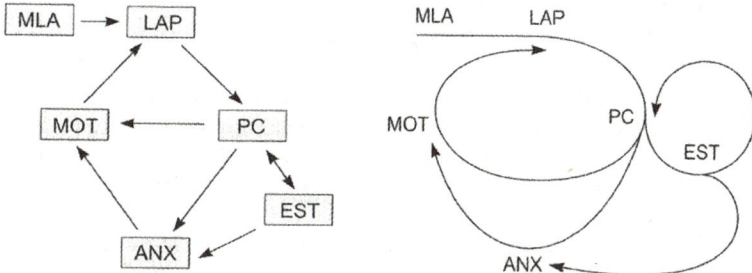

Abbildung 4.4:   *Darstellung der Dynamik individueller Faktoren in der Entwicklung multilingualer Systeme nach Herdina/Jessner (2002:138).* MLA = (Multi)Language Aptitude/Metalinguistic Abilities; LAP = language acquisition progress; MOT = motivation; ANX = anxiety; PC = perceived language competence; EST = self-esteem

---

Exkurs: Lernerinterne Faktoren

Im Folgenden sollen die wichtigsten lernerinternen Faktoren, die beim Erwerb von Mehrsprachigkeit interagieren, skizziert werden. Diese Faktoren sind als Variablen des Sprachenerwerbs lange bekannt und in unterschiedlicher Ausführlichkeit erforscht worden. Dabei wird vorwiegend versucht, die Wirkungspotenziale einzelner Faktoren in Isolation zu bestimmen oder es werden globale Aussagen angestrebt, wie etwa zur Rolle der Motivation oder des Alters im Sprachenerwerb. Die Wirkung der Faktoren lässt sich in Isolation schwer bestimmen, weil sie – wie die dargestellten Modelle postulieren – in einem dynamischen System in Wirklichkeit

---

7   Während verschiedene Lernerbefragungen die wahrgenommene Bedeutung der typologischen Nähe oder Distanz bestätigen (siehe zum Beispiel Missler 2000, Hufeisen 2000b, Missler 1999, Kallenbach 1998, Kallenbach 1996), zeigen *Priming*-Tests dagegen, dass die Abrufzeiten bei typologisch nahen Sprachen sich nicht signifikant von denen bei typologisch nicht verwandten Sprachen unterschieden (vergleiche de Bot 2004).

interagieren. Die komplexe Dynamik lässt sich bisher jedoch nur abstrakt darstellen und ist naturgemäß schwer empirisch zu messen.

► Interesse/Motivation (*Interest* und *Motivation*)

Emotionale oder affektive Faktoren spielen in vielen Mehrsprachigkeitsmodellen eine tragende Rolle. Deklariert werden sie unter anderem als Motivation, Selbstbewusstsein, Introversion/ Extroversion, Empathie, Anomie, Xenophilie/Xenophobie und Angst. Diese Faktoren bestimmen das Interesse (die intrinsische Motivation) und die extrinsische Motivation eines Lerners. Das DMM und das Faktorenmodell weisen den Faktor der intrinsischen Motivation als einen besonders wichtigen aus, während der Faktor der extrinsischen Motivation im Faktorenmodell erst für den L2-Erwerb angesetzt wird. Das liegt daran, dass das Faktorenmodell von einer existentiellen (intuitiven) Vorgabe des Erwerbsinteresses im L1-Erwerb ausgeht, das von externen Motivationsfaktoren weitestgehend unabhängig ist (vergleiche auch Gopnik/Meltzoff/Kuhl 2001). In der pädagogischen und psychologischen Motivationsforschung wird das Motivationskonstrukt stärker differenziert, als es die Unterteilung in intrinsische und extrinsische Faktoren tut. Das erweiterte kognitive Motivationsmodell von Heckhausen/Rheinberg (1980) etwa betrachtet die Interaktion von Selbst(verwirklichungs)motiven und sozialer Anerkennung als dynamischen Prozess der Erwartungsentwicklung und Einlösung von Erwartungen. Aus diesem Prozess ergibt sich schließlich eine Einschätzung der Erwartbarkeit von Erfolg, das heißt Motivation (Rheinberg 2006).

Motivationsfaktoren sind dementsprechend von außen viel schwieriger zu beeinflussen, als verbreitet in der Lehr- und Lernpraxis angenommen wird. Sie sind nur bedingt steuerbar. Browns *Practical Guide to Language Learning* (1989) ist ein typisches Beispiel für einen Versuch, mit einer Reihe von allgemeinen Lernstrategien einen motivationsgesteuerten Unterricht herzustellen. Dieser Versuch enthält keine spezifischen Empfehlungen für das Sprachenlernen, sondern eine Auflistung externer Motivatoren, die dem Aufbau von Selbstvertrauen zuträglich sind. Inwiefern die Motivationsstrategien mit verschiedenen Lernkulturen und Lerntraditionen kompatibel sind und wie sich aus externen Motivationsversuchen tatsächlich eine nachhaltige Wirkung auf den Sprachenerwerb erzielen lässt, ergeht daraus nicht und kann daraus auch solange nicht ergehen, bis es gelingt, die Interaktion der an Motivation mitwirkenden Faktoren genauer zu bestimmen.

► Selbstbewusstsein (*Self-Esteem*)

Die (positive) Selbstschätzung und das Selbstbewusstsein haben einen entscheidenden Einfluss auf die Kommunikationsbereitschaft. Die Bereitschaft, ein Kommunikationsrisiko einzugehen und mit unerwarteten Reaktionen zurechtzukommen, ist stark von der Ausprägung des Selbstbewusstseins abhängig. Die Selbstschätzung hängt stark von der Selbsteinschätzung der Sprachkompetenz (*Perceived Language Competence*) ab (siehe Kapitel 4.5.1 unten zur Sprachstandsmessung im Kontext der Migrationsforschung). Durch positive Lernerfahrungen ergeben sich entsprechende Effekte auf das Selbstbewusstsein. Selbstbewusstsein und Selbstschätzung sind damit wichtige Faktoren des Motivationsclusters.

► Selbsteinschätzung (*Perceived Language Competence*)

Im Gegensatz zum Rollen-Funktions-Modell von Williams/Hammarberg (1998), das *Proficiency* als Kriterium ansetzt, enthält das DMM einen subjektiven Faktor ‚Selbsteinschätzung der eigenen Sprachkompetenz durch den Lerner'. Schätzt eine Person demnach den Grad der erreichten Literalität für die persönlichen Kommunikationsbedürfnisse als ausreichend ein, dann sind die Anstrengungen zum Lernen weiterer Sprachen entsprechend geringer. Der Einschätzungsprozess verläuft kontinuierlich und kann zu modifizierten Resultaten führen. Die subjektive Einschätzung der Kompetenzen und das Wissen um die Stärken und Schwächen beim Sprachenlernen sind somit wichtige Faktoren im System des Mehrsprachigkeitsmanagements.

► Angst (*Anxiety*)

Angst vor Fehlern, vor dem Fremden oder vor dem Nichterfüllen kommunikativer Aufgaben kann den Erwerbsprozess erheblich behindern. Dieser motivationswirksame Faktor wirkt sich auf andere Faktoren wie die Bereitschaft und den Mut zum Experimentieren aus. Auch die Toleranz gegenüber sprachlichen „Abweichungen" wird von Angstfaktoren beeinflusst. Toleranz gegenüber dem Neuen, Anderen und Unbekannten ist aber Grundbedingung für den Sprachenerwerb. Angst wirkt sich nicht nur negativ auf den weiteren Erwerb aus, sondern ist selbst das Produkt negativer Erfahrungen. So entsteht ein Kreislauf, der dem Erwerb abträglich ist.

► Metalinguistisches Bewusstsein (*Metalinguistic Awareness*)

Sowohl das DMM als auch das Faktorenmodell gehen davon aus, dass Mehrsprachigkeit hilft, ein metalinguistisches Bewusstsein auszuprägen, das über das von Monolingualen hinausgeht (vergleiche Nation/McLaughlin 1986:52). Das metalinguistische Bewusstsein schließt das Wissen über die Struktur von Sprache und eine Reflexionsfähigkeit über die Funktion sprachlicher Strukturen und den Sprachenerwerb ein. Das Bewusstsein erweitert sich mit zunehmendem Sprachenerwerb. Bialystok/Martin (2004:325) unterscheiden zwei Komponenten des metalinguistischen Bewusstseins, die nachgeordnet voneinander operieren: die *Control of Attention* und der *Process of Analysis*. Die *Control of Attention* bezeichnet die Steuerung der Aufmerksamkeit als einen automatisierten kognitiven Prozess des Lerners. Diesem Prozess nachgeordnet erfolgt die grammatische/metasprachliche Analyse. Wie sich das metalinguistische Bewusstsein im Zuge des Erwerbs entwickelt, wie gut die metalinguistischen Grundkompetenzen für eine Prozesstrennung ausgeprägt sein müssen und ob auch beginnende Lerner einen getrennten Zugang zu den Steuerungs- und Analyseprozessen haben, ist aber nicht hinlänglich geklärt (siehe Kapitel 2.7).

► Pragmatische Sensibilität (*Pragmatic Sensitivity*)

Im DMM markieren die Begriffe *Interactional Competence*, *Communicative* or *Pragmatic Sensitivity*, dass multilinguale Personen über ausgeprägtere Fertigkeiten als bilinguale oder monolinguale Menschen verfügen und dass sie sich in ihrer Kommunikation sensibler auf ihre Kommunikationspartner und die soziokulturellen Bedingungen einstellen können. Diese Fertigkeiten wirken sich entsprechend auf die Motivation und die Qualität (das Sprachniveau) des Sprachenerwerbs aus. Pragmatische Sensibilität kann auch als Indikator für Sprachbewusstheit gewertet werden.

► Fertigkeit und Aktualität (*Proficiency* und *Recency*)

Welche Sprache welche Funktion in welcher Intensität in einem mehrsprachigen System übernimmt, entscheidet sich nach Williams/Hammarberg (1998:322) anhand der Kriterien ‚Literalität'/*Proficiency* (Kompetenz) und ‚Aktualisierungsgrad'/*Recency* in den betreffenden Sprachen. Damit wird bezeichnet, auf welchen Kompetenzniveaus die Sprachen prinzipiell und aktuell beherrscht werden. Prinzipiell verfügbare Kompetenzniveaus geben jedoch nicht notwendigerweise den aktuell verfügbaren Stand wieder: Durch den vordringlichen Gebrauch anderer Sprachen können Kompetenzniveaus (temporär oder dauerhaft) abnehmen (Attrition). Das betrifft auch die Erstsprachen. Durch eine Aktualisierung können jedoch zuvor beherrschte Niveaus wieder aktiviert und weiter ausgebaut werden.

► Wissen um den eigenen Lerntyp (*Knowledge of one's own learning style*)

Erfahrene Lerner können ihren Lerntyp besser einschätzen und den Lernprozess dement-sprechend besser steuern. Die bessere Einschätzung führt zu einer optimierten Nutzung der Einstellungsfaktoren oder einer Vermeidung von Überforderung und Frustration. Dies kann zu mehr und besseren Erfolgserfahrungen führen, die sich ihrerseits positiv auf die Lernmotivation und Lernanstrengungen auswirken können. Regelorientierung, immersive Orientierung, Ein-stellungen zu Sprachen und zur Fremdsprache, Einstellungen zu Menschen, Einstellungen zu Fremden, Einstellungen zum Lernen, Einstellungen zur Lehrkraft, Ausdauer/Belastbarkeit, Fähigkeit/Bereitschaft zu kritischem Denken (kritische Kompetenz) gehören zu den Faktoren, die einen Lerntyp bestimmen und damit motivationsrelevant sind.

Die gängigen Lernertypologien enthalten zwischen drei und fünfzig verschiedene Typen. Dennoch gilt keine der Typologien als vollständig und daher ist ihr Nutzen für den Sprachen-erwerb bisher nicht erwiesen. Eines der meist zitierten Modelle ist das von Kolb (1984, zitiert bei Duda/Riley 1990:25). Es versucht, die Komplexität der interagierenden Faktoren in den vier folgenden Grundstilen des Lernens zu fassen:

► **Divergent style**, emphasizing concrete experience and reflective observation. The diverger has imaginative ability and is aware of meanings and values. He performs well in situations that call for generation of alternative ideas and implications („brain-storming"), is interested in people, and tends to be imaginative and feeling-oriented.

► **Assimilative style**, emphasizing reflective observation and abstract conceptualization. Those oriented towards assimilation have the ability to create theoretical models and integrate observations into them. They are less focussed on people and more concerned with ideas and concepts. Ideas are judged less by their practical value; what is more important is that the theory is precise and logically sound.

► **Convergent style**, emphasizing abstract conceptualization and active experimentation. The converger's strength is in problem-solving, decision-making and the practical application of ideas. He does well in situations where there is a single correct answer or solution to a problem or a question. Convergent people are controlled in their ex-pression of emotion, preferring to deal with technical tasks and problems rather than social and interpersonal issues.

► **Accommodative style**, emphasizing active experimentation and concrete experience. Accommodative people are good at doing things, carrying out plans and tasks, and getting involved in new experiences. They adapt easily to changing circumstances, take risks and seek opportunities for action. In situations where the theory or plans do not fit the facts, they discard the plan or theory, rather than re-examining or discarding the facts. They tend to solve problems in an intuitive and trial-and-error manner, relying on other people for information rather than their own analytic ability. They are at ease with people but are sometimes seen as impatient or „pushy". (Duda/Riley 1990:25)

► Spracherwerbsvermögen und -eignung (*Language Acquisition Capacity* und *Aptitude*)

Alle neueren Mehrsprachigkeitsmodelle gehen von einer prinzipiellen physiologischen Sprach-erwerbs- und -lernfähigkeit aus, die jedoch durch Dyslexien, neurologische Teilstörungen oder Wahrnehmungseinschränkungen für bestimmte Fertigkeiten begrenzt sein kann. Die Lern-eignung steuert den tatsächlichen Verlauf sowohl des L1-Erwerbs als auch des Lernens der folgenden Sprachen. Die Grundeignung ist demnach bei der Geburt vorhanden, wird aber durch sprachliche Erst- und Vorerfahrungen, sprachlichen Input und die Art des Inputs (aus)geprägt (siehe Gopnik/Meltzoff/Kuhl 1999 und Missler 1999:17–21). Negative Erfahrungen können zu einer Art Selbstausschluss führen, obwohl es keine belastbaren Gründe für eine pauschale

Selbstexklusion gibt. Kompetenzen zur Diskriminierung und Analyse der Eingabe sind Teil der Sprachlerneignung und verfeinern sich mit dem Erwerb weiterer Sprachen.

Exkurs: Lernerexterne Faktoren

Unter den lernerexternen Faktoren werden die Faktoren gefasst, die von der Lernumgebung ausgelöst und gestaltet werden, wie zum Beispiel die Qualität und Quantität der Eingabe. Im Laufe des Erwerbs können sie soweit internalisiert werden, dass die Äußerlichkeit aufgegeben ist. Beim Zugang zur Eingabe können die Lerner beispielsweise direkte oder selektive Strategien entwickeln, die es ihnen erlauben, nach subjektiver Einschätzung besser zu lernen. Sind diese Strategien erfolgreich und finden Bestätigung, können sie soweit internalisiert werden, dass die Steuerung auf den Lerner übergeht oder eine Umgewichtung des Faktors erfolgt. Das Motiv, Zugang zu authentischer Eingabe für den Sprachenerwerb zu bekommen, kann so etwa übergehen in ein Motiv, mit bestimmten Menschen, Ereignissen oder Dingen Kontakt zu haben.

Die lernerexternen Faktoren werden in den verschiedenen Modellen in unterschiedlichem Umfang behandelt. Das *Ecological Model* listet im Vergleich zu den anderen Modellen die meisten lernerexternen Faktoren auf. Dazu gehören Lernumwelt und kultureller Kontext (*Learning Environment* und *Cultural Context*).

Die folgenden Maßnahmen gelten allgemein als förderlich für den Aufbau einer guten Lernumgebung im Unterricht:

► die sinnvolle Kombination verschiedener Lernaktivitäten (aufgaben- und projektorientiertes Lernen)
► die Reduktion von Ablenkungen und Exkursen
► die Beibehaltung eines mittleren Schwierigkeitsniveaus
► die Einhaltung eines mittleren Niveaus (bei der Abstimmung der persönlichen Beteiligungs-erwartungen auf die tatsächlichen sprachlichen Fertigkeiten der Lerner sowie bei der Vermeidung emotionaler Themen, die von der Aufmerksamkeit auf die Sprache ablenken)
► ein induktiver Ansatz, der viel Raum für Entdeckungen und Hypothesenbildung lässt.

Während das FLAM und das Rollen-Funktions-Modell nicht auf lernerexterne Faktoren ein-gehen, führen das Faktorenmodell und das DMM die Lernumwelt und den Kontext als relevante Einflussgrößen auf. Beim *Ecological Model* ist der kulturelle Kontext die entscheidende Größe, weil er die Bedingungen für das Format des Sprachenlernens schafft. Hierzu gehört auch die Frage des gesellschaftlichen Sprachstatus, der Auswirkungen auf die Motivation zum Lernen einer fremden Sprache hat.

4.2.4 Das biotisch-ökologische Modell

Mit ‚Ökologie' assoziiert man vor allem die Merkmale Vielfalt, Umwelt, Schutz, Ausgleich und natürliche Regulierung (Fill 2002, 1996, 1993). Das biotisch-ökologische Modell des Multilingualismus von Aronin/ÓLaoire (2004) nimmt diese Assoziationen auf und beschreibt damit Mehrsprachigkeit als ein ausgleichendes System der Sprachen im Kon-text der Identitätsentwicklung einer Person. Es basiert auf der Annahme, dass Mehr-sprachigkeit eine gewisse Anpassungsfähigkeit eines Sprechers erfordert und sich somit einzigartige Bezüge zur Identität des Sprechers und seinen Zielen und Motiven entwickeln, die sich ständig den Bedingungen der Umwelt und den Interessen der Person anpassen. Das Selbst sucht die Balance seiner Identität und der damit zusammenhängenden

Sprachen. Die Komplexität der individuellen Mehrsprachigkeit ergibt sich aus der Mischung von dominanten und peripheren Sprachen, die in verschiedenen, unterschiedlich ausgeprägten Fertigkeitsniveaus interagieren. Aus dieser Interaktion entstehen Kontaktphänomene der Sprachen inklusive Erscheinungen der Interferenz, des Codewechsels und des Transfers. Da Sprachgebrauch und damit Stärke und Bedeutung einer Sprache je nach Bedarf, Schwerpunktsetzungen und Emotionen variieren, kommt es ständig zu Attritions- und Neuentwicklungsprozessen. Die Ökologie der Mehrsprachigkeit ist wesentlich auf den individuellen Sprecher bezogen. Die unter Mehrsprachigen beobachtbare Variation und Inkonsistenz ergibt sich dementsprechend aus dem individuellen Kommunikationsbedarf und dem Interesse des Sprechers, diesem gerecht zu werden. Als Instrumente stehen dem Sprecher dafür unterschiedliche Textsorten sowie die sprachliche Modalität (schriftlich – mündlich) zur Verfügung. Mit diesen Instrumenten kann ein Sprecher also den Kommunikationsbedarf regeln und sich auf die Adressaten einstellen. Das Konzept der Ökologie eignet sich nicht nur zur Erklärung der unterschiedlichen Erscheinungen von Mehrsprachigkeit, für die die traditionellen chronologischen oder globalen Paradigmen nicht ausreichen. Auch die heterogenen Erscheinungen von Codewechseln lassen sich damit prinzipiell gut fassen. Darüber hinaus kann ein ökologisches Modell erklären helfen, warum bei ausgeglichen Mehrsprachigen oft positive Transfereffekte auf andere kognitive Bereiche zu beobachten sind (Interdependenzhypothese). Der sprachliche Code ist nicht nur Oberflächenerscheinung, sondern erfüllt eine authentische pragmatische Funktion in der Übertragung von Wissen. Sprachenerwerb unterscheidet sich damit nicht grundsätzlich vom Erwerb anderen Wissens.

Ökologische Systeme des Sprachenerwerbs berücksichtigen das allgemeine Lernverhalten, das Lernvermögen, das Kommunikationsverhalten, das strategische Ressourcenmanagement und die Fähigkeit zur Selbstreflexion (kritische Kompetenz). Durch die Betonung funktionaler kommunikativer Kompetenzen und die Ausrichtung auf die intrinsische Motivation der Lerner für Sprachenerwerb und Sprachgebrauch ändert sich die Gewichtung der motivationalen Einflussfaktoren. Faktoren, die in unterrichtlichen Steuerungskontexten eine wichtige Rolle spielen, wie etwa in inhaltsbasierten Verfahren (zum Beispiel CLIL) und bei der Inputsteuerung, aber auch bei der Altersorientierung und der Förderung der Lernerautonomie, treten in einem ökologisch-ökonomisch ausgerichteten System stärker in den Hintergrund, weil davon ausgegangen wird, dass die Selbststeuerungsmechanismen des Lerners und Sprechers das Lernen und den Ausgleich von Sprachkompetenzen regulieren. Diese Steuerungsmechanismen sprechen nur bedingt auf Steuerungsversuche von außen an.

Mit ökologischen Modellen lassen sich jedoch rudimentär verbleibende Sprachstände (Stabilisierung/Fossilisierung) weniger gut erklären, auch wenn man davon ausgeht, dass Sprachanlage und Bereitschaft zu experimentieren bei verschiedenen Sprechern unterschiedlich ausgeprägt sind. Nach dem Ökologieprinzip wäre zu erwarten, dass durch den ständigen Kontakt mit der Umwelt über einen längeren Zeitraum, bei entsprechendem Kommunikationsbedarf, Spracherwerb erfolgt, der zur Ausbildung mehrsprachiger Kompetenzen führt. Ein Mensch, der eine Sprache erworben hat, müsste demnach unter ähnlichen Bedingungen auch eine andere erwerben können. Druck- und Zugfaktoren (*Push and Pull*) betreiben schließlich den Sprachenerwerb. Da dies aber so nicht durchgängig zutrifft, bedarf das Ökologieprinzip der Erweiterung um weitere Prinzipien. Dazu gehören:

► ein ökonomisches Prinzip, das Aufwand und Nutzen der Mühen des Erwerbs abwägt
► ein Latenzprinzip, mit dem sich die Verzögerungseffekte durch die für den Erwerb nötige Zeit gewichten lassen
► und ein Faktorenbündel zur Erfassung des Einflusses vorerworbenen Wissens und des Umgangs mit Wissens- und Kompetenzlücken (Lernbereitschaft/Lerneignung).

Qualität und Geschwindigkeit des Sprachenerwerbs sind abhängig von der subjektiven Abwägung des Aufwandes zum Sprachenlernen und des Aufwands zur Überbrückung von verbleibenden Kompetenzlücken durch ein mögliches Nichtlernen. Die Bandbreite der Strategien zur Bewältigung dieser Aufgabe reicht bekanntlich von Annäherungen der Sprache an die Fremdsprache (*Foreignizing*), über Kommunikationsvermeidung bis zum Spontanerwerb von Teilkompetenzen.

Das Zusammenspiel der Prinzipien, die viele der oben genannten Faktoren in gebündelter Weise abbilden, erklärt demnach, warum eine vorteilhafte Grundorientierung des Lerners auf den Sprachenerwerb trotz einzelner ungünstiger Faktoren durchaus zum Erfolg führen kann. Konkret bedeutet das etwa, dass ältere Lerner, Lerner aus bildungsfernen Schichten oder Lerner mit limitiertem Zugang zur Zielsprache sehr wohl in der Lage wären, höchste Kompetenzniveaus in Fremdsprachen zu erreichen. Die Pilotstudie von Roche/Reher/Simic (2012) illustriert am Beispiel einer Kinder-Akademie, dass dies prinzipiell auch unter schwierigsten Bedingungen gilt, nämlich für Schülerinnen und Schüler, die als verhaltensauffällig, unaufmerksam, desinteressiert und aggressiv eingestuft werden.

Auf dieser konstruktiven Perspektive auf Lernpotenziale basiert auch der *Capabilities*-Ansatz in der Interkulturellen Pädagogik (Baros/Otto 2010, Otto/Ziegler 2006, Nussbaum/Pauer-Studer/Utz 2000). Er hat zum Ziel, das differenzierte kulturelle Kapital von Kindern aus Migrantenfamilien im handlungsorientierten Lernen in schulischen Kontexten stärker zum Tragen zu bringen, zum Nutzen der betroffenen Schülerinnen und Schüler und der Gesellschaft.[8] Baros (2008) skizziert diesen Ansatz folgendermaßen:

Unter *Capabilities* werden zunächst ganz allgemein die tatsächlich realisierbaren Fähigkeiten von Menschen zum Handeln und Gestalten innerhalb eines sozial und institutionell strukturierten Möglichkeitsraums verstanden. Auf (Migranten-)Kinder, (Migranten-)Jugendliche und ihre Familien bezogen lässt sich in diesem Sinn die Frage klären, wie über Bildung und Befähigung dauerhafte Verfestigungen sozialer Nachteile vermieden bzw. Möglichkeiten geschaffen werden können, die es ihnen erlauben, ein Leben zu führen, für das sie sich selbst mit guten Gründen entscheiden können. In dieser Hinsicht eröffnet der Befähigungsansatz einen analytisch fundierten Blick auf praktisch realisierbare Handlungsmöglichkeiten und sozial-, kulturell-, politisch bzw. ökonomisch bedingte Zugänge, Berechtigungen und Chancen zum Handeln. Ein wesentliches Moment des Ansatzes besteht in der Unterscheidung zwischen physischen, psychischen und sozialen ‚Funktionsweisen‘ von Kindern und Jugendlichen (was sie aktuell tatsächlich ‚tun‘ und ‚sind‘) und ihren Fähigkeiten, Kompetenzen oder Vermögen im Sinne der Möglichkeiten, die ihnen offen stehen, um für ihr Leben (bzw. ihre Lebensziele) wertvolle Daseinsformen und Tätigkeiten realisieren zu können (*Capabilities*). Eine konstruktive Herausforderung für eine Interkulturelle Erziehung auf der Basis eines Befähigungsansatzes liegt genau in der praktischen Gestaltung und Erweiterung dieser Handlungsfähigkeiten und Gestaltungsmöglichkeiten, die sich in Form von Verwirklichungschancen junger Menschen niederschlagen.

---

8   Siehe Byram/Fleming (1998), Kramsch (1996), Byram/Morgan (1994). Siehe auch Boeckmann (2006) und Rathje (2006) zu interkultureller Kompetenz im Fremdsprachenunterricht und O'Regan/MacDonald (2007) kritisch zu interkulturellen Lehrzielen allgemein.

Während Benachteiligung aus einer solchen Befähigungsperspektive dann vor allem als ‚Mangel an Verwirklichungschancen' zu verstehen ist, ist der Wert bilingual-bikultureller Maßnahmen für Kinder und Jugendliche daran zu messen, ob diese Chancen erhöht worden sind. Unter ‚Verwirklichungschancen' werden Autonomiegewinne verstanden, die junge Menschen dazu befähigen, mit Gründen erstrebte Lebensentwürfe real verwirklichen, d.h. ein als sinnvoll erkanntes Leben führen zu können. (Baros 2008:7f.)

4.2.5 Mehrsprachigkeit als kulturelles Kapital

Mehrsprachigkeit kann als Kapital betrachtet werden, das bisher zu wenig geschätzt und gesellschaftlich und wirtschaftlich genutzt wird. Die Hierarchisierung der Sprachen nach – schlecht bewerteten – Migrantensprachen und – hoch bewerteten – Bildungssprachen verhindert eine aufgeklärte Sichtweise auf Mehrsprachigkeit und auf die effiziente Nutzung vorhandener und leicht entwickelbarer Potenziale. Würde das kulturelle Kapital der Mehrsprachigkeit in Gesellschaft, Wirtschaft und Bildung dermaßen genutzt, ergäben sich vielfache Vorteile:

- eine effektivere Kommunikation über Sprachengrenzen
- ein effizienterer Sprachunterricht und Erwerb von bildungssprachlichen Kompetenzen in den vorhandenen Sprachen
- Transfereffekte auf den Erwerb und die Nutzung weiterer Sprachen
- soziale Anerkennung und Integration
- außenwirtschaftliche Vertriebserfolge
- beträchtliche ökonomische Einsparungen durch Vermeidung ineffizienter und wenig ertragreicher Formen des Sprachunterrichts und durch die Umverteilung der Ressourcen
- eine effektivere und effizientere Nutzung fremdsprachiger Innovationspotenziale in Arbeitsmarkt und Wissenschaft
- und eine Verbesserung interkultureller Kompetenzen und transnationaler Verständigung.

Aus der Wertschätzung von Sprachen ergäbe sich eine direkte Wertschöpfung.

Die Abschätzung des Lernaufwands im Verhältnis zum Nutzen der Mehrsprachigkeit ist wesentlich abhängig vom kulturellen Wert der Sprache für einen Sprecher. Dieser Wert ergibt sich im Wesentlichen aus der wahrgenommenen Wertschätzung einer Sprache in der Gesellschaft: Ist sie notwendig, ist sie bildungsrelevant oder Karriere entscheidend, kann man mit ihr etwas erwerben, trägt sie Prestige? (Brizić 2009, 2007).

Die Vorstellung von Sprache als gesellschaftliches ‚Produktionsmittel', als entscheidendes ‚Kapital' zur Erschließung sozialer und wirtschaftlicher Potenziale, geht auf Pierre Bourdieu (Bohn/Hahn 2007) zurück. Die herkömmliche Vorstellung von Kapital als materiell-ökonomischer Größe wird damit um weitere Kapitalformen ergänzt, unter anderem um das Konzept des kulturellen Kapitals. Das kulturelle Kapital umfasst die inkorporierten Wissensbestände (inklusive des Sprachenwissens), die Mehrwerte erzeugen können, und zwar entweder durch die Anreicherung weiteren Wissens (kulturellen Kapitals) oder durch die Transformation dieses Kapitals in andere Kapitalformen. Diese Modellvorstellung ist hilfreich, um die strukturelle Beschaffenheit einiger typischer Zugangsprobleme zu gesellschaftlichen Rollen darzustellen. Die Transformationsmöglichkeiten für bestimmte Kapitalformen gestalten sich dabei nicht beliebig, sondern nach den vorliegenden Macht- und Herrschaftsstrukturen einer jeweiligen Gesellschaft. Typisch für die Situation von Migranten ist, dass sie einen großen Anteil ihres kulturellen Kapitals für Transformationen nicht einsetzen können, selbst wenn das Kapitalvolumen an sich einen beträchtlichen Umfang aufweist. Das liegt daran, dass die entsprechenden sprachgebundenen Bestandteile ihres kulturellen Kapitals in der Zielgesellschaft nicht als legitimiert gelten. Wenn man über institutionelle Hürden und Einschränkungen der Zielgesellschaft hinausginge, wäre dieses kapitale Wissen jedoch durchaus erfolgreich transformierbar: in soziale Beziehungen, wirtschaftliche Tätigkeiten sowie in weitere gesellschaftlich wirksame Handlungsmöglichkeiten. Diese Möglichkeiten bestehen bemerkenswerterweise auch ohne einen ausgeprägten Formalisierungsgrad des Ausgangskapitals, das heißt ohne institutionelle Zertifizierung (Sprachzeugnisse). Herkunfts- oder Familiensprachen stellen also ein ruhendes Vermögen dar, das potenziell gewinnbringende Wissensschätze enthält, die ihre Berechtigung als nützliches und verwandelbares Kapital behalten können und nicht verdrängt werden müssen. Gerade mit der stetig steigenden Reichweite des Individuums durch erhöhte Mobilität, neue Kommunikationsformen und andere Globalisierungseffekte steigen auch die potenziellen Konversionsmöglichkeiten geradezu exponenziell. Die klassischen sozialstrukturellen Probleme der Exklusion von (Migranten-) Milieus, die auf mangelndem Kapitalvolumen basieren, ließen sich durch die Anerkennung von Sprachkompetenzen als Kapital vermeiden oder mildern. Würde das Vermögen gesellschaftlich als legitimes Kapital akzeptiert, gäbe es im Gegensatz zu den klassischen sozialstrukturellen Problemen der Exklusion von Milieus aufgrund mangelnden Kapitalvolumens keinen Grund, warum sich die Konversion dieses Kapitals nicht vollständig entfalten sollte. Zudem könnte der volle Umfang der mitgebrachten Kompetenzen in der Zielgesellschaft nicht nur genutzt, sondern auch vererbt werden.

Die Realität sieht jedoch anders aus. Der natürlich erworbenen Mehrsprachigkeit wird in vielen Aufnahmeländern nur ein bedingter Wert zugeschrieben, während gleichzeitig aber ein großes Kapitalvolumen in schulisch vermittelte Sprachkenntnisse mit ungewisser Rendite investiert wird. Während in Deutschland, Österreich und anderen Ländern Migrantensprachen und -kulturen nach einer Prestigehierarchie bewertet, geordnet und – wie Dirim (2010) darstellt – im Vergleich zu anderen Sprachen gesellschaftspolitisch abgewertet werden, werden Schulsprachen – oft als abstrakte Bildungssprachen ohne viel Gesellschaftsbezug – aufgewertet und mit umfangreichen Ressourcen ausgestattet, deren Ertrag oft nicht nachgewiesen ist. Brizić (2009) berichtet in einer Studie zur Mehrsprachigkeit von Migranten, dass ihre Informantinnen und Informanten Kurdisch zwar als Muttersprache nennen, sie aber selbst abwertend einstufen, da sie für die Sprache in ihrer neuen Umgebung (Wien) außerhalb der Familie kaum kommunikative Funktionen erkennen. Selbstexklusion in Bezug auf die eigene Sprachkompetenz oder Verwendungsabsicht, die individuelle und gesellschaftliche Ambivalenz in der Bewertung des Nutzens oder die Einschätzung der vermeintlichen Nutzlosigkeit einer Sprache sowie die negative Einschätzung des Sprachstatus' erzeugen so negative Wirkungen auf den Erwerb, auf die Nutzung und auf die Weitergabe einer Sprache an die nächste Generation. Damit geht kulturelles Kapital verloren.[9]

---

9   De Swaan (2001) verwendet für die Bemessung des wirtschaftlichen Wertes einer Sprache den Q-Value. Dieser Wert bildet das Verhältnis von Sprecheranzahl (Prävalenz) und Reichweite (Zentralität und wirtschaftlicher Bedeutung) einer Sprache ab.

Dass Migranten oft selbst ein ambivalentes Verhältnis zur Bewertung von Sprache als kulturellem Kapital haben, bestätigt auch das Sachverständigengutachten (2010). Daraus ergibt sich, dass Migranten die Bedeutung der neuen Umgebungssprache Deutsch als Bildungssprache zwar prinzipiell hoch einschätzen (zum großen Teil höher als die Deutschen selbst), diese Wertschätzung aber nur bedingt praktizieren. Das heißt, sie sind nur bedingt bereit, in neues Kapital durch Sprachenerwerb zu investieren. Aus ambivalentem Verhalten in Bezug auf Mehrsprachigkeit ergeben sich Widersprüche und kontradiktorische Einschätzungen nicht nur in den individuellen Konstruktionen von Sprachenpolitik bei Migranten und Autochthonen, sondern auch in den offiziell postulierten und adoptierten Sprachenpolitiken der Gesellschaften.

Sprachenpolitik

Anhand eines typologischen Vergleichs von drei europäischen Mustern von Sprachenpolitik ermittelt Stolle (2013) die unterschiedliche gesellschaftliche Wertschätzung von Migranten-sprachen. Demnach verfolgt Frankreich mit seiner Sprachenpolitik einen eher assimilativen Ansatz, obwohl auch er Elemente des Multilingualismus aufweist und nicht die äußerste Position des Spektrums, die Sprachenverdrängung, markiert. Schweden ist dagegen auf der anderen Seite des Spektrums angesiedelt. Es ist eines der wenigen Länder, das seit langem eine konsequent dynamische Sprachenpolitik verfolgt. Darin besitzen auch Minderheiten- und Migrantensprachen einen anerkannten offiziellen Status, der sich in Unterricht und Gesellschaft manifestiert. Deutschlands Sprachenpolitik verortet Stolle zwischen den beiden Extremen als multilingual-dynamisch. In Deutschland zeigen sich demnach ambivalente Tendenzen zwischen der Betonung der Nationalsprache als Integrationssprache (Integrati-onskurse, Schulsprache; Dirim 2010 spricht hier von Neo-Linguizismus) und der Förderung oder Berücksichtigung von Migrantensprachen (Förderung von Grenzlandsprachen, Begeg-nungssprachen, Minderheitenschutz).

4.3   Codeswitching

Zu einem dynamischen Modell der Mehrsprachigkeit gehören Sprachenmischungen und Sprachenwechsel selbstverständlich hinzu. Bei diesen Mischungen handelt es sich um Formen von ,Codeswitching', ,Codemixing' und ,Transfer' mit unterschiedlichen Funktionen: das System produziert multidimensionale Kommunikationskonturen durch die Vielfalt, den Wechsel und die Variation der Codes. Das System ist – je nach den aktuellen Kompetenzen der Sprecher – auch ein Ausgleichssystem für Lücken in einer der beteiligten Sprachen. ,Codeswitching' bewegt sich damit zwischen Kom-petenzerwerb, Kompetenzmanagement und Mängelverwaltung. Das macht es schwer, die zugrunde liegenden Systematiken zu erfassen.

Die Untersuchungen von Codeswitching-Phänomenen lassen sich in zwei Gruppen gliedern: zum einen die morphosyntaktischen, zum anderen die soziolinguistischen und pragmalinguistischen Arbeiten. Anhand der strukturellen Merkmale des Codewechsels suchen Poplack (1980) und Myers-Scotton (1993) nach den Regeln, mit denen der Codewechsel in einer Äußerung erklärt werden kann. Auf der strukturellen Ebene kann demzufolge (siehe etwa Biegel 1996) zwischen einem Codewechsel innerhalb eines Satzes (*Intra-Sentential Switching*) und einem Codewechsel zwischen den Sätzen differenziert werden (*Extra-Sentential Switching*). Poplack (1980) nennt eine dritte Variante, das ‚Emblematische Switching', bei dem Interjektionen, Füllwörter oder idiomatische Wendungen als Scharnierstelle für einen Wechsel in die andere Sprache verwendet werden. Die wichtigsten strukturellen Prinzipien dieser Art des Codewechselns lassen sich wie folgt zusammenfassen:

► **Freie Morpheme.** Der Wechsel findet nur zwischen freien Morphemen statt. Es ist kein Wechsel zwischen gebundenen Morphemen möglich (zum Beispiel nicht zwischen Verbstamm und -endung).

► **Geschlossene Klasse.** Innerhalb von Konstituenten der geschlossenen Klasse ist ein Wechsel zwischen Artikeln, Pronomen, Präpositionen, Konjunktionen, Flexionen und anderen Funktionselementen und ihren Komplementen nicht möglich (zum Beispiel wäre ein Wechsel in der Konstituente ‚on (engl.) der street' nicht möglich).

► **Äquivalenz-Regel.** Ein Wechsel kann nur an Stellen (*Switching Points*) erfolgen, die dies in beiden Codes oder Sprachen erlauben (zum Beispiel bei ähnlichen Funktionen wie Subjekt oder Objekt).

► **Matrixsprachenrahmen.** Der Rahmen entscheidet über die Makrofunktionen der beteiligten Codes (zum Beispiel Erzählrahmen in Sprache x, eingebettete Kommentare in Sprache y).

Myers-Scotton (1993) geht in ihrem Modell des Matrixsprachenrahmens davon aus, dass Codewechsel auf einer rationalen Entscheidung des Sprechers beruhen und damit markiert werden. Ein unmarkierter Wechsel zwischen Codes finde demnach nur dann statt, wenn Sprecher mit verschiedenen Optionen experimentieren. Der Sprecher müsste somit bereits vor der Verbalisierung der Äußerung den grammatischen Satzrahmen in einer Sprache klar festlegen (*Matrix Language-Frame Model* von Myers-Scotton 1993). Das heißt, der Sprecher träfe bei jeder einzelnen Äußerung eine rationale Entscheidung für eine bestimmte Sprache. Eine solche Schnittstelle sieht auch der *Language Node* in den Modellen von Grosjean (1997), de Bot (1992) und Grosjean (1988) vor. Sprachenwechsel geschehen aber auch innerhalb von Sätzen und sie umfassen komplexere Sentenzen, orientieren sich also nicht immer an der Analyseeinheit Satz. Der Aufwand für eine rationale Wechsel-Entscheidung auf Satz- oder Äußerungsbasis wäre außergewöhnlich hoch (siehe Kapitel 3.3.1).

Die Vermeidung ungrammatischer Erscheinungsformen durch syntaktisch korrekt durchgeführte Sprachenwechsel bezeichnen Poplack/Sankoff (1988) mit dem Begriff der so genannten ‚flüssigen Wechsel' (*Smooth Switching*). *Flagged Switching* ziele, im Gegensatz zu dem ‚flüssigen Wechsel', auf eine stilistische Funktion ab (Poplack/Sankoff 1988:1176). Bei stilistischen Wechseln spielen Pausen, Verzögerungen und metasprachliche Kommentare, die primär adressatenbezogen sind, eine große Rolle. Durch diese metalinguistischen und parasprachlichen Markierungen wird der Wechsel zuerst „angekündigt". Dadurch kann es zu Beeinträchtigungen des Sprechflusses kommen.

Die *Communication Accommodation Theory* von Giles (2008) versucht Sprachenwechsel dagegen nicht als Markierung stilistischer Aspekte, sondern als Ausdruck kommunikativer Anpassungen zu behandeln. Sie sieht den Codewechsel in der zunehmenden Annäherung von Sprechern in der Konversation motiviert, als eine Art Konvergenzmarkierung, oder als Divergenzmarkierung, wo soziale Unterschiede hervorgehoben werden und bestehen bleiben sollen. Konvergenz oder Divergenz zeigen sich in Dialekt,

Intonation, Akzent und paralinguistischen Merkmalen. Demnach wäre die Richtung des Sprachenwechsels vorwiegend durch den Gesprächspartner vorgegeben. Bei einer strikten Auslegung des Konvergenzprinzips müsste ein Deutscher, der mit einem Chinesen redet, folglich zunehmend ins Chinesische wechseln, der Chinese ins Deutsche. Wo solche Sprecherkonstellationen vorliegen, lassen sich tendenziell oft Konvergenzeffekte empirisch beobachten, aber sie erklären nicht die graduellen Unterschiede in den Wechseln, nicht die zeitliche Begrenztheit der Wechsel, nicht die Wechsel in dritte Sprachen und nicht die Rolle der oft mangelnden Kompetenzen eines Sprechers in der Sprache seines Gegenübers. Die bereits skizzierte Dynamik des Sprachenwechsels lässt sich demnach nicht allein aus Fixpunkten der Sprachenkonstellationen erklären. Das Verhältnis von Sprecher und Adressat und weitere pragmatische Aspekte der Mitteilungskonstruktion sind ebenfalls zu berücksichtigen.

Hierzu gehören situations- und themenabhängige Wechsel von einer Sprache in die andere (vergleiche Skehan 1989, Ellis 1987:183ff, Hymes 1974, Fishman 1972). Sie markieren den Wechsel der sozialen Rolle, wie er etwa zwischen der Sprache zu Hause und der Sprache in der Schule zu beobachten ist. Blom/Gumperz (1972:424) benennen das Einfügen eines bestimmten sprachlichen Systems in einer bestimmten sozialen Situation, die oft in erster Linie durch das Gesprächsthema und die Teilnehmersituation gekennzeichnet ist, als *Situational Codeswitching*. Die situativen Codewechsel sind gesellschaftlich kodifiziert und demnach vorhersagbar. In manchen Fällen kann mit dem Hinweis auf bestimmte soziale Kategorien in eine andere Sprache gewechselt werden, um einen bestimmten Teil der Konversation hervorzuheben oder den Ton des Gesprächs zu ändern. Dann liegt eine phatische Funktion eines Sprachenwechsels vor (vergleiche Appel/Muysken 1997). Blom/Gumperz (1972) setzen darüber hinaus noch einen metaphorischen Wechsel innerhalb einer sprachlichen Äußerung an, der unabhängig von dem situativen Kontext auftreten kann. Dieser ist gegenüber dem situativen Sprachenwechsel nicht vorhersagbar, sondern wird entsprechend den individuellen Intentionen des Sprechers absichtlich oder auch unbewusst eingesetzt, hat also eine pragmatische Funktion. Gumperz modifiziert in seinen späteren Arbeiten (1982a) den Fachausdruck und führt den Terminus *Conversational Codeswitching* ein (vergleiche Gumperz 1982a:59).

Aus erwerbslinguistischer Perspektive klassifiziert das Rollen-Funktions-Modell (Williams/Hammarberg 1998) sieben Typen pragmatisch bedingter Codewechsel in einem dreisprachigen System, das heißt den Wechsel zu sprachlichen Elementen, die nicht phonologisch oder morphologisch an die L3-Strukturen angepasst sind.[10]

► *Edit* = betrifft Korrekturen oder das Interaktionsmanagement
► *Meta Comment* = betrifft Metakommentare über den Text oder die Situation
► *Meta Frame* = betrifft Wechsel aus dem oder in den übergeordneten Rahmen der Gesprächssituation

---

[10] Grosjean (2010:45 f.) situiert die Sprachenwahl auf einem Kontinuum zwischen *Monolingual Mode* und *Bilingual Mode*. Ein reiner monolingualer Modus, das heißt die vollständige Ausschaltung anderer Sprachen, wird dabei aber als nicht realisierbar angesehen. Zu den pragmatischen Einflussfaktoren gehören: die Sprachkompetenz der Interaktionspartner, die kommunikative Sprachbiographie, die Situationaliät der Kommunikation, das Sprachprestige und die Domänenspezifik.

► *Insert: Explicit Elicit* = betrifft explizite Nachfragen zum primären Inhalt („Wie heißt das noch in der Sprache x?")

► *Insert Implicit Elicit* = markiert implizite Fragen oder Aussagen in einer anderen Sprache, die eine Rückmeldung des Gesprächspartners anfordern

► *Insert: Non-Elicit* = markiert Änderungen ohne Anforderungen oder Nachfragen

► WIPP = „without identified pragmatic purpose"

Auers Modell des Codewechsels geht von ähnlichen pragmatischen Kategorien aus wie das Rollen-Funktions-Modell, aber die Untersuchungsperspektive ist anders als bei Williams und Hammarberg keine erwerbslinguistische. Sein Modell bildet die Vielschichtigkeit der pragmatischen Niveaus ab. Daraus ergeben sich acht Funktionsebenen für einen Wechsel:

► zitierte Rede (*reported speech*)

► Änderungen in der Sprecherkonstellation (*change of participant constellation*) in Bezug auf Auswahl, Inklusion, Exklusion oder Marginalisierung von Gesprächspartnern

► Einschübe und Nebenkommentare (*parentheses or side-comments*)

► Wiederholungen (*reiterations*) zur Hervorhebung, Klärung oder Aufmerksamkeitsschaffung

► Änderung der Sozialform, Rolle (*change of activity type*)

► Themenwechsel (*topic shift*)

► Humor, Sprachspiel, Imitation (*puns, language play, shift of key*)

► Topikalisierung, Thema/Rhema Struktur (*topicalisation, topic/comment structure*) (Auer 1995:120)

Codewechsel haben also System, selbst dann, wenn eine beliebige, routinisierte Sprachenmischung im Sinne eines Codemixing aus Stil- oder Opportunitätsgründen erfolgt (*Foreignizing*-Effekte).

Unter Codemixing versteht man im Gegensatz zu systematischen Codewechseln eine beliebig und unsystematisch erscheinende Mischung verschiedener Sprachen, die keinem erkennbaren Muster folgt (Riehl 2009, Auer 1999). Androutsopoulos (2006) bezeichnet es als Sprechstil. Codemixing kann somit als Markierung der Übertragung von Identitätsmerkmalen in die andere Sprache, also als Ausdruck der bewussten oder unbewussten Identitätsmischung betrachtet werden (Clyne 2003). Riehl (2005) spricht hier von psychologisch motivierten Codewechseln, die deutlich machen, dass die Begriffe durch eine implizite Markierung (*Tagging*) für unterschiedliche Sprachen in einem gemeinsamen Speicher markiert sind.[11] Bei einer Änderung der Einflusspara-

---

[11] Vergleiche hierzu die Positionen von Gumperz (1982b) und Gafaranga (2009:287): Sie betrachten Codemixing als

an element in a socially agreed matrix of contextualisation cues and conventions used by speakers to alert addressees, in the course of ongoing interaction, to the social and situational context of the conversation. (Gumperz 1982b:132)

Initially, deviance from the norm serves as a signal telling the interlocutor that something other than ideational content is being communicated. At the second stage, the shift indicates a candidate interpretation. In this case, as Gumperz says, language alternation is directional, has a semantic value. (Gafaranga 2009:287)

Zur Illustration einer mehrfachen, diffusen Mischung, hier ein Auszug aus einem Interview von Pütz (2004:226):

meter ändert sich auch die Realisierung einer sprachlichen Funktion in einem bestimmten Code. Sprecher greifen auf die verfügbaren Instrumente je nach kommunikativem Bedarf zu. So kann es auch zu multiplen Wechseln innerhalb eines Gesprächs kommen, die zudem an allen möglichen Bruchstellen auftreten können. Codewechsel können daher unter Umständen auch innerhalb einer Nominalphrase etwa zwischen Artikel und Nomen auftreten, wenn die kommunikativen Bedingungen diesen Wechsel innerhalb einer normalerweise zusammengehörigen Einheit erfordern.

Die pragmatisch, psychologisch und kognitiv bedingte Systematik der Codewechsel und des Codemixing untermauert die schon früh aufgestellte These von der natürlichen Mehrsprachigkeit des Menschen (Wandruszka 1979). Die genannten Wechsel- und Mischungserscheinungen können damit als ein sprachlicher Indikator für mehrfache, parallel existierende Identitätskonstruktionen verstanden werden. Nicht jeder Sprecher hat jedoch das gleiche Interesse, die gleiche Sensibilität, den gleichen Mut, die gleiche Fähigkeit und Bereitschaft sprachliche Mittel als Instrumente der Identitätskonstruktion einzusetzen. Die Praxis der Mehrsprachigkeit spiegelt daher nur bedingt das vorhandene System wider. Zudem bedarf die sprachliche Konstitution oft der sozialen Sanktionierung (siehe Kapitel 6).

4.4   Innere und äußere Mehrsprachigkeit

Nach der These der natürlichen Mehrsprachigkeit beginnt diese nicht mit fremdsprachigen Codes. Auch „monolinguale" Kinder erwerben im Laufe ihrer Sozialisation spielerisch und experimentell, mit viel Erfolg und viel Vergnügen mehrsprachige Kompetenzen, die man als Varietäten der Sprache beschreiben kann. Diese natürliche Mehrsprachigkeit, die Wandruszka (1979) ‚innere Mehrsprachigkeit' nennt, entwickelt sich Zeit des Lebens mit dem Erschließen neuer Lebens- und Arbeitsbereiche weiter, obwohl gesellschaftliche Sanktionen und mangelnde Förderung in den frühen Jahren nicht selten die Entwicklung behindern.

> Schon in unserer Muttersprache lernen wir ein dynamisches Polysystem kennen, in dem die Sprachen verschiedener Lebenskreise, denen wir angehören, ineinander greifen und sich vermischen. (Wandruszka 1979:314)

In der äußeren Mehrsprachigkeit findet der Erwerb von Fremd- oder Mischsprachen (Hybridsprachen) seinen Ausdruck. Das Konzept einer anthropologischen Dimension von Mehrsprachigkeit ergänzt die Dimensionen des Variationskontinuums der Mehrsprachigkeit, zu denen die folgenden gehören:

[...] wenn ich jetzt anfange um elf, dann ist es busy flat out sagen wir mal bis um zwei Uhr half past two kommt drauf an, welche Tage es sind, Wochenende, Donnerstag, Freitag, Sonnabend, Sonntag immer sehr, sehr busy [...] [A:34,17–24]

Dimensionen	Sprachbereiche
anthropologisch:	innere und äußere Mehrsprachigkeit
diatopisch:	groß- u. kleinräumige Dialekte; Regionalsprache, Nationalsprache, Kontakt- (Minderheiten-)Sprache, In-Sprache
diastratisch:	soziale Schichtsprachen
diasituativ:	öffentliche/private Register, Ethnolekte, Soziolekte
diaphasisch (Zeit):	historische Entwicklung, Pidginentstehung
medial/modal:	schriftliche/mündliche Textsorten, Diglossien
ontogenetisch:	Spracherwerb, Aphasien
adaptiv:	kindgerichtete Sprache („Ammensprache, Motherese"), Xenolekte, Pidgins
pragmatisch:	Codewechsel, Diglossien, Ethnolekte
transkulturell:	Neologismen, Transkulturalität
didaktisch:	Lehrersprache, authentische Sprache im Unterricht

List (2004:133) spricht in diesem Zusammenhang von „quersprachiger Kompetenz" und bezeichnet damit ein fruchtbares Potenzial, die symbolischen Dienste unterschiedlicher sprachlicher Medien und Register zu erkennen, zwischen ihnen zu unterscheiden, sie womöglich selbst zu mischen oder wechselnd zu benutzen und quer durch sie hindurch zu handeln.

Quersprachige Variationsstrukturen sind Ausdruck der natürlichen Kreativität im Umgang mit Sprache. Kinder und Jugendliche schaffen sich aus diesem Grund Geheimsprachen oder imitieren andere Kinder, Erwachsene, Cartoonfiguren oder öffentliche Stars mit Freude und Leichtigkeit.[12] Gerade der Einfluss der populären Radio-, Fernseh-, Kabarett- und Filmstars, die kreativ und oft provokativ mit Mischsprachen umgehen, belegt den weitreichenden und flächendeckenden Einfluss der Lernervarietäten auf die „Mehrheitssprache". Die Kanaksprak oder das Kiezdeutsch (vergleiche Wiese/Freywald/Mayr 2009:2), das sich an den Ethnolekt Migrantendeutsch junger Türken und Russlanddeutscher anlehnt, ist als Spaßprodukt einer Mischsprache (sekundärer Ethnolekt) weiter entwickelt worden und wird mittlerweile weit über die ursprüngliche Nutzergruppe hinaus verwendet. Dabei beherrschen die Sprecher des sekundären und tertiären, oft aber auch des primären Ethnolekts neben der politisch unkorrekten Kanaksprak auch Deutsch und weitere Sprachen. Als Gruppencode ist sie inzwischen auch unter vielen deutschen Jugendlichen verbreitet, die ansonsten mit dem Türkischen oder Russischen kaum Kontakt haben und sich damit von der Mehrheitssprache der Elterngeneration absetzen wollen. Unter diesem tertiären Ethnolekt versteht Auer (2003) Imitationen medialer Variationen (sekundärer Ethnolekte, wie sie etwa von den bayerischen Jura-Studenten Erkan und Stefan produziert wurden). Diese sind selbst

---

[12] Ein anschauliches Beispiel für den kreativen Umgang von Kindern mit Sprache und Musik bietet der Film *Rhythm is it* von Simon Rattle (siehe auch die Vorschläge in Butzkamm 2002).

Imitationen von primären Ethnolekten (zum Beispiel Lernersprachen, Migranten-deutsch oder Pidgins). Riemer (2004) verweist auf den sozial-konstitutiven Charakter ähnlicher „Hybridsprachen" und schlägt für den Arbeitsbereich analog zu DaZ und DaF die Benennung ‚DaH' (Deutsch als Hybridsprache) vor. Es handelt sich also um ein Wahl-Register, das wie die anderen bereits genannten Varietäten für bestimme Kontexte verwendet wird und nicht als Rudimentärcode ausgebildete Sprachen ersetzt. Da diese Sprachvarietät von Migranten und Deutschen gleichermaßen verwendet wird, belegt sie gleichzeitig den Brücken bildenden, geradezu Integration fördernden Charakter dieser Art Mehrsprachigkeit (siehe Rück 2004 mit einem Vorschlag zur Nutzung von Interna-tionalismen bereits in der Grundschule).

Lerner einer fremden Sprache haben vor allem deshalb Zugangsschwierigkeiten zu dem dargestellten Variationsspektrum der Sprachen, weil es am Anfang des Erwerbs von außen unkonturiert erscheint und weil aus diesem Grund im Unterricht die Vielfalt oft reduziert, vermieden oder in die fortgeschrittenen Stufen ausgelagert wird. Eine erwerbsfördernde Funktion könnten aber gerade solche Variationstypen übernehmen, die den Lernern aufgrund ihres Erwerbsstandes besonders nahe sind, nämlich solche Strukturen, die von den Lernern auf ihren jeweiligen Erwerbsstufen verarbeitbar sind oder den Strukturen ihrer Erwerbsstufen entsprechen. In der Kommunikation mit Kindern schließt diese Nähe in der ersten Phase auch das Imitieren der Lalllaute nicht aus, mittels derer Eltern wichtige, erwerbsfördernde und nachhaltige soziale Bindungen zu ihrem Kind aufbauen können (Snow/Ferguson 1977). In der Kommunikation mit Ausländern (Xenolekten) betrifft die Ähnlichkeit unter bestimmten Umständen auch das Verwenden rudimentärer, infinitivartiger Äußerungen in Erklärungen oder ander-weitig zentralen Äußerungen. SMS-Nachrichten, Telegramme, Überschriften, Werbe-texte und andere authentische Textsorten mit reduzierter Grammatik sind geeignet, um an den entsprechenden Erwerbsstand der Lerner anzudocken.

Durch eine frühe Behandlung von Sprachvariation im Unterricht könnte die schein-bare Polarität von innerer und äußerer Mehrsprachigkeit durch ein Kontinuum ersetzt werden. Das mögliche Einstiegsniveau zur Zweitsprache würde somit vorverlegt, die Übergänge wären fließend. Die Lerner wären früher an den Umgang mit differenten Strukturen gewöhnt. Das frühe Experimentieren mit sprachlichen Variationen und die frühe Inklusion von fremdsprachigen Elementen in der Schule (zum Beispiel in Misch-sprachen oder Filserbriefen) bietet eine günstige Gelegenheit, die frühe Experimentier-freude und Prägbarkeit des Kindes auf dem Weg zur („äußeren") Mehrsprachigkeit zu aktivieren oder aktiv zu halten und damit an seine natürliche, innere Mehrsprachigkeit anzuschließen. Ist der Abstand zwischen früher Experimentierphase und Einsetzen des authentischen Fremdsprachengebrauchs nämlich zu groß, lässt sich die Brücke nur noch schwer bauen. Bleyhl (2003:55) bemerkt hierzu:

> Es gilt also, die dem Menschen von Natur mitgegebenen Fähigkeiten auch im schulischen Rahmen nutzbar zu machen und sie weiter zu entwickeln. Wie in der Natur jedes wachsende Individuum zu jedem Zeitpunkt überlebensfähig sein muss, gilt es auch im Fremdsprachen-unterricht, die Schülerinnen und Schüler in eine sie akzeptierende Umgebung zu führen, ihre Sinneswahrnehmung, ihr Denken und ihr Sprachlernvermögen zu aktivieren, damit sie selbst lernen, wie sie einer gegebenen Situation jeweils angemessen gerecht werden können. Die Kinder lernen das, was sie brauchen. Sie müssen nur entsprechend gefordert und gefördert werden. (Bleyhl 2003:55)

Mit der Konzeption eines Mehrsprachigkeitskontinuums zwischen innerer und äußerer Mehrsprachigkeit bietet sich also eine praktikable Grundlage für die Mehrsprachigkeits-didaktik an. Die fließenden Übergänge bestehen vor allem im lexikalischen Bereich etwa in populären Hybridsprachen wie der Jugend- und Werbesprache oder auch den Wissenschafts- und Fachsprachen. Von diesen fließenden Übergängen aus ist der Weg zur fremdsprachigen Struktur erheblich verkürzt, da – wie bereits in Kapitel 3.3.3 gezeigt wurde – der Sprachenerwerb wesentlich vom Lexikon bestimmt und betrieben wird. Die *Diglott Weave-Methode* macht sich diese Erkenntnisse zu Nutze, indem sie ein- und mehrsprachige Worterklärungen nach lernpragmatischen Aspekten beliebig verwendet und mischt.

4.5 Mehrsprachigkeit in Migrations- und Bildungsforschung

Die ökologischen Prozesse der Mehrsprachigkeit und Mehrkulturalität lassen sich vor allem bei Migranten gut beobachten, die zeitüberlappend an verschiedenen Orten und in verschiedenen Kulturwelten leben. Transnationalität und Transmigration bilden hier den Rahmen des Lebensumfeldes, der oft durch zirkuläre Migration, Pendelmigration (siehe Bade 2000), dienstliche Reisen für Studien- oder Arbeitsaufenthalte (besonders bei den so genannten *Expatriates*, die für längere Zeit im Ausland leben) und andere temporäre Mobilitätsfaktoren erweitert wird. Dabei führt die Ausbreitung transnatio-naler Lebensweisen und die Annäherung unterschiedlicher Kulturen durch neue Kommunikationsmedien und Transporttechnologien zu einem Bedarf an adäquaten transkulturellen und zielsprachlichen Kommunikationsmitteln (Beck 2007:241). Diesen Wandel zu dynamisch-multikulturellen Gesellschaften müssten folglich nicht nur die Gesellschaftspolitik, sondern auch die auf Politikberatung ausgerichtete Migrations- und Bildungsforschung abbilden. Stattdessen aber dominiert auch hier ein konzeptuell monolingualer Modus: Im Kontext der Internationalisierung der Bildung und Wissen-schaft wird der Bedarf an mehrsprachiger Kommunikation meist auf die Lingua franca Englisch projiziert. Im Umfeld des Migrations- und Integrationsdiskurses findet dagegen vor allem eine Reduktion auf zielsprachliche Sprachkenntnisse der Lingua franca Deutsch statt. Kenntnissen der Zielsprache wird im Integrationsdiskurs die größte Wirkung zugesprochen. Folglich werden die mit viel Aufwand betriebenen Integrations-kurse mit dieser Zielsetzung und nicht mit der Aus- und Weiterbildung mehrsprachiger Bürger begründet und beforscht. Gesetzliche Regelungen und Prüfungen zu Minima von Kenntnissen der Zielsprache werden als Vorbedingung für die Einwanderung festgelegt und hochqualifizierten fremdsprachigen Migranten, die diese Anforderungen nicht erfüllen, wird die Arbeitserlaubnis verweigert und die Integration erschwert. Die monolinguale Ausrichtung des Integrationsdiskurses bewirkt, dass sich Bildungsstudien auf die Messung von Kenntnissen der Zielsprache konzentrieren, aber die familien-sprachlichen Kenntnisse weitestgehend außer Acht lassen.

Die Ausrichtung auf den monolingualen Modus lässt Fremdsprachigkeit vor allem – zumal im Kontext von Zuwanderung und Integration – weitläufig als Problem erscheinen, nicht als Chance. Dahinter verbirgt sich oft die Annahme, Sprache und Identität ließen sich nur in Reinnatur und von anderen Sprachen und Kulturen strikt getrennt einander zuordnen. Nach diesem „Reinheitsgebot der Identität" führt alles andere zu Vermischungen, Verwirrungen, sozialer Entfremdung und Identifikations-

problemen. Hansen (2003) führt diese Beschränkungen auf einen begrenzten Nationen-
begriff zurück und Oberndörfer (2005) zeigt unter Rückgriff auf Herder und dessen
kritische Charakterisierung des Nationenverlustes in Frankreich, wie hieraus die Konzepte der ‚Sprachnation' und der ‚Nationalsprache' entstanden sind. Oberndörfer (2005)
macht weiter deutlich, wie im Zuge dieser Diskussion die Restaurierung oder Schaffung
der Volkssprachen beginnt: Aus Dialekten werden verschriftlichte und standardisierte
Sprachen, andere Dialekte werden aus alten Überlieferungen völlig neu gebildet oder
mit bestehenden Dialekten kombiniert. Dies

> geschieht unter dem Diktat der Ideologie: Ohne eigene Sprache keine echte Volksnation, kein
> Recht auf politische Selbstbestimmung und Separation". (Oberndörfer 2005:232)

Die Ausschließlichkeit der Zuordnung von Staatsgebiet/Nation und Nationalsprache
bestimmt auch heute die politische Diskussion in jungen Nationalstaaten und autonomen Gebieten, und zwar gerade dort, wo sie lange politisch gebannt war. In der
aktuellen Integrationsdebatte in den deutschsprachigen Ländern schwingen diese
Beschränkungen in Begriffen wie ‚Leitkultur', ‚kulturelle Identität' und ‚Staatssprache'
mit und motivieren den Vorschlag, die Rolle der deutschen Sprache im Grundgesetz zu
verankern. Eine gewisse Zeit lang ist von Gegnern der Mehrsprachigkeit und Mehrkulturalität angesichts dieser monolingualen Ausrichtung angenommen worden, dass
sich Mehrsprachigkeit insgesamt negativ auf die beteiligten Sprachen und eher „ver-
wirrend" auf den allgemeinen Geisteszustand ihrer Sprecher auswirken würde. Auch als
politische Waffe gegen die Eingliederung ethnischer Minderheiten wurden diese ver-
muteten negativen Effekte der Mehrsprachigkeit zum Beispiel in der ersten Hälfte des
20. Jahrhunderts in Deutschland mobilisiert (vergleiche auch die Ausführungen von
Wolff 2006 zu ähnlichen Tendenzen in Großbritannien).

Dass auch in der Migrationsforschung und der Bildungsforschung ökologische Konzepte der Mehrsprachigkeit bisher kaum angekommen sind, soll im Folgenden genauer
betrachtet werden. Das reduzierte Sprachverständnis in Gesellschaft und Migrationsforschung führt immer wieder zu Fehleinschätzungen des Integrationsstandes und der
Integrationsfähigkeit sowohl bei Migranten als auch bei der Mehrheitsbevölkerung. Dabei
treten zwei Defizitbereiche in der Behandlung des Themas ‚Sprache und Integration' auf:
Erstens wird Integration weitgehend am Grad der Übernahme des Verhaltens oder der
Annäherung an das Verhalten der Mehrheitsgesellschaft gemessen (Kopftuchfrequenz,
Teilnahme am Sportunterricht, religiöse Praktiken, Medienverhalten und vieles mehr).
Die Weiterentwicklung von Mehrkulturalität und Mehrsprachigkeit in einem dynamischen System des Kultur- und Sprachenausgleichs wird dabei ausgeblendet. Zweitens
wird der Grad der tatsächlichen Annäherung der Migrantenpopulation an die Mehrheitsgesellschaft in der Öffentlichkeit weitgehend unterschätzt. Viele einschlägige Studien
widerlegen die Negativ-Klischees über Migranten und zeigen dagegen ein variantenrei-
ches Bild der Migration und Integration (siehe die Studie *Muslimisches Leben in Deutschland*
des BAMF von Haug/Müssig/Stichs 2010, die *Gutachten des Sachverständigenrates der
Stiftungen mit dem Integrationsbarometer* 2010 und *mit dem Migrationsbarometer* 2011).

Die BAMF-Studie *Muslimisches Leben in Deutschland* (Haug/Müssig/Stichs 2010) veranschaulicht unter vielen anderen Aspekten, dass der Einfluss religiöser Traditionen als
vermeintliche Hürde zur Integration oft überschätzt wird. Bei diesem Aspekt wird
unterstellt, dass eine starke muslimische Prägung eine eher distanzierte Haltung zum

	Türkei	Ehem. Jugoslawien	Italien	Griechenland	Polen	Gesamt
Verstehen						
Sehr gut	36,2	48,1	51,6	46,6	42,7	42,7
Gut	27,0	34,3	29,4	30,4	31,1	29,7
Mittelmäßig	24,6	12,6	15,3	15,2	19,3	19,2
Schlecht	7,5	4,0	2,5	5,2	3,9	5,4
Sehr schlecht	3,6	1,0	0,6	2,3	2,8	2,4
Gar nicht	1,1	0,1	0,6	0,3	0,3	0,6
Gesamt	100,0	100,0	100,0	100,0	100,0	100,0
Sprechen						
Sehr gut	31,7	39,7	46,1	41,3	33,2	36,7
Gut	24,0	36,4	28,7	28,7	31,6	28,6
Mittelmäßig	26,0	16,5	19,5	19,9	24,7	22,2
Schlecht	12,9	5,5	4,1	6,5	6,3	8,8
Sehr schlecht	3,8	1,7	0,9	2,8	3,3	2,7
Gar nicht	1,6	0,2	0,7	0,8	0,8	1,0
Gesamt	100,0	100,0	100,0	100,0	100,0	100,0
Lesen						
Sehr gut	28,5	37,2	40,1	38,0	31,4	33,3
Gut	24,2	30,4	23,7	27,1	33,9	26,6
Mittelmäßig	18,7	19,4	22,1	15,2	18,7	19,1
Schlecht	13,9	7,0	9,0	9,3	10,2	10,9
Sehr schlecht	6,0	3,6	1,9	5,7	2,8	4,5
Gar nicht	8,7	2,4	3,2	4,7	3,0	5,6
Gesamt	100,0	100,0	100,0	100,0	100,0	100,0
Schreiben						
Sehr gut	24,5	30,4	32,0	31,5	23,2	27,5
Gut	18,9	20,4	16,3	22,0	25,7	19,7
Mittelmäßig	17,2	23,8	26,4	15,2	26,5	20,7
Schlecht	18,0	14,5	12,7	15,2	15,2	15,9
Sehr schlecht	8,1	6,6	6,2	7,2	4,4	7,1
Gar nicht	13,4	4,3	6,5	8,8	5,0	9,2
Gesamt	100,0	100,0	100,0	100,0	100,0	100,0

Abbildung 4.5: Selbsteinschätzung der sprachlichen Fertigkeiten ausgewählter Migrantengruppen nach der RAM-Studie 2006/2007 des BAMF (Haug 2008:24)

Aufnahmeland und gleichzeitig eine strenge Bindung an die Heimat und ihre religiösen und gesellschaftlichen Interessengruppen impliziert. Aus der Studie ergibt sich aber, dass durchschnittlich nur circa ein Drittel der Muslime häufig religiöse Veranstaltungen besucht und sich nur ein Teil der Muslime in Deutschland an religiösen Festen und Handlungen beteiligt. All dies sieht die BAMF-Studie als Indikator dafür, dass der Assimilation vor dem Ausbau transkultureller, mehrsprachiger Kompetenzen der Vorrang gegeben wird.

Auf der begleitenden Webseite zu diesem Buch sind weitere Ergebnisse der BAMF-Studie *Muslimisches Leben in Deutschland* versammelt.

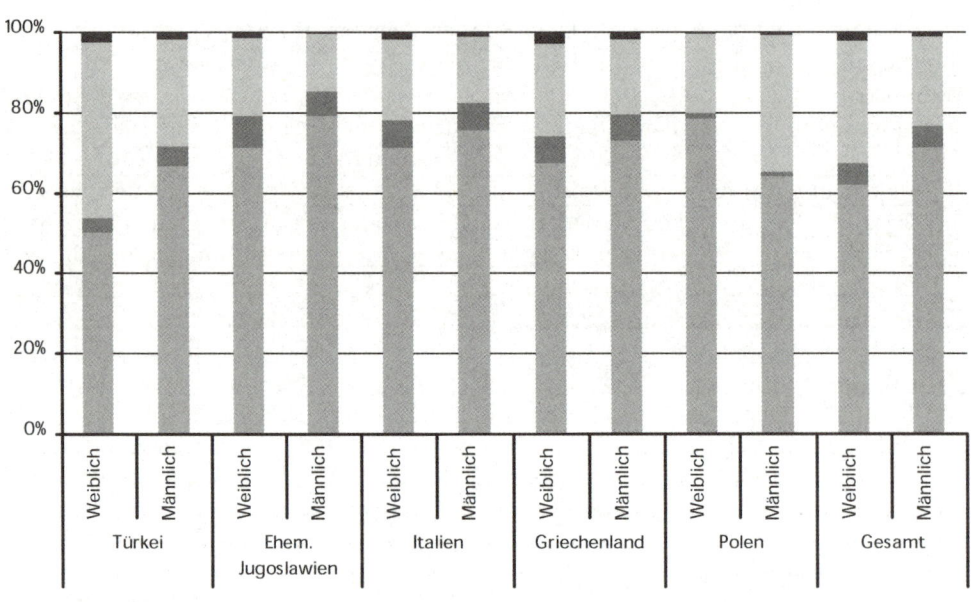

■ Mehrsprachig ■ Deutsch dominant ■ Herkunftslandsprache dominant ■ Eingeschränkt bilingual

*Abbildung 4.6:   Mehrsprachigkeit, Verstehen nach Nationalität und Geschlecht, RAM-Untersuchung
                  2006/2007 (zitiert nach Haug 2008:36)*

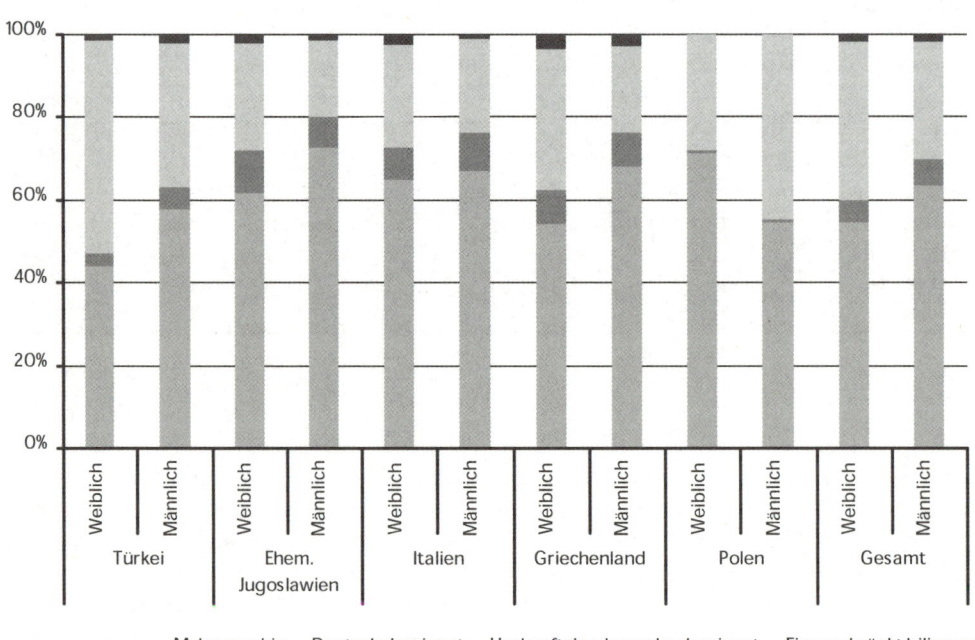

■ Mehrsprachig ■ Deutsch dominant ■ Herkunftslandsprache dominant ■ Eingeschränkt bilingual

*Abbildung 4.7:   Mehrsprachigkeit, Sprechen nach Nationalität und Geschlecht, RAM-Untersuchung
                  2006/2007 (zitiert nach Haug 2008:37)*

Als allgemeines Problem wird in vielen Studien dagegen die mangelnde Integrations-
bereitschaft der Mehrheitsgesellschaft und deren geringes Interesse an den neuen
Mitbürgern festgestellt. Auch die *Studie Migranten und Medien* (2011) von ARD und
ZDF dokumentiert, dass der Integrationsgrad der Migranten in Deutschland weiter
vorangeschritten ist, als von der Öffentlichkeit und den Medien dargestellt. Die Mehrheit
der Migrantinnen und Migranten in Deutschland nutzt demnach bevorzugt deutschsprachige Medien. 76 % der Menschen mit Einwanderungshintergrund sehen regelmäßig deutschsprachige Fernsehprogramme, 60 % hören deutschsprachiges Radio und
53 % nutzen deutschsprachige Internetangebote. Nur eine Minderheit nutzt ausschließlich heimatsprachige Medien (13 % Fernsehen, 2 % Radio, 5 % Internet).

Der Erwerb der Zielsprache, etwa durch die Medien, wird von den meisten Befragten
als Schlüssel zur Integration und zur Bildung und damit als Grundlage für persönliche
und berufliche Karrieren angesehen. Schülerinnen und Schüler „mit Migrationshintergrund" („MiHi") sind jedoch mit vielfältigen Hürden im Bildungssystem konfrontiert.
So gestaltet sich der Übergang von der Schule in einen Beruf besonders schwierig. Die
Abbrecherquoten in Schul- und Berufsausbildung zeigen einen im Durchschnitt um den
Faktor 4 erhöhten Wert gegenüber Schülerinnen und Schülern ohne Migrationshintergrund.[13] Eine Studie der Bertelsmann Stiftung (Werner/Neumann/Schmidt 2008)
beziffert die volkswirtschaftlichen Kosten mangelnder (auch sprachlicher) Integration in
der Bundesrepublik Deutschland auf € 16 Mrd. pro Jahr. Als eine der wichtigsten
Ursachen dafür werden allgemein mangelnde (bildungssprachliche) Sprachkenntnisse
geltend gemacht, und dies, obwohl entsprechende Lehrziele in den Curricula der
allgemein- und berufsbildenden Schulen bereits berücksichtigt werden.

In einer der wichtigsten (weil langfristig angelegten) Studien zum Migrationsver-
halten in Deutschland, der *Repräsentativbefragung ausgewählter Migrantengruppen (RAM)*,
schätzen Migranten ihre Sprachkenntnisse folgendermaßen ein (siehe die Abbildungen 4.5, 4.6, 4.7 der Studie von 2006/2007; siehe jedoch die grundsätzlichen, kritischen
Hinweise zum Verfahren der Selbsteinschätzung in Kapitel 4.5.1).

Weitere Ergebnisse der Selbsteinschätzungen von mehrsprachigen Lese- und Schreib-
kompetenzen der Migranten nach der RAM-Studie sind auf der begleitenden Webseite
zu diesem Buch abgebildet.

Wie stark Integration und Sprachkenntnisse zusammenhängen, weist am deutlichsten die Sinus-Studie (2008) aus.

Die Sinus-Studie zeigt eine vielfältige und differenzierte Milieulandschaft. Diese ist in
insgesamt acht Migranten-Milieus unterteilt, die sich in Bezug auf den sozialen Status
und die damit verbundenen Wertvorstellungen, Lebensstile und ästhetischen Vorlieben
unterscheiden. Die Einteilung der Milieus geschieht nicht nach globalen ethnischen
Merkmalen. Dadurch wird die Ausbildung gemeinsamer lebensweltlicher Muster bei
Migranten aus unterschiedlichen Herkunftskulturen (Ethnien) deutlich. Die Sinus-
Studie kommt daher zu dem Schluss, Menschen des gleichen Milieus mit unterschiedlichem Migrationshintergrund verbinde mehr miteinander als mit dem Rest ihrer
Landsleute aus anderen Milieus. Der Integrationsgrad in die Zielgesellschaft sei wesent-

---

[13] Siehe unter anderem PISA 2009, 2006, DESI 2006, *Bildungsgerechtigkeit. Jahresgutachten 2007 der
Vereinigung der bayerischen Wirtschaft*; *Politik-Check Schule* vom Institut der Deutschen Wirtschaft
Köln und der Initiative Neue Soziale Marktwirtschaft.

lich von der Bildung und der sozialen Herkunft abhängig: Je höher das Bildungsniveau und je urbaner die Herkunftsregion, desto leichter und besser gelinge die Integration in die Aufnahmegesellschaft. Faktoren wie ethnische Zugehörigkeit, Religion und Zuwanderungsgeschichte beeinflussen die Alltagskultur, seien letzten Endes aber nicht milieuprägend und identitätsstiftend für das Milieu.

Die Sinus-Studie verdeutlicht, dass die meisten Migranten-Milieus jeweils auf ihre Weise um Integration bemüht sind und sich als Mitglieder der multikulturellen deutschen Gesellschaft verstehen. Bei drei der acht Milieus kann man starke Assimilationstendenzen erkennen (statusorientiertes Milieu, adaptives Integrationsmilieu, multikulturelles Performermilieu). Bei drei anderen Milieus finden sich zwar zum Teil Haltungen einer Integrationsverweigerung (religiös-verwurzeltes Milieu, entwurzeltes Milieu, hedonistisch-subkulturelles Milieu), aber die große Mehrheit der befragten Migranten will sich in die Aufnahmegesellschaft einfügen, ohne jedoch ihre kulturellen Wurzeln zu vergessen. Vor allem viele jüngere Befragte der zweiten und dritten Generation haben ein bikulturelles Selbstbewusstsein entwickelt und sehen Migrationshintergrund und Mehrsprachigkeit als Bereicherung – für sich selbst und für die Gesellschaft.

Die Migrantenmilieus werden in der Sinus-Studie folgendermaßen dargestellt.

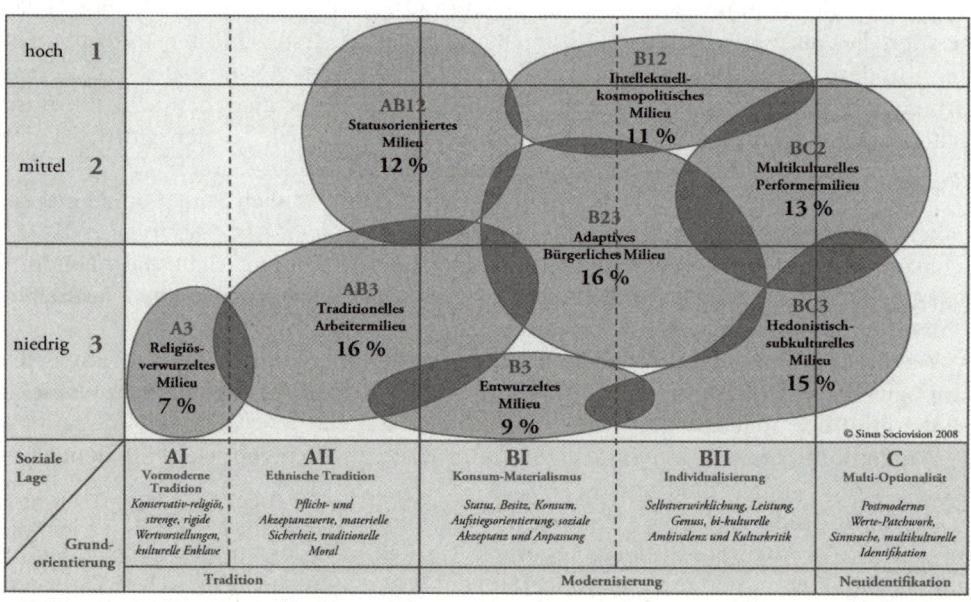

Abbildung 4.8: Soziale Lage und Grundorientierung der Sinus-Migranten-Milieus in Deutschland (Wippermann/Flaig 2009:8)

Auf der begleitenden Webseite findet sich eine Kurzcharakteristik der Migranten-Milieus in Deutschland.

Die wichtigsten Ergebnisse der Studie in Bezug auf Sprachen lassen sich wie folgt zusammenfassen:

► Viele Migranten, insbesondere in den soziokulturell modernen Milieus, haben ein bikulturelles Selbstbewusstsein und eine postintegrative Perspektive. Integration ist

für sie kein Thema mehr. Dabei betrachten viele Migrationshintergrund und Mehrsprachigkeit als Bereicherung – für sich selbst und für die Gesellschaft. 61 % der
Befragten sagen von sich, sie hätten einen bunt gemischten internationalen Freun-
deskreis. In den gehobenen Milieus liegt dieser Anteil deutlich über 70 % (Sinus
Sociovision 2008).

► Als wichtigen Integrationsfaktor betrachten auch die Migranten die Beherrschung der
deutschen Sprache. 85 % sind der Meinung, dass Zuwanderer ohne die deutsche
Sprache keinen Erfolg haben können.

► 68 % der Befragten schätzen ihre deutschen Sprachkenntnisse als sehr gut oder gut
ein. Weitere 26 % geben an, mittlere oder zumindest Grundkenntnisse zu haben.

► 65 % unterhalten sich im engeren familiären Umfeld überwiegend oder auch ausschließlich auf Deutsch, für 82 % ist Deutsch die Verkehrssprache im Freundes- und
Bekanntenkreis.

► Die geringsten Deutsch-Kenntnisse finden sich im Segment der traditionsverwur-
zelten Migranten-Milieus.[14]

Die Deutschkenntnisse sind unter Migrantengruppen also recht unterschiedlich ausgeprägt und dementsprechend sind auch die Bewusstheit für die Notwendigkeit sprachlicher Kompetenzen sowie die Bereitschaft, sie zu erwerben, differenziert gestaltet.

Die Ergebnisse der Studien – insbesondere der Sinus-Studie – können nicht ohne
Auswirkungen auf die „Sprachförderung für Menschen mit Migrationshintergrund"
bleiben. Die Heterogenität der Milieulandschaft und die dort ausgeprägten heterogenen
Einstellungen zum Sprachenlernen sowie die unterschiedlichen sprachlichen Kompetenzniveaus legen grundsätzlich eine nichtsegregative Sprachförderung nahe. Wenn
ethnische Faktoren nicht milieubildend wirken, können sie auch nicht Maßstab für
ethnisch segregierende Fördermaßnahmen sein.

► Erstens sollten Fördermaßnahmen nicht uniform und global, sondern an milieuspezi-
fischen Bedarfen ausgerichtet sein.

► Zweitens berücksichtigt eine ethnisch orientierte Sprachförderung zu wenig den
Förderbedarf der Angehörigen der autochtonen Milieus, der sich – etwa im Bereich
der Bildungs- und Schriftsprache – ähnlich gestaltet wie bei bestimmten Migrantengruppen.

Damit Sprachförderung nicht zu einer Segregationsförderung wird, bedarf es also
differenzierter, am individuellen Bedarf ausgerichteter Verfahren und eines grundsätzlich ethnisch nicht segregierenden Sprachenkonzeptes (siehe auch die Ausführungen zur Bildungssprache (BICS/CALP) und zur Handlungsorientierung des Sprachunterrichts zu Beginn von Kapitel 4).

4.5.1 Bewertung der Sprachfertigkeiten in der Migrationsforschung

In Bezug auf Aussagen zu Sprachkompetenzen haben Migrationsstudien mehrheitlich
ein großes Problem, auf das hier hingewiesen werden soll. Die Interpretation von

---

[14] Vergleiche auch die Ergebnisse der Integrationsbarometer des Sachverständigenrates der
deutschen Stiftungen (2012), (2010) zum Integrationsverhalten der autochtonen und der
Migranten-Populationen sowie deren generationsspezifischen Differenzierungen.

Zusammenhängen zwischen Integration und Sprachenerwerb enthält eine Reihe von Ungenauigkeiten, die sich aus der Erhebung und Analyse der Sprachdaten ergeben. Nur ausnahmsweise stehen belastbare Daten zur Bewertung des Sprachstandes der Migranten zur Verfügung. Da verlässliche Daten meist nicht vorliegen oder nur mit großem Aufwand zu erheben sind, behilft sich die Migrationsforschung in der Regel mit Selbsteinschätzungen der Betroffenen. Wie auch in anderen Bereichen der Sozialforschung haben sich Selbsteinschätzungen aber als wenig zuverlässig erwiesen. Verschiedene empirische Vergleichsstudien zwischen Verfahren der Selbstevaluation (*Self Assessment*) und der Kriterien basierten Fremdevaluation haben zwar gezeigt, dass die Selbstevaluation in einem bestimmten Rahmen bedingt verlässliche Ergebnisse produzieren kann (vergleiche Dlaska/Krekeler 2008). Diese Ergebnisse weisen jedoch den Nachteil auf, dass nur vergleichsweise globale Einschätzungen nach Art des Portfolios des Europäischen Referenzrahmens vorgenommen werden. Diese entsprechen der Qualität von Selbstevaluationen bei Einstufungsverfahren und sagen damit nur sehr wenig über die tatsächlichen sprachlichen Kompetenzen in verschiedenen Fertigkeitsbereichen und Sprachen aus (siehe die Bedeutung der Selbsteinschätzung und das Wissen über die Sprachkompetenzen in neueren Mehrsprachigkeitsmodellen, Kapitel 4.1 und 4.2).

Zur Verlässlichkeit von Messverfahren

Um verlässliche Aussagen über sprachliche Aspekte machen zu können, muss in einer Untersuchung, die seriös mit dem Thema Sprachenerwerb und Sprachkompetenzen umgeht, ein objektivierbarer Maßstab angelegt werden, wie er etwa in standardisierten Sprachstandsprüfungen gegeben ist (etwa beim TestDaF für akademische Sprachkompetenzen[15]). Nicht jeder beliebige Test ist hierfür geeignet, weil die wenigsten der verfügbaren Sprachtests nach testwissenschaftlichen Maßstäben konzipiert sind. Die Testerstellung und -durchführung bedarf nicht nur einer Validierung, sondern auch einer Kalibrierung in Bezug auf unterschiedliche Testgenerationen (Test-Equating) und in Bezug auf das Training der Tester und Bewerter (Inter-Rater-Reliability). Diese Kalibrierung ist besonders bei den in der Regel offeneren produktiven Fertigkeiten notwendig, um individuelle Präferenzen der Bewerter bei der Bewertung auszugleichen. Für die Bewertung von sprachlichen Leistungen bieten sich neben aufwändigeren, auf adäquate kommunikative Kompetenzen ausgerichteten Tests aus organisatorischen Gründen auch Verfahren an, die in Bezug auf Themen und Aufgaben selektiv (bestimmte Kernkompetenzen) messen. Am bekanntesten sind dabei repräsentativ messende C-Tests (zum Beispiel OnDaF), die trotz komprimierten Formats und geringer Redundanz nicht nur grammatische Kompetenzen, sondern auch die allgemeine Sprachkompetenz, zum Beispiel zum Zwecke der Einstufung, evaluieren können (Eckes/Grotjahn 2006).

Betrachtet man die Methoden der Studien, die Esser (2006 b) heranzieht (vergleiche das folgende Kapitel), um damit den vermeintlich mangelnden wirtschaftlichen und integrativen Nutzen von Mehrsprachigkeit zu begründen (*Q-Value*), so stellt man fest, dass dort unter den sprachlichen Fertigkeiten fast ausschließlich subjektive Einschätzungen nach dem obigen Muster „wie gut verstehen/sprechen … Sie die Sprache X?" zur Anwendung kommen. Aus der Ungenauigkeit und Heterogenität der Angaben ergibt

---

[15] http://www.testdaf.de

sich, dass weder die untersuchten Populationen noch ihre Selbsteinschätzungen miteinander zu vergleichen sind. Mit solchen Verfahren aber ist ein großer Teil der Migrationsforschung in Bezug auf die Feststellung von Sprachkompetenzen und Mehrsprachigkeit und deren Rolle bei der Integration nur begrenzt brauchbar (hierzu detailliert Roche 2009). Im Folgenden wird die Skepsis an der Bewertung der sprachlichen Fertigkeiten in der Migrations- und Bildungsforschung anhand von einigen Teilaspekten des Komplexes ,Sprache und Integration' behandelt.

4.5.2 Aufenthaltsdauer und Arbeitsmarkt

Von Interesse für die Migrationsforschung ist vor allem die Bemessung des wirtschaftlichen Nutzens von Mehrsprachigkeit. Wie beeinflussen die sprachlichen Kompetenzen die Chancen auf dem Arbeitsmarkt, welche Karrieren ergeben sich daraus, welche Einkommensniveaus können dadurch erreicht werden, oder sind der Mangel an Sprachkenntnissen sowie ein ausländischer Akzent ausschlaggebend für schlechtere und schlechter bezahlte Anstellungen? Wenn Mehrsprachigkeit einen gesellschaftlichen und wirtschaftlichen Wert hätte, dann müssten sich überproportional gute Chancen für Menschen ergeben, die mehrere Sprachen beherrschen, also zum Beispiel Migranten, die die Sprachen ihrer Heimat oder ihrer Familien und die Zielsprache beherrschen. In einer Metastudie zu verschiedenen deutschen und internationalen Studien hat Esser versucht, den oben genannten Fragen nachzugehen, nicht zuletzt um den wirtschaftlichen Wert der Mehrsprachigkeit im Kontext der Integrationsbemühungen zu bemessen (Esser 2006 a, die von Esser verfasste *4. Forschungsbilanz des AKI*). Dabei liegt der Studie, die hier wegen ihres politischen Wirkungsanspruchs exemplarisch behandelt wird, folgende Annahme zugrunde:

> Der Sprachenerwerb ist theoretisch als eine, mehr oder weniger intentionale Investition unter bestimmten sozialen Bedingungen aufzufassen, die allgemein von der Motivation, dem Zugang, der Effizienz und den Kosten dieser Investition abhängig ist. (Esser 2007)

Aus den Ergebnissen ergibt sich, dass Migranten meist schlechter bezahlt werden als Einheimische, und diejenigen, die die Sprache schlechter oder gar nicht sprechen, werden schlechter bezahlt als diejenigen, die sie perfekt sprechen.

Daraus zieht Esser den Schluss, Mehrsprachigkeit habe insgesamt keinen beruflichen und wirtschaftlichen Nutzen für die betroffenen Migranten oder die Gesellschaft (Esser 2006 c). Die Mehr-Sprachenkompetenzen beförderten nicht die berufliche Karriere, das Lohnniveau der Mehrsprachigen sei niedrig, „kompetente Bilingualität bleibt die Ausnahme" (Esser 2006 a). Esser geht unter Verweis auf die *Critical Period Hypothesis* sogar soweit, einen wirtschaftlichen Nutzen des Erwerbs der deutschen Sprache nur bei Kindern und jugendlichen Migranten zuzugestehen. Die Herkunftssprachen hätten, außer Englisch, keinen wirtschaftlichen Wert und sollten daher zu Gunsten der Zielsprache Deutsch und allenfalls des Englischen als international hochwertiger Verkehrssprache aufgegeben werden. In seiner Metaanalyse unterlaufen Esser eine Reihe gravierender Fehler.

▶ Die Bestimmung des Sprachstandes stützt sich – wie dargestellt – auf wenig verlässliche Selbsteinschätzungen. Die herangezogenen Studien behandeln die sprachlichen Fertigkeiten weder in der L1 noch in der L2 anhand von validierbaren Kriterien (etwa Blackaby/Leslie/Murphy/O'Leary 1998, Blackaby/Clark/Leslie/Murphy 1994).

► Wenn man den wirtschaftlichen Nutzen von Mehrsprachigkeit messen will, sind die Qualität der sprachlichen Kompetenzen der Befragten und die im Beruf tatsächlich erforderliche Qualität von (Mehr-) Sprachenkenntnissen in differenzierter Weise zu berücksichtigen.

► Genauso ist auch die Qualität des Aufenthalts und Zugangs zur Zielsprache und nicht nur die Verweildauer im Zielland beim Erwerb von Sprachkompetenzen zu berücksichtigen. Der quantitative Messindikator Verweildauer liefert keine hinreichende Erklärung von qualitativen Ursachen oder Effekten (vergleiche hierzu die gegenläufigen Tendenzen in Austauschprogrammen, Kapitel 5.8.2).

► Problematisch an der Metaanalyse und den herangezogenen Daten ist ferner, dass sie von wenig vergleichbaren Informantengruppen stammen. Diese sind zudem nicht selten in Berufen tätig, bei denen sprachliche Kompetenzen nur eine nachrangige Rolle spielen (vergleiche die Studien von Kalter 2006:149, Berman/Lang/Siniver 2003). Wenn man einen Beruf hat, in dem Sprachen im Normalfall nicht gebraucht werden und in dem das Qualifikationsniveau vergleichsweise niedrig ist, kann man nicht erwarten, dass die Mehrsprachigkeit die Defizite des Qualifikationsniveaus ausgleichen kann. In der Studie von Berman/Lang/Siniver (2003) etwa werden vor allem Programmierer, Computertechniker, Bauarbeiter und Tankstellenkassierer in den Vereinigten Staaten untersucht, zu deren Berufsfeld eigentlich keine extensiven fremdsprachigen Fertigkeiten gehören. In der deutschen Studie von Dustmann/van Soest (2002), die sich auf eine der wichtigsten Datensammlungen der Sozialforschung, das Sozioökonomische Panel (SOEP), stützt, werden „bildungsferne" Migranten aus Italien, Spanien, der Türkei, Jugoslawien und Griechenland aus der Gesamtheit isoliert, um damit Aussagen über den (mangelnden) Nutzen fremdsprachiger Kompetenzen für die Arbeitstätigkeit und die berufliche Karriere abzuleiten. Ähnlich verfährt auch die Studie von González (2005).

► Viele der von Esser herangezogenen Studien zum Arbeitsmarkterfolg enthalten nur ungenaue Angaben über die untersuchten Berufe (etwa Chiswick/Miller 2002, Hayfron 2001, Davila/Mora 2001).

► Wieder andere gehen in Bezug auf die Fertigkeiten und Biographien der untersuchten Personen sehr selektiv vor. Bei Kalter (2006) werden die Befragten mit Hochschulabschluss oder Fachhochschulabschluss explizit aus der Erhebungsgruppe herausgenommen. So darf es nicht verwundern, dass sich aufgrund einer selektiven Datenbasis nur wenige Effekte für den Nutzen der Mehrsprachigkeit auf dem Arbeitsmarkt ergeben.

Auch bei der Erforschung altersbedingter Variablen auf den Sprachenerwerb zeigen sich in Essers, aber auch vielen anderen Studien methodische Mängel. Die mangelnde Unterscheidung zwischen Messfaktor und Einflussfaktor führt hier oft zu folgenreichen Schlüssen, die ungerechtfertigterweise umfangreiche Einschränkungen der Erwerbsfähigkeit mit steigendem Alter vermuten lassen (bei Esser unter anderem durch den Bezug auf die umstrittene kritische Periode). Befragungen oder Messungen in der Migrationsforschung enthalten standardmäßig Altersvariablen, aber diese Variablen begründen weder Wirkung noch kausalen Zusammenhang. Konkret bedeutet das: Hat das Alter einen Einfluss auf das Verhalten der Migranten oder sind es andere Variablen, die mehr oder weniger zufällig gehäuft in einem bestimmten Alter auftreten? In der Spracherwerbsforschung wird die Frage behandelt, ob das Alter eines Lerners verantwortlich für den vermeintlichen, statistisch belegbaren Abfall der Erwerbsleistungen ist, oder Variablen, die in einer bestimmten Altersspanne wegen der äußeren Bedingungen gehäuft auftreten können.[16] Sind also bestimmte Bedingungen, wie Mangel an Zeit zum Lernen im aktiven Berufsleben oder ungeeignete Lehrverfahren, verantwortlich für bestimmte Entwicklungen, die in einem bestimmten Alter beobachtet werden können? Auf die Notwendigkeit zur Differenzierung weisen moderne Standardeinführungen in die Spracherwerbsforschung sowie einschlägige gehirnphysiologische Studien hin (Kim/ Relkin/Lee/Hirsch 1997, Kandel/Jessell/Calabrese 1995). Birdsong (2009) fasst die Problematik des Altersfaktors in der Spracherwerbsforschung folgendermaßen zusammen:

> [...] the age factor is an omnibus term that under-specifies the range of neural cognitive, attitudinal, and experiential variables that distinguish adult L2A from child L1A. (Birdsong 2009:404)

Er fordert daher, dass anstelle des Begriffes *Age-Effects* besser die Begriffe *Age-Related Effects* oder *Age of Acquisition Related Effects* verwendet werden sollten. Dass Alter nur eine relative Größe darstellt, zeigt auch die Darstellung von Dewaele (2009). Hieraus ergibt sich, dass Lerner auch in später erworbenen Sprachen einen gleich hohen Grad an Emotionalität und Affektivität ausdrücken können wie in einer früh erworbenen L1.

Aus solchen Untersuchungen lässt sich feststellen, dass auch Lerner im postpubertären Alter durchaus in der Lage sind, fremde Sprachen zu lernen: auch mehrere, auch akzentfrei und auch schnell.

4.6   Mehrsprachigkeitsdidaktik

Ziel aller mehrsprachigkeitsdidaktischen Modelle ist es, die Faktoren für Mehrsprachigkeit im Rahmen schulischen Unterrichts gezielter zu fördern und nutzbar zu machen. Dabei liegt die Annahme zugrunde, Fremdsprachenunterricht könne mit den gleichen zur Verfügung stehenden Ressourcen auf effizientere Weise einen besseren, aber spezifischeren Kenntnisstand erreichen. Das heißt, bei entsprechender Konzeptualisierung ließen sich mit den allgemein verfügbaren Ressourcen mehrere Sprachen bedienen, und mit einer Fokussierung auf bestimmte sprachliche Fertigkeiten in den unterschiedlichen Sprachen ließen sich die Ressourcen optimieren. So kann man etwa mit Grundkenntnissen des Lateinischen die Grundlagen für den Erwerb mehrerer romanischer Sprachen legen und mit Kenntnissen des Deutschen vergleichsweise leicht und fast ohne Unterricht Lesekompetenzen in Niederländisch oder in skandinavischen Sprachen erwerben.

Die ‚Transferdidaktik' basiert auf Gemeinsamkeiten verschiedener Sprachen (interlinguale Korrespondenzen). Die von Klein/Stegmann (2000) entwickelte Methode des linguodidaktischen Sprachenvergleichs filtert zum Beispiel das romanische Sprachmaterial nach interlingualen Transferbasen in Form eines Wortes, einer lingualen Funktion oder einer konkreten Lernerfahrung aus. Diese Transferbasen bilden die

---

[16] Vergleiche hier Schmelter (2010), Stemmer (2010), Wegmann/Pomino (2010), Edmondson (2010), Grotjahn/Schlak (2010), Molnár (2010), Pagonis (2009), Aguado/Grotjahn/Schlak (2005), Singleton/Ryan (2004), Berndt (2003).

Grundlage der Verständlichkeit von Sprachen einer Sprachfamilie (Interkomprehensi-on). Wenn die gemeinsame Basis identifiziert oder ausgefiltert ist, bleiben monolinguale Profilelemente als Spezifika einer zu erwerbenden Sprache übrig. Beim Erwerb einer weiteren nahverwandten Fremdsprache, zu der der Lerner bereits in erheblichem Maße über Vorwissen verfügt, kommt es demnach darauf an, das vorhandene Wissen und seine Organisation so zu aktivieren, dass die zwischen den Ausgangssprachen und der Zielsprache liegenden kognitiven Schemata miteinander verbunden werden können. Es geht also darum, das Bekannte mit dem Neuen zu verknüpfen, um das Spezifische der zu erlernenden Sprache verankern zu können. Die Auffälligkeit (Salienz) des Besonderen vor der Folie des Bekannten ist die Grundlage für einen schnellen Erwerb struktureller, phonetischer, lexikalischer und semantischer Merkmale der fremden Sprache, weil der Lerner über die Bekanntheit vergleichsweise schnell und einfach das Besondere ver-ankern kann (zum Beispiel über in der neuen Sprache leicht veränderte Wortbildungs-verfahren, eine etwas andere Wortstellung oder eine von der bereits bekannten Sprache etwas abweichende Aussprache).

Das Prinzip der Ähnlichkeit greift die EUROCOMM-Initiative auf, die Lehrpläne und Materialien für romanische, germanische und slawische Sprachen entwickelt.[17] Berei-che des Transfers (Transferdomänen) lassen sich danach wie folgt klassifizieren:

► **Formtransfer**: Transfer von phonetischen, phonologischen und graphematischen Regularitäten, Divergenzen und Merkmalen, zum Beispiel aus dem Bereich der Phonologie der romanischen Sprachen Spanisch, Italienisch und Französisch: ‚-ue‘, ‚-uo‘, ‚-o‘ in ‚bueno‘, ‚buono‘, ‚bon‘; oder ‚puerta‘, ‚porta‘, ‚porte‘.
► **Inhalts- oder semantischer Transfer**: Transfer im Bereich von Bedeutungsähn-lichkeiten oder Polysemie, zum Beispiel die gemeinsame Basis von Genie und Ingenieur.
► **Funktionstransfer**: Transfer von grammatikalischen Regularitäten anhand von Merkmalen der sprachlichen Oberfläche und/oder funktionalsemantischer Bezie-hungen, zum Beispiel der Funktionstransfer mittels konjunktivischer Formen in romanischen Sprachen wie Französisch ‚de peur qu'il ne vienne (*Subjonctif*)‘, Spanisch ‚tiene miedo de que le expulsen (*Subjunctivo*)‘, Italienisch ‚ha paura che la colpa sia proprio sua (*Congiuntivo*)‘.
► **Pragmatischer Transfer**: Transfer im Bereich kommunikativer Konventionen.
► **Didaktischer Transfer**: Transfer von Lern- und Lehrstrategien.

Neben der Identifizierung von strukturellen und lexikalischen Gemeinsamkeiten in den Transferdomänen, die aus der kontrastiven Grammatik bekannt sind, erfolgt die Formulierung von erwerbstechnischen Prinzipien. Diese stellt das Gießener Modell einer Interkomprehensionsdidaktik in etwa folgendermaßen dar (Meißner 2004:43–44, siehe auch Klein/Rutke 2004).

---

[17] Siehe auch die Internet-Lernplattform GALANET, mit der sprachübergreifende Verstehens-kompetenzen entwickelt und geübt werden können (www.galanet.eu).

Elemente der Interkomprehensionsdidaktik

1. **Die Spontangrammatik**. Sie entsteht bei der ersten Begegnung mit einer einigermaßen interkomprehensiblen oder transparenten Sprache, und zwar im Moment des ersten Dekodierungsvorgangs der neuen sprachlichen Struktur. Bereits hier erkennt der Lerner bedeutungshaltiges lexikalisches Material und gegebenenfalls weitere Regularitäten in und zwischen den Sprachen. Betroffen ist daher das gesamte Sprachensystem. Die Spontangrammatik spiegelt Identifikations- und interlinguale Korrespondenzmuster, die ein Lerner als Sprachhypothesen zwischen ihm aus unterschiedlichen Sprachen bekannten Schemata und einer neuen lingualen oder semantischen beziehungsweise thematischen kognitiven Einheit generiert. Dies setzt ein *tertium comparationis* für das zielführende Vergleichen voraus. Ohne dieses wäre die Konstruktion einer Analogie oder eine „Differenzierung in der Ähnlichkeit", das heißt die Identifikation einer Transferbasis, nicht denkbar. Die Spontangrammatik ist also eine flüchtige, instinktive Hypothesengrammatik, die im weiteren Lernprozess modifiziert wird, sofern sich das deklarative und prozedurale Wissen auf den systemischen Charakter der Sprachen einstellt und seinen Umfang erweitert.

2. **Mehrsprachenspeicher**. Das beim Entwurf der Spontan- oder Hypothesengrammatik konstruierte Wissen bezieht sich auf positive und negative Transferbasen sowie auf gelungene und gescheiterte Transferprozesse und bleibt langfristig verfügbar. „Während die Hypothesenverarbeitung weitgehend eine Angelegenheit des Kurzzeitgedächtnisses ist, bleiben die im Mehrsprachenspeicher gesammelten Sprachen-, Hypothesen- und Sprachlernerfahrungen im Langzeitgedächtnis verfügbar."

3. **Didaktischer Monitor**. Das aufgebaute Wissen betrifft nicht ausschließlich Sprachdaten, sondern auch Lernerfahrungen und – so vermuten die Autoren des Gießener Modells – die Lernsteuerung. Der didaktische Monitor erhöht demnach durch Sensibilisierung die Menge der Sprach- und Lerndaten, die durch Perzeption der mentalen Verarbeitung zugeführt werden. Ohne die hier in Gang gesetzten Monitorprozesse bleibt der Mehrsprachenerwerb nach Ansicht der Autoren inzidentell, also nach ihrem Verständnis unvollständig. Des Weiteren intensiviere die Erhöhung der mentalen Verarbeitungsbreite und -tiefe die Speicherung der lernrelevanten Informationen. Indem die Lernsteuerung die Zugriffsleistungen auf Sprachdaten erhöhe, trage sie bereits zur Automatisierung interlingualer Transferroutinen bei. Deshalb verstärke Mehrsprachentraining deutlich die Fähigkeit zur Nutzung des interlingualen Transferpotenzials.

Diese Vorstellung vom Funktionieren des didaktischen Monitors im Kontext der Interkomprehensionsdidaktik erinnert an verbreitete Annahmen zur Effizienz von Steuerungsmaßnahmen im Unterricht und zur Debatte über grammatikbasierte oder metakognitive Sprachbewusstheit. Inzidentelles Lernen wird dagegen in handlungsorientierten Ansätzen gerade als wichtige Grundlage des Sprachenerwerbs angesehen. Die Aktivierung intensiverer kognitiver Verarbeitung kann dementsprechend nicht nur durch metasprachliche Bewusstmachung oder Fokussierung geschehen. Auf die Vorbehalte zur Steuerbarkeit der Aufnahmebereitschaft des Lerners ist bereits bei der Inputverarbeitung kritisch hingewiesen worden (siehe Kapitel 2.7). Auf die Umsetzung von Komprehensionsstrategien im Unterricht und den Schulungsbedarf der Lehrkräfte verweist Marx (2008).

5 Kulturvermittlung

Landeskunde und kulturwissenschaftliche Aspekte der Vermittlung von Sprachen haben etwas von einer „Parallel-" oder „Additionskultur" zu Spracherwerb und Sprachunterricht. Integriert sind sie selten. Dabei ist offensichtlich, dass sie sich gegenseitig bedingen und echte Mehrsprachigkeit ohne individuelle mehrkulturelle Identität nicht denkbar ist. Inwiefern die Dynamik transkultureller und linguakultureller Prozesse in gängigen Modellen der Kultur- und Landeskundevermittlung tatsächlich abgebildet wird, soll im Folgenden dargestellt werden. Dabei zeigt sich die unterschiedliche Fähigkeit der Modelle, das zentrale Problem der kognitiven Dissonanz zwischen „Fremdem" und „Eigenem" zu lösen und in konstruktiven Prozessen der Wissensgenerierung zu bearbeiten. Die Vermittlungsmodelle lassen sich dazu in unterschiedlichem Maße zwischen den Polen Rekonstruktion und Konstruktion verorten und in Bezug auf ihre linguakulturelle Orientierung klassifizieren.

In der Literatur zur Mehrsprachigkeit mangelt es nicht an Hinweisen auf Fragen der Identität der mehrsprachigen Sprecher. Selten jedoch wird versucht, die Erkenntnisse dieser Forschungen mit einem Konzept von moderner Landeskunde zu verbinden, das sowohl die multikulturelle Realität heutiger Gesellschaften als auch die sich daraus ergebenden Transkulturationsprozesse für Lerner systematisch berücksichtigt. Angesichts der mehrkulturellen und mehrsprachigen Realität heutiger Gesellschaften sollte angenommen werden, dass moderne Ansätze der Kulturvermittlung in besonderer Weise Prozesse der Transkulturation thematisieren und nutzen. Konstruktivistische Perspektiven zeichnen sich in der Landeskunde jedoch erst ansatzweise ab. So bleiben viele Aussagen zur Verarbeitung multi-, inter- und transkultureller Erscheinungen und zur Vermittlung und Vermittelbarkeit transkultureller Lernziele im Unterricht allgemein oder münden in bildungspolitischen Wunschvorstellungen. In der Diskussion der Verarbeitung, Vermittlung und Entwicklung inter- und transkultureller Lern- (und auch Integrations-)ziele wird zudem zu wenig berücksichtigt, dass der kompetente Zugang zu einer fremden Kultur nicht ohne sprachliche Kenntnisse und der kompetente Erwerb einer fremden Sprache nicht ohne einen kompetenten Zugang zu der dazugehörigen fremden Kultur erfolgen kann. Viele Arbeiten zur Landeskunde behandeln die Interdependenz von Sprache und Kultur als nachgeordnetes Thema der Umsetzung und nicht im Kontext der gemeinsamen Verarbeitung durch das gleiche kognitive System. Wegen des gemeinsamen Systems ist aber davon auszugehen, dass es zu dynamischen Austauschprozessen zwischen Sprache und Kultur kommt, die sich unterschiedlich deutlich an der linguakulturellen Oberfläche zeigen.

Inwiefern die Dynamik transkultureller und linguakultureller Prozesse in gängigen Modellen der Kultur- und Landeskundevermittlung tatsächlich abgebildet wird, soll im Folgenden dargestellt werden. An Versuchen, das Fremdverstehen für die fremdsprachige Kulturvermittlung zu operationalisieren, mangelt es schließlich nicht. Zu den wichtigsten landeskundlich relevanten Ansätzen gehören:

▶ Komparatistische (oft multikulturelle) Verfahren in den Sprach- und Literaturwissenschaften. Bezugsdisziplinen sind die Kontrastive Linguistik, die komparative Literaturwissenschaft, die Ethnologie und die Anthropologie sowie andere vergleichende Verfahren der Kunst-, Musik- und Kulturwissenschaften. In der Sprach- und Kulturvermittlung ist die Ausrichtung dieser Disziplinen eher auf die Rekonstruktion von Wissen ausgelegt. Konstruktivistische Aspekte der Bezugswissenschaften werden für Vermittlungszwecke meist eher eingeebnet. Linguakulturelle Aspekte werden disziplinabhängig unterschiedlich betrachtet und gewichtet.[1]
▶ Interkulturelle Trainings und die Verfahren der Beschreibung kulturspezifischer Parameter, Deutungsmuster, Orientierungen und Dimensionen. Sie sind vor allem auf die Rekonstruktion der fremden Kulturen durch den Betrachter/Lerner ausgelegt. Sprachliche Elemente erscheinen verbreitet als Artefakte zugrunde liegender Dimensionen und Muster.
▶ Die interkulturell ausgerichtete Fachdidaktik mit partiellen, meist komparativ ausgerichteten unterrichtsmethodischen Verfahren, die vorwiegend auf die Rekonstruktion des Fremden und seine wohldosierte Abbildung in linguakulturellen Strukturen abzielt.
▶ Kulturkonstruktivistische Ansätze wie die Behandlung von Erinnerungskulturen und die explizite Thematisierung von Transkulturationsprozessen. Linguakulturelle Aspekte spielen eine sekundierende Rolle.
▶ Die interkulturelle Hermeneutik. Hauptanwendungsbereich sind literaturwissenschaftliche Themen. Ihre Grundlage ist die Annahme der kompensatorischen, optimierenden und maximierenden Wirkung mangelnden Wissens. Marquard (1981) bezeichnet die Zielsetzung der interkulturellen Hermeneutik daher als „Inkompetenzkompensationskompetenz". Interkulturelles Verstehen ist zielgerichtet und – in den Unterrichtsverfahren – vor allem rekonstruierend auf Innen- und Außenperspektiven ausgerichtet. Das Erreichen einer übergeordneten (harmonisierenden transkulturellen) Perspektive im „Dritten Ort" ist ein theoretisches Desiderat. Hierüber bestehen konzeptuelle Verbindungen zu einem (bisher nicht ausgearbeiteten) Modell einer „transkulturellen Landeskunde". Die Skeptische Hermeneutik betont dagegen die Normalität und katalytische Bedeutung des Erhalts von Fremdheit. Linguakulturelle Aspekte sind konstitutiv.
▶ Die interkulturelle Sprachdidaktik. Sie versucht, das Sprach- und Kulturverstehen auf der Grundlage interkulturell hermeneutischer Verfahren als kohärentes linguakulturelles System abzubilden und dieses mit erwerbslinguistischen, kultur- und literaturwissenschaftlichen sowie lernpsychologischen und didaktischen Aspekten in Einklang zu bringen. Sharifian (2007) fordert dafür die Entwicklung einer angewandten kulturellen Linguistik. Die interkulturelle Sprachdidaktik verbindet rekonstruktive Aspekte des perspektivischen Verstehens mit konstruktiven Transkulturationsprozessen, die sich auch in kreativen Lernerproduktionen manifestieren.

---

[1] Auch die Übersetzerausbildung, die in den Auslandsphilologien eine große Bedeutung besitzt, arbeitet in der Regel stark mit kontrastiven Verfahren.

In den Kapiteln 5.1 bis 5.8 werden diese Ansätze der operationalisierten Sprach- und Kulturvermittlung betrachtet. Im Anschluss daran werden die Rolle der Fremdheit als Bedingung und Element kognitiver Prozesse dargestellt und ein Vorschlag skizziert, mit dem mehrsprachige und mehrkulturelle Dynamiken in einem ökologischen Transkulturationsmodell für die Sprach- und Kulturvermittlung angemessen zusammengeführt werden können (Kapitel 6).

5.1   Inhalte in der Sprach- und Kulturvermittlung

Mit der kommunikativen Didaktik und ihrem Blick auf die Alltagskulturen rückte neben der faktenbasierten Landeskunde die Beschäftigung mit dem Kontext der Kommunikation stärker in den Fokus der Landeskunde.[2] Ellis/Roberts (1987) führen dazu die Unterscheidung von drei Arten von Kontext ein: einen sprachlichen, einen situationsbezogenen und einen interaktiven Kontext (vergleiche auch Ellis 1992). Diese Klassifikation wurde in der Folge von Kramsch (1993) um eine kulturelle und intertextuelle Komponente erweitert.

Zur Kontextualisierung der Alltagskommunikation gesellen sich seitdem Ansätze, die über die klassischen, aus den Bereichen der Alltagssprache und der Literaturvermittlung stammenden Themenbereiche hinausgehen. Der Begriff Kontext ist offen für alle denkbaren Interessensgebiete und Disziplinen. Die *Charte des Langues Vivantes* (1980) fordert aus diesem Grunde bereits früh, stellvertretend für viele Lehrpläne, ein Überdenken des Sprachunterrichts und explizite sprachdidaktische Verbindungen zu allen Disziplinen, unter anderem durch die Sprachreflexion in Verbindung mit der Muttersprache und der Mathematik, durch die Entwicklung des persönlichen Ausdrucks in Verbindung mit dem Literatur- und Kunstunterricht und durch die Öffnung auf die Welt in Verbindung mit der Geschichte, der Geographie, der Wirtschaft und den Naturwissenschaften:

> A l'intérieur de la scolarité obligatoire, l'enseignement des langues doit être repensé, dans sa spécificité propre et en liaison avec l'ensemble des disciplines (réflexion sur le langage, en liaison avec la langue maternelle et les mathématiques, développement de l'expression personnelle en liaison avec les enseignements littéraires et artistiques, ouverture sur le monde en liaison avec l'histoire, la géographie, l'économie, les sciences […]).

Auch die CLIL-Initiative (*Content and Language Integrated Learning*) steht in dieser Tradition (Europäische Kommission 2012). Bemerkenswert ist, dass das inhaltsbezogene Lernen nicht erst mit der kommunikativen Didaktik oder der späteren CLIL-Initiative entdeckt wurde, sondern schon lange zu den grundlegenden Prinzipien der Sprachvermittlung gehört (siehe hierzu Krueger/Ryan 1993, Patrikis 1993 und Mohan 1986). Eine Inhaltsorientierung schlägt bereits Comenius vor (siehe Einleitung) und sie findet auch in der traditionellen Orientierung des Fremdsprachenunterrichts auf literarhistorische Themen und in einer Reihe weiterer Ansätze statt. Die industrielle Revolution und die explosionsartige Entwicklung der Naturwissenschaften führten im 19. Jahrhundert schließlich zu einem größeren Bedarf an technischen Themen- und Arbeitsbereichen im Sprachunterricht. Schon 1880 fragte daher der französische Sprach-

---

2   Der Begriff ‚kognitive Landeskunde' bei Weimann (1993) basiert auf einer reduktionistischen Vorstellung von Kognition und ist daher irreführend.

pädagoge Gouin: „Warum sollte der Physik- oder Geschichtsunterricht nicht als Thema des Deutsch- oder Französischunterrichts dienen?"[3]

113 Jahre später machen Krueger/Ryan (1993) mit Blick auf den nordamerikanischen Fremdsprachenunterricht eine bemerkenswert ähnliche Feststellung:

> If, on the other hand, languages are never used in any courses other than literature, this sends a clear signal that they really have no other important use. (Krueger/Ryan 1993:7)

Der deutsche Didaktiker Viëtor publizierte 1882, von seiner eigenen Sprachlernerfahrung in London beflügelt, ein kritisches Pamphlet zu den damals vorherrschenden Unterrichtsverhältnissen, das er mit dem (auch heute noch aktuellen) Titel *Der Sprachunterricht muß umkehren* versah. Der auch dort geforderte themenspezifische, inhaltsbasierte Sprachunterricht ist in der Folge in den bilingualen Modellen weiter entwickelt worden. Dazu gehören auch Immersionsprogramme und -schulen, die sich darum bemühen, den Inhalt und den Kontext der Zielkultur möglichst authentisch in der Sprachvermittlung abzubilden. Die französischsprachigen Immersionsprogramme und -schulen, die 1965 ihren Ausgang in St. Lambert in Québec nahmen, gehören zu den bekanntesten Vertretern dieser Unterrichtsmodelle. Eine Reihe weiterer Modelle, die fachspezifische Inhalte im Sprachunterricht – oder umgekehrt sprachliche Elemente im Fachunterricht – berücksichtigen, sind seitdem vorgeschlagen und erprobt worden. Zu den wichtigsten gehören die *Content-Based Instruction* und die *Discipline-Based Instruction* in Nordamerika und die bereits genannte *Content and Language Integrated Learning*- Initiative (CLIL) in Europa. Auch im *Foreign Languages Across the Curriculum*- (FLAC) oder *Foreign Languages in the Curriculum*- (FLIC) Programm, manchmal auch *Foreign Language-Enriched Content Instruction* genannt (Allen/Anderson/Narvaez zitiert bei Wesche 1993:59), wird in der Fremdsprache unterrichtet. Bei diesen FLIC/FLAC-Programmen ist der Fokus anders als im immersiven Sprachunterricht: Hier werden fremdsprachige Ressourcen in den Fachunterricht integriert, nicht der Fremdsprachenunterricht mit fachlichen Inhalten durchgeführt. Dabei kann es sich um spezifische Aufgaben wie fachliche Recherchen, die Konstruktion von Gegenständen oder Plänen oder die Durchführung von Experimenten in der Fremdsprache handeln (siehe Jurasek 1993:86–90 und Metcalf 1993:114 f).

Die Einbeziehung von Fachsprachen in den Fremdsprachenunterricht steht ebenfalls in der Tradition der Inhaltsorientierung. Durch die fachspezifische Orientierung auf Inhalte und die Nutzung des fachlichen Vorwissens der Lerner lässt sich gerade bei fachkompetenten Lernern eine wesentliche Lernerleichterung und -beschleunigung erzielen (Roche 2008a:18, Meißner/Burk 2001, Buhlmann/Fearns 2000). Wichtige didaktisch nutzbare Faktoren in diesem Verfahren sind die Ausnutzung bereits erworbenen Fachwissens und bereits erworbener Fachkompetenzen und das damit verbundene erhöhte Interesse (die Motivation) der Lerner.

5.2 Kultur- und Landeskunde

Während die klassische Landeskunde die Zielkultur als faktenbasierte Kunde der fremden Kultur behandelt, verschiebt sich der thematische Schwerpunkt mit der

---

[3] Original aus Gouin (1880:512): "Pourquoi le thème de physique ou d'histoire ne serait-il pas comme thème d'allemand ou d'anglais?"

kommunikativen Didaktik zunehmend auf sozio-geographische, historische, wirtschaftliche und andere gesellschaftspolitisch relevante Themen, aber das einbahnartige Prinzip der Präsentation von Inhalten der fremden Kultur bleibt, ähnlich wie bei der Vermittlung der Grammatik, weitgehend das gleiche. Byram charakterisiert es als:

> the listing and learning of ‚typical' differences, of haphazard facts about daily life in some conflict-free, leisure-laden, lower-to-middle class family, supplemented by a simplistic geography and history of the country in question. (Byram 1989:20)

Als Folge dessen wird Kultur im Unterricht häufig als (fakultatives) Landeskunde-Zusatzangebot betrachtet, das sich meist auf Nützliches und Relevantes, Überholtes und Stereotypes beschränkt. Welcher Erkenntniswert sich aus vereinfachenden und stereotypen Feststellungen ergibt und wie die Lerner damit auf authentische Kulturbegegnungen vorbereitet werden, ist nicht belegt. Meist sagt die Charakterisierung mehr über den Autor/die Autorin und die Betrachter als über die fremde Kultur aus, die damit vermeintlich beschrieben wird.

Für diese Art der faktenbasierten, größtenteils dekontextualisierten Kultur-/Landeskunde hält Byram daher den Begriff *Background Studies* für symptomatisch und repräsentativ. Zu einer ähnlichen Einschätzung kommt Stern (1991:342) in Bezug auf den Umgang mit fremdsprachiger Literatur im Unterricht. Die vier wichtigsten Typen der traditionellen Landeskunde-Präsentation beschreibt er folgendermaßen:

> *Introduction to Cultural Context.* The study of most literature will benefit from, or be enhanced by, an introduction to its cultural context. This may be unnecessary, however, where the content is universal in theme and/or free of culture-specific references, as is often the case with poetry, or when the embedded culture-specific references or assumptions become clear to nonnative readers through context.
> In the introduction, the teacher should comment on the cultural material necessary to understand the work or make it more meaningful. [...]
> *Culture Aside.* [...] As adapted here to literature, the aside is a brief cultural comment describing an issue as it arises during reading or discussion of a literary work. [...]
> *Culture Capsule.* The culture capsule and group work on culture enable the students to focus on a particular aspect of culture in greater depth, to examine it and compare it with their own cultures.
> The culture capsule [...] refers to a brief description of a single aspect of American culture followed by a discussion of the contrasts with the students' culture(s). [...]
> *Group Work on Culture.* The instructor divides the class into small groups, with each assigned a cultural topic depicted in the literary work. Group members must collaborate to determine what the work reveals about American or British attitudes toward these themes, based upon the actions and reactions of the characters and clues the narrator might give. [...]

Als ‚Hintergrundinformationen' werden in der Landeskunde-Präsentation demnach typische, oft stereotype Informationen angeboten, aber auf die Rezeptionsbedingungen des Lerners wird kaum Rücksicht genommen. Das Beispiel in Abbildung 5.1 illustriert, wie in Kulturecken (*Culture Capsules*) und dergleichen Landeskunde segregiert präsentiert wird.

Das Konzept von Landeskunde entspricht in diesem Lehrwerk dem traditionellen, auf reduktionistische Fakten begrenzten. Dieses Konzept schließt nicht mit ein, dass Landeskunde auch in der Thematik sowie in den Kommunikationsmitteln ihren Ausdruck findet. Repräsentativ ist ferner der ethnozentrische Ausdruck der Ausgangsperspektive der Autoren, wie ihn Byram in Bezug auf die Präsentation französischer Landeskunde oben bereits charakterisiert hat. Das fremde Universitätsleben wird

Infobox   Aspects of German university life

Students at universities in the German-speaking countries receive much less guidance than students at North American universities and colleges. Attendance at lectures is not mandatory, and there are no semester finals. The first exams (**Zwischenprüfungen**) are taken after the fourth semester. Students must pass them in order to continue their studies. The **Wintersemester** begins in mid-October and ends in mid-February, and the **Sommersemester,** which begins in mid-April, ends in mid-July. German students talk about where they are in their studies according to semesters. (**Ich bin im vierten Semester.** *I am in my sophomore year.*)

Semesterbeginn im April

Abbildung 5.1:   Segregierte und limitierte Kulturvermittlung in Treffpunkt Deutsch (Widmaier/Widmaier 2000:23)

kontrastiv (als negatives Gegenstück) zu den schulischen Kriterien der (amerikanischen) Hochschulkultur dargestellt. In dieser Hochschulkultur sind Kriterien wie Aufsicht/ Anleitung, Anwesenheitspflicht und Klausuren wichtiger, als sie es in der fremden Kultur zum damaligen Zeitpunkt waren. So wird einem stereotypen Bild der Zielkultur Vorschub geleistet, das durch das begleitende Foto noch verstärkt und damit von kritischen Zugängen abgeschirmt wird. Studierende in den deutschsprachigen Ländern werden sich in dieser selektiven Darstellung ihres Universitätslebens kaum wiederfinden können.

Mit multikulturellen Lehrplänen, multidisziplinären/multinationalen Kulturkursen und -programmen, mit der Identifizierung von Kontaktzonen und der Definition von Kultur als fünfter Fertigkeit (*Cultural Proficiency*) wird versucht, Typisierungen und Reduktionen entgegenzuarbeiten. Es geht vorwiegend um die Rekonstruktion besseren Wissens. Die unterschiedlichen Ansätze werden hier skizziert.

5.3   Multikulturelle Lehrpläne

Das Ziel multikultureller Lehrpläne ist in seiner Reichweite in erster Linie auf die unmittelbaren Inhalte begrenzt. Primär geht es darum, den Unterricht durch multi-kulturelle Themen zu ergänzen und rein auf die Vermittlung der Zielkultur ausgerichtete oder kulturneutrale und kulturleere Inhalte zu ersetzen. Das plurizentrische Konzept für eine Landeskunde der deutschsprachigen Länder (DACHL) ist diesem Ansatz zum Beispiel verpflichtet (Clalüna/Fischer/Hirschfeld 2007, Trappe 1990), hat aber in den Haupt-Lehrwerken der größeren Verlage bisher nur ornamentierend Eingang gefunden. Oft gehen die multikulturellen Informationen nicht über reduktionistische Informationen wie geografische oder kalendarische Angaben („Jänner') und die Nennung von Begrüßungsformeln („Gruezi') hinaus. Mit ähnlicher Zielsetzung gibt es Bestrebungen, den Englisch- und Französischunterricht um landeskundliche Inhalte zu erweitern. Im Englischunterricht spielen daher neben landeskundlichen Aspekten Großbritanniens und Nordamerikas, noch andere anglophone Gesellschaften wie Australien, Südafrika oder Irland eine Rolle. Die unterschiedlichen Länder der Dritten Welt, in denen Englisch auch offizielle Landessprache (*Lingua converta*) ist, werden ähnlich wie die Kulturen und Sprachvarietäten der Francophonie im Französischunterricht dagegen noch selten behandelt. Dabei deckt die Frage der Inhalte nur einen Teilaspekt ab. Mindestens genauso wichtig wäre die Frage, wie Lerner mit den Inhalten umgehen und wie sie sich ihrem Verstehen nähern könnten. Dadurch, dass im multikulturellen Design mehr und differenziertere Informationen gegeben werden, wird nicht zwangsläufig ein besseres Verständnis fremder Perspektiven erreicht. Die (transkulturellen) Beziehungen zwischen Ausgangs- und Zielkultur/-sprache werden kaum ernsthaft thematisiert. Eine inter- oder transkulturelle Reflexion wird daher selten angestoßen.

> It is no longer possible today to approach the teaching of foreign cultures with an ethnographic and objectivist perspective which would allow students to believe in the absolute value of a given definition of culture. Too often, still today, the teacher of a civilization course or the author of a civilization textbook attempts to give students a better knowledge or understanding of the target culture with no explicit reference either to his/her own culture or to the students' culture. (Brière 1986:203)

Als Vorstufe für die Beschäftigung mit kulturkontrastiven Aspekten ist in verschiedenen Landeskundeansätzen die Identifikation von gemeinsamen Kontaktzonen zwischen Kulturen, das heißt gemeinsamen oder überlappenden Themen und Interessensgebieten, vorgeschlagen worden. Die folgenden Ansätze gehören dazu: Thum (1992) mit einer Analyse der Definition kultureller Themen, Scarcella/Oxford (1992:182–192) mit unidirektionalen Zielen des Kulturunterrichts (der Akkulturation) basierend auf Hanveys (1987) Definition von vier vereinfachten Stufen der Entwicklung von kulturellem Bewusstsein[4], Nostrand (1974) mit einer Identifizierung von relevanten Themen der französischen Kultur, Brooks (1975) mit einer Formulierung institutioneller und persönlicher Schlüsselfragen zum Verstehen der französischen Kultur und Hall (1959) mit den zehn primären Nachrichtensystemen, die auf jede Gesellschaft anwendbar seien.

Spezifischer auf den Deutsch-als-Fremdsprache-Unterricht zugeschnitten ist das ‚Kontaktzonen-Modell' von Strauss (1984)[5], das Themen gemeinsamen Interesses von Ausgangs- und Zielgesellschaften beispielhaft am deutsch-indonesischen Kulturkontakt zu definieren versucht. Die Grundannahme dieses Modells ist, dass Kommunikation nur da stattfinden kann, wo es gemeinsame Interessen gibt.

---

[4] Hanvey (1987:20) unterscheidet vier Ebenen:
  ► Awareness of superficial or very visible cultural traits: stereotypes
  ► Awareness of significant and subtle cultural traits that contrast markedly with one's own (culture conflict situations)
  ► Awareness of the meanings of the cultural traits that contrast sharply with one's own (intellectual analysis)
  ► Awareness of how another culture feels from the standpoint of the insider.
[5] Eine Beschreibung findet sich auch bei Krumm (1989:123).

Auch ‚Tandemkurse' können geeignet sein, die gewünschte Interaktivität und Reflexion im Kontakt der Lerner herzustellen. Voraussetzung dafür sind zwei Gruppen von Lernern mit unterschiedlichen Sprachen und zweisprachiges Lernmaterial. In den Tandemkursen sind die Lerner gleichzeitig Lehrer und Kulturvermittler. Dadurch bleiben die Inhalte nicht abstrakte Materie, sondern ihre Relevanz kann in der Interaktion herausgebracht werden.[6] Des Weiteren eröffnet sich dadurch ein Zugang zu engeren Kontakten und regelmäßigem Austausch der Tandempartner. Die Reihe *Première rencontre – Erste Begegnung* und die dazugehörigen Video- und Begleitmaterialien für deutsch-französische Tandemkurse geben einen Einblick in die Methode und enthalten zahlreiche konkrete Arbeitsvorschläge (Bünde/Kunz/Laudut 1999). Mit den Internetplattformen *e-Tandem*, *TandemPartners.org* und *Sprachtandem.net* lassen sich weltweit beliebige Lernertandems individuell und für Lernergruppen zusammenstellen. Auch die Internetprogramme *Cultura* 1997 f. (Furstenberg 2012) und *galanet.eu* bieten Möglichkeiten für (betreute und vermittelte) interkulturelle Kommunikation.

Multidisziplinäre und multinationale Kulturkurse, -programme und -studiengänge, die fremdkulturelle Fakten oder Kulturkontraste darstellen, erweitern das Themenspektrum traditioneller Landeskundekurse und des traditionellen Literaturstudiums im Ausland. Politische, historische und wirtschaftliche Aspekte treten in den Lehrplänen der ‚Cultural Studies', ‚European Studies', ‚Deutschlandstudien', ‚Osteuropastudien' und anderen Kultur- und Regionalstudien in den Vordergrund.

German Studies

Die *German Studies* wurden als explizites Gegenmodell zur traditionellen Auslandsgermanistik entwickelt, die lange Zeit primär an einem literaturhistorisch orientierten Kanon ausgerichtet war. Der Paradigmenwechsel von der Literaturgeschichte zu den *German Studies* vollzog sich dabei vor allem in der thematischen Ausrichtung, nämlich in Richtung auf die Gesellschafts- und Wirtschaftswissenschaften (Politik, Geschichte, Wirtschaft, Soziologie), und weniger in der Entwicklung neuer methodischer, erkenntnis- oder kommunikationstheoretischer Ansätze. Die Prozesse des interkulturellen Verstehens und Kommunizierens sind in den *German Studies* selten konstitutiver Bestandteil der Beschäftigung (siehe auch Wierlacher 1999).

Auf Offenheit und Interaktivität basiert degegen der kulturkontrastive Ansatz von Seelye (1985). Seine übergeordnete Zielsetzung und die sieben auf das Beherrschen der sozialen und soziolinguistischen Normen ausgerichteten Lernziele, die als Vorläufer eines interkulturellen Ansatzes betrachtet werden können, können folgendermaßen zusammengefasst werden:

All students will develop the cultural understandings, attitudes and performance skills needed to function appropriately within a society of the target language and to communicate with the culture bearer.

Cultural Goal I: The Sense, or Functionality, of Culturally Conditioned Behavior

---

6 Die Bedeutung dieser persönlichen Relevanz für die Lerner spiegelt sich in neueren Curricula unter anderem auch in der Abkehr von dem Begriff ‚Lehrplan' zu Gunsten des Begriffes ‚Lernplan' wider. So zum Beispiel in den Lernplänen für Deutsch als Zweitsprache (Bayerisches Staatsministerium für Unterricht und Kultus 2001).

The student should demonstrate an understanding that people act the way they do because they are using options the society allows for satisfying basic physical and psychological needs.

Cultural Goal II: Interaction of Language and Social Variables

The student should demonstrate an understanding that such variables as age, sex, social class, and place of residence affect the way people speak and behave.

Cultural Goal III: Conventional Behavior in Common Situations

The student should indicate an understanding of the role convention plays in shaping behavior by demonstrating how people act in common, mundane and crisis situations in the target culture.

Cultural Goal IV: Cultural Connotations of Words and Phrases

The student should indicate an awareness that culturally conditioned images are associated with even the most common target words and phrases.

Cultural Goal V: Evaluating Statements about a Society

The student should demonstrate the ability to evaluate the relative strength of a generality concerning the target culture in terms of the amount of evidence substantiating the statement.

Cultural Goal VI: Researching Another Culture

The student should show that s/he has developed the skills needed to locate and organize information about the target culture from the library, the mass media, people, and personal observation.

Cultural Goal VII: Attitudes toward Other Cultures

The student should demonstrate intellectual curiosity about the target culture and empathy toward its people. (Seelye 1985:49–57)

Die Abbildung 5.2 nach Seelye zeigt, wie durch Reflexion und kritische Fragen verschiedene ungerichtete (‚zwecklose') Aktivitäten in zielgerichtete umgewandelt werden können.

Die Vermittlung von Neugier, Empathie und besserem Verständnis der fremden Kultur gehört zu den grundlegenden Zielen der meisten Lehrpläne heute. Selten führen die Lehrpläne jedoch aus, wie die Ziele zu erreichen sind.

Exkurs: Beispiele für interkulturelle Lehrpläne

In Lehrwerken und Lehrplänen werden idealisierte Modelle des Eigen- und Fremdverstehens, die auf dem Kontaktprinzip basieren, verbreitet als Lernziele genannt, aber selten werden Konkretisierungen zur Umsetzung oder Überprüfung der Lernziele gegeben. Die Richtlinien des Kultusministeriums der Provinz British Columbia, Kanada (1997), und die Bildungsstandards der Kultusministerkonferenz 2003 sollen hier als exemplarische Belege dieser Tendenz dienen:

> An important objective of the Language Education Policy of the Ministry of Education, Skills and Training is to provide opportunities for all students to learn second languages that are significant within their communities. Learning another language and learning about another culture enhance students' understanding of their own languages and cultures. This deeper understanding gives students greater choice when they make career and life plans. Study of diverse languages and cultures also provides opportunities for students to understand and benefit from multicultural links within Canada and throughout the world. (Kultusministerium der Provinz British Columbia 1997:3)

Die Schülerinnen und Schüler…

➤ können sich in Bezug auf die Befindlichkeiten und Denkweisen in den fremdkulturellen Partner hineinversetzen,

➤ kennen gängige Sicht- und Wahrnehmungsweisen, Vorurteile und Stereotype des eigenen und des fremdkulturellen Landes und setzen sich mit ihnen auseinander,
➤ können kulturelle Differenzen, Missverständnisse und Konfliktsituationen bewusst wahrnehmen, sich darüber verständigen und gegebenenfalls gemeinsam handeln.
(KMK – Sekretariat der Ständigen Konferenz der Kultusminister der Länder in der Bundesrepublik Deutschland 2004:16)

Müller-Jacquiers Konzept der ‚Konfrontativen Semantik' (1981) stellt einen frühen Beitrag zur (interkulturellen) Sensibilisierung der Lerner für die Wechselseitigkeit kulturellen Verstehens dar. Lerner sollen nicht nur die fremde Kultur erlernen, sondern gleichzeitig die Werte und Symbole ihrer eigenen Kultur kritisch reflektieren. Die

Goal Relating "Trivial" Topics

	TOPIC	
	Food	Cities, Rivers, Harbors
Goal I	What behavior patterns are associated indirectly with the production or consumption of food in the target culture (e.g., truck transportation, manufacture of utensils)?	What would one have to get done that would require a trip to Xique-Xique? How would one go about getting from X city to Y city?
Goal II	How does what target people eat depend on the country, or part of the country, in which they live? Do teenagers eat anything the rest of the population doesn't? How would a typical middle-class dinner differ from a working-class dinner?	What locales are agricultural? Industrial? Especially wealthy? Impoverished? How is the mode of intercity travel in X city affected by age and social class?
Goal III	What etiquette is usually observed at different meals? What are the common phrases one uses at mealtime or at the market?	To what extent does the way one greets someone in X city differ from the "textbook standard"? Do the rituals accompanying marriage and death differ from area A to area B?
Goal IV	What do different foods look like in the target culture? Do any of the foods figure in common jokes? What kind of meals does one associate with exceptionally opulent eating? With impoverished eating? With family meals? With snacks?	Do target people consider the people of X city to possess any special attributes? What images does a native think of when Y city is mentioned?
Goal V	Is any given statement (provided by the teacher) about food in the target culture sympathetic or ethnocentric? On how much evidence does it seem to be based? Are variables such as circumstance and social class taken into consideration?	What seems to be the most significant statement made from a text about X city/harbor/river? Can the statement be substantiated objectively?
Goal VI	How aptly can a student locate information concerning food in the target culture? To what extent are both print and human resources utilized? How does the student relate his report to significant issues?	Same questions as those opposite in the left-hand column, substituting the city/river/harbor for food.
Goal VII	How much interest does the student show in trying out new target foods? Does he develop a taste for something new?	What effort had the student exerted to make contact with someone from X? Has the student visited or does he plan to visit X?

Abbildung 5.2: Umwandlung ungerichteter in zielgerichtete Aktivitäten nach Seelye (1985)

angestrebte Reflexion verlangt die Fähigkeit, sich selbst aus einer anderen Perspektive zu betrachten und in einer anderen Sprache neu zu schreiben. Das Schreiben aber erfordert nach Barthes (1966:33) auch ein ‚Neudenken des Selbst':

> Car écrire, c'est <u>déjà</u> organiser le monde, c'est <u>déjà</u> penser (apprendre une langue, c'est apprendre comment l'on pense dans cette langue). Il est donc inutile [...] de demander à l'autre de se re-écrire, s'il n'est pas décidé à se re-penser.

Ob sich das Neudenken des Selbst oder andere anspruchsvolle Ziele im Fremdsprachen-unterricht realisieren lassen, bezweifeln viele Unterrichtspraktiker mit Verweis auf die mangelnde Zeit, die mangelnden Kompetenzen und die alles übertreffende Bedeutung der Grammatik für den Spracherwerb. Für Brière (1986) und andere kann es jedoch keine Frage sein, ob es in der Landeskunde eines interkulturellen Ansatzes bedarf, der die Selbstreflexion einschließt. Vielmehr stelle sich nur die Frage, wie explizit dieser Ansatz zu sein habe.

> The real problem is not to know if the teaching of foreign cultures must adopt an intercultural approach – this is always the case – but if such an approach must remain implicit, unconscious of itself with all the risks involved, or must become explicit, openly expressed. Why not integrate such a movement in the teaching process itself? Why not explicitly recognize that the foreign culture teacher is also a teacher of American cultural consciousness? Students should always be made aware that they do not tackle the study of a foreign culture with a blank mind and that their own culture has instilled in them patterns of perception which are going to orient the way they look at the other. (Brière 1986:204–205)

Kramsch (1993:206) fordert in der Tradition der interkulturellen Hermeneutik die Betonung eines Prozesses, der sich gezielt des Verstehens von Fremdheit und Anders-artigkeit annimmt. Ein solcher Prozess verlangt Bennet (1993:22) zufolge eine Beschrei-bung der subjektiven Erfahrungen des Lerners und eine interkulturelle Sensibilisierung durch Differenzierung. Bennet postuliert einen Sensibilisierungsprozess durch eine Reihe von Entwicklungsphasen, die von Ethnozentrismus – das heißt der Verleugnung, Abschwächung oder Abwehr von kulturellen Differenzen – über entsprechendes Be-wusstwerden und Verstehen, Akzeptanz, Respekt, positive Bewertung und selektive Übernahmen zu Anpassung, Assimilation und schließlich zur Integration unterschied-licher Verhaltensweisen in Form von Bi- oder Multikulturalismus führen (Bennet 1993:23). Die einzelnen Phasen in Bennets Modell lassen sich folgendermaßen dar-stellen:

► Die ‚Verleugnung kultureller Differenzen' ist die Unfähigkeit, kulturelle Differenzen nachzuvollziehen. Sie drückt sich durch gutmütiges Stereotypisieren und oberfläch-liche Toleranzbekundungen aus. Krassen Außenseitern wird dabei unter Umständen auch die „Menschlichkeit" abgesprochen („wie die Wilden").
► Die ‚Verteidigung gegen kulturelle Unterschiede' kann als Anerkennung kultureller Unterschiede verstanden werden, die allerdings mit negativen Bewertungen all dessen gekoppelt ist, was als abweichend empfunden wird: je größer die Unterschie-de, desto schlechter die Bewertung. Typisch für diese Phase oder Auffassung ist das dualistische Wir/die-Denken, das häufig von sehr negativen Stereotypen begleitet wird. Aus evolutionärer Sicht betrachtet, gilt die eigene Kultur als die am weitesten entwickelte. Ausgedrückt wird diese Einstellung zum Beispiel in Äußerungen wie „aber wir haben zuerst... /aber bei uns...".

► Die ‚Abschwächung von Differenzen' umfasst die Anerkennung und das Akzeptieren oberflächlicher kultureller Unterschiede, wie zum Beispiel Essgewohnheiten, bei gleichzeitiger Betonung der Gleichheit aller Menschen. Das Schwergewicht wird auf die Ähnlichkeiten der Menschen und die Gemeinsamkeiten der Grundwerte gelegt. Allerdings wird die Grundlage der Gemeinsamkeiten weitgehend in ethnozentrischen Begriffen gefasst.

► Die ‚Akzeptanz kultureller Differenzen' umfasst die Anerkennung und das Schätzen von divergierenden Verhaltensweisen und Werten. Unterschiede werden im Sinne kultureller Relativität als mögliche Lösungen in der Organisation der menschlichen Existenz angesehen. Differenz-Kategorien werden bewusst weiterentwickelt und bei der Interpretation von kulturellen Phänomenen angewendet.

► In der ‚Anpassungsphase' werden kommunikative Fertigkeiten für interkulturelle Kommunikation entwickelt. Einfühlungsvermögen und das Wechseln des Bezugsrahmens werden als effektive Strategien des Verstehens und Verstandenwerdens über kulturelle Grenzen hinweg eingesetzt.

► Die ‚Integration kultureller Differenzen' in Bennets Modell betrifft die Internalisierung bikultureller oder multikultureller Bezugsrahmen. Die Definition der eigenen Identität hängt nur lose mit einer bestimmten Kultur zusammen. Das Individuum versteht sich als im Prozess befindlich (nach Chase/Beaumont 1996).[7]

Im Anschluss an die vom *American Council of Teachers of Foreign Languages* (ACTFL) initiierte und kontroverse *Proficiency-Debatte* in den 1980er Jahren ist mit dem Vorschlag, in Analogie zu den vier Fertigkeiten (Hörverstehen, Leseverstehen, Schreiben, Sprechen) die fünfte Fertigkeit einer *Sociolinguistic Ability* einzuführen, versucht worden, die Frage der Explizitheit ansatzweise zu beantworten. Zunächst ging es darum, der sprachlichen Variationsvielfalt, die durch die Ausrichtung auf das Instrumentelle der Alltagssprache in den kommunikativen Ansätzen eingeschränkt worden war, im Fremdsprachenunterricht mehr Raum zu geben. In der Folge kam es in Nordamerika zu einer stärkeren Beschäftigung mit kulturellen Kompetenzen, die sich zum einen (vor allem in Lehrplänen und Richtlinien) an einer Mischung traditioneller Landeskundemodelle mit Elementen des interkulturellen Trainings nach Hall/Hall (1990) (siehe Kapitel 5.5.1) orientierte und zum anderen Parallelen zur gleichzeitig, vor allem im Kontext der interkulturellen Germanistik verlaufenden Entwicklung der interkulturellen Hermeneutik aufwies, ohne dass beide Richtungen die Entwicklungen der jeweils anderen im gebotenen Maße explizit zur Kenntnis nahmen (siehe auch den Vorschlag von Seelye (1985) oben als Vertreter dieser Richtung). Eine ernsthafte intellektuelle Auseinander-

---

[7] In ähnlichen Phasen, aber unter Berücksichtigung verschiedener Kompetenzen der Mediatorinnen und in unterschiedlich statischen oder dynamischen Verfahren der Kulturermittlung und -vermittlung, gehen üblicherweise auch die Modelle interkultureller Mediation vor, wie das ‚Elicitive Model', der ‚Circular Process', das ‚induktive Konzept', die ‚spontane Laienmediation', das ‚Erweiterte Phasenmodell', das ‚kultursynergetische Modell' oder das ‚Modell Binationaler Co-Mediation' (siehe Kriegel-Schmidt 2012). Vergleiche auch die zugrunde liegende Vorstellung der graduellen Annäherung an fremde Kulturen in Lessings Ringparabel in *Nathan der Weise*, wo die Entwicklung von der Ablehnung über die Duldung zur Würdigung und der Auseinandersetzung mit den drei abrahamischen Religionen thematisiert wird.

setzung zwischen den beiden parallelen Strömungen ist – bis auf einzelne Verweise (etwa bei Byram 1989) – nicht dokumentiert. Die inneramerikanische Debatte führte unter anderem zu „avantgardistischen" Entwicklungen von kulturellen Standards in Nordamerika, die sich besonders weit entwickelt im *Syllabus of Competence der American Association of Teachers of French* (AATF) wiederfinden (Murphy/Black Goepper 1989). Die Kommission der AATF schlägt zwei Kompetenzebenen vor: die *Basic Cultural Competence* und die *Superior Cultural Competence*, die sich jeweils in eine praktische *Sociolinguistic Ability* und einen auf Bewusstheit ausgerichteten kulturellen Wissensbereich gliedern. Während die Grundkompetenzen sehr stark am klassischen (enzyklopädischen) Landeskundewissen orientiert sind, werden bei den fortgeschrittenen Kompetenzen auch kulturrelationale Aspekte berücksichtigt, wie etwa kulturelle Differenzen bei Komik und Humor oder Vermeidungsstrategien bei *Critical Incidents*. Im Bereich des kulturellen Wissens wird ansatzweise auch eine Reflexionsfähigkeit interkultureller Perspektiven angesetzt. Die Begriffe ‚muttersprachlich/nichtmuttersprachlich' werden durch ‚optimal/near-optimal' ersetzt, um so die jeweiligen Vor- und Nachteile der Eigen- und Fremdperspektiven terminologisch abbilden zu können. Die Originalbeschreibungen der beiden Kulturkompetenzen der AATF sind auf der begleitenden Webseite zu diesem Buch nachzulesen.

Die AATF-Standards thematisieren interkulturelle Aspekte anhand exemplarischer Situationen, in denen sich Lerner zurechtfinden sollen, wie etwa:

► „prompted by an example, shows awareness that compliments can arouse a reaction different from what would be expected in the home culture" (Murphy/Black Goepper 1989:15, siehe Punkt 5.1 auf der Webseite) oder

► „can describe a favorable and an unfavorable French attitude toward the United States or its people" (1989:15, siehe Punkt 5.2 ebenda) oder

► „can describe a type of compliment likely to be misinterpreted or embarrassing in French culture" (1989:16, siehe Punkt 6.1 auf der Webseite).

Ähnlich wie der *Gemeinsame Europäische Referenzrahmen für Sprachen/Common European Framework of Reference for Languages* (GER/CEFR) nennen die AATF-Guidelines Begrüßungs- und Verabschiedungsrituale, Einkaufssituationen, einfachen Small Talk, Höflichkeitsmarkierungen, Metaphern- und Komikanspielungen oder sprachliche Manifestationen von Register- und Rollendifferenzen (zum Beispiel Punkt 6.1 auf der Webseite: „distinguishes between a formal and an informal way of speaking and behaving" oder „can judge whether an embrassade or handshake is appropriate, depending on the situation, social milieu and ages of the persons" 1989:16). Ziel des Unterrichts ist es, dem Lerner die entsprechenden Konventionen zu vermitteln, die die so genannten *Critical Incidents* in der Kommunikation verhindern sollen. Dazu sollen mit musterhaften *Critical Incidents*, brisanten Wörtern (Strauss/Hass-Zumkehr/Harras 1989) oder den von Michael Agar (1994) so bezeichneten *rich points* didaktische Situationen provoziert werden, die die Konventionen, ihre Übertretung und deren Folgen illustrieren (Rieger 2008). *Critical Incidents* oder *Rich Points* markieren kulturell unterschiedlich geprägte, kommunikationsrelevante Konzepte, die leicht falsch interpretierbare, ambivalente, konflikthaltige, rätselhafte, oder auch problemverursachende Situationen auslösen können. Brisante Wörter sind besonders aus dem Politik- und Gesellschaftsdiskurs bekannt, wo sie als lexikalische Markierungen oft umstrittener pragmatischer Kontexte fungieren. Ein brisantes Wort, das einen *Critical Incident* auslösen kann, ist nicht nur ein politisches Schlagwort (‚Kolateralschaden', ‚notleidende Bank', ‚Ich-AG'), sondern kann im Prinzip jedes alltägliche Wort werden (‚Bonus', ‚Heuschrecke', ‚Warmduscher'). Auch der Verzicht auf Wörter, die Verweigerung von Wörtern und andere Verletzungen kommunikativer Prinzipien können *Critical Incidents* auslösen. Entscheidend für das kritische Potenzial der Wörter ist der pragmatische Kontext. In der Folge von Agar werden diese Wörter gelegentlich auch „hot words" genannt (Heringer 2007).

Trotz des Mangels an gegenseitiger Auseinandersetzung zwischen europäischen und amerikanischen Entwicklungen und trotz fehlender expliziter Verweise auf die amerikanische *Proficiency*-Diskussion sind die Parallelen des ACTFL-Konzeptes zum GER/CERF bemerkenswert. Bemerkenswert ist ferner auch die Genealogie der *Proficiency-Guidelines* selbst, die Wurzeln in der *Army Method*, also der audiolingualen Methode, der 1940er und 1950er Jahre aufweist. Zwar liegt dem GER/CERF eine 6-stufige statt einer 2-stufigen Einteilung zugrunde und es finden sich deutlicher formulierte Forderungen nach einer stärker (explizit) interkulturell ausgeprägten Orientierung, aber diese wird im Einzelnen nicht spezifiziert. Auffallend sind auch die Gemeinsamkeiten der amerikanischen und (späteren) europäischen Richtlinien in Bezug auf die Trennung von *Ability* (AATF)/ *Competence* (GER/CERF) einerseits und *Knowledge* (AATF, GER/CERF) andererseits. Konkretisiert werden die kulturellen Erscheinungen im GER/CERF, wie es auch die Umsetzung in den ACTFL-Standards bereits früh vorsah, in einer Liste sprachlicher Markierungen unter dem Eintrag der *Sociolinguistic Competence*.

> The learner of a second or foreign language and culture does not cease to be competent in his or her mother tongue and the associated culture. Nor is the new competence kept entirely separate from the old. The learner does not simply acquire two distinct, unrelated ways of acting and communicating. The language learner becomes *plurilingual* and develops *interculturality*. The linguistic and cultural competences in respect of each language are modified by knowledge of the other and contribute to intercultural awareness, skills and know-how. They enable the individual to develop an enriched, more complex personality and an enhanced capacity for further language learning and greater openness to new cultural experiences. Learners are also enabled to mediate, through interpretation and translation, between speakers of the two languages concerned who cannot communicate directly. (Council of Europe 2009:43)

Die relevanten Themenbereiche aus GER und CERF werden weiter auf der begleitenden Webseite zu diesem Buch aufgeführt.

5.4   Zur Problematik der Kulturbegriffe

> Die ‚Landeskunde-Diskussion' könnte man seit ihren Anfängen als Abfolge exklusiv behaupteter Ansätze kennzeichnen, als ‚Pendelschwungbewegungen' von realistischen zu idealistischen Zielen, von anwendbarem Wissen zu individueller Bildung, von Fertigkeiten zu Fähigkeiten, von pädagogisch zu politisch legitimierten oder gesetzten Zielen – und vice versa. (Simon-Pelanda 2001:48)

Diese Pendelbewegungen manifestieren sich in der Landeskundediskussion auch im Begriff ‚Kultur'. Er wird polysem verwendet und zeichnet sich durch entsprechende Unschärfe aus. Welsch (1995) weist darauf hin, dass dem allgemeinen Kulturverständnis implizit meist eine Vorstellung von Kultur zugrunde liegt, die dem Symbol der Kugel bei Herder entspricht. Demnach werden Kulturen als voneinander abgrenzbare und abgegrenzte und daher weitgehend geschlossene Systeme verstanden.

Nach Herders von 1784 bis 1791 erschienenen *Ideen zur Philosophie der Geschichte der Menschheit* bestimmen drei Merkmale das gängige Kulturverständnis:

► Erstens soll eine Kultur das Leben des betreffenden Volkes im ganzen wie im einzelnen prägen und jede Handlung und jedes Objekt zu einem unverwechselbaren Bestandteil gerade *dieser* Kultur machen: das Konzept ist stark vereinheitlichend.
► Zweitens soll Kultur immer die Kultur eines Volkes sein; sie stellt – so drückt Herder das aus – »*die Blüte*« des Daseins eines Volkes dar: das Konzept ist volksgebunden.
► Drittens ergibt sich daraus eine entscheidende *Absetzung* nach außen; jede Kultur soll, als Kultur *eines* Volkes, von den Kulturen *anderer* Völker spezifisch unterschieden und abgegrenzt sein: das Konzept ist separatistisch. (Welsch 2005:317)

In Begriffen wie ‚Inter-Kultur‘, ‚kulturelle Identität‘ und ‚Leitkultur‘ (bis hin zu „Ethnic Cleansing" und anderen fatalen Reinheitsbegriffen) manifestiert sich dieses Verständnis von Kultur mit oft segregierenden Implikationen. Eine ganze Reihe von Autorinnen und Autoren hat versucht, den Begriff ‚Kultur‘ konkreter zu fassen und operationalisierbar zu machen. Als wichtigster Vorläufer für diese Versuche gilt die Erhebung von Kroeber/ Kluckhohn (1954), in der circa 300 Definitionen auf eine gemeinsame Basis untersucht wurden. Dieser Versuch wurde allerdings ohne den erhofften Erfolg abgebrochen.

In weiten Kreisen sozialwissenschaftlicher Forschung hat der semiotische Kulturbegriff von Geertz (1975) (vergleiche Lüddemann 2010:11–15) allgemeinen Referenzcharakter. Das Verständnis von Kultur als „ineinandergreifende Systeme auslegbarer Zeichen" (Geertz/Luchesi/Bindemann 1983:21) bildet selbstgesponnene, tradierte Systeme von Bedeutungen in Form von Symbolen ab, schließt aber deren Veränderbarkeit nicht aus. Dieser Definition zufolge ist Kultur:

> a[n] historically transmitted pattern of meanings embodied in symbols, a system of inherited conceptions expressed in a symbolic form by means of which men communicate, perpetuate and develop their knowledge about attitudes towards life. (Geertz 1975:89)

Nünning/Nünning (2003:6) stellen fest, es lasse sich eine interdisziplinäre Präferenz „für einen semiotischen, bedeutungsorientierten und konstruktivistisch geprägten Kulturbegriff" erkennen, demgemäß „Kultur als der von Menschen erzeugte Gesamtkomplex von Vorstellungen, Denkformen, Empfindungsweisen, Werten und Bedeutungen aufgefasst" werden könne, „der sich in Symbolsystemen materialisiert".

Von einem solchen dynamischen, binnendifferenzierten und plurizentrischen Kulturbegriff, der von Akkulturations- und Mischungsprozessen ausgeht[8], waren das verbreitete Kulturverständnis und die gängie Kulturpraxis des Fremdsprachenunterrichts bisher in der Regel weit entfernt. Wenn Kultur aber weniger als Sammlung von tradierten und fixierten Artefakten, sondern als symbolisches Bedeutungssystem anzusehen ist, das sich in veränderbaren Denkweisen, Handlungen und Werten ausdrückt, die zudem viel Raum für individuelle Gestaltung und Interpretation lassen (Binnendifferenzierung), dann verändert sich auch das Konzept der Kulturvermittlung im Unterricht grundlegend.

> If culture is understood not as artifacts or isolated behaviors, but as connected patterns of thought, actions, and expression; and if patterns exist in the eyes of the beholder, then the teaching of culture takes on a new meaning and function. (Webber 1990:133)

---

8   „Der Gestus der Kultur ist Mischung" Bogdal (2011).

Porter/Samovar (1994:12) leiten aus dieser Feststellung sechs Kriterien für die Behandlung von Kultur im Unterricht ab. Diese betrachten die Autoren als konstitutiv für die Vermittlung interkultureller Kompetenzen im Fremdsprachenunterricht:

► Kultur ist erlernt
► Kultur ist übertragbar
► Kultur ist dynamisch
► Kultur ist selektiv
► die verschiedenen Facetten von Kultur sind miteinander verbunden
► Kultur ist ethnozentrisch.

Damit ist ein Wandel in den Ansätzen der Kulturvermittlung vorgezeichnet. Eine Präferenz für einen semiotischen, bedeutungsorientierten und konstruktivistisch geprägten Kulturbegriff beginnt sich mittlerweile – zumindest partiell und zaghaft – auch in Modellen der Landeskunde durchzusetzen. Sprache wird dabei als konstitutives Element von Kultur angesehen, aber nicht in allen Ansätzen auch entsprechend behandelt.

5.5 Kultur, Sprache und Kognition

Das Verhältnis von Kultur und Sprache ist bekanntlich Gegenstand umfangreicher sprachphilosophischer Überlegungen. Im *Sendbrief vom Dolmetschen*, in dem er die wichtigsten Bedeutungsunterschiede zwischen verschiedenen Nationalsprachen beschreibt, hält Martin Luther fest: „ittliche sprag hatt ihren eigen art". Auf ähnliche Weise versucht auch Francis Bacon in seinem Werk *Novum Organum* (1620) aus der Sprache Schlussfolgerungen über die Denkart der Menschen zu ziehen.[9]

In seinem *Essay Concerning Human Understanding* entwickelt John Locke (1903, 1690) dieses Konzept weiter. Er hält fest, dass sich die Wörter zwischen den Intellekt und die wirklichen Dinge stellen, dass sie sich nicht auf Objekte beziehen, sondern auf die Vorstellungen im Geist. Sie werden somit zu Denkmitteln. Veranschaulichen konnte er das anhand fehlender fremdsprachiger Entsprechungen (Lakunen) von Konnotationen verschiedener Begriffe. Lockes Ansatz ist damit dem des italienischen Philosophen Giovanni Battista Vico (1725) verwandt, der ein universales Etymologicum plante, mit dessen Hilfe Wissenschaftler verstehen lernen sollten, wie andere Völker die gleichen Menschen, Dinge und Vorgänge unter *diversi aspetti* verschieden benennen. Lockes Ideen wurden unter anderem auch von de Condillac (1746) aufgenommen und weiterentwickelt.

Mit dem Begriff der ‚Weltansicht', der später auch in den Varianten ‚Weltanschauung', ‚Weltauffassung', ‚innere Sprachansicht', ‚geistige Ansicht', ‚Charakter der Sprache' erscheint, schafft Wilhelm von Humboldt ein folgenreiches Konzept, das die Perspektivik der kulturgeprägten Wahrnehmung und des Gebrauchs von Sprache abbildet. Das Wort komme demzufolge von der Wahrnehmung und sei keine Kopie des Objektes selbst. Da

---

[9] Vergleiche das Zitat von Bacon (1620/1990:120) bei Trabant (2008:90):

Verba autem plerunque ex captu vulgi indunter, atque per lineas vulgari intellectui maxime conspicuas res secant. Die Wörter aber werden größtenteils nach den Auffassungen des Volkes gebildet, und sie schneiden die Dinge entlang solcher Linien ein, die dem völkstümlichen Verstand am meisten einleuchten.

aber jede objektive Wahrnehmung immer mit Subjektivität vermischt sei, müsse jede menschliche Individualität, selbst unabhängig von der Sprache, ihre eigene Weltsicht haben. Durch die Sprache werde diese jedoch verstärkt (siehe Aarsleff 1982:346f). In den *Fragmenten der Monographie über die Basken* (1801/1802:VII, 2:602) hält Humboldt fest:

> Mehrere Sprachen sind nicht ebensoviele Bezeichnungen einer Sache; es sind verschiedene Ansichten derselben. [...] Durch die Mannigfaltigkeit der Sprachen wächst unmittelbar für uns der Reichtum der Welt und die Mannigfaltigkeit dessen, was wir in ihr erkennen; es erweitert sich zugleich dadurch für uns der Umfang des Menschendaseyns, und neue Arten zu denken und empfinden stehen in bestimmten und wirklichen Charakteren vor uns da.

Humboldt geht von der Koexistenz von abgegrenzten Weltsichten aus. Die einzige Möglichkeit, einen geschlossenen Kulturkreis zu verlassen, bestehe im Erlernen von Fremdsprachen. Dadurch werde ein Überwechseln in einen neuen Kreis ermöglicht, mit dem die Sprache verbunden sei. Das Verlassen eines Kreises erfordere demnach eine Entscheidung für eine Kultur. Die gleichzeitige Zugehörigkeit zu verschiedenen Weltsichten, eine *Third-Culture Perspective* (Bennet 1993:23), ein *Third Space* (Bhabha 1994), ein *Third Place* (Kramsch 1996:233–257) oder ein dynamisches Konzept von Mehrkulturalität und Mehrsprachigkeit der Menschen sind darin nicht angelegt.

> Durch denselben Act, vermöge welches der Mensch die Sprache aus sich heraus spinnt, spinnt er sich in dieselbe ein, und jede Sprache zieht um die Nation, welcher sie angehört, einen Kreis, aus dem es nur insofern hinauszugehen möglich ist, als man zugleich in den Kreis einer anderen Sprache hinübertritt. Die Erlernung einer fremden Sprache, auf die richtige Art benutzt, ist daher die Gewinnung eines neuen Standpunkts in der bisherigen Weltansicht, da jede das ganze Gewebe der Begriffe und der Vorstellungsweise eines Theils der Menschheit enthält. (von Humboldt 1801/1802:XIII:266)

Sprache ist jedoch nicht als die direkte Abbildung der Weltsicht zu verstehen, sondern kann diese Weltsicht – wie bereits von Humboldt vermerkt – nur mit den ihr zur Verfügung stehenden Mitteln darstellen (Trabant 2010). Dies illustrieren unter anderem Studien zu Farb- und Familienbezeichnungen in verschiedenen Sprachen (vergleiche Deutscher 2010).

Ausgehend von Humboldts Ideen formuliert Whorf, jedoch außerhalb linguistischer Theorien, später das sprachliche Relativitätsprinzip, demzufolge das Sprachsystem die Wahrnehmung, das Denken und das Verhalten seiner Sprachgemeinschaft abbilde und die Projektion der sprachlichen Strukturen auf die Sicht der realen Welt der Sprachgemeinschaft bestimme und erzwinge (linguistischer Determinismus[10]).

> That part of meaning which is in words, and which we may call "reference," is only relatively fixed. Reference of words is at the mercy of the sentences and grammatical patterns in which they occur. (Whorf 1956:259)

> And every language is a vast pattern-system, different from others, in which are culturally ordained the forms and categories by which the personality not only communicates, but also analyzes nature, notices or neglects types of relationship and phenomena, channels his reasoning, and builds the house of his consciousness. (Whorf 1956:252)

---

[10] Dieses Prinzip des linguistischen Determinismus ist in der Folge durch Autoren wie Jean Casagrande, Charles Egerton Osgood, Louis Hjelmslev, Stephen Ullman, Izchak Schlesinger, Uriel Weinreich wieder aufgenommen worden.

Im Mittelpunkt der späteren Auseinandersetzung mit dem linguistischen Determinismus stehen Fragen nach der Universalität, Arbitrarität und Kulturspezifik der Sprache. Von Interesse ist vor allem die Frage, ob sich die Kulturspezifik als Folge kognitiver Modelle aus den Konzepten, aus der Semantik oder der Grammatik ergibt. Dabei wird die Unterscheidung zwischen Determinismus als der Bestimmung des Denkens durch die Sprache und linguistischem Relativismus als der Beeinflussung des Denkens durch die Sprache nicht immer deutlich gemacht, weil Whorf selbst in dieser Hinsicht nicht deutlich unterschieden hat.

Das Problem der Koordination verschiedener Perspektiven auf die Welt löst Korzybski (1985) mit dem Hinweis auf das Abbildungsverhältnis von Karte und Landschaft. Das Verhältnis von Sprache und Realität entspreche der von Karte und Landschaft. Kartographische Darstellungen variieren unter anderem in Fokus (geologisch, morphologisch, mineralogisch, vegetationsbedingt, sozio- und kulturgeographisch, navigatorisch, sport- und freizeitbezogen), Projektion, Maßstab, Ausrichtung, Dimensionalität und individueller mentaler Abbildung/Perspektivik („Mind Map"). Ein koordiniertes Bild der Welt, so Korzybski, könne nur da entstehen, wo der sprachliche Hintergrund der Individuen Ähnlichkeiten (oder zumindest eine Eignung für Uniformität) aufweise, also die sprachgeographischen Perspektiven Gemeinsamkeiten aufweisen.[11]

Vygotskij (1986:213) verweist in diesem Zusammenhang auf die phylogenetische Entwicklung von Sprache und Denken und betont gleichzeitig den vermittelnden Charakter von Sprache:

> Linguistics did not realize that in the historical evolution of language the very structure of meaning and its psychological nature also change. From primitive generalisations, verbal thought rises to the most abstract concepts. It is not merely the content of a word that changes, but the way in which reality is generalized and reflected in a word [...]
> Thought and language, which reflect reality in a way different from that of perception, are the key to the nature of human consciousness. Words play a central part not only in the development of thought but in the historical growth of consciousness as a whole. A word is a microcosm of human consciousness.

Intersprachliche Differenzen werden auch von Vertretern universalistischer Ansätze nicht ignoriert, sondern als Schnittmenge gemeinsamer Prinzipien und Eigenschaften interpretiert (vergleiche Greenberg 1990) und als in dieser Forschungsrichtung vernachlässigtes konstitutives Element sprachlicher Systeme gesehen (Jackendoff 2007).[12]

---

[11] Vergleiche hierzu auch Habermas (1979:237):

> Im Zusammenhang kommunikativen Handelns treten Sprache und Erfahrung nicht unter die transzendentalen Bedingungen des Handelns selbst. Einen transzendentalen Stellenwert hat vielmehr die Grammatik der Umgangssprache, die zugleich die nichtsprachlichen Elemente einer eingeübten Lebenspraxis regelt. Eine Sprachspielgrammatik verknüpft Symbole, Handlungen und Expressionen; sie legt Schemata der Weltauffassung und der Interaktion fest. Die grammatischen Regeln bestimmen den Boden einer gebrochenen Intersubjektivität zwischen vergesellschafteten Individuen; und diesen Boden können wir nur im Maße der Internalisierung jener Regeln betreten – als sozialisierte Mitspieler und nicht als unparteiische Beobachter. Die Wirklichkeit konstituiert sich im Rahmen einer umgangssprachlich organisierten Lebensform kommunizierender Gruppen.

[12] Weinreich (1963:190) verweist auf die mangelnde Systematizität von Sprachen und relativiert damit die oft polarisierte Fragestellung zu universalistischen versus durch die Umwelt geprägten Einflüssen von Sprache und Denken. Für individuell-kulturelle Ausprägungen besteht demnach genügend Raum:

Die landeskundlich relevante Frage ist jedoch, wie sich das Verhältnis von Denken und Sprache in Vermittlungsansätzen abbilden lässt. Diese Aufgabe lösen traditionelle Ansätze vorwiegend deskriptiv und rekonstruktiv, manche – wie die Modelle des Interkulturellen Trainings – verfahren dabei deterministisch.

5.5.1 Dimensionen Interkulturellen Trainings

Ziel des interkulturellen Trainings ist es, mit Hilfe vermeintlich allgemeingültiger Kategorien kulturelle Eigenschaften, Orientierungen, Dimensionen oder Denk- und Deutungsmuster zu beschreiben, die über die dadurch herstellbare Vergleichbarkeit den schnellen Zugang zu fremden Kulturen ermöglichen. Der ehemalige IBM Mitarbeiter Hofstede etwa betrachtet Kultur als mentale Software, die in einem Sozialisierungsprozess kulturell programmiert wird. Im Laufe dieser Sozialisation und vor allem in der Primärsozialisation, der Kindheit, erwerbe das Individuum bestimmte Muster des Denkens, des Handelns und des Fühlens, die als Werte und Haltungen umschrieben werden. Diese fasst Hofstede in folgende Dimensionen und weist ihnen eine Polarität zu:

- *Power Distance* (PDI, Machtdistanz – Machtnähe)
- *Individualism versus Collectivism* (IDV, Individualität – Kollektivität)
- *Masculinity versus Femininity* (MAS, Maskulinität – Femininität)
- *Uncertainty Avoidance* (UAI, Toleranz der Unsicherheit)
- *Long-term versus Short-term Orientation* (LTO, langfristige – kurzfristige Zeitorientierung)
- *Indulgence versus Restraint* (IVR, Befriedigung – Einschränkung).

Auf der Grundlage umfangreicher Befragungen (mit vorgegebenen Kriterien und Skalen) lässt sich damit für jede Nationalkultur ein Profil erstellen. In Deutschland gibt es demnach eine niedrige Distanz zur Macht, eine flache Hierarchie, eine mittlere Tendenz zur Unsicherheitsvermeidung und eine mittlere bis höhere Tendenz zum Individualismus. Durch eine Skalierung lassen sich die Dimensionen operationalisieren. So erreicht Singapur den Wert 20 (aus 100) auf der Kollektivitäts-/Individualitätsskala, was es zu einem relativ kollektivistischen Land macht, während die USA mit dem Wert 91 als relativ individualistisch gelten. Guatemala erzielt bei dieser Dimension den niedrigsten Wert, ist also die kollektivistischste Kultur der Welt, Schweden die feministischste.[13]

Eine dynamische Komponente oder eine Entwicklungskomponente der Dimensionen sind bei Hofstede nicht vorgesehen. So bleibt ungeklärt, wie es zur Ausprägung der vermeintlichen Kulturspezifika und ihrer möglichen Weiterentwicklung kommt. Die fehlende Dynamik im Ansatz von Hofstede hat zudem Auswirkungen auf das homogene

---

[...] languages are universally less „logical", symmetrical and differentiated than they could be if the components and devices contained somewhere in each system were uniformly utilized throughout that system.

[13] Aus der Webseite http://www.clearlycultural.com/geert-hofstede-cultural-dimensions lassen sich die Profile verschiedener Länder ersehen und (interaktiv) vergleichen. Brake/Walker/ Sullivan (1992) schlagen in einem verwandten Ansatz zehn Hauptvariablen zur Bestimmung der grundlegenden Dimensionen von Kulturen vor: Natur, Zeit, Handlung, Kommunikation, Raum, Macht, Individualismus, Wettbewerbsfähigkeit, Struktur und Formalität. Siehe auch die Kategorien der Kulturstandards bei Schroll-Machl (2007), Thomas/Kinast/Schroll-Machl (2003), Thomas (1996).

Kulturverständnis seines Modells, nach dem alle Individuen einer Kultur mit derselben „Software" ausgestattet sind und somit die Existenz interindividueller Unterschiede weiterer Faktoren außer Acht gelassen wird.

Auch Trompenaars (1993) geht in seinem Ansatz ähnlich vor wie Hofstede. Anders als Hofstede betrachtet er Kultur aber als einen dynamischen Prozess des Lösens menschlicher Probleme. Die Betrachtung beschränkt er dabei auf menschliche Beziehungen, Zeit und Natur. Den Gesamtbereich der menschlichen Existenz bezieht Trompenaars' Modell nicht mit ein.[14] Trompenaars charakterisiert Kultur anhand eines Zwiebelschalenmodells. Nach außen hin sichtbar sind die explizite Kultur, die Gegenstände und Produkte. Man kann sagen, die Artefakte. Die mittlere Schalenebene stellen Definitionen einer Gruppe, Werte und Normen dar. Im Kern befinden sich die grundlegenden Annahmen über die Existenz impliziter Kultur. Es handelt sich also um ein dreistufiges Modell, dessen Darstellungsrichtung von innen nach außen geht. Auch Trompenaars' Modell liegt die Annahme zugrunde, dass die Kultur homogen sei und einer Nationalkultur entspreche. Kulturelle Stratifikationen oder andere Differenzierungen kommen in dem Modell ebenfalls nicht vor.

Von drei Ebenen geht auch das Verhaltensmustermodell von Meyer (1991) aus. Auf der monokulturellen Ebene bestimmen demnach Verhaltensmuster der eigenen Kultur und Stereotype, Klischees und Ethnozentrismus das Verhalten. Auf der interkulturellen Ebene erfolgen informations- und wissensbezogene Relativierungen kultureller Differenzen ähnlich den Dimensionen oder Kulturstandards in anderen Ansätzen. Auf der transkulturellen Ebene erfolgt schließlich das kulturübergreifende Verstehen mittels Aushandlungsprozessen, die auf der Basis internationaler Kooperations- und Kommunikationsprinzipien operieren. Wie diese Prozesse sich entwickeln, ablaufen und vermittelbar sind, erklärt auch dieses Modell nicht.

Viele Verfahren des interkulturellen Trainings beziehen sich auf die Arbeiten von Hall/ Hall (1990), Hall (1976). Auch er betrachtet Kultur als „riesigen, komplexen Computer", der spezifische zugrunde liegende Strukturen (*basic patterns*) aufweist. Mitglieder einer Kultur teilen demzufolge verinnerlichte Verhaltenscodes und unbewusste Bedeutungszuschreibungen, eine *„silent language"*, miteinander. Hall strukturiert interkulturelle Kommunikation – wie Hofstede nach ihm – mittels verschiedener Dimensionen. Diese Dimensionen betreffen bei ihm aber die Formen der Entscheidungsfindung, der Kommunikation, der Organisation, der Innovation, der Anerkennung und der Kontrolle. Die zwei wichtigsten Gruppen, die sich aus den Dimensionen ergeben, sind die *High Context*-Kulturen und die *Low Context*-Kulturen. In den *High Context*-Kulturen ist es weniger

---

[14] Trompenaars (1993) verwendet dafür die folgenden universalen Kriterien zur Bestimmung kultureller Werte:
- ► in der Beziehung mit Menschen: Universalismus versus Partikularismus, Individualismus versus Kollektivismus, Neutralität versus Affektivität, Spezifik versus Ungerichtetheit, Erbringung versus Zuschreibung/Zufallen von Verdiensten
- ► in Einstellungen gegenüber der Zeit: Linearität versus Zirkularität
- ► in Einstellungen gegenüber der Umwelt: Kontrolle innerhalb des Individuums versus Kontrolle innerhalb der Natur.

Zu Trompenaars Modell gibt es ebenfalls Operationalisierungsversuche auf Basis bipolarer Skalen, auf denen die Begriffspaare angeordnet werden. So ergibt sich ein bestimmter Grad (Wert) der Merkmalspolarität. Vgl. auch die verwandten Einteilungen von Brake/Walker/ Sullivan (1992).

üblich, die Dinge direkt beim Namen zu nennen, ihre Bekanntheit wird implizit voraus-gesetzt und das Erwähnen zahlreicher Details kann als negativ empfunden werden. Der Gesichtsausdruck der Gesprächspartner, Anspielungen, die Umstände der Begegnung und viele Kontextfaktoren sind nach Hall in Kulturen mit hohem Kontext eigene, nicht zu unterschätzende Informationsträger. In Kulturen mit *Low Context* erwarte man nicht, dass der Großteil der Information bereits bekannt oder ohne sprachlichen Ausdruck erkenn-bar sei. Sprecher fühlen sich verpflichtet, möglichst präzise Angaben zu machen.

Auch das kulturtypische Zeitverständnis spielt bei Hall eine konstitutive Rolle. Hall unterscheidet tendenziell zwischen monochronen und polychronen Kulturen. In mono-chronen Kulturen ist es demnach üblicher, das heißt, es wird mit größerer Wahr-scheinlichkeit als normal akzeptiert, einzelne Arbeitsschritte nacheinander zu tun. Hier sei das Einhalten des Zeitplans sehr wichtig, die Erledigung von Aufgaben zähle mehr als die Pflege persönlicher Beziehungen. In polychronen Kulturen gelte das Erledigen mehrerer Handlungen nebeneinander als eher üblich. Der Zeitplan sei ein „Kann", aber kein „Muss". Angehörige polychroner Kulturen seien flexibler und setzten die Priorität auf persönliche Beziehungen. Die Erledigung einer Aufgabe sei dagegen eher nach-rangig. Eine ähnlich grundlegende Bedeutung hat auch die räumliche Organisation. Hall hebt dabei die Bedeutung von Distanzzonen hervor. Das sind Räume, die von Individuen unbewusst als intime, persönliche und öffentliche Distanzzonen unterschieden werden. Diese können sich mit steigender Vertrautheit zwischen Personen verändern. Je nach Kultur haben diese Zonen jeweils unterschiedliche Ausmaße.

Zu welchen Ergebnissen Charakterisierungen dieser Art kommen, kann man anhand von vermeintlich nationalen Orientierungen und Charakteristika in praktischen Hand-reichungen ablesen, wie der Beschreibung „der Österreicher" in dem amerikanischen interkulturellen Ratgeber *Kiss, Bow and Shake Hands* (2007):

CULTURAL ORIENTATION

Cognitive Styles: How Austrians Organize and Process Information
Austrians traditionally have a structured approach to absorbing and processing information. They are most comfortable with a linear approach to data and feel concern about taking action in a premature manner.

Negotiation Strategies: What Austrians Accept as Evidence
Scientific data, or facts, are the most important component of any decision. Feelings some-times influence the process, because of the number of people who are usually consulted prior to large decisions. However, if there is a conflict between an individual's feelings, faith, and scientific evidence, the facts will outweigh any other factor.

Value Systems: The Basis for Behavior
The following three sections identify the Value Systems in the predominant culture—their methods of dividing right from wrong, good from evil, and so forth.

Locus of Decision-Making

A desire to seek consensus and a widespread respect for order are Austrian characteristics, as evidenced by the fact that there have been almost no labor strikes in the postwar era. Every Austrian has a responsibility to support the social order. Actions that disrupt this social order are seen as inherently wrong.

Sources of Anxiety Reduction

Some sociologists believe that Austrians have a high index of uncertainty avoidance. As a result, Austrians use laws and morality to give structure to their worldview. Certainly, Austrians tend to be extremely averse to risk.

In 1955, the USSR demanded that Austria adopt permanent neutrality in exchange for agreeing to remove its troops from Austria. Official neutrality (while remaining economically engaged with the West) seems to have suited the Austrian character. The fall of the Iron Curtain and Austria's entry into the European Union has required some redefinition of neutrality.

Issues of Equality/Inequality

Although titles of nobility were abolished after the First World War, Austria still has a rigid class system. Business leaders tend to come from the upper class.

Historically, Austria's ornate Catholic churches were the only place where all citizens, whatever their status, could enjoy the sort of environments found in the palaces of the nobility. Today, church attendance has plummeted, but Austrian laws protect all citizens equally. Even legally employed noncitizens (of any nationality) belong to a legal body designed to protect their interests. For most workers, this is the *Arbeiterkammern* (Workers' Chambers), which provides legal representation without regard for a worker's ability to pay. In fact, when it loses a case, the Arbeitierkammern usually pays the opponent's legal fees.

Abbildung 5.3: Kulturorientierung „der Österreicher" nach Morrison/Conaway (2007:6 – 7)

Detailbeschreibungen zu wichtigen Verhaltensmustern werden in diesem Ratgeber im Anschluss an die globale Darstellung der nationalen Eigenschaften in wenigen Kategorien knapp zusammengefasst. Abbildung 5.4 illustriert, wie „der Schwede" sich zur Gestik verhält.

Die stereotype, deterministische Darstellung von Kulturen, die nicht erklärt, wie sich die Dimensionen oder Standards entwickeln, die nicht auf Binnendifferenzierung, Veränderbarkeit, Dynamik, Identitätsbildung und Gruppenzugehörigkeit eingeht, wird in den Kulturwissenschaften zunehmend kritisiert.

> Dabei wird in der Regel eher implizit, ein essentialistisches und homogenisierendes Verständnis von ‚Kultur' bzw. ‚Kulturen' vorausgesetzt, wonach es sich bei ‚Kulturen' um reale, nach außen mehr oder weniger klar abgegrenzte und nach innen meist mehr oder weniger homogene, meist national oder ethnisch definierte Gruppen von Menschen handelt, die ‚objektiv' bestimmte

Gemeinsamkeiten des Verhaltens, Wahrnehmens, Denkens und Fühlens ausweisen. [...] Homogene Nationalkulturen, wie dieser Begriff sie unterstellt, hat es – zumindest in modernen Industriegesellschaften – wohl noch nie gegeben. (Altmayer 2006:48)

 Gestures

- The Swedes do not use many gestures; you should be restrained as well. Avoid talking with your hands.
- A toss of the head means "come here."
- In dealing with the Swedes, keep your voice tone modulated. Swedes are a relatively quiet people.
- Look people directly in the eye when you speak to them.
- Swedes do not like physical contact with anyone except close friends, except for the handshake. Do not touch, backslap, embrace, or put an arm around a Swede.
- While Swedes are known for their sexual openness, do not mistake a Swedish woman's forwardness for a sexual invitation. Swedish women often speak to strangers, especially foreigners when they want to practice the foreigner's language.
- Hats are commonly worn in cold weather. Men should tip their hat when passing someone they know, and remove it when speaking to a woman.

Abbildung 5.4:   Gestik „der Schweden" nach Morrison/Conaway (2007:366)

Wie es zu Klischees und Fehleinschätzungen kommt, illustriert das folgende Zitat von Althaus:

> Ein solches [deterministisches und statisches] Kulturverständnis geht von der Vorstellung einer völlig kohärenten, meist nationalstaatlich begründeten Kultur aus und appelliert, wie Klaus. P. Hansen es formuliert, mit „großer Gelassenheit" an evidente Alltagsvorstellungen.
> Ein Kulturstandard westlich-europäischer Kulturen wäre etwa die Selbstverständlichkeit individueller Meinungsäußerung, die Betonung der Selbstverantwortung und Eigeninitiative der Individuen, ihre Unabhängigkeit oder das Prinzip der Nicht-Einmischung in private Angelegenheiten. Bei Chinesen ist man dann ebenso schnell etwa beim scheint's allgegenwärtig drohenden Gesichtsverlust und dem vermeintlichen oder tatsächlichen Brauch, Geschäftsverhandlungen mit Geschäftsessen abzuschließen, und die Russen bringen ja auch vor jedem Glas Wodka einen Toast aus ... Eine solche Homogenisierung und auch Banalisierung von Kultur ist verführerisch. Sie wird zur quasi handwerklich erwerbbaren Technik, zu einfach trainierbaren Verhaltensstandards. Wo Kultur mit Inkohärenz und Heterogenität zu rechnen hat, steht Kohärenz und Homogenität. Die von Edward T. Hall anschaulich so genannten „hidden dimensions" werden zu „obvious facts". (Althaus 2009:133)

Homogenisierung und Banalisierung kultureller Prinzipien versucht der Deutungsmuster-Ansatz mittels interpretativer Verfahren zu vermeiden. Als Grundlage dienen ihm dafür kulturelle Produkte aller Art, vor allem auch sprachliche.

5.5.2   Kulturelle Deutungsmuster

Das Konzept des Deutungsschemas geht zurück auf die sozialphänomenologische Wissensanalyse von Alfred Schütz (1932) und baut auf der Differenz von subjektiver und objektiver Perspektive auf. Die subjektive Perspektive bezieht sich auf die Konstruktion des Sinnverstehens des Subjekts, die objektive Perspektive stellt demgegenüber eine Konstruktion von sozialen Gesetzmäßigkeiten aus der Beobachterperspektive dar (Reckwitz 2008:369). Die Unterscheidung der beiden Perspektiven dient als Grundlage einer Differenzierung verschiedener Konstellationen des Fremdverstehens. Hier unterscheidet Schütz, ob es sich um fremde Bewusstseinserlebnisse oder lediglich Handlungsobjektivationen handelt, ob sich das Fremdverstehen auf instrumentelles oder signifikatives Handeln richtet, in welchem räumlichen und zeitlichen Verhältnis sich Interpret und das zu Verstehende zueinander befinden und in welchem Handlungskontext die Verstehensakte zueinander stehen (Reckwitz 2008:379 ff). Situativität und Pragmatik der Perspektive spielen demnach eine entscheidende Rolle.[15]

Der landeskundlich verdichtete Ansatz, Zugang zu anderen Kulturen über kulturelle Deutungsmuster zu finden, manifestiert sich im Gegensatz zu dem subjektiven, von verschiedenen Faktoren abhängigen, dynamischen Charakter des Deutungsschemas vor allem in der Rekonstruktion einer objektivierbaren Perspektive aufgrund kultureller Erscheinungen. Unter kulturellen Deutungsmustern versteht man in der Landeskunde – anders als in der Sozialphänomenologie von Schütz – musterhaft verdichtete und im kulturellen Gedächtnis gespeicherte Einzelelemente des Wissens einer Gesellschaft. Im alltäglichen Sprachgebrauch, aber auch in anderen Medien und Registern werden Deutungsmuster aktiv. Altmayer (2010) geht davon aus, dass diese Muster in der Regel implizit und selbstverständlich als allgemein bekannt und akzeptiert vorausgesetzt werden können. Die Aufgabe kulturwissenschaftlicher Forschung bestehe demnach vor allem darin, die kulturellen Deutungsmuster zu rekonstruieren, sie auf die Ebene des Expliziten zu heben, sichtbar und damit auch lernbar zu machen (Altmayer 2010). Kulturelle Deutungsmuster weisen folgende Charakteristika auf. Sie

- ► enthalten abstraktes und typisiertes Wissen über einen Erfahrungsbereich
- ► dienen dazu, neue Erfahrungen und neue Informationen zu den bestehenden Wissensstrukturen in Beziehung zu setzen
- ► sind durch Ablagerungen erfahrungsgesättigt, aber nicht durch individuelle, sondern „kollektive" Erfahrungen
- ► weisen eine gewisse Konstanz und Stabilität auf und werden immer wieder herangezogen
- ► sind nicht im kognitiven Apparat des Individuums verankert, sondern einer Sprach- und Kommunikationsgemeinschaft gemeinsam (Altmayer 2004:154).

Typisierungen, Konstanz und Stabilität der kollektiv gegebenen Muster geben jedoch keine echten Hinweise darauf, wie die Aktanten des gesellschaftlichen Konsenses Muster erzeugen und was die Ursachen der Abgeschlossenheit der Muster sein könnten. Begriffe wie ‚Kommunikationsgemeinschaft' suggerieren einen vagen Referenzrahmen, realisieren aber weder die Binnendifferenzierung von Gesellschaften noch die zunehmende Offenheit und Veränderbarkeit multikulturell geprägter Gesellschaften. Fremde, untypische Einflüsse bleiben ungeklärt oder sind aus den Deutungsmustern herauszufiltern. Zwar wird postuliert, dass Deutungsmuster veränderbar und flexibel seien, aber wenn sie sich dem kognitiven Apparat des Individuums als Grundlage jeder Wahrnehmung und Wissensgenerierung entziehen, bleibt offen, wie die Änderung

---

[15] Als zentrales Konzept gelten Deutungsmuster bei Oevermann (1979). In Oevermanns Verständnis geben Deutungsmuster den Rahmen für die Deutungsmöglichkeiten der Akteure, bringen aber Handeln nicht selbst hervor.

und Verarbeitung ohne kognitiv zu leistende Prozesse erfolgen könnte. Dieses Modell gibt kaum Hinweise auf die Prozesse der Wissensgenerierung, wie sie die Schematheorie liefert, und es verweigert sich explizit empirischen Zugängen.

> Von hier aus aber gewinnt auch die Frage nach der Kultur einen völlig neuen Sinn: Als ‚kollektive Standardisierung' bzw. als Identifikationsangebot, das mir aus meiner Zugehörigkeit zu verschiedenen Kollektiven zur Verfügung steht, ist sie prinzipiell nicht aus einer distanzierten und vermeintlich ‚objektiven' Perspektive eines empirischen Beobachters, sondern allein aus der Perspektive eines verstehenden Nachvollzugs der von den beteiligten Subjekten selbst vorgenommenen Sinnzuschreibungen und Identitätskonstruktionen aus zugänglich. Damit aber sind nicht die empirischen Sozialwissenschaften, sondern die verschiedenen Ansätze eines interpretativen Paradigmas, von der Verstehenden Soziologie eines Max Weber oder Alfred Schütz über die hermeneutische Ethnologie eines Clifford Geertz bis zur Hermeneutik Gadamers und der Theorie des kommunikativen Handelns von Habermas die wissenschaftlichen Traditionen, auf die die kulturtheoretische Debatte auch im Fach Deutsch als Fremdsprache Bezug nehmen kann und muss. (Altmayer 2002:8)

Exkurs: Kultur als Text

Das Modell der kulturellen Deutungsmuster hat Parallelen in textwissenschaftlichen Perspektivierungen von Kultur, die darin eine Konstellation von Texten sehen, die über das geschriebene und gesprochene Wort hinaus auch in Ritualen, Theater, Gebärden, Festen und weiteren Objektivationen verkörpert sind. Solche Ausdrucksformen werden als höchst aufschlussreich angesehen, wenn es darum geht, das Netzwerk historischer, sozialer, geschlechtsspezifischer Beziehungen im Licht ihrer kulturellen Vertextung, Symbolisierung und Kodierung zu rekonstruieren. Ziel ist es dabei, Zugang zu den Selbstverschreibungsdimensionen einer Gesellschaft im Horizont der Metapher als Text zu gewinnen (Bachmann-Medick 2006:10). Zur Interpretation von Texten bedarf es nach Stanley Fish interpretativer Gemeinschaften:

> Indeed, it is interpretive communities, rather than either the text or the reader, that produce meanings and are responsible for the emergence of formal features. Interpretive communities are made up of those who share interpretive strategies not for reading but for writing texts, for constituting their properties. In other words, these strategies exist prior to the act of reading and therefore determine the shape of what is read rather than [...] the other way around. (Fish 1995:14)

Die Wissenskonstruktion, die Interpretation von Texten, benötigt demnach Abstimmungsprozesse in der Gemeinschaft, das heißt die Viabilisierung im Kollektiv. Fish (1995) geht es dabei aber nicht so sehr um das Verstehen von Bedeutung, also um das Lesen von Texten, sondern um das Ziel, Texte selbst produzieren zu können. Das Textverstehen übernimmt die Aufgabe eines Hilfsmittels in Form von interpretativen Strategien („interpretive strategies"). Diese Strategien gelten als generisches, nicht semantisch determiniertes Grundinventar für die kognitive Verarbeitung. Sie dienen zur Wahrnehmung und Analyse von Texten. Das eigentliche Ziel der Kommunikation ist in diesem Ansatz aber die Produktion von Texten, für die ebenfalls bestimmte kognitive Strategien erforderlich sind. Diese Produktionsstrategien ergeben sich nicht aus der inhaltlichen Rezeption des Textes. Sie bestimmen vielmehr den konstruktiven Lese-/Rezeptionsprozess, der damit zum Produktions- (Schreib-)prozess des Rezipienten wird.

Für den Erwerb neuen Wissens, der Kern der Landeskundevermittlung ist, wäre der Deutungsmuster-Ansatz geeignet, wenn er Hinweise enthalten würde, wie sich ein Lerner ohne Kenntnis dieser Muster und ohne den nötigen – möglicherweise recht elaborierten – Sprach- und Konzeptapparat Zugang zu diesen fremden Mustern verschaffen kann. Dass sich diese aus den bildlichen, textlichen und anderen Produktionen „Kulturschaffender" von selbst ergeben, ist wegen des Mangels an nötigem Wissen (gerade bei Sprachlernern) unwahrscheinlich. Die Gefahr ist also groß, dass sich kulturelle Deutungsmuster ähnlich wie die dargestellten Modelle des interkulturellen Trainings in der Umsetzungspraxis an vergleichsweise deterministischen, varianten- armen und veränderungsresistenten Vorstellungen einer nationalgeprägten Kultur orientieren. Vom fremden Lerner wird das Erkennen der objektiven Fremdheit im Sinne der von Lösch so genannten ‚Alienität' erwartet. Die Unterscheidung von ‚Alienität' und ‚Alterität' – als der vom Individuum konstruierten Fremdheit – wird damit aufgegeben (2005:32 f).[16] Mit modernen konstruktivistisch-semiotischen Kultur- konzepten, wie sie etwa auch von Nünning/Nünning (2003) formuliert wurden, sind kulturelle Deutungsmuster folglich kaum in Einklang zu bringen. Wenn man Kulturen als subjektive Repräsentationen und dynamische Konstruktionen betrachtet, dann ist eine Vermittlung von Sprache und Kultur impliziert, die nicht durch die Präsentation denotativer Fakten oder die Rekonstruktion kohärenter, mehr oder weniger fixierter Muster bewerkstelligt werden kann. Denn

> (…) culture is not an object to be described, neither is it a unified corpus of symbols and meanings that can be definitely interpreted. Culture is contested, temporal, and emergent. Representation and explanation – both by insiders and outsiders – is implicated in this emergence. (Clifford 1986:19)

Mit diesen divergierenden, temporären und emergenten Eigenschaften werden die Grenzen zwischen verschiedenen Konstruktionen aber nicht hinfällig sondern sinnfällig. Darstellung und Interpretation aus verschiedenen Perspektiven sind konstitutiv für das Verstehen. Klare Konturen sind daraus nicht zu erwarten. „Kulturen nehmen in diskursiven Aushandlungsprozessen unscharfe Konturen an" (Lösch 2005:33). Die daraus entstehende Komplexität der Vielfalt von Perspektiven, die zudem widersprüch- lich sein können und nicht notwendigerweise ein kohärentes Bild ergeben, kann zu Überforderungen der Lerner führen. Die Fachdidaktiken nehmen sich dieser Gefahr in besonderer Weise an.

5.6 Komplexitätsreduktion in den Fachdidaktiken

Im Gegensatz zu den Phasenmodellen der interkulturellen Sprachdidaktik, die Zugang zur Komplexität des Fremden anstreben (also Fremdheit als Katalysator betonen), ist in den fremdsprachigen Fachdidaktiken eine stärkere Fixierung auf die unterrichtsmetho- dische Praxis anzutreffen, zu der oft auch die Auflösung, Simplifizierung und Reduktion von Fremdheit gehören. Der Versuch, Fremdheit zu steuern, um sie dem Lerner besser zugänglich zu machen, steht damit im Widerspruch zu den Ansätzen, die die Bedeutung des Fremden für das Verstehen betonen. Er illustriert damit gleichzeitig die Divergenz sprachdidaktischer Paradigmen: auf der einen Seite eine Betonung der Fremdheit, mit all den zu erwartenden Risiken einer Überforderung der Lerner. In diesen Lehrverfahren wird wenig thematisiert, ob Fremdheit kontrollier- und reduzierbar ist und ob es die Aufgabe oder das Ziel gerade des Fremdsprachenunterrichts sein sollte, dies anzustreben. Auf der anderen Seite gesteuertes und steuerndes Unterrichten, mit all den Risiken

---

[16] Wierlacher (1985) versteht das Konstrukt Alterität als Deutungsmittel/Interpretament.

mangelnder Authentizitätstauglichkeit reduktionistischer Verstehens-, Kommunikations- und Fremdheitskonzepte. Hu (1997) stellt diese Widersprüche folgendermaßen dar:

> (...) inwieweit durch eine starke Betonung der Fremdheit bei Sprachlern- und -lehrprozessen die Gefahr besteht, im Hinblick auf konkrete, in der Lebenspraxis sich vollziehende Verstehensprozesse im Vorhinein die Kategorie des Fremden zu betonen, obwohl sie von den betroffenen Personen möglicherweise nicht als zentrales Moment ihres Diskurses angesehen wird. (Hu 1997:37)

Fremdverstehen, so wird von der interkulturell ausgerichteten Fachdidaktik gefordert, sollte von daher keine normative didaktische Kategorie darstellen, die jegliche Verstehensprozesse von Lernenden unter dem Gesichtspunkt der Fremdheit betrachtet (Hu 2010).[17]

In der interkulturellen Fremdsprachendidaktik und der Fachdidaktik treffen also unterschiedliche Konzepte vom Sprachenlernen aufeinander, die deutlich voneinander zu trennen sind: Versucht Unterricht, Lerner primär durch authentischen Kontakt mit der Zielsprache und Zielkultur auf Mehrsprachigkeit vorzubereiten, dann ist Fremdheit nicht nur normal, sondern auch gewünscht (vergleiche Hunfeld 2004). Versuche, Fremdheit zu steuern, sind diesem Konzept fremd. Versucht Unterricht aber, Lerner durch Komplexitätsreduktion zu Sprache und Kultur zu führen, dann entstehen Fragen nach der Kontrolle des Lernprozesses und der Verantwortung dafür. Wenn Kontrolle und Verantwortung vor allem bei der Lehrkraft liegen sollen, dann müsste geklärt werden, wie diese vorab entscheiden soll, wo dem Lerner Fremdheit in der konkreten Lebenspraxis, also im Alltag, begegnen wird, wie homogene Fremdheitsniveaus in heterogenen Klassenverbänden ermittel- und vermittelbar sein sollen, wie Lerner ohne oder mit nur limitiertem Kontakt mit dem Fremden jemals das Fremde ergründen können sollen und wovon die Impulse zum Lernen ausgehen können, wenn nicht vom Fremden/Neuen. Geklärt werden müsste auch, wie der Unterricht mit der real existierenden Fremdheitsvielfalt heutiger Unterrichtspopulationen linguistisch, pädagogisch und identifikatorisch umzugehen hat. Das unterrichtsmethodische Steuerungskonzept der interkulturell ausgerichteten Fachdidaktiken impliziert eine beliebige Vermeidbarkeit von Fremdheit durch den Lerner und eine beliebige Auflösbarkeit von Fremdheit durch Lehrkraft und Unterricht. Wenn die unterrichtliche Kommunikation nur bedingt auf authentische Kommunikation außerhalb des Unterrichts vorbereiten soll, ergeben sich zudem Fragen zur Komplexität der zu behandelnden linguakulturellen Strukturen. Dabei wird in den Fachdidaktiken häufig übersehen, dass die Zähmung der Fremdheit auf diese Weise auch leicht zu einer Unterforderung der Lerner und zu einer Ausprägung stereotyper Einstellungen führen kann. Segermann (2006:127) stellt daher fest, dass Lerner beim Übergang von vereinfachten Lehrbuchtexten zu authentischen Lektüretexten einen qualitativen Sprung vollziehen müssen, der ihnen aber wegen der großen Distanz meist nur unvollkommen gelingt. Diese Distanz verträgt folglich keine Vermeidung oder Zähmung der Fremdheit, sondern verlangt einen affirmativen Zugang zu und Umgang mit Fremdheit.

---

[17] Einen Überblick über die Entwicklung der Beschäftigung mit didaktischen und fachdidaktischen Aspekten des Fremdsprachenunterrichts geben Gnutzmann/Königs/Küster (2011).

5.7 Erinnerungskulturen[18]

Einen solchen affirmativen Zugang zu und Umgang mit Fremdheit verfolgt der von der Landeskunde und der Lehrwerkproduktion bisher wenig zur Kenntnis genommene Ansatz der Behandlung von Erinnerungskulturen in der Sprach- und Kulturvermittlung. Grundlage dieses Ansatzes ist das von Halbwachs (1967; französisch 1950/1952) aufgebrachte Konzept des ‚kollektiven Gedächtnisses‘, das über Pierre Nora der Erinnerungs- und Gedächtnisforschung und den verschiedenen so genannten *Turns* in den Geisteswissenschaften (*Postcolonial*, *Performative*, *Iconic* oder *Spatial Turn*, siehe Bachmann-Medick 2006) seit den neunziger Jahren viele produktive Impulse gegeben hat. Hieraus wurden neue Untersuchungsfelder erschlossen, altbekannte Themen aus neuen Perspektiven betrachtet und die transdisziplinäre Zusammenarbeit befördert. Fornoff (2009:499) weist darauf hin, dass sich Jan Assmanns Prognose in dieser Hinsicht eindrucksvoll bestätigt habe. Der Kulturwissenschaftler Assmann beschreibt, wie sich um den Begriff der Erinnerung ein neues Paradigma der Kulturwissenschaften aufbaut, das die verschiedenen kulturellen Phänomene und Felder – Kunst und Literatur, Politik und Gesellschaft, Religion und Recht – in neuen Zusammenhängen erscheinen lässt (Aleida Assmann 1992:11).

Der Soziologe Pierre Nora hat sich stets kritisch mit der französischen Geschichte und der kollektiven Identität der Franzosen auseinandergesetzt. Mit der Idee vom *Lieu de Mémoire*, dem Erinnerungsort, verbindet er die Vorstellung, dass sich das kollektive Gedächtnis einer sozialen Gruppe an bestimmten Orten kristallisiert. Der Begriff ‚Ort‘ ist dabei nicht wörtlich zu verstehen, sondern als Metapher, mit der auf die Symbolkraft rekurriert wird, die für die jeweilige Gruppe eine identitätsstiftende Funktion hat. Ein Erinnerungsort ist demnach eine

> bedeutungstragende Einheit, idealer oder materieller Art, die durch menschlichen Willen oder durch das Werk der Zeiten zu einem symbolischen Element des Gedächtniserbes einer Gemeinschaft geworden ist. (Nora 1992:20, übersetzt durch Robbe 2009:16)

Orte sind Verdichtungen, Materialisierungen von überindividueller Erinnerung. Sie können mit Kristallisationskernen des kollektiven Gedächtnisses verglichen werden.

„Was in der memorialen Topologie einen Platz beansprucht, ist ein Erinnerungsort" (Assmann 1996:22). Noras Vorhaben

> bestand darin, an die Stelle einer allgemeinen, thematischen, chronologischen oder linearen Untersuchung eine in die Tiefe gehende Analyse der ‚Orte‘ – in allen Bedeutungen des Wortes – zu setzen, in denen sich das Gedächtnis der Nation Frankreich in besonderem Maße kondensiert, verkörpert oder kristallisiert hat. (François/Schulze 2005:8)

Beispiele für französische Erinnerungsorte sind:

- ► einfache Gedenkstätten
- ► „Statuen großer Männer"
- ► Kriegerdenkmäler
- ► Gräber (der französischen Könige)
- ► Symbole und Embleme wie die Trikolore oder die Marseillaise
- ► Jeanne d'Arc oder der 14. Juli

---

18 Der folgende Absatz bezieht sich auf den Beitrag von Koreik/Roche (2013) und Koreik (2010).

► Gebäude wie Notre Dame, das Schloss von Versailles und andere
► Konflikte zwischen Hugenotten und Katholiken, Nord-Süd-Differenzen...
► die Sprache.

In der deutschsprachigen Diskussion sorgte vor allem das dreibändige von François und Schulze (2001) herausgegebene Werk *Deutsche Erinnerungsorte* für die nahezu explosionsartige Verbreitung von Wort und Konzept.

Die von Pierre Nora konzipierte Form der Geschichtsschreibung, die er selbst als „Geschichte zweiten Grades" (*histoire au second degré*) bezeichnete, stellt eine bereichernde Ergänzung der traditionellen Geschichtsschreibung dar, die sich vor allem für die Ereignis- und Politikgeschichte interessiert. Die „Geschichte zweiten Grades" beschäftigt sich mit der Entstehung und den Veränderungen der kollektiven Gedächtnisse und fragt nach den identitätsstiftenden Funktionen von Erinnerung. Eine zentrale Rolle in der „Geschichte zweiten Grades" als Forschungsmethode spielt dabei das Konzept der Erinnerungsorte einer langen Dauer (*longue durée*).

Das kommunikative und das kulturelle Gedächtnis ergeben zusammen das kollektive Gedächtnis:

> Das kommunikative Gedächtnis entsteht durch Alltagsinteraktion, hat die Geschichtserfahrungen der Zeitgenossen zum Inhalt und bezieht sich daher immer nur auf einen begrenzten, „mitwandernden" Zeithorizont von circa 80 bis 100 Jahren. Die Inhalte des kommunikativen Gedächtnisses sind veränderliche Konstruktionen und erfahren keine feste Bedeutungszuschreibung. Jeder gilt hier als gleich kompetent, die (gemeinsame) Vergangenheit zu erinnern und zu deuten. (Erll 2005:127)

Das kommunikative Gedächtnis gehört laut Assmann (1988:10) zum Gegenstandsbereich der *Oral History*. Es dient Jan und Aleida Assmann als Oppositionsbegriff und Abgrenzungsfolie zum kulturellen Gedächtnis, welches den eigentlichen Fokus ihrer Forschung darstellt:

	kommunikatives Gedächtnis	kulturelles Gedächtnis
Inhalt	Geschichtserfahrungen im Rahmen individueller Biographien	mythische Urgeschichte, Ereignisse in einer absoluten Vergangenheit
Formen	informell, wenig geformt, naturwüchsig, entstehend durch Interaktion, Alltag	gestiftet, hoher Grad an Geformtheit, zeremonielle Kommunikation, Fest
Medien	lebendige Erinnerung in organischen Gedächtnissen, Erfahrungen und Hörensagen	feste Objektivationen, traditionelle symbolische Kodierung/Inszenierung in Wort, Bild, Tanz
Zeitstruktur	80–100 Jahre, mit der Gegenwart mitwandernder Zeithorizont von 3–4 Generationen	absolute Vergangenheit einer mythischen Urzeit
Träger	unspezifisch, Zeitzeugen einer Erinnerungsgemeinschaft	spezialisierte Traditionsträger

Tabelle 5.1: Gegenüberstellung des kommunikativen und des kulturellen Gedächtnisses nach (Assmann/Assmann 1994:123)

Bei dem kulturellen Gedächtnis handelt es sich demnach um eine an feste Objektivationen gebundene, hochgradig gestiftete und zeremonialisierte, vor allem in der kulturellen Zeitdimension von Festen vergegenwärtige Erinnerung. Das kulturelle Gedächtnis transportiert einen festen Bestand an Inhalten und Sinnstiftungen, zu deren Überlieferung und Interpretation Spezialisten ausgebildet werden (zum Beispiel Priester, Schamanen oder Archivare). Der Gegenstand des kulturellen Gedächtnisses sind oft mythische Ereignisse einer fernen Vergangenheit, die über interpretative Prozesse der Gemeinschaft gebildet werden und somit Gemeinschaft fundierend wirken, wie etwa der Auszug der Israeliten aus Ägypten oder der Kampf um Troja. Zwischen der im Rahmen des kommunikativen und der im Rahmen des kulturellen Gedächtnisses erinnerten Zeit klafft also eine Lücke, ein mitwanderndes *Floating Gap*. Zahlreiche Erinnerungsorte sind zugleich in einem medialen Gedächtnis gespeichert.

Erinnerungsorte eignen sich aus kulturkonstruktivistischer und kulturrekonstruktiver Sicht in vielfacher Hinsicht für den Landeskundeunterricht. Das liegt vor allem an der Relevanz des Themas ‚Geschichte' für interkulturelle Begegnungen:

> Die Kategorien Erinnerung und kollektives Gedächtnis haben […] in den letzten Jahren zu Recht auch im Fach DaF/DaZ einen gewissen Stellenwert bekommen, da Sprachunterricht kein Geschichtsunterricht ist und die Näherung an die Menschen im Zielsprachenland das vorrangige Ziel sein muss – und diese sind geprägt durch ihr Geschichtsbewusstsein. (Koreik 2010:1481)

Zu den Aspekten der Geschichtswissenschaft, die eine besondere Relevanz für die Behandlung von Erinnerungsorten im Rahmen der Kulturvermittlung haben, gehören laut Koreik (1995) die folgenden:

- ► Ereignisgeschichte (Politik-, Diplomatie-, Militärgeschichte)
- ► Wirtschaftsgeschichte
- ► Sozialgeschichte
- ► Alltagsgeschichte
- ► Mentalitätsgeschichte
- ► Begriffsgeschichte
- ► Kulturgeschichte
- ► Geschichte der Erinnerung.

Die Eignung der Erinnerungsorte für die Sprach- und Kulturvermittlung ergibt sich nicht zuletzt daraus, dass sie verschiedene Gedächtnisse repräsentieren, die zu unterschiedlichen Perspektiven einladen (Recherchen zu diesen Perspektiven eingeschlossen), und damit Lernern viel Raum für die Behandlung und Artikulation ihrer Interessen ermöglichen. Die entstehenden Perspektiven sind immer authentisch und bieten damit Anlass zu – auch kontroverser – Diskussion. Sie tragen wesentlich zu einer reichhaltigen kulturellen Kontextualisierung des Unterrichts bei (*rich context*) und sind geeignet, Prozesse des Neudenkens und der Selbstreflexion auszulösen.

Die Behandlung von Erinnerungsorten in interkulturell unterschiedlicher Perspektivik in Sprachunterricht und Lehrmaterial beginnt zaghaft bereits in den 1990er Jahren. Dazu gehören das Tübinger Modell einer integrativen Landeskunde (Mog/Althaus 1992), die umfangreiche programmatische Studie von Koreik (1995) und das aufbereitete Lehrmaterial in *Für- und Widersprüche* (Roche/Webber 1995), alle mit einer ausgeprägten linguakulturellen Ausrichtung.[19]

Einige Entwicklungs- und Publikationsprojekte sind im Begriff, auf andere Länder und Kulturkreise ausgeweitet zu werden. Erste empirische Untersuchungsansätze im Rahmen der Umsetzung des Konzepts der Erinnerungsorte im Fach Deutsch als Fremdsprache finden sich bei Kaluza (2010).

5.8   Interkulturelle Hermeneutik

Als Referenzpunkt vieler interkulturell-hermeneutischer Modelle gilt der hermeneutische Ansatz von Gadamer, der selbst nicht explizit auf sprach- oder kulturkontrastive Aspekte des Verstehens eingeht, aber Hinweise auf Parallelen zwischen diachroner und synchroner Perspektive enthält.

> Das Beispiel des Übersetzers, der die Kluft der Sprachen zu überwinden hat, lässt die Wechselbeziehung besonders deutlich werden, die zwischen dem Interpreten und dem Text spielt und die der Wechselseitigkeit der Verständigung im Gespräch entspricht. Denn jeder Übersetzer ist Interpret. Die Fremdsprachlichkeit bedeutet nur einen gesteigerten Fall von hermeneutischer Schwierigkeit, das heißt von Fremdheit und Überwindung derselben. Fremd sind in dem gleichen, eindeutig bestimmten Sinne in Wahrheit alle ‚Gegenstände', mit denen es die traditionelle Hermeneutik zu tun hat. Die Nachbildungsaufgabe des Übersetzers ist nicht qualitativ, sondern nur graduell von der allgemeinen hermeneutischen Aufgabe verschieden, die jeder Text stellt. (Gadamer 2010:391)

Diese linguakulturelle Aufgabe des Übersetzers illustriert Vermeer (1987) unter Verweis auf die Übersetzung von Dickens' Satire auf das englische Bildungssystem, die im 19. Jahrhundert verfasst wurde. Um diese Satire verstehbar zu machen, bedürfe es einer im Grunde ähnlichen Übersetzung für britische Leser von heute und für solche, die des Englischen gar nicht mächtig seien. Die Unterscheidung der Zielgruppen liegt in der Unterscheidung von diachroner und synchroner Perspektive.

> Dickens' bittere Satire auf das damalige englische Schulwesen ist dem heutigen Engländer (als Angehörigem einer „anderen" Kultur!) oft genug amüsante Lektüre; Dickens' Gefühle kann er wohl kaum nachfühlen. (Vermeer 1987:543)

Das Muster des Übersetzens gilt als Grundlage der interkulturellen Hermeneutik. Sie basiert auf der Annahme, dass das Unbekannte/Fremde im Rahmen eines dialektischen Prozesses in Eigenes/Bekanntes überführt, also aufgelöst, werden könne. Durch die Kontrastierung des Bekannten mit dem Neuen oder Fremden entstünden Austauschprozesse, die letztlich zum besseren oder „richtigen" Verstehen führten. Die Gegenüberstellung öffnete damit den „fremden Blick auf das Eigene" (Lévi-Strauss 1963).

---

[19] Siehe Roche/Webber (1995), vor allem die Kapitel *Gewalt und Widerstand* und zur *Aktualität der Geschichte* und den Abschnitt dazu im folgenden Kapitel. Hierzu auch: Dufour/Roy (2009), Webber/Brown (2001), Warmbold/Koeppel/Simon-Pelanda (1994). Zu den jüngeren Beispielen der Behandlung von Erinnerungskulturen gehören die Bearbeitung kontroverser chinesisch-japanischer Geschichtsdarstellungen am Beispiel Nanjing (von der Lühe 2012) und die Bearbeitung von Themen aus Kanada (Schmenk/Hamann 2007), Bulgarien (Fornoff 2009), Frankreich (Clemens 2009), Korea (vergleiche das Sonderheft von FALK 2009) und Deutschland (von Bernus/Clemens/Fischer/Grosser/Jager/Kaluza/Kramer 2007).

Da „eigene" und „fremde" Perspektiven grundsätzlich unvollständig sind und sich zur Vervollständigung ergänzen müssen, setzen interkulturell-hermeneutische Ansätze die kompensatorische, optimierende und maximierende Wirkung mangelnden Wissens voraus. Interkulturelle Kompetenz ist im Sinne des Ausgleichs unterschiedlicher Wissensbestände daher auch als eine „Inkompetenzkompensationskompetenz" bezeichnet worden (Marquard 1995). Da die Distanz zum Fremden, die Fremdheit, nichts objektiv Gegebenes ist, sondern sich relativ zum Vorwissen des Betrachters/Lerners verhält, basiert die angestrebte Horizontverschmelzung von fremder und etablierter Perspektive auf einer normativen Wirkung des vorhandenen Horizonts, der den Maßstab für die zu erwerbenden neuen Kompetenzen bildet.

Mit dem folgenden Modell (aus Roche 2001:51) lassen sich die in Bezug auf die Verstehbarkeit des Fremden idealisierten Grundprinzipien interkulturell-hermeneutischer Unterrichtsverfahren vereinfacht darstellen. Es geht davon aus, dass Fremdverstehen im Unterricht möglich, erwünscht und zielgerichtet ist.

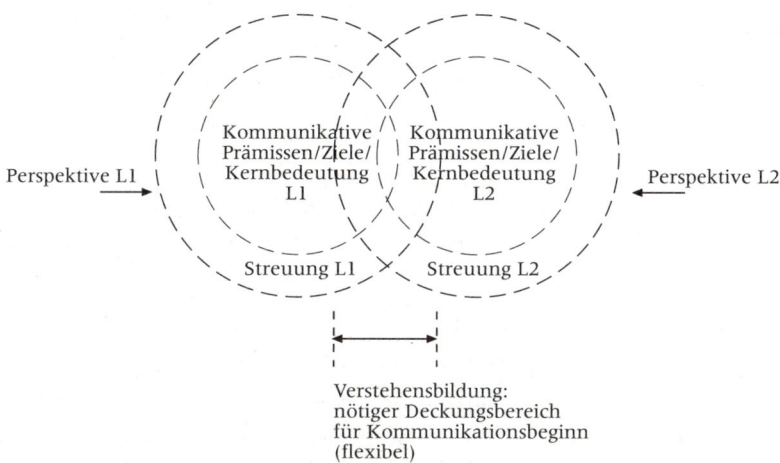

Abbildung 5.5: *Prämissen erfolgreicher interkultureller Kommunikation; L1 = Erstsprache, L2 = Zweitsprache*

Ein minimaler ‚Code' muss demnach im extremsten Falle außer einer Einigung über den Wert besseren Verstehens und einer grundlegenden Kommunikationsbereitschaft keine weiteren Bedingungen umfassen. Das trifft etwa auf Schülerinnen und Schüler zu, die sich auf Fremdsprachenunterricht einlassen, ohne in der Lage zu sein, eine Relevanz für die eigenen Interessen und Ziele darin zu erkennen. Die Bereitschaft, eine Sprache zu lernen oder mit Fremden zu kommunizieren, signalisiert ein (temporäres) Einverständnis mit den Minimalanforderungen interkultureller Kommunikation. Damit dieses idealisierte Modell funktionieren kann, bedarf es nicht nur eines fremdkulturellen Partners, sondern auch eines Mediums, das die Bedeutung vermittelt, erkennbar macht oder die Beteiligten in die Lage versetzt, Bedeutung auszuhandeln. Dieses Medium ist in der Regel eine Sprache oder ein anderes Zeichensystem, das zum einen ein Minimum an vermeintlichen Gemeinsamkeiten (als Ausgangsbasis) aufweist, zum anderen sich aber

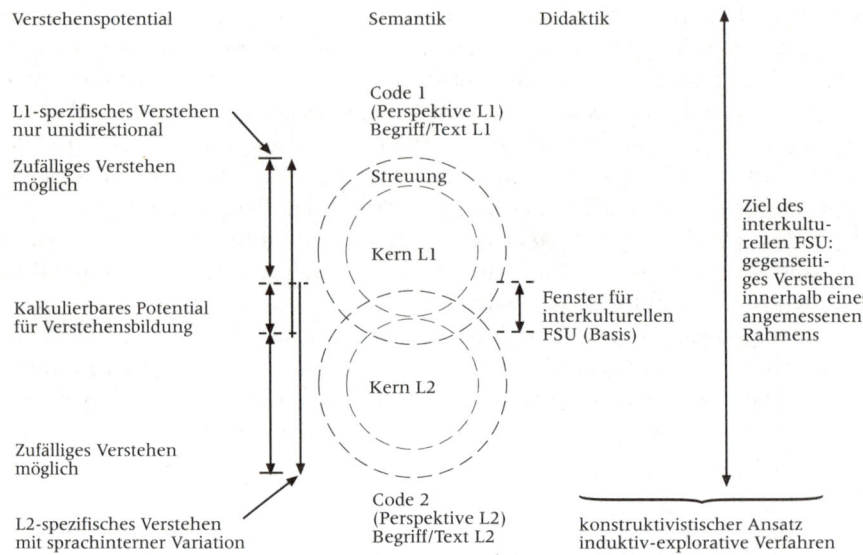

Abbildung 5.6:   Vereinfachtes Modell interkulturellen Verstehens im Sinne interkulturell-hermeneutischer
Ansätze

auch für einen offenen Diskurs eignet. Diese kommunikativen Prämissen sind im
Unterricht – und Alltag – jedoch in Wirklichkeit oft nicht gegeben: Erstens will nicht
jeder, der einer fremden Kultur begegnet, sie auch verstehen (lernen), und nicht jeder
Lerner, der Fremdsprachenunterricht erhält, hat tatsächlich ein Interesse am Erlernen
der fremden, und am besseren Verstehen, seiner eigenen Sprache (siehe die Darstellung
der Vereinfachungsversuche in 5.6). Auch will nicht jede „Kultur" von außen verstanden werden (Zimmermann 1991, Ihekweazu 1987). Im Gegenteil, manche Kulturen verweigern Fremden den Zugang oder verlangen eine Autorisierung des Verstehens durch die „Besitzer" dieser Kultur (zum Beispiel indigene Kulturen in
Nordamerika). Zweitens ist eine möglichst große Korrespondenz zwischen den Zeichen-
systemen anzustreben zwar das idealisierte Ziel der gängigen interkulturell-hermeneu-
tischen Verfahren, aber wie aufwändig das in der Praxis ist, zeigt die Translationstheorie
bei der Herstellung funktionaler Äquivalenzen zwischen Sprachen und bei der Abstimmung von Funktion und Form in Übersetzungen deutlich auf. Gründe für die Schwierigkeiten sind nicht nur die mangelnden inter-kulturellen Korrespondenzen, sondern auch
die große intra-sprachliche Variationsbreite aufgrund von diatopischen, diastratischen,
diaphasischen, medialen und anderen Variablen.[20]

Da sich die kommunikativen Prämissen wegen ihrer Komplexität und Zirkularität
nicht so leicht einlösen lassen, ist verschiedentlich versucht worden, über die Definition
universeller Minimalinventarien von Kommunikationsprinzipien die Grundlagen für
erfolgreiche Kommunikation zu etablieren. Zu diesen gehören etwa die Kommunika-

---

[20] Vergleiche hierzu die Ansätze der interkulturellen Germanistik bei Wierlacher (1987) und
Thum (1993), kritisch dazu etwa die Beiträge von Fan (1999) und Webber (1990), sowie die
kritische Würdigung der Entwicklungen in der interkulturellen Hermeneutik in dem Beitrag
von Fäcke (2006).

tionsmaximen von Grice (1975) oder das Kommunikationsmodell von Ruben (1987). Bei genauerer Betrachtung zeigt sich jedoch, dass diese Modelle nicht weniger von kulturellen Prämissen beeinflusst sind als andere. Für einen Lerner zumindest ergibt sich daraus, das Problem, dass er bereits über ein vorentwickeltes Niveau an Fremdverstehenskompetenz oder kommunikativem Konsens verfügen muss, um Zugang zur fremden Sprache und Kultur bekommen zu können. Die Minimalinventarien kommunikativer Prämissen sind zudem mit einem methodischen Problem behaftet, das auch die Ansätze des interkulturellen Trainings belastet: dem Problem der interkulturellen Äquivalenz der Definitionskriterien. Die Semantik der Dimensionen, Standards und Orientierungen im interkulturellen Training ist keinesfalls universell einheitlich. Eine semantische Äquivalenz lässt sich auch beim methodischen Inventar nicht durch eine einfache Übertragung der Begriffe in andere Sprachen herstellen, sondern erfordert die Ermittlung der kulturellen Bedeutung (des kulturellen Wertes) der Kriterien. Die ethnozentrische Besetzung der Kriterien spiegelt also nur eine nach einheitlichen Kategorien klassifizier- und steuerbare Kommunikation vor (vergleiche hierzu auch die Kritik von van Es 2004).

Beeman/Hayami/Rabson (1993:159) veranschaulichen die Problematik der semantischen Übertragbarkeit mit Blick auf die Vermittlung landeskundlicher Inhalte folgendermaßen:

> The prime objective of anthropology is to come to an understanding of society from the viewpoint of a native. This is difficult when everything is in translation. Many social and cultural concepts in Japanese have no English equivalents. It is usually necessary, therefore, to use the Japanese terms in explaining these concepts to an English-speaking audience. Confronting this vocabulary in a Japanese setting gives a whole new impact to students' understanding of the ideas behind the words. Additionally, Japanese writing styles convey a flavor in the material which itself is extremely significant for understanding Japanese culture. This cannot be adequately conveyed in English.

Bei der Ermittlung der kulturellen Bedeutung ergeben sich zwangsläufig unterschiedliche Gewichtungen der durch die Begriffe abgebildeten Werte und Einstellungen, zum Beispiel bei der Konstruktion von Wahrhaftigkeit, die unter den Grice'schen Kommunikationsmaximen eine zentrale Rolle einnimmt.[21] Wenn aber selbst einfachste Standards in interkultureller Kommunikation nicht als gesichert gelten können, scheint das gegenseitige Verstehen stark vom Zufall abhängig. Die explizite Kontrastierung von Eigenem und Fremdem bietet dabei nur eine begrenzte Lösungsmöglichkeit.

5.8.1 Innen- und Außenperspektive

Viele Lehrpläne fordern für die Vermittelbarkeit fremder Kulturen nicht nur die Gegenüberstellung unterschiedlicher Perspektiven, sondern auch deren wechselseitige Einnahme durch die Lerner. Die Einnahme der Fremdperspektive (der Innenperspektive des Fremden) liefert dazu die entscheidenden Impulse:

---

[21] Im Gegensatz zu der Grice'schen Maxime der Wahrhaftigkeit gilt es in manchen Gesellschaften zum Beispiel als höflich und gesichtswahrend, einem Ortsfremden ausführliche Orts-, Richtungs-, Entfernungs- oder Zeitangaben zu geben, obwohl dem Sprecher das sachlich zutreffende Wissen fehlt und er dies auch weiß.

> Die Grundstruktur des Verstehens besagt, dass wir uns in Andere versetzen und eine Innenperspektive einnehmen, so dass wir die Welt mit ihren Augen zu sehen versuchen. (Bredella 2010:24)

Die Übernahme der Innenperspektive soll Missverständnisse in der Kommunikation abbauen oder verhindern (siehe Bredella 2010:101). Zum Verstehen des Fremden reiche das Einnehmen seiner Innenperspektive aber nicht aus. Es müsse immer mit dem Einnehmen einer Eigenperspektive (der Außenperspektive des Betrachters/Lerners) einhergehen, mit der wir „die Welt mit unseren eigenen Augen sehen, um auf das, was sie uns zu sagen haben, antworten zu können" (Bredella 2010:24).

So entstehe ein dialogischer Prozess, der Rückwirkungen auf das Selbstverständnis eines jeden Einzelnen habe und eine Veränderung des eigenen Vorverständnisses mit sich bringe. Die besondere Bedeutung des Einnehmens der Innenperspektive in diesem Prozess sei dadurch begründet, dass sie verhindere, dass der Andere im Verstehensprozess unter bestehende Wertvorstellungen subsumiert werde. Aufgabe des Unterrichts sei es, diesen Perspektivenwechsel anzuregen.[22] Der eingängige und auch in der Alltagssprache etablierte Begriff ‚Perspektivenwechsel' neigt jedoch zur Verdeckung der Tatsache, dass der beabsichtigte Wechsel mit dem gleichbleibenden Wahrnehmungsapparat erfolgt, in dieser binären, idealisierten Form also kognitionsbedingt kaum möglich ist. Zumal dann nicht, wenn der Lerner/Leser – wie auch bei den Deutungsmustern dargestellt – nicht bereits über das Vorwissen verfügt.[23] Dass der Lerner durch Kontrastierung verschiedene Perspektiven kennenlernen kann, ist unbestritten, aber ob er sich durch die reine Gegenüberstellung, also ohne den Einfluss seines Vorwissens, willkürlich in die Innenperspektive einer anderen Gesellschaft versetzen kann, ist fraglich (vergleiche Krusche 2002:389). Es ist empirisch bisher nicht belegt, dass die theoretischen Konzepte in der Lehr- und Lernpraxis funktionieren. Es gibt wenige Studien aus dem Schul- und Studiumsbereich, die interkulturelle Lernziele einer empirischen Überprüfung unterziehen. Hierzu gehören die Arbeiten zur Einstellungsveränderung durch Austauschprogramme. Deren Ergebnisse aber lassen Zweifel daran aufkommen, ob die rein kontrastbasierten, ohne Vermittlungs- und Reflexionsbegleitung auskommenden Austauschprogramme das erreichen, was sie vorgeben. Insgesamt dokumentieren die Studien sogar eher gegenläufige Bewegungen: Ein Mehr an Kontakt und Beschäftigung mit der fremden Kultur führt oft zu einer Verstärkung bestehender Vorurteile und Stereotypen über die fremde Kultur, also einem erschwerten Zugang zur Innenperspektive und einer weiteren Verzerrung der Außenperspektive. Verzerrte Wahrnehmungen der eigenen Kultur sind ein ebenso häufig beobachtetes Ergebnis. Die Verstärkungen bestehender Vorurteile lösen sich unter Umständen erst in späteren Phasen auf, wie eine Forschungsübersicht und die empirischen Ergebnisse der deutsch-

---

[22] Hierin sieht Bredella die Grundlage für den Einsatz von Literatur im Fremdsprachenunterricht, den er vorwiegend an historischen literarischen Texten illustriert.

[23] Bolscho (2005) verweist in diesem Zusammenhang auf die Begrenztheit der Definition von Eigenem und Fremden und führt die intrakulturelle Variationsvielfalt und Binnendifferenz als Gegenevidenz zu binären Fremdheitsmodellen an, wie sie in Arbeiten des Gießener Graduiertenkollegs Didaktik des Fremdverstehens angewendet würden (Bredella/Christ/Legutke 2000, Bredella/Christ 1995, Datta 2005, vergleiche auch Brumlik 2006 und Fäcke 2006). Auch würden gesellschaftspolitische Bedingungen der Fremdkulturen nicht thematisiert oder reflektiert (Fäcke 2006:13).

japanischen Studie von Sato-Prinz (2011) belegen. Durchgängig verweisen die Studien auf die Notwendigkeit guter Rahmenbedingungen und begleitender Vermittlungsprozesse für das Gelingen von Perspektivenwechseln und den Abbau verzerrter Wahrnehmungen (Webber 1996).

Brière (1986:205) spricht hier von einem explizit interkulturellen Ansatz im Kulturkontakt:

> The study of a foreign language does not, in itself, automatically offer a way out of ethnocentrism. It is a mistake to believe that contact with a foreign world automatically brings cultural understanding. On the contrary. As Laurence Wylie pointed out about a survey of some junior year abroad programs, "students who were somewhat suspicious of what they were about to experience in France returned francophobes. Those who had been curious and eager about their experience became ardent francophiles. Contact simply deepens the feeling you already have." [...] An explicit intercultural approach is all the more essential [...]

Unter guten Betreuungs- und Vermittlungsbedingungen, wie ihn der interkulturelle Ansatz fordert, stellt Medina (2008) positive Veränderungen in den Einstellungen von Austauschschülerinnen und -schülern bei Aufenthalten in Mexiko gegenüber ihrem Heimat- und dem Gastland sowie ein verändertes Verständnis ihrer eigenen kulturellen Identität fest. Auch Seebauer (2009) verzeichnet ähnliche Verhaltenstendenzen, kann aber keine signifikanten Änderungen vermerken. Coleman (1996) gehört dagegen zu den Skeptikern von Austauschprogrammen. Die Studie zeigt, dass viele Untersuchungen zu vermeintlich positiven Aspekten des Austauschs auf anekdotischer Evidenz basieren (Coleman 1996:110). Laut Colemans Vergleichsstudie unterschiedlicher Jahrgänge kann davon ausgegangen werden, dass sogar circa 15 % der Studierenden, die im Ausland studieren, mit schlechteren Einstellungen zur fremden Kultur zurückkehren, als sie sie vor der Ausreise hatten.

Einstellungsveränderungen in Austauschprogrammen (Studie von Sato-Prinz (2011)

Die heterogenen Ergebnisse aus den wenigen Studien zur Qualität von Austauschprogrammen erklärt Sato-Prinz (2011) unter anderem in Abhängigkeit von Messverfahren und Aufenthaltsdauer.[24]

Während sich in der globalen Vergleichsmessung von einer Gruppe japanischer Gaststudenten mit 3-monatigem bis 1-jährigem Aufenthalt in Deutschland in der Studie von Sato-Prinz nur in einzelnen Aspekten signifikante Unterschiede zu einer Vergleichsgruppe mit marginalem oder keinem Aufenthalt in Deutschland zeigen, ergibt eine Feinanalyse nach Aufenthaltsdauer eine interessante Entwicklung: Mit zunehmender Aufenthaltsdauer entwickeln die Austauschstudenten zunächst eine „negativere" Einstellung gegenüber dem Zielland. Erst bei einer längeren Aufenthaltsdauer verkehrt sich die Entwicklung wieder in Richtung der Ausgangsniveaus. Bei der Untersuchung handelt es sich nicht um eine Langzeituntersuchung, sondern um eine Vergleichsgruppenuntersuchung.

---

[24] Vergleiche Bausinger (1989) zu einer kritischen Bestandsaufnahme der Hypothese „Reisen bildet" und Walker (1993) zu einer Diskussion von Problemen des Auslandsstudiums. Storti (1990:xiiif.) zitiert Statistiken, die zuerst in der International Herald Tribune (15. August 1984) erschienen sind und die großen Anpassungsschwierigkeiten an fremde Kulturen illustrieren: „More than one-third of all Americans who take up residence in foreign countries return prematurely because they are unable to adapt to day-to-day life."

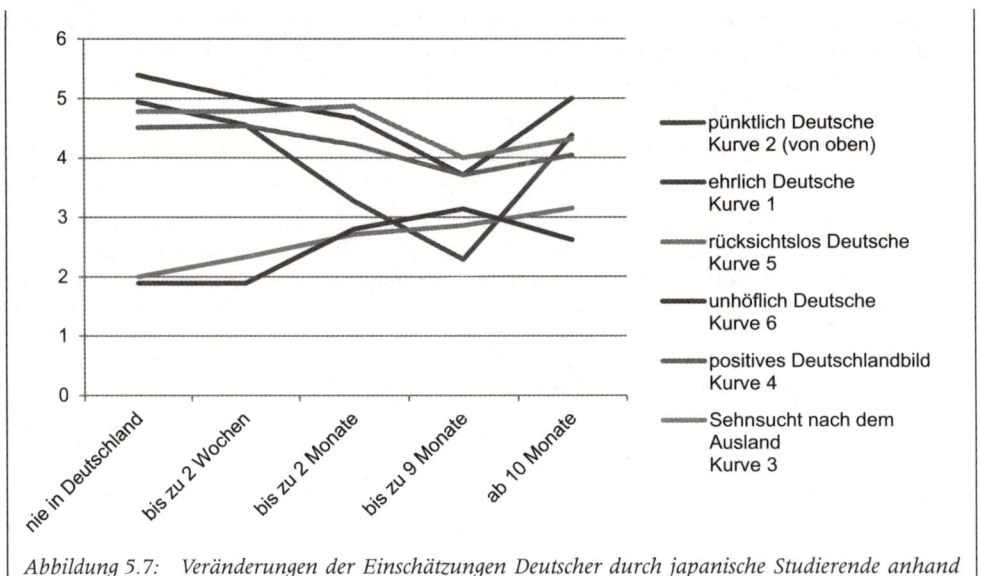

Abbildung 5.7:   Veränderungen der Einschätzungen Deutscher durch japanische Studierende anhand verschiedener Attribute (pünktlich, ehrlich ...) auf einer 6-stufigen Skala und in Bezug auf die Aufenthaltsdauer (Sato-Prinz 2011:197)

Diese Entwicklung deutet jedoch nicht auf eine globale Verschlechterung der Einschätzungen mit zunehmender Kontakterfahrung hin, denn ehemalige Austauschstudierende weisen auf einen vermehrten Wunsch nach zukünftigem beruflichen Bezug zu Deutschland hin. Es zeigt sich an der Art und Weise der Beschreibungen, dass die Austauschstudenten insgesamt ein differenzierteres Bild des Fremden entwickeln. Das nur auf vermittelten und nicht auf eigenen Erfahrungen beruhende und durch stereotype Annahmen geprägte Ausgangsniveau erweist sich als oft zu positiv besetzt. Sato-Prinz (2011) folgert in Anlehnung an Grünewald (2004), dass die Veränderungen mit zunehmendem Kontakt eine realistischere Einschätzung der fremden Kultur und – bedingt auch der eigenen – bewirken (siehe auch Budke 2003). In den Beschreibungen der Studenten offenbart sich allerdings keine allzu große Differenzierung des Eigenbildes durch den Kontrast zur fremden Kultur. Die Definitions- und Wahrnehmungskriterien werden demnach vor allem in Bezug auf das Bild der fremden Kultur verfeinert. Mit Markus/Kitayama (1991) kann also gefolgert werden, dass kulturspezifische und individuelle Faktoren zusammenwirken und konstitutiv – und zu einem gewissen Grade gegen äußere Einflüsse resistent – bei der Konstruktion des Selbst mitwirken:

> It is important to note, however, that our initial observations lead us to believe that there is also substantial within-culture variation in the construal of the self. Thus, within each culture, there is likely to be a distribution of people ranging from those who are most concerned with independence to those who are most concerned with interdependence. Moreover, within each culture, there is also likely to be significant divergence in how the self is construed on the basis of gender, ethnicity, religion, region of the country, and according to historical and generational cohort. (Markus/Kitayama 1991:20)

Die Vorstellung, einfacher Kontakt von Kulturen führe automatisch zu interkulturellem Verstehen, bedarf daher kritischer Betrachtung:

> contrary to popular belief, inter-group contact does not necessarily reduce inter-group tension, prejudice, hostility and discriminatory behaviour. Yet one often hears politicians, church leaders and other public figures saying that if only people of diverse cultural backgrounds could be brought into contact with each other, they would surely develop a mutual appreciation of their points of view and grow to understand, respect and like one another. (Bochner 1982:16)

Ein belastbarer Fortschritt lässt sich durch die postulierte Kontrastierung von vermeintlich Eigenem und Fremdem nicht verzeichnen, solange nicht die Bedingungen des kognitiven Apparates berücksichtigt werden.

5.8.2 Konstruktion und Relationalität des Fremden

Die für die Einnahme einer anderen Perspektive nötige Veränderung der Einstellung gegenüber dem Fremden verlangt Bochner (1982) zufolge eine Umstrukturierung der kognitiven Kategorien der Individuen, wodurch sie tatsächlich „andere Menschen" würden. Essentiell ist dabei laut Brière, dass interkulturelles Verstehen als die Fähigkeit verstanden wird, das Fremde tatsächlich als kulturelles Subjekt und nicht als kulturelles Objekt zu betrachten (Brière 1986:204). Wendt (1996) spricht hier von „mentalen Interpretaten". Mit dieser Definition zeigt sich, dass Innen- und Außenperspektiven nicht fixierte („wahre") Perspektiven sind, sondern auf Konstruktions- und Produktionsprozessen basieren, die vom gleichen kognitiven System des Lerners bewältigt werden.

> Interkulturelles Lernen beruht [...] auf der Einsicht, dass die eigene Wirklichkeit und die des anderen Konstruktionen sind und keiner die ‚wahre' Wirklichkeit besitzt. (Wendt 2000:28)

Hieraus ergibt sich ein Modell der interpretativen Gemeinschaften, das selbständiges Handeln für Interpretation und Kompetenzmanagement erfordert (siehe auch die Position von Fish in Kapitel 5.5.2). Es braucht die notwendige Strategienkompetenz (das „savoir comprendre" Byram 1997) beziehungsweise eine „kritische Kompetenz" (Roche/Roussy-Parent 2006, Roche/Webber 1995), die zum Beispiel die Auswahl, Bewertung und Kontextualisierung des Wahrgenommenen regelt (vergleiche Lösch 2003).

Krusche stellt in diesem Konstruktions- und Managementprozess die eigentlich relationale Qualität der diffusen Kategorie ‚Fremdheit' in den Fokus, die auf „Differenzen, Distanzen, Verschiedenheiten, Unterschiede" (Krusche 1985:13) gerichtet sei. Nicht das Fremde an sich stehe im Mittelpunkt, sondern der Bezug zum Eigenen (Alterität). Zwangsläufig entstehen aus diesem relationalen Konzept Be- und Verfremdungen, die es gelte, im Sprach- und Literaturunterricht konstruktiv zu nutzen. Wie dieses relationale Konzept mittels verschiedenster Textgattungen, von der konkreten Poesie bis zu Romanen, umgesetzt werden kann, illustriert Krusche an einer umfangreichen Sammlung von Materialien für den Unterricht (Esselborn 2010, Krusche/Krechel 1984).

Zur Rolle literarischer Texte und dem Verfahren von innerer und äußerer Kontextualisierung

Mit literarischen Texten als Verdichtungen komplexer kultureller Systeme und mit unterdeterminierten lyrischen Texten als Impulsen für kreative Denk- und Versprachlichungsprozesse wird versucht, „eigene" und „fremde" Kulturen zu rekonstruieren oder zu ergründen. Konkrete Poesie eignet sich unter anderem deshalb so gut, weil inhaltsschwere und aussagekräftige Texte auch von Lernern produziert werden können, die noch nicht über ein reichhaltiges Inventar sprachlicher Strukturen verfügen. Ähnlich ist auch in Literacy-Programmen – oft bereits im vorschulischen Alter – der Übergang vom Zuhören und Lesen zum eigenen Erzählen konstitutiv angelegt.

Nach dem Verfahren von Ehlers ist zwischen „innerer und äußerer Kontextualisierung" zu unterscheiden, bei dem eine einem Text zugrunde liegende Situation zunächst in eine konzeptuelle Repräsentation (innere Kontextualisierung) umgewandelt und dann in Beziehung zu ihren nichtsprachlichen Kontexten (äußere Kontextualisierung) gesetzt wird (Ehlers 1989:179–180). Aus diesem an die Prinzipien der Rezeptionsästhetik angelehnten Verfahren ergibt sich eine Vermittlung zwischen zielkulturellem Konstrukt und der Interpretation des Lerners. Die wechselseitigen Vermittlungsprozesse, die im Wesentlichen auf der Interpretation des Betrachters/Lerners basieren, führen nur bedingt zu einer Rekonstruktion der Situation im Sinne zielkultureller Normen, sondern tragen zu der Ermittlung der ‚kulturellen Bedeutung' eines Konzeptes bei. Um Beliebigkeit zu verhindern, bedarf es dazu unter Umständen der Hilfe von außen, da eine konzeptuelle Repräsentation von kulturspezifischen Modellen abhängig ist.

Ein vergleichendes Verfahren zur Erarbeitung literarischer Texte mittels Hypo- und Hypertexten schlagen Nolden/Kramsch (1996) vor. Die kulturspezifisch geprägten und idiosynkratisch realisierten Perspektiven auf eine Geschichte lassen sich auf der Basis von grundlegenden, unter Umständen aus den Vorsprachen bekannten Konzepten und Texten (Hypotext) in selbst produzierten Hypertexten der Lerner wiedergeben (vergleiche Genette 1982). Hypo- und Hypertexte können im Anschluss – wie bei den digitalen Ethnographien – verglichen werden und als Grundlage für interkulturelle Reflexionen dienen. Lernerproduktionen zu Grimm- oder Anderson-Märchen, die in das Stamminventar vieler internationaler Erzählkulturen eingegangen sind, sind hierfür gute Illustrationen.

In den Fassungen der Studentinnen des Fortgeschrittenen-Deutschkurses einer kanadischen Universität auf der begleitenden Webseite zeigt sich, dass die von ihnen produzierten Varianten Ableitungen einer konventionalisierten englischsprachigen Übertragung (*Little Red Riding Hood*) der Grimm'schen Vorlage (*Rotkäppchen*) sind. Den Studentinnen waren ebenfalls Versionen der Grimm'schen Vorlage bekannt. Diese Ableitungsvariation kann folgendermaßen dargestellt werden (vergleiche dazu auch die Fassungen von Rotkäppchen in der Verwaltungs-, Chemiker- oder Linguistensprache bei Ritz 2000):

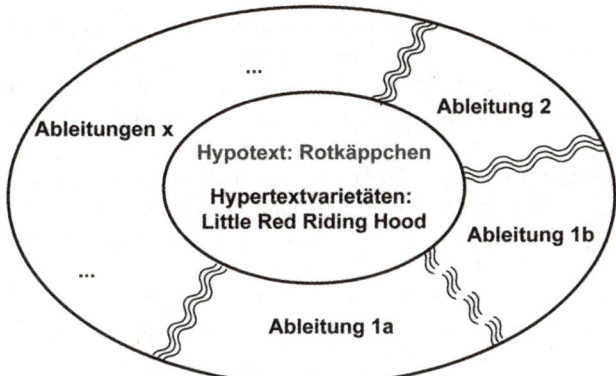

Abbildung 5.8: *Hypertextvarietäten (Ableitungen) mit unterschiedlichen Schnittmengen der Varietäten untereinander und mit dem zugrunde liegenden Hypotext am Beispiel von Rotkäppchen-Variationen im Englischen*

Nicht berücksichtigt in der Darstellung sind jedoch Mischformen aus den beiden Hypertextsequenzen, die je nach Disposition der Produzentin oder des Produzenten beliebig konstruiert werden können. Das Verfahren entspricht dem, was Wendt (1996) als Ansatz der semantischen Intertextualität bezeichnet.

Das Modell von Nolden/Kramsch lehnt sich damit an textwissenschaftliche Perspektiven an, in denen Kultur als eine semiotische Konstellation von (Hyper-)Texten betrachtet wird, über die ein Ausgleich verschiedener Wissensbestände – über kulturelle Grenzen hinweg – bewirkt werden kann.

Zur Rolle elektronischer Medien im interkulturellen Lernen

Für die Behandlung unterschiedlicher Textgattungen und ihrer medialen Realisierungen sowie als Instrument für die Bearbeitung von Texten und die Darstellung unterschiedlicher Perspektiven (Konstruktionen) bieten sich zunehmend elektronische Medien an. Die besondere Eignung elektronischer Medien und die Bedingungen ihres Einsatzes weisen einige Studien zum Medieneinsatz beim interkulturellen Lernen und Kommunizieren aus:

► Die Studien von Beers (2001), Goldman-Segall (1998) und Fischhaber (2002) zur digitalen Ethnographie erläutern die Grundlagen konstruktionistischen interkulturellen Lernens und illustrieren sie anhand verschiedener Lernprojekte, zum Beispiel am kulturkontrastiven Thema Wasserwelten (Beers 2001).

► Mit der Bewusstmachung medialer Einflüsse auf Wahrnehmung, Wahrheitsabbildung und Kommunikation beschäftigen sich unter anderem Kramsch/Andersen (1999). Anhand einer medial vermittelten Gerichtsverhandlung in Südamerika zeigen sie die durch kulturelle Prädispositionen geprägten Zensur- und Vorverurteilungsmechanismen auf und geben Hinweise auf das Reflexionspotenzial der medialen Präsentation in der Sprach- und Kulturvermittlung.

► Schlickau (2009) liefert instruktive Einblicke in die – oft subtile – interkulturelle Gestaltung und Wirkung elektronisch vermittelter Werbung und in die Prozesse ihrer Rezeption.

> ► Die kulturspezifischen Präferenzen beim online-vermittelten Lernen erforschen unter
>   anderem Reeder/Macfadyen/Roche/Chase (2004), Roche/Macfadyen (2004) und Chase/
>   Macfadyen/Reeder/Roche (2002). Dabei gelingt es ihnen unter anderem, Kulturspezifika
>   der öffentlichen versus privaten Kommunikation beim Lernen im Cyberspace heraus-
>   zuarbeiten.
> ► Die Arbeit von Todorova (2009) relativiert optimistische Annahmen zur Kulturspezifik des
>   online-gestützten Lernverhaltens und zeigt, dass die beobachteten Leistungsunterschiede
>   stärker von individuellen motivationalen Variablen als von kulturspezifischen Lerndis-
>   positionen beeinflusst sind.
> ► Verschiedene – bereits dargestellte – Internetportale bemühen sich um den interkul-
>   turellen Austausch mittels elektronischer Kommunikationsmittel (E-Tandems, *Cultura*)
>   und nutzen die Portale gleichzeitig für Forschungszwecke.
> ► Elektronische Hypertexte haben sich als besonders geeignet zur Darstellung der Dyna-
>   miken von Textrezeption und Textproduktion erwiesen (siehe Kapitel 3.7.2).

5.8.3 Das 5-Phasenmodell der interkulturellen Sprachdidaktik

Den Weg zur Horizontverschmelzung als Kernelement der Interkulturellen Hermeneutik betrachten die interkulturelle Sprachdidaktik und verwandte Ansätze als graduell
bewältigbaren Prozess der Annäherung. An Modellen der schrittweisen Annäherung an
das Fremde orientieren sich unter anderem die Lehrwerke *Sichtwechsel* (Hog/Müller/
Wessling 1984), *Typisch Deutsch?* (Behal-Thomsen/Lundquist-Mog/Mog 1993) und *Für-
und Widersprüche* (Roche/Webber 1995), die bemerkenswerterweise alle aus der gleichen
Epoche stammen, aber keine Nachfolger gefunden haben (siehe Exkurs unten).[25] Wie
man sich den Annäherungsprozess vorstellen kann, illustriert das 5-Phasenmodell der
interkulturellen Sprachdidaktik. Es bietet eine Orientierung für eine Vorgehensweise,
die zu multiperspektivischem Lernen führen soll und mit mehr oder weniger unterrichtlicher Steuerung eingesetzt werden kann. Sein Ablaufschema liegt dem Lehrwerk
Für- und Widersprüche (Roche/Webber 1995) zugrunde. Das Modell impliziert, dass die
präsentierten Themen auf das Interesse der Lerner stoßen und somit authentische (für
die Lerner relevante) Prozesse der intellektuellen Auseinandersetzung mit interkulturellen Thematiken auslösen, die die Ausgangskultur und -sprache der Lerner mit-
berücksichtigen. Über verschiedene didaktische Schritte lässt sich der Fremdheit
erschließende Zugang (neben anderen) operationalisieren. Dabei ist eine unterrichtsmethodische Reduzierung oder Auflösung der Fremdheit weder Bedingung noch Ziel
des Verfahrens.

Trotz verschiedener Ähnlichkeiten zu Bennets Modell (siehe Kapitel 5.3) von inter-
kultureller Kommunikation (1993) handelt es sich beim 5-Phasenmodell nicht um eine
Ableitung davon. Der Zugang zum Fremdverstehen erfolgt nicht global, sondern in
Teilbereichen, wie es für didaktische Verfahren üblich ist. Die Stufen des 5-Phasen-
Modells der interkulturellen Sprachdidaktik gestalten sich folgendermaßen:

---

[25] Ihre Fortsetzung finden die Ansätze der interkulturellen Sprachdidaktik in der stärkeren
Fokussierung auf Aspekte der Transkulturation (Ehrhardt 2009, Reimann 2008, Rieger 2008,
Engelbert 2008, Birk 2008, Brunnhuber 2008, Janich 2002, Agar 1994).

1. Die Aktivierungsphase (Vorentlastung) ermöglicht es den Lernern, ihre ersten Reaktionen auf das Thema einer Lerneinheit zu formulieren und zu ordnen sowie die Relevanz für sich herzustellen. Die wichtigsten sprachlichen und konzeptuellen Fragen, die bei der Durchführung der Aufgaben eine Rolle spielen könnten, werden bearbeitet, und Hilfen werden zur Verfügung gestellt. Vorwissen wird aktiviert, meist durch Assoziationen. Die Lerner können aktiv an der Findung und Formulierung des Themas beteiligt sein.

2. Die thematische Differenzierungsphase (in Form eines ersten Haupttextes, einer ersten Aktivität oder einer Sammlung von kürzeren Texten) gibt eine bestimmte Perspektive zum Thema wieder, die die Ansichten, Meinungen und Einstellungen der Lerner herausfordert oder bestätigt und damit zu weiterer Exploration führt. Das Thema und ein angemessener Behandlungsmodus werden somit gleichzeitig etabliert. Wichtige sprachliche Mittel zur Lösung der anstehenden Aufgaben werden zur Verfügung gestellt. Assoziatives Denken und Vergleichen werden gefordert und gefördert, um so Reflexionen auszulösen und zu ersten Schlussfolgerungen zu führen.

3. Die strukturelle Differenzierungsphase (Kontextualisierung/Spezialisierung) stellt verschiedene Hilfsmittel zur Bearbeitung der Aufgaben des Themas zur Verfügung: Informationsquellen (inklusive Internetrecherchen), Methoden, Techniken und Strategien für den vertieften Umgang mit dem Thema wie zum Beispiel Grammatik, Wortschatz und Lernstrategien. Auch diese Hilfsmittel werden interkulturell vermittelt und erarbeitet, und zwar, soweit möglich, mit thematischem Bezug auf die entsprechende Lerneinheit. Teile dieses Abschnittes können auch als „Auszeiten" für grammatische oder strategische Vertiefungen arrangiert werden. Stärker strukturierte Formen des Denkens, wie das konzeptuelle (bedeutungsbezogene) und taxonomische (ordnende) Denken, treten dabei in den Vordergrund.

4. Die Expansionsphase vervollständigt die thematische Differenzierung in Bezug auf Information, Spezifik und/oder Perspektive. Hier werden neue Perspektiven eingebracht und versammelt, um damit die (inhaltliche) Diskussion zu erweitern und um die bestehenden Perspektiven der Lerner weiter entwickeln zu helfen. Zusätzliche Vergleiche und Reflexionen werden initiiert. Deduktives Denken tritt hierbei in den Vordergrund. Das sprachliche Repertoire wird durch zusätzliche Begriffe und Strukturen verfeinert und entsprechend geübt.

5. In der Integrationsphase (Gegenüberstellung) wird das zuvor erreichte Diskussions- und Wissensniveau weiteren, auch deutlich kontroversen Perspektiven gegenübergestellt, und zwar nach Möglichkeit mit gleichzeitigem Blick auf die sprachliche Variation in unterschiedlichen Textsorten. Die sprachliche Formulierung der verschiedenen Perspektiven sollte mit Ausnahme der rezeptiven Fertigkeiten möglichst nicht über das sprachliche Niveau der Lerner hinausgehen. Die Lerner sollten die Materialien selbständig nutzen und ihre eigenen Ansichten mit dem entsprechenden Selbstvertrauen und der nötigen sprachlichen Sicherheit vertreten können. Deduktives Denken tritt in den Vordergrund.

Die fünf Phasen werden durch zahlreiche Referenzmaterialien, also die Nutzung von Wörterbüchern, Grammatiken, Adressen, Internetquellen, weiteren Lesetexten und Ähnlichem ergänzt, die für das selbständige Lernen nötig sind. Der Umfang der Phasen ist variabel. Er kann entsprechend den Bedürfnissen der Lerner und der Lernziele angepasst werden. Alle Phasen basieren auf Bedeutung tragenden Beziehungen. Assoziative Denkformen werden zunehmend durch deduktive ersetzt, je weiter die Lerner in den Phasen fortschreiten.[26]

Exkurs: Interkulturelle Lehrwerke

Zu den wenigen in diesem Sinne interkulturell ausgerichteten Lehrwerken für den Unterricht in Deutsch als Fremdsprache, bei denen linguakulturelle Aspekte und die systematische Perspektivendifferenzierung im Mittelpunkt stehen, gehören die folgenden:

Sichtwechsel

Sichtwechsel (1984) folgte als eines der ersten Lehrwerke einem interkulturell-kognitiven Ansatz, der sich mit der intellektuellen Reflexion der Bedeutungskonstitution, Problemen der Wahrnehmung und der Versprachlichung von Intentionen beschäftigt. Das Lehrwerk greift Themen auf, die generische Relevanz für verschiedene Kulturen haben. Diese müssen über eine Lehrkraft aktualisiert und vermittelt werden, da das Lehrwerk selbst nicht die spezifischen Interessen, Fragen oder Verstehensbedingungen der Ausgangskulturen der Lerner berücksichtigt und sich nicht an eine spezifische Zielgruppe wendet.

Das Lehrerhandbuch fasst die Ziele des interkulturellen Ansatzes dieses Buches folgendermaßen zusammen:

> Der Prozeß der Auseinandersetzung um die Entstehung und sprachliche Ausprägung verschiedener Aspekte der fremden (in diesem Fall der bundesrepublikanischen) Alltagskultur soll einen ähnlichen Prozeß der Bewußtwerdung hinsichtlich der bisher zumeist unbewußt gelernten ‚Ordnung der Dinge' in der Heimat-Kultur und Muttersprache einleiten. [...] Das Andere und das Eigene mit anderen Augen betrachten können – ist das Globalziel der Methode. (Lehrerhandbuch, Hog/Müller/Wessling 1984:10)

Die folgenden Themen werden im Lehrwerk behandelt:

► Wahrnehmung und Interpretation
► Wahrnehmung und kulturspezifische Erfahrung
► Wahrnehmung und gruppenspezifische Erfahrung
► Bedeutungsentwicklung
► Bedeutungsentwicklung in der Fremdsprache
► Kommunikative Absicht und ihre sprachliche Realisierung
► Sprache und soziale Beziehung
► Manipulation durch Sprache
► Klischees und Rituale
► Sprache und Stereotyp
► Argumentation.

Die Neu-Ausgabe *Sichtwechsel neu* (1995) folgt dem gleichen Prinzip. Allerdings hat sich das Erscheinungsbild geändert. Die drei integrierten Lehr- und Arbeitsbücher decken die Bereiche ‚Wahrnehmung', ‚Bedeutung', ‚Bedeutungserschließung und -entwicklung' und ‚Kulturvergleich' ab. Einzelne Kapitel sind unter anderem ‚Wahrnehmung und persönliche Erfahrung',

---

[26] Das vierstufiges Modell des interkulturellen Sprachunterrichts von Byram/Morgan (1994:50) enthält ebenfalls systematisierte Didaktisierungsvorschläge. Vergleiche auch Witte (2006) zur Progression im interkulturellen Unterricht.

‚Wahrnehmung und gruppenspezifische Erfahrung‘, ‚Wahrnehmung und kulturspezifische Erfahrung‘, ‚Wahrnehmung und Einordnung‘, ‚Funktion und Bedeutung‘, ‚Bedeutungserschließung‘, ‚Bedeutungserschließung und -veränderung‘, ‚Vergleich und Wertung‘, ‚Sprachliche Indikatoren für Kulturvergleich‘, ‚Kommunikative Absicht und sprachliche Realisierung‘ und ‚Manipulation durch Sprache‘.

Typisch Deutsch?

Typisch Deutsch? (1993) ist aus dem ‚Tübinger Modell einer integrativen Landeskunde‘ (Mog/ Althaus 1992) entstanden. Dieses Modell hat versucht, „Grundmuster der sozialen und politischen Verfaßtheit der Bundesrepublik und der deutschen Mentalität" (Mog/Althaus 1992:11) zu erforschen und „ausgewählte Themenbereiche dieser interdisziplinären Deutschlandkunde in kulturkontrastiven Unterrichtseinheiten darzustellen, die modellhaft die Integration von sprachlichem und (inter-)kulturellem Lernen vorstellen" (Mog/Althaus 1992:11). Sprache und Kultur sollen dabei integriert werden. Zentrale Themen der „Deutschlandkunde" sind zuvor in einem transatlantischen Projekt durch die interdisziplinäre Kooperation gleichgestellter Disziplinen erkundet worden.

> Divergierende Ansätze werden dabei, soweit sie vermittelbar sind, zu einem kohärenten Konzept der Landeskunde zusammengeschlossen. Nicht das additive Nebeneinander unterschiedlichen Fachwissens ist das Ziel, sondern eine Kooperation der beteiligten Fächer, die im Idealfall durch den Prozeß wechselseitigen Lernens zu einem möglichst produktiven Zusammendenken gelangt. (Mog/Althaus 1992:11)

Das Projekt verfolgte zwei spezifische Ziele:

1. die Entwicklung eines neuen Ansatzes der Landeskunde ohne Bevorzugung eines Leitprinzips
2. eine didaktische Übertragung, die sich an den besonderen Bedingungen von Nord-Amerikanern orientiert.

Typisch Deutsch? stellt diese didaktische Übertragung des Projektes dar. Den Autoren zufolge soll sie in der Praxis folgendermaßen erfolgen:

> ‚Typisch Deutsch?‘ offers a wide range of authentic materials – newspaper articles, interviews, cartoons, poems, encyclopedia definitions, photographs, ads, statistics, letters, excerpts from longer literary texts etc. discussing a variety of topics: besides German-American communication and stereotyping, the concepts of *private vs. public* […], and of space […] are explored. […] This book asks many questions. Looking for answers, you're bound to learn not only about Germans, but also about yourself. (Behal-Thomsen/Lundquist-Mog/Mog 1993:5)

Typisch Deutsch versucht, das kulturelle Verständnis der Lerner und ihre sprachlichen Fertigkeiten zu verbessern. Das Inhaltsverzeichnis enthält unter anderem folgende Einträge:

- ► Deutsch-Amerikanische Beziehungen und Wahrnehmungsmuster
- ► Deutsch-Amerikanische Wahrnehmungen
- ► Die Amerikanisierung der deutschen Sprache
- ► Deutsch in den USA
- ► Deutsch-Amerikanische Kommunikation
- ► Mentalität
- ► „Deutsche Typen"
- ► Deutsche? Amerikaner/innen?
- ► Deutschlandbilder
- ► Deutsches in Amerika
- ► Amerika aus „deutscher Sicht"

- Privat – Öffentlich
- Privaträume
- Soziale Nähe und Distanz
- Persönliche Beziehungen
- Weihnachten
- Tabuthemen
- Institutionen in privater und öffentlicher Hand
- „Vater Staat" – „Mutter Staat"
- Raum
- „Mental Map"
- Raumkontraste
- Kleinstaaterei, Seßhaftigkeit, Glücksraum
- Enge und Weite
- „Meine" deutsche Stadt
- Heimat
- Kleinstadt, Stadt, Natur, Regionen
- Grenzen

Für- und Widersprüche

Für- und Wider-Sprüche (1995) ist als ein regional-spezifisches Lehrbuch (Nordamerika) und als German Studies Reader für Fortgeschrittene konzipiert worden. Es verfolgt einen integrierten Ansatz der Behandlung von Sprache und Kultur, bei dem die Lerner mit einer großen Vielzahl von authentischen Texten über Deutschland, Österreich und die Schweiz konfrontiert werden. Folgende Ziele stehen im Mittelpunkt:

- die Fähigkeit der Lerner zu entwickeln, effizient Deutsch zu lernen und situationsangemessen Deutsch zu sprechen und zu schreiben
- die Lerner mit kritischen Themen der deutschsprachigen Welt vertraut zu machen: mit Themen, die eine konstitutive Rolle im öffentlichen und privaten Leben der Gesellschaft der Lerner und der deutschsprachigen Gesellschaften spielen, die kontrovers sind, die in Bezug auf die persönlichen und kulturellen Kontexte der Lerner relevant sind und die das Verständnis der deutschsprachigen Kulturen und der Ausgangskulturen durch interkulturelle Vergleiche und Analysen fördern
- einen integrierten und integrierenden Ansatz zur deutschen Landeskunde durch die deutsche Sprache zu bieten, wodurch nicht zuletzt auch die Rolle des Deutschen in der Allgemeinbildung der Lerner gestärkt werden soll
- die Reflexion des Vorwissens und der Lebensbedingungen in Ausgangssprache und -kultur zu fördern.

Das Lehrwerk behandelt demnach drei zusammengehörige Kompetenzbereiche: kommunikative Kompetenz, interkulturelle Kompetenz und kritische Kompetenz. Um diese Ziele zu erreichen, enthält es spezifische Unterrichtshinweise und Informationen zu den Texten. Gleichzeitig gibt es Lehrerinnen und Lehrern den nötigen Freiraum, um auf die Bedürfnisse, Interessen und Fähigkeiten individueller Lernergruppen einzugehen. Die Themenbereiche und die in ihnen enthaltenen Kapitel folgen einem modularen Ansatz. Die fünf Themenbereiche beschäftigen sich jeweils mit einem allgemeinen Thema mit hohem kritischem Potenzial, das dann in verschiedenen Aspekten in den einzelnen Kapiteln behandelt wird (T). Enthalten sind auch verschiedene Strategiekapitel (S, zu Lern- und Arbeitsstrategien) und Grammatikkapitel (G), die sich thematisch kontextualisiert mit Aspekten der deutschen Grammatik beschäftigten. Das Inhaltsverzeichnis enthält folgende Einträge:

Neben diesen drei Lehrwerken findet sich auch das Experimental-Lehrwerk *Sprachbrücke*, das einen eigenen explizit interkulturellen Ansatz vertritt. *Sprachbrücke* projiziert das Fremde auf eine virtuelle Fremdkultur („Lilaland"), hinter der sich jedoch die Vorstellung von einer deutschen Zielkultur versteckt. Durch diese Verfremdung des Fremden sollen die Fremdheit entschärft und Gemeinsamkeiten mit den Lernerkulturen hergestellt werden. *Sprachbrücke* ist für die dadurch erzielte Einebnung und Auflösung des Fremden erheblich kritisiert worden. Konzeptuell, textuell, landeskundlich und grafisch sei dieser Ansatz nur schwer zu vermitteln (Bosselmann-Cyrus/Wigger 1988).[27]

Aus der Darstellung der verschiedenen kulturvermittelnden Ansätze werden unterschiedliche Schwerpunkte und Ziele deutlich. Neben traditionellen faktenorientierten und vorwiegend auf die Rekonstruktion denotativen Wissens ausgerichteten Verfahren, mit verschieden starker linguakultureller Orientierung, finden sich zunehmend Ansätze, die in unterschiedlichem Maße konstruktivistische Aspekte des Fremdverstehens berücksichtigen. Wie diese mit Prozessen der Transkulturation vereinbar sind, soll im folgenden Kapitel behandelt werden.

---

[27] Interkulturelle Kompetenz kann nicht nur im Fortgeschrittenenunterricht oder durch explizite Landeskundebehandlung vermittelt werden. Auch in Formen der frühen Immersion in Horten, Kindergärten und in Schulen sowie mittels verschiedener Methoden der Szenariendidaktik (Roche/Reher/Simic 2012, Hölscher 2005, Hölscher 2004, Hölscher 2003, Hölscher/Piepho 2003–2006) lässt sie sich teilweise spielerisch erreichen. Ihre Umsetzung finden die genannten interkulturellen Lernziele als Lerninstrument in verschiedenen Lern- und Lehrplänen, wie dem Lehrplan Deutsch als Zweitsprache (Bayerisches Staatsministerium für Unterricht und Kultus 2001) und dem hermeneutischen Lehrplan (Hunfeld 2001). Das Konzept des hermeneutischen Fremdsprachenunterrichts ist, wie das der interkulturellen Sprachdidaktik, und die umfangreiche Sammlung interkultureller Lernmaterialien und Unterrichtsvorschläge der LIFE Materialien für Interkulturelles Lernen eine Reaktion auf die veränderte Wirklichkeit in Europa, die geprägt ist durch „Grenzenlosigkeit, Vielsprachigkeit, vielfältige und nahe Fremdheit" (Hunfeld 2004:484).

6 Transkulturation und Transdifferenz

Das folgende Kapitel thematisiert individuelle und kollektive Prozesse der Identitäts-konstruktion durch Kommunikation, analysiert gesellschaftliche Verfahren der Divergenzförderung als Instrument von Konvergenzzielen und diskutiert, inwieweit das sich in vielen Disziplinen formende Transkulturalitätsparadigma Lösungsmöglich-keiten für die Akzeptanz und Vereinbarkeit unterschiedlicher Perspektivierungen bietet. Dabei ist davon auszugehen, dass es nicht das Ziel von interkulturellen Maßnahmen und von Transkulturationsprozessen sein kann, Fremdheit aufzulösen, sondern sie vielmehr als Normalität zu verstehen und bestehen zu lassen. Dies postulieren die skeptische Hermeneutik und das Modell der Transdifferenz. Ziel ist es, vor diesem Hintergrund grob zu skizzieren, wie man sich die Prozesse der Trans-kulturation im Rahmen eines kognitionspsychologischen Verfahrens der Schema- und Modellentwicklung vorstellen kann und wie dieses Verfahren in weiterführen-den Arbeiten operationalisiert werden könnte.

6.1 Kommunikative Steuerung sozialer Identitätsprozesse

Mit der Sprache konstruieren Sprecher ihre Rolle in der sozialen Interaktion und kommunizieren diese an ihre Gesprächspartner und die Außenwelt. Quist/Jørgensen (2009:386) weisen darauf hin, dass selbst die „most monolingual speakers" Code-Wechsel betreiben, um damit den Wechsel von einer Rolle zur anderen zu markieren. Dieser Wechsel muss nicht situativ oder kontextuell, sondern kann auch metaphorisch sein.[1] Die soziale Konstruktion kann ihren Ausdruck in unterschiedlicher sprachlicher Form finden oder sie kann durch Registermarkierungen unterstützt werden. Zu den Markierungen gehören syntaktische, morphologische oder phonetische Markierungen. Quist/Jørgensen (2009) zeigen, wie etwa durch den Wechsel von einem labio-dentalen /w/ zu einem dentalen Verschlusslaut /v/ in dänischer Jugendsprache eine Markierung als ausländisch/Ausländer entsteht und welche Folgen diese sprachliche Identitäts-konstruktion bewirkt.[2] Nicht jeder Sprecher greift jedoch auf diese Konstruktionsmittel zurück. Die Markierung des Wechsels verlangt eine Bereitschaft, Sensibilisierung, und persönliche Anlage und Kompetenz für die Konzeptualisierung beim Sprecher, eine hinreichende Salienz in der Kommunikation sowie eine entsprechende Einschätzung

---

[1] Unzählige Studien verweisen auf den Zusammenhang von Sprache und Identität und den identitätsstiftenden Charakter der Sprache bei Mehrsprachigen: Pavlenko (2006), Pavlenko/ Blackledge (2004), Panayiotou (2004), Piller (2002), Bamberg (1997). Eine gute Zusammen-fassung qualitativer und quantitativer Studien findet sich in Dewaele (2009), ein Überblick über die Forschungsentwicklung in Baquedano-López/Kattan (2007).

[2] Hierzu gehören etwa auch lexikalische Markierungen eines Registerwechsels: zum Beispiel in der deutschen und dänischen Kanaksprak „isch schwör" oder Dänisch „jeg sværger", (Quist/ Jørgensen 2009:383) im Sinne von „ehrlich", „ich sags dir doch" oder „wonn isch dirs doch saach" (Hessisch).

der sozialen Bedeutung durch den Sprecher. Auer/Dirim (2003) zeigen in ihrer Studie, wie Jugendliche in Hamburg Strategien zur Identitätskonstruktion und Markierung von Gruppenzugehörigkeiten verwenden. Dabei spielt es keine Rolle, ob die aus einer der beteiligten Sprachen entlehnten Elemente reale Wörter oder Chunks dieser Sprache sind. Sie können auch als Anlehnungen an diese Sprachen zur Markierung der Fremdsprachigkeit oder eines Identifizierungs- oder Distanzverhältnisses zu einer Sprache verwendet werden.[3] Damit kann man sich von dieser Sprache oder von einer Gruppe abgrenzen, der man die Sprache zuordnet, zum Beispiel indem man sich über sie lustig macht (vergleiche Hinnenkamp 2003). Jørgensen (2004) nennt dieses Verfahren „languaging" und Wächli (2005) bezeichnet den Vorgang der Neu- oder Umbenennung mittels fremdsprachiger Elemente in Anlehnung an Kreolisierungsprozesse der Relexifizierung „Relexicalisation". Auch als „Foreignizing" kann man dieses Verhalten bezeichnen (siehe Kapitel 3.3.1, 4.3).

Wie Lo (1999) anhand des heteroglossischen Verhaltens asiatischer Jugendlicher in Los Angeles zeigt, bedarf es aber trotz der genannten sprachlichen Identifikationsmittel immer noch der Ratifizierung und Legitimierung der sozialen Rolle der Jugendlichen durch das soziale Umfeld. Die soziale Legitimierung ergibt etwa die Aufnahme in die Ingroup und die Übernahme bestimmter Rollen. Wo sprachliche und soziale Identität nicht korrespondieren, bedarf es oft weiterer Legitimierungsprozesse.

6.2 Kollektivzugehörigkeit als Ausdruck von pluraler Identität

Wie lassen sich die pluralistischen Rollenzuschreibungen eines Individuums darstellen und vereinbaren? Hansen (2011) entwickelt hierzu ein Modell, das versucht, die intragesellschaftliche Heterogenität so abzubilden, wie es im Bereich der Soziolinguistik die Variations- und Registerforschung tut (vergleiche auch die Prolegomena von Lüdi 2003 zu den mehrsprachigen Repertoires und pluriellen Identitäten von Migranten).

Hansen (2011) unterscheidet aus guten Gründen systematisch zwischen dem traditionellen ethnologischen und einem wissenschaftlichen Kulturbegriff, für den er das Konzept des Kollektivs verwendet. Das Kollektivsystem sei demnach nicht als fertiges System vorhanden, sondern bilde sich aus ungeplanten Konventionen der Beteiligten und könne sich beliebig differenzieren und proliferieren, sei also dynamisch. Normen und Standardisierungen der Kollektive entstehen aus Konventionen, die sich ihrerseits aus präkollektiven Elementen entwickeln. Die Gültigkeit der Normen für ein bestimmtes Kollektiv konstituiere keine Gültigkeit für andere. Individuen gehören nicht nur einem Kollektiv, sondern einem System der Multikollektivität an. Die Identität eines Individuums entsteht somit aus dem Profil der verschiedenen Subkollektive, zu denen ethnische Kollektive, also auf pankollektiven Komponenten wie Nationalität, Religion, Sprache oder ethnischer Gruppe basierende Schicksalskollektive, und Interessenskollektive wie Arbeit und Freizeit gehören. Hansen unterscheidet ferner zwischen verschiedenen Ebenen von Kollektiven, nämlich denen des ersten Grades, die Individuen betreffen,

---

[3] Eine derartige Identifizierungsfunktion hat beispielsweise in der nordamerikanischen Jugendsprache – und durch die mediale Popularisierung auch andernorts – in dem ursprünglich regional beschränkten *Valley Girl* Verbreitung gefunden. Diese Jugendvarietät ist in den 1980er Jahren entstanden und zeichnet sich unter anderem durch eine dominante Frequenz von *like* und eine zum Standard gewordene Frageintonation in Aussagesätzen aus.

und denen des zweiten Grades, die die Organisation verschiedener Kollektive unter-
einander bezeichnen. Jedes Kollektiv bildet auf diese Art eine eigene Kultur aus. Hansens
Kulturmodell teilt Nationalkulturen damit in eine flexible, untereinander organisierbare
Menge von Kollektiven auf, die mehr oder weniger deutlich trennbar bleiben. So erlaubt
das Modell, Individuen als multikollektiv auszuweisen. Wie das Individuum diese
Dynamik kognitiv verarbeitet oder transkollektiv organisiert, klärt es nicht.

Ein ähnliches Kollektivitätsprinzip, das das Management der Kollektive aber stärker in
den Blick nimmt, stellt die *Cultural Theory* (CT) von Douglas (1992) dar. Es differenziert
die Kollektive dadurch, dass neben die Kollektivitätsdimension (*Group*) eine Indivi-
dualitätsdimension (*Grid*) tritt. Mit der *Groupdimension* nehmen die Gruppenbindung
und die damit verbundenen Schwierigkeiten des Zugangs (durch steigende Anforderungen) zur Gruppe zu, mit der stärkeren Zuordnung zur *Griddimension* steigt die
Einschränkung der individuellen Wahlmöglichkeiten des Zugangs zu Gruppen. Nach
Karmasin (2002:840) ergeben sich daraus vier prototypische Kulturen: die Indivi-
dualisten, die Fatalisten, die Egalitären und die Hierarchisten.

Die prototypischen Kulturen lassen sich wie folgt genauer charakterisieren (Karmasin
2002:846):

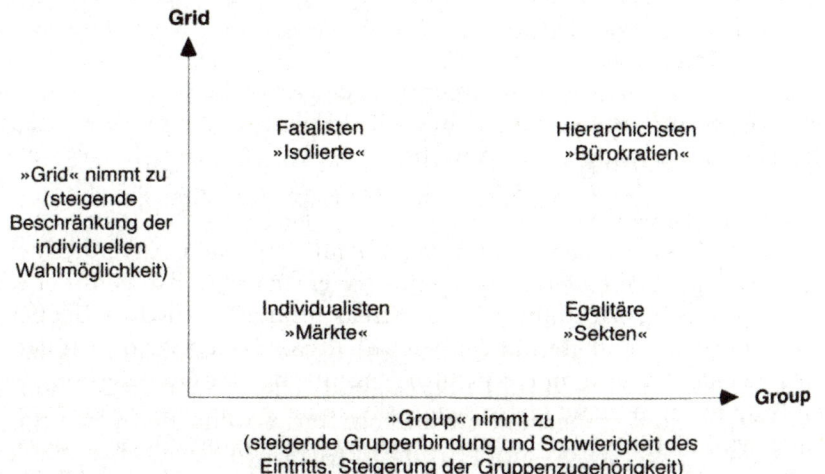

*Abbildung 6.1:   Einteilung von Kollektiven nach Individualitäts- (Grid) und Gruppendimension (Group) in
der Cultural Theory nach Douglas, Karmasin (2002:840)*

Dieses Modell sieht starke (interne) kollektive Normierungen (Viabilisierungen) der
Gruppe im Sinne von Wendt (1996) vor, die aber kaum externen Restriktionen der
Gesellschaft unterliegen. Es handelt sich um ein Modell, in dem die Gruppenzugehörigkeit von sozialen und kommunikativen Prozessen gesteuert wird und das, wie auch das
Modell von Hansen, multiple Zugehörigkeiten zu und Ausprägungen von Kollektiven
erlaubt. Die Dimensionen sind dynamisch veränderbar. Durch die Zugehörigkeit zu
verschiedenen, unter Umständen konträren Kollektiven entstehen jedoch auch Probleme der Zuordnung und Vereinbarkeit. Wie die daraus entstehenden kognitiven
Dissonanzen vom Individuum bewältigt werden können, wird in dem Modell nicht
geklärt.

6.3   Konvergenz und Divergenz im Kulturkontakt

Kulturkontakt steht bekanntlich im Spannungsfeld von Ablehnung und Skepsis auf der einen Seite und Glorifizierung und Romantisierung auf der anderen. Auf der skeptischen Seite des Feldes ergibt sich gelegentlich der Verdacht, Kulturkontakt könne Interferenzen in den beteiligten sprachlichen und kulturellen Systemen erzeugen, die sich in unterschiedlichen hybriden Erscheinungen ausdrücken. Das Verdachtsspektrum reicht von der Angst vor Konturenverlust aller oder eines der beteiligten Systeme (doppelte Halbsprachigkeit/doppelte Halbkulturalität) über die Angst vor Identitätsverlust der beteiligten Personen und die Angst vor Beliebigkeit und Auflösung von Kulturen bis hin zu der Angst vor pathologischen Erscheinungen und geistigen Verwirrungen, wie sie in segregierenden und totalitären Systemen propagiert werden (Rassenwahn, Apartheit, *Ethnic Cleansing*).

Auf der anderen Seite des Spannungsfeldes stehen dagegen Multikulturalismus- und Toleranzkonzepte, die sich als gesellschaftliches Ideal einer One World-Philosophie verstehen. Diese Konzepte basieren auf einem idealisierten Verständnis von der Machbarkeit eines multikulturellen Nebeneinanders, das sich unter anderem in der Zielsetzung Globalisierung und den daraus resultierenden bildungspolitischen (Lehr-)Zielsetzungen ausdrückt (*„World Citizens"*, *„Global Village"*). Dieses idealisierte Verständnis funktioniert leicht auf folkloristisch-kulinarischer Ebene, scheitert aber in der übrigen Lebenspraxis meist am mangelnden Diskurs über den Austausch der Kulturen. Die Folge sind kulturelle Spannungen – unter und auf der Oberfläche – sowie gesellschaftspolitische Fehleinschätzungen der Abwehrreaktionen.[4] Es stellt sich also die Frage, inwieweit sich die kulturellen Differenzen durch Maßnahmen der interkulturellen Vermittlung überwinden oder vereinbaren lassen, beziehungsweise inwieweit Differenzen bestätigt, gepflegt oder betont werden müssen, damit Gesellschaften funktionieren. Zwei Paradigmen bieten sich dafür an: einerseits Konvergenz der Kulturen herzustellen (Konvergenzhypothese), andererseits Divergenz zwischen ihnen bestehen zu lassen (Divergenzhypothese). In der gesellschaftspolitischen Praxis markieren diese beiden Paradigmen jedoch nur scheinbar gegenläufige Strömungen: Konvergente Kommunikations- und Handlungssysteme sind eine elementare Grundlage für die Umsetzung wirtschaftlicher und politischer Interessen, erfordern aber gleichzeitig – zur Wahrung des sozialen Friedens – Freiräume für die Toleranz des Fremden. Damit wird die Divergenzbetonung über den Toleranzbegriff zu einem konstitutiven Teil von Konvergenzverfahren. In dieser Funktion läuft sie aber Gefahr, multikulturelles Beiwerk mit Wohlfühlcharakter zu bleiben (*„Heritage Cultures"*, *„Heritage Languages"*, *„Multiethnic Workforce"*, *„Diversity"*, Folklore). Das dominant folkloristische Verständnis interkultureller Begegnungen in Veranstaltungen von öffentlichen Institutionen und Kulturverbänden, bei Preisverleihungen und in der Werbung (vor allem die Darstellung kultureller Vielfalt durch Metaphern der Farbigkeit in Essen, Tanz, Aussehen und Kleidung) belegt diese Gefahr genauso wie der oberflächliche Eingang, den interkulturelle Lehrziele im Geist der Globalisierung und Integration in Lehrpläne und die

---

4   Damit wird ein gesellschaftliches Dilemma virulent, das sich längst nicht erst mit den rechtspopulistischen Bewegungen der post-multikulturellen Neuzeit artikuliert, sondern schon längere Zeit umfangreiche Maßnahmen einer ‚nachholenden Integration' verlangt, wie sie Bade (2005) fordert.

Sprachenpolitik vieler industrialisierter Länder gefunden haben (siehe Kapitel 5.3). Mit der Globalisierung wird das Lehrziel und Toleranzkriterium interkulturelle Kompetenz daher auch zu einem nach innen gerichteten Mittel der Integration in eine Gesellschaft, die sich interethnische Spannungen weder ökonomisch noch aus Gründen internationaler Öffentlichkeit leisten kann (*„Diversity Management"*).

Die zuvor beschriebene Spannungslage lässt sich mit den dargestellten Konvergenz- und Divergenzverfahren – wie gezeigt – temporär verdrängen, aber nicht nachhaltig bewältigen. Solange die „Therapie" der Spannungen aber nicht die Wurzeln einschließt, wird sie kaum über symptomorientierte Erfolge hinausreichen. Taylor/Gutman (1992) fordern aus diesem Grund einen entideologisierten, offenen und direkten Umgang mit fremden Kulturen, der die Realitäten der begrenzten Erkenntnisfähigkeiten akzeptiert – und konstruktiv nutzt.

> We only need a sense of our own limited part in the whole human story to accept the presumption. It is only arrogance, or some analogous moral failing, that can deprive us of this. But what the presumption requires of us is not peremptory and inauthentic judgments of equal value, but a willingness to be open to comparative cultural study of the kind that must displace our horizons in the resulting fusions. What it requires above all is an admission that we are very far away from that ultimate horizon from which the relative worth of different cultures might be evident. This would mean breaking with an illusion that still holds many „multiculturalists" – as well as their most bitter opponents – in its grip. (Taylor/Gutmann 1992:73)

Die Abkehr von illusorischen Konvergenz- und Divergenzmaßnahmen ergibt sich für Taylor/Gutman aus der Komplexität der erforderlichen Normenveränderungen, die aus der Aufgabe der Vereinbarung nicht mehr kontrollierbarer Uneindeutigkeiten, Brüche und Grenzüberschreitungen resultieren, die die Multikulturalität moderner Gesellschaften und die Globalisierung charakterisieren. Für die Transformation der Normen verweisen sie im Sinne interkulturell-hermeneutischer Ansätze auf die Erkenntnispotenziale der Horizonterweiterung und auf das organische Wachstum des Horizontes im Laufe der Erkenntnisgewinnung.[5]

> We learn to move in a broader horizon, within which what we have formerly taken for granted as the background to valuation can be situated as one possibility alongside the different background of the formerly unfamiliar culture. The „fusion of horizons" operates through our developing new vocabularies of comparison, by means of which we can articulate these contrasts. So that if and when we ultimately find substantive support for our initial presumption, it is on the basis of an understanding of what constitutes worth that we couldn't possibly have had at the beginning. We have reached the judgement partly through transforming our standards. (Taylor/Gutmann 1992:67)

Die durch Pluralismus ermöglichte ‚Horizontverschmelzung' besteht demnach nicht in der Assimilation im Sinne einer Überschreibung, Verwässerung oder Eliminierung verschiedener Horizonte, sondern in der hermeneutischen Produktivität ihrer – allerdings aufzulösenden – ‚Distanz'. Im Prozess der Horizontverschmelzung bilden sich gebrochene oder zumindest modifizierte, wechselnde Positionen des „Eigenen" und des

---

[5]   Die Akzeptanz der Notwendigkeit einer direkten Auseinandersetzung mit kultureller Diversität ist zum Merkmal eines kritischen Multi- und Interkulturalismus-Diskurses geworden, angefangen bei der postmodernen Aufhebung und Auflösung kommunikativer Idealisierungen (vergleiche Deleuze 2000, Foucault 1976, Derrida 1972) bis hin zu den durch Lyotard (1979) ausgelösten Reflexionen gesellschaftlicher Pluralisierungen in der Soziologie und den vielfältigen Parallelen im amerikanischen postkolonialen Multikulturalismusdiskurs.

„Fremden", also auch modifizierte Positionen der Wahrnehmung des Eigenen durch das Fremde und des durch das Eigene wahrgenommenen Fremden, die gesellschaftlichen Normen, individuellen Dispositionen und der Interaktion aus beiden geschuldet sind (siehe Kapitel 5.8). Auf Grundlage welcher kognitiven Mechanismen und Prozesse diese Produktivität erreichbar ist, ist damit jedoch noch nicht geklärt. Institutionelle Dokumente erläutern bisher wenig, wie das verarbeitende Individuum diese verschiedenen Positionen nebeneinander organisieren kann und soll (Lösch 2003). Das aber ist die eigentliche und schwierige Aufgabe im Kulturkontakt.

6.4   Transkulturalität und kulturelle Figuration

Mit dem Konzept ‚Transkulturalität' soll der Prozesscharakter der Begegnung von Kulturen von der Binarität und Statik multi- und interkultureller Konzepte abgelöst werden. Offenheit, Flexibilität und Dynamik sind die entscheidenden Merkmale des begonnenen Paradigmenwechsels.

Exkurs: Transkulturelle Studien

Der Begriff ‚Transkulturalität' ist allerdings – wie seine Vorgänger – durch unscharfe Konturen geprägt. Die Bandbreite deckt das gesamte multikulturelle und interkulturelle sowie internationale und transnationale Spektrum ab. Die Titel und die Fülle der Arbeiten zu transkulturellen Aspekten in den Wissenschaften dürfen nicht darüber hinwegtäuschen, dass sich unter den Ansätzen nur wenige befinden, die über die binäre Kontrastierung oder Vermittlung von Eigenem und Fremden, also die Grundlagen der interkulturellen Hermeneutik, hinausgehen. Antor (2007) enthält eine Übersicht zu inter- und transkulturellen Studien und Hepp (2010) behandelt transkulturelle Kommunikation im Kontext von Medien und Politik. Zu den einschlägigen Arbeiten in den verschiedenen Disziplinen gehören die folgenden[6].

► Migrationsforschung: Pries (2008), (2006), Sievers (2005) zur Entwicklung soziokultureller Kompetenzen deutscher Studierender mit türkischem Migrationshintergrund
► Musikforschung: Steinbauer/Šedivý/Friesinger (2006), Baumann (2000) zur Ethnomusikologie und das *Rhythm is it!* Projekt von Sir Simon Rattle und dem Berliner Symphonieorchester zu ihrer Umsetzung
► Kunstwissenschaft: Burda/Maar (2006), (2004), Mersmann 2004) zu transkulturellen Aspekten in Kunst und Medien
► Religion: Leimgruber (2007) zu einer Didaktik der Weltreligionen mit Verweis auf das Konzept der Xenosophie (Weisheit im Umgang mit dem Fremden)
► Philosophie: Welsch (2005), Welsch (2000), Kwon (2008) zu einem Versuch, die Bipolarität des Eigenen und des Fremden durch kritische Reflexion im Rahmen von Annäherungsprozessen in eine transkulturalistische zu überführen
► Psychologie: Golsabahi (2008) zur transkulturellen Psychiatrie, Markus/Kitayama (1991) zu kulturellen Unterschieden im Selbstkonzept, Han/Northoff (2008) zur den kulturellen Einflüssen auf die Kognition
► Genderforschung: Mae/Saal (2007) mit einer Untersuchung der sozialen und kulturellen Bedingungen der Geschlechterverhältnisse in verschiedenen Kulturregionen

---

6   Die Liste ist allerdings weder über das Spektrum der Wissenschaften noch innerhalb einer wissenschaftlichen Disziplin vollständig.

- Geschichtswissenschaft: Hoerder (2008) und Osterhammel (1996) zum transkulturellen Vergleich von Migration und gesellschaftlicher Interaktion
- Politikwissenschaft: Zemni (2006) zum Thema islamistischer Gewalt, Robins (2007) zur transkulturellen Diversitätspolitik als Voraussetzung für europäischen Kosmopolitismus, Leggewie (2001) zur transnationalen Staatsbürgerschaft
- Soziologie: Beck (2007), Hannerz (1996) und Taylor/Gutmann (1992) zu den Beschränkungen eines nationalen Verständnisses von Kultur
- Architektur: Bittner/Hackenbroich/Völcker (2007) zu transnationalen Räumen in Stadtzentren, siehe auch das LIFE Projekt 2006
- Medizin: Alban/Leininger (2000) zur Theorie transkultureller Pflege, Masi (1989) zur Bedeutung des ethnokulturellen Hintergrunds für Gesundheit und Gesundheitsversorgung, Domenig (2007)
- Geographie: Chang (2005) zu den Prinzipien transkultureller Landschaftsgestaltung
- Wirtschaft: van Es (2004) zu den ökonomischen Aspekten des Musikfernsehens

Das viel zitierte Transkulturkonzept von Welsch (2005), das diesen Paradigmenwechsel markieren soll, ist in neuerer Zeit selbst stärker in die Kritik geraten, weil sich hinter den Begriffen der transkulturellen Identitätsbildung und der transkulturellen Identitätsmuster der Begriff der Kultur als Einzelkultur verberge (Merz-Benz 2007:200–201).

Den konzeptuellen Widerspruch, Transkulturalität als Zustand abzubilden (etwa in „transkulturelle Gesellschaft") und nicht als kontinuierlichen Prozess zu verstehen, kann das etablierte Transkulturkonzept in der Tat nicht auflösen. Ein erreichter transkultureller Zustand kann konsequenterweise nur ein kurzzeitiges Ergebnis sein, das zum Ausgangspunkt für weitere Prozesse der transkulturellen Entwicklung werden muss, wenn es nicht im Sinne von Merz-Benz (2007) zu einer Einzelkultur erstarren soll. Die darin implizierte Statik des Kulturbegriffs vermeidet der von Ortiz (1995) eingeführte Begriff ‚Transkulturation', indem er den Prozesscharakter der Kulturentwicklung und -konstruktion betont. Transkulturation wird damit als Konstruktion und Aushandlung individueller Bedeutungen von Kulturen verstanden. Mit Onuki und Pekar können Kulturen somit als Figurationen und Defigurationen von sich prozessual konstituierenden (figurierenden) Einheiten verstanden werden, die sich zugleich in einer ständigen Veränderungsbewegung befinden. Veränderbarkeit und Dynamik sprengen die Grenzen gängiger, auch transkultureller Kulturkonzepte (Onuki/Pekar 2006 b).

> Und weil sich zum anderen, in Hinsicht auf unsere eigene kulturelle ‚Verortung' (oder auch ‚Ortlosigkeit'), jede spezifische Kultur selbst als eine ‚Figuration' begreifen lässt, d.h. als eine prozessual sich konstituierende Einheit, die sich jedoch in einer ständigen Veränderungsbewegung befindet. Die Rede von ‚Figuration' (kultureller Figuration) soll darauf aufmerksam machen, daß sich jede Kultur in einem permanenten und unaufhebbaren Spannungsfeld von De- und Refiguration befindet. Dieser besondere zeitlich-dynamische Aspekt unterscheidet im übrigen ‚Figuration' am klarsten von Begriffen wie Struktur, Gestalt, Form etc. (Onuki/Pekar 2006 a:9)

Bemerkenswert ist in diesem Zusammenhang, dass ein radikal konstruktivistisches Modell der Subjektkonstitution, wie es gerne zur Begründung eines autonomen politischen, sozialen und wirtschaftlichen Handelns herangezogen wird, im Konflikt mit dem ebenfalls angestrebten gesellschaftlichen Ziel Transkulturalität steht, weil das Selbst in diesem Modell als abgeschlossenes, auf sich selbst bezogenes (selbstreferenzielles) Subjekt verstanden werden müsste. Bei dieser Subjektorientierung könnte

Verstehen nur durch Rekurrenz auf das Eigene erklärt werden. Es entstünde eine pluralistisch-relationale Einstellung, die nur eine reduzierte Auseinandersetzung mit der Außenwelt ermöglichen würde und damit der Transkulturation abträglich wäre.[7]

> Kultur ist kein autopoietisches System, das in ausschließlicher Selbstbezüglichkeit die eigenen Elemente selbst produziert und in diesem Prozessieren die konstitutive System/Umweltgrenze affirmiert und perpetuiert, sondern ein prozessuales Produkt der Interaktion von Systemen, deren Grenzen freilich erst in diesem Austauschvorgang gezogen und beständig revidiert werden. (Lösch 2005:33)

Die Austauschvorgänge der Transkulturation erfordern ein dynamisches Subjekt, das sich (im Sinne des sozial-interaktionistischen Konstruktivismus) im Wechselspiel mit der Umwelt weiterentwickelt.

> Kultur ist demzufolge als die denotative Bedeutungebene von sozialer und sprachlicher Interaktion zu definieren. Sozialisations-, Akkulturations-, und Integrationsprozesse sowie letztlich auch Individuationsprozesse im Sinne soziokultureller Selbstwahrnehmung beruhen auf der Viabilisierung konnotativer Bedeutungen in gesellschaftlichen Kontexten. (Wendt 2002:42)

Die Bereitstellung denotativen Wissens alleine, zum Beispiel durch die Kontrastierung von Bekanntem und Neuem kann diesen Austausch nicht ersetzen, weil sie den Selbstbezug nicht durchbricht.[8] Wie aber kann das Wechselspiel mit dem Neuen/ Fremden in der Umwelt aussehen, wenn die Präsentation denotativen Wissens nicht genügt?

6.5   Die Normalität des Fremden in der skeptischen Hermeneutik

Schon sehr früh und nachdrücklich wehrt sich Hunfeld gegen alle Versuche, Fremdheit zu verharmlosen, zu verwaschen oder auflösbar zu machen und plädiert dagegen für ein Konzept der Affirmation und des Erhalts (Normalität) des Fremden. Bewusst distanziert sich dieser Ansatz von jeder „optimistischen Verstehenslehre" (Hunfeld 2004:487), die davon ausgeht, dass man den Fremden verstehen könne, wenn man nur sorgfältig seine Sprache und Kultur lernte.

> Diese einfache Grunderkenntnis der Hermeneutik widerspricht der gängigen Euphorie, die der Sprache zutraut, sie könne zwischen allen alles vermitteln. (Hunfeld 1998:85)

Diese Normalität des Fremden erfordere eine neue Haltung, die den fremden Anderen in seiner Eigenheit wahrnehme und anerkenne, zugleich aber eine respektvolle Nähe und Distanz ermögliche und so die Bedingungen für einen interkulturellen Dialog schaffe, der von gleichwertigen Partnern geführt werde.

„Solange das Fremde noch auffällig ist, wird es nicht als Normalität wahrgenommen" (Hunfeld 2004:488). Die Schwierigkeiten des Fremd-Verstehens führt Hunfeld unter anderem auf folgende traditionelle und weiter in die Gegenwart wirkende Tendenzen zurück:

---

[7]   In Bezug auf ethische Fragen der sozialen Verantwortung bezeichnet Schüle (2006) die Subjekt-Autonomie als einen Fluch. Sie produziere „Ichlinge".

[8]   Somit könnte das Subjekt zwischen Descartes' Konstruktion des Fremden durch das Selbst und Foucaults Pluralitäts- und Beliebigkeitskonstrukten angesiedelt werden.

- ► die Inbesitznahme des Fremden aus der eigenen Interessensperspektive
- ► die Neigung, Fremdes in die je eigenen Verstehensbegriffe überzuführen
- ► die Fiktion, das Fremde vom Eigenen her abzubilden
- ► die Befangenheit im a priori als richtig verstandenen Urteil über den Anderen
- ► die Eingeschränktheit in der eigenen Wahrnehmung
- ► die Unfähigkeit, das Andere als Anderes gelten zu lassen
- ► das autoritäre Sprechen mit dem Fremden, das zu seiner Verstummung führt (vergleiche Hunfeld 2004:45).

„Wenn das Fremde in der gewährten Nähe das Verschiedene bleiben kann", werde der Tendenz vorgebeugt, es „vollständig in das eigene Verständnis zu bekommen" (Hunfeld 1998:60). Damit komme es auch nicht zu der oft befürchteten Auflösung der Perspektiven in transkulturellen Prozessen.

Hunfelds darauf aufbauendes Konzept der Skeptischen Hermeneutik betont die nicht auflösbare Begrenztheit des Verstehens. Verstehen erfordere demnach eine mühsame Verstehensübung, die diese Begrenztheit beachte, denn das Nichtverstehen sei konstitutiver Bestandteil jeder Anstrengung des Verstehens (siehe Hunfeld 2004:45).

Kabuma Akendas Entwurf des Modells eines ethischen Universalismus (2004), der wie Hunfelds Skeptische Hermeneutik von einer praktischen, Verstehensgrenzen überschreitenden Anerkennung von Pluralität, Ungleichheit und Dissens ausgeht, hebt hervor, dass diese Anerkennung keinen Verzicht auf das Verstehen als Ziel, sondern einen Verzicht auf das Verstehen als Bedingung interkulturellen Handelns darstelle.

> Sie kommt ohne eine theoretische und argumentative Homogenisierung aus und erzeugt dadurch eine Gleichheit der Bedingungen für ungleich verstandenes und kulturbezogenes Handeln. (Kapumba Akenda 2004:284)

Der Normalfall des Nichtverstehens besteht nach Kogge (2002) folglich darin, dass zwischen dem Aufkommen eines Zweifels bis zu seiner Beseitigung konstruktive Verstehensprozesse ausgelöst werden. Der Skeptischen Hermeneutik geht es in diesem Sinne nicht um die Auflösung oder Verwässerung unterschiedlicher Positionen oder eine vordergründige Kompromissbereitschaft (Toleranz), sondern gerade um die Wahrung des Rechts auf, und die Betonung der Notwendigkeit von Differenz und Dissens. Folgerichtig entwickelt die Skeptische Hermeneutik aus der Affirmation von Differenz und Dissonanz auch für den Unterricht die Forderung, Fremdheit als Lernimpuls aktiv nutzen zu sollen, anstatt sie auflösen zu wollen. Ein anderes Verständnis von Verstehen führe nicht wirklich zu einer Anerkennung der Andersartigkeit[9]. Will man diesen Ansatz im Fremdsprachenunterricht produktiv umsetzen, genügt es folglich nicht mehr, in der Landeskunde fixierte Normen vorzugeben, nachzustellen oder zu deuten.

6.6 Transdifferenz

Die Begrenzungen und Widersprüche traditioneller Ansätze des interkulturellen Verstehens lassen sich – wie dargestellt – im Rahmen binärer Kulturkonzepte nicht aufheben. Meist scheitern sie an kommunikativen und kognitiven Vorbedingungen,

---

[9] Vergleiche auch die Parallelen in dem Ansatz von Rieger (2008), Brunnhuber (2008), Birk (2008).

die im Prozess des Verstehens eigentlich erst zu etablieren wären. Das begrenzt ihre Wirkungsmöglichkeiten bei der Umsetzung anspruchsvoller interkultureller Ziele. Die begrenzte Wirksamkeit binärer Systeme von Eigenem und Fremden zeigt sich umso deutlicher dort, wo Bildungssysteme von authentischem Multikulturalismus und natürlicher Mehrsprachigkeit geprägt sind und die Berücksichtigung von variantenreicher authentischer Fremdheit konstitutiv für die Gesellschaft und das Bildungssystem ist. Das gilt vor allem für die Berücksichtigung der Mehrkulturalität und Mehrsprachigkeit als Gegenständen der Lehrpläne: Sie haben schließlich die Funktion, gesellschaftliche Verhältnisse – wie die ethnographische Zusammensetzung einer Bevölkerung und ihre Migrationsbewegungen – abzubilden. Das gilt aber auch als Bedingung des Lernens und der Wissensvermittlung: Allzu oft liegt Bildungssystemen – und damit auch dem Sprachunterricht – die Annahme zugrunde, dass die Schülerinnen und Schüler, also die Lerner, fremdsprachen- und fremdkulturunerfahren seien. Diese Annahme trifft heute aber zumindest im deutschsprachigen Raum nicht mehr oder nur auf einen Teil der Lerner zu. Lerner und Lehrkräfte leben heute zunehmend unter transkulturellen, multikollektiven Bedingungen, die sie reflektiert wahrnehmen oder unbewusst erleben. Umso erstaunlicher ist es, dass trotz dieser lebensweltlichen Realität in Bildungssystemen und Unterricht weitgehend unberücksichtigt bleibt, wie Menschen mit den durch Kulturen- und Sprachenkontakt auftretenden kognitiven Dissonanzen produktiv umzugehen haben.

Das Konzept der Transdifferenz ist aus einer intensiven Auseinandersetzung mit diesem Kernproblem transkultureller Kommunikation entstanden. Die dargestellten Restriktionen und Widersprüche kulturhermeneutischer Ansätze vom Verstehen des Eigenen und des Fremden können damit – so das Ziel – überwunden werden. Der Normalität des Fremden als Katalysator für Lernen wird zur Geltung verholfen.

Lag zu Beginn der Entwicklung des Konzeptes der Transdifferenz, das vor allem durch Breinig/Lösch (2006) geprägt wurde, der Fokus noch auf dem Verstehen, mit dem ähnlich dem Gadamerschen Konzept der Horizontverschmelzung (Gadamer 1960) eine „Verflüssigung der Differenzen" (Allolio-Näcke/Kalscheuer 2005:21) einherging, so rückten nach der Kritik an der Fokussierung auf das ‚Verstehen' auch ‚Nichtverstehen' und ‚Missverstehen' ins Blickfeld. Diese neue Ausrichtung machte es möglich

> die Aufmerksamkeit auf die Differenzen zu legen, womit wiederum eine wichtige Voraussetzung für den Zugang zu einer ‚produktiven Transdifferenz' gegeben war. (Allolio-Näcke/Kalscheuer 2005:21)

Dem Transdifferenzansatz geht es also wie der Skeptischen Hermeneutik oder dem Modell des ethischen Universalismus darum, die durch die Dynamik der Figuration und Transkulturation entstehenden Differenzen anders zu denken, sie nicht auflösen zu müssen (vergleiche Allolio-Näcke/Kalscheuer 2005).

> In einem allgemeinen Sinn – und im Anschluss an die Bedeutung ‚quer hindurch' der Vorsilbe ‚trans' – bezeichnet Transdifferenz all das Widerspenstige, das sich gegen die Einordnung in die Polarität binärer Differenzen sperrt, weil es gleichsam quer durch die Grenzlinien hindurch geht und die ursprüngliche eingeschriebene Differenz ins Oszillieren bringt, ohne sie jedoch aufzulösen. (Lösch 2005:27)

Differenzen sind vorübergehende Erscheinungen, die instabil werden. Sie haben eine orientierungsstiftende Funktion, sollen in dieser Funktion erhalten bleiben und durch eine Komponente Transdifferenz ergänzt werden (siehe Allolio-Näcke/Kalscheuer 2005:17).

Mit der Begrifflichkeit von Differenz und Transdifferenz wird gleichzeitig versucht, die Unbestimmtheit und Veränderbarkeit kultureller Erscheinungen so zu fassen, dass die „dialogische Qualität von kollektiven Identitätsnarrationen" (Hildebrandt 2005:351) weder zu einer normierenden Synthese noch zu einer Auflösung von Differenzen, wie in der traditionellen interkulturellen Hermeneutik, führt.

Insgesamt erfolgt hierbei eine „Umstellung auf ein dynamisches Identitätskonzept, in dessen Zentrum die Frage danach steht, ‚wer ich werde‘" (Allolio-Näcke/Kalscheuer 2005:18), und nicht, ‚wer ich bin‘. Die kontinuierlichen Austausch- und Änderungsprozesse von Kulturen führen damit zu einer Komplexitätssteigerung postnationaler Identitäten und ermöglichen trotz zunehmender Fragmentarisierung des Selbst die „Teilhabe an mehreren Kollektiv-Intersubjektivitäten" (Hildebrandt 2005:351).

Wie sich die Fragmentarisierung, das heißt die Komplexitätssteigerung und Veränderung im kognitiven Apparat, verstehen lässt, soll im Folgenden anhand eines Modells dargestellt werden, mit dem die Entwicklungen messbar und darstellbar werden.

6.7 Veränderung und Koordination kognitiver Schemata und Modelle

Viele der zuvor dargestellten Ansätze aus der Erwerbslinguistik, der Psycholinguistik und der Landeskundeforschung behandeln Wissenserweiterungen und Veränderungen zwar gezielt und viele Lehrpläne sprechen diese Änderungen als Desiderate des Unterrichts direkt an, bleiben aber in Bezug auf die Einlösbarkeit und Messbarkeit eher vage. Wenn aber die Wissensgenerierung und – wie etwa bei den Stereotypen im Landeskundeunterricht – die Veränderung von Einstellungen, Schemata und Modellen explizit angemahnt wird, dann sollte auch konkretisierbar sein, wie das geschehen kann, welche Ergebnisse zu erwarten wären und wie der Prozess im Unterricht gegebenenfalls gesteuert oder begleitet werden kann. Wohlgemerkt, die Veränderungen mentaler Modelle und Schemata betreffen prinzipiell Sprachenerwerb, Sprachenmanagement und Transkulturation (und damit auch die Landeskunde) gleichermaßen.

Die Fähigkeit, sich neues Wissen anzueignen, das heißt, sich mit Fremdem auseinanderzusetzen, ist eine essentielle (instinktive) Grundlage der menschlichen Existenz und gehört zur Grundausstattung jedes Menschen. Durch Sozialisation und Enkulturation ist ein Rahmen gegeben, der für die Abstimmung und Viabilisierung von Wissensbeständen verantwortlich ist. Sozialisationsagenten wie die Eltern, die Schule, die Freunde und Kollegen (das Umfeld) haben somit einen entscheidenden Einfluss auf den Prozess des Wissenserwerbs und damit gleichermaßen Auswirkungen auf die Agenten. Gesteuert wird dieser Prozess durch pragmatische, ökologische und ökonomische Prinzipien.

Die Prozesse der Wissenskonstruktion können im kognitiven Sinne als Entwicklungs- und Veränderungsprozesse mentaler Schemata und bereits etablierter mentaler Modelle aufgefasst werden. Insofern können auch der Sprachenerwerb, die Interaktion von Sprachen bei Mehrsprachigen und die Prozesse der Transkulturation als Entwicklungen und Veränderungen mentaler Modelle und Schemata aufgefasst werden. Wissen wird erworben, konstruiert und ändert sich ständig. Es wird in unterschiedlichem Ausmaß von Mitgliedern verschiedener Gemeinschaften geteilt und ist ihnen zugänglich. Wissen umfasst enzyklopädische, prozedurale und emotionale Komponenten. Ein Individuum, das sich neues Wissen aneignet, verändert die bestehende Basis, ohne sie jedoch notwendigerweise aufzulösen.

Die Frage ist, wie lassen sich mentale Modelle erforschen und darstellen und wie lassen sich die Änderungen messen.

Schematheorien bieten für die Darstellung der dynamischen Wissenskonstruktion und -umstrukturierung, die auch zur Ausbildung sich verfestigender Schemata in mentalen Modellen führen kann, einen operationablen Rahmen an.[10] Es zeigt sich dabei zum einen, dass sich mentale Modelle durch Wiederholungen etablieren und stabilisieren können, dass aber externe, deklarative Information zur Veränderung der Schemata und Modelle von Nutzen sein kann. Eine Effizienzsteigerung bei der Veränderung mentaler Modelle lässt sich vor allem dann erreichen, wenn die neue Information an die vorhandenen subjektiven mentalen Modelle andockt.

Wie die Messung der Modellveränderungen (Wissenserwerb) erfolgen kann, versucht Ifenthaler im Rahmen des HIMATT-Projektes (*Highly Integrated Model Assessment Technology and Tools*) mit Konzeptkarten computertechnisch zu operationalisieren. Der Ablauf der Schemaaktivierung in Folge einer Aufgabenstellung kann hierzu vereinfachend folgendermaßen dargestellt werden:

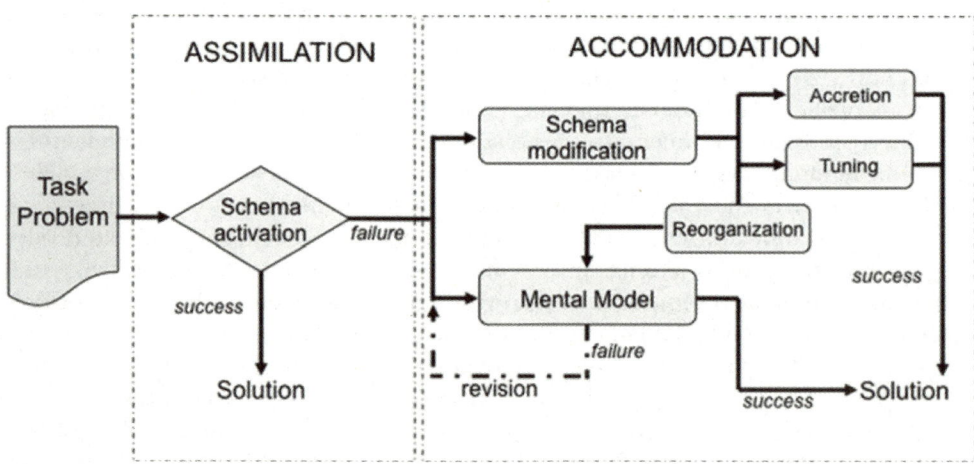

Abbildung 6.2:   Prozessmodell zur Veränderung mentaler Modelle und der Restrukturierung kognitiver Schemata nach Ifenthaler 2006

Bei Passgenauigkeit führt die Aktivierung der Schemata unmittelbar zur Lösung (Assimilation). Ist die Schemaaktivierung nicht ausreichend zur Bearbeitung der Aufgabe, erfolgen Reorganisations- und Revisionsprozesse der Schemata und mentalen

---

10 Ifenthaler verweist dazu auf umfangreiche Forschung zur schwierigen, aber möglichen Veränderung plausibler mentaler Modelle durch spezifische Information: Ifenthaler (2006), Ifenthaler/Seel (2005), Seel (1995), Seel/Dinter (1995), Mayer (1989), Anzai/Yokoyama (1984).

Modelle (Akkomodation). Durch diese Prozesse kann ein Schema erweitert (Accretion) oder angepasst (Tuning) werden. Genügen diese Prozesse nicht für die Lösung der Aufgabe oder sind die mentalen Modelle nicht adäquat, setzen Reorganisationsprozesse der mentalen Modelle ein. Diese können zu einer Revision der Modelle und damit zu einer Lösung führen, aber auch erfolglos bleiben. Die Erfolgsaussichten für die Lösung einer Aufgabe lassen sich erhöhen, wenn alternative Schemata und Modelle bereits zur Verfügung stehen. Auch diese können zu einer unmittelbaren Lösung der Aufgabe führen oder in die Reorganisationsprozesse einfließen.

Schemata sind zwar empirisch nicht immer leicht zu fassen (Ifenthaler 2010), ihre Entstehungsprozesse, ihre Funktionen und ihre Veränderbarkeit lassen sich modellhaft dennoch gut darstellen. Am Beispiel der Schemaveränderungen bei Wechselpräpositionen durch eine animierte Grammatik (siehe Kapitel 3.6) konnte gezeigt werden, wie sich mittels der heute bereits verfügbaren Instrumente weitreichende Konsequenzen mentaler Modellierungen messen lassen. Mit diesen Instrumenten lassen sich auch die orientierenden und kategorisierenden Funktionen von Vorurteilen und Stereotypen wie auch deren Veränderbarkeit abbilden.

In Kapitel 3.3 und 3.4[11] wurde bereits illustriert, wie die kognitiven Kategorisierungen der Lerner durch kulturspezifische mentale Modellierungen beeinflusst werden. Dabei ist davon auszugehen, dass die kognitiven Kategorien weniger universell ausgeprägt sind, als verbreitet angenommen wird. Sie sind variabel, abhängig von kulturspezifischen semantischen Eigenschaften und spielen eine entscheidende Rolle in der Entwicklung allgemeiner kognitiver Fähigkeiten.

> Rather than cognitive categories being universal and giving rise to universal semantic categories, as is typically supposed, it seems that cognitive categories are variable and they align with cross-linguistically variable semantic categories. This work therefore contributes to the emerging view that language can play a central role in the restructuring of human cognition. (Majid/Bowerman/Kita/Haun/Levinson 2004:113)

Gumperz/Levinson (1996) postulieren, dass diese kulturspezifischen Denkmodi im (ontogenetischen) Spracherwerb für das Sprechen erworben werden. Die Denkmodi reflektieren die linguakulturellen Differenzen und beeinflussen die kognitive Kategorisierung.

> In this theory, two languages may „code" the same state of affairs utilizing semantic concepts or distinctions peculiar to each language; as a result the two linguistic descriptions reflect different construals of the same bit of reality. These semantic distinctions are held to reflect cultural distinctions and at the same time to influence cognitive categorization. (Gumperz/Levinson 1996:7)

Die Aufgabe, die Schemata verschiedener Provenienz in den gleichen kognitiven Strukturen zu vereinbaren und mittels kognitiver Prozesse zwischen ihnen vermitteln zu müssen, also Kategorisierungen unterschiedlicher Art nebeneinander zu verwalten, die gleichzeitig veränderbar sind und sich gegenseitig beeinflussen können, kann der Lerner/Sprecher lösen, wenn der Wissenszuwachs nicht zu einer Auflösung bestehender Modelle führt. Der Ansatz der Entwicklung konzeptueller Modelle geht zwar von einer Akkomodation bestehender Schemata und Modelle aus, steht aber nicht im Wider-

---

[11] Vergleiche auch Slobin (1996) und die kognitive Anthropologie von Goodenough (1970), Goodenough (1964).

spruch zur Koexistenz und Interdependenz verschieden geprägter mentaler Modelle. Wie gezeigt wurde, löst der Transdifferenzansatz das Problem der kognitiven Dissonanz nicht durch ein binäres System oder eine dritte oder höhere Qualität, sondern durch ein dynamisches Nebeneinander mehr oder weniger interagierender und temporärer Positionen und Einstellungen. In den Modellen von der Drittkultur (Bhabha 1994) oder dem dritten Ort (Kramsch 1996, Bennet 1993) kommt diese Dynamik weniger zum Tragen und ist dort auch nicht unter kognitiven Aspekten behandelt worden. Nach dem Transdifferenzansatz stören die Differenzen die binäre Ordnung, aber substituieren sie nicht, sondern komplementieren sie (Lösch 2005:28). Durch die dynamische Integration des Fremden in bestehende und sich verändernde Wissensbestände wird die binäre Trennung in Eigenes und Fremdes obsolet. Zwar sind unterschiedliche Wissensbestände identifizierbar, aber weder bleibt die Trennung bestehen noch muss es zu einer diffusen Hybridisierung kommen.

Die daraus entstehende transkulturelle Qualität der Wissensorganisation, die sich in Transdifferenz manifestiert, entwickelt sich nicht global, sondern selektiv nach Bedarf und Disposition in Domänen ("Provinzen"). Bemerkenswert daran ist, dass sich die Entwicklung transkultureller Kompetenzen als Komponente des Wissenserwerbs im Bereich dieser besonderen Interessen oder Interessensinseln bei günstigen Bedingungen sukzessiv sowohl auf andere Provinzen übertragen als auch auf globale Kompetenzen ausdehnen lässt. Das Funktionieren dieses sukzessiven Transferprozesses illustriert van Es (2004) am Beispiel der Entwicklung transkultureller Erscheinungen in Provinzen – wie der Musik – und ihrer anschließenden Übertragung auf andere Provinzen – wie den Sport oder die Mode –, bevor sie zu einer globalen Erscheinung werden. Provinzen können zu Themen wie Arbeitsplatz und Beruf, Sport, Musik, Folklore oder wissenschaftlichen Themen oder jedem anderen beliebigen Themengebiet gebildet werden.

Die Übertragung von transkulturellen Kompetenzen, die in einer Provinz erworben und praktiziert werden, auf andere Bereiche geschieht nicht automatisch. Auch sie bedarf der Vermittlung, Reflexion und Einübung. Nicht in der Einebnung oder Vermeidung dieser komplex erscheinenden Prozesse liegt die Aufgabe des Fremdsprachenunterrichts. Vielmehr ist er mit einer größeren Herausforderung konfrontiert, nämlich mit der Aufgabe, auch diese natürlichen Prozesse mit der richtigen Relevanz und Größe der Provinzen (Themen, Interessensgebiete) und dem richtigen Anspruchsniveau (Aufgabenstellungen) operationabel zu machen.

7 Postscript: Zehn Vorschläge zur Zukunft des Sprachenerwerbs und Sprachenunterrichts

Die Bildungssysteme reagieren auf die soziale und kommunikative Dynamik, die durch die demographischen Veränderungen aufgrund der Zunahme und Diversifizierung der Migration ausgelöst wird, verbreitet mit nicht angepasster Geschwindigkeit und mit überholten Mitteln. In den hochgradig internationalisierten Gesellschaften und Bildungssystemen müssten Mehrsprachigkeit und Transdifferenz längst zu fixen Parametern moderner Lehrplanentwicklung, sprachendynamischer Referenzrahmen, pragmatischer Kommunikationskonzepte, an Lernprozessen und an dem Erwerb von Kompetenzen ausgerichteten Sprach(en)unterrichts, relevanten Lehr- und Lernmaterials und philanthropischer Bildungskonzepte gehören. Der Erwerb brauchbarer kommunikativer, kultureller und transkultureller Kompetenzen und nicht die Vermittlung vorwiegend linguistischer oder landeskundlicher Systemmerkmale müssten im Mittelpunkt des Unterrichts stehen. Die Identitätskonstruktionen des lernenden (oft bereits mehrsprachigen und mehrkulturellen) Individuums dürften dabei nicht als nachgeordnetes Problem der sprachlichen Performanz, sondern müssten als konstitutives Potenzial für den Unterricht behandelt werden. Für die Vermittlung von Sprachen lassen sich aus den geänderten Anforderungen mindestens zehn Desiderata ableiten.

Konzeptuelle Mehrsprachigkeit

Natürlichkeit und Selbstverständlichkeit der Mehrsprachigkeit müssten – statt der Ausrichtung an konzeptueller Monolingualität – Grundlage curricularer Entwicklungen und der Vermittlung von Sprachen und Kulturen werden. Das erfordert ein pragmatisches Konzept von Sprache und Kommunikation, das sich unter anderem in einer Wertschätzung und Wertschöpfung sprachlicher Variation ausdrückt. Die Ausrichtung an Registern, Varietäten und dem Konzept des Kontinuums von innerer und äußerer Mehrsprachigkeit hätte weitreichende Folgen für den Deutschunterricht, den Fachunterricht und den Fremdsprachenunterricht. Die Segregation von Fach- und Sprachvermittlung ist nicht mehr zeitgemäß. Sprachvermittlung ist eine grundlegende Komponente – und ein Erfolgsindikator – in jeder Fach-, Berufs- und Wissenschaftsausbildung.

Norm und Variation

Ziel des Fremdsprachenunterrichts kann nicht nur die Vermittlung der Standardsprache sein, sondern es muss die Behandlung verschiedener Normen, deren Entstehung, Funktionen und Prinzipien einschließen. Dafür bedarf es eines variantenreichen authentischen Lernmaterials und aufgaben- und handlungsorientierter Zugänge dazu. Das Ziel der „Muttersprachlichkeit" als „Mutter aller Normen" in Rahmenrichtlinien und Lehrplänen („native or near-native competence") ist nicht mehr zeitgemäß, weil es deren Binnendifferenzierung, die Translingualität durch Sprachenkontakt und die sprachliche Entwicklungsdynamik zu wenig abbildet. Zielsprachliche Varietäten sind nicht statisch im

Sinne einer genormten muttersprachlichen Varietät, sondern erfahren ständig perspektivische und linguistische Erweiterungen. Auch Lernervarietäten müssten demnach – als sich entwickelnde Sprachsysteme – stärker aus ihrer eigenen Dynamik und nicht nur aus der Perspektive der Normverletzung in Bezug auf die Standardsprache behandelt werden. Es geht damit um die Umsetzung einer lange geforderten neuen Fehlerkultur.

Plurizentrik

Im Bereich der Landeskunde soll die DACHL-Initiative einen Anfang eines landeskundlichen Umdenkens im Fremdsprachenunterricht (Deutsch) markieren. Sie kann aber weder Selbstzweck noch einziges Ziel der Bemühungen um eine stärkere Berücksichtigung von sprachlicher und kultureller Variation bleiben. Plurizentrik bedeutet erstens nicht nur die Berücksichtigung unterschiedlicher Zielkulturen der gleichen oder ähnlichen Zielsprache. Zudem kann die Ausrichtung auf diese Zielkulturen nicht bei der Abbildung plakativ-stereotyper Redewendungen und kultureller Artefakte enden, sondern muss die Binnendifferenzierung und Dynamik dieser Kulturen berücksichtigen. Zweitens ist der multikulturellen Realität der Gesellschaften und ihrer reflektierenden Behandlung im Fremdsprachenunterricht Raum zu geben, zum Beispiel durch die Berücksichtigung literarischer Texte von Autorinnen und Autoren mit anderen Ausgangssprachen als der Zielsprache (Chamisso-Literatur im Deutschen).

Von der Utopie der interkulturellen Kompetenz zur Normalität der Fremdheit

Die utopischen Postulate von Lehrplänen in Bezug auf die Vermittlung interkultureller Kompetenzen durch den viel beschworenen, aber wenig konkretisierten Perspektivenwechsel lassen sich mit den begrenzten Ressourcen des Unterrichts oft nicht lösen. Binäre Vorstellungen von der Vermittlung von (Fremd-)Kulturen werfen hermeneutische, kognitionspsychologische, linguistische und didaktische Probleme auf, die im Rahmen des Unterrichts nur dann bearbeitbar wären, wenn die Schülerinnen und Schüler und die Lehrkräfte bereits über ausreichende landeskundliche und kulturvermittelnde Kenntnisse verfügen würden. Statt Utopie oder Kompromissen empfiehlt sich dabei ein affirmativer Umgang mit authentischer Fremdheit, also vor allem der im Umfeld des Unterrichts und Alltags vorhandenen und erfahrbaren, der sich in einem multiperspektivischen, dynamischen und organischen Verständnis von Kultur, einer dynamischen Organisation von Wissen und in einem organischen und dynamischen Konzept von (innerer und äußerer) Mehrsprachigkeit manifestiert. Der Bildungsalltag ist zunehmend durch kulturelle Diversität geprägt. Sie ist selbstverständlich und bedarf nicht der Auflösung. Vielmehr sollte es darum gehen, Fremdheit nutzbar und die von den Schülerinnen und Schülern erfahrbaren Prozesse des Umgangs damit reflektierbar zu machen. Das Management von Fremdheit und der Zugang zum Fremden haben dabei eine zentrale Bedeutung. Mehrsprachigkeit als Ausdruck sprachlicher und kultureller Diversität wird zu einem Instrument, das transdifferente Positionen darstellen, verstehbar machen und konstruieren helfen kann, und das regionale, soziolektale und andere pragmatische Varietäten genauso umfasst wie Fremdsprachen und Lernervarietäten und diese sicht- und hörbar – und damit kognitiv bearbeitbar – macht.

Kognition

Die Entwicklung von Lehr- und Lernmaterial und der Unterricht müssen sich stärker an den Dispositionen und den kognitiven Bedingungen der Lerner ausrichten, wenn es wirklich um die effiziente und nachhaltige Vermittlung brauchbarer kommunikativer und transkultureller Kompetenzen geht. Gebraucht wird daher eine kognitive Didaktik auf Basis erwerbs- und kognitionslinguistischer Erkenntnisse, die die Funktionsprinzipien und Strukturen von Sprachen und Kommunikationssystemen verständlich macht, erwerbsgerecht vermittelt und sukzessive erweitert und mittels relevanter Kontexte und Aufgaben nachhaltig sichern hilft.

Dabei ist davon auszugehen, dass die fortschreitende kognitive Entwicklung der Kinder und Jugendlichen im Prozess der Maturation die sprachlichen Kompetenzen nicht ausspart. Entleertes und vereinfachtes Lehrmaterial und Lehrmaterialien und Curricula, die den Erwerb einer neuen Sprache auf der Basis einer kognitiven Stunde Null beginnen lassen, können auch zu einer Unterforderung des kognitiven Apparates führen. Sprachliche Einfachheit, das zeigen zum Beispiel SMS, Graffiti, Werbetexte und lyrische Texte, muss nicht zwangsläufig in kognitiver Unterforderung münden. Zu berücksichtigen ist auch, dass bei Mehrsprachigen ein Wissenstransfer unabhängig davon stattfindet, in welcher Sprache das Wissen verarbeitet und gespeichert wird. Sprachliche und nichtsprachliche kognitive Prozesse interagieren und lassen sich fachübergreifend mit Transfereffekten nutzen.

Diagnosekompetenz und Kompetenzdiagnose

Die Diagnosekompetenzen der Lehrkräfte und Bildungsadministratoren und die Diagnoseinstrumente sind erheblich zu verbessern. Oft werden Lernerkompetenzen unter- oder fehlbewertet und Schulübergangsempfehlungen für weiterführende Schulen verweigert oder fehlgeleitet, weil die Beraterinnen und Berater das Potenzial mehrsprachiger Schülerinnen und Schüler falsch einschätzen, und zwar aufgrund von längst widerlegten Vorannahmen oder sprachreduktionistischen Diagnoseinstrumenten (Tests, Korrekturnormen). Die Tatsache, dass Kinder mit mehrkulturellem Hintergrund in den Bildungsstudien oft schlechter abschneiden als Kinder der Mehrheitsgesellschaft hat wenig mit der Mehrsprachigkeit oder dem kognitiven Potenzial der Kinder zu tun. Bezeichnend sind vielmehr die damit oft zusammenhängenden Faktoren der Bildungsnähe und -ferne der Elternhäuser und verschiedene Umgebungsfaktoren. Deswegen ist es nur ein scheinbarer Widerspruch, dass mehrsprachige Kinder regelmäßig zu den Überfliegern in den Schulsystemen gehören. Es geht also einerseits um die systemische Verbesserung der Umgebungsbedingungen in den Bildungssystemen, andererseits kann eine signifikante Verbesserung der Bildungschancen auch durch eine feinere Diagnose der Lernpotenziale und Schwächen der Schülerinnen und Schüler und durch darauf abgestimmte Förderungskonzepte bewerkstelligt werden.

Inklusive und integrative Sprachförderung

Sprachenerwerb und Mehrsprachigkeit sind grundsätzlich keine Defizienz- sondern Potenzialdomänen. Die segregierende Sprachförderung und erhöhte sprachtherapeutische Behandlung von mehrsprachigkeitsbedingten Erwerbserscheinungen bei Kindern und Jugendlichen (Faktor 4 gegenüber einsprachigen Kindern) ist zu Gunsten einer integrativen und inklusiven Ausrichtung auf den Erwerb fachlicher Kompetenzen zu ändern. Dabei sollten Vorwissen und Vorsprachen stärker einbezogen und aufgaben- und handlungsorientierte Konzepte angewandt werden. In vielen Fällen brauchen Kinder keine Sprachförderung, sondern Sprache in sinnvollen Kontexten.

Wertschätzung und Wertschöpfung

Die kapitale Schizophrenie des Fremdsprachenunterrichts ist weder erwerbslinguistisch noch gesellschaftlich oder wirtschaftlich vertretbar. Es ist kaum erklärbar, dass Schulsysteme einerseits aufwändige Ressourcen in den Fremdsprachenunterricht und die Sprachförderung investieren, andererseits aber kaum Anstrengungen machen, die natürliche Mehrsprachigkeit der Bevölkerung produktiv in ihre Bildungskonzepte von Mehrsprachigkeit einzubeziehen. Die Gesellschaften könnten in vielfacher Weise von einem inklusiven Ansatz der Mehrsprachigkeit profitieren:

- ► durch eine größere Spanne von mehrsprachigen Kompetenzen (Mehrsprachigkeitsspektrum)
- ► durch eine Optimierung oft nur rudimentär vorhandener mündlichsprachiger Kompetenzen (Bildungssprachen)
- ► durch Erwerbssynergien zwischen den Sprachen (Mehrsprachigkeitsdidaktik)
- ► durch höhere Wertschätzung (und Wertschöpfung) fremder Kulturen und Sprachen und eine daraus resultierende integrative Wirkung in der Gesellschaft (kulturelles Kapital)
- ► durch eine Rückführung des Sprachenerwerbs in die alltägliche Normalität (Kontinuum von innerer und äußerer Mehrsprachigkeit)
- ► durch kognitive Synergieeffekte durch Mehrsprachigkeit (Interdependenzhypothese).

Mehr-Sprachendidaktik

Die Sprachdidaktiken wären gut beraten, ihre Aufmerksamkeit stärker auf die Grundlagenforschung zu verlagern, als auf unterrichtliche Methodiken und Modewellen zu richten. Ohne hinreichende Verankerung in der Grundlagenforschung (etwa der Kognitionsforschung, der Linguistik oder der Pädagogik) bleiben Methodiken erfahrungsgemäß ohne nachhaltigen Erfolg, produzieren rückläufige Bewegungen und sind nicht erforschbar. Aus einer theoretisch fundierten Didaktik ergeben sich dagegen neue Forschungsimpulse. Statt einer kleinschrittigen Behandlung sprachlicher und landeskundlicher Fertigkeiten im Rahmen instruktionistischer Unterrichtsmethodiken müsste den kognitiven Aspekten der Sprachen- und Kulturenrepräsentation mehr Aufmerksamkeit gewidmet werden. Demnach sollte die Mehrsprachigkeitsdidaktik den Blick von den (Gemeinsamkeiten der) Sprachstrukturen und ihrer Transferpotenziale stärker auf die Nutzung von zunehmend vorhandenen Inseln der Mehrsprachigkeit in den Klassen lenken und Mehrsprachigkeit als Normalfall und Kontinuum behandeln. Zudem bedarf die Lehreraus- und -fortbildung einer stärkeren Sensibilisierung für sprachliche Variabilität und den Umgang mit Fremdheit. Es erweist sich als Vorteil, wenn Lehrkräfte ihre eigenen sprachlichen und kulturellen Kompetenzen in Fremdsprachen und den schwierigen und manchmal stockenden Weg dorthin stärker reflektieren.

Mehr-Sprachenpolitik

Durch eine Reorganisation des Sprachenunterrichts an den Schulen könnte das (bisher abstrakte) europäische Mehrsprachigkeitsideal erreicht werden, nach dem jede EU-Bürgerin und jeder EU-Bürger über Kompetenzen in mindestens drei Fremdsprachen (3 + 1) verfügen soll. Dieses Ziel ist in der Lebenspraxis der Bürger jedoch jeweils mit den individuellen Mobilitätsbedingungen und Sprachkontaktsituationen zu vereinbaren und verlangt nach einer entsprechenden Bedarfs- und Progressionsdynamik. (Viele Menschen bringen bereits 2, 3 oder 4 Sprachen mit in die Schule, aber auf unterschiedlichen Kompetenzniveaus.) Sprachenerwerb kann nicht politischer Selbstzweck sein. (Genauso wenig wie Mobilität Selbstzweck ist). Die Sprachenpolitik kann die lebensweltlichen Bedingungen besser ansprechen, wenn sie an der realen Nutzbarkeit von Sprachen auf der Grundlage realer Bedingungen vorhandener Mehrsprachigkeit in der Gesellschaft ausgerichtet wäre. Ein viables Gesamtkonzept müsste Familiensprachen sowie Nachbar- und Begegnungssprachen genauso berücksichtigen wie internationale Arbeits- und Verkehrssprachen und die Umgebungssprachen. Elemente des Konzeptes sind demnach:

1. Familien- und Umgebungssprachen (L1n) und die Behandlung ihrer Binnendifferenzierung sowie deren Entwicklung im Bereich bildungssprachlicher Kompetenzen bei den Schülerinnen und Schülern
2. die Vermittlung der vorwiegend lexikalischen (Transfer-)Basis einer internationalen Basissprache wie dem Euro-Latein als Grundlage für den Erwerb weiterer Sprachen und die Erweiterung sprachlicher Kompetenzen in bereits erworbenen
3. die Vermittlung einer internationalen Verkehrssprache wie dem internationalen und interkulturellen Englisch, in allen Kompetenzbereichen.

Eine Erweiterung dieses Konzeptes ergibt sich für die weiterführende schulische Ausbildung durch die Vermittlung von Kompetenzen in

4. mindestens einer weiteren Arbeitssprache (mit mindestens rezeptiven Fertigkeiten) und
5. einer Begegnungs- oder Nachbarsprache (mindestens auf der Ebene alltäglicher kommunikativer Kompetenzen).

Je nach Bedarf sollten die meist mündlichen Familiensprachen schrift- und bildungssprachlich auch außerhalb der Familien weiterentwickelt werden können. Eine frühe, niedrigschwellige Begegnung mit fremden Sprachen und Kulturen, beginnend mit Sprachspielen, Dialekten, Soziolekten und narrativen Varietäten (etwa *in Early Literacy* Programmen) ist zu empfehlen. Grundsätzlich sollte die Sprachvermittlung in der Gesellschaft vorhandene Sprachkompetenzen nutzen und sich am realen Bedarf und den Interessen der Lerner ausrichten. Internationalen Varietäten einer Lingua franca ist bei internationalen Funktionen Vorrang zu geben vor *Lingua cultura* Varietäten (wie etwa dem britischen Englisch). In beruflichen und wissenschaftlichen Kontexten ergibt sich daraus ohnehin oft eine Erweiterung und Differenzierung des Arbeitssprachenportfolios.

8 Literaturverzeichnis

Aarsleff, Hans (1982). *From Locke to Saussure. Essays on the study of language and intellectual history.* Minneapolis: University of Minnesota Press.

Adam, Severine (2010). Wortstellung und Hervorhebung. Einige Probleme der Vertextung im deutsch-französischen Vergleich. In: Foschi Albert, Marina/Hepp, Marianne/Neuland, Eva/Dalmas, Martine (Hg.). *Text und Stil im Kulturvergleich. Pisaner Fachtagung 2009 zu interkulturellen Wegen germanistischer Kooperation.* München: Iudicium, 403–412.

Adamzik, Kirsten (2004). *Textlinguistik. Eine einführende Darstellung.* Tübingen: Niemeyer.

Agar, Michael (1994). *Language shock. Understanding the culture of conversation.* New York: William Morrow.

Aguado, Karin/Grotjahn, Rüdiger/Schlak, Torsten (2005). Erwerbsalter und Sprachlernerfolg. Theoretische und methodologische Grundlagen eines empirischen Forschungsprojekts. *Zeitschrift für Fremdsprachenforschung* 16 (3), 275–293.

Aitchison, Jean (1997). *Wörter im Kopf. Eine Einführung in das mentale Lexikon.* Tübingen: Niemeyer.

Alban, Susanna/Leininger, Madeleine (2000). *Multikulturelle Pflege.* München: Urban & Fischer.

Allolio-Näcke, Lars/Kalscheuer, Britta (2005). Wege der Transdifferenz. In: Allolio-Näcke, Lars/Kalscheuer, Britta/Manzeschke, Arne (Hg.). *Differenzen anders denken. Bausteine zu einer Kulturtheorie der Transdifferenz.* Frankfurt am Main/New York: Campus, 15–25.

Allwood, Jens (1988). *Feedback in Second Language Acquisition.* Strasbourg/Göteborg: European Science Foundation.

Al-Mouslie, Rabya (2009). *Zur Fossilisierung im Spracherwerb bei arabischsprachigen Deutschlernern.* unveröffentlichte Masterarbeit: GJU Amman.

Althaus, Hans-Joachim (2009). Was müsste man nicht alles wissen! Landeskunde als Teildisziplin im Studium Deutsch als Fremdsprache. In: Joachimsthaler, Jürgen (Hg.). *Theorie ohne Praxis – Praxis ohne Theorie? Kulturwissenschaft(en) im Spannungsfeld zwischen Theorie, Didaktik und kultureller Praxis.* München: Meidenbauer, 131–142.

Altmayer, Claus (2010). Konzepte von Kultur im Kontext von Deutsch als Fremd- und Zweitsprache. In: Krumm, Hans-Jürgen/Fandrych, Christian/Riemer, Claudia/Hufeisen, Britta (Hg.). *Deutsch als Fremd- und Zweitsprache. Ein internationales Handbuch.* Berlin: Walter de Gruyter, 1402–1412.

Altmayer, Claus (2006). ‚Kulturelle Deutungsmuster' als Lerngegenstand. Zur kulturwissenschaftlichen Transformation der ‚Landeskunde'. *Fremdsprachen Lehren und Lernen (FLuL)* 35, 44–59.

Altmayer, Claus (2004). *Kultur als Hypertext. Zu Theorie und Praxis der Kulturwissenschaft im Fach Deutsch als Fremdsprache.* München: Iudicium.

Altmayer, Claus (2002). Kulturelle Deutungsmuster in Texten. Prinzipien und Verfahren einer kulturwissenschaftlichen Textanalyse im Fach Deutsch als Fremdsprache. *Zeitschrift für Interkulturellen Fremdsprachenunterricht* 6 (3). http://zif.spz.tu-darmstadt.de/jg-06-3/beitrag/deutungsmuster.htm (24.9.2012).

Amaral, Luiz/Meurers, Detmar (2008). From Recording Linguistic Competence to Supporting Inferences about Language Acquisition in Context. *Computer Assisted Language Learning* 21 (4), 323–338.

American Council for the Teaching of Foreign Languages (Hg.) (1983). *ACTFL Proficiency Guidelines.* Hastings-on-Hudson, NY: ACTFL Materials Center.

Anderson, Jon (1995). Cybarites, Knowledge Workers and New Creoles on the Superhighway. *Anthropology Today* 11 (4), 13–15.

Androutsopoulos, Jannis K. (2006). Mehrsprachigkeit im deutschen Internet: Sprachwahl und Sprachwechsel in Ethno-Portalen. In: Schlobinski, Peter (Hg.). *Von *hdl* bis *cul8r*. Sprache und Kommunikation in den neuen Medien.* Mannheim: Dudenverlag, 172–196.

Antor, Heinz (Hg.) (2007). *Inter- und transkulturelle Studien. Theoretische Grundlagen und interdisziplinäre Praxis.* Heidelberg: Universitätsverlag Winter.

Anzai, Yuichiro/Yokoyama, Tohru (1984). Internal models in physics problem solving. *Cognition and Instruction* (1), 397–450.

Appel, René/Muysken, Pieter (1997). *Language contact and biligualism.* London/New York/Melbourne: Edward Arnold.

Archibald, John/Libben, Gary (1995). *Research perspectives on second language acquisition.* Mississauga, Ont: Copp Clark.

ARD/ZDF (Hg.) (2011). *Migranten und Medien. Neue Erkenntnisse über Mediennutzung, Erwartungen und Einstellungen von Menschen mit Migrationshintergrund in Deutschland.* Köln: WDR. http://www.ard.de/intern/presseservice/-/id=2162042/property=download/nid=8058/1let37x/index.pdf (09.07.2011).

Aronin, Larissa/Ó Laoire, Muiris (2004). Exploring multilingualism in cultural contexts: towards a notion of multilinguality. In: Hoffmann, Charlotte/Ytsma, Jehannes (Hg.). *Trilingualism in family, school, and community.* Bilingual education and bilingualism 43. Clevedon: Multilingual Matters, 11–29. http://site.ebrary.com/lib/academiccompletetitles/home.action.

Assmann, Aleida (1996). Im Zwischenraum zwischen Geschichte und Gedächtnis: Bemerkungen zu Pierre Noras „Lieux de mémoire". In: François, Étienne (Hg.). *Lieux de mémoire, Erinnerungsorte. D'un modèle français à un projet allemand.* Berlin: Travaux du Centre Marc Bloch, 19–27.

Assmann, Jan (1992). *Das kulturelle Gedächtnis. Schrift, Erinnerung und politische Identität in frühen Hochkulturen.* München: Beck.

Assmann, Jan (1988). Kollektives Gedächtnis und kulturelle Identität. In: Assmann, Jan/Hölscher, Tonio (Hg.). *Kultur und Gedächtnis.* Frankfurt am Main: Suhrkamp, 9–19.

Assmann, Jan/Assmann, Adleida (1994). Das Gestern im Heute. Medien und soziales Gedächtnis. In: Merten, Klaus/Schmidt, Siegfried J./Weischenberg, Siegfried (Hg.). Die Wirklichkeit der Medien. Eine Einführung in die Kommunikationswissenschaft. Opladen: Westdeutscher Verlag, 114–140.

Astleitner, Hermann/Pasuchin, Iwan/Wiesner, Christian (2006). Multimedia und Motivation – Modelle der Motivationspsychologie als Grundlage für die didaktische Mediengestaltung. *Online-Zeitschrift für Medienpädagogik.* http://www.medienpaed.com/06-1/astleitner1.pdf (05.04.2012).

Atai, Mahmood Reza/Akbarian, Ishaaq (2003). The Acquisition of Temporal Properties by 35 Persian Learners. *Indian Journal of Applied Linguistics* 29 (1), 35–70.

Atkinson, John M. (1984). *Structures of social action. Studies in conversation analysis.* Cambridge: Cambridge University Press.

Auer, Peter (2003). „Türkenslang". Ein jugendsprachlicher Ethnolekt des Deutschen und seine Transformationen. In: Häcki Buhofer, Annelies/Hofer, Lorenz (Hg.). *Spracherwerb und Lebensalter.* Tübingen: Francke, 255–264.

Auer, Peter (1999). From codeswitching via language mixing to fused lects: Toward a dynamic typology of bilingual speech. *International Journal of Bilingualism* 3 (4), 309–332.

Auer, Peter (1995). The pragmatics of code-switching: a sequential approach. In: Milroy, Lesley/Muysken, Pieter (Hg.). *One speaker, two languages. Cross-disciplinary perspectives on code-switching.* Cambridge, UK/New York: Cambridge University Press, 115–135.

Auer, Peter/Dirim, Inci (2003). Socio-cultural orientation, urban youth styles and the spontaneous acquisition of Turkish by non-Turkish adolescents in Germany. In: Androutsopoulos, Jannis K./Georgakopoulou, Alexandra (Hg.). *Discourse constructions of youth identities.* Amsterdam/Philadelphia: John Benjamins, 223–246.

Auer, Peter/Wei, Li (Hg.) (2009). *Handbook of multilingualism and multilingual communication*. New York: Mouton de Gruyter.

Bachmann, Saskia (1995). *Sichtwechsel neu. Text- [und] Arbeitsbuch*. München: Klett.

Bachmann-Medick, Doris (2006). *Cultural turns. Neuorientierungen in den Kulturwissenschaften*. Reinbek: Rowohlt Taschenbuch Verlag.

Bacon, Francis (1620). *Novum Organum*.

Bade, Klaus J. (2007). Versäumte Integrationschancen und nachholende Integrationspolitik. In: Bade, Klaus J./Hiesserich,Hans-Georg (Hg.). Nachholende Integrationspolitik und Gestaltungsperspektiven der Integrationspraxis. Mit einem Beitrag von Bundesinnenminister Wolfgang Schäuble. Göttingen: V&R unipress, 21–95.

Bade, Klaus J. (2000). *Europa in Bewegung. Migration vom späten 18. Jahrhundert bis zur Gegenwart*. München: Beck.

Bagster-Collins, E. W./Werner, Oscar H./Woody, Clifford (1930). *Modern Foreign Language Study. Studies in modern language teaching. Reports prepared for the modern foreign language study and the Canadian committee on modern languages*. New York: Macmillan.

Baldauf, Christa (1997). *Metapher und Kognition. Grundlagen einer neuen Theorie der Alltagsmetapher*. Frankfurt am Main: Peter Lang.

Baleghizadeh, Sasan (2011). *Linguistic and Interactional Modifications. Their Impact on Reading Comprehension*. Saarbrücken: LAP Lambert Academic Publishing.

Bamberg, Michael (1997). Language, concepts and emotions: The role of language in the construction of emotions. *Language Sciences* 19 (4), 309–340.

Baptista, Barbara O. (1989). Strategies for the prediction of English word Stress. *International Review of Applied Linguistics* 27 (1), 1–14.

Baquedano-López, Patricia/Kattan, Shlomy (2007). Growing up in a multilingual community: Insights from language socialization. In: Aurnague, Michel/Hickmann, Maya/Vieu, Laure (Hg.). *The categorization of spatial entities in language and cognition*. Amsterdam/Philadelphia: John Benjamins, 69–99.

Barcroft, Joe (2007). When Knowing Grammar Depends on Knowing Vocabulary: Native-Speaker Grammaticality Judgements of Sentences with Real and Unreal Words. *The Canadian Modern Language Review / La revue canadienne des langues vivantes* 63 (3), 313–343.

Bardovi-Harlig, Kathleen (1995). The Interaction of Pedagogy and Natural Sequences in the Acquisition of Tense and Aspect. In: Eckman, Fred R. (Hg.). *Second language acquisition theory and pedagogy. 22nd Linguistics symposium: Selected papers*. Hillsdale, NJ: Lawrence Erlbaum, 151–168.

Baros, Wassilios (2008). Bildung und Überprüfung von Hypothesen in der Migrationsforschung. Zum Verwertungszusammenhang von wissenschaftlichen Erkenntnissen am Beispiel des Neo-Assimilationsansatzes in der Bilingualismusdebatte. *conflict & communication online* 7 (2), 1–10. http://www.cco.regener-online.de/2008_2/pdf/baros_2008.pdf (20. 07. 2012).

Baros, Wassilios/Otto, Hans-Uwe (2010). Befähigungs- und Verwirklichungsgerechtigkeit als Aufgaben interkultureller Bildung. In: Baros, Wassilios/Hamburger, Franz/Mecheril, Paul (Hg.). *Zwischen Praxis, Politik und Wissenschaft. Die vielfältigen Referenzen interkultureller Bildung. Georg Auernheimer zum 70. Geburtstag gewidmet*. Migrationsforschung 3. Berlin: Regener, 250–267.

Barthes, Roland (1966). *Critique et vérité*. Paris: Éditions du Seuil.

Bartning, Inge/Schlyter, Suzanne (2004). Itinéraires acquisitionnels et stades de développement en français L2. *Journal of French Language Studies* 14, 281–299.

Basso, Keith (1990). 'To Give up on Words'. Silence in Western Apache Culture. In: Carbaugh, Donal (Hg.). *Cultural communication and intercultural contact*. Hillsdale, NJ: Lawrence Erlbaum, 303–320.

Baumann, Klaus-Dieter/Kalverkämper, Hartwig (Hg.) (1992). *Kontrastive Fachsprachenforschung*. Forum für Fachsprachen-Forschung 20. Tübingen: Gunter Narr.

Baumann, Max P. (2000). Musik der Regionen im Kontext globaler Konstrukte. In: Bahadir, Şefik Alp/Ackermann, Peter (Hg.). *Kultur und Region im Zeichen der Globalisierung. Wohin treiben die Regionalkulturen? Beiträge zum 14. Interdisziplinären Kolloquium des Zentralinstituts.* Neustadt an der Aisch: Degener, 431–454.

Bausch, Karl-Richard/Christ, Herbert/Krumm, Hans-Jürgen (Hg.) (2007). *Handbuch Fremdsprachenunterricht.* Tübingen/Basel: Francke.

Bausinger, Hermann (1989). Stereotypie und Wirklichkeit. In: Wierlacher, Alois/Eggers, Dietrich/Engel, Ulrich/Krumm, Hans-Jürgen/Krusche, Dietrich/Picht, Robert (Hg.). *Jahrbuch Deutsch als Fremdsprache. Intercultural German Studies.* 14/1988. München: Iudicium, 157–170.

Baxmann-Krafft, Eva-Maria (Hg.)(1999). *Normen für Übersetzer und technische Autoren.* DIN, Deutsches Institut für Normung e. V. Berlin: Beuth.

Bayerisches Staatsministerium für Unterricht und Kultus (2001). *Lehrplan Deutsch als Zweitsprache.* München: Maiß.

Beck, Ulrich (Hg.) (2007). *Generation Global. Ein Crashkurs.* Frankfurt am Main: Suhrkamp.

Becker, Angelika/Carroll, Mary (1997). *The acquisition of spatial relations in a second language.* Amsterdam/Philadelphia: John Benjamins.

Becker, Angelika/Carroll, Mary/Kelly, Ann (Hg.) (1988). *Reference to Space (= Final Report to the European Science Foundation, IV).* Strasbourg/Heidelberg: Max Planck Institut für Psycholinguistik/European Science Foundation.

Beckmann, Susanne (2001). *Die Grammatik der Metapher. Eine gebrauchstheoretische Untersuchung des metaphorischen Sprechens.* Tübingen: Niemeyer.

Beeman, William/Hayami, Yoko/Rabson, Steve (1993). An Experimental Course in Japanese Culture and Society. In: Krueger, Merle/Ryan, Frank (Hg.). *Language and Content. Discipline- and Content-Based Approaches to Language Study.* Lexington/Toronto: Heath, 158–165.

Beers, Maggie (2001). A Media-Based Approach to Developing Ethnographic Skills for Second Language Teaching and Learning. *Zeitschrift für Interkulturellen Fremdsprachenunterricht* 6 (2). http://zif.spz.tu-darmstadt.de/jg-06-2/beitrag/beers2.htm (24.9.2012).

Behagel, Otto (1932). *Deutsche Syntax.* Heidelberg: Winter.

Behal-Thomsen, Heinke/Lundquist-Mog, Angelika/Mog, Paul (1993). *Typisch deutsch? Arbeitsbuch zu Aspekten deutscher Mentalität.* Berlin: Langenscheidt.

Bennet, Milton J. (1993). Toward ethnorelativism: a developmental model of intercultural sensitivity. In: Paige, R. Michael (Hg.). *Education for the intercultural experience.* Yarmouth, ME: Intercultural Press, 21–71.

Bensimon Byrne (2000). I'm Canadian. http://bensimonbyrne.com/work#/item/%E2%80%98i-am-canadian%E2%80%99/the-rant/filter/category/featured/1 (09.11.2011).

Berlin, Brent/Kay, Paul (1969). *Basic Color Terms.* Berkeley: University of California Press.

Berlitz, Maximilian D. (1887). *Methode Berlitz.* New York: Berlitz.

Berman, Eli/Lang, Kevin/Siniver, Erez (2003). Language-skill complementarity: returns to immigrant language acquisition. *Labour Economics* 10 (3), 265–290.

Berndt, Annette (2003). *Sprachenlernen im Alter. Eine empirische Studie zur Fremdsprachengeragogik.* München: Iudicium.

Bernus, Reinhard von/Clemens, Catharina/Fischer, Frank/Grosser, Regine/Jager, Benedikt/ Kaluza, Manfred/Kramer, Amadeus (2007). *Erinnerungsorte. Deutsche Geschichte im DaF-Unterricht. Materialien und Kopiervorlagen mit Dokumenten-CD-ROM und CD.* Berlin: Cornelsen.

Berthele, Raphael (2009). Überlegungen zur quasi totalen aber vollkommen normalen Nutzlosigkeit sprachwissenschaftlicher Forschung für die Unterrichtspraxis. Considerations on the practically total but completely normal uselessness of linguistic research for the teaching practice. *Zeitschrift für Literaturwissenschaft und Linguistik* (153), 10–25. http://www.unifr.ch/pluriling/assets/files/pluri/publications/berthele_LiLi.pdf (02.11.2011).

Bhabha, Homi K. (1994). *The location of culture.* London/New York: Routledge.

Bhardwaj, Mangat/Dietrich, Rainer/Noyau, Colette (Hg.) (1988). *Temporality. Second Language Acquisition by Adult Immigrants. An Additional Activity of the European Science Foundation.*

Strasbourg/Heidelberg: Max Planck Institut für Psycholinguistik/European Science Foundation.

Bialystok, Ellen/Martin, Michelle M. (2004). Attention and inhibition in bilingual children: evidence from the dimensional change card sort task. *Developmental science* 7 (3), 325–339.

Biegel, Thomas (1996). *Sprachwahlverhalten bei deutsch-französischer Mehrsprachigkeit. Soziolinguistische Untersuchungen mündlicher Kommunikation in der lothringischen Gemeinde Walscheid.* Frankfurt am Main: Peter Lang.

Bierwisch, Manfred (1997). Universal Grammar and the Basic Variety. *Second Language Research* 13 (4), 348–366.

Bierwisch, Manfred/Schreuder, Robert (1983). From Concepts to Lexical Items. *Cognition (42)*, 23–60.

Bimmel, Peter (2010). Lern(er)strategien und Lerntechniken. In: Krumm, Hans-Jürgen/Fandrych, Christian/Riemer, Claudia/Hufeisen, Britta (Hg.). *Deutsch als Fremd- und Zweitsprache. Ein internationales Handbuch.* Berlin: Walter de Gruyter, 841–849.

Birdsong, David (2009). Age and the end state of second language acquistition. In: Ritchie, William C./Bhatia, Tej K. (Hg.). *The new handbook of second language acquisition.* Bingley, UK: Emerald, 401–424.

Birk, Andrea (2008). Hermes' Reisen durch die Welten. Ein Versuch zum Begriff Vorurteil. In: Kaunzner, Ulrike A. (Hg.). *Der Fall der Kulturmauer. Wie kann Sprachunterricht interkulturell sein?* Münster: Waxmann, 43–55.

Bitchener, John/Young, Stuart/Cameron, Denise (2005). The Effect of Different Types of Corrective Feedback on ESL Student Writing. *Journal of Second Language Writing* 14 (3), 191–205.

Bittner, Regina/Hackenbroich, Wilfried/Vöckler, Kai (2007). *Transnationale Räume. Transnational spaces.* Berlin: Jovis.

Blackaby, David H./Clark, Ken/Leslie, Derek G./Murphy, Peter D. (1994). Black-white male earnings and employment prospects in the 1970s and 1980s evidence for Britain. *Economics Letters* 46 (3), 273–279.

Blackaby, David H./Leslie, Derek G./Murphy, Peter D./O'Leary, Nigel C. (1998). The ethnic wage gap and employment differentials in the 1990s: Evidence for Britain. *Economics Letters* 58 (1), 97–103.

Bleyhl, Werner (2005). Fremdsprachenlernen – ‚gesteuert' oder nach den Prinzipien des Muttersprachenerwerbs? *Praxis Fremdsprachenunterricht* 2 (3), 2–7.

Bleyhl, Werner (2003). Psycholinguistische Grunderkenntnisse. In: Bach, Gerhard/Timm, Johannes-Peter (Hg.). *Englischunterricht. Grundlagen und Methoden einer handlungsorientierten Unterrichtspraxis.* Tübingen: Francke, 38–55.

Blom, Jan-Petter/Gumperz, John Joseph (1972). Social meaning in linguistic structure: code-switching in Norway. In: Gumperz, John Joseph/Hymes, Dell H. (Hg.). *Directions in sociolinguistics. The ethnography of communication.* New York: Holt, Rinehart and Winston, 407–434.

Bluhm, Hartmut (1983). *Bedeutung und Assoziation. Eine Untersuchung zu assoziativen Relationen und zum Sprachgebrauch.* Tübingen: Stuwe.

BMW AG. LIFE Projekt Award 2006. http://www.bmwgroup.com/d/nav/index.html?http://www.bmwgroup.com/d/0_0_www_bmwgroup_com/verantwortung/gesellschaft/lifeaward/2006.html (19.07.2012).

BMW AG (Hg.) (2010). *LIFE. Ideen- und Materialsammlung für interkulturelles Lernen.* DVD Edition. www.bmwgroup.com/life (09.10.2012).

Boas, Franz (1911). *Handbook of American Indian Languages.* Washington: G. P. O.

Bochner, Stephen (1982). *Cultures in contact. Studies in cross-cultural interaction.* Oxford: Pergamon Press.

Boeckmann, Klaus-Börge (2006). Dimensionen von Interkulturalität im Kontext des Fremd- und Zweitsprachenunterrichts. *Zeitschrift für Interkulturellen Fremdsprachenunterricht* 11 (3). http://zif.spz.tu-darmstadt.de/jg-11–3/docs/Boeckmann.pdf (19.10.2011).

Bogdal, Klaus-Michael (2011). *Europa erfindet die Zigeuner. Schlaglichter auf ein Forschungsprojekt.* Zukunftsfragen der Germanistik. Weimar, 16.–20.02.2011. DAAD.

Bohn, Cornelia/Hahn, Alois (2007). Pierre Bourdieu (1930–2002). In: Käsler, Dirk (Hg.). *Klassiker der Soziologie.* München: Beck, 289–310.

Bolscho, Dietmar (2005). Transkulturalität – ein neues Leitbild für Bildungsprozesse. In: Datta, Asit (Hg.). *Transkulturalität und Identität. Bildungsprozesse zwischen Exklusion und Inklusion.* Frankfurt am Main: IKO – Verlag für Interkulturelle Kommunikation, 29–38.

Bolten, Jürgen (Hg.) (2004). *Interkulturelles Handeln in der Wirtschaft.* Sternenfels: Verlag Wissenschaft & Praxis.

Boroditsky, Lera (2000). Metaphoric structuring: Understanding time through spatial metaphors. *Cognition* 75 (1), 1–28.

Bosselmann-Cyrus, Kristian/Wigger, Arndt (1988). Mit Micky Mouse in Lilaland. Rezension zu Mebus, Gudula; Pauldrach, Andreas; Rall, Marlene; Rösler, Dietmar: Sprachbrücke 1. Deutsch als Fremdsprache, Stuttgart: Klett 1987. *Info DaF* 2, 264–271.

Bot, Kees de (2004). The Multilingual Lexicon: Modelling Selection and Control. *International Journal of Multilingualism* 1 (1), 17–32.

Bot, Kees de (1992). A bilingual production model: Levelt's 'speaking' model adapted. *Applied Linguistics* 13 (1), 1–24.

Bot, Kees de/Schreuder, Robert (1993). Word Production and the Bilingual Lexicon. In: Schreuder, Robert/Weltens, Bert (Hg.). *The Bilingual lexicon.* Amsterdam/Philadelphia: John Benjamins, 191–214.

Bournot-Trites, Monique/Reeder, Kenneth (2001). Interdependence revisited: Mathematics achievement in an intensified French immersion program. *The Canadian Modern Language Review* 58 (1), 27–43.

Boyes-Braem, Penny (1990). *Einführung in die Gebärdensprache und ihre Erforschung.* Hamburg: Signum.

Brake, Terrence/Walker, Danielle Medina/Sullivan, Kim (1992). *Doing business internationally. The cross-cultural challenges.* Princeton, NJ: Princeton Training Press.

Brammerts Ruhr-Universität Bochum (2005). e-Tandem. http://www.slf.ruhr-uni-bochum.de/etandem/etindex-de.html (31.05.2012).

Bredella, Lothar (2010). *Das Verstehen des Anderen. Kulturwissenschaftliche und literaturdidaktische Studien.* Tübingen: Gunter Narr.

Bredella, Lothar/Christ, Herbert (1995). *Didaktik des Fremdverstehens.* Tübingen: Gunter Narr.

Bredella, Lothar/Christ, Herbert/Legutke, Michael (2000). *Fremdverstehen zwischen Theorie und Praxis. Arbeiten aus dem Graduierten-Kolleg „Didaktik des Fremdverstehens".* Tübingen: Gunter Narr.

Breinig, Helmbrecht/Lösch, Klaus (2006). Transdifference. *Journal for the Study of British Cultures* 13 (2), 105–122.

Bremer, Katharina/Broeder, Peter/Roberts, Celia/Simonot, Margaret/Vasseur, Marie-Thérèse (Hg.) (1988). *Ways of Achieving Understanding. Communicating to Learn in a Second Language.* Strasbourg/London: Max Planck Institut für Psycholinguistik/European Science Foundation.

Brière, Jean-François (1986). Cultural Understanding through Cross-Cultural Analysis. *The French Review* 60 (2), 203–208.

Brinkerhoff, Jonathan D./Klein, James D./Koroghlanian, Carol M. (2001). Effects of Overviews and Computer Experience on Learning from Hypertext. *Journal of Educational Computing Research* 25 (4), 427–440.

Brizić, Katharina (2009). Ressource Familiensprache. Eine soziolinguistische Untersuchung zum Bildungserfolg in der Migration. In: Schramm, Karen/Schroeder, Christoph (Hg.). *Empirische Zugänge zu Sprachförderung und Spracherwerb in Deutsch als Zweitsprache.* Münster: Waxmann, 23–42.

Brizić, Katharina (2008). Familiensprache als Kapital. In: Plutzar, Verena (Hg.). *Nachhaltige Sprachförderung. Zur veränderten Aufgabe des Bildungswesens in einer Zuwanderergesellschaft.* Innsbruck: Studien Verlag, 136–151.

Brizić, Katharina (2007). *Das geheime Leben der Sprachen. Gesprochene und verschwiegene Sprachen und ihr Einfluss auf den Spracherwerb in der Migration.* Münster: Waxmann.

Broccias, Cristiano (2008). Cognitive linguistic theories of grammar and grammar teaching. In: Knop, Sabine de/Rycker, Teun de (Hg.). *Cognitive Approaches to Pedagogical Grammar.* Berlin/New York: Mouton de Gruyter, 225–255.

Broeder, Peter/Extra, Guns/van Hout, Roeland/Strömqvist, Sven/Voionmaa, Kaarlo (Hg.) (1988). *Processes in the Developing Lexicon.* Strasbourg/Tilburg/Göteborg: Max Planck Institut für Psycholinguistik/European Science Foundation.

Brons-Albert, Ruth/Marx, Nicole (2010). *Empirisches Arbeiten in Linguistik und Sprachlehrforschung. Anleitung zu quantitativen Studien von der Planungsphase bis zum Forschungsbericht.* Tübingen: Gunter Narr.

Brooks, Nelson (1975). The Analysis of Foreign and Familiar Cultures. In: Lafayette, Robert (Hg.). *The Culture Revolution in Foreign Language Teaching.* Skokie: National Textbook Company, 19–32.

Brown, H. Douglas (1989). *A practical guide to language learning. A fifteen-week program of strategies for success.* New York: McGraw-Hill.

Brumlik, Micha (2006). Jenseits des Eigenen und Fremden. In: Göhlich, Michael (Hg.). *Transkulturalität und Pädagogik. Interdisziplinäre Annäherungen an ein kulturwissenschaftliches Konzept und seine pädagogische Relevanz.* Weinheim: Juventa, 57–68.

Bruner, Jerome S. (1975). Language as an instrument of thought. In: Davies, Alan (Hg.). *Problems of language and learning.* London: Heinemann Educational for the Social Science Research Council and the Scottish Council for Research in Education, 61–88.

Brünken, Roland/Seufert, Tina/Zander, Steffi (2005). Förderung der Kohärenzbildung beim Lernen mit multiplen Repräsentationen. *Zeitschrift für Pädagogische Psychologie* 19 (1–2), 61–75.

Brunner, Monika/Schöler, Hermann (2001/2002). *HASE. Heidelberger Auditives Screening in der Einschulungsuntersuchung.* Wertingen: Westra.

Brunnhuber, Petra (2008). Interkulturalität interlingual. Literatur als Brücke zwischen Kulturen und Sprachen. In: Kaunzner, Ulrike A. (Hg.). *Der Fall der Kulturmauer. Wie kann Sprachunterricht interkulturell sein?* Münster: Waxmann, 135–150.

Budke, Alexandra (2003). *Wahrnehmungs- und Handlungsmuster im Kulturkontakt. Studien über Austauschstudenten in wechselnden Kontexten.* Göttingen: V&R unipress.

Bühler, Karl (1934). *Sprachtheorie. Die Darstellungsfunktion der Sprache.* Jena: Fischer.

Buhlmann, Rosemarie/Fearns, Anneliese (2000). *Handbuch des Fachsprachenunterrichts. Unter besonderer Berücksichtigung naturwissenschaftlich-technischer Fachsprachen.* Tübingen: Gunter Narr.

Bünde, Frauke/Kunz, Valérie/Laudut, Nicole (1999). *Première rencontre. Dossier pour apprendre en tandem = Erste Begegnung. Lerndossier für Tandemkurse.* Ismaning: Hueber.

Burda, Hubert/Maar, Christa (Hg.) (2006). *Iconic Worlds. Neue Bilderwelten und Wissensräume.* Köln: DuMont.

Burda, Hubert/Maar, Christa (Hg.) (2004). *Iconic turn. Die neue Macht der Bilder.* Köln: DuMont.

Butzkamm, Wolfgang (2002). *Psycholinguistik des Fremdsprachenunterrichts.* Tübingen/Basel: Francke.

Byram, Michael (1997). *Teaching and assessing intercultural communicative competence.* Clevedon: Multilingual Matters.

Byram, Michael (1989). *Cultural studies in foreign language education.* Clevedon: Multilingual Matters.

Byram, Michael/Fleming, Michael (1998). *Language learning in intercultural perspective. Approaches through drama and ethnography.* Cambridge, UK/New York: Cambridge University Press.

Byram, Michael/Morgan, Carol (1994). *Teaching-and-learning language-and-culture.* Clevedon: Multilingual Matters.

Castells, Manuel (2001). *The Internet galaxy. Reflections on Internet, business, and society.* Oxford: Oxford University Press.

Cenoz, Jasone (2001). The Effect of Linguistic Distance, L2 Status and Age on Cross-linguistic Influence in Third Language Acquisition. In: Cenoz, Jasone/Hufeisen, Britta/Jessner, Ulrike (Hg.). *Cross-linguistic influence in third language acquisition. Psycholinguistic perspectives.* Clevedon: Multilingual Matters, 8–20.

Chang, Shenglin (2005). Seeing Landscape Through Cross-Cultural Eyes: Embracing a Trans-cultural Lens Toward Multilingual Design Approaches in the Landscape Studio. *Landscape Journal: design, planning and management of the land* 24 (2), 140–156.

Charte des Langues Vivantes (1980). *Les langues modernes* (3), 309–319.

Chase, Mackie/Beaumont, Katherine (1996). *Foundations of Intercultural Studies – Resource Book.* Vancouver: Intercultural Training and Resource Centre/British Columbia Centre for International Education.

Chase, Mackie/Macfadyen, Leah P./Reeder, Kenneth/Roche, Jörg (2002). Intercultural challenges in networked learning. Hard technologies meet soft skills. *First Monday* 7 (8). http://firstmonday.org/htbin/cgiwrap/bin/ojs/index.php/fm/article/view/975/896 (19.06.2012).

Chen, Chaomei/Rada, Roy (1996). Interacting With Hypertext: A Meta-Analysis of Experimental Studies. *Human-Computer Interaction* 11 (2), 125–156.

Chen, Guo-Ming (2008). Towards transcultural understanding. A harmony theory of Chinese communication. *China Media Res* 4 (4), 1–13.

Chen, Liu Ming (1990). Qǐ Chéng, Zhuǎn, Hé, Jié. The discourse pattern of a Chinese text of literary criticism. *Australian Review of Applied Linguistics* 6, 38–69. http://arrow.latrobe.edu.au:8080/vital/access/manager/Repository/latrobe:33097 (04.05.2012).

Chiswick, Barry R./Miller, Paul W. (2002). Immigrant earnings: Language skills, linguistic concentrations and the business cycle. *Journal of Population Economics* 15 (1), 31–57.

Chodorow, Martin/Tetreault, Joel/Han, Na-Rae Han (2007). Detection of Grammatical Errors Involving Prepositions. In: Costello, Fintan/Kelleher, John D./Volk, Martin (Hg.). *Proceedings of the Fourth ACL-SIGSEM Workshop on Prepositions.* Prag: Association for Computational Linguistics, 25–30.

Chomsky, Noam (1980). *Rules and representations.* New York: Columbia University Press.

Chrisper Economy ApS (2011). TandemPartners.org. Sprachen lernen im Tandem. Kopenhagen. http://www.tandempartners.org/ (17.02.2012).

Christensen, Ben (1993). Teenage Novels of Adventure as a Source of Authentic Material. In: Oller, John W. (Hg.). *Methods that work. Ideas for literacy and language teachers.* Boston, Mass.: Heinle & Heinle, 290–296.

Clahsen, Harald/Meisel, Jürgen M./Pienemann, Manfred (1983). *Deutsch als Zweitsprache. Der Spracherwerb ausländischer Arbeiter.* Tübingen: Gunter Narr.

Clalüna, Monika/Fischer, Roland/Hirschfeld, Ursula (2007). Alles unter einem D-A-C-H-L? Wie viel Plurizentrik verträgt ein Lehrwerk? *Fremdsprache Deutsch* (37), 38–45.

Clemens, Catharina (2009). Deutsch-französische Erinnerungsorte im Landeskundeunterricht am Beispiel von Versailles. In: Nieradka, Magali Laure/Specht, Diane (Hg.). *Fremdkörper? Aspekte der Geisteswissenschaften in der Auslandsgermanistik und im DaF-Unterricht: Fachtagung vom 05. bis 07. Februar 2009 des Deutschen Akademischen Austauschdienstes an der Université de Nice, Sophia Antipolis.* Berlin: Lit, 63–78.

Clifford, James (1986). Introduction: Partial Truths. In: Clifford, James/Marcus, George E. (Hg.). *Writing culture. The poetics and politics of ethnography.* Berkeley/London: University of California Press, 1–26.

Clyne, Michael (2003). *Dynamics of language contact. English and immigrant languages.* Cambridge: Cambridge University Press.

Clyne, Michael (1991). Zu kulturellen Unterschieden in der Produktion und Wahrnehmung englischer und deutscher wissenschaftlicher Texte. *Info DaF* 18 (4), 376–384.

Čmejrková, Světla/Daneš, František (1997). Academic writing and cultural identity: the case of Czech academic writing. In: Duszak, Anna (Hg.). *Culture and styles of academic discourse.* Berlin/New York: Mouton de Gruyter, 41–62.

Coleman, James A. (1996). *Studying languages. A survey of British and European students: the proficiency, background, attitudes and motivations of students of foreign languages in the United Kingdom and Europe.* London: CILT, Centre for Information on Language Teaching and Research.

Colson, Jean-Pierre (1992). Ébauche d'une didactique des expressions idiomatiques en langue étrangère. *Terminologie et Traduction* (2/3), 165–179.

Comenius, Johann Amos (1981). *Orbis sensualium pictus.* (zuerst 1658). London: Bodley Head.

Comenius, Johann Amos (1970). *Das Labyrinth der Welt und das Paradies des Herzens.* Aus dem Tschechischen. Luzern: Bucher.

Comrie, Bernard (1997). On the origin of the Basic Variety. *Second Language Research* 13 (4), 367–373.

Condillac, Étienne Bonnot de (1746). *Essai sur l'origine des connaissances humaines. Ouvrage où on réduit à un seul principe tout ce qui concerne l'entendement humain.* Amsterdam: Pierre Mortier.

Condon, John/Yousef, Fathi (1987). Out of House and Home. In: Luce, Louise Fiber/Smith, Elise C. (Hg.). *Toward internationalism. Readings in cross-cultural communication.* Boston, Mass.: Heinle & Heinle, 99–116.

Connor, Ulla (1996). *Contrastive rhetoric. Cross-cultural aspects of second-language writing.* Cambridge/New York: Cambridge University Press.

Council of Europe (Hg.) (2009). *Common European Framework of Reference for Languages. Learning, teaching, assessment.* Cambridge, UK/Strasbourg: Cambridge University Press/Council of Europe. http://www.coe.int/t/dg4/linguistic/Source/Framework_EN.pdf (16.07.2012).

Coventry, Kenny/Guijarro-Fuentes, Pedro (2008). What plus Where in Spatial Language and Spatial Cognition. Implications for First and Second Language Acquisition. In: Robinson, Peter/Ellis, Nick (Hg.). *Handbook of cognitive linguistics and second language acquisition.* Mahwah, NJ: Lawrence Erlbaum, 114–138.

Cummins, James (1981). The role of primary language development in promoting educational success for language minority students. In: o. A. (Hg.). *Schooling and language minority students. A theoretical framework.* Los Angeles: Evaluation, Dissemination, and Assessment Center, California State University, Los Angeles, 3–49.

Cummins, James (1979). Linguistic Interdependence and the Educational Development of Bilingual Children. *Review of Educational Research* 49 (2), 222–251.

Cummins, Jim (2001). *Language, power, and pedagogy. Bilingual children in the crossfire.* Clevedon: Multilingual Matters.

Cummins, Jim (1991). Conversational and academic language proficiency in bilingual contexts. *Aila Review – Revue de l'Aila* 8, 75–89. http://www.aila.info/download/publications/review/AILA08.pdf (09.07.2012).

Cummins, Jim (1986). Empowering Minority Students: A Framework for Intervention. *Harvard Educational Review* 56 (1), 18–36.

Danesi, Marcel (2008). Conceptual errors in second-language learning. In: Knop, Sabine de/Rycker, Teun de (Hg.). *Cognitive Approaches to Pedagogical Grammar.* Berlin/New York: Mouton de Gruyter, 231–257.

Danesi, Marcel (2003). *Second language teaching. A view from the right side of the brain.* Boston: Kluwer Academic.

Daniel, Jack/Smitherman, Geneva (1990). How I Got Over. Communication Dynamics in the Black Community. In: Carbaugh, Donal (Hg.). *Cultural communication and intercultural contact.* Hillsdale, NJ: Lawrence Erlbaum, 27–40.

Datta, Asit (Hg.) (2005). *Transkulturalität und Identität. Bildungsprozesse zwischen Exklusion und Inklusion.* Frankfurt am Main: IKO – Verlag für Interkulturelle Kommunikation.

Davila, Alberto/Mora, Marie T. (2001). Hispanic Ethnicity, English-Skill Investments, and Earnings. *Industrial Relations* 40 (1), 83–88.

Dee-Lucas, Diana/Larkin, Jill (1995). Learning From Electronic Texts: Effects of Interactive Overviews for Information Access. *Cognition and Instruction* 13 (3), 431–468.

Deleuze, Gilles (2000). *Différence et répétition.* Paris: Presses Universitaires de France.

Derrida, Jacques (1972). *Positions. Entretiens avec Henri Ronse, Julia Kristeva, Jean-Louis Houdebine, Guy Scarpetta.* Paris: Editions de Minuit.

DESI-Konsortium (Hg.) (2008). *Unterricht und Kompetenzerwerb in Deutsch und Englisch. Ergebnisse der DESI-Studie.* Weinheim/Basel.

Detges, Ulrich (2000). Two types of restructuring in French creoles. A cognitive approach to the genesis of tense markers. In: Neumann-Holzschuh, Ingrid/Schneider, Edgar W. (Hg.). *Degrees of restructuring in Creole languages.* Amsterdam/Philadelphia: John Benjamins, 135–162.

Deutscher, Guy (2010). *Im Spiegel der Sprache. Warum die Welt in anderen Sprachen anders aussieht.* München: Beck.

Deutsch-Uni Online (2005 ff.). www.deutsch-uni.com.

Dewaele, Jean-Marc (2009). Becomming bi- or multi-lingual later in life. In: Auer, Peter/Wei, Li (Hg.). *Handbook of multilingualism and multilingual communication.* New York: Mouton de Gruyter, 101–129.

Diehl, Erika/Christen, Helen/Leuenberger, Sandra/Pelvat, Isabelle/Studer, Thérèse (2000). *Grammatikunterricht, alles für der Katz? Untersuchungen zum Zweitsprachenerwerb Deutsch.* Tübingen: Niemeyer.

Diekmann, Andreas (2007). *Empirische Sozialforschung. Grundlagen, Methoden, Anwendungen.* Reinbek: Rowohlt Taschenbuch Verlag.

Diewald, Gabriele (1997). Aspekte der Grammatikalisierung. In: Diewald, Gabriele (Hg.). *Grammatikalisierung. Eine Einführung in Sein und Werden grammatischer Formen.* Tübingen: Niemeyer, 1–20.

Dijkstra, Ton/van Heuven, Walter J.B. (2002). Authors' response. Modelling bilingual word recognition: Past, present and future. *Bilingualism: Language and Cognition* 5, 219–224.

Dirim, Inci (2010). Wenn man mit Akzent spricht, denken die Leute auch, dass man mit Akzent denkt oder so. Zur Frage des (Neo-)Linguizismus in den Diskursen über die Sprache(n) der Migrationsgesellschaft. In: Mecheril, Paul/Dirim, Inci/Gomoll, Mechtild/Hornberg, Sabine/Stojanov, Krassimir (Hg.). *Spannungsverhältnisse. Assimilationsdiskurse und interkulturell-pädagogische Forschung.* Münster/München: Waxmann, 92–112.

Dirim, Inci (2005). Verordnete Mehrsprachigkeit. In: Datta, Asit (Hg.). *Transkulturalität und Identität. Bildungsprozesse zwischen Exklusion und Inklusion.* Frankfurt am Main: IKO – Verlag für Interkulturelle Kommunikation, 83–97.

Dittmar, Norbert (2009). *Transkription. Ein Leitfaden mit Aufgaben für Studenten, Forscher und Laien.* Wiesbaden: Verlag für Sozialwissenschaften.

Dlaska, Andrea/Krekeler, Christian (2008). Self-assessment of pronunciation. *System* 36 (4), 506–516.

Domenig, Dagmar (Hg.) (2007). *Transkulturelle Kompetenz. Lehrbuch für Pflege-, Gesundheits- und Sozialberufe.* Bern: Huber.

Donaldson, Margaret (1978). *Children's minds.* London: Taylor & Francis.

Dorn, Michael (1998). *Priming-Effekte bei unterschiedlichen assoziierten Wortpaaren. Untersuchungen zum Status von Assoziationserhebungen und verschiedenen semantischen Relationen im Leseprozeß.* Freiburg im Breisgau: Institut für Informatik und Gesellschaft.

Doughty, Catherine/Williams, Jessica (1998). *Focus on form in classroom second language acquisition.* Cambridge, UK/New York: Cambridge University Press.

Douglas, Mary (1992). *Risk and blame. Essays in cultural theory.* London/New York: Routledge.

Drewer, Petra (2005). Zur Interkulturalität wissenschaftlicher Metaphern. In: Beneke, Jürgen/ Jarman, Francis (Hg.). *Interkulturalität in Wissenschaft und Praxis.* Hildesheimer Universitäts- schriften 15. Hildesheim: Universitätsverlag, 25–40.

Drieghe, Denis/Brysbaert, Marc/Desmet, Timothy/Baecke, Constantijn de (2004). Word skip- ping in reading: On the interplay of linguistic and visual factors. *European Journal of Cognitive Psychology* 16 (1–2), 79–103.

Drieghe, Denis/Desmet, Timothy/Brysbaert, Marc (2007). How important are linguistic factors in word skipping during reading? *British Journal of Psychology* 98 (1), 157–171.

Du Bois, John W./Cumming, Susanne/Schuetze-Coburn, Stefan/Paolino, Danae (Hg.) (1992). *Discourse Transcription.* Santa Barbara: Department of Linguistics at the University of Cali- fornia.

Duda, Richard/Riley, Philip (Hg.) (1990). *Learning Styles. European Cultural Foundation. Proceedings of the First European Seminar.* Nancy: Presses Universitaires de Nancy.

Duff, Patricia (1997). The lexical generation gap. A connectionist account of circumlocution in Chinese as a second language. In: Kasper, Gabriele/Kellerman, Eric (Hg.). *Communication strategies. Psycholinguistic and sociolinguistic perspectives.* London/New York: Longman, 192–215.

Dufour, Frédérick Gauillaume/Roy, Melanie (2009). L'Education de l'Holocauste et de l'anti- racisme face au défi de l'hétérogénéité. Analyse d'une formation pédagogique tri-nationale. *Canadian Jewish Studies* 15, 54–74.

Dugas, André/Soucy, Bernard (1991). *Le dictionnaire pratique des expressions québécoises.* Montréal: Logiques.

Dulay, Heidi C./Burt, Marina K. (1974). You can't learn without goofing. In: Richards, Jack C. (Hg.). *Error analysis. Perspectives on second language acquisition.* London/New York: Longman, 95–123.

Dürscheid, Christa/Brommer, Sarah (2009). Getippte Dialoge in neuen Medien. Sprachkritische Aspekte und linguistische Analysen. *Linguistik Online* 37 (1), 3–20. http:// www.linguistik- online.de/37_09/duerscheidBrommer.html (09.10.2012).

Dustmann, Christian/van Soest, Arthur (2002). Language and the earnings of immigrants. *Industrial and Labor Relations Review* 55 (3), 474–492. http:// discovery.ucl.ac.uk/16457/1/ 16457.pdf (04.04.2012).

Duszak, Anna (1997). Cross-cultural academic communication: a discourse-community view. In: Duszak, Anna (Hg.). *Culture and styles of academic discourse.* Berlin/New York: Mouton de Gruyter, 11–40.

Eckes, Thomas/Grotjahn, Rüdiger (2006). C-Tests als Anker für TestDaF: Rasch-Analysen mit dem kontinuierlichen Ratingskalen-Modell. In: Grotjahn, Rüdiger (Hg.). *Der C-Test: Theorie, Empirie, Anwendungen. The C-test: theory, empirical research, applications.* Frankfurt am Main: Peter Lang, 167–193.

Edmondson, Willis J. (2010). Kritisches Alter, Frühbeginn und individuelle Unterschiede. In: *Sprachlehrforschung: Theorie und Empirie. Festschrift für Rüdiger Grotjahn.* Frankfurt am Main/ Berlin/Bern/Bruxelles/New York/Oxford/Wien: Lang, 269–278.

Ehlers, Swantje (1989). Sehen lernen. In: Wierlacher, Alois/Eggers, Dietrich/Engel, Ulrich/ Krumm, Hans-Jürgen/Krusche, Dietrich/Picht, Robert (Hg.). *Jahrbuch Deutsch als Fremd- sprache. Intercultural German Studies.* 14/1988. München: Iudicium, 171–197.

Ehlich, Konrad (1989). Greek and Latin as Permanent Resources for Terminology Formation. The German Case. In: Coulmas, Florian (Hg.). *Language adaptation.* Cambridge, UK/New York: Cambridge University Press, 135–157.

Ehrhardt, Claus (2009). Netiquette zwischen Anspruch und Wirklichkeit. Höflichkeit in deutschen und italienischen Internetforen. In: Ehrhardt, Claus/Neuland, Eva (Hg.). *Sprach- liche Höflichkeit in interkultureller Kommunikation und im DaF-Unterricht.* Sprache – Kom- munikation – Kultur 7. Frankfurt am Main: Peter Lang, 171–190.

Ehrich, Veronika/Vater, Heinz (Hg.) (1988). *Temporalsemantik. Beiträge zur Linguistik der Zeitre- ferenz.* Tübingen: Niemeyer.

Einstein, Albert (1981). *Ideas and opinions.* New York: Dell.

Eisenberg, Peter (1991). Syllabische Struktur und Wortakzent. *Zeitschrift für Sprachwissenschaft* 10 (1), 37–64.

Ellis, Nick (2006). Selective Attention and Transfer Phenomena in L2 Acquisition. Contingency, Cue Competition, Salience, Interference, Overshadowing, Blocking, and Perceptual Learning. *Applied Linguistics* 27 (2), 164–194.

Ellis, Nick (1994). Implicit and Explicit Language Learning. An Overview. In: Ellis, Nick (Hg.). *Implicit and explicit learning of languages.* London/San Diego: Academic Press, 1–31.

Ellis, Rod (1997). *SLA research and language teaching.* Oxford/New York: Oxford University Press.

Ellis, Rod (1992). *Second language acquisition and language pedagogy.* Clevedon: Multilingual Matters.

Ellis, Rod (1986). *Understanding Second Language Acquisition.* Oxford/New York: Oxford University Press.

Ellis, Rod (Hg.) (1987). *Second language acquisition in context.* Englewood Cliffs, NJ: Prentice-Hall International.

Ellis, Rod/Roberts, Celia (1987). Two approaches for investigating second language acquisition. In: Ellis, Rod (Hg.). *Second language acquisition in context.* Englewood Cliffs, NJ: Prentice-Hall International, 3–30.

Engelbert, Sonja (2008). Wahrnehmung, Stereotype und Vorurteile. Kenntnisse und Kompetenzen für den Umgang mit Stereotypen und Vorurteilen. In: Kaunzner, Ulrike A. (Hg.). *Der Fall der Kulturmauer. Wie kann Sprachunterricht interkulturell sein?* Münster: Waxmann, 57–72.

Engelkamp, Johannes (1985). Die Repräsentation der Wortbedeutung. In: Schwarze, Christoph/Wunderlich, Dieter (Hg.). *Handbuch der Lexikologie.* Königstein: Athenäum, 292–313.

Engelkamp, Johannes/Rummer, Ralf (1999). Die Architektur des mentalen Lexikons. In: Friederici, Angela Dorkas (Hg.). *Enzyklopädie der Psychologie.* Göttingen: Hogrefe, 155–193.

Engelkamp, Johannes/Zimmer, Hubert D. (2006). *Lehrbuch der kognitiven Psychologie.* Göttingen: Hogrefe.

Eppert, Franz (2008). *Grammatik-ABC für Deutsch als Fremdsprache auf Zertifikatsniveau und Niveaustufen A1, A2, B1, B2. Ein kleines Handbuch für Lernende und Lehrende: einfach, klar, praktisch.* Frankfurt am Main: Fischer.

Eppert, Franz (2002). Die ‚Didaktische Grammatik‘ des Zertifikats Deutsch. *Deutsch als Fremdsprache* 39 (1), 44–48.

Eppert, Franz (2001). *Deutsch mit Vater und Sohn. 10 Bildgeschichten von E. O. Plauen für den Unterricht Deutsch als Fremdsprache.* Ismaning: Hueber.

Eppert, Franz (1988). *Grammatik lernen und verstehen. Ein Grundkurs für Lerner der deutschen Sprache.* Stuttgart: Klett.

Erdmann, Peter H. (1973). Patterns of stress-transfer in English and German. *International Review of Applied Linguistics* 11 (3), 229–241.

Erickson, Frederick/Shultz, Jeffrey (1982). *The counselor as gatekeeper. Social interaction in interviews.* New York: Academic Press.

Erling, Elizabeth (2005). The many names of English. *English Today* 21 (1), 40–44.

Erll, Astrid (2005). *Kollektives Gedächtnis und Erinnerungskulturen. Eine Einführung.* Stuttgart: Metzler.

Eroms, Hans-Werner (2010). Stil in offenen Thesaurustexten. Vergleichende Betrachtungen zu Texten von Internetenzyklopädien. In: Foschi Albert, Marina/Hepp, Marianne/Neuland, Eva/Dalmas, Martine (Hg.). *Text und Stil im Kulturvergleich. Pisaner Fachtagung 2009 zu interkulturellen Wegen germanistischer Kooperation.* München: Iudicium, 300–319.

Ertelt-Vieth, Astrid (2004). Lakunen und Symbole in interkultureller Kommunikation. Außensicht und Innensicht, Theorie und Empirie, Wissenschaft und Praxis – alles unter einem Hut? In: Bolten, Jürgen (Hg.). *Interkulturelles Handeln in der Wirtschaft.* Sternenfels: Verlag Wissenschaft & Praxis, 83–86.

Esselborn, Karl (2010). *Interkulturelle Literaturvermittlung zwischen didaktischer Theorie und Praxis.* München: Iudicium.

Esser, Hartmut (2007). Sprache und Integration. http://www.migration-boell.de/web/integration/47_1472.asp (09. 10. 2012).

Esser, Hartmut (2006 a). Migration, Sprache und Integration: Die AKI-Forschungsbilanz kurz gefasst. AKI-Forschungsbilanz 4. Berlin: Arbeitsstelle Interkulturelle Konflikte und gesellschaftliche Integration (AKI). http://www2000.wzb.eu/alt/aki/files/aki_forschungsbilanz_4_kurz.pdf (04. 04. 2012).

Esser, Hartmut (2006 b). *Sprache und Integration. Die sozialen Bedingungen und Folgen des Spracherwerbs von Migranten.* Frankfurt am Main/New York: Campus.

Esser, Hartmut (2006 c). Wenig hilfreich. Zweisprachigkeit fördert die Integration von Zuwanderern nicht wesentlich. *WZB-Mitteilungen* 111, 23–24.

Esser, Ruth (1997). *„Etwas ist mir geheim geblieben am deutschen Referat". Kulturelle Geprägtheit wissenschaftlicher Textproduktion und ihre Konsequenzen für den universitären Unterricht von Deutsch als Fremdsprache.* München: Iudicium.

Eubank, Lynn (1990). Linguistic Theory and the acquisition of German Negation. In: VanPatten, Bill/Lee, James F. (Hg.). *Second language acquisition/foreign language learning.* Clevedon: Multilingual Matters, 73–94.

Eubank, Lynn (Hg.) (1991). *Point counterpoint. Universal grammar in the second language.* Amsterdam/Philadelphia: John Benjamins.

Europäische Kommission (2012). CLIL – Content and language integrated learning. http://ec.europa.eu/languages/language-teaching/content-and-language-integrated-learning_en.htm (09. 07. 2011).

Fäcke, Christiane (2006). *Transkulturalität und fremdsprachliche Literatur. Eine empirische Studie zu mentalen Prozessen von primär mono- oder bikulturell sozialisierten Jugendlichen.* Frankfurt am Main: Peter Lang.

Fan, Jieping (1999). Sensibilisierung für das kulturell Eigene und kulturell Fremde. Modellvorstellung eines interkulturellen Trainings für chinesische und deutsche Manager. In: Rösch, Olga (Hg.). *Interkulturelle Kommunikation mit chinesischen Partnern in Wirtschaft und Wissenschaft. Beiträge aus Wissenschaft und Praxis zum 3. Wildauer Workshop „Interkulturelle Kommunikation" (21. Oktober 1998 an der TFH Wildau).* Berlin: News & Media, 73–82.

Fandrych, Christian/Thurmair, Maria (1994). Ein Interpretationsmodell für Nominalkomposita: linguistische und didaktische Überlegungen. *Deutsch als Fremdsprache* 31 (1), 34–45.

Fandrych, Christian/Thurmair-Mumelter, Maria Luise (2011). *Textsorten im Deutschen. Linguistische Analysen aus sprachdidaktischer Sicht.* Tübingen: Stauffenburg.

Fill, Alwin (2002). Tensional Arches: Language and Ecology. Im Spannungsfeld von Sprache und Ökologie. In: Fill, Alwin/Penz, Hermine (Hg.). *Colourful green ideas. Papers from the Conference 30 Years of Language and Ecology (Graz, 2000) and the Symposium Sprache und Ökologie (Passau, 2001) = Vorträge der Tagung 30 Jahre Ökolinguistik (Graz 2000) und des Symposions Sprache und Ökologie (Passau 2001).* Conference 30 Years of Language and ecology/Symposium Sprache und Ökologie. Frankfurt am Main: Peter Lang, 15–27.

Fill, Alwin (1996). *Sprachökologie und Ökolinguistik. Referate des Symposiums Sprachökologie und Ökolinguistik an der Universität Klagenfurt, 27.–28. Oktober 1995.* Tübingen: Stauffenburg.

Fill, Alwin (1993). *Ökolinguistik. Eine Einführung.* Tübingen: Gunter Narr.

Fischhaber, Kathrin (2002). Digitale Ethnographie: Eine Methode zum Erlernen interkultureller Kompetenz im Fremdsprachenunterricht. *Zeitschrift für Interkulturellen Fremdsprachenunterricht* 7 (1). http://zif.spz.tu-darmstadt.de/jg-07-1/beitrag/fischhaber1.htm (24. 09. 2012).

Fish, Stanley (1995). *Is there a text in this class? The authority of interpretive communities.* Cambridge, Mass./London, UK: Harvard University Press.

Fishman, Joshua A. (1972). *The sociology of language. An interdisciplinary social science approach to language in society.* Rowley, Mass.: Newbury House Publishers.

Fix, Ulla (2007). Zugänge zu Textwelten. Linguistisch-literaturwissenschaftliche Möglichkeiten, in die Geschlossenheit eines Erzähltextes einzudringen. In: Holly, Werner/Hermanns, Fritz (Hg.). *Linguistische Hermeneutik. Theorie und Praxis des Verstehens und Interpretierens.* Reihe Germanistische Linguistik 272. Berlin/New York: Walter de Gruyter, 323–356.

Fix, Ulla/Habscheid, Stephan/Klein, Josef (Hg.) (2001). *Zur Kulturspezifik von Textsorten.* Tübingen: Stauffenburg.

Flanagan, John C. (1954). The critical incident technique. *Psychological bulletin* 51 (4), 327–358.

Fornoff, Roger (2009). Erinnerungsgeschichtliche Deutschlandstudien in Bulgarien. Theoriekonzepte – unterrichtspraktische Ansätze – Lehrerfahrungen. *Informationen Deutsch als Fremdsprache* 36 (6), 499–517.

Foschi Albert, Marina (2012 a). Herstellung der Textkohärenz beim Leseprozess. In: Buffagni, Claudia/Birk, Andrea (Hg.). *Sprachwissenschaft und Sprachunterricht. Berührungspunkte und synergetische Effekte. Tagungsband der Konferenz Linguistik und Sprachdidaktik im italienischen Hochschulkontext (Siena, Universität für Ausländer in Siena – 15.–16. November 2010).* Münster: Waxmann, im Druck.

Foschi Albert, Marina (2012 b). Lesestrategien zur Ermittlung der Textkohärenz in fremdsprachigen Texten. *Zeitschrift für Interkulturellen Fremdsprachenunterricht* 17 (1), 25–39. http://zif.spz.tu-darmstadt.de/jg-17-1/beitrag/Foschi_Albert.pdf (23. 05. 2012).

Foschi Albert, Marina (2010). Der Stilbegriff als möglicher Zugriff auf eine abgesichertere Analyse der Textidentität. In: Foschi Albert, Marina/Hepp, Marianne/Neuland, Eva/Dalmas, Martine (Hg.). *Text und Stil im Kulturvergleich. Pisaner Fachtagung 2009 zu interkulturellen Wegen germanistischer Kooperation.* München: Iudicium, 349–368.

Foucault, Michel (1976). *Histoire de la sexualité.* Paris: Gallimard.

Francis, June (1991). 'When in Rome?'. The effects of cultural adaptation on intercultural business negotiations. *Journal of International Business Studies* 22 (3), 403–428.

François, Étienne (2001). *Deutsche Erinnerungsorte.* München: Beck.

François, Étienne/Schulze, Hagen (2005). *Deutsche Erinnerungsorte. Eine Auswahl.* München: Beck.

Freundes- und Arbeitskreis der Lektoren-Vereinigung Korea (FALK e. V./Berlin) & Lektorenvereinigung Korea (LVK/Seoul) (2009). *Erinnerungskultur.*

Funk, Hermann/Koenig, Michael (1991). *Grammatik lehren und lernen.* Berlin/München/Leipzig/Wien/Zürich/New York: Langenscheidt.

Furstenberg, Gilberte (2012). CULTURA. A web-based project designed for developing intercultural understanding. In: Roche, Jörg (Hg.). *Interkulturelles Lernen mit Medien. 5. Ergänzungslieferung der LIFE-Materialien.* München: BMW Group, im Druck.

Gadamer, Hans-Georg (2010). *Gesammelte Werke.* Tübingen: Mohr Siebeck.

Gadamer, Hans-Georg (1960). *Wahrheit und Methode. Grundzüge einer philosophischen Hermeneutik.* Tübingen: Mohr.

Gafaranga, Joseph (2009). Code-switching as a conversational strategy. In: Auer, Peter/Wei, Li (Hg.). *Handbook of multilingualism and multilingual communication.* New York: Mouton de Gruyter, 279–313.

Galanet.eu. Plateforme de formation à l'intercompréhension en langues romanes. Training-Plattform für das gegenseitige Verständnis in romanischen Sprachen. www.galanet.eu (06. 12. 2011).

Galtung, Johan (1983). Struktur, Kultur und intellektueller Stil. Ein vergleichender Essay über sachsonische, teutonische, gallische und nipponische Wissenschaft. *Leviathan. Berliner Zeitschrift für Sozialwissenschaft* 11, 303–338.

Geertz, Clifford (1975). *The interpretation of culture.* London: Hutchinson.

Geertz, Clifford (1973). *The interpretation of cultures. Selected essays.* New York: Basic Books.

Geertz, Clifford/Luchesi, Brigitte/Bindemann, Rolf (1983). *Dichte Beschreibung. Beiträge zum Verstehen kultureller Systeme.* Frankfurt am Main: Suhrkamp.

Genesee, Fred (1989). Early bilingual development: one language or two? *Journal of Child Language* 16 (1), 161–179.

Genette, Gérard (1982). *Palimpsestes. La littérature au second degré*. Paris: Seuil.

Gentner, Dedre (1989). The mechanisms of analogical learning. In: Vosniadou, Stella/Ortony, Andrew (Hg.). *Similarity and analogical reasoning*. Workshop on Similarity and Analogy. Cambridge, UK/New York: Cambridge University Press, 199–241.

Gentner, Dedre/Gentner, Donald (1983). Flowing waters or teaming crowds. Mental models of electricity. In: Gentner, Dedre/Stevens, Albert L. (Hg.). *Mental models*. Hillsdale, NJ: Lawrence Erlbaum, 99–129.

Gerjets, Peter/Scheiter, Katharina/Opfermann, Maria/Hesse, Friedrich W./Eysink, Tessa H. S. (2009). Learning with hypermedia: The influence of representational formats and different levels of learner control on performance and learning behavior. *Computers in Human Behavior* 25 (2), 360–370.

Gibbs, Raymond W. (1999). *Intentions in the experience of meaning*. Cambridge, UK/New York: Cambridge University Press.

Giles, Howard (2008). Communication Accommodation Theory: When in Rome … or Not! In: Baxter, Leslie A./Braithwaite, Dawn O. (Hg.). *Engaging theories in interpersonal communication. Multiple perspectives*. Los Angeles: Sage Publications, 161–173.

Ginns, Paul (2005). Meta-analysis of the modality effect. *Learning and Instruction* 15 (4), 313–331.

Gipper, Helmut (1972). *Gibt es ein sprachliches Relativitätsprinzip? Untersuchungen zur Sapir-Whorf-Hypothese*. Frankfurt: Fischer.

Givón, Talmy (1979). From Discourse to Syntax. Grammar as a Processing Strategy. In: Kimball, John P./Givón, Talmy (Hg.). *Syntax and semantics*. New York: Academic Press, 81–112.

Gnutzmann, Claus/Königs, Frank G./Küster, Lutz (2011). Fremdsprachenunterricht und seine Erforschung. Ein subjektiver Blick auf 40 Jahre Forschungsgeschichte und auf aktuelle Forschungstendenzen in Deutschland. *Fremdsprachen Lehren und Lernen (FLuL)* 40 (1), 5–28.

Goddard, Cliff/Wierzbicka, Anna (2007). Semantic primes and cultural scripts in language teaching and intercultural communication. In: Sharifian, Farzad (Hg.). *Applied cultural linguistics. Implications for second language learning and intercultural communication. … theme session … which was part of the 8th International Cognitive Linguistics Conference held at the University of Logroño, La Rioja, Spain, July 20–25, 2003*. Amsterdam/Philadelphia: John Benjamins, 105–124.

Goldberg, Adele E. (1995). *Constructions. A construction grammar approach to argument structure*. Chicago: University of Chicago Press.

Goldman-Segall, Ricki (1998). *Points of viewing children's thinking. A digital ethnographer's journey*. Mahwah, NJ: Lawrence Erlbaum.

Golsabahi, Solmaz (Hg.) (2008). *Von Gemeinsamkeiten und Unterschieden. 1. Kongress der transkulturellen Psychiatrie im deutschsprachigen Raum. 6.–9. September 2007 Universität Witten/Herdecke*. Berlin: Verlag für Wissenschaft und Bildung.

González, Libertad (2005). Nonparametric bounds on the returns to language skills. *Journal of Applied Econometrics* 20 (6), 771–795.

Goodenough, Ward Hunt (1970). *Description and Comparison in Cultural Anthropology*. Chicago: Aldine Publishing Company.

Goodenough, Ward Hunt (1964). Cultural anthropology and linguistics. In: Hymes, Dell H. (Hg.). *Language in Culture and Society*. New York: Harper & Row, 36–39.

Gopnik, Alison/Meltzoff, Andrew N./Kuhl, Patricia K. (2001). *The scientist in the crib. What early learning tells us about the mind*. New York: HarperPerennial.

Gopnik, Alison/Meltzoff, Andrew N./Kuhl, Patricia K. (1999). *How babies think. The science of childhood*. London: Phoenix.

Götze, Lutz (2001). Linguistische und didaktische Grammatik. In: Helbig, Gerhard/Götze, Lutz/ Henrici, Gert/Krumm, Hans-Jürgen (Hg.). *Deutsch als Fremdsprache. Ein internationales Handbuch.* Berlin: Walter de Gruyter, 187–194.

Götze, Lutz (1999). Eine funktionale Grammatik für Deutsch als Fremdsprache. In: Skibitzki, Bernd/Wotjak, Barbara (Hg.). *Linguistik und Deutsch als Fremdsprache. Festschrift für Gerhard Helbig zum 70. Geburtstag.* Tübingen: Niemeyer, 81–94.

Götze, Lutz (1995). Zum Problem einer Kommunikativ-Funktionalen Grammatik. In: Ágel, Vilmos/Brdar-Szabo, Rita (Hg.). *Grammatik und deutsche Grammatiken. Budapester Grammatiktagung 1993.* Tübingen: Niemeyer, 233–242.

Götze, Lutz (1993). Lebendiges Grammatiklernen. *Fremdsprache Deutsch* 9, 4–9.

Götze, Lutz (1985). Grammatik? – Ja! Aber welche? *Zielsprache Deutsch* 16 (4), 11–15.

Gouin, François (1892). *The art of teaching and studying languages.* London: Philip.

Gouin, François (1880). *L'art d'enseigner et d'étudier les langues.* Michigan: University of Michigan Press.

Grady, Joseph (1997). *Foundations of meaning. Primary metaphors and primary scenes.* Berkeley: University of Berkeley.

Graefen, Gabriele/Liedke, Martina (2008). *Germanistische Sprachwissenschaft. Deutsch als Erst-, Zweit- oder Fremdsprache. Mit CD-ROM.* Tübingen/Basel: Francke.

Graham, John (1996). Culture, negotiations and international cooperative ventures. In: Gass, Susan M./Neu, Joyce (Hg.). *Speech Acts Across Cultures.* Berlin/New York: Walter de Gruyter, 317–338.

Graham, John/Herberger, Roy (1987). Negotiators Abroad – Don't Shoot from the Hip. In: Luce, Louise Fiber/Smith, Elise C. (Hg.). *Toward internationalism. Readings in cross-cultural communication.* Boston, Mass.: Heinle & Heinle, 73–87.

Grass, Anja (2011). *Zur Veränderung mentaler Modelle beim Lernen mit Grammatikanimationen.* Magisterarbeit. München: Ludwig-Maximilians-Universität.

Green, David W. (1993). Towards a model of L2 comprehension and production. In: Schreuder, Robert/Weltens, Bert (Hg.). *The Bilingual lexicon.* Amsterdam/Philadelphia: John Benjamins, 249–277.

Greenberg, Joseph Harold (1990). Two approaches to language universals. In: Greenberg, Joseph Harold/Denning, Keith M./Kemmer, Suzanne (Hg.). *On language. Selected writings of Joseph H. Greenberg.* Stanford, CA: Stanford University Press, 702–720.

Grice, H. Paul (1993). Logik und Konversation. In: Meggle, Georg (Hg.). *Handlung, Kommunikation, Bedeutung. Mit einem Anhang zur Taschenbuchausgabe 1993.* Frankfurt am Main: Suhrkamp, 243–265.

Grice, H. Paul (1975). Logic and Conversation. In: Cole, Peter/Morgan, Jerry L. (Hg.). *Syntax and Semantics. Speech Acts.* New York/San Francisco/London: Academic Press, 41–58.

Grießhaber, Wilhelm (2006). Die Entwicklung der Grammatik in Texten vom 1. bis zum 4. Schuljahr. In: Ahrenholz, Bernt (Hg.). *Kinder mit Migrationshintergrund. Spracherwerb und Fördermöglichkeiten.* Freiburg im Breisgau: Fillibach, 150–167.

Grindsted, Annette/Wagner, Johannes (Hg.) (1992). *Communication for specific purposes. Fachsprachliche Kommunikation.* Tübingen: Gunter Narr.

Groom, Nicholas/Littlemore, Jeannette (2011). *Doing applied linguistics. A guide for students.* London/New York: Routledge.

Groseva, Maria (1998). Dient das L2-System als ein Fremdsprachenlernmodell? In: Hufeisen, Britta/Lindemann, Beate (Hg.). *Tertiärsprachen. Theorien, Modelle, Methoden.* Tübingen: Stauffenburg, 21–30.

Grosjean, François (2010). *Bilingual. Life and reality.* Cambridge, Mass.: Harvard University Press.

Grosjean, François (2001). The bilingual's language modes. In: Nicol, Janet/Langendoen, Terence (Hg.). *Language Processing in the Bilingual.* Oxford: Blackwell, 1–25.

Grosjean, François (1998). Studying bilinguals. Methodological and conceptual issues. *Bilingualism: Language and Cognition* 1 (2), 131–149.

Grosjean, François (1997). Processing mixed language: Issues, findings, and models. In: Groot, Annette M. B. de/Kroll, Judith F. (Hg.). *Tutorials in bilingualism. Psycholinguistic perspectives.* Mahwah, NJ: Lawrence Erlbaum, 225–254.

Grosjean, François (1988). Exploring the recognition of guest words in bilingual speech. In: *Language and Cognitive Processes*, 233–274.

Grosjean, François (1982). *Life with two languages. An introduction to bilingualism.* Cambridge, Mass.: Harvard University Press.

Grotjahn, Rüdiger/Kasper, Gabriele (1979). Zur Konzeption und Bewertung didaktischer Grammatiken. In: Bausch, Karl-Richard (Hg.). *Beiträge zur didaktischen Grammatik. Probleme, Konzepte, Beispiele.* Königstein: Scriptor, 98–115.

Grotjahn, Rüdiger/Schlak, Torsten (2010). Lernalter. In: Hallet, Wolfgang/Königs, Frank G. (Hg.). *Handbuch Fremdsprachendidaktik.* Seelze: Kallmeyer, 253–257.

Grube, Thomas/Lansch, Enrique Sánchez (2004). *Rhythm is it!* Berlin: Boomtown Media.

Grünewald, Matthias (2004). *Bilder im Kopf. Eine Longitudinalstudie über die Deutschland- und Deutschenbilder japanischer Deutschlernender.* München: Iudicium.

Gudykunst, William B. (1995). Anxiety/Uncertainty Management theory. Current Status. In: Wiseman, Richard (Hg.). *Intercultural communication theory.* Thousand Oaks: Sage, 8–58.

Gumperz, John Joseph (1982a). Conversational Code Switching. In: Gumperz, John Joseph (Hg.). *Discourse strategies.* Cambridge, UK/New York: Cambridge University Press, 59–99.

Gumperz, John Joseph (Hg.) (1982b). *Discourse strategies.* Cambridge, UK/New York: Cambridge University Press.

Gumperz, John Joseph/Levinson, Stephen C. (Hg.) (1996). *Rethinking linguistic relativity.* Cambridge, UK/New York: Cambridge University Press.

Günthner, Susanne (1988). Interkulturelle Aspekte von Schreibstilen. Zur Verwendung von Sprichwörtern und Routineformeln in Deutschaufsätzen chinesischer Deutschlerner/innen. In: Lieber, Maria/Posset, Jürgen (Hg.). *Texte schreiben im Germanistik-Studium.* München: Iudicium, 145–159.

Gyselinck, Valérie/Jamet, Eric/Dubois, Véronique (2008). The role of working memory components in multimedia comprehension. *Applied Cognitive Psychology* 22 (3), 353–374.

Haag, Ludwig/Stern, Elsbeth (2003). In search of the benefits of learning Latin. *Journal of Educational Psychology* 95 (1), 174–178. http://www.ifvll.ethz.ch/people/sterne/haag_stern_2003.pdf (26.10.2011).

Haag, Ludwig/Stern, Elsbeth (2000). Non scholae sed vitae discimus? Auf der Suche nach globalen und spezifischen Transfereffekten des Lateinunterrichts. *Zeitschrift für Pädagogische Psychologie* 14 (2–3), 146–157.

Habermas, Jürgen (1981). *Theorie des kommunikativen Handelns.* Frankfurt am Main: Suhrkamp.

Habermas, Jürgen (1979). *Erkenntnis und Interesse.* Frankfurt am Main: Suhrkamp.

Haberzettl, Stefanie (2007). Konstruktionen im Zweitspracherwerb. In: Fischer, Kerstin/Stefanowitsch, Anatol (Hg.). *Konstruktionsgrammatik. Von der Anwendung zur Theorie.* Tübingen: Stauffenburg, 55–77.

Halbwachs, Maurice (1967). *Das kollektive Gedächtnis.* Stuttgart: Enke.

Hall, Edward T. (1976). *Beyond culture.* New York: Doubleday.

Hall, Edward T. (1959). *The silent language.* New York: Doubleday.

Hall, Edward T./Hall, Mildred R. (1990). *Understanding Cultural Differences. Keys to Success in West Germany, France, and the United States.* Yarmouth, ME: Intercultural Press.

Hamada, Megumi/Koda, Keiko (2008). Influence of First Language Orthographic Experience on Second Language Decoding and Word Learning. *Language Learning* 58 (1), 1–31.

Han, Shihui/Northoff, Georg (2008). Culture-sensitive neural substrates of human cognition. A transcultural neuroimaging approach. *Nature Reviews Neuroscience* 9 (8), 646–654.

Han, ZhaoHong (2007). *Understanding second language process.* Clevedon: Multilingual Matters.

Han, ZhaoHong (2004). *Fossilization in adult second language acquisition.* Clevedon: Multilingual Matters.

Han, ZhaoHong (2003). Fossilisation. From Simplicity to Complexity. *International Journal of Bilingual Education and Bilingualism* 6 (2), 95–128.

Handwerker, Brigitte (2008). Chunks und Konstruktionen. Zur Integration von lerntheoretischem und grammatischem Ansatz. *Estudios Filológicos Alemanes* 15, 49–64.

Handwerker, Brigitte/Madlener, Karin (2009). *Chunks für Deutsch als Fremdsprache. Theoretischer Hintergrund und Prototyp einer multimedialen Lernumgebung.* Hohengehren: Schneider.

Hannerz, Ulf (1996). *Transnational connections. Culture, people, places.* London/New York: Routledge.

Hansen, Klaus P. (2011). *Kultur und Kulturwissenschaft. Eine Einführung.* Tübingen: Francke.

Hansen, Klaus P. (2003). *Kultur und Kulturwissenschaft. Eine Einführung.* Tübingen: Francke.

Hanvey, Robert (1987). Cross-Cultural Awareness. In: Luce, Louise Fiber/Smith, Elise C. (Hg.). *Toward internationalism readings in cross-cultural communication.* Boston: Heinle & Heinle, 13–23.

Harp, Shannon F./Mayer, Richard E. (1998). How Seductive Details Do Their Damage: A Theory of Cognitive Interest in Science Learning. *Journal of Educational Psychology* 90 (3), 414–34.

Harp, Shannon F./Mayer, Richard E. (1997). The role of interest in learning from scientific text and illustrations: On the distinction between emotional interest and cognitive interest. *Journal of Educational Psychology* 89 (1), 92–102.

Harweg, Roland (1968). *Pronomina und Textkonstitution.* München: Fink.

Hasbún, Leyla (2007). Fossilisation and acquisition. A study of learner language. *Revista de Filología y Lingüística de la Universidad de Costa Rica* 33 (1), 113–129.

Hashemian, Mahmood/Talebinezhad, Mohammad Reza (2007). The development of conceptual fluency & metaphorical competence in L2 learners. *Linguistik Online* 30 (1). http://www.linguistik-online.de/30_07/hashemianNezhad_a.htm (15.02.2012).

Hasselhorn, Marcus/Grube, Dietmar (1994). Erstassoziationen von Kindern und Erwachsenen zu 53 konkreten Substantiven. In: Hager, Willi/Hasselhorn, Marcus (Hg.). *Handbuch deutschsprachiger Wortnormen.* Göttingen/Seattle: Hogrefe, 59–64.

Hatch, Evelyn (1983a). *Psycholinguistics. A second language perspective.* Rowley, Mass.: Newbury House.

Hatch, Evelyn (1983b). Simplified Input and Second Language Acquisition. In: Andersen, Roger (Hg.). *Pidginization and creolization as language acquisition.* Rowley, Mass.: Newbury House, 64–86.

Haug, Sonja (2008). *Sprachliche Integration von Migranten in Deutschland.* Bundesamt für Migration und Flüchtlinge (Hg.). http://www.bamf.de/SharedDocs/Anlagen/DE/Publikationen/WorkingPapers/wp14-sprachliche-integration.pdf?__blob=publicationFile (27.05.2012).

Haug, Sonja/Müssig, Stephanie/Stichs, Anja (2010). *Muslimisches Leben in Deutschland.* Bundesamt für Migration und Flüchtlinge (Hg.). http://www.bmi.bund.de/cae/servlet/contentblob/566008/publicationFile/31710/vollversion_studie_muslim_leben_deutschland_.pdf (04.04.2012).

Hayfron, John E. (2001). Language training, language proficiency and earnings of immigrants in Norway. *Applied Economics* 33 (15), 1971–1979.

Heckhausen, Heinz/Rheinberg, Falko (1980). Lernmotivation im Unterricht, erneut betrachtet. *Unterrichtswissenschaft* 8 (1), 7–47.

Heeschen, Claus (1985). Agrammatism versus Paragrammatism. A Fictitious Opposition. In: Kean, Marie-Louise (Hg.). *Agrammatism.* Orlando: Academic Press, 207–248.

Heisenberg, Werner (1959). *Physik und Philosophie.* Stuttgart: Hirzel.

Helbig, Gerhard (1981). *Sprachwissenschaft, Konfrontation, Fremdsprachenunterricht.* Leipzig: Verlag Enzyklopädie.

Helbig, Gerhard/Buscha, Joachim (1999). *Deutsche Grammatik. Ein Handbuch für den Ausländerunterricht.* Leipzig/Berlin/München: Langenscheidt/Verlag Enzyklopädie.

Hepp, Andreas (2010). *Cultural studies und Medienanalyse. Eine Einführung.* Wiesbaden: Verlag für Sozialwissenschaften.

Herdina, Philip/Jessner, Ulrike (2002). *A dynamic model of multilingualism. Perspectives of change in psycholinguistics.* Clevedon: Multilingual Matters.

Heringer, Hans-Jürgen (2007). *Interkulturelle Kommunikation. Grundlagen und Konzepte.* Tübingen: Francke.

Heringer, Hans-Jürgen (1987). *Wege zum verstehenden Lesen. Lesegrammatik für Deutsch als Fremdsprache.* München: Hueber.

Hermanns, Fritz (1988). Überlegungen zur heuristischen Funktion des Schreibens. *Der Deutschunterricht* 40 (4), 69–82.

Hickmann, Maya (2007). Static and dynamic location in French. Developmental and cross-linguistic perspectives. In: Aurnague, Michel/Hickmann, Maya/Vieu, Laure (Hg.). *The categorization of spatial entities in language and cognition.* Amsterdam/Philadelphia: John Benjamins, 205–231.

Hickok, Gregory/Poeppel, David (2007). The cortical organization of speechprocessing. *Nature Reviews Neuroscience* 8, 393–402. http://www.scribd.com/doc/58533460/hickok-poeppel-2007 (10.05.2012).

Hildebrandt, Mathias (2005). Von der Transkulturalität zur Transdifferenz. In: Allolio-Näcke, Lars/Kalscheuer, Britta/Manzeschke, Arne (Hg.). *Differenzen anders denken. Bausteine zu einer Kulturtheorie der Transdifferenz.* Frankfurt am Main/New York: Campus, 342–354.

Hinds, John (1987). Reader versus writer responsibility: A new typology. In: Connor, Ulla/Kaplan, Robert B. (Hg.). *Writing across languages. Analysis of L2 text.* Reading: Addison-Wesley, 141–152.

Hinnenkamp, Volker (2003). Mixed language varieties of migrant adolescents and the discourse of hybridity. *Journal of Multilingual and Mult* 24 (1/2), 12–40.

Hoerder, Dirk (2008). Migration and Cultural Interaction across the Centuries. *German Politics and Society* 26 (2), 1–23.

Hoffmann, Charlotte (2001). The status of trilingualism in bilingualism studies. In: Cenoz, Jasone/Hufeisen, Britta/Jessner, Ulrike (Hg.). *Looking beyond second language acquisition. Studies in tri- and multilingualism.* Tübingen: Stauffenburg, 13–25.

Hofman, Rijk/van Oostendorp, Herre (1999). Cognitive Effects of a Structural Overview in a Hypertext. *British Journal of Educational Technology* 30 (2), 129–140.

Hofstede, Geert (1991). *Cultures and Organizations. Software of the Mind.* London: McGraw-Hill.

Hog, Martin/Müller, Bernd-Dietrich/Wessling, Gerd (1984). *Sichtwechsel. Elf Kapitel zur Sprachsensibilisierung. Lehrbuch, Arbeitsbuch, Kassette, Lehrerhandbuch.* Stuttgart: Klett.

Hohenstein, Christiane (2006). *Erklärendes Handeln im wissenschaftlichen Vortrag. Ein Vergleich des Deutschen mit dem Japanischen.* München: Iudicium.

Holme, Randal (2009). *Cognitive linguistics and language teaching.* New York: Palgrave Macmillan.

Hölscher, Petra (2005). *Lernszenarien. Ein neuer Weg, der Lust auf Schule macht. Teil 3: Sprachhandeln in den Klassen 5 bis 9, interkulturell – integrativ – interaktiv.* Oberursel: Finken.

Hölscher, Petra (2004). *Lernszenarien. Ein neuer Weg, der Lust auf Schule macht. Teil 2: Sprachhandeln in den Klassen 1 bis 4, interkulturell – integrativ – interaktiv.* Oberursel: Finken.

Hölscher, Petra (2003). *Lernszenarien. Ein neuer Weg, der Lust auf Schule macht. Teil 1: Vorkurs. Deutsch lernen vor Schulbeginn.* Oberursel: Finken.

Hölscher, Petra/Piepho, Hans-Eberhard (Hg.) (2003–2006). *DaZ Lernen aus dem Koffer. Lernszenarien für Deutsch als Zweitsprache Schulen. 3 Koffer für die Grundschule, 3 Koffer für die weiterführenden Schulen.* Oberursel: Finken.

Hölscher, Petra/Roche, Jörg (2006). *Lernszenarien. Die neue Philosophie des Sprachenlernens. DVD mit Begleitbuch.* Oberursel: Finken.

Hu, Adelheid (2010). Fremdverstehen und kulturelles Lernen. In: Krumm, Hans-Jürgen/Fandrych, Christian/Riemer, Claudia/Hufeisen, Britta (Hg.). *Deutsch als Fremd- und Zweitsprache. Ein internationales Handbuch.* Berlin: Walter de Gruyter, 1391–1402.

Hu, Adelheid (1997). Warum Fremdverstehen? Anmerkungen zu einem leitenden Konzept innerhalb eines interkulturell verstandenen Fremdsprachenunterrichts. In: Bredella, Lothar/

Christ, Herbert/Legutke, Michael (Hg.). *Thema Fremdverstehen. Arbeiten aus dem Graduierten-kolleg „Didaktik des Fremdverstehens".* Tübingen: Gunter Narr, 34–54.

Hufeisen, Britta (2010). Theoretische Fundierung multiplen Sprachenlernens – Faktorenmodell 2.0. In: *Jahrbuch Deutsch als Fremdsprache. Intercultural German Studies* 36. München: Indicium, 200–208.

Hufeisen, Britta (2002). *Ein deutsches Referat ist kein englischsprachiges Essay. Theoretische und praktische Überlegungen zu einem verbesserten textsortenbezogenen Schreibunterricht in der Fremd-sprache Deutsch an der Universität.* Innsbruck/München: Studien Verlag.

Hufeisen, Britta (2000a). A European perspective – Tertiary languages with a focus on German as L3. In: Rosenthal, Judith W. (Hg.). *Handbook of Undergraduate Second Language Education.* Mahwah, NJ: Lawrence Erlbaum, 209–229.

Hufeisen, Britta (2000b). How do foreign language learners evaluate various aspects of their multilingualism. In: Dentler, Sigrid/Hufeisen, Britta/Lindemann, Beate (Hg.). *Tertiär- und Drittsprachen. Projekte und empirische Untersuchungen.* Tübingen: Stauffenburg, 23–56.

Humboldt, Wilhelm von (1801/1802). *Fragmente der Monographie über die Basken.*

Hunfeld, Hans (2004). *Fremdheit als Lernimpuls. Skeptische Hermeneutik, Normalität des Fremden, Fremdsprache Literatur.* Meran/Klagenfurt: Drava/Alpha beta.

Hunfeld, Hans (1998). *Die Normalität des Fremden. 24 Briefe an eine Fremdsprachenlehrerin.* Waldsteinberg.

Hunfeld, Hans (1997). Zur Normalität des Fremden. Voraussetzungen eines Lehrplanes für Interkulturelles Lernen. In: BMW AG (Hg.). *LIFE (Grundwerk). Ideen und Materialien für interkulturelles Lernen.*

Hunfeld, Hans (Hg.) (2001). *Entwicklungsrichtlinien für Deutsch als Zweitsprache an den italienischen Oberschulen. Erläuterungen, Beispiele und Materialien:* Stiftung Südtiroler Sparkasse. Bozen: Italienisches Schulamt.

Huntington, Samuel P. (1997). *The clash of civilizations and the remaking of world order.* New York: Touchstone.

Hyltenstam, Kenneth/Abrahamsson, Niclas (2003). Maturational Constraints in SLA. In: Doughty, Catherine/Long, Michael H. (Hg.). *The handbook of second language acquisition.* Malden, MA: Blackwell, 539–588.

Hymes, Dell H. (1974). *Foundations in sociolinguistics. An ethnographic approach.* Philadelphia: University of Pennsylvania Press.

Ifenthaler, Dirk (2010). Relational, structural, and semantic analysis of graphical representations and concept maps. *Educational Technology Research and Development* 58 (1), 81–97.

Ifenthaler, Dirk (2006). Diagnose lernabhängiger Veränderung mentaler Modelle. Entwicklung der SMD-Technologie als methodologisches Verfahren zur relationalen, strukturellen und semantischen Analyse individueller Modellkonstruktionen. Freiburg im Breisgau: FreiDok. http://www.freidok.uni-freiburg.de/volltexte/2744/ (19.07.2012).

Ifenthaler, Dirk/Seel, Norbert M. (2005). The measurement of change. Learning-dependent progression of mental models. *Technology, Instruction, Cognition, and Learning* 2 (4), 321–340.

Ihekweazu, Edith (1987). Wie weit muß das Forschungssubjekt das Forschungsobjekt sein? In: Wierlacher, Alois (Hg.). *Perspektiven und Verfahren interkultureller Germanistik. Akten d. I. Kongresses d. Ges. für Interkulturelle Germanistik.* München: Iudicium, 141–155.

Jackendoff, Ray (2007). *Language, consciousness, culture. Essays on mental structure.* Cambridge, Mass.: MIT Press.

Janich, Nina (2002). Probleme und Perspektiven interkultureller Werbesprachenforschung. In: Schmidt, Christopher M. (Hg.). *Wirtschaftsalltag und Interkulturalität. Fachkommunikation als interdisziplinäre Herausforderung.* Interdisziplinäres Symposium Europäische Kulturen in der Wirtschaftskommunikation. Wiesbaden: Deutscher Universitäts-Verlag, 43–64.

Jenkins, James J. (1970). The 1952 Minnesota word association norms. In: Postman, Leo Joseph/ Keppel, Geoffrey (Hg.). *Norms of word association.* New York: Academic Press, 1–38.

Jenkins, Jennifer (2000). *The phonology of English as an international language. New models, new norms, new goals.* Oxford: Oxford University Press.

Jesperson, Otto (1922). *Language, Its Nature, Development and Origin.* London: Allen/Unwin Holt.

Jessner, Ulrike (1999). Metalinguistic awareness in multilinguals: Cognitive aspects of third language learning. *Language Awareness* 8 (3–4), 201–209.

Jiang, Xiangying/Grabe, William (2007). Graphic Organizers in Reading Instruction: Research Findings and Issues. *Reading in a Foreign Language* 19 (1), 34–55.

Johnson, Janice M. (1996). Metaphor interpretations by second language learners: children and adults. *The Canadian Modern Language Review* 53 (1), 219–242.

Jonassen, David H. (1986). Hypertext Principles for Text and Courseware Design. *Educational Psychologist* 21 (4), 269–292.

Jong, Ton de/van der Hulst, Anja (2002). The effects of graphical overviews on knowledge acquisition in hypertext. *Journal of Computer Assisted Learning* 18 (2), 219–231.

Jørgensen, J. Normann (2004). Languaging and languagers. In: Dabelsteen, Christine B./ Jørgensen, J. Normann (Hg.). *Languaging and language practicing.* Copenhagen: University of Copenhagen, Faculty of the Humanities, 5–22.

Jørgensen, J. Normann/Quist, Pia (2009). Bilingual children in monolingual schools. In: Auer, Peter/Wei, Li (Hg.). *Handbook of multilingualism and multilingual communication.* New York: Mouton de Gruyter, 155–173.

Jurasek, Richard (1993). Foreign Languages Across the Curriculum. A Case History from Earlham College and a Generic Rationale. In: Krueger, Merle/Ryan, Frank (Hg.). *Language and Content. Discipline- and Content-Based Approaches to Language Study.* Lexington/Toronto: Heath, 85–102.

Kafka, Franz (1953). *Hochzeitsvorbereitungen auf dem Lande und andere Prosa aus dem Nachlaß. (Hg.v. Max Brod).* Frankfurt am Main: Fischer.

Kallenbach, Christiane (1998). „Da weiß ich schon, was auf mich zukommt". L3-Spezifika aus Schülersicht. In: Hufeisen, Britta/Lindemann, Beate (Hg.). *Tertiärsprachen. Theorien, Modelle, Methoden.* Tübingen: Stauffenburg, 47–57.

Kallenbach, Christiane (1996). *Subjektive Theorien. Was Schüler und Schülerinnen über Fremdsprachenlernen denken.* Tübingen: Gunter Narr.

Kaltenbacher, Erika/Klages, Hana (2005). *Sprachförderung im Vorschulalter. Entwicklung und Erprobung eines Programms zur sprachlichen Integration von Vorschulkindern.* Heidelberg.

Kalter, Frank (2006). Auf der Suche nach einer Erklärung für die spezifischen Arbeitsmarktnachteile von Jugendlichen türkischer Herkunft. Zugleich eine Replik auf den Beitrag von Holger Seibert und Heike Solga: „Gleiche Chancen dank einer abgeschlossenen Ausbildung?" (ZfS 5/2005). *Zeitschrift für Soziologie* 35 (2), 144–160. http://www.zfs-online.org/index.php/ zfs/article/viewFile/1214/751 (04.04.2012).

Kaluza, Manfred (2010). „…, dass es Menschen gibt, … die nach wie vor Rechte von Juden in Dtl. einfordern, …". Annäherungen an die deutsche Erinnerungskultur in Lernertexten. *Zeitschrift für Interkulturellen Fremdsprachenunterricht* 15 (2), 25–42. http://zif.spz.tu-darmstadt. de/jg-15-2/beitrag/Kaluza.pdf (02.01.2012).

Kandel, Eric R./Jessell, Thomas M./Calabrese, Ronald (1995). *Essentials of neural science and behavior. Study guide & practice problems.* Norwalk, Conn.: Appleton & Lange.

Kandel, Eric R./Schwartz, James H./Jessell, Thomas M. (Hg.) (1995). *Neurowissenschaften. Eine Einführung.* Heidelberg/Berlin/Oxford: Spektrum Akademischer Verlag.

Kaplan, Robert B. (1972). *Anatomy of Rhetoric.* Philadelphia: Centrum for Curriculum Learning.

Kaplan, Robert B. (1966). Cultural thought patterns in intercultural education. *Language Learning* 16 (1–2), 1–20.

Kapumba Akenda, Jean C. (2004). *Kulturelle Identität und interkulturelle Kommunikation. Zur Problematik des ethischen Universalismus im Zeitalter der Globalisierung.* Frankfurt am Main: IKO – Verlag für Interkulturelle Kommunikation.

Karmasin, Matthias (2002). Cultural Theory als Beschreibungsperspektive. In: Hepp, Andreas/ Löffelholz, Martin (Hg.). *Grundlagentexte zur transkulturellen Kommunikation*. Konstanz: UVK, 835–860.

Kasper, Gabriele/Kellerman, Eric (Hg.) (1997). *Communication strategies. Psycholinguistic and sociolinguistic perspectives*. London/New York: Longman.

Kataoka, Hiroko C./Kusumoto, Tetsuya (1994). *Japanese cultural encounters. And how to handle them*. Lincolnwood, Ill: Passport Books.

Katthage, Gerd (2006). *Mit Metaphern lernen. Gedichte lesen – Sprache reflektieren – Vorstellungen bilden*. Baltmannsweiler: Schneider Hohengehren.

Kecskés, István/Papp, Tünde (2000). *Foreign language and mother tongue*. Mahwah, NJ: Lawrence Erlbaum.

Keller, Rudi (1995). *Zeichentheorie. Zu einer Theorie semiotischen Wissens*. Tübingen: Francke.

Kellerman, Eric (1995). Age before beauty: Johnson and Newport revisited. In: Eubank, Lynn/ Selinker, Larry/Sharwood Smith, Michael (Hg.). *The current state of interlanguage. Studies in honor of William E. Rutherford*. Amsterdam/Philadelphia: John Benjamins, 219–232.

Kellerman, Eric/Sharwood Smith, Michael (Hg.) (1986). *Crosslinguistic influences in second language*. Oxford: Pergamon.

Kempen, Gerard/Hoenkamp, Edward (1987). An incremental procedural grammar for sentence formulation. *Cognitive Science* 11 (2), 201–251.

Kessler, Jörg-Ulrich (2006). *Englischerwerb im Anfangsunterricht diagnostizieren. Linguistische Profilanalysen am Übergang von der Primarstufe in die Sekundarstufe I*. Tübingen: Gunter Narr.

Kielhöfer, Bernd/Jonekeit, Sylvie (1983). *Zweisprachige Kindererziehung*. Tübingen: Stauffenburg.

Kim, Karl H. S./Relkin, Norman R./Lee, Kyoung-Min/Hirsch, Joy (1997). Distinct cortical areas associated with native and second languages. *Nature* 388 (6638), 171–174.

Klein, Horst G./Rutke, Dorothea (Hg.) (2004). *Neuere Forschungen zur Europäischen Interkomprehension*. Aachen: Shaker.

Klein, Horst G./Stegmann, Tilbert Dídac (2000). *EuroComRom – die sieben Siebe. Romanische Sprachen sofort lesen können*. Aachen: Shaker.

Klein, Jean (1991). Der Dolmetscher als kultureller Mittler. In: Müller, Bernd-Dietrich (Hg.). *Interkulturelle Wirtschaftskommunikation*. München: Indicium, 343–352.

Klein, Wolfgang (1998). The contribution of second language acquisition research. *Language Learning* 48, 527–550. http://www.mpi.nl/world/materials/publications/Klein/128_1998_The_contribution_of_second_language_acquisition_research.pdf (02.05.2012).

Klein, Wolfgang (1992). *Zweitspracherwerb. Eine Einführung*. Frankfurt am Main: Hain.

Klein, Wolfgang/Dimroth, Christine (2003). Der ungesteuerte Zweitspracherwerb Erwachsener. Ein Überblick über den Forschungsstand. In: Maas, Utz/Mehlem, Ulrich (Hg.). *Qualitätsanforderungen für die Sprachförderung im Rahmen der Integration von Zuwanderern*. IMIS-Beiträge 21. Institut für Migrationsforschung und Interkulturelle Studien. Osnabrück: IMIS, 127–161.

Klein, Wolfgang/Perdue, Clive (1997). The Basic Variety (or: Couldn't Natural Languages Be Much Simpler?). *Second Language Research* 13 (4), 301–347.

Klein, Wolfgang/Perdue, Clive (1992). *Utterance structure. Developing grammars again*. Amsterdam/Philadelphia: John Benjamins.

Klein, Wolfgang/Perdue, Clive (Hg.) (1988). *Utterance Structure*. Nijmegen/Strasbourg: Max Planck Institut für Psycholinguistik/European Science Foundation.

Kleineidam, Hartmut/Raupach, Manfred (1995). Grammatiken. In: Bausch, Karl-Richard/ Christ, Herbert/Krumm, Hans-Jürgen (Hg.). *Handbuch Fremdsprachenunterricht*. Tübingen/ Basel: Francke, 298–301.

Kleppin, Karin (2009). „Fehler" und „Fehlerkorrektur". *Praxis Fremdsprachenunterricht* (1), 60–61.

Klix, Friedhart (1971). *Information und Verhalten. Kybernetische Aspekte der organismischen Informationsverarbeitung. Einführung in naturwissenschaftliche Grundlagen*. Berlin: Deutscher Verlag der Wissenschaften.

KMK – Sekretariat der Ständigen Konferenz der Kultusminister der Länder in der Bundesrepublik Deutschland (Hg.) (2004). *Bildungsstandards für die erste Fremdsprache (Englisch/
Französisch) für den Mittleren Schulabschluss. Beschluss vom 4.12.2003*. München. http://www.
kmk.org/fileadmin/veroeffentlichungen_beschluesse/2003/2003_12_04-BS-erste-Fremdspr
ache.pdf (19.06.2012).

Knop, Sabine de/Dirven, René (2008). Motion and location events in German, French and
English. A typological, contrastive and pedagogical approach. *Applications of cognitive linguistics*
9, 295–324.

Knop, Sabine de/Rycker, Teun de (Hg.) (2008). *Cognitive Approaches to Pedagogical Grammar*.
Berlin/New York: Mouton de Gruyter.

Kogge, Werner (2002). *Die Grenzen des Verstehens. Kultur, Differenz, Diskretion*. Weilerswist:
Velbrück Wissenschaft.

Kolk, Herman H.J./van Grunsven, Marianne M.F. (1985). Agrammatism as a Variable Phenomenon. *Cognitive Neuropsychology* 2 (4), 347–384.

Königs, Frank G. (1999). Vom Grundsatz zum Einzelfall – und zurück. Überlegungen zur
Diskussion um didaktische Grammatiken am Ende des Jahrhunderts. In: Freudenberg-
Findeisen, Renate (Hg.). *Ausdruckgrammatik vs. Inhaltsgrammatik. Linguistische und didaktische
Aspekte der Grammatik*. München: Iudicium, 305–320.

Koreik, Uwe (2010). Landeskundliche Gegenstände: Geschichte. In: Krumm, Hans-Jürgen/
Fandrych, Christian/Riemer, Claudia/Hufeisen, Britta (Hg.). *Deutsch als Fremd- und Zweitsprache. Ein internationales Handbuch*. Berlin: Walter de Gruyter, 1477–1482.

Koreik, Uwe (1995). *Deutschlandstudien und deutsche Geschichte. Die deutsche Geschichte im Rahmen
des Landeskundeunterrichts für Deutsch als Fremdsprache*. Baltmannsweiler: Schneider Verlag
Hohengehren.

Koreik, Uwe/Roche, Jörg (2013). Erinnerungskulturen in Deutsch als Fremdsprache. In: Roche,
Jörg/Röhling, Jürgen/Koreik, Uwe (Hg.). *Erinnerungsorte in der Sprach- und Kulturvermittlung*,
in Vorbereitung.

Korzybski, Alfred (1985). *Sience and Sanity. An introduction to non-aristotelian systems and general
semantics*. Lakeville, Conn.: Institute of General Semantics.

Kramsch, Claire (1996). *Context and culture in language teaching*. Oxford/New York: Oxford
University Press.

Kramsch, Claire (1993). Redrawing the Boundaries of Foreign Lnaguage Study. In: Krueger,
Merle/Ryan, Frank (Hg.). *Language and Content. Discipline- and Content-Based Approaches to
Language Study*. Lexington/Toronto: Heath, 203–217.

Kramsch, Claire (1988). Beyond the Skill vs. Content Debate. The Multiple Discourse Worlds of
the Foreign Language Curriculum. In: Patrikis, Peter C. (Hg.). *Language Learning and Liberal
Education*. New Haven: Consortium for Language Teaching and Learning, 98–118.

Kramsch, Claire/Andersen, Roger (1999). Teaching Text and Context Through Multimedia.
Language Learning & Technology 2 (2), 31–42.

Krashen, Stephen D. (1985). *The input hypothesis. Issues and implications*. New York: Longman.

Krashen, Stephen D. (1980). The Input Hypothesis. In: Alatis, James E. (Hg.). *Current issues in
bilingual education. Georgetown University Round Table on Languages and Linguistics 1980*.
Washington, DC: Georgetown University Press, 168–180.

Krashen, Stephen D./Terrell, Tracy D. (1983). *The Natural Approach: Language Acquisition in the
Classroom*. San Francisco, CA: The Alemany Press.

Krause, Wolf-Dieter (2000). Text, Textsorte, Textvergleich. In: Adamzik, Kirsten (Hg.). *Textsorten.
Reflexionen und Analysen*. Tübingen: Stauffenburg, 44–76.

Kriegel-Schmidt, Katharina (2012). *Interkulturelle Mediation. Plädoyer für ein Perspektiven-reflexives
Modell*. Berlin/Münster/Wien/Zürich/London: Lit.

Kroeber, Alfred/Kluckhohn, Clyde (1954). *Culture. A critical review of concepts and definitions*. New
York: Random House.

Krueger, Merle/Ryan, Frank (Hg.) (1993). *Language and Content. Discipline- and Content-Based Approaches to Language Study.* Lexington/Toronto: Heath.

Krumm, Hans-Jürgen (1989). Einführung Thematischer Teil. In: Wierlacher, Alois/Eggers, Dietrich/Engel, Ulrich/Krumm, Hans-Jürgen/Krusche, Dietrich/Picht, Robert (Hg.). *Jahrbuch Deutsch als Fremdsprache. Intercultural German Studies.* 14/1988. München: Iudicium, 123.

Krusche, Dietrich (2002). Ist „Fremde" lehrbar? In: Barkowski, Hans/Faistauer, Renate (Hg.). … *in Sachen Deutsch als Fremdsprache. Festschrift für Hans-Jürgen Krumm zum 60. Geburtstag.* Hohengehren: Schneider Verlag, 387–396.

Krusche, Dietrich (1985). *Literatur und Fremde. Zur Hermeneutik kulturräumlicher Distanz.* München: Iudicium.

Krusche, Dietrich (Hg.) (1987). *Kurze deutsche Prosa im Unterricht Deutsch als Fremdsprache.* Bonn: Inter Nationes.

Krusche, Dietrich/Krechel, Rüdiger (1984). *Anspiel. Konkrete Poesie im Unterricht Deutsch als Fremdsprache.* Bonn: Inter Nationes.

Kuhlen, Rainer (1991). *Hypertext. Ein nicht-lineares Medium zwischen Buch und Wissensbank.* Berlin: Springer.

Kühn, Peter (2006). *Interkulturelle Semantik.* Nordhausen: Traugott Bautz.

Kulturministerium der Provinz British Columbia, Kanada (1997). *The Languages Template 5 to 12. Development Package. Skills and Training.* Kulturministerium der Provinz British Columbia, Kanada (Hg.): Kulturministerium. http://www.bced.gov.bc.ca/irp/pdfs/international_languages/1997german512.pdf (20.01.2012).

Kürschner, Christian/Seufert, Tina/Hauck, Georg/Schnotz, Wolfgang/Eid, Michael (2006). Konstruktion visuell-räumlicher Repräsentationen beim Hör- und Leseverstehen. *Zeitschrift für Psychologie* 214 (3), 117–132.

Kussmaul, Paul (2000). *Kreatives Übersetzen.* Tübingen: Stauffenburg.

Kwon, Su-Hyeon (2008). *Zwischen Universalismus und Partikularismus. Transkulturalität als Ziel moralphilosophischer Rechtfertigungen.* Marburg: Tectum.

Lado, Robert (1957). *Linguistics across cultures. Applied linguistics for language teachers.* Ann Arbor: University of Michigan Press.

Lakoff, George (1988). Cognitive semantics. In: Eco, Umberto/Santambrogio, Marco/Violi, Patrizia (Hg.). *Meaning and mental representations.* Bloomington: Indiana University Press, 119–154.

Lakoff, George (1987). *Women, Fire, and Dangerous Things.* Chicago: The University of Chicago Press.

Lakoff, George/Johnson, Mark (1999). *Philosophy in the flesh. The embodied mind and its challenge to Western thought.* New York: Basic Books.

Lakoff, George/Johnson, Mark (1980). *Metaphors we live by.* Chicago: The University of Chicago Press.

Lalova, Veronika (2008). „Du flowst voll krass auf den Beat". Verstehen Jugendliche TV-Jugendsprache? *Der Deutschunterricht* 60 (8), 88–91.

Lambert, Wallace E./Moore, Nancy (1966). Word-association responses. Comparisons of American and French monolinguals with Canadian monolinguals and bilinguals. *Journal of Personality and Social Psychology* 3, 313–320.

Lampert, Claudia/Schwinge, Christiane/Tolks, Daniel (2009). Der gespielte Ernst des Lebens. Bestandsaufnahme und Potenziale von Serious Games (for Health). *Medienpädogogik* (15/16 Computerspiele und Videogames). http://www.medienpaed.com/15/lampert0903.pdf (20.02.2012).

Langacker, Ronald W. (2008). The relevance of Cognitive Grammar for language pedagogy. In: Knop, Sabine de/Rycker, Teun de (Hg.). *Cognitive Approaches to Pedagogical Grammar.* Berlin/New York: Mouton de Gruyter, 7–35.

Langacker, Ronald W. (1999). *Grammar and conceptualization.* Berlin: Mouton de Gruyter.

Lanza, Elizabeth (2009). Multilingualism and the family. In: Auer, Peter/Wei, Li (Hg.). *Handbook of multilingualism and multilingual communication*. New York: Mouton de Gruyter, 45–67.

Lardiere, Donna (1998). Case and tense in the 'fossilized' steady state. *Second language Research* 14 (1), 1–26.

Larsen-Freeman, Diane/Long, Michael H. (1991). *An introduction to second language acquisition research*. London/New York: Longman.

Leahy, Wayne/Chandler, Paul/Sweller, John (2003). When auditory presentations should and should not be a component of multimedia instruction. *Applied Cognitive Psychology* 17 (4), 401–418.

Leffers, Jochen (2004). Komm rein und finde wieder raus. Denglisch in der Werbung. *Spiegel Online*. (28.07.2004). http://www.spiegel.de/unispiegel/wunderbar/0,1518,310548,00.html (07.11.2011).

Leggewie, Claus (2001). Transnational Citizenship. Cultural Concerns. In: Smelser, Neil J./Bartes Paul B. (Hg.). *International encyclopedia of the social & behavioral sciences*. Amsterdam: Lawrence Elsevier/Pergamon, 15857–15862.

Lehker, Marianne (2001). Chinesische und deutsche Aufsatzsorten. In: Fix, Ulla/Habscheid, Stephan/Klein, Josef (Hg.). *Zur Kulturspezifik von Textsorten*. Tübingen: Stauffenburg, 131–146.

Lehker, Marianne (1997). *Texte im chinesischen Aufsatzunterricht. Eine kontrastive Analyse chinesischer und deutscher Aufsatzsorten*. Heidelberg: Groos.

Leimgruber, Stephan (2007). *Interreligiöses Lernen*. München: Kösel-Verlag.

Levelt, Willem J.M. (1999). Producing Spoken Language: A Blueprint for the Speaker. In: Brown, Colin M./Hagoort, Peter (Hg.). *The neurocognition of language*. Oxford/New York: Oxford University Press, 88–122.

Levelt, Willem J.M. (1989). *Speaking. From intention to articulation*. Cambridge, Mass.: MIT Press.

Lévi-Strauss, Claude (1963). Structural Analysis in Linguistics and Anthropology. In: Lévi-Strauss, Claude (Hg.). *Structural anthropology. Übers. von Clair Jacobson und Brooke Grundfest Shoepf*. New York: Basic Books, 31–54.

Lévy-Hillerich, Dorothea/Serena, Silvia/Baric, Karmelka/Cickovska, Elena (Hg.) (2009). *Mit DEUTSCH studieren, arbeiten, leben. Ein Lehrbuch für den studienbegleitenden Deutschunterricht A2/B1*. Milano: Arcipelago.

Lewalter, Doris (1997). *Lernen mit Bildern und Animationen. Studie zum Einfluss von Lernermerkmalen auf die Effektivität von Illustrationen*. Münster/New York/München/Berlin: Waxmann.

Lewin, Kurt (1963). *Feldtheorie in den Sozialwissenschaften. Ausgewählte theoretische Schriften*. Bern: Huber.

Liang, Yong (1991). Zur soziokulturellen und textstrukturellen Besonderheiten wissenschaftlicher Rezensionen. Eine kontrastive Fachtextanalyse Deutsch/Chinesisch. *Deutsche Sprache* 19 (4), 289–311.

Lightbown, Patsy M./Spada, Nina (1999). *How languages are learned*. Oxford/New York: Oxford University Press.

Lin, Yue-Hong (1995). *An empirical analysis of stabilization/fossilization: incorporation and self correction of Chinese learners*. Dissertation. Barcelona: Universitat de Barcelona.

Lin, Yue-Hong/Hedgcock, John (1996). Negative Feedback Incorporation Among High-Proficiency and Low-Proficiency Chinese-Speaking Learners of Spanish. *Language Learning* 46 (4), 567–611.

List, Gudula (2004). Eigen-, Fremd- und Quersprachigkeit: psychologisch. In: Bausch, Karl-Richard (Hg.). *Mehrsprachigkeit im Fokus. Arbeitspapiere der 24. Frühjahrskonferenz zur Erforschung des Fremdsprachenunterrichts*. Frühjahrskonferenz zur Erforschung des Fremdsprachenunterrichts. Tübingen: Gunter Narr, 132–138.

Littlemore, Jeannette (2012). *Metaphor and the foreign language learner*. 4th International Conference of German Cognitive Linguistis Association. Bremen, 09.10.2012. Deutsche Gesellschaft für Kognitive Linguistik.

Littlemore, Jeannette/Low, Graham (2006). *Figurative thinking and foreign language learning.* Basingstoke, UK/New York: Palgrave Macmillan.

Lo, Adrienne (1999). Codeswitching, speech community membership, and the construction of ethnic identity. *Journal of Sociolinguistics* 3 (4), 461–479.

Locke, John (1903). *The Philosophical Works of John Locke.* London: George Bell.

Locke, John (1690). *An Essay Concerning Humane Understanding. Gedruckt für Thomas Basset, verkauft durch Edward Mory.* London: George Bell.

Long, Michael H. (1997). Construct Validity in SLA Research: A Response to Firth and Wagner. *Modern Language Journal* 81 (3), 318–23. http://www.eric.ed.gov/ERICWebPortal/detail?accno=EJ550695 (08.12.2011).

Long, Michael H. (1996). The role of linguistic environment in second language acquisition. In: Ritchie, William C./Bhatia, Tej K. (Hg.). *Handbook of second language acquisition.* San Diego: Academic Press, 413–468.

Long, Michael H. (1991). Focus on form: A design feature in language teaching methodology. In: Bot, Kees de/Ginsberg, Ralph B./Kramsch, Claire (Hg.). *Foreign language research in cross-cultural perspective.* Amsterdam/Philadelphia: John Benjamins, 39–52.

Longhi, Elisabetta (2010). Die Zahlungsaufforderung unter sprachvergleichender und kultur-kontrastiver Perspektive. In: Foschi Albert, Marina/Hepp, Marianne/Neuland, Eva/Dalmas, Martine (Hg.). *Text und Stil im Kulturvergleich. Pisaner Fachtagung 2009 zu interkulturellen Wegen germanistischer Kooperation.* München: Iudicium, 458–470.

Lösch, Klaus (2005). Begriff und Phänomen der Transdifferenz: Zur Infragestellung binärer Differenzkonstrukte. In: Allolio-Näcke, Lars/Kalscheuer, Britta/Manzeschke, Arne (Hg.). *Differenzen anders denken. Bausteine zu einer Kulturtheorie der Transdifferenz.* Frankfurt am Main/New York: Campus, 26–49.

Lösch, Klaus (2003). Cultural Identity, Territory and the Discursive Location of Native American Fiction. In: Breinig, Helmbrecht (Hg.). *Imaginary (re-)locations. Tradition, modernity and the market in contemporary Native American literature and culture.* Tübingen: Stauffenburg Verlag, 63–80.

Lowe, Richard K. (1998). Verarbeitungesanforderungen beim Verstehen komplexer animierter Bilder. *Zeitschrift für Pädagogische Psychologie* 12 (2/3), 125–134.

Lüddemann, Stefan (Hg.) (2010). *Kultur. Eine Einführung.* Kunst- und Kulturmanagement. Wiesbaden: VS Verlag für Sozialwissenschaften / GWV Fachverlage GmbH Wiesbaden.

Lüdi, Georges (2003). Mehrsprachige Repertoires und plurielle Identität von Migranten. Chancen und Probleme. In: Florio-Hansen, Inez de/Hu, Adelheid (Hg.). *Plurilingualität und Identität. Zur Selbst- und Fremdwahrnehmung mehrsprachiger Menschen.* Tübingen: Stauffenburg, 38–58.

Lühe, Barbara von der (2012). Erinnerungsorte und Erinnerungsfilme im DaF-Studium. Das Massaker von Nanjing im deutschen und chinesischen Spielfilm. Eine vergleichende Analyse. In: Roche, Jörg (Hg.). *Interkulturelles Lernen mit Medien. 5. Ergänzungslieferung der LIFE-Materialien.* München: BMW Group, in Vorbereitung.

Luther, Wilhelm (1970). *Sprachphilosophie als Grundwissenschaft.* Heidelberg: Quelle & Meyer.

Lyotard, Jean-François (1979). *La condition postmoderne. Rapport sur le savoir.* Paris: Éditions de Minuit.

Lyster, Roy (1998). Negotiation of Form, Recasts, and Explicit Correction in relation to error types and learner repair in immersion classrooms. *Language Learning* 48, 183–218.

MacWhinney, Brian (2000). *Transcription format and programs.* Mahwah, NJ: Lawrence Erlbaum.

Mae, Michiko/Saal, Britta (Hg.) (2007). *Transkulturelle Genderforschung. Ein Studienbuch zum Verhältnis von Kultur und Geschlecht.* Wiesbaden: Verlag für Sozialwissenschaften.

Majid, Asifa/Bowerman, Melissa/Kita, Sotaro/Haun, Daniel B. M./Levinson, Stephen C. (2004). Can language restructure cognition? The case for space. *Trends in Cognitive Sciences* (8), 108–114.

Maletzke, Gerhard (1996). *Interkulturelle Kommunikation. Zur Interaktion zwischen Menschen verschiedener Kulturen.* Opladen: Westdeutscher Verlag.

Manzanares, Javier Valenzuela/López, Ana María Rojo (2008). What can language learners tell us about constructions? In: Knop, Sabine de/Rycker, Teun de (Hg.). *Cognitive Approaches to Pedagogical Grammar.* Berlin/New York: Mouton de Gruyter, 197–230.

Markus, Hazel Rose/Kitayama, Shinobu (1991). Cultural variation in the self-concept. In: Goethals, George R./Strauss, Jaine (Hg.). *Multidisciplinary perspectives on the self.* New York: Springer, 18–48.

Marquard, Odo (1995). Zeit und Endlichkeit. In: Marquard, Odo (Hg.). *Skepsis und Zustimmung. Philosophische Studien.* Stuttart: Reclam, 45–58.

Marquard, Odo (1981). *Abschied vom Prinzipiellen. Philosophische Studien.* Stuttgart: Reclam.

Marslen-Wilson, William (1987). Functional parallelism in spoken word recognition. *Cognition* (25), 71–102.

Marx, Nicole (2008). Is it necessary to train learners in interlingual comprehension strategies? In: Gibson, Martha/Hufeisen, Britta/Personne, Cornelia (Hg.). *Mehrsprachigkeit: Lernen und lehren, Multilingualism: learning and instruction, Le Plurilinguisme: appendre er enseigner, O Plurilinguismo: aprender ensinar. Selected papers from the L3 conference in Freiburg/Switzerland 2005.* Baltmannsweiler: Schneider Verlag Hohengehren, 135–150.

Masi, Ralph (1989). Multicultural medicine. fad or forgotten concept? *Canadian Medical Association Journal* 140 (9), 1086–1087. http://www.ncbi.nlm.nih.gov/pmc/articles/PMC1268988/pdf/cmaj00190–0092.pdf (27.02.2012).

Massachusetts Institute of Technology (1997 f.). Cultura. http://cultura.mit.edu/ (12.06.2012).

Matlock, Teenie/Gibbs, Raymond W. (2001). Conceptual knowledge and polysemy. Psycholinguistic studies on meanings of the "make". *Communication and Cognition* (34), 234–256.

Mayer, Claude-Hélène (2008). Identity and health in transcultural mediation: The Model of Culture-Synergetic Transcultural Mediation and its Impacts. *Journal of Intercultural Communication* 17. http://www.immi.se/jicc/index.php/jicc/article/view/63/36 (17.12.2011).

Mayer, Richard E. (2005 a). Cognitive Theory of Multimedia Learning. In: Mayer, Richard E. (Hg.). *The Cambridge handbook of multimedia learning.* Cambridge, UK/New York: Cambridge University Press, 31–48.

Mayer, Richard E. (2005 b). Principles for Managing Essential Processing in Multimedia Learning: Segmenting, Pretraining, and Modality Principles. In: Mayer, Richard E. (Hg.). *The Cambridge handbook of multimedia learning.* Cambridge, UK/New York: Cambridge University Press, 169–182.

Mayer, Richard E. (2005 c). Principles for reducing extraneous processing in multimedia learning: coherence, signaling, redundancy, spatial contiguity, and temporal contiguity principles. In: Mayer, Richard E. (Hg.). *The Cambridge handbook of multimedia learning.* Cambridge, UK/New York: Cambridge University Press, 183–200.

Mayer, Richard E. (1989). Models for understanding. *Review of Educational Research* 59 (1), 43–64.

Mayer, Richard E./Bove, William/Bryman, Alexandra/Mars, Rebecca/Tapangco, Lene (1996). When Less Is More: Meaningful Learning from Visual and Verbal Summaries of Science Textbook Lessons. *Journal of Educational Psychology* 88 (1), 64–73.

Mayer, Richard E./Heiser, Julie/Lonn, Steve (2001). Cognitive constraints on multimedia learning: When presenting more material results in less understanding. *Journal of Educational Psychology* 93 (1), 187–198.

Mayer, Richard E./Sims, Valerie K. (1994). For Whom Is a Picture Worth a Thousand Words? Extensions of a Dual-Coding Theory of Multimedia Learning. *Journal of Educational Psychology* 86 (3), 389–401.

McEneaney, John E. (2001). Graphic and numerical methods to assess navigation in hypertext. *International Journal of Human-Computer Studies* 55 (5), 761–786.

McEneaney, John E. (2000). Navigational correlates of comprehension in hypertext. In: Anderson, Ken/Shipman, Frank (Hg.). *Proceedings of the 11th Hypertext Conference of the Association for Computing Machinery.* New York: ACM Press, 254–255.

McEneaney, John E. (1999). Visualizing and assessing navigation in hypertext. In: Tochtermann, Klaus/Westbomke, Jörg/Wiil, Uffe K./Leggett, John (Hg.). *Proceedings of the 10th Hypertext Conference of the Association for Computing Machinery.* New York: ACM Press, 61–70.

Mecartty, Frances H. (2001). The Effects of Modality, Information Type, and Language Experience on Recall by Foreign Language Learners of Spanish. *Hispania* 84 (2), 265–278.

Mecheril, Paul/Dirim, Inci/Gomoll, Mechtild/Hornberg, Sabine/Stojanov, Krassimir (Hg.) (2010). *Spannungsverhältnisse. Assimilationsdiskurse und interkulturell-pädagogische Forschung.* Münster/München: Waxmann.

Medina, Adriana (2008). *Intercultural sensitivity development in study abroad. Is duration a decisive element in cultural learning outcomes?* Saarbrücken: VDM Verlag Dr. Müller.

Mehlhorn, Grit (2005). *Studienbegleitung für ausländische Studierende an deutschen Hochschulen.* München: Iudicium.

Meierkord, Christiane (2002). 'Language stripped bare' or 'linguistic masala'? Culture in lingua franca conversation. In: Knapp, Karlfried/Meierkord, Christiane (Hg.). *Lingua franca communication.* Frankfurt am Main: Peter Lang, 109–133.

Meisel, Jürgen M. (1997). The L2 Basic Variety as an I-Language. *Second Language Research* 13 (4), 374–385.

Meisel, Jürgen M. (1989). Early differentiation of languages in bilingual children. In: Hyltenstam, Kenneth/Obler, Loraine K. (Hg.). *Bilingualism across the lifespan. Aspects of acquisition, maturity, and loss.* Cambridge, UK/New York: Cambridge University Press, 13–40.

Meißner, Franz-Joseph (2004). Transfer und Transferieren. Anleitungen zum Interkomprehensionsunterricht. In: Klein, Horst G./Rutke, Dorothea (Hg.). *Neuere Forschungen zur Europäischen Interkomprehension.* Aachen: Shaker, 39–66.

Meißner, Franz-Joseph/Burk, Heike (2001). Hörverstehen in einer unbekannten romanischen Fremdsprache und methodische Implikationen für den Tertiärspracherwerb. *Zeitschrift für Fremdsprachenforschung* 12 (1), 63–102.

Meißner, Franz-Joseph/Reinfried, Marcus (1998). *Mehrsprachigkeitsdidaktik. Konzepte, Analysen, Lehrerfahrungen mit romanischen Fremdsprachen.* Tübingen: Gunter Narr.

Mellow, John Dean (1996). *A Longitudinal Study of the Effects of Instruction on the Development of Article Use by Adult Japanese ESL Learners. Dissertation.* Vancouver: University of British Columbia.

Merrienboer, Jeroen J.G./Kester, Liesbeth (2005). The Four-Component Instructional Design Model: Multimedia Principles in Environments for Complex Learning. In: Mayer, Richard E. (Hg.). *The Cambridge handbook of multimedia learning.* Cambridge, UK/New York: Cambridge University Press, 71–96.

Mersmann, Birgit (2004). Bildkulturwissenschaft als Kulturbildwissenschaft? Von der Notwendigkeit eines inter- und transkulturellen Iconic Turn. *Zeitschrift für Ästhetik und allgemeine Kunstwissenschaft* 49 (1), 91–111.

Merz-Benz, Peter-Ulrich (2007). Kulturwissenschaft als Wissenschaft der Transkulturalität? In: Aleksandrowicz, Dariusz/Weber, Karsten (Hg.). *Kulturwissenschaften im Blickfeld der Standortbestimmung, Legitimierung und Selbstkritik.* Berlin: Frank & Timme, 191–213.

Metcalf, Michael (1993). Foreign Languages Across the Curriculum from a Social Science Perspective. The Minnesota Model. In: Krueger, Merle/Ryan, Frank (Hg.). *Language and Content. Discipline- and Content-Based Approaches to Language Study.* Lexington/Toronto: Heath, 114–119.

Meyer, Meinert (1991). Developing Transcultural Competence. Case Studies of Advanced Foreign Language Learners. In: Buttjes, Dieter/Byram, Michael (Hg.). *Mediating Languages and Cultures. Towards an Intercultural Theory of Foreign Language Education.* Clevedon: Multilingual Matters, 136–158.

Meyer-Ingwersen, Johannes (1977). *Zur Sprachentwicklung türkischer Schüler in der Bundesrepublik.* Kronberg/Ts: Scriptor-Verlag.

Miller, Hillis J. (1992). Translation as the Double Production of Texts. In: Kramsch, Claire/McConnell-Ginet, Sally (Hg.). *Text and context. Cross-disciplinary perspectives on language study.* Lexington, Mass.: Heath, 124–134.

Miller, Kenneth M. (1970). Free-association responses of English and Australian students to 100 words from the Kent-Rosanoff word association test. In: Postman, Leo Joseph/Keppel, Geoffrey (Hg.). *Norms of word association.* New York: Academic Press, 39–52.

Missler, Bettina (2000). Previous experience of foreign language learning and its contribution to the development of learning strategies. In: Dentler, Sigrid/Hufeisen, Britta/Lindemann, Beate (Hg.). *Tertiär- und Drittsprachen. Projekte und empirische Untersuchungen.* Tübingen: Stauffenburg, 7–21.

Missler, Bettina (1999). *Fremdsprachenlernerfahrungen und Lernstrategien. Eine empirische Untersuchung.* Tübingen: Stauffenburg.

Mog, Paul/Althaus, Hans-Joachim (1992). *Die Deutschen in ihrer Welt. Tübinger Modell einer integrativen Landeskunde.* Berlin/New York: Langenscheidt.

Mohan, Bernard (1986). *Language and Content.* Reading, MA: Addison-Wesley.

Molnár, Heike (2010). Der Einfluss des Faktors Alter auf die Aussprachekompetenz in der L2. Ergebnisse einer Pilotstudie mit DaZ-Lernern. *Zeitschrift für Interkulturellen Fremdsprachenunterricht* 15 (1), 42–60. http://zif.spz.tu-darmstadt.de/jg-15-1/docs/Molnar.pdf (04.04.2012).

Moreno, Roxana/Mayer, Richard E. (2007). Interactive Multimodal Learning Environments. *Educational Psychology Review* 19 (3), 309–326.

Moreno, Roxana/Mayer, Richard E. (2002). Learning Science in Virtual Reality Multimedia Environments: Role of Methods and Media. *Journal of Educational Psychology* 94 (3), 598–610.

Moreno, Roxana/Mayer, Richard E. (2000). A coherence effect in multimedia learning: The case for minimizing irrelevant sounds in the design of multimedia instructional messages. *Journal of Educational Psychology* 92 (1), 117–125.

Morrison, Terri/Conaway, Wayne A. (2007). *Kiss, bow, or shake hands: Europe. How to do business in 25 European countries.* Avon, Mass.: Adams Business.

Morton, John (1969). Interaction of information in word recognition. *Psychological Review* (76), 165–178.

Muljani, Djojomihardjo/Koda, Keiko/Moates, Danny R. (1998). The development of word recognition in a second language. *Applied Psycholinguistics* 19 (1), 99–113.

Müller, Bernd-Dietrich (1994). *Wortschatzarbeit und Bedeutungsvermittlung.* München: Langenscheidt.

Müller-Jacquier, Bernd-Dietrich (2003). Interkulturelle Wirtschaftskommunikation mit deutschen Partnern. In: Schneider, Günther/Clalüna, Monika (Hg.). *Mehr Sprache – mehrsprachig – mit Deutsch. Didaktische und politische Perspektiven. XII. Internationale Tagung der Deutschlehrerinnen und Deutschlehrer, 30. Juli bis 4. August 2001, Luzern/Schweiz.* München: Iudicium, 309–323.

Müller-Jacquier, Bernd-Dietrich (1992). Grundpositionen einer interkulturellen Didaktik des Deutschen als Fremdsprache. In: Krause, Burkhardt/Scheck, Ulrich/O'Neill, Patrick (Hg.). *Präludien. Kanadisch-deutsche Dialoge: Vorträge des 1. Kingstoner Symposions: Thema, interkulturelle Germanistik – the Canadian context.* München: Iudicium Verlag, 133–156.

Müller-Jacquier, Bernd-Dietrich (1981). *Konfrontative Semantik.* Weil der Stadt: Lexika.

Müller-Kalthoff, Thiemo (2006). *Vorwissen und Navigationshilfen beim Hypertextlernen.* Münster/New York/München/Berlin: Waxmann.

Müller-Lancé, Johannes (2003). *Der Wortschatz romanischer Sprachen im Tertiärsprachenerwerb. Lernerstrategien am Beispiel des Spanischen, Italienischen und Katalanischen.* Tübingen: Stauffenburg.

Murphy, Joseph/Black Goepper, Jane (1989). The teaching of French. A syllabus of competence. The report of the Commission on Professional Standards. *AATF National Bulletin* (Special issue). http://www.frenchteachers.org/bulletin/archives/1980s/1989–15.Special-Oct.pdf (05.06.2012).

Myers-Scotton, Carol (1993). *Social motivations for codeswitching. Evidence from Africa*. Oxford: Clarendon Press.

Nassmacher, Hiltrud (2000). Probleme und Möglichkeiten des Vergleichs in der Politikwissenschaft. In: Zima, Peter V. (Hg.). *Vergleichende Wissenschaften. Interdisziplinarität und Interkulturalität in den Komparatistiken. Tagung „Vergleichende Wissenschaften" am Institut für Allgemeine und Vergleichende Literaturwissenschaft der Universität Klagenfurt im Herbst 1998*. Tübingen: Gunter Narr, 77–94.

Nation, Robert/McLaughlin, Barry (1986). Novices and experts: An information processing approach to the "good language learner" problem. *Applied Psycholinguistics* 7 (1), 41–55.

Nelson, Theodor Holm (1987). *Literary machines. The report on, and of, project Xanadu concerning word processing, electronic publishing, hypertext, thinkertoys, tomorrow's intellectual revolution, and certain other topics including knowledge, education and freedom*. Sausalito: Mindful Press.

Neuland, Eva (Hg.) (2006). *Variation im heutigen Deutsch. Perspektiven für den Sprachunterricht*. Sprache – Kommunikation – Kultur 4. Frankfurt am Main: Peter Lang.

Neumann-Holzschuh, Ingrid (2000). Restructurations dans un créole „conservateur": Le cas du créole louisiannais. In: Neumann-Holzschuh, Ingrid/Schneider, Edgar W. (Hg.). *Degrees of restructuring in Creole languages*. Amsterdam/Philadelphia: John Benjamins, 383–408.

Neuner, Gerhard/Hunfeld, Hans (1993). *Methoden des fremdsprachlichen Deutschunterrichts. Eine Einführung: Fernstudieneinheit 4*. München: Langenscheidt.

Neveling, Christiane (2004). *Wörterlernen mit Wörternetzen. Eine Untersuchung zu Wörternetzen als Lernstrategie und als Forschungsverfahren*. Tübingen: Gunter Narr.

Niederhauser, Dale S./Reynolds, Ralph E./Salmen, Donna J./Skolmoski, Phil (2000). The Influence of Cognitive Load on Learning from Hypertext. *Journal of Educational Computing Research* 23 (3), 237–55.

Niemeier, Susanne (2005). Boundedness/Unboundedness: Blick durch das Schlüsselloch. Angewandte Kognitive Linguistik für den Englischunterricht. *Zeitschrift für Angewandte Linguistik* 43, 3–31.

Niemeier, Susanne/Reif, Monika (2008). Making Progress Simpler? Applying Cognitive Grammar to Tense-Aspect Teaching in the German EFL Classroom. In: Knop, Sabine de/Rycker, Teun de (Hg.). *Cognitive Approaches to Pedagogical Grammar*. Berlin/New York: Mouton de Gruyter, 225–255.

Nolden, Thomas/Kramsch, Claire (1996). Foreign Language Literacy as (Op)Positional Practice. In: Roche, Jörg/Salumets, Thomas (Hg.). *Germanics under construction. Intercultural and interdisciplinary prospects*. München: Iudicium, 61–76.

Nora, Pierre (1992). Comment écrire l'historie de France? In: Nora, Pierre (Hg.). *Les Lieux de Mémoire. Vol. III: La France*. Paris: Gallimard, 1–32.

Norris, John M./Ortega, Lourdes (2000). Effectiveness of L2 Instruction: A Research Synthesis and Quantitative Meta-Analysis. *Language Learning* 50 (3), 417–528.

Nostrand, Howard Lee (1974). Empathy for a Second Culture. Motivations and Techniques. In: Jarvis, Gilbert A. (Hg.). *Responding to New Realities. ACTFL Foreign Language Education Series*. vol. 5. Skokie: National Textbook Company, 263–327.

Nünning, Ansgar/Nünning, Vera (2003). Kulturwissenschaften: Eine multiperspektivische Einführung in einen interdisziplinären Diskussionszusammenhang. In: Nünning, Ansgar/Nünning, Vera (Hg.). *Konzepte der Kulturwissenschaften. Theoretische Grundlagen – Ansätze – Perspektiven*. Stuttgart: Metzler, 1–18.

Nussbaum, Martha C./Pauer-Studer, Herlinde/Utz, Ilse (2000). *Gerechtigkeit oder Das gute Leben*. Frankfurt am Main: Suhrkamp.

O'Regan, John P./MacDonald, Malcolm N. (2007). Cultural Relativism and the Discourse of Intercultural Communication. Aporias of Praxis in the Intercultural Public Sphere. *Language and Intercultural Communication* 7 (4), 267–279.

Oberndörfer, Dieter (2005). Sprache und Nation. In: Gogolin, Ingrid (Hg.). *Migration und sprachliche Bildung*. Wissenschaftliches Kolloquium. Münster: Waxmann, 231–248.

Odlin, Terence (1989). *Language transfer. Cross-linguistic influence in language learning*. Cambridge, UK/New York: Cambridge University Press.

OECD (2010). *PISA 2009. Potenziale nutzen und Chancengerechtigkeit sichern: Sozialer Hintergrund und Schülerleistungen. Band 2:* OECD Publishing.

OECD (Hg.) (2007). *PISA 2006. Naturwissenschaftliche Kompetenzen für die Welt von morgen*. Bielefeld.

Oevermann, Ulrich (1979). Die Methodologie einer ‚objektiven Hermeneutik' und ihre allgemeine forschungslogische Bedeutung in den Sozialwissenschaften. In: Soeffner, Hans-Georg (Hg.). *Interpretative Verfahren in den Sozial- und Textwissenschaften*. Stuttgart: Metzler, 352–434.

Offe, Heinz/Anneken, Gabriele/Kessler, Eva (1994). Normen für die Konkretheits- und Vorstellbarkeitseinschätzungen von 234 Substantiven. In: Hager, Willi/Hasselhorn, Marcus (Hg.). *Handbuch deutschsprachiger Wortnormen*. Göttingen/Seattle: Hogrefe, 187–199.

Oksaar, Els (2003). *Zweitspracherwerb. Wege zur Mehrsprachigkeit und zur interkulturellen Verständigung*. Stuttgart: Kohlhammer.

Oksaar, Els (1988). *Kulturemtheorie. Ein Beitrag zur Sprachverwendungsforschung*. Göttingen: Vandenhoeck & Ruprecht.

Oksaar, Els (1983). Kongruenzen und Kulturemrealisierungen. *Neuphilologische Mitteilungen* 84, 120–125.

Olejarka, Anna (2008). *Die Wortbildungsregularitäten des Verbs und ihre Umsetzung in didaktischen Grammatiken für Deutsch als Fremdsprache*. München: Iudicium.

Onuki, Atsuko/Pekar, Thomas (2006a). Einführung. In: Onuki, Atsuko/Pekar, Thomas (Hg.). *Figuration – Defiguration. Beiträge zur transkulturellen Forschung*. München: Iudicium, 7–13.

Onuki, Atsuko/Pekar, Thomas (Hg.) (2006b). *Figuration – Defiguration. Beiträge zur transkulturellen Forschung*. München: Iudicium.

Oppenrieder, Wilhelm/Thurmair, Maria (2003). Sprachidentität im Kontext von Mehrsprachigkeit. In: Janich, Nina/Thim-Mabrey, Christiane (Hg.). *Sprachidentität – Identität durch Sprache*. Tübinger Beiträge zur Linguistik 465. Internationales Symposium „Sprachidentität – Identität durch Sprache. Beiträge der Sprachwissenschaft zur Wissenschaftlichen und Öffentlichen Diskussion". Tübingen: Gunter Narr, 39–60.

Ortiz, Fernando/Malinowski, Bronislaw/Onís, Harriet de (1995). *Cuban counterpoint. Tobacco and sugar*. Durham: Duke University Press.

Osgood, Charles E./Sebeok, Thomas A./Gardner, John W./Carroll, John B./Newmark, Leonard D./Ervin, Susan M./Saporta, Sol/Greenberg, Joseph Harold/Walker, Donald E./Jenkins, James J./Wilson, Kellogg/Lounsbury, Floyd G. (1954). Psycholinguistics: a survey of theory and research problems. *The Journal of Abnormal and Social Psychology* 49 (4), 1–203.

Osterhammel, Jürgen (1996). Transkulturell vergleichende Geschichtswissenschaft. In: Haupt, Heinz-Gerhard/Kocka, Jürgen (Hg.). *Geschichte und Vergleich. Ansätze und Ergebnisse international vergleichender Geschichtsschreibung*. Frankfurt am Main/New York: Campus, 271–313.

Otto, Hans-Uwe/Ziegler, Holger (2006). Education and Capabilites. *Social Work & Society* 4 (2), 269–287. http://www.socwork.net/sws/article/view/158/218 (19.07.2012).

Özçalişkan, Şeyda (2003). Metaphorical Motion in Crosslinguistic Perspective. A Comparison of English and Turkish. *Metaphor/Symbol* 18 (3), 189–228.

Paas, Fred G. W. C./van Merriënboer, Jeroen J. G. (1994). Variability of Worked Examples and Transfer of Geometrical Problem-Solving Skills: A Cognitive-Load Approach. *Journal of Educational Psychology* 86 (1), 122–133.

Pagonis, Giulio (2009). *Kritische Periode oder altersspezifischer Antrieb. Was erklärt den Altersfaktor im Zweitspracherwerb? Eine empirische Fallstudie zum ungesteuerten Zweitspracherwerb des Deutschen durch russische Lerner unterschiedlichen Alters.* Frankfurt am Main: Peter Lang.

Paivio, Allan (1986). *Mental representations. A dual coding approach.* Oxford/New York: Oxford University Press/Clarendon Press.

Paivio, Allan (1966). Stimulus and response abstractness, imagery, and meaningfulness, and reported mediators in paired-associate learning. *Canadian Journal of Psychology* (20), 362–377.

Panayiotou, Alexia (2004). Switching codes, switching code: Bilinguals' emotional responses in English and Greek. *Journal of Multilingual and Multicultural Developement* 25 (2/3), 124–139.

Paschke, Peter (2010). Akzentuierung von Internationalismen. Überlegungen zur empirischen Untersuchung bei fortgeschrittenen italophonen Deutschlernenden. *Zeitschrift für Interkulturellen Fremdsprachenunterricht* 15 (2), 151–168. http://zif.spz.tu-darmstadt.de/jg-15-2/beitrag/Paschke.pdf (01.12.2011).

Passy, Paul (1899). *De la méthode directe dans l'enseignement des langues vivantes.* Colin: Paris.

Patrikis, Peter C. (1993). Foreword. In: Krueger, Merle/Ryan, Frank (Hg.). *Language and Content. Discipline- and Content-Based Approaches to Language Study.* Lexington/Toronto: Heath, xi–xiv.

Pavlenko, Aneta (2006). Bilingual selves. In: Pavlenko, Aneta (Hg.). *Bilingual minds. Emotional experience, expression, and representation.* Clevedon: Multilingual Matters, 1–33.

Pavlenko, Aneta/Blackledge, Adrian (2004). *Negotiation of identities in multilingual contexts.* Clevedon: Multilingual Matters.

Penner, Zvi (2002). *Programm sprachliche Frühförderung von fremdsprachigen Kindern im Kindergarten. Programmhandbuch.* Unveröffentlichtes Manuskript.

Pennycook, Alastair (2007). *Global Englishes and transcultural flows.* London/New York: Routledge.

Perdue, Clive/Allwood, Jens (Hg.) (1982). *Second Language Acquisition by Adult Immigrants. A Field Manual.* Strasbourg: Max Planck Institut für Psycholinguistik/European Science Foundation.

Pérennec, Marie-Hélène (2001). Die Sprachglosse beiderseits des Rheins. Kulturelle Unterschiede bei einem gemeinsamen Textmuster. In: Fix, Ulla/Habscheid, Stephan/Klein, Josef (Hg.). *Zur Kulturspezifik von Textsorten.* Tübingen: Stauffenburg, 147–158.

Petermann, Ulrike/Jürgens Matthias (2009). Sprachliche, interkulturelle und didaktische Aspekte beim Einsatz von Werbung im DaF-Unterricht. In: Reeg, Ulrike (Hg.). *Schnittstelle Interkulturalität. Beiträge zur Didaktik Deutsch als Fremdsprache.* Münster/New York/München/Berlin: Waxmann, 65–92.

Peyer, Elisabeth/Kaiser, Irmtraud/Berthele, Raphael (2006). Psycholinguistische Grundlagen einer Rezeptiven Grammatik des Deutschen. In: Abel, Andrea/Stuflesser, Mathias/Putz, Magdalena (Hg.). *Multilingualism across Europe: Findings, Needs, Best Practices. Proceedings. 24.–26.08.2006, Bolzano/Bozen.* Bozen: Eurac, 309–321.

Pienemann, Manfred (2005). *Cross-linguistic aspects of processability theory.* Amsterdam/Philadelphia: John Benjamins.

Pienemann, Manfred (1998). *Language processing and second language development. Processability theory.* Amsterdam/Philadelphia: John Benjamins.

Piller, Ingrid (2002). *Bilingual couples talk. The discursive construction of hybridity.* Amsterdam/Philadelphia: John Benjamins.

Pintrich, Paul R. (2003). A Motivational Science Perspective on the Role of Student Motivation in Learning and Teaching Contexts. *Journal of Educational Psychology* 95 (4), 667–686.

Plieger, Petra (2006). *Struktur und Erwerb des bilingualen Lexikons. Konzepte für die mediengestützte Wortschatzarbeit.* Berlin: Lit.

Poirier, Claude (1999). *Dictionnaire historique du français québécois. Monographies lexicographiques de québécismes.* Québec: Presses de l'Université Laval.

Pölzl, Ulrike (2006). *Exploring the Third Space: Negotiating Culture in English as a Lingua Franca.* Dissertation. Wien: Universität Wien.

Poplack, Shana (1980). Sometimes I'll start a sentence in Spanish Y TERMINO EN ESPANOL: toward a typology of code-switching. *Linguistics* 18 (7–8), 581–618. http://pi.library.yorku.ca/dspace/bitstream/handle/10315/2506/CRLC00161.pdf?sequence=1 (04.04.2012).

Poplack, Shana/Sankoff, David (1988). Code-switching. In: Ammon, Ulrich/Dittmar, Norbert/Mattheier, Klaus (Hg.). *Sociolinguistics. An international handbook of the science of languague and society = Soziolinguistik. Ein internationales Handbuch zur Wissenschaft von Sprache und Gesellschaft.* Berlin/New York: Walter de Gruyter, 1174–1180.

Porter, Richard E./Samovar, Larry A. (1994). An Introduction to Intercultural Communication. In: Samovar, Larry A./Porter, Richard E. (Hg.). *Intercultural communication. A Reader.* Belmont: Wadsworth, 4–24.

Potelle, Hervé/Rouet, Jean-François (2003). Effects of content representation and readers' prior knowledge on the comprehension of hypertext. *International Journal of Human-Computer Studies* 58 (3), 327–345.

Poulisse, Nanda (1993). A theoretical account of lexical communication strategies. In: Schreuder, Robert/Weltens, Bert (Hg.). *The Bilingual lexicon.* Amsterdam/Philadelphia: John Benjamins, 157–189.

Prensky, Marc (2007). *Digital game-based learning. Practical ideas for the application of digital game-based learning.* St. Paul, MN: Paragon House.

Preston, Dennis R. (1989). *Sociolinguistics and second language acquisition.* Oxford: Blackwell.

Pries, Ludger (2008). *Die Transnationalisierung der sozialen Welt. Sozialräume jenseits von National-gesellschaften.* Frankfurt am Main: Suhrkamp.

Pries, Ludger (2006). Transnational Migration: New Challenges for Nation States and New Opportunities for Regional and Global Development. Warszawa: Center for International Relations. http://pdc.ceu.hu/archive/00004803/01/rap_i_an_0106a.pdf (25.08.2012).

Pütz, Martin (2004). Sprachrepertoire/Linguistic Repertoire. In: Ammon, Ulrich (Hg.). *Socio-linguistics. An international handbook of the science of languague and society.* Berlin/New York: Walter de Gruyter, 226–232.

Pütz, Martin/Sicola, Laura (Hg.) (2010). *Cognitive processing in second language acquisition. Inside the learner's mind.* Converging evidence in language and communication research 13: International Symposium Cognitive Approaches to Second, Foreign Language Processing: Theory and Pedagogy, International LAUD Symposium. Amsterdam/Philadelphia: John Benjamins.

Quetz, Jürgen (2004). Polyglott oder Kauderwelsch? In: Bausch, Karl-Richard (Hg.). *Mehr-sprachigkeit im Fokus. Arbeitspapiere der 24. Frühjahrskonferenz zur Erforschung des Fremdsprachen-unterrichts.* Frühjahrskonferenz zur Erforschung des Fremdsprachenunterrichts. Tübingen: Gunter Narr, 181–190.

Quetz, Jürgen/Trim, John/Butz, Marion (Hg.) (2004). *Gemeinsamer europäischer Referenzrahmen für Sprachen. Lernen, lehren, beurteilen. Niveau A1, A2, B1, B2, C1, C2.* Berlin/Zürich: Langen-scheidt. http://www.goethe.de/z/50/commeuro/ (21.08.2012).

Quist, Pia/Jørgensen, J. Normann (2009). Crossing – negotiating social boundaries. In: Auer, Peter/Wei, Li (Hg.). *Handbook of multilingualism and multilingual communication.* New York: Mouton de Gruyter, 371–389.

Radden, Günter (2011). Spacial time in the West and the East. In: Brdar, Mario/Omazic, Marija/Pavicic Takac, Visna/Gradecak-Erdeljic, Tanja/Buljan, Gabrijela (Hg.). *Space and Time in Language.* Frankfurt am Main: Peter Lang, 1–40.

Ramadan, Mohcine Ait (2013). Wortassoziationen: Ein interkultureller Vergleich zwischen dem Deutschen und dem Arabischen. *Zeitschrift für Interkulturellen Fremdsprachenunterricht* 18 (1), in Vorbereitung.

Ramat, Anna Giacalone/Galèas, Grazia Crocco (Hg.) (1995). *From Pragmatics to Syntax. Modality Second Language Acquisition.* Tübingen: Gunter Narr.

Rathje, Stefanie (2006). Interkulturelle Kompetenz. Zustand und Zukunft eines umstrittenen Konzepts. *Zeitschrift für Interkulturellen Fremdsprachenunterricht* 11 (3). http://zif.spz.tu-darm-stadt.de/jg-11-3/docs/Rathje.pdf (19.10.2011).

Raupach, Manfred (1997). Das mehrsprachige Lexikon. In: Börner, Wolfgang/Vogel, Klaus (Hg.). *Kognitive Linguistik und Fremdsprachenerwerb. Das mentale Lexikon*. Tübingen: Gunter Narr, 19–37.

Rayner, Keith (1998). Eye movements in reading and information processing: 20 years of research. *Psychological Bulletin* 124 (3), 372–422.

Rayner, Keith (1997). Understanding Eye Movements in Reading. *Scientific Studies of Reading* 1 (4), 317–339.

Rayner, Keith (1978). Eye movements in reading and information processing. *Psychological Bulletin* 85 (3), 618–660.

Rayner, Keith/Chace, Kathryn H./Slattery, Timothy J./Ashby, Jane (2006). Eye Movements as Reflections of Comprehension Processes in Reading. *Scientific Studies of Reading* 10 (3), 241–255.

Rayner, Keith/Duffy, Susan A. (1986). Lexical complexity and fixation times in reading: Effects of word frequency, verb complexity, and lexical ambiguity. *Memory & Cognition* 14 (3), 191–201.

Rayner, Keith/Juhasz, Barbara (2004). Eye movements in reading: Old questions and new directions. *European Journal of Cognitive Psychology* 16 (1–2), 340–352.

Reckwitz, Andreas (2008). *Die Transformation der Kulturtheorien. Zur Entwicklung eines Theorieprogramms. Mit einem Nachwort zur Studienausgabe 2006: Aktuelle Tendenzen der Kulturtheorien*. Weilerswist: Velbrück Wissenschaft.

Redlinger, Wendy E./Park, Tschang-Zin (1980). Language mixing in young bilinguals. *Journal of Child Language* 7, 337–352.

Reeder, Kenneth/Macfadyen, Leah P./Roche, Jörg/Chase, Mackie (2004). Negotiating Cultures in Cyberspace. Participation Patterns and Problematics. *Language Learning & Technology* 8 (2), 88–105. http://llt.msu.edu/vol8num2/reeder/default.html (05.06.2012).

Reeg, Ulrike (2006). *Interkultureller Fremdsprachenunterricht. Grundlagen und Perspektiven: 5. Jahrestagung der DeutschlektorInnen an italienischen Universitäten, 23.–27. September 2004, Monopoli (Bari)*. Bari: Edizioni di Pagina.

Reimann, Sandra (2008). Der Sex-Appeal italienischen Kaffees. Werbung interkulturell. In: Kaunzner, Ulrike A. (Hg.). *Der Fall der Kulturmauer. Wie kann Sprachunterricht interkulturell sein?* Münster: Waxmann, 175–194.

Reinhart, Tanya (1984). Principles of Gestalt Perception in the Temporal Organisation of Narrative Texts. *Linguistics* 22 (6), 779–809.

Rentel, Nadine (2010). Stilunterschiede in deutschen und französischen Geschäftsbriefen und deren Didaktisierung im universitären DaF-Unterricht in Frankreich. In: Foschi Albert, Marina/Hepp, Marianne/Neuland, Eva/Dalmas, Martine (Hg.). *Text und Stil im Kulturvergleich. Pisaner Fachtagung 2009 zu interkulturellen Wegen germanistischer Kooperation*. München: Iudicium, 448–457.

Rheinberg, Falko (2006). Intrinsische Motivation und Flow-Erleben. In: Heckhausen, Jutta/Heckhausen, Heinz (Hg.). *Motivation und Handeln. Mit 43 Tabellen*. Heidelberg: Springer, 331–392.

Rickheit, Gert/Sichelschmidt, Lorenz/Strohner, Hans (2002). *Psycholinguistik. Die Wissenschaft vom sprachlichen Verhalten und Erleben*. Tübingen: Stauffenburg.

Rieger, Marie (2008). Die Deutschen sind so kalt! – Nähe und Distanz in interkulturellen Begegnungen. In: Kaunzner, Ulrike A. (Hg.). *Der Fall der Kulturmauer. Wie kann Sprachunterricht interkulturell sein?* Münster: Waxmann, 83–98.

Riehl, Claudia Maria (2009). *Sprachkontaktforschung. Eine Einführung*. Tübingen: Gunter Narr.

Riehl, Claudia Maria (2005). Codeswitching in Bilinguals. Impacts of Mental Processes and Language Awareness. In: Cohen, James (Hg.). *ISB4. Proceedings of the 4th International Symposium on Bilingualism*. Somerville, MA: Cascadilla Press, 1945–1959.

Riehl, Claudia Maria (2001). *Schreiben, Text und Mehrsprachigkeit. Zur Textproduktion in mehrsprachigen Gesellschaften am Beispiel der deutschsprachigen Minderheiten in Südtirol und Ostbelgien*. Tübingen: Stauffenburg.

Riemer, Claudia (2004). Thesen zu Mehrsprachigkeiten mit DaF, DaZ, DaH und DaM. In: Bausch, Karl-Richard (Hg.). *Mehrsprachigkeit im Fokus. Arbeitspapiere der 24. Frühjahrskonferenz zur Erforschung des Fremdsprachenunterrichts.* Frühjahrskonferenz zur Erforschung des Fremdsprachenunterrichts. Tübingen: Gunter Narr, 197–205.

Riemer, Claudia (2001). Zur Rolle der Motivation beim Fremdsprachenlernen. In: Finkbeiner, Claudia (Hg.). *Lehren und Lernen im Kontext empirischer Forschung und Fachdidaktik.* Donauworth: Auer, 376–398.

Riemer, Claudia (1997). *Individuelle Unterschiede im Fremdsprachenerwerb. Eine Longitudinalstudie über die Wechselwirksamkeit ausgewählter Einflussfaktoren.* Baltmannsweiler: Schneider Verlag Hohengehren.

Ringbom, Håkan (1990). Effects of Transfer in Foreign Language Learning. In: Dechert, Hans W. (Hg.). *Current trends in European second language acquisition research.* LSA/TESOL Institute. Clevedon: Multilingual Matters, 205–218.

Ritz, Hans (2000). *Die Geschichte vom Rotkäppchen. Ursprünge, Analysen, Parodien eines Märchens.* Göttingen: Muriverlag.

Rivers, Wilga (1964). *The Psychologist and the Foreign Language Teacher.* Chicago: University of Chicago Press.

Robbe, Tilmann (2009). *Historische Forschung und Geschichtsvermittlung. Erinnerungsorte in der deutschsprachigen Geschichtswissenschaft.* Göttingen: V&R unipress.

Robins, Kevin (2007). Transnational Cultural Policy and European Cosmopolitanism. *Cultural Politics* 3 (2), 147–174.

Roche, Jörg (2010). Emergente Textualität in der Lernersprache. Von Chunks und Situativität zum Text. In: Foschi Albert, Marina/Hepp, Marianne/Neuland, Eva/Dalmas, Martine (Hg.). *Text und Stil im Kulturvergleich. Pisaner Fachtagung 2009 zu interkulturellen Wegen germanistischer Kooperation.* München: Iudicium, 47–65.

Roche, Jörg (2009). Zur Problematik von Sprachstandserhebungen in der Migrationsforschung – illustriert am Beispiel der Integrationsstudie von H. Esser. *Zeitschrift für Interkulturellen Fremdsprachenunterricht* 14 (2). http://zif.spz.tu-darmstadt.de/jg-14-2/beitrag/Roche4.htm (19. 10. 2011).

Roche, Jörg (2008a). *Fremdsprachenerwerb, Fremdsprachendidaktik.* Tübingen: Francke.

Roche, Jörg (2008b). *Handbuch Mediendidaktik. Fremdsprachen.* Ismaning: Hueber.

Roche, Jörg (2006). Natürliche Mehrsprachigkeit als Mittel der Integration. In: Neuland, Eva (Hg.). *Variation im heutigen Deutsch. Perspektiven für den Sprachunterricht.* Sprache – Kommunikation – Kultur 4. Frankfurt am Main: Peter Lang, 79–96.

Roche, Jörg (2001). *Interkulturelle Sprachdidaktik. Eine Einführung.* Tübingen: Gunter Narr.

Roche, Jörg (1998). Variation in Xenolects (Foreigner Talk). In: Ammon, Ulrich (Hg.). *Variationslinguistik. Linguistics of variation = La linguistique variationnelle.* Tübingen: Niemeyer, 117–139.

Roche, Jörg (1989). *Xenolekte. Struktur und Variation im Deutsch gegenüber Ausländern.* Berlin/New York: Walter de Gruyter.

Roche, Jörg (Hg.) (2012). *Interkulturelles Lernen mit Medien. 5. Ergänzungslieferung der LIFE-Materialien.* München: BMW Group.

Roche, Jörg/Macfadyen, Leah P. (Hg.) (2004). *Communicating across Cultures in Cyberspace. A Bibliographical Review of Intercultural Communication Online.* Berlin: Lit.

Roche, Jörg/Reher, Janina/Simic, Mirjana (2012). *Focus on Handlung. Zum Konzept des handlungsorientierten Erwerbs sprachlicher, sozialer und demokratischer Kompetenzen im Rahmen einer Kinder-Akademie.* Münster: Lit.

Roche, Jörg/Roussy-Parent, Mélody (2006). Zur Rolle der kontrastiven Semantik in interkultureller Kommunikation. *Fremdsprachen Lehren und Lernen (FLuL)* 36, 228–250.

Roche, Jörg/Scheller, Julija (2008). Grammar Animations and Cognitive Theory of Multimedia Learning. In: Zhang, Felicia/Barber, Beth (Hg.). *Handbook of research on computer-enhanced language acquisition and learning.* Hershey, PA: Information Science Reference, 205–219.

Roche, Jörg/Scheller, Julija (2004). Zur Effizienz von Grammatikanimationen beim Spracherwerb. Ein empirischer Beitrag zu einer kognitiven Theorie des multimedialen Fremdsprachenerwerbs. *Zeitschrift für Interkulturellen Fremdsprachenunterricht* 9 (1). http://zif.spz.tu-
darmstadt.de/jg-09-1/beitrag/roche-scheller2.htm (17. 12. 2011).

Roche, Jörg/Webber, Mark Joel (2009). *Mini-Grammatik Deutsch als Fremdsprache.* München/
Stuttgart: Klett.

Roche, Jörg/Webber, Mark Joel (1996). *Mini-Grammatik Deutsch als Fremdsprache.* München/
Stuttgart: Klett.

Roche, Jörg/Webber, Mark Joel (1995). *Für- und Wider-Sprüche. Ein integriertes Text-Buch für
Colleges und Universitäten. (Kombiniertes Lehr- und Arbeitsbuch mit didaktischen und methodischen
Kommentaren für Lehrer und Lerner, eine Kassette).* New Haven: Yale University Press.

Roche, Reinhard (1965). Floskeln im Gegenwartsdeutsch. Im Deutschen lügt man, wenn man
höflich ist (Faust V. 6771). *Wirkendes Wort. Deutsche Sprache und Literatur in Forschung und Lehre*
15, 368−405.

Röhner, Charlotte/Hövelbrinks, Britta/Li, Meng (2011). Fachsprachliche Elemente in natur-
wissenschaftlich-technischen Lernsituationen. In: Apeltauer, Ernst/Rost-Roth, Martina (Hg.).
Sprachförderung Deutsch als Zweitsprache. Von der Vor- in die Grundschule. Forum Sprachlehrforschung 11. Tübingen: Stauffenburg, 43−54.

Romaine, Suzanne (1995). *Bilingualism.* Oxford, UK/Cambridge, Mass.: Blackwell.

Roos, Jeanette/Polotzek, Silvana/Schöler, Hermann (2010). *EVAS Evaluationsstudie zur Sprachförderung von Vorschulkindern. Abschlussbericht der Wissenschaftlichen Begleitung der Sprachfördermaßnahmen im Programm „Sag' mal was − Sprachförderung für Vorschulkinder". Unmittelbare
und längerfristige Wirkungen von Sprachförderungen in Mannheim und Heidelberg.* Heidelberg:
Pädagogische Hochschule Heidelberg. http://www.sagmalwas-bw.de/media/WiBe%201/pdf/
EVAS_Abschlussbericht_Januar2010.pdf (12. 10. 2011).

Rosch, Eleanore (Hg.) (1975). *Basic Objects in Natural Categories.* Berkeley: University of California
Press.

Rosch, Eleanore/Mervis, Carolyn Johnson David (1976). Basic objects in natural categories.
Cognitive Psychology 8, 382−439.

Rosenzweig, Mark R. (1970). International Kent-Rosanoff word association norms, emphasizing
those of French male and female students and French workmen. In: Postman, Leo Joseph/
Keppel, Geoffrey (Hg.). *Norms of word association.* New York: Academic Press, 95−176.

Rosenzweig, Mark R. (1964). Word association of French workman. Comparisons with
associations of French students and American workmen and students. *Journal of Verbal
Learning and Verbal Behavior* (3), 57−69.

Rosenzweig, Mark R. (1957). Étude sur l'association des mots. *L'année psychologique* 57, 23−32.

Rost-Roth, Martina (2003). Anliegensformulierungen: Aufgabenkomplexe und sprachliche
Mittel. Analysen zu Anliegensformulierungen von Muttersprachlern und Nichtmutter-
sprachlern am Beispiel von Beratungsgesprächen und Antragsbearbeitungs-Gesprächen
im Hochschulkontext. *Zeitschrift für Interkulturellen Fremdsprachenunterricht* 8 (2−3). http://
zif.spz.tu-darmstadt.de/jg-08-2-3/docs/RostRoth.pdf (24. 9. 2012).

Ruben, Brent (1987). Guidelines for Cross-Cultural Communication Effectiveness. In: Luce,
Louise Fiber/Smith, Elise C. (Hg.). *Toward internationalism. Readings in cross-cultural communication.* Boston, Mass.: Heinle & Heinle, 36−46.

Rück, Heribert (2004). Neugier auf Sprachen wecken, und zwar früh! In: Bausch, Karl-Richard
(Hg.). *Mehrsprachigkeit im Fokus. Arbeitspapiere der 24. Frühjahrskonferenz zur Erforschung des
Fremdsprachenunterrichts.* Frühjahrskonferenz zur Erforschung des Fremdsprachenunter-
richts. Tübingen: Gunter Narr, 206−215.

Rug, Wolfgang/Tomaszewski, Andreas (1993). *Grammatik mit Sinn und Verstand.* München/
Stuttgart: Klett.

Rumelhart, David E./McClelland, James (1986). *Parallel distributed processing. Explorations in the
microstructure of cognition. Vol. 2: Psychological and Biological Models.* Cambridge, Mass.: MIT Press.

Rummer, Ralf/Fürstenberg, Anne/Schweppe, Judith (2008). Lernen mit Texten und Bildern. Der Anteil akustisch-sensorischer Information am Zustandekommen des Modalitätseffekts. *Zeitschrift für Pädagogische Psychologie* 22 (1), 37–45.

Russell, Wallace A. (1970). The complete german language norms for responses to 100 words from the Kent-Rosanoff test. In: Postman, Leo Joseph/Keppel, Geoffrey (Hg.). *Norms of word association.* New York: Academic Press, 53–94.

Sachverständigenrat deutscher Stiftungen für Integration und Migration (Hg.) (2012). *Integration im föderalen System: Bund, Länder und die Rolle der Kommunen. Jahresgutachten 2012 mit Integrationsbarometer.* http://www.svr-migration.de/content/wp-content/uploads/2012/05/SV R_JG_2012_WEB.pdf (26. 05. 2012).

Sachverständigenrat deutscher Stiftungen für Integration und Migration (Hg.) (2011). *Migrationsland 2011. Jahresgutachten 2011 mit Migrationsbarometer.* http://www.svr-migration.de/? page_id=2658 (19. 10. 2011).

Sachverständigenrat deutscher Stiftungen für Integration und Migration (Hg.) (2010). *Einwanderungsgesellschaft 2010. Jahresgutachten 2010 mit Integrationsbarometer.* http://www.svr-migration.de/content/wp-content/uploads/2010/11/svr_jg_2010.pdf (26. 05. 2012).

Sadoski, Marc/Paivio, Allan (2004). A dual coding theoretical model of reading. In: Ruddell, Robert B./Unrau, Norman (Hg.). *Theoretical models and processes of reading.* Newark, DE: International Reading Association, 1329–1362.

Sakamoto, Nancy/Naotsuka, Reiko (1982). *Polite fictions. Why Japanese and Americans seem rude to each other.* Tokyo: Kinseido.

Sasaki, Miho (2005). The Effect of L1 Reading Processes on L2: A Crosslinguistic Comparison of Italian and Japanese Users of English. In: Cook, Vivian/Bassetti, Benedetta (Hg.). *Second language writing systems.* Clevedon: Multilingual Matters, 289–310.

Sato-Prinz, Manuela (2011). Zum Einfluss von Studienaustauscherfahrung auf das Deutschlandbild japanischer Studierender. Ergebnisse einer Querschnittstudie. *Zeitschrift für Interkulturellen Fremdsprachenunterricht* 16 (2), 185–203. http://zif.spz.tu-darmstadt.de/jg-16-2/ beitrag/SatoPrinz.pdf (22. 11. 2011).

Savory, Theodore Horace (1967). *The language of science. There Can Be No Doubt That Science Is in Many Ways the Natural Enemy of Language.* London: Deutsch.

Scarcella, Robin C./Oxford, Rebecca L. (1992). *The Tapestry of language learning. The individual in the communicative classroom.* Boston, Mass.: Heinle & Heinle.

Schachter, Jacquelyn (1996). Maturation and the issue of Universal Grammar in second language acquisition. In: Ritchie, William C./Bhatia, Tej K. (Hg.). *Handbook of second language acquisition.* San Diego: Academic Press, 159–193.

Schakib-Ekbatan, Karin/Hasselbach, Petra/Roos, Jeanette/Schöler, Hermann (2006). *Ziele, Design, Auswahl der Untersuchungsgruppen und Ergebnisse der Prätests. EVAS-Arbeitsericht Nr. 1.* Heidelberg: Pädagogische Hochschule Heidelberg. http://www.ph-heidelberg.de/wp/schoeler/seiten/EVAS%20Nr%201.pdf (26. 10. 2011).

Schaunig, Ines/Willinger, Ulrike/Formann, Anton K. (2004). Das Verständnis metaphorischer Sprache bei Grundschulkindern. *Zeitschrift für Pädagogische Psychologie* 18 (1), 53–61.

Scheel, Harald (2007). Der konfrontative Textsortenvergleich in der Ausbildung von Übersetzern und Dolmetschern. In: Emsel, Martina/Cuartero Otal, Juan (Hg.). *Brücken. Übersetzen und interkulturelle Kommunikation.* Festschrift für Gerd Wotjak zum 65. Geburtstag 2. Frankfurt am Main: Peter Lang, 317–326.

Scheller, Julija (2008). *Animationen in der Grammatikvermittlung. Multimedialer Spracherwerb am Beispiel von Wechselpräpositionen.* Berlin/Münster: Lit.

Schlickau, Stephan (2009). *Neue Medien in der Sprach- und Kulturvermittlung. Pragmatik – Didaktik – interkulturelle Kommunikation.* Frankfurt am Main: Peter Lang.

Schlickau, Stephan (2001). Praxis und Analyse interkultureller Kommunikation durch Video und Videokonferenz. Lernpotenziale und Anforderungen. *Zeitschrift für Interkulturellen Fremd-*

sprachenunterricht 6 (2). http://zif.spz.tu-darmstadt.de/jg-06-2/beitrag/schlickau1.htm (07. 11. 2011).

Schmelter, Lars (2010). (K)eine Frage des Alters – Fremdsprachenunterricht auf der Primarstufe. *Zeitschrift für Interkulturellen Fremdsprachenunterricht* 15 (1), 26–41. http://zif.spz.tu-darmstadt.de/jg-15-1/docs/Schmelter.pdf (04. 04. 2012).

Schmenk, Barbara/Hamann, Jessica (2007). From history to memory: New perspectives on the teaching of Culture in German language programs. In: Lorey, Christoph/Plews, John L./ Rieger, Caroline Lea Anne Marie/Prokop, Manfred (Hg.). *Interkulturelle Kompetenzen im Fremdsprachenunterricht. Intercultural literacies and German in the classroom: Festschrift für Manfred Prokop.* Tübingen: Gunter Narr, 373–394.

Schmidt, Reiner (1990). Das Konzept einer Lerner-Grammatik. In: Fischer, Klaus/Gross, Harro (Hg.). *Grammatikarbeit im DaF-Unterricht.* München: Iudicium, 153–161.

Schmidt, Richard W. (1995). Consciousness and foreign language: A tutorial on the role of attention and awareness in learning. In: Schmidt, Richard W. (Hg.). *Attention and awareness in foreign language learning.* Honolulu: Second Language Teaching & Curriculum Center, University of Hawaii at Manoa, 1–63.

Schmidt, Richard W./Akihiko, Shimura/Zhigang, Wang/Hy-sook, Jeong (1996). Suggestions to buy. Television commercials from the U. S., Japan, China and Korea. In: Gass, Susan M./Neu, Joyce (Hg.). *Speech Acts Across Cultures.* Berlin/New York: Walter de Gruyter, 285–316.

Schmuck, Peter (1994). Restringierte Assoziationsbefragung zu 56 Begriffen der Alltagssprache. In: Hager, Willi/Hasselhorn, Marcus (Hg.). *Handbuch deutschsprachiger Wortnormen.* Göttingen/Seattle: Hogrefe, 70–76.

Schmuck, Peter (1993). *Primingexperimente zur Untersuchung der Merkmalscharakteristik natürlicher Begriffe.* Regensburg: Roderer.

Schnotz, Wolfgang (2006). Was geschieht im Kopf des Lesers? Mentale Konstruktionsprozesse beim Textverstehen aus der Sicht der Psychologie und der kognitiven Linguistik. In: Blühdorn, Hardarik/Breindl, Eva/Waßner, Ulrich H. (Hg.). *Text – Verstehen. Grammatik und darüber hinaus.* Berlin/New York: Walter de Gruyter, 222–238.

Schnotz, Wolfgang (2005). An Integrated Model of Text and Picture Comprehension. In: Mayer, Richard E. (Hg.). *The Cambridge handbook of multimedia learning.* Cambridge, UK/New York: Cambridge University Press, 49–69.

Schnotz, Wolfgang (2001). Kognitive Prozesse bei der sprach- und bildgestützten Konstruktion mentaler Modelle. In: Sichelschmidt, Lorenz/Rickheit, Gert (Hg.). *Sprache, Sinn und Situation. Festschrift für Gert Rickheit zum 60. Geburtstag.* Wiesbaden: Deutscher Universitäts-Verlag, 43–57.

Schnotz, Wolfgang (1994). *Aufbau von Wissensstrukturen. Untersuchungen zur Kohärenzbildung beim Wissenserwerb mit Texten.* Weinheim: Beltz.

Schnotz, Wolfgang/Rasch, Thorsten (2005). Enabling, Facilitating, and Inhibiting Effects of Animations in Multimedia Learning. Why Reduction of Cognitive Load Can Have Negative Results on Learning. *Educational Technology Research and Development* 53 (3), 47–58.

Schoormann, Matthias/Schlak, Torsten (2011). Die Unterrichtskonzeption der counterbalanced instruction. *Journal of Linguistics and Language Teaching* 2 (1), 129–168.

Schramm, Michael (2009). Gedanke, Sprache und Stil. In: Höffe, Otfried (Hg.). *Aristoteles. Poetik.* Berlin: Akademie, 177–194.

Schroll-Machl, Sylvia (2007). *Die Deutschen – wir Deutsche. Fremdwahrnehmung und Selbstsicht im Berufsleben.* Göttingen: Vandenhoeck & Ruprecht.

Schüle, Christian (2006). *Deutschlandvermessung. Abrechnungen eines Mittdreißigers.* München/Zürich: Piper.

Schulmeister, Rolf (2007). *Grundlagen hypermedialer Lernsysteme. Theorie – Didaktik – Design.* München: Oldenbourg.

Schumann, John H. (1978). *The pidginization process. A model for second language acquisition.* Rowley, Mass.: Newbury House Publishers.

Schütz, Alfred (1932). *Der sinnhafte Aufbau der sozialen Welt: eine Einleitung in die verstehende Soziologie*. Wien: Springer.

Schwartz, Bonnie D./Sprouse, Rex A. (1996). L2 cognitive states and the Full Transfer/Full Access model. *Second Language Research* 12 (1), 40–72.

Schwegler, Armin (2000). The myth of decreolization: The anomalous case of Palenquero. In: Neumann-Holzschuh, Ingrid/Schneider, Edgar W. (Hg.). *Degrees of restructuring in Creole languages*. Amsterdam/Philadelphia: John Benjamins, 409–436.

Seebauer, Renate (2009). *Auslandssemester – Eine Chance zur Konfiguration bestehender Interpretationsmuster?* Berlin/Münster: Lit.

Seel, Norbert M. (2000). *Psychologie des Lernens. Lehrbuch für Pädagogen und Psychologen. Mit 12 Tabellen und zahlreichen Übungsaufgaben*. München/Basel: Reinhardt.

Seel, Norbert M. (1995). Mental Models, Knowledge Transfer, and Teaching Strategies. *Journal of Structural Learning and Intelligent Systems* 12 (3), 197–213.

Seel, Norbert M./Dinter, Frank R. (1995). Instruction and mental model progression. Learner-dependent effects of teaching strategies on knowledge acquisition and analogical transfer. *Education Research and Evaluation* 1 (1), 4–35.

Seelye, Ned (1985). *Teaching culture*. Lincolnwood: National Textbook Company.

Segermann, Krista (2006). Ein fremdsprachenunterrichtliches Reformkonzept auf lexiko-grammatischer Grundlage. In: Siepmann, Dirk (Hg.). *Wortschatz und Fremdsprachenlernen*. Landau: VEP, 97–143.

Seidlhofer, Barbara (2001). Closing a Conceptual Gap: The Case for a Description of English as a Lingua Franca. *International Journal of Applied Linguistics* 11 (2), 133–58.

Seim, Carsten (2008). *Politik-Check Schule. Reformmonitor Allgemeinbildendes Schulsystem*. Institut der Deutschen Wirtschaft Köln/Initiative Neue Soziale Marktwirtschaft (INSM) (Hg.). http://www.insm-bildungsmonitor.de/files/pdf/spc_kurzfassung.pdf (19.10.2010).

Selinker, Larry (1996). On the notion of 'IL competence' in early SLA research: an aid to understanding some baffling current issues. In: Brown, Gillian/Malmkjaer, Kirsten/Williams, John (Hg.). *Performance and competence in SLA*. Cambridge, UK/New York: Cambridge University Press, 92–113.

Selinker, Larry (1992). *Rediscovering interlanguage*. London/New York: Longman.

Selinker, Larry (1985). Attempting comprehensive and comparative empirical research in second language acquisition: a review of second language acquisition by adult immigrants: a field manual. *Language Learning* 35 (4), 567–584.

Selinker, Larry/Han, ZhaoHong (2005). Fossilization in L2 Learners. In: Hinkel, Eli (Hg.). *Handbook of research in second language teaching and learning*. Mahwah, NJ: Lawrence Erlbaum, 455–470.

Selting, Margret/Auer, Peter/Barden, Birgit/Bergmann, Jörg/Couper-Kuhlen, Elisabeth/Günthner, Susanne/Meier, Christoph/Quasthoff, Uta/Schlobinski, Peter/Uhmann, Susanne (1998). Gesprächsanalytisches Transkriptionssystem. (GAT). *Linguistische Berichte* (173), 91–122. http://www.mediensprache.net/de/medienanalyse/transcription/gat/gat.pdf (02.11.2011).

Senft, Gunter (1997). *Referring to space. Studies in Austronesian and Papuan languages*. Oxford/New York: Clarendon Press.

Shapiro, Amy M. (1999). The Relationship between Prior Knowledge and Interactive Overviews During Hypermedia-Aided Learning. *Journal of Educational Computing Research* 20 (2), 143–167.

Sharifian, Farzad (Hg.) (2007). *Applied cultural linguistics. Implications for second language learning and intercultural communication. ... theme session ... which was part of the 8th International Cognitive Linguistics Conference held at the University of Logroño, La Rioja, Spain, July 20–25, 2003*. Amsterdam/Philadelphia: John Benjamins.

Sharwood Smith, Michael (1993). Input Enhancement in Instructed SLA: Theoretical Bases. *Studies in Second Language Acquisition* 15 (2), 165–179.

Sharwood Smith, Michael (1991). Speaking to many minds: on the relevance of different types of language information for the L2 learner. *Second Language Research* 7 (2), 118–132.

Shore, Bradd (1996). *Culture in mind. Cognition, culture, and the problem of meaning.* Oxford/New York: Oxford University Press.

Sievers, Isabel Marie (2005). Eine transkulturelle Perspektive in der Migrationsforschung. In: Datta, Asit (Hg.). *Transkulturalität und Identität. Bildungsprozesse zwischen Exklusion und Inklusion.* Frankfurt am Main: IKO – Verlag für Interkulturelle Kommunikation, 165–181.

Simon-Pelanda, Hans (2001). Landeskundlicher Ansatz. In: Helbig, Gerhard/Götze, Lutz/Henrici, Gert/Krumm, Hans-Jürgen (Hg.). *Deutsch als Fremdsprache. Ein internationales Handbuch.* Berlin: Walter de Gruyter, 41–55.

Singleton, David/Ryan, Lisa (2004). *Language acquisition. The age factor.* Clevedon: Multilingual Matters.

Sinn, Annette/Kreienbrink, Axel/Loeffelholz, Hans Dietrich von (2006). *Illegal aufhältige Drittstaatsangehörige in Deutschland. Staatliche Ansätze, Profil und soziale Situation. Forschungsstudie 2005 im Rahmen des Europäischen Migrationsnetzwerks.* BAMF (Hg.). http://www.bamf.de/SharedDocs/Anlagen/DE/Publikationen/Forschungsberichte/fb2-illegale-drittstaatsangehoerige.html (22.11.2011).

Sinus-Institut Sociovision (Hg.) (2008). *Migranten-Milieus in Deutschland. Studie über die soziale Eingliederung und Arbeitsmarktintegration ethnischer Minderheiten.* http://www.gemeinsam-engagiert.net/fileadmin/ge/Literatur/Sinus_Studie_2008_Tuerkische_Migranten.pdf (19.10.2011).

Skehan, Peter (1989). *Individual differences in second language learning.* London: Edward Arnold.

Skinner, Burrhus (1957). *Verbal Behaviour.* New York: Pergamon Press.

Skutnabb-Kangas, Tove/Toukomaa, Pertti (1977). *Teaching migrant children's mother-tongue an learning the language of the host country in the context of the socio-cultural situation of the migrant family.* UNESCO-Report/Forschungsbericht. Tampere: Universität Tampere.

Slobin, Dan I. (1996). From "thought and language" to "thinking for speaking". In: Gumperz, John Joseph/Levinson, Stephen C. (Hg.). *Rethinking linguistic relativity.* Cambridge, UK/New York: Cambridge University Press, 70–96.

Smith, Michael B. (1995). Semantic Motivation vs. Arbitrariness in Grammar: Toward a more General Account of the DAT/ACC Contrast with German Two-Way Prepositions. In: Rauch, Irmengard/Carr, Gerald F. (Hg.). *Insights in Germanic linguistics.* Berlin: Mouton de Gruyter, 293–323.

Snell-Hornby, Mary (2006). *The turns of translation studies. New paradigms or shifting viewpoints?* Amsterdam/Philadelphia: John Benjamins.

Snow, Catherine E./Cancino, Herlinda/Temple, Jeanne de/Schley, Sara (1991). Giving formal definitions. A linguistic or metalinguistic skill? In: Bialystok, Ellen (Hg.). *Language processing in bilingual children.* Cambridge/New York: Cambridge University Press, 90–112.

Snow, Catherine E./Ferguson, Charles A. (Hg.) (1977). *Talking to children. Language input and acquisition: papers from a conference sponsored by the Committee on Sociolinguistics of the Social Science Research Council (USA).* Cambridge, UK/New York: Cambridge University Press.

Sohrabi, Parvaneh (2012). *Strategisches Lesen lernen für die Rezeption fremdsprachiger Hypertextstrukturen.* Tübingen: Gunter Narr.

Spiegel-Rubrik Sprache (1993). Frisch und kühl. Kunstwörter erobern die Wirtschaft: Firmen setzen auf Produktnamen aus dem Computer. *Der Spiegel* 32, 156–157. http://www.spiegel.de/spiegel/print/d-13691347.html (09.10.2012).

Sprachtandem.net. www.sprachtandem.net (05.06.2012).

Stauber, Jules (ohne Jahr). *unbekannt.* Kunstmuseum Erlangen, Staubernachlass (Hg.). Erlangen.

Steinbauer, Othmar/Šedivý, Dominik/Friesinger, Günther (2006). *Das Wesen der Tonalität.* Wien: Monochrom.

Steinbrügge, Lieselotte (2008). Das Uneigentliche verstehen. Tropen im Fremdsprachenunterricht, oder: Mehrsprachigkeit der anderen Art. In: Schumann, Adelheid/Fäcke, Christiane/ Hülk, Walburga/Klein, Franz-Josef (Hg.). *Multiethnizität, Migration und Mehrsprachigkeit. Festschrift zum 65. Geburtstag von Adelheid Schumann.* Stuttgart: Ibidem, 163–178.

Steiner, George (1993). *After Babel. Aspects of language and translation.* Oxford/New York: Oxford University Press.

Stemmer, Brigitte (2010). A cognitive neuroscience perspective on learning and memory in aging. *Zeitschrift für Interkulturellen Fremdsprachenunterricht* 15 (1). http://zif.spz.tu-darmstadt. de/jg-15-1/beitrag/Stemmer1.htm (04.04.2012).

Stern, Henry (1983). *Fundamental concepts of language teaching.* Oxford/New York: Oxford University Press.

Stern, Susan (1991). An Integrated Approach to Literature in ESL/EFL. In: Celce-Murcia, Marianne (Hg.). *Teaching English as a second or foreign language.* Boston, Mass.: Newbury House, 328–346.

Stolle, Anne-Katrin (2013). Integrationspolitik und -praxis im europäischen Vergleich. Theoretische Diskussion und Darstellung anhand exemplarischer Gesetze und bildungspolitischer Richtlinien. ZIF 1/2013.

Stork, Antje (2003). *Vokabellernen. Eine Untersuchung zur Effizienz von Vokabellernstrategien.* Tübingen: Gunter Narr.

Storti, Craig (1990). *The art of crossing cultures.* Yarmouth, ME: Intercultural.

Strauss, Dieter (1984). *Didaktik und Methodik Deutsch als Fremdsprache. Eine Einführung.* Berlin/ New York: Langenscheidt.

Strauss, Gerhard/Hass-Zumkehr, Ulrike/Harras, Gisela (Hg.) (1989). *Brisante Wörter von Agitation bis Zeitgeist. Ein Lexikon zum öffentlichen Sprachgebrauch.* Berlin/New York: Walter de Gruyter.

Stutterheim, Christiane von (1991). European Research on Second Language Acquisition. In: Freed, Barbara F. (Hg.). *Foreign language acquisition research and the classroom.* Lexington, Mass.: Heath, 135–154.

Stutterheim, Christiane von (1986). *Temporalität in der Zweitsprache. Eine Untersuchung zum Erwerb des Deutschen durch türkische Gastarbeiter.* Berlin/New York: Walter de Gruyter.

Su, Yuyan/Klein, James (2006). Effects of Navigation Tools and Computer Confidence on Performance and Attitudes in a Hypermedia Learning Environment. *Journal of Educational Multimedia and Hypermedia* 15 (1), 87–106.

Suñer Muñoz, Ferran (2011). *Hypertexte im L2-Spracherwerb. Zur Relevanz des Multimedia- und Modalitätsprinzips im L2-Spracherwerb am Beispiel des Einsatzes graphischer Übersichten in Hypertexten.* Berlin/Münster: Lit.

Swaan, Abraham de (2001). *Words of the world. The global language system.* Cambridge, UK/ Malden, MA: Polity.

Swales, John M. (1990). *Genre analysis. English in academic and research settings.* Cambridge, UK/ New York: Cambridge University Press.

Sweet, Henry (1899). *The practical study of languages.* London: Dent.

Sweller, John (2005). Implications of Cognitive Load Theory for Multimedia Learning. In: Mayer, Richard E. (Hg.). *The Cambridge handbook of multimedia learning.* Cambridge, UK/New York: Cambridge University Press, 19–30.

Sweller, John/van Merriënboer, Jeroen J. G./Paas, Fred G. W. C. (1998). Cognitive Architecture and Instructional Design. *Educational Psychology Review* 10 (3), 251–296.

Szalay, Lorand B./Fisher, Glen H. (1987). Communication overseas. In: Luce, Louise Fiber/ Smith, Elise C. (Hg.). *Toward internationalism. Readings in cross-cultural communication.* Boston, Mass.: Heinle & Heinle, 166–191.

Tabbers, Huib K./Martens, Rob L./van Merriënboer, Jeroen J. G. (2005). Multimedia Instructions and Cognitive Load Theory: Effects of Modality and Cueing. *British Journal of Educational Psychology* 74 (1), 71–81.

Tarone, Elaine (1994). A Summary: Research Approaches in Studying Second-Language Acquisition or "If the Shoe Fits...". In: Tarone, Elaine/Gass, Susan M./Cohen, Andrew D. (Hg.). *Research methodology in second-language acquisition*. Hillsdale, NJ: Lawrence Erlbaum, 323–336.

Tarone, Elaine E. (1978). Conscious communication strategies in interlanguage: A progress report. In: Brown, H. Douglas/Yorio, Carlos Alfredo/Crymes, Ruth H. (Hg.). *On TESOL '77: Teaching and Learning English As a Second Language: Trends in Research and Practice*. Washington: TESOL, 194–203.

Taylor, Charles/Gutmann, Amy (1992). *Multiculturalism and the politics of recognition. An essay.* Princeton, NJ: Princeton University Press.

Terrasi-Haufe, Elisabetta (2004). *Der Schulerwerb von Deutsch als Fremdsprache. Eine empirische Untersuchung am Beispiel der italienischsprachigen Schweiz.* Tübingen: Niemeyer.

Terrasi-Haufe, Elisabetta (2012). Prinzipien des Fremdsprachenerwerbs. In: Roche, Jörg (Hg.). *Grundlagen und Konzepte des DaF-Unterrichts.* München: LMU/Goethe-Institut.

Thep-Ackrapong, Tipa (1990). *Fossilization: a case study of practical and theoretical parameters.* Dissertation. Normal: Illinois State University.

Thielmann, Winfried (2009). *Deutsche und englische Wissenschaftssprache im Vergleich. Hinführen – Verknüpfen – Benennen.* Heidelberg: Synchron.

Thomas, Alexander (1993). Psychologie interkulturellen Lernens und Handelns. In: Thomas, Alexander/Eckensberger, Lutz H. (Hg.). *Kulturvergleichende Psychologie. Eine Einführung.* Göttingen: Hogrefe, 433–480.

Thomas, Alexander (Hg.) (1996). *Psychologie interkulturellen Handelns.* Göttingen: Hogrefe.

Thomas, Alexander/Eckensberger, Lutz H. (Hg.) (1993). *Kulturvergleichende Psychologie. Eine Einführung.* Göttingen: Hogrefe.

Thomas, Alexander/Kinast, Eva-Ulrike/Schroll-Machl, Sylvia (2003). *Handbuch Interkulturelle Kommunikation und Kooperation.* Göttingen: Vandenhoeck & Ruprecht.

Thomas, Alexander/Kinast, Eva-Ulrike/Schroll-Machl, Sylvia (2001). Entwicklung interkultureller Handlungskompetenz von international tätigen Fach- und Führungskräften durch interkulturelle Trainings. In: Götz, Klaus (Hg.). *Interkulturelles Lernen, interkulturelles Training.* Managementkonzepte 8. München/Mering: Hampp, 97–122.

Thorndike, Edward L. (1923). The influence of first-year Latin upon ability to read English. *School and Society* 17, 165–168.

Thum, Bernd (1993). *Praxis interkultureller Germanistik. Forschung – Bildung – Politik. Straßburg 1991.* München: Iudicium.

Thum, Bernd (1992). Kulturthemenorientierte Lehre im Rahmen einer interkulturellen Bildung. In: Krause, Burkhardt/Scheck, Ulrich/O'Neill, Patrick (Hg.). *Präludien. Kanadisch-deutsche Dialoge: Vorträge des 1. Kingstoner Symposions: Thema, interkulturelle Germanistik – the Canadian context.* München: Iudicium Verlag, 13–32.

Thurmair, Maria (1997). Nicht ohne meine Grammatik. In: Wierlacher, Alois (Hg.). *Jahrbuch Deutsch als Fremdsprache. Intercultural German Studies* 23. München: Iudicium, 25–45.

Tiene, Drew (2000). Sensory Mode and "Information Load": Examining the Effects of Timing on Multisensory Processing. *International Journal of Instructional Media* 27 (2), 183–98.

Tindall-Ford, Sharon/Chandler, Paul/Sweller, John (1997). When Two Sensory Modes Are Better Than One. *Journal of Experimental Psychology: Applied* 3 (4), 257–287.

Todorova, Dessislava (2009). *Einsatzmöglichkeiten der elektronischen Medien im interkulturellen DaF-Unterricht. Evaluation des Sprachlernprogramms www.uni-deutsch.de seitens bulgarischer und litauischer Studierender unter Berucksichtigung ihrer Lerndispositionen.* Berlin/Münster: Lit.

Tomasello, Michael (2006). Acquiring linguistic constructions. In: Kuhn, Deanna/Siegler, Robert (Hg.). *Handbook of Child Psychology. Cognition, perception, and language. Vol. 2.* New York: Wiley, 256–298.

Tomasello, Michael (2003). *Constructing a language. A usage-based theory of language acquisition.* Cambridge, Mass.: Harvard University Press.

Trabant, Jürgen (2008). *Was ist Sprache?* München: Beck.

Trabant, Jürgen (Hg.) (2010). *Wilhelm von Humboldt. Das große Lesebuch.* Frankfurt am Main: Fischer.

Tracy, Rosemarie (2003). *Sprachliche Frühförderung – Konzeptuelle Grundlagen eines Programms zur Förderung von Deutsch als Zweitsprache im Vorschulalter.* Mannheim: Universität Mannheim, Forschungs- und Kontaktstelle Mehrsprachigkeit.

Trappe, Petra (1990). ABCD-Thesen zur Rolle der Landeskunde im Deutschunterricht. *Deutsch als Fremdsprache* 27 (2), 306–308.

Trompenaars, Alfons (1993). *Riding the waves of culture. Understanding cultural diversity in business.* London: Brealey.

Tsao, Feng-Fu (1984). Linguistics and written discourse in particular languages: Contrastive studies: English and Chinese (Mandarin). In: Kaplan, Robert B. (Hg.). *Annual Review of Applied Linguistics.* Rowley, Mass.: Newbury House Publishers, 9–117.

Tschirner, Erwin P. (1999a). Der Natural Approach: Prinzipien und Unterrichtswirklichkeit. In: Barkowski, Hans/Wolf, Armin (Hg.). *Beiträge der Jahrestagung Deutsch als Fremdsprache an der Friedrich-Schiller-Universität Jena.* Materialien Deutsch als Fremdsprache 52. Regensburg: FaDaF, 64–78.

Tschirner, Erwin P. (1999b). Lernergrammatiken und Grammatikprogression. In: Skibitzki, Bernd/Wotjak, Barbara (Hg.). *Linguistik und Deutsch als Fremdsprache. Festschrift für Gerhard Helbig zum 70. Geburtstag.* Tübingen: Niemeyer, 227–240.

Tschirner, Erwin P./Nikolai, Brigitte/Terrell, Tracy D. (2009). *Kontakte. A communicative approach.* Boston: McGraw-Hill Higher Education.

Tung, Rosalie (1982). U.S.-China trade negotiations. Practices, Procedures and Outcomes. *Journal of International Business Studies* 13 (2), 25–37.

Ulich, Michaela/Mayr, Toni (2003). *SISMIK. Sprachverhalten und Interesse an Sprache bei Migrantenkindern in Kindertageseinrichtungen.* Freiburg im Breisgau: Herder.

Ungerer, Friedrich/Schmid, Hans-Jörg (2006). *An introduction to cognitive linguistics.* Harlow: Longman.

van Lancker Sidtis, Diana (2006). Where in the Brain is nonliteral language? *Metaphor/Symbol* 21 (4), 213–244.

van Es, Robert (2004). Transcultural Ethics. Beyond the Electronic Economy of MTV. In: Koslowski, Peter (Hg.). *Business ethics and the electronic economy. With 4 tables.* Berlin: Springer, 144–158.

VanPatten, Bill (2004). Input Processing in Second Language Acquisition. In: VanPatten, Bill (Hg.). *Processing instruction. Theory, research, and commentary.* Second language acquisition research. Mahwah, NJ: Lawrence Erlbaum, 5–32.

VanPatten, Bill/Sanz, Christina (1995). From Input to Output. Processing Instruction and Communicative Tasks. In: Eckman, Fred R. (Hg.). *Second language acquisition theory and pedagogy. 22nd Linguistics symposium: Selected papers.* Hillsdale, NJ: Lawrence Erlbaum, 169–185.

Venohr, Elisabeth (2008). Wissenschaftliches Sprechen an deutschen Hochschulen: Indirekte Sprachhandlungen in verschiedenen Textsorten mündlicher Kommunikation. In: Chlosta, Christoph (Hg.). *Auf neuen Wegen. Deutsch als Fremdsprache in Forschung und Praxis. 35. Jahrestagung des Fachverbandes Deutsch als Fremdsprache 2007 an der Freien Universität Berlin.* Göttingen: Universitätsverlag Göttingen, 305–322.

Vereinigung der Bayerischen Wirtschaft e.V. (Hg.) (2007). *Bildungsgerechtigkeit. Jahresgutachten 2007.* Wiesbaden: Aktionsrat Bildung. http://www.aktionsrat-bildung.de/fileadmin/Dokumente/Bildungsgerechtigkeit_Jahresgutachten_2007_-_Aktionsrat_Bildung.pdf (19.10.2011).

Vermeer, Hans J. (1987). Literarische Übersetzung als Versuch interkultureller Kommunikation. In: Wierlacher, Alois (Hg.). *Perspektiven und Verfahren interkultureller Germanistik. Akten d.I. Kongresses d. Ges. für Interkulturelle Germanistik.* München: Iudicium, 541–549.

Véronique, Daniel (1990). Reference and Discourse Structure in the Learning of French by Adult Moroccans. In: Dechert, Hans W. (Hg.). *Current trends in European second language acquisition research*. LSA/TESOL Institute. Clevedon: Multilingual Matters, 171–201.

Vico, Giovanni Battista (1725). *Principj di una scienza nuova d'intorno alla commune natura delle nazioni. Scienza nuova prima*. Neapel: o. A.

Viëtor, Wilhelm (1882). *Der Sprachunterricht muß umkehren*. Heilbronn: Henninger.

Vogel, Klaus/Börner, Wolfgang (1993). *Wortschatz und Fremdsprachenerwerb*. Bochum: AKS-Verlag.

Volterra, Virginia/Taeschner, Traute (1978). The acquisition and development of language by bilingual children. *Journal of Child Language* 5 (2), 311–326.

Vygotskij, Lev Semenovič (1986). *Thought and language*. Cambridge, Mass.: MIT Press.

Vygotskij, Lev Semenovič (1962). *Thought and language*. Cambridge, Mass.: MIT Press.

Wächli, Bernhard (2005). *Relexicalization vs. Relexification: The Case of Stadin Slangi Finnish. Manuskript*. Leipzig: Max Planck Institute for Evolutionary Anthropology.

Walker, William (1993). Study Abroad and the Professional Programs. A Status Report on Germany, Switzerland, and Austria. *Die Unterrichtspraxis / Teaching German* (2), 200–205.

Wallace, Catherine (2002). Local literacies and global literacy. In: Block, David/Cameron, Deborah (Hg.). *Globalization and language teaching*. London/New York: Routledge, 101–114.

Wandruszka, Mario (1979). *Die Mehrsprachigkeit des Menschen*. München: Piper.

Warmbold, Joachim/Koeppel, Erika-Anette/Simon-Pelanda, Hans (1994). *Zum Thema Nationalsozialismus im DaF-Lehrwerk und -Unterricht*. München: Iudicium.

Wartenburger, Isabell (2004). *Einfluss von Spracherwerbsalter und Sprachleistungsniveau auf die kortikale Repräsentation von Grammatik und Semantik in der Erst- und Zweitsprache*. Dissertation. Berlin: Humboldt-Universität. http://edoc.hu-berlin.de/dissertationen/wartenburger-isabell-2004–01–26/PDF/Wartenburger.pdf (13. 07. 2012).

Webber, Mark Joel (1996). Changing Places. Student Exchange Programs and Interculturality. In: Roche, Jörg/Salumets, Thomas (Hg.). *Germanics under construction. Intercultural and interdisciplinary prospects*. München: Iudicium, 173–200.

Webber, Mark Joel (1990). Intercultural Stereotypes and the Teaching of German. *Die Unterrichtspraxis / Teaching German* 23 (2), 132–141.

Webber, Mark Joel/Brown, Michael (2001). Ist Holocaust-Unterricht mit antirassistischem Unterricht vereinbar? Eine kanadische Perspektive. In: Fuchs, Ottmar (Hg.). *Zugänge zur Erinnerung. Bedingungen anamnetischer Erfahrung. Studien zur subjektorientierten Erinnerungsarbeit*. Münster: Lit, 249–269.

Wegmann, Johanna/Pomino, Jenny (2010). 60plus goes Web 2.0. Fremdsprachenlernen in einer medialgestützten Lernumgebung für Lerner im höheren Alter. *Zeitschrift für Interkulturellen Fremdsprachenunterricht* 15 (1). http://zif.spz.tu-darmstadt.de/jg-15-1/beitrag/Wegmann_Pomino1.htm (04. 04. 2012).

Wei, Longxing (2009). Intrasentential Codeswitching. Bilingual Lemmas in Contact. *Concentric: Studies in Linguistics* 35 (2), 307–344.

Weimann, Gunther/Hosch Wolfram (1993). Kulturverstehen im Deutschunterricht. Ein Projekt zur Lehrerfortbildung. *Info Deutsch als Fremdsprache* 20 (5), 514–523.

Weinreich, Uriel (1963). On the semantic structure of language. In: Greenberg, Joseph Harold (Hg.). *Universals of language. Report of a conference held at Dobbs Ferry, New York, April 13–15, 1961*. Conference on Language Universals. Cambridge, Mass.: MIT Press, 142–216.

Weinreich, Uriel (1953). *Languages in Contact: Findings and Problems*. New York: Mouton de Gruyter.

Weinrich, Harald (2005). *Textgrammatik der deutschen Sprache*. Hildesheim/New York: Olms.

Weinrich, Harald (1994). Wissenschaftssprache, Sprachkultur und die Einheit der Wissenschaften. In: Kretzenbacher, Heinz Leonhard/Weinrich, Harald (Hg.). *Linguistik der Wissenschaftssprache*. Berlin/New York: Walter de Gruyter, 155–174.

Weinrich, Harald (1976). *Sprache in Texten*. Stuttgart: Klett.

Weinrich, Harald (1971). *Literatur für Leser. Essays und Aufsätze zur Literaturwissenschaft.* Stuttgart: Kohlhammer.

Weiss, Stephen (1990). The long path to the IBM Mexico agreement. An analysis of the microcomputer investment negotiations, 1983–86. *Journal of International Business Studies* 21 (4), 565–596.

Welsch, Wolfgang (2005). Auf dem Weg zu transkulturellen Gesellschaften. In: Allolio-Näcke, Lars/Kalscheuer, Britta/Manzeschke, Arne (Hg.). *Differenzen anders denken. Bausteine zu einer Kulturtheorie der Transdifferenz.* Frankfurt am Main/New York: Campus, 314–341.

Welsch, Wolfgang (2000). Transkulturalität. Zwischen Globalisierung und Partikularisierung. In: Wierlacher, Alois (Hg.). *Jahrbuch Deutsch als Fremdsprache. Intercultural German Studies* 26. München: Iudicium, 327–351.

Welsch, Wolfgang (1995). Transkulturalität. Zur veränderten Verfasstheit heutiger Kulturen. *Zeitschrift für Kulturaustausch* 45, 39–44.

Wendt, Michael (2002). Kontext und Konstruktion. Fremdsprachendidaktische Theoriebildung und ihre Implikationen für die Fremdsprachenforschung. *Zeitschrift für Fremdsprachenforschung* 13 (1), 1–62.

Wendt, Michael (2000). *Konstruktion statt Instruktion. Neue Zugänge zu Sprache und Kultur im Fremdsprachenunterricht. Im Oktober 1999 im Rahmen des Dortmunder Kongresses für Fremdsprachendidaktik in einer Arbeitsgemeinschaft.* Frankfurt am Main: Peter Lang.

Wendt, Michael (1996). *Konstruktivistische Fremdsprachendidaktik. Lerner- und handlungsorientierter Fremdsprachenunterricht aus neuer Sicht.* Tübingen: Gunter Narr.

Werner, Dirk/Neumann, Michael/Schmidt, Jörg (2008). *Volkswirtschaftliche Potenziale am Übergang von der Schule in die Arbeitswelt. Eine Studie zu den direkten und indirekten Kosten des Übergangsgeschehens sowie Einspar- und Wertschöpfungspotenzialen bildungspolitischer Reformen.* Köln: Bertelsmann Stiftung.

Wesche, Majorie (1993). Discipline-Based Approaches to Language Study. Research Issues and Outcomes. In: Krueger, Merle/Ryan, Frank (Hg.). *Language and Content. Discipline- and Content-Based Approaches to Language Study.* Lexington/Toronto: Heath, 57–82.

White, Lydia (2003). *Second language acquisition and universal grammar.* Cambridge, UK/New York: Cambridge University Press.

White, Lydia (1989). *Universal grammar and second language acquisition.* Amsterdam/Philadelphia: John Benjamins.

Whorf, Benjamin Lee (1956). *Language, thought, and reality.* Cambridge, Mass.: MIT Press.

Widmaier, Fritz/Widmaier, Rosemarie (2000). *Treffpunkt Deutsch. Grundstufe.* Upper Saddler River, NJ: Prentice Hall.

Wierlacher, Alois (1999). Cultural Studies, disziplinäre und interdisziplinäre Kulturwissenschaft. Der Konzeptwandel der Geisteswissenschaften als Herausforderung der Fremdsprachengermanistik und des Faches Deutsch als Fremdsprache. Zugleich eine Einführung in den Thematischen Teil. *Jahrbuch Deutsch als Fremdsprache. Intercultural German Studies* (25), 131–146.

Wierlacher, Alois (Hg.) (1987). *Perspektiven und Verfahren interkultureller Germanistik. Akten d. I. Kongresses d. Ges. für Interkulturelle Germanistik.* München: Iudicium.

Wierlacher, Alois (Hg.) (1985). *Das Fremde und das Eigene. Prolegomena zu einer interkulturellen Germanistik.* München: Iudicium.

Wiese, Heike/Freywald, Ulrike/Mayr, Katharina (2009). *Kiezdeutsch as a Test Case for the Interaction between Grammar and Information Structure. Interdisciplinary Studies on Information Structure, Working Papers of the SFB 632/ 12.* Potsdam: Potsdam University Press.

Williams, George W. (1994). Hymne an den Freudenspender. *Die Zeit* 1994. (21.02.1994). http://www.zeit.de/1994/04/hymne-an-den-freudenspender/seite-2 (25.01.2012).

Williams, Sarah/Hammarberg, Björn (1998). Language switches in L3 production: implications for a polyglot speaking model. *Applied Linguistics* 19 (3), 295–333.

Wilson, Deirdre/Sperber, Dan (2004). Relevance Theory. In: Horn, Laurence R./Ward, Gregory L. (Hg.). *The handbook of pragmatics*. Malden, MA: Blackwell, 607–632.

Winford, Donald (2000). "Intermediate" creoles and degrees of change in creole formation. The case of Bajan. In: Neumann-Holzschuh, Ingrid/Schneider, Edgar W. (Hg.). *Degrees of restructuring in Creole languages*. Amsterdam/Philadelphia: John Benjamins, 215–246.

Winkler, Steffi (2011). Progressionsfolgen im DaF-Unterricht. Eine Interventionsstudie zur Vermittlung der deutschen (S)OV-Wortstellung. In: Hahn, Natalia/Roelcke, Thorsten (Hg.). *Grenzen überwinden mit Deutsch. 37. Jahrestagung des Fachverbandes Deutsch als Fremdsprache an der Pädagogischen Hochschule Freiburg/Br. 2010*. Göttingen: Universitätsverlag Göttingen, 193–208.

Wippermann, Carsten/Flaig, Berthold Bodo (2009). Lebenswelten von Migrantinnen und Migranten. *Aus Politik und Zeitgeschichte* 5, 3–11.

Witte, Arnd (2006). Überlegungen zu einer (inter)kulturellen Progression im Fremdsprachenunterricht. *Fremdsprachen Lehren und Lernen (FLuL)* 35, 28–43.

Wittgenstein, Ludwig (1971). *Philosophische Untersuchungen*. Frankfurt am Main: Suhrkamp.

Wittkopf, Rudolf (1987). Identifizieren, nicht imitieren. Dankrede. In: *Jahrbuch 1987*. Deutsche Akademie für Sprache und Dichtung. Göttingen: Wallstein, 58–59.

Wolff, Dieter (2006). Mehrsprachigkeit, Spracherwerb und Sprachbewusstheit. In: Neuland, Eva (Hg.). *Variation im heutigen Deutsch. Perspektiven für den Sprachunterricht*. Sprache – Kommunikation – Kultur 4. Frankfurt am Main: Peter Lang, 51–66.

Wolff, Dieter (2002). Das mentale Lexikon. Grundlage der Sprachkompetenz in der Muttersprache und der Fremdsprache. *Der fremdsprachliche Unterricht Englisch* (55), 11–14.

Wong, Wynne (2004). The Nature of Processing Instruction. In: VanPatten, Bill (Hg.). *Processing instruction. Theory, research, and commentary*. Second language acquisition research. Mahwah, NJ: Lawrence Erlbaum, 33–63.

Wong-Fillmore, Lily (1979). Individual differences in second language acquisition. In: Fillmore, Charles J./Kempler, Daniel/Wang, William S.-Y. (Hg.). *Individual differences in language ability and language behavior*. New York: Academic Press, 203–228.

Wong-Scollon, Suzanne/Scollon, Ronald (1990). Epilogue to "Athabaskan-English Interethnic Communication". In: Carbaugh, Donal (Hg.). *Cultural communication and intercultural contact*. Hillsdale, NJ: Lawrence Erlbaum, 259–286.

Wylie, Laurence William/Bégué, Armand/Bégué, Louise (1970). *Les Français*. Englewood Cliffs, NJ: Prentice-Hall.

Zemni, Sami (2006). The Modernity of Islamism and Jihad Militancy. *Studia Diplomatica* 59 (1), 199–212. http://www.menarg.ugent.be/media/341/modernity-off-islamism-and-jihad-militancy.pdf (03. 07. 2012).

Zhang Shuping, Jiangsu (2009). *Die Verwendung von chinesischen Sprichwörtern für den Deutschunterricht*. Deutsch-chinesisches Germanistentreffen. Peking, 17.–20. September 2009. Deutscher Akademischer Austausch Dienst (DAAD) (08. 02. 2012).

Zima, Peter V. (2000). Vergleich als Konstruktion. Genetische und typologische Aspekte des Vergleichs und die soziale Bedingtheit der Theorie. In: Zima, Peter V. (Hg.). *Vergleichende Wissenschaften. Interdisziplinarität und Interkulturalität in den Komparatistiken. Tagung "Vergleichende Wissenschaften" am Institut für Allgemeine und Vergleichende Literaturwissenschaft der Universität Klagenfurt im Herbst 1998*. Tübingen: Gunter Narr, 15–28.

Zimmer, Hubert D. (1988). Gedächtnispsychologische Aspekte des Lernens und Verarbeitens von Fremdsprache. *Info Deutsch als Fremdsprache* 15 (2), 149–163.

Zimmermann, Peter (1991). *Interkulturelle Germanistik. Dialog der Kulturen auf Deutsch?* Ergänzte Auflage. Frankfurt am Main: Peter Lang.

Register

Bildnachweis

Abb. 1.2 und 1.3 © Teresa Schneider

Abb. 1.7 Auszug aus der DIN-Norm 2330 (Normenausschuss Terminologie 1993:2). „Wiedergegeben mit Erlaubnis des DIN Deutsches Institut für Normung e. V. Maßgebend für das Anwenden der DIN-Norm ist deren Fassung mit dem neuesten Ausgabedatum, die bei der Beuth Verlag GmbH, Burggrafenstraße 6, 10787 Berlin, erhältlich ist."

Abb. 2.3 © Georgi Todorov

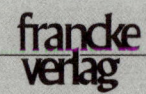